इस्लाम के धार्मिक आयाम

हुसैनी क्रान्ति के परिप्रेक्ष्य में

इस्लाम के धार्मिक आयाम

हुसैनी क्रान्ति के परिप्रेक्ष्य में

जाफ़र रज़ा

लोकभारती प्रकाशन
पहली मंजिल, दरबारी बिल्डिंग, महात्मा गांधी मार्ग इलाहाबाद-1

लोकभारती प्रकाशन
पहली मंजिल, दरबारी बिल्डिंग, महात्मा गांधी मार्ग
इलाहाबाद-211 001

वेबसाइट : www.lokbhartiprakashan.com
ईमेल : info@lokbhartiprakashan.com

शाखाएँ : 1-बी, नेताजी सुभाष मार्ग, दरियागंज
नई दिल्ली-110 002
अशोक राजपथ, साइंस कॉलेज के सामने
पटना-800 006 (बिहार)

पहला संस्करण : 2011

इण्डियन प्रेस प्रा.लि.
इलाहाबाद-211 001
द्वारा मुद्रित

आवरण : शादाब मसीहुज़्ज़माँ

ISLAM KE DHARMIK AYAM
by Prof. (Dr.) Jafar Reza
ISBN : 978-81-8031-598-5

मूल्य : 595.00

सत्य और न्याय की प्रतिष्ठा में अपने प्राणों की आहुति देने वाले रणबांकुरों की पुण्य स्मृति में.....

जिनके विषय में क़ुर्आन ने कहा—
"और जो लोग ईश्वर के मार्ग में बलिदान देते हैं, उनको मृत न कहो, वरन् वे जीवित हैं, परन्तु तुम्हें उनके जीवन का विवेक नहीं है।" (क़ुर्आन 2/154)

उर्ध्वं गच्छन्ति सत्त्वस्था मध्ये तिष्ठन्ति राजसाः।
जघन्यगुणवृत्तिस्था अधो गच्छन्ति तामसाः॥

(श्रीमद्भगवदगीता : 14/18)

अनुक्रम

अध्याय : चार

मदीना से कर्बला तक

अध्याय : पाँच

कर्बला में शान्ति प्रयास

अध्याय : छः

महाबलिदान की उत्सर्ग वेदी

अध्याय : सात

शहादत के बाद

अध्याय : आठ

शहीदों की आकाशगंगा

अध्याय : नौ

उपलब्धियाँ एवं प्रभाव

अध्याय : दस
भारत में अज़ादारी

चित्र-मानचित्र

□□□

चित्र -1, मक्का विविध युगों में

चित्र -2, प्राचीन मदीना, कुछ सदियों पूर्व तक

चित्र -3, पैग़म्बर का मकान (मक्का) जिसमें 28 वर्षों तक निवास किया

चित्र -4, पैग़म्बर की पत्नी हज़रत ख़ुदैजा का मकान (मक्का)

चित्र -5, हज़रत फ़ातिमा की जन्मभूमि (मक्का)

चित्र -6, पैग़म्बर का मकान, कुछ सदियों पूर्व तक (मदीना)

चित्र 18- कर्बला का हवाई चित्र

चित्र 19- इमाम हुसैन का रौज़ा

चित्र 20- हज़रत अब्बास का रौज़ा

चित्र 17- कर्बला की रणभूमि (कलाकृति)

हुसैनी-क्रन्ति के बन्दियों का यात्रा-मार्ग

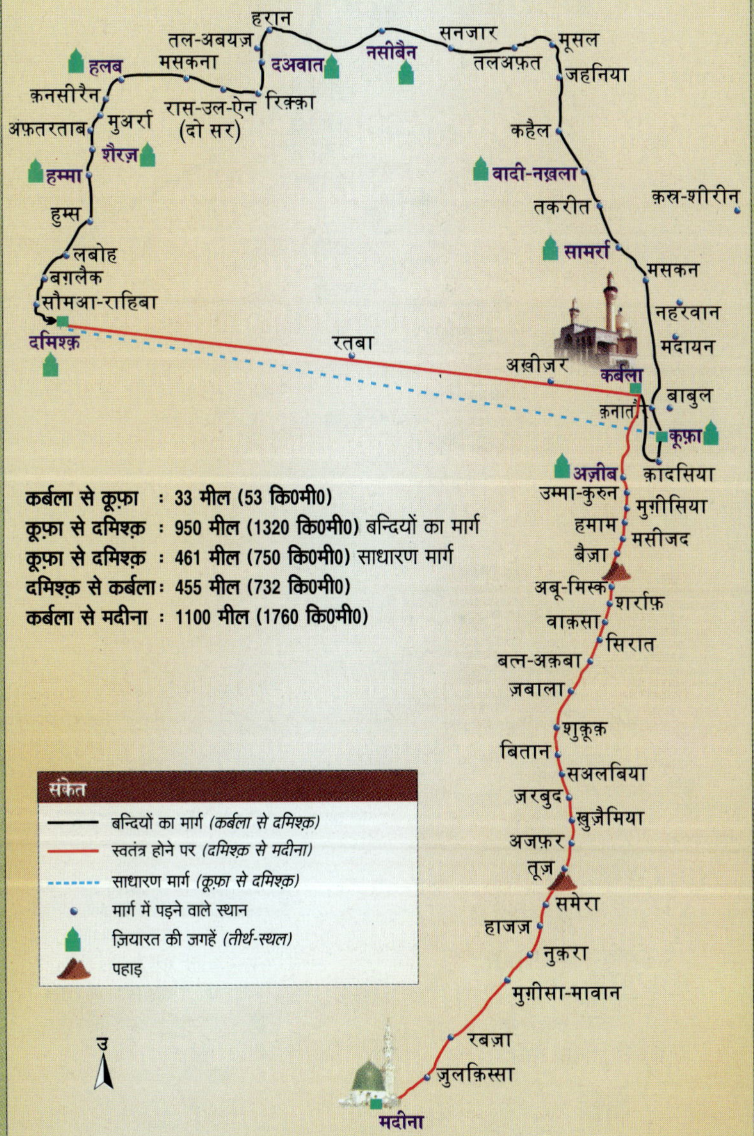

चित्र -16, हुसैनी क्रान्ति के बंदियों का यात्रा - मार्ग

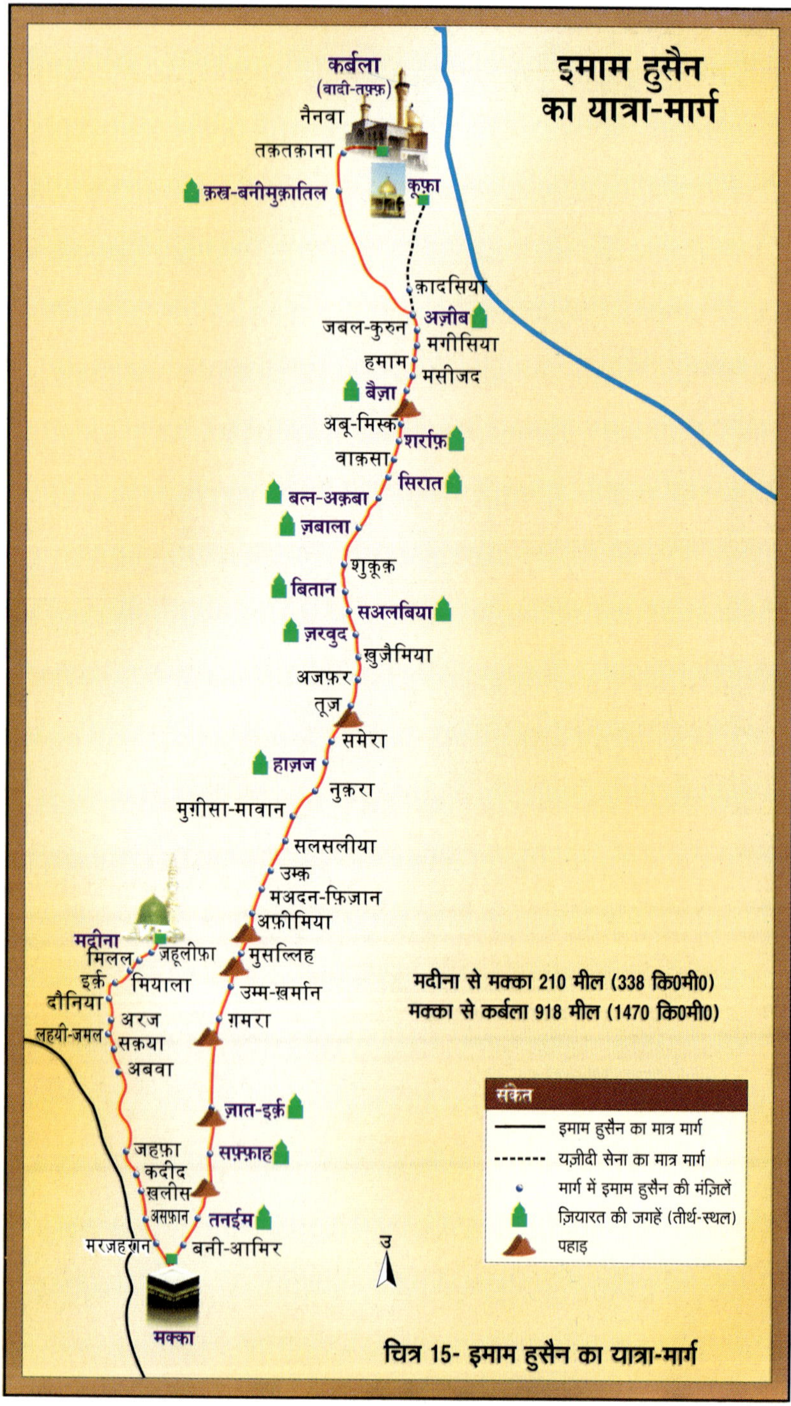

चित्र 15- इमाम हुसैन का यात्रा-मार्ग

चित्र -11, हज़रत ख़ुदैजा का रौज़ा (मक्का)

चित्र -12, हज़रत फ़ातिमा का रौज़ा (मदीना)

चित्र -13, 'जन्नत-उल-बक़ी' के रौज़े (मदीना)

चित्र -14, 'जन्नत-उल-बक़ी', विध्वंस के बाद (मदीना)

चित्र -7, पैग़म्बर के मकान का स्वागत कक्ष (मदीना)

चित्र -8, पैग़म्बर की नमाज़ का मुसल्ला (मदीना)

चित्र -9, इमाम ज़ैन-उल-आबिदीन का मकान (मदीना)

चित्र -10, पैग़म्बर के पूर्वजों के रौज़े (मक्का)

प्रस्तावना

'या हुसैन, या हुसैन, या हुसैन!' की हृदय-विदारक नाद, अपनी छाती, सिर पीटते, नंगे पाँव ताज़िये और अलम के साथ जुलूस में चलते हुए लोगों को आपने कई बार देखा होगा। यह प्रश्न भी मन में उठा होगा कि यह सब क्या है? ये हुसैन कौन थे, जिनका नाम जीभ पर आते ही लोगों की आँखों से आँसू के सैलाब उमड़ पड़ते हैं? यह भी देखा होगा कि जनाज़े की तरह ताबूत अपने कंधों पर हज़ारों लोग उठाये हैं, उनमें प्रत्येक व्यक्ति चाहता है कि कंधा देने का पुण्य उसे प्राप्त हो जाय। लोग एक-दूसरे पर टूट पड़ते, धक्का-धुक्की में चोट भी आती है, लेकिन कोई किसी से झगड़ता नहीं है, बस इसकी कोशिश में हैं कि किसी तरह कंधा दे दिया जाय। यह ख़्याल हुआ होगा कि शायद किसी व्यक्ति पर ऐसे अत्याचार हुए कि उसका अन्तिम संस्कार भी नहीं किया जा सका, उसकी मिट्टी भी नहीं उठी। फिर यह भी देखा होगा कि हज़ारों लोग जुलूस में चल रहे हैं। कुछ लोग तलवारों, भालों और गदा-विद्या में अपनी निपुणता प्रदर्शित कर रहे हैं, तलवारें चल रही हैं, भाले उबल रहे हैं, गदाएँ एक-दूसरे से टकरा रही हैं, परन्तु कोई उपद्रव नहीं होता, लोग शान्तिपूर्वक अवलोकन कर रहे। ऊँटों की पंक्तियाँ हैं, घोड़े हैं, कुछ अन्य पशु हैं, एक कारवाँ चल रहा है, क़ाफ़िला-सा लग रहा है। शायद यह किसी क़ाफ़िले की यादगार है, शस्त्रों का प्रदर्शित करना किसी युद्ध की स्मृति को पुनः जीवित कर रहा है। मार्ग में अनेक स्थानों पर पिआउ लगे हैं। उनसे प्यासों की यादें जुड़ी हुई हैं। हिन्दू-मुस्लिम-सिक्ख तथा अन्य सभी लोग जल ग्रहण कर रहे हैं। पिआउ से पुकार हो रही है :

भाइयो, आओ, जो पानी की तलबगारी है,
चशमा-ए-फ़ैज़े-हुसैन-इब्ने-अली जारी है।

जी हाँ, आपका अनुमान सही है। यह इमाम हुसैन का मातमी जुलूस है। इमाम हुसैन इस्लामी पैग़म्बर हज़रत मुहम्मद के सगे नाती थे, जो मानवता के

संरक्षण हेतु, अधर्म के विरुद्ध धर्मयुद्ध करते हुए, भूखे-प्यासे कर्बला में अपने सहयोगियों एवं परिवारजनों के साथ शहीद हुए। इसके विषय में सविस्तार जानने हेतु आपको आगामी पृष्ठों का अध्ययन करना होगा।

इमाम हुसैन के महान बलिदान की पीठिका जानने के लिए आवश्यक है कि आप इस्लाम और इमाम हुसैन से सम्बन्धित यह मूल बिन्दु ध्यान में रखें कि इस्लाम मात्र उपासना पद्धति का नाम नहीं है, यह मानव-अधिकार-संरक्षण आन्दोलन का दूसरा नाम है! यह आन्दोलन व्यक्तिगत या निजी होने की बजाय आदि काल से अन्य धार्मिक आन्दोलनों की निरन्तरता को न केवल स्पष्ट करता है, वरन् उसमें से कुछेक आन्दोलनों को विस्तार भी देता है। उदाहरणार्थ, भारतीय परिप्रेक्ष्य में जैनवाद, बौद्धवाद और हिन्दुत्त्व के सकारात्मक मानव-मूल्य एवं समस्याएँ तथा बाह्य परिप्रेक्ष्य में भोगवाद, तितिक्षावाद, यहूदीवाद, यीशूमसीहवाद इत्यादि को अब तक की प्राप्त प्रमाणित जानकारी के आधार पर स्वीकार करता है। यह बौद्धिक निरन्तरता अतीत में छठी शताब्दी ईसापूर्व से प्रारम्भ होती है, जबकि यूनान राजनीतिक ऊहापोह का शिकार था।

किसी का निरादर करके कोई मुसलमान नहीं रह सकता, उसी क्षण इस्लाम की परिधि के बाहर हो जायेगा। अरब देश से इस्लाम के प्रारम्भ होने का कारण यह हो सकता है कि बात कहीं-न-कहीं से तो प्रारम्भ की ही जाती है, लेकिन बात अपने प्रारम्भ तक ही सीमित नहीं रहती। अरब-भूखण्ड से प्रारम्भ होने की एक विशेष प्रासंगिकता हो सकती है कि अरब देश सांस्कृतिक उत्थान तथा पतन दोनों का अच्छा उदाहरण प्रस्तुत करता है। प्रारम्भ में मेसोपोटामिया है, जिससे विश्व ने संस्कृति एवं सभ्यता का पाठ पढ़ा और पतन काल वह है, जिसमें अधिकांश मानव मूल्यों का ह्रास हो गया था। इसी काल में इस्लामी पैग़म्बर का जन्म हुआ, जिन्होंने अरबों को उनकी दुर्दशा से बाहर निकाला। इस्लाम का सम्बोधन मात्र अरबवासियों से नहीं है। मात्र मुसलमानों से भी नहीं है। इस्लाम विश्व के समस्त मानव को सम्बोधित करता है। धार्मिकता पर क़ुर्आन की निम्नलिखित आयतों का अध्ययन करना उचित होगा, क्योंकि इनसे स्पष्ट होता है कि इस्लाम तथा अन्य धर्मों के प्रति क़ुर्आन क्या कहता है? क़ुर्आनी आयत देखिए : **''साधारणतया जिन लोगों ने धर्म ग्रहण किया, यहूदी या मसीही या नक्षत्रवादी हैं तथा उनमें से जो व्यक्ति वास्तविक रूप में अल्लाह और आख़िरत पर ईमान लायेगा और पुण्य कार्य करेगा, उसके लिए पालनहार की ओर से पुरस्कार एवं पुण्य है तथा किसी प्रकार का दुःख एवं भय नहीं है।''** (क़ुर्आन : 2/62)

हुसैनी क्रान्ति, जिसने इस्लाम को पुनर्स्थापित किया और जिसे अन्तर्राष्ट्रीय ख्याति प्राप्त है, परन्तु यदि उच्चकोटि पुस्तकों की उपलब्धि पर ध्यान दें, तो

उत्साहवर्धक स्थिति नहीं दिखती। बनी उमैय्या के शासनकाल में किसी इतिहासकार से ऐसी आशा करना ही उचित नहीं हो सकता है। बनी अब्बास के शासनकाल की स्थिति भी लगभग वैसी ही है। जब लिखा गया, तो भी सब ठीक-ठाक नहीं रहा। 'नासिबी' (इस्लामी पैग़म्बर के परिवारजनों का शत्रु सम्प्रदाय) विचार से प्रभावित लेखकों ने भ्रम उत्पन्न करने में कोई कसर नहीं छोड़ी है। हाफ़िज़ इब्न-कसीर (मृ० 1372 ई०), जिनकी विद्वता की सराहना की जाती है, परन्तु उनके विषय में मौलाना ज़या अहमद बदायूनी कहते हैं : **''नासिबी' परम्परा से प्रभावित थे।...अमीर मुआविया व यज़ीद की बढ़-चढ़कर बखान करते और इस्लामी पैग़म्बर के परिवारजनों की श्रेष्ठता की हदीसों में कमी दिखाते, जैसाकि अलबिदाया-वअलनिहाया के पाठक से छुपा नहीं है।''**[1] उन्होंने इस्लामी पैग़म्बर के परिवारजनों के प्रति अपने मंतव्यों की पुष्टि में अपने सहधर्मियों में अब्दुल ख़ैर क़ज़वीनी (मृ० 1193 ई०) के विषय में लिखा है कि वे यज़ीद को 'इमाम मुजतहिद' मानते थे।[2] शैख़ अब्दुल मुग़ीस हम्बली (मृ० 1187 ई०) ने यज़ीद की स्तुति में 'फ़ज़ायल यज़ीद-बिन-मुआविया' लिखी, तो उसकी प्रशंसा करते हुए लिखा कि वे शुद्ध हम्बली थे।[3] शैख़ इब्न-तैमिया के प्रिय शिष्य इब्न-जौज़ी (मृ० 1201 ई०) ने उसकी और अपनी पीठ थपथपाते हुए कहा कि वे और अब्दुल मुग़ीस दोनों स्वर्ग में साथ-साथ होंगे।[4] स्पष्ट ही ये लोग नासबी सोच स्पष्ट करते हैं। परन्तु इस सोच को समस्त सुन्नी सम्प्रदाय स्वीकार नहीं करता।[5] वरन् शाह अब्दुल अज़ीज़ मुहद्दिस देहल्वी (मृ० 1824 ई०) के विचार में तो ''नासबी कुत्ते और सुअर से भी बदतर हैं।''[6]

शैख़ इब्न-तैमिया (मृ० 1326 ई०) का द्वेष एवं अतिवाद तो सर्वविदित है। मौलाना मौदूदी के कथनानुसार : **''इमाम इब्न-तैमिया के सम्बन्ध में तो सब जानते हैं कि जिस व्यक्ति में शीआपन की गंध भी हो, वे उसे क्षमा नहीं करते।''**[7] वे यज़ीद के कुकर्मों की भर्त्सना करने के विरुद्ध थे। हाफ़िज़ अबू-उल-रबीअ सुलैमान (मृ० 1236 ई०) ने अपने इतिहास में तीन ख़लीफ़ाओं की उपलब्धियाँ गिनायी हैं, वरन् चौथे ख़लीफ़ा हज़रत अली की चर्चा ही नहीं की।[8]

---

1. क़ौले-सदीद, पृ० 27
2. अलबिदाया-वअलनिहाया, भाग-9, पृ० 13
3. अलबिदाया-वअलनिहाया, भाग-12, पृ० 328
4. अलमुंतज़िम-फ़ी-तारीख़-उल-उमम, पृ० 73
5. मिनहाज-उल-सुन्नत-वअलनबूवत, पृ० 290
6. तुहफ़ा-ए-इस्नाअशरीआ, पृ० 6
7. ख़िलाफ़तो-मुलूकियत पृ० 289
8. अलसक़ाफ़त-उल-इस्लामिया भाग-2, पृ० 310

अल्लामा इब्न-ख़ल्दून (मृ० 1405 ई०) ने कर्बला के महासंग्राम का वर्णन प्रारम्भ किया, तो कूफ़ा में इमाम हुसैन के दूत हज़रत मुस्लिम-बिन-अक़ील से सम्बन्धित घटनाओं की चर्चा के पश्चात् कर्बला की घटनाएँ नहीं लिखीं, तीन पृष्ठ सादा छोड़ दिये![1] क्योंकि यदि कर्बला के महासंग्राम की चर्चा करेंगे, तो अपने अभीष्ठ जनों के विरुद्ध लिखना होगा। अल्लामा अबूजाफ़र अलतबरी (मृ० 922 ई०), जिनको सभी वर्ग विश्वस्त इतिहासकार मानते हैं, हमने भी उनके सर्वाधिक संदर्भ दिये हैं, उनके ग्रंथ में भी 'नासिबी' परम्परा से प्रभावित अनेक मंतव्य दीखते हैं, जिनका विद्वानों ने विवेचना कर खण्डन किया है। उदाहरणार्थ, उन्होंने लिखा है कि इमाम हुसैन दमिश्क़ जाकर "**यज़ीद के हाथ में हाथ देंगे**"[2]। मौलाना ज़या अहमद बदायूनी ने इस पर सविस्तार चर्चा की है तथा सात विन्दुओं पर आधारित विवेचना के पश्चात् कड़े शब्दों में खण्डन किया है। उनका निष्कर्ष है : "**हम पूरे विश्वास से कह सकते हैं कि यह अंश नासिबयों का बढ़ाया हुआ है, जिससे हुसैन के उच्च आचरण एवं पावन उद्देश्य को घटाना लक्ष्य है। ये भ्रामक शब्द इस्लामी इतिहास मानक पर पूरे नहीं उतरते, अतः विश्वसनीय नहीं हैं।**"[3] कमोबेश यही स्थिति अन्य इतिहासकारों में अलवाक़दी (मृ० 802 ई०), इब्न-सअद (मृ० 844 ई०), इब्न-कुतैबा (मृ० 883 ई०), अलयाक़ूबी (मृ० 889 ई०), इब्न-असीर (मृ० 1232 ई०), अबुल-फ़िदा इस्माइल (मृ० 1331 ई०), अलज़हबी (मृ० 1347 ई०), अलदयार बकरी (मृ० 1558 ई०), जलालउद्दीन सुयूती (मृ० 1505 ई०), अबूहनीफ़ा अलदीनावरी (मृ० 1558 ई०) आदि की भी है। 'सहीह-उल-बुख़ारी' के प्रसिद्ध उर्दू अनुवादक मिर्ज़ा 'हैरत' देहल्वी के वक्तव्य ने तो दुनिया को हैरत में डाल दिया कि कोई इतना बड़ा झूठ बोलने का साहस भी कोई कैसे कर सकता है। उनका विचार है कि कर्बला की घटना हुई ही नहीं। इमाम हुसैन तो रोम देश चले गये थे।

स्पष्ट है कि कभी संज्ञान में कभी अज्ञान में 'नासिबी' परम्परा से प्रभावित तथ्य प्रस्तुत किये जाते रहे हैं। यदि किसी ने सच कहने का साहस किया, तो उसे अपनी जान से जाना पड़ा। इमाम अलनसअई (मृ० 915 ई०) जो सुन्नी सम्प्रदाय के उन छः महानतम हदीसकारों में हैं, जिनको सत्य वचन माना जाता है, उनके विषय में मिलता है : "**जब उन्होंने हज़रत अली के सद्गुणों पर अपनी पुस्तक 'अलख़सायस' लिखी, तो चाहा कि उसको दमिश्क़ की जाम्अ**

---

1. किताब-अलइबर, भाग-5, पृ० 69
2. तारीख़-अर्रुसुल-वअलमुलूक, भाग-6, पृ० 235
3 क़ौले-सदीद, पृ० 48-51

में पढ़कर सुनायें, ताकि बनी उम्मैया की सल्तनत के प्रभाव से जनता में जो नासिबियत की प्रवृति उत्पन्न हो गयी थी, उसका सुधार हो सके। लोगों ने उनसे अमीर मुआविया के सद्‌गुण पूछा। उन्होंने हज़रत अली की वरीयताएँ बता दीं।....इस पर लोगों ने इमाम अलनसअई को इतना मारा-पीटा कि इसी कारणवश वे शहीद हो गये।''[1] अतः अपने इतिहासकारों के बड़े नाम देखकर संतुष्ट नहीं हो जाना चाहिए, वरन् जहाँ कहीं इस्लामी पैग़म्बर के परिवारजनों के विषय में कोई बात हो, ग्रन्थों में की गयी चर्चाओं और उनमें प्रस्तुत तथ्यों को अच्छी तरह छान-पटक के बाद ही लेना चाहिए।

कर्बला की घटना के चश्मदीद गवाहों में अक़बा-बिन-समआन महत्त्वपूर्ण हैं, जो इमाम हुसैन की पत्नीश्री हज़रत रबाब के सेवक थे। उनका 'मक़तल-उल-हुसैन' अल्लामा सैय्यद मुजतबा हसन कामूँपुरी (मृ० 1974 ई०) ने अनुवाद एवं भूमिका के साथ प्रकाशित कर दिया है। 8वीं सदी के प्रसिद्ध लेखक अबीमिख़नफ़, लूत-बिन-यहया अज़दी (मृ० 774 ई०) का 'मक़तल-उल-हुसैन' कर्बला की घटना पर अत्यन्त महत्वपूर्ण विस्तृत पुस्तक है, जिसे अलतबरी ने सन्दर्भ के रूप में प्रयोग किया है।[2] इस सन्दर्भ में उनकी एक अन्य महत्त्वपूर्ण कृति 'किताब-अलमुख़तार इब्न-अबी उबैदा' भी है। अब्दुल अज़ीज़-बिन-यहया (मृ० 943 ई०) तथा शैख़ सदूक़ (मृ० 990 ई०) 'मक़ातिल' शैख़ मुफ़ीद (मृ० 1022 ई०) की 'अलइर्शाद' को मूल सन्दर्भग्रंथ माना गया है। मुवफ़्फ़क-बिन-अहमद (मृ० 1075 ई०) का मक़तल भी प्रसिद्ध है। सभी मक़ातिल में इब्न-ताऊस (मृ० 1265 ई०) की 'लहूफ़' को सर्वाधिक लोकप्रियता एवं प्रमाणिकता प्राप्त है। अल्लामा मजलिसी (मृ० 1699 ई०) की 'बिहार-उल-अनवार' को भी मूल सन्दर्भ ग्रन्थ के रूप में जाना जाता है। अनेक अन्य पुस्तकों के संदर्भ भी इतिहास-ग्रन्थों में मिलते हैं, जिनमें हज़रत अली के प्रिय सहाबी असबग़-बिन-नबाता मुजाशई की 'मक़तल-उल-हुसैन'; अबू अब्दुल्लाह मुहम्मद-बिन-उमरू वाक़दी मदनी (मृ० 822 ई०) की 'मक़तल-उल-हुसैन' तथा 'किताब-अलमुख़तार'; नसर-बिन-मुज़ाहिम मिक़री (मृ० 745 ई०) अबुल फ़ज़्ल की 'मक़तल-उल-हुसैन'; इब्राहीम-बिन-मुहम्मद सक़फ़ी कूफ़ी (मृ० 895 ई०) की 'किताब-मक़तल-उल-हुसैन', 'किताब-अलतव्वाबीन' तथा

---

1. क़ौले-सदीद, पृ० 26
2. पुस्तक की मूल पाण्डुलिपि तो अप्राप्य है, परन्तु अबी-मिख़नफ़ के प्रिय शिष्य हिशाम कल्बी (मृ० 819 ई०) के माध्यम से प्राप्त पुस्तक की चार प्रतियाँ गोथ (सं० 1836) बर्लिन (स्पेंगर संकलन सं० 159-160) लाइडन (सं० 792) तथा (सेण्ट पीटरबर्ग सं० 78) उपलब्ध हैं। —लेखक

'किताब-अखबार यज़ीद'; 8वीं सदी ई० के अबू अहमद यहया बसरी की चार पुस्तकें 'ज़िक्र-अलहुसैन', 'मक़तल-अल-हुसैन', 'अख़बार-उल-तव्वाबीन' और 'अख़बार-अलमुख़्तार'; उसी काल के अबू इस्हाक इब्राहीम नहावंदी की 'मक़तल-उल-हुसैन'; अबू अब्दुल्लाह मुहम्मद-बिन-ज़करया बसरी (मृ० 910 ई०) की 'मक़तल-उल-हुसैन' आदि में अनेक पुस्तकें अपने मूलरूप में अप्राप्य हैं, परन्तु प्राचीन इतिहास इनसे अवश्य लाभान्वित हुए थे।

इनके अतिरिक्त अल्लामा कामूँपुरी ने ज़हाक मशरिक़ी, जो कर्बला के महासंग्राम में इमाम हुसैन की ओर से जिहाद भी किया था तथा अब्दुल रज़्ज़ाक़ अलमुक़र्रिम, जो कर्बला के युद्ध में इमाम हुसैन के साथ सम्मिलित हो चुके थे। उनके 'मक़तल-उल-हुसैन' के साथ ही प्रसिद्ध इतिहासकारों में अलयाक़ूबी, इब्न-अब्दुल इब्र, अबुल फ़िदा, अलसुयूती तथा दयार बकरी आदि के ग्रंथों से उद्धृत कर 'मक़तल-उल-हुसैन' के नाम से भी अनुवाद एवं भूमिका के साथ अलग-अलग प्रकाशित कर दिये हैं। अन्य महत्त्वपूर्ण पुस्तकें भी हैं, जिनकी चर्चा संदर्भिका में कर दी गयी है।

वर्तमान युग के विख्यात विद्वान एवं लेखक मौलाना सैय्यद अली नक़ी नक़वी (मृ० 1988 ई०) की चर्चा विशेष रूप में की जा सकती है। उन्होंने कर्बला की घटना से सम्बन्धित लगभग पचास पुस्तकें लिखी हैं, जिनमें 'शुहदा-ए-कर्बला', 'मुजाहिदा-ए-कर्बला' और 'शहीदे-इंसानियत' सर्वाधिक महत्त्वपूर्ण है। इनमें 'शहीदे-इंसानियत' पहली बार हुसैनी इंक़लाब की 14वीं शताब्दी स्मृति ग्रंथ के रूप में सम्पादन-मण्डल के सदस्यों के बीच परिसंचारित की गयी थी, जिसको उनके प्रतिद्वन्द्वियों ने ईर्ष्यावश दुष्प्रचार कर मूल मन्तव्य से हटाकर अनेक उदाहरण साधारण श्रद्धालुओं में भावुक संदर्भों के साथ प्रचारित किये, जिससे वातावरण दूषित हुआ। मौलाना अली नक़ी ने विवश होकर 'शहीदे-इंसानियत' की पुनः रचना कर दी, ताकि प्रतिद्वन्द्वी वर्ग अवाक्य हो गया। अब वही संशोधित संस्करण प्रचलित है, यद्यपि पुस्तक की प्रथम रूप वर्तमान संस्करण से कहीं बेहतर था। फिर भी प्रस्तुत पुस्तक के बराबर की भी कोई अन्य पुस्तक उपलब्ध नहीं है। हमने भी प्रस्तुत संस्करण का यथोचित उपयोग किया है।

कर्बला की घटनाओं का प्रभाव क्षेत्र अत्यन्त व्यापक है, धर्म, ज्ञान-विज्ञान, साहित्य, कला आदि तक संवेदन के अनेक स्तर दीख पड़ते हैं, जिनमें आस्था पक्ष सर्वाधिक महत्त्वपूर्ण है। आस्था की अपनी मान्यताएँ होती हैं, जिनको भौतिक यथार्थ के मानक पर नहीं लिया जा सकता। आस्था तर्क-वितर्क को भी अस्वीकार देती है। कर्बला का संदेश अपने उच्चतम मानवीय आदर्श का द्योतक है, जिसने समस्त विश्व पर अपना प्रभाव अंकित किया, परन्तु इस तथ्य को भी नकारा नहीं जा सकता कि कर्बला के संदेश को आस्था ने मानवीय जीवन की परम्परा के

रूप में भी स्थापित किया है। प्रत्येक वर्ष कर्बला घटनाओं की याद मनायी जाती है, जिसका क्रम सारे वर्ष रहता है। श्रद्धाविभोर जनसमूह घंटों इस घटना के विभिन्न पक्षों पर विद्वत व्याख्यान सुनता है। कभी श्रद्धाविभोर होकर, कभी अपने वक्तव्य को अधिक प्रभावशाली बनाने हेतु तथा कभी अज्ञानवश ऐसी बातें भी कह जाता है, जो यथार्थ न होकर कल्पना की उड़ान ही होती हैं। इसके लिए समय-समय पर प्रयास होता रहा है कि वक्तागण स्वयं को यथार्थ वर्णन तक ही सीमित रखें। कर्बला की घटना में इतना कुछ दुखान्त है कि उसका यथोचित वर्णन ही पर्याप्त है। अल्लामा कामूँपुरी के शब्दों में : **''चन्द आँसुओं का बहुत मूल्य है, जो यथार्थ घटनाओं पर उबल पड़ें। झूठी घटनाओं से आँसुओं की वर्षा, अज़ादारी के उद्देश्यों से अनभिज्ञता, कर्बला की घटनाओं से अपरिचित होना तथा इमाम हुसैन से असम्बद्धता है।''**[1] यह एक विश्वव्यापी पुकार है कि कर्बला की घटनाओं का सही-सही वर्णन होना चाहिए। इसी संवेदना से प्रेरित आयतउल्लाह मुर्तज़ा मुतहरी (मृ०1979 ई०) की पुस्तक 'तहरीफ़ाते-वाक़ेआ-कर्बला' है, जिसका उर्दू अनुवाद सैय्यद ग़ज़नफ़र हुसैन बुख़ारी ने प्रकाशित किया है। घटनाओं के साथ ही अनेक व्यक्तियों के नामों के विषय में भूलें होती रहती हैं। कुछेक इतिहास ग्रन्थों में भी नाम अलग-अलग मिलते हैं, फिर उनके उच्चारण भी भिन्न रूपों में प्रचलित हैं।

प्रस्तुत पुस्तक में यथासम्भव गहन अनुशीलन एवं शोध कर कर्बला की घटनाओं का सही-सही वर्णन किया गया है। व्यक्तियों के नामों को भी यथासम्भव सही उच्चारण से लिखा गया है। एक तो वर्तनी की समस्या है। अरबी में अनेक ऐसे अक्षर जिनके कई पर्याय हैं। सभी की ध्वनि एवं उच्चारण में सूक्ष्म अन्तर है। उर्दू भाषियों ने उन सभी अक्षरों को अपनी वर्णमाला में सम्मिलित कर रखा है, परन्तु उनमें एक अक्षर का उच्चारण करते हैं। हमने भी उर्दू में प्रचलित ध्वनियों के अक्षर ही लिए हैं, क्योंकि हिन्दी पाठक के लिए यही सुविधाजनक है। दूसरी समस्या थी नामों को किस रूप में लिया जाय। उर्दू भाषियों के प्रचलित रूप में, जो निश्चय ही अशुद्ध रूप है, अथवा उसके अरबी उच्चारण के आधार पर हमने अरबी रूप को प्राथमिकता दी है, वरन् उनकी ध्वनि हिन्दी के अनुरूप रखी है। उर्दू भाषियों के कई नाम अपरिचित लगेंगे। जैसे—उमर-सअद (अमर-साद), ख़िवल्ला (ख़ूली), हरमला (हुरमुला) आदि। सही घटनाओं को ही लिपिबद्ध करना अत्यन्त व्यापक कार्य है, आशा है कि आगे अन्य विद्वान इस शोधकार्य को आगे बढ़ायेंगे। वर्ष में बहुत-सा साहित्य सृजन भी होता है, परन्तु कुछेक विषयों में विवेचनात्मक दृष्टिकोण के व्यक्ति को

1. तनवीरे-मजालिस, पृ० 6

अनेक स्थान पर घटनाक्रम को समझने में कठिनाई होती है, क्योंकि इस्लामी इतिहास की इस प्रमुख घटना को इतिहासकारिता की शर्तों के आधार पर कभी-कभी और कहीं-कहीं प्रस्तुत नहीं किया जाता, जो अपने महत्त्व के आधार पर अपरिहार्य है। घटनाक्रम का समय, काल एवं स्थान के बीच सामंजस्य होना चाहिए। परन्तु खेद है कि इस पर यथेष्ट ध्यान नहीं दिया गया जिससे घटनाक्रम से सम्बन्धित अनेक तिथियों में भ्रान्ति उत्पन्न होती है। इमाम हुसैन का सफ़र फिर उनकी शहादत के बाद बंदी परिवारजन को किन मार्गों से ले जाया गया, किस, स्थान पर कितने समय तक रोका गया, किस तिथि से चले, कब पहुँचे, एक स्थान से दूसरे स्थान के बीच कितनी दूरी है, कितना समय लगा। इस प्रकार की अनेकानेक ऐतिहासिक तथा भौगोलिक समस्याएँ हैं, जिनका समाधान चाहिए। मार्ग में तथा कर्बला, दमिश्क़ आदि तापमान से सम्बन्धित पर्यावरण समस्याएँ अलग हैं। संयोग से हमें अपने समय के सर्वश्रेष्ठ खगोलशास्त्री एवं ज्योतिषविद् अलख़्वारज़्मी, मुहम्मद-बिन-मूसा (मृ० 840 ई०) के शोध का आधारित दस्तावेज़ उपलब्ध है, जिसमें उसने इमाम हुसैन की शहादत के समय की राशियों एवं ग्रहों की दशा-दिशा का वर्णन किया। उस पर हमारे किसी विद्वान ने ध्यान नहीं दिया। यद्यपि इसके विवेचन से अनेक रहस्यमयी बातों को समझा जा सकता था, जिनको अप्रकाशित मानकर नकार दिया जाता है—जैसे, इमाम हुसैन की शहादत के बाद, काली आँधियों का चलना, नहर के पानी का बल्लियों उछलना आदि।

इन पंक्तियों के लेखक ने उपर्युक्त चर्चित इतिहासकारिता, भौगोलिक तथा पर्यावरण सम्बन्धी सभी समस्याओं का समाधान तलाशने का प्रयास किया है। वर्तमान में सशक्त प्रौद्योगिकी तकनीकी एवं संचार के अपार माध्यमों से हुसैनी क्रान्ति पर भी यथेष्ट सामग्री उपलब्ध करा दी है। यद्यपि अधिकांश अनुवाद पर आधारित है तथा शोध एवं गवेषणा की ओर भी कम ही ध्यान दिया गया, परन्तु इतने बड़े भण्डार को देखकर आँखें ठहर तो जाती हैं। हमने अपनी क्षमतानुसार उनसे लाभ उठाया है। घटनाक्रम तथा उसकी तिथियों का निर्धारण भी किया है। यह बड़ा और कठिन कार्य सम्पन्न करने में अनेक विद्वानों, शोधार्थियों एवं विशेषज्ञों की सहायता मिली, जिसके लिए इन पंक्तियों का लेखक उनके प्रति अत्यन्त आभारी हैं। उनमें सबका देना तो सम्भव नहीं है, परन्तु कुछेक प्रमुख हस्ताक्षरों के प्रति यथास्थान आभार प्रदर्शन किया गया है, परन्तु यहाँ अपने अग्रज अभिन्न मित्र तथा विश्वविख्यात समाजवैज्ञानिक एवं भूगोलवेत्ता प्रोफ़ेसर रामेश्वर प्रसाद मिश्र की चर्चा अवश्य करूँगा, जिन्होंने न केवल यह कि समस्याओं का समाधान तलाशने में असाधारण सहयोग एवं मार्ग निर्देशन किया, वरन् अन्य विद्वानों तथा विशेषज्ञों से मिलने का मार्ग प्रशस्त किया।

इस्लाम धर्म के अनुयायियों में अनेक परिवार ऐसे हैं, जिनका सर्वस्व पैग़म्बर के परिवारजनों, विशेषकर कर्बला की घटना से प्रेरित होता है। जीना-मरना प्रत्येक संस्कार उन्हीं को समर्पित होता है। मेरा परिवार भी उन्हीं में से है। मैंने माँ की लोरियों में नौहे सुने हैं। श्रद्धाविभोर वातावरण में पला-बढ़ा हूँ। कर्बला की घटना सदैव ही मेरे अध्ययन-मनन का प्रमुख अंग रही है। मेरी प्रथम प्रकाशित गद्य तथा पद्य रचनाओं की उपलब्ध पुस्तिका 'तनवीरे-ग़म' (1954 ई०) का विषय भी कर्बला की घटना है। स्नातकोत्तर छात्र के रूप में (1958 ई०) लब्धप्रतिष्ठ उलेमा से कर्बला विषयक निर्धारित समस्याओं पर आदर्श-व्याख्यान लिखवाकर एक संकलन 'तनवीरे-मजालिस' के नाम से प्रकाशित किये थे। उद्देश्य था कि कर्बला की घटना विषयक मजलिसें मात्र श्रद्धांजलि सभाएँ न हों, उनके माध्यम से सामाजिक चेतना विकसित की जाय, जो हुसैनी क्रान्ति का उद्देश्य था और है। साथ ही समाज में सहिष्णुता उत्पन्न की जाय, कोई बात इस प्रकार न कही जाय, जिससे किसी के दिल को चोट लगे।[1] कर्बला विषयक साहित्य पर मैंने स्वयं भी शोध किया है तथा पुस्तकें प्रकाशित की हैं, अनेक शोध-प्रबंधों का पर्यवेक्षक भी रहा हूँ। गत हज़ार से अधिक वर्षों में कर्बला विषयक अपार साहित्य सर्जित हुआ है, परन्तु इसके इतने आयाम हैं कि लगता है, अभी कुछ हुआ ही नहीं है। यही अतृप्ति प्रस्तुत पुस्तक को अस्तित्त्व में लाने का कारण हुई। हिन्दी पाठक को समुचित संज्ञान पाने के लिए कोई पुस्तक उपलब्ध नहीं है!

मेरा विनम्र प्रयास है कि प्रस्तुत पुस्तक के माध्यम से इस्लाम धर्म के क्रान्तिकारी आयाम का यथार्थ प्रस्तुत किया जाय। वर्तमान में इस्लामी क्रान्ति के विषय में फैली ग़लतफ़हमियों का निराकरण भी हुसैनी क्रान्ति के संज्ञान द्वारा ही सम्भव हो सकता है। अध्ययन में सुविधा को दृष्टि में रखते हुए, प्रस्तुत पुस्तक को प्राक्कथन, उपसंहार, संदर्भिका तथा नामानुक्रमणी के अतिरिक्त दस अध्यायों में विभाजित किया गया है, जो निम्नलिखित मंतव्यों पर आधारित है :

प्रथम अध्याय में इस्लाम पूर्व अरब जनजीवन का परिचय दिया गया है, जिससे इस्लामी क्रान्तिकारी पीठिका विकसित हुई। इस्लामी पैग़म्बर द्वारा इस्लाम को पूर्ववर्ती धर्मों की निरन्तरता में प्रस्तुत करने का विश्लेषण किया गया है तथा उन विशेषताओं को उजागर किया गया है, जो इस्लाम धर्म द्वारा मानव समाज को नये आयाम प्रदान करने में सहायक हुई हैं।

द्वितीय अध्याय में उन तथ्यों की चर्चा की गयी है, जिनसे इस्लाम द्वारा प्रस्तुत ईश्वरीय शासन व्यवस्था परिवर्तित होकर साम्राज्यवाद के चंगुल में आ

---

1. तनवीरे-मजालिस, पृ० 4-5

गयी। इस्लामी मूल्यों का ह्रास तथा इस्लाम पूर्व के अरब समाज की कुरीतियों की पुनर्स्थापना का विश्लेषण किया गया है।

तृतीय अध्याय में इमाम हुसैन के उस महान योगदान की चर्चा की गयी है, जिसने एक क्रान्ति का रूप धारण किया तथा उसका नामकरण भी उन्हीं के नाम पर हुसैनी क्रान्ति के रूप में प्रतिष्ठित हुआ। इस्लामी मूल्यों की पुनर्स्थापना तथा ईश्वरीय शासन व्यवस्था का अध्यर्थन स्थापित करने का वस्तुनिष्ठ विश्लेषण किया गया है।

चतुर्थ अध्याय में इमाम हुसैन के मदीना से प्रव्रजन, मक्का में हज्ज के पूर्व प्रस्थान करने, कूफ़ा में हुसैनी दूत मुस्लिम-बिन-अक़ील का वध, यज़ीदी सेना का इमाम हुसैन का मार्ग रोकना, कर्बला में आगमन आदि घटनाओं का विश्लेषणात्मक विवेचन प्रस्तुत किया गया है।

पंचम अध्याय में कर्बला में आगमन के पश्चात् इमाम हुसैन द्वारा शान्ति प्रयासों की चर्चा है। यज़ीदी सेना द्वारा नाकाबन्दी, सेनाओं की संख्या, इमाम हुसैन द्वारा शान्ति प्रयास, यज़ीदी सेना द्वारा इमाम हुसैन के साथियों पर पानी बंद करना, अकस्मात् यज़ीदी आक्रमण, कर्बला की अन्तिम रात्रि तथा इमाम हुसैन तथा उनके सहयोगियों का महाबलिदान संकल्प विषयों पर विस्तार से चर्चा की गयी है।

षष्ठम अध्याय का विषय महाबलिदान की उत्सर्ग वेदी है, जिसमें इमाम हुसैन तथा उनके सहयोगियों एवं सम्बन्धियों के अभूतपूर्व शौर्य एवं बलिदान का विस्तृत वर्णन है कि उन्होंने तीन दिन की भूख और प्यास में किस प्रकार सत्य की रक्षा हेतु अधर्म के विरुद्ध धर्म युद्ध किया। साथ ही यज़ीदी सेना के विभिन्न अमानवीय व्यवहारों की चर्चा भी की गयी है।

सप्तम अध्याय में इमाम हुसैन और उनके सहयोगियों के महाबलिदान के बाद यज़ीदियों की क्रूरता का वर्णन किया गया है कि किस प्रकार यज़ीदी सेना ने महिलाओं के साथ दुर्व्यवहार किया, उन्हें बन्दी बनाकर कर्बला से कूफ़ा और कूफ़ा से दमिश्क़ ले गये। लगभग एक वर्ष कारावास में रखा, फिर इमाम हुसैन का परिवार मदीना लौट आया। कर्बला की त्रासदी के अतिरिक्त अन्य घटनाओं की चर्चा भी की गयी है।

अष्टम अध्याय में इमाम हुसैन और उनके सहयोगियों का जीवन परिचय प्रस्तुत .केया गया है, ताकि भलीभाँति विदित हो सके कि इमाम हुसैन के साथ इस महाबलिदान में सम्मिलित होनेवाले महानुभाव कौन थे तथा इस्लाम में उनका क्या महत्त्व है।

नवम अध्याय में हुसैनी क्रान्ति की उपलब्धियों तथा उसके प्रभाव को स्पष्ट किया गया है। हुसैनी क्रान्ति द्वारा धार्मिकता का संरक्षण, इमामों का अध्यर्थन अधिकार, जाफ़री धर्मशास्त्र की सर्वग्राह्यता, हुसैनी क्रान्ति के प्रति सूफ़ियों की संवेदनशीलता, शोक-दिवस का औचित्य, हुसैनी क्रान्ति के राजनीतिक परिप्रेक्ष्य बहुआयामी प्रभाव की व्याख्या की गयी है।

दशम अध्याय में इमाम हुसैन की याद में ताज़ियादारी की परम्परा का भारतीय प्रकरण प्रस्तुत किया गया है। भारतीय ताज़ियादारी की विशेषता है कि यह मात्र मुसलमानों तक सीमित नहीं है। वरन् भारत में सभी धर्मावलम्बी इमाम हुसैन के प्रति विशेष श्रद्धा रखते हैं तथा उनकी याद में मुहर्रम, चेहल्लुम आदि के जुलूस में ताज़िया निकालते हैं।

मेरे न चाहने के बावजूद कुछेक स्थानों पर गत में प्रस्तुत तथ्यों की पुनरावृत्ति हो गयी है। ऐसा अपरिहार्य स्थिति में हुआ है परन्तु मैंने उसे यथासम्भव संक्षिप्त रखा है। प्रबुद्ध पाठकगण इसे मेरे साथ सहन करने की कृपा करें तो आभारी हूँगा। यदि इस्लामी क्रान्ति के विभिन्न आयामों को समझने-समझाने में यह पुस्तक सहायक एवं उपयोगी होती है, तो मैं स्वयं को धन्य समझूँगा।

—जाफ़र रज़ा

'शबिस्तान'
786, शाहगंज,
इलाहाबाद 211 003
गणतंत्र दिवस 2010

अध्याय : एक

इस्लाम के क्रान्तिकारी आयाम

इस्लामी धार्मिक पीठिका के संज्ञान हेतु आवश्यक है कि उसका क्रान्तिकारी परिदृश्य ध्यान में रखा जाय, जिसके अनेक आयाम विश्वधर्म इतिहास के सशक्त हस्ताक्षर के रूप में परिणत हुए हैं। इस क्रान्तिकारी परिदृश्य के महत्त्वपूर्ण सैद्धान्तिक पक्ष हैं, क्योंकि क्रान्ति गत्त्यावरोध एवं अज्ञान के विरुद्ध गति एवं ईश-संज्ञान की द्योतक है, जिसने मानव-जीवन के विभिन्न एवं अनेक आयामों को कालजयी प्रासंगिकता प्रदान की है। चूँकि गत्त्यावरोध एवं अज्ञान ने जीवन की गति एवं विकासयुक्त शक्ति का ह्रास कर दिया था, अतः एक ऐसी क्रान्ति की स्वाभाविक रूप में आवश्यकता थी, जो जीवन के गत्त्यावरोधक तत्त्वों द्वारा उत्पन्न विघटन को रोक सके, उच्च मूल्यों को पुनर्स्थापित कर सके तथा ईश्वर एवं सृष्टि के बीच आध्यात्मिक सम्बन्ध को स्थापित कर सके, क्योंकि धर्म-क्रान्ति ही एकमात्र माध्यम हो सकता है, जो गत्त्यावरोध की एकरूपता के स्थान पर विविधता एवं सामंजस्यता स्थापित कर सकता है। गत्त्यावरोध का स्वभाव निष्क्रियता पर आधारित होता है, जबकि उसके विपरीत क्रान्ति कर्मण्य स्वभाव का मूल तत्त्व होती है। गत्त्यावरोध को ठहराव एकरूपता तथा पुरातत्त्व का एक रूप माना जाता है, जबकि गतिशीलता खुले वातावरण की सैर कराती है। गत्त्यावरोध अपने चरम सीमा को पहुँच जाय, तो बिखराव अनिवार्य होता है। फिर कोई इब्राहीम जन्म लेकर उन निष्क्रिय परम्पराओं, जड़ता तथा अंधविश्वास के प्रतीक मिटा देता है, जिससे जीवन के समस्त परिप्रेक्ष्य में परिवर्तन दीखने लगता है।

परिवर्तन की इच्छा स्वतः स्पंदन उत्पन्न करती है, जिस पर सृष्टि के विकास के अधिकांश नियम आधारित हैं। यहाँ तक कि शारीरिकी विज्ञान ने मानव शरीर

में विशिष्ट रचनात्मक समान कोशिकाओं तथा तन्तुओं के समूह का पता लगाया है, जो मानव को सुन्दर से अति सुन्दर की खोज करने हेतु अग्रसर करते हैं, जिनकी क्रिया-प्रतिक्रिया में मानव की व्यक्तिगत इच्छाएँ, संवेदनाएँ तथा वृत्तियाँ उत्पन्न होती हैं, परन्तु समाज में परिवर्तन का संकेत आन्तरिक न होकर बाह्य तत्त्वों पर आधारित होता है, बल्कि यह कहा जा सकता है कि कुछेक अवसरों पर तूफ़ान तथा वर्षा भी गत्यावरोध को समाप्त करने में सहायक होते हैं।

प्रकृति ऋतुओं के माध्यम से मानव को जागृत करती रहती है। इसका प्रमाण क़ुर्आन का 'सूरह-अलफ़ील' है, जिसके अनुसार यमन का राजा अबरहा (570-71 ई०) काबा-शरीफ़ को नष्ट करने का प्रण करके हाथी पर सवार बहुत बड़ी सेना लेकर आया, परन्तु अबाबीलों ने कंकड़ियों से आक्रमण करके उन्हें 'चबाये हुए भूसे के समान' बना दिया। इसी प्रकार 'सूरह-ज़लज़ला' में धरती के भयावह भूकम्प ग्रस्त होने की चर्चा है। सबसे बढ़कर कर्बला में नकारात्मक एवं विध्वंसकारी शक्तियों की आँधियों, अत्याचार एवं प्रताड़ना के घनघोर अंधकार में कर्बला की भूमि में इमाम हुसैन उनके परिवारजनों एवं सहयोगियों के पावन रक्त से धरती रंजित हुई, यह रक्त की ऐसी वर्षा थी, जिसने इस्लाम की सूखी हुई खेती को हरा-भरा कर दिया। इस्लाम का पुनरुत्थान हुआ। इस्लाम पुनः अपने धार्मिक आधारों पर स्थापित हुआ। इस्लामी क्रान्ति ने मानवाधिकारों की सुरक्षा को सार्वत्रिक मूल्य के रूप में स्थापित कर दिया तथा सदैव के लिए समस्त क्रान्तियों में हुसैनी क्रान्ति को विशिष्ट एवं विशेष स्थान प्राप्त हो गया।

धार्मिक क्रान्ति की पीठिका

इस्लाम की धार्मिक स्थिति तथा उसके आयामों के अध्ययन में तत्कालीन धार्मिक, सांस्कृतिक एवं सामाजिक जीवन की पृष्ठभूमि को दृष्टिगत रखना अपरिहार्य है, जब इस्लामी पैग़म्बर हज़रत मुहम्मद मुस्तफ़ा ने सर्वप्रथम (610 ई० में) इस्लाम धर्म का संदेश मक्का से प्रारम्भ किया, जिसमें मक्का को व्यापारिक केन्द्र होने के अतिरिक्त धार्मिक पावनता भी प्राप्त थी, क्योंकि वहीं काबा-शरीफ़ स्थित था, जिसे अरबों के पितामह पैग़म्बर हज़रत इब्राहीम तथा उनके सुपुत्र पैग़म्बर हज़रत इस्माईल ने निर्मित किया था। पहले अरब इन रसूलों के एकत्ववादी धर्म पर स्थापित थे, परन्तु पीढ़ियों के बाद पीढ़ियाँ बीतीं, तो उन्होंने इब्राहीमी धर्म त्यागकर मूर्तिपूजा प्रारम्भ कर दी, परन्तु फिर भी उनमें इब्राहीमी धर्म की कुछ परम्पराएँ एवं मान्यताएँ शेष रह गयी थीं। जैसे, काबा-शरीफ़ का सम्मान करना, उसके चारों ओर 'तवाफ़' (परिक्रमा) करना, हज्ज तथा उमरा करना, अरफ़ात तथा मुज़दलफ़ा में रुकना, पशुओं की बलि देना तथा हज्ज

एवं उमरा के अवसर पर 'लब्बैक' (प्रस्तुत हैं) कहना। यद्यपि इसमें अनेक ऐसी बातें भी सम्मिलित कर दी गयी थीं कि इन परम्पराओं का रूप ही परिवर्तित हो गया था। अरब अपने पंचांग के चार मास अर्थात् ज़ीकात, ज़िलहिज्ज, मुहर्रम तथा रजब को महान् एवं पवित्र मानते थे। इसमें लड़ाई-झगड़ा तथा युद्ध त्याग देते थे। कुछेक अन्य निषिद्ध कार्य भी स्थगित कर देते थे।

मूर्तिपूजा का प्रारम्भ इस प्रकार हुआ कि अरब जन व्यापार के सम्बन्ध में अन्य देशों में भी जाते तो काबा का कोई पत्थर महानता एवं पवित्रता के प्रतीक रूप में अपने साथ ले जाते थे। जहाँ रहते उस पत्थर के चारों ओर परिक्रमा करते, मानो काबा का तवाफ़ कर रहे हैं। फिर स्थिति यह हुई कि जहाँ सुन्दर पत्थर देखते, उसकी पूजा करने लगते। इब्न-इसहाक़ (मृ० 768 ई०) ने विद्वत् सन्दर्भों के साथ लिखा है[1] कि एक व्यक्ति उमरू-बिन-लही व्यापार के सम्बन्ध में सीरिया गया, वहाँ उसने मूर्तिपूजा देखी, लोगों ने उसे बताया कि यह मूर्ति अत्यन्त सहायक होते हैं, उन्हीं से माँगकर एक मूर्ति मक्का लाया तथा काबा में स्थापित कर दिया तथा लोगों को उसकी पूजा करने हेतु उत्साहित किया। यही वह मूर्ति थी, जिसे 'हुबल' कहा जाता है। हुबल लाल अक़ीक़ से गढ़ा गया था। काबा में भूमिगत गोदाम पर स्थापित था, जिसमें काबा के चढ़ावे एवं अन्य दान-दक्षिणा एकत्र किया जाता था। हुबल के निकट ही सात तीर रखे हुए थे, जिनसे अरबवासी अपने वंशज, विवाह, ख़तना, मृत्यु आदि से सम्बन्धित शुभ तिथि निकालते थे। 'असाफ़' (पुरुष) तथा 'नाइला' (स्त्री) मूर्तियों के लिए विश्वास था कि उन्होंने काबा में व्यभिचार किया था तथा श्रापित होकर पत्थर हो गये। इन दोनों मूर्तियों के बीच में जगह थी, जहाँ पशुओं की बलि दी जाती। हज़रत इब्राहीम तथा हज़रत इस्माईल के स्मारक भी थे। काबा में पंक्तियाँ बनाकर 360 मूर्तियाँ स्थापित थीं। प्रत्येक दिन के लिए अलग देवता था, सूर्य सर्वाधिक आराध्य था। चन्द्रमा की तीन देवियों 'अललात' (प्रज्ज्वलित), 'अलमनात' (अन्धकारपूर्ण) तथा 'अलउज़्ज़ा' (प्रज्ज्वलन एवं अंधकार का सम्मिश्रण) को महानतम देवता की 'बिनात-उल-अल्लाह' (ईश्वर की पुत्रियाँ) माना जाता था। अललात की मूर्ति तायफ़ में थी। अलमनात एक पहाड़ी का नाम था, जो मक्का से सीरिया के मार्ग में पड़ती थी। मक्का से थोड़ी दूर पर एक स्थान नख़ला के एक वृक्ष को अलउज़्ज़ा मानकर पूजा होती थी। प्रत्येक क़बीले के अलग-अलग देवता तथा उनकी मूर्तियाँ थीं, जिनकी विस्तृत जानकारी प्रस्तुत करना यहाँ सम्भव नहीं है। लिंग पूजा भी होती थी। इसके अतिरिक्त पर्वतों, वृक्षों तथा पशुओं की पूजा होती थी और उनकी मूर्तियाँ स्थापित थीं। वृक्षों में खजूर के पेड़ तथा पशुओं

---

1. सीरत पृ० 3

में हिरन, घोड़े तथा ऊँटों की पूजा होती थी। मूर्तिपूजा के आधार पर पं० आदित्य चतुर्वेदी ने इस्लामपूर्व के अरब को वैदिक धर्म का अनुयायी सिद्ध करने का प्रयास किया है, परन्तु अपने वक्तव्य के समर्थन में कोई प्रमाण प्रस्तुत न करके मात्र अनुमान के घोड़े दौड़ाये हैं, जिनको स्वीकार करना सम्भव नहीं हो सकता।[1]

उपर्युक्त चर्चा के आधार पर यह अनुमान करना उचित नहीं होगा कि समस्त अरबवासी ईश्वर के सर्वशक्तिमान होने से अपरिचित थे। वरन् उनकी संख्या कम थी, जो मूर्ति पूजा से पलायन का मार्ग धारण करते थे अथवा स्थानीय परम्पराओं के बन्दी थे, अथवा धार्मिक सहिष्णुता के रसिया थे। परन्तु अरबों में 'साबईन' (नक्षत्र पूजक), यहूदी तथा ईसाई सर्वशक्तिमान ईश्वर की कल्पना से परिचित थे तथा उस समय में प्रचलित व्यभिचार के भी विरुद्ध थे तथा आशा करते थे कि कोई नबी-पैग़म्बर आयेगा और उन्हें इस दुर्दशा से मुक्ति दिलायेगा।[2]

इस्लाम पूर्व अरबों के सामाजिक एवं सांस्कृतिक जीवन सम्बन्धी अध्ययन में अरबद्वीप के दक्षिणी एवं उत्तरीय क्षेत्रों की विशेषताओं पर ध्यान रखना अपरिहार्य है। दक्षिणी अरब (यमन) के पितामह का नाम क़हतान था, उनकी दो बड़ी शाखाएँ क़हतान तथा हमीर थीं। क़हतानी दक्षिणी क्षेत्र के विभिन्न भागों में मुहल्ले बनाकर रहते थे, जिन्हें 'मुख़ल्लाफ़' कहते हैं। प्रत्येक मुहल्ले का सरदार होता, जिसे 'क़ील' (बहुवचन 'अक़याल') कहते थे, जो अपने आचरण एवं कार्यों में स्वतन्त्र तथा अपने राज्य का बिना किसी हस्तक्षेप के शासक होता। विभिन्न मुख़ल्लफ़ों के बीच किसी प्रकार का कोई पारस्परिक सम्बन्ध न था, उनके बीच लड़ाई-झगड़ा और युद्ध होता रहता था। शक्तिमान निर्बल को लूट लेता, वध कर देता, परन्तु बाद में उन्हीं के बीच में राज्य स्थापित हुए। सबा राज्य (750-115 ई० पू०) तथा हमीरी राज्य (100 ई० पू०-525 ई०) दक्षिणी क़हतानी यमनवासियों की स्पर्द्धा में उत्तरी क्षेत्रों (हिजाज़, तहामा तथा नज्द) के अदनानी अरब थे। इनकी तीन बड़ी शाखाएँ थीं—रबीआ, मुज़र तथा क़ुरैश। दक्षिण के क़हतानियों तथा उत्तर के अदनानियों में कई बातों में घोर अन्तर था। जैसे, क़हतानी नगरों में घर बनाकर रहते थे तथा सुसंस्कृत थे, जबकि उत्तर के अदनानियों के अधिकांश क़बीले ख़ानाबदोश (बंजारा) थे। वरन् उनमें क़ुरैश अपने घर बनाकर रहते थे।

---

1. Vedic Past of Pre-Islamic Arabic, p. 123
2. The Spirit of Islam, p. 51

क़हतानियों तथा अदनानियों की पूजन विधि तथा देवता अलग-अलग थे। उनकी भाषाओं में भी स्पष्ट अन्तर था। दोनों अपनी-अपनी भाषाओं को श्रेष्ठ मानते थे, परन्तु कालान्तर में क़ुरैश की भाषा को मानक के आधार पर दोनों ने स्वीकार कर लिया। अदनानी क़बीलों में रबीआ और मुज़र इस्लाम से दो सौ वर्ष पूर्व से सर्वाधिक शक्तिमान एवं प्रभावशाली समझे जाते थे। उनके बीच घोर शत्रुता थी। उनमें भीषण युद्ध हुए। सहस्त्रों लोग मृत्यु को प्राप्त हुए, परिवार समाप्त हो गये, वंशज का अन्त हो गया, परन्तु युद्ध चलते ही रहे। इस प्रकार के युद्ध बहुत ही साधारण-सी बातों पर हुआ करते थे। जैसे, क़बीला रबीआ की दो शाखाओं बकर और तग़लब के बीच वध एवं विनाश का कारण एक ऊँटनी थी, जिसका नाम 'सराब' था, जिसकी स्वामिनी बकर वंशज, बसूस नामक थी। इसी प्रकार मुज़र वंशज की दो शाखाओं ज़बयान तथा अबस के बीच चालीस वर्षों तक युद्ध होता रहा। कारण यह था कि घुड़दौड़ में तकरार हो गयी। ये युद्ध समस्त अरब के लिए जान का जंजाल बने हुए थे। धन-सम्पत्ति तथा प्राणों की क्षति, सुख-शान्ति का समाप्त होना आदि दैनिक जीवन के अंग थे। परन्तु लड़ाकू अरब क़बीले इसे आत्मसम्मान की बात मानते थे। अरबी भाषिक कवि अत्यन्त अतिशयोक्तिपूर्ण कविताओं द्वारा एक-दूसरे की घृणा को प्रोत्साहित करते रहते थे।

अरब क़बीलों के जीवन में युद्ध, लूटमार, वध कर देना, दैनिकचर्या में सम्मिलित थे तथा परस्पर एक-दूसरे पर इसकी घटनाओं के विषय में गौरव एवं प्रतिष्ठा की बात मानते थे। अपने असाधारण अहंकार एवं स्वयंभू वरीयता के आधार पर समस्त अन्य क्षेत्रों एवं देशों के वासियों की तुलना में स्वयं को सर्वश्रेष्ठ कहते और मानते थे। अरबों के जीवन के दो आधार थे—प्रथम यह कि युद्ध एवं वध सम्बन्धी घटनाओं का अत्यन्त अतिश्योक्तिपूर्ण वर्णन करना तथा द्वेष एवं प्रतिशोध की अग्नि को अपनी छाती में जलाये रहना। अपने अहम् के आधार पर प्राणों की आहुति देना तथा उस पर सब कुछ न्यौछावर कर देना। द्वितीय यह कि मदिरा सेवन, जुआ खेलना तथा भोग-विलास में लिप्त रहना। शराब की महफ़िलों में गाने-बजाने हेतु स्त्रियाँ होती थीं, जिनको 'क़ीनात' कहा जाता था। मदिरा में मस्त पुरुषों को स्त्रियाँ सुलभ थीं, जिसका एक उदाहरण इतिहास में ज़ियाद की माता सुमैय्या है। विवाहित स्त्रियाँ भी अन्य पुरुषों से सम्बन्ध स्थापित करने स्वतंत्र थीं। अतः बनी उमैय्या की कुख़्यात हिन्दा-जिगरख़्वारा को इस्लाम की परिधि में प्रवेश प्रदान करते हुए इस्लामी पैग़म्बर ने आदेश दिया था कि तुम अब से व्यभिचार नहीं करोगी![1]

---

1. तारीख़ अलफ़ख़्री, पृ० 167

महिलाओं का समाज में कोई आदर नहीं था, जायदाद में कोई हिस्सा नहीं था। पुरुष अपनी इच्छानुसार जितनी भी चाहे स्त्रियाँ पत्नी अथवा दासी के रूप में रख सकता था। दासियों से पेशा कराके स्वामी धन भी अर्जित करता था। दास-दासी प्रथा उत्कर्ष पर थी, दास-दासी को अपने स्वामी के प्रत्येक आदेश का पालन करना अनिवार्य होता था, चाहे वह कितना ही अनैतिक हो। युवकों से भी यौन सम्बन्ध स्थापित करने का प्रचलन था, कुछेक क़बीलों में पुत्रियों को जीवित गाड़ देते थे।

अरबों के सामूहिक जीवन में मेले-ठेलों का अत्यन्त महत्त्व था, वर्ष के विशेष महीनों में मेले और बाज़ार लगाते, जिन्हें त्योहार के समान मनाते थे, इन महीनों में लड़ाई-झगड़ा और युद्ध लूटमार आदि स्थगित रहते, इनमें तीन मेले सर्वाधिक प्रसिद्ध हैं—महनता, ज़ुलमजाज़ तथा उकाज़। महनता मक्का के निकट एक बस्ती है, ज़ुलमजाज़ अरफ़ात के मैदान के निकट एक बाज़ार है तथा उकाज़ मक्का से कुछ दूर पर एक गाँव था, उकाज़ सबसे महत्त्वपूर्ण मेला था, जो 540 ई० से लगना प्रारम्भ हुआ तथा इस्लाम के बाद भी प्रचलित रहा। 746 ई० में 'ख़वारिज' सम्प्रदाय के लूटमार के कारण बन्द हो गया। इस मेले के सकारात्मक एवं नकारात्मक दोनों ही पक्ष थे। सकारात्मक पक्षों में व्यापारिक विकास, पारस्परिक समन्वय तथा साहित्य एवं कला की सभाओं का आयोजन था। नकारात्मक पक्षों में व्यभिचार, जुआ तथा अन्य अनैतिक कार्य थे, जो नित नये ढंग से किये जाते थे। इन मेलों में समस्त अरब क्षेत्रों के लोग एकत्र होते। काबा की परिक्रमा हेतु मक्का भी जाते। स्त्रियाँ तथा पुरुष नग्नावस्था में काबा की परिक्रमा करते थे। देवताओं को मनाने हेतु विभिन्न पशुओं के अतिरिक्त मानव बलि भी दी जाती थी।

अरबों के जीवन में इन देवी-देवताओं के अद्भुत प्रभाव थे। वे उनसे समृद्धि प्राप्ति की प्रार्थना करते, सहायता माँगते तथा भेंट चढ़ाते, यात्रा में जाने से पूर्व तथा लौटकर देवी-देवताओं की मूर्तियों से अपने शरीर को मलते।[1] अरबों को 'काहिन' (भविष्यवक्ता) तथा 'अर्राफ़' (भूतवक्ता) के प्रति भी विशेष अनुराग था, उनसे सभी महत्वपूर्ण विषयों पर परामर्श करना अनुराग मानते थे, उनके विचार में इन काहिनों तथा अर्राफ़ों के अधिकार में 'जिन्नात' होते थे। अरबी में 'ज़जर' पशुओं को डराने अथवा पक्षियों के उड़ाने की आवाज़ को कहते हैं। अरब इससे शुभ-अशुभ निकालते थे, पक्षियों को पत्थर मारते यदि वे शोर करती हुई दायीं ओर जातीं, तो इसे शुभ संकेत मानते तथा यदि बायीं ओर जातीं तो अशुभ संकेत मानते थे। उनमें नाना प्रकार के अंधविश्वास विद्यमान थे।

---

1. सीरत, पृ० 116-127

इस काल में अरब एकत्ववादियों में यहूदियों तथा ईसाइयों के अतिरिक्त अरबों का भी एक ऐसा समूह भी था, जो मात्र अल्लाह की इबादत करता था। ये लोग यहूदी अथवा ईसाई धर्मावलम्बी नहीं थे, न मूर्ति पूजा करते थे, न अन्धविश्वास को अपने जीवन में प्रवेश करने दिया था। उनके चढ़ावे के पशुओं का मांस भी नहीं खाते थे। यहूदी यमन, यसरिब (मदीना) तथा ख़ैबर में आबाद थे। हीरा में कुछ क़बीले, जिनको 'अलअबाद' कहते थे तथा रबीआ वंशज क़बीले ग़सान तथा कज़ाअ की कुछ शाखाएँ ईसाई थीं। यमन में नजरान ईसाइयों का गढ़ था।

यद्यपि इस्लाम यहूदी धर्म तथा ईसाई धर्म को अपने धर्म का प्रारम्भिक पड़ाव मानता है, उनके धर्म-प्रवर्तकों हज़रत मूसा तथा हज़रत ईसा को उच्चकोटि के रुसूलों में मानता है तथा तौरात, ज़बूर तथा इंजील को पवित्र आसमानी पुस्तक मानता है, परन्तु वर्तमान में प्रचलित इंजीलका, बाइबिल के पुराने तथा नये धर्म-नियम (Old & New Testament) को स्वीकार नहीं करते। तौरात को यहूदियों ने एक स्थायी पुस्तक के रूप में नहीं रहने दिया। वरन् प्राचीन धर्म-नियम के कुछेक अंश यहूदियों के इतिहास में सम्मिलित कर दिये। इसी प्रकार प्राचीन धर्म-नियम की समस्त पुस्तक ज़बूर (Psalms) भी नहीं है। अतः वर्तमान स्थिति में मुसलमान इसे ईश्वरीय ग्रन्थ नहीं मानते हैं।[1] उदाहरणार्थ, यहूदियों के साम्प्रदायिक वर्चस्व एवं जातीय उच्चता का प्रदर्शन के साथ ही इस पुस्तक में ईश्वर को मात्र यहूदियों का ख़ुदा कहा गया है,[2] जबकि इस्लाम धर्म के अनुसार ईश्वर किसी एक जाति विशेष का ईश्वर नहीं है, वरन् समस्त ब्रह्माण्ड का ईश्वर है।

यहूदियों के 'प्राचीन धर्म-नियम' (The Old Testaments) में पक्षपातपूर्ण व्यवहार को उचित ठहराया गया है : **''यदि किसी यहूदी का बैल किसी अयहूदी के बैल को घायल कर दे, तो उस पर कोई दण्ड नहीं है। परन्तु यदि किसी अयहूदी का बैल किसी यहूदी के बैल को घायल कर दे, तो उस पर दण्ड है।......रबी शिमवायल कहता है कि यदि 'उम्मी' (अरब) और इस्त्राइली का मुक़द्दमा न्यायाधीश के सामने आये, तो न्यायाधीश यदि इस्त्राइली विधि के अनुसार अपने धार्मिक बन्धु को जोतवा सकता हो, तो उसके अनुसार जोतवाये और कहे कि यह हमारी विधि है और यदि उम्मियों की विधि के अनुसार जोतवा सकता हो, तो उसके अनुसार जोतवाये और कहे कि यह तुम्हारी विधि है। यदि दोनों विधियाँ साथ न देती हों, तो जिस बहाने से भी वह**

---

1. यहूदियतो-नसरानियत, पृ० 396
2. The Holy Bible : The Old Testaments 3/18, 5/1-2

इस्त्राइली को सफल कर सकता हो, करे। रबी शिमवायल कहता है अइस्त्राइली की प्रत्येक त्रुटि से लाभ उठाना चाहिए।''[1] स्पष्ट ही है कि इसके पश्चात् किसी प्रकार के न्याय की कल्पना ही निर्मूल हो जाती है। ज्ञातव्य रहे कि कोई भी ईश्वरीय धर्म सिद्धान्त ऐसे अनैतिक आचरण की अनुमति नहीं दे सकता।

इसके विपरीत ईसाइयों में समस्त मानव समान हैं। 'नवीन धर्म सिद्धान्त' में कहा गया है : **''न कोई यहूदी रहा, न यूनानी, न दास, न स्वतन्त्र, न कोई पुरुष, न कोई महिला, क्योंकि तुम सब यीशु मसीह में एक हो।''**[2] परन्तु बाइबिल के नाम से प्रचलित पुस्तक वह पवित्र इंजील नहीं है, जो ईश्वर ने हज़रत ईसा पर उतारी थी। वर्तमान बाइबिल में हज़रत ईसा के जीवनीकारों 'संत मत्ती' (St. Matthew), 'संत मरक़स' (St. Mark), 'संत लूक़ा' (St. Luke) तथा 'संत यूहन्ना' (St. John) ने अपनी-अपनी बाइबिल में कुछेक मौखिक कथाएँ सम्मिलित कर दी हैं। पुराने धर्म-नियम के कुछेक मन्तव्यों से स्पष्ट होता है कि इस्लामी पैग़म्बर के जीवनकाल में पवित्र इंजील को एक स्थापित ग्रन्थ की स्थिति प्राप्त थी तथा मदीना के यहूदियों के पास उसकी प्रति उपलब्ध थी।[3]

इस्लाम का मुख्य रूप में सम्बोधन अरबवासियों से था, जैसा कि प्रत्येक आन्दोलन अथवा धर्म की स्थिति में होता है कि इसका प्रारम्भ स्थानीय परिप्रेक्ष्य में ही होता है। फिर उसका सन्देश विस्तार धारण करता है। इस्लामी सन्देश मात्र अरबवासियों तक सीमित न था। वरन् उसका दावा था कि ईश्वर की ओर से बस ये अन्तिम धर्म है, जो समस्त प्राचीन धर्मों के क्रम में आया है। प्रत्येक रूप में सम्पूर्ण एवं सम्पन्न है। समस्त ब्रह्माण्ड के लिए है और प्रलय दिवस तक के लिए ईश्वर की ओर से भेजा गया है। इस्लामी मान्यता है कि आसमानी धर्मों के क्रम में ईसाई धर्म उसके पहले आया। महान् रोम के पतनोपरान्त यद्यपि ईसाई धर्म की सशक्त व्यवस्था एक हज़ार वर्षों तक स्थापित रही, तथापि कलीसा ने धार्मिक पकड़ को मशीनी पकड़ बना दिया, जिसमें व्यक्ति की निजता की सीमित सम्भावनाएँ कुचल गयीं थीं। जीवन का कार्यक्षेत्र संकुचित एवं अन्धकारपूर्ण बन गया, जिसमें यूरोपीय चिन्तन विश्वास से बौद्धिकता और बौद्धिकता से विश्वास के नाम से गोल पत्थर की तरह लुढ़कता रहता था। एक हज़ार वर्षों का दीर्घकाल रचनात्मकता के स्तर पर बाँझ प्रतीत होने लगा। अतः इतिहासकारों ने

---

1. A Talmudic Miscellany, pp. 21-27
2. The Holy Bible : The New Testaments p. 253
3. रिसायलो-मसायल, भाग-3, पृ० 35-36।

पुनर्जागरण तक के काल को अन्धकार युग का नाम दिया है। पाश्चात्य जीवन-पद्धति के पतनोन्मुखी वातावरण में ईसाइयत ने रसदार फल के ऊपरी छिलकों को जमा दिया, जिससे उसका रस सूखकर रह गया।

कलीसाई प्रभुत्व ईश्वरत्व का पर्याय बन गया। होरस (Horus) तथा आइसिस (Isis) की मूर्तियों के स्थान पर यीशु मसीह तथा मरियम की मूर्तियों ने ले लिया। सैटरनेलिया (Satur Nalia) के स्थान पर क्रिसमस का त्योहार मनाया जाने लगा। ईसाई पादरी भी प्राचीनकाल में प्रचलित कर्मकाण्ड, भविष्यवाणी, भूत-प्रेत आदि सम्बन्धित कार्य करने लगे, क्योंकि उन्हें सर्वप्रियता प्राप्त थी। प्राचीनकाल से जनता-जर्नादन में उन्हें सिद्ध महापुरुष समझा जाता था, जो समाज से अलग किसी भट अथवा कोह में रहे, निर्वस्त्र रहता हो, सभी प्रकार के स्वाद का निषेध करके अपनी इच्छाओं को समाप्त कर दे, नाना प्रकार के तपस्याओं से शरीर को कष्टों में ग्रस्त रखना, आध्यात्मिकता का चरमोत्कर्ष माना जाने लगा। वास्तविक रूप में देखा जाय तो मसीही वैराग्य दर्शन तथा उसके कार्यान्वयन में बौद्ध-भिक्षुओं, हिन्दू योगियों-संन्यासियों तथा प्राचीन मिस्त्र के क़िसरा (Anchorities), ईरानी मानीवाद, फ़लातूनी वितण्डावाद से उद्भृत है, जिसको उन्होंने आत्मशुद्धि, आध्यात्मिक उन्नयन तथा ईश्वरीय सान्निध्य का माध्यम घोषित किया। इस चिन्तन के प्रवर्तक संत अंथोनी (मृ० 350 ई०) थे, परन्तु संत अथानास्विस (मृ० 373 ई०), संत हासल (मृ० 379 ई०), संत आगस्टाइन (मृ० 430 ई०) तथा ग्रेगोरी महान् (मृ० 609 ई०) के प्रभाव में वैराग्य के अनेकानेक नियम कलीसा व्यवस्था में सम्मिलित किये गये।

ईरानी तथा भारतीय व्यापारियों के सम्बन्ध अरब उपमहाद्वीप में प्राचीन से स्थापित है। अरब व्यापारी भी ईरान तथा भारत जाते तथा निवास करते थे। अतः ईरानी तथा भारतीय धर्मों एवं परम्पराओं से अरबों का परिचित होना अपरिहार्य था, जो परस्पर सामाजिक एवं सांस्कृतिक समन्वय के रूप में उन्नति विकसित हुआ। हिन्दू धर्म एकेश्वरवाद का पोषक था, परन्तु उसका एकेश्वरवाद त्रिमूर्ति पर स्थापित है—ब्रह्मा, विष्णु तथा शिव। इस सन्दर्भ में वे ईसाइयों से समानता रखते थे, जो 'तस्लीस' (त्रित्व) में विश्वास रखते हैं—पिता (ईश्वर) पुत्र (यीशु मसीह) तथा देवदूत (जिब्रील)। परन्तु धार्मिक विश्वास के आधार पर दोनों एक-दूसरे के विपरीत हैं। मैत्रायणी उपनिषद् में त्रिमूर्ति[1] के सिद्धान्त को दो अध्यायों में वर्णन किया गया है। एक सर्वशक्ति के तीन रूप हैं—ब्रह्मा, विष्णु और शिव। प्रथम अध्याय (4.5,6) में मात्र इतना ही कहा गया है कि तीनों देवता निराकार सर्वशक्तिमान के श्रेष्ठतम रूप हैं। द्वितीय अध्याय (5.2) में उनके दार्शनिक पक्ष

---

1. हिन्दू धर्मकोश, पृ० 306।

प्रस्तुत किये गये हैं कि प्रकृति के अप्रत्यक्ष मूल्य हैं। सत्व/प्रकाश (Vigour) रजस/शक्ति (Power), तमस/जड़ता (Essence)। विष्णु सत्य हैं, ब्रह्मा रजस हैं तथा शिव तमस हैं। त्रिमूर्ति विधि के आधार पर तीनों समान हैं। परन्तु उनमें प्रत्येक सम्प्रदाय अपने इष्टदेव को श्रेष्ठ मानता है। वैष्णव सम्प्रदाय में विष्णु ही ब्रह्म हैं तथा ब्रह्मा एवं शिव उनके आश्रित देव हैं। उसी प्रकार शैवों में शिव ब्रह्म स्वरूप हैं तथा विष्णु एवं ब्रह्मा उनके आश्रित हैं। यही भाव गाणपत्य एवं शाक्यों के भी हैं। निम्बार्क, वल्लभ तथा दूसरे वैष्णव मतावलम्बी कृष्ण को विष्णु से अभिन्न तथा ब्रह्मा का स्वरूप मानते हैं। हिन्दुओं के एक सम्प्रदाय में मूर्तिपूजा होती है, जिनकी देवी-देवताओं की संख्या अनन्त है। परन्तु दूसरे सम्प्रदाय के लोग मूर्ति पूजा के परम विरोधी हैं।

हिन्दू-धर्म में ईश्वर, विश्व, व्यक्ति, पुनर्जन्म आदि विषयों पर दार्शनिक चिन्तन प्रस्तुत किया। भौतिकता तथा अध्यात्म की समस्याओं का तात्त्विक आधार पर समाधान प्रस्तुत करने का यत्न किया, जिसके विस्तार में जाने का अवसर नहीं है। परन्तु उनके धार्मिक स्पर्द्धात्मक आर्यदेश ईरान के धार्मिक विश्वासों एवं अंधविश्वासों को इस्लामी क्रान्ति के परिप्रेक्ष्य में देखने की आवश्यकता है कि जिस समय मध्य एशिया में वैदिक भजनों की रचना की जा रही थी, इन आर्यों की निरन्तर ख़ानाबदोशी से खीझकर उन्होंने कृषक जीवन धारण कर लिया था। उनकी सुख-सम्पदा ख़ानाबदोश आर्य क़बीलों के बीच स्पर्द्धा एवं शत्रुता का कारण बन गयी थी, जो अपने से अधिक सुसंस्कृति पड़ोसी आर्य को लूट लिया करती थी। इसमें दो विभिन्न जीवन पद्धति का रूप धारण कर लिया, जो एक-दूसरे के देव तथा आहूर के लिए अपमान सूचक हो गया। वही देवता जो ख़ानाबदोश आर्यों में देव था, अशुभ का प्रतीक हो गया, जो कृषक आर्यों में आहूर था, ख़ानाबदोशों में आसुर समझा गया। इस घृणा ने दोनों आर्य शाखाओं को एक-दूसरे से पृथक कर दिया। ख़ानाबदोश आर्य भारत में बस गये तथा कृषक जीवन के आर्य ईरान में।

ईरान के धार्मिक व्यवस्थापक ज़रथुस्त्र को अनेक उलेमा पैग़म्बर मानते हैं, जिनका काल 600 ईसा-पूर्व के लगभग है। उन्होंने असंख्य शुभ आत्माओं की पूजा को एकत्व का रूप देकर आहूरमज़्द का नाम दिया तथा अशुभ शक्तियों का नाम अहमन बताया। इसी कारण धार्मिक दृष्टिकोण से एकेश्वरवादी तथा दार्शनिक चिन्तन के आधार पर द्वि-ईश्वरवादी हैं। दार्शनिक चिन्तन के आधार पर मानी (मृ० 215-16 ई०) ने ईरान में बौद्ध प्रचारकों से प्रभावित होकर वैराग्य की दीक्षा दी तथा मज़दक ने आगे बढ़कर व्यक्तिगत सम्पत्ति सम्बन्धी चिन्तन के विरोध में एक अनोखी समानता का प्रचार किया, जिसमें सम्पत्ति पर प्रत्येक व्यक्ति का स्वामित्व होने के आधार पर प्रत्येक स्त्री भी प्रत्येक पुरुष के

स्वामित्व में मानी गयी। इस विचारधारा के परिणामस्वरूप कैक़ुबाद (488-98 ई०/498-531 ई०) को अपना राजसिंहासन त्यागना पड़ा। अग्निपूजा धर्म का प्रमुख अंग माना गया। सासानी शासनकाल (224-651) में इस धर्म के विभिन्न पदों का सृजन हुआ। सर्वश्रेष्ठ पद 'मैगूपत' (Magupat) मानो बादशाह था। उससे उच्चतर पद 'मगूपतन-मगूपात' (Magupatan- Magupat) मानो शंहशाह। 'एहरपात' (Ehrpat) जो प्रारम्भ में धार्मिक गुरु होता था, उसे अग्निपूजा स्थल का संरक्षक बनाया गया। 'हरबद' अथवा 'इरवद' (Herbad or Ervad) साधारण पुरोहित होता था। उससे उच्च पद पर 'मोबिद' (Mobed) होता, परन्तु सर्वोच्च पद 'दस्तूर' (Dastur) होता, जिसे मसीही विशप के समान सम्मान प्राप्त होता था। इन अग्नि पूजकों के ब्रह्माण्ड के विषय में विश्वास हिन्दुओं के त्रिमूर्ति सिद्धान्त से विचित्र रूप में समानता रखते थे, परन्तु हिन्दुओं के विपरीत उनका विश्वास है कि ब्रह्माण्ड की रचना शैतान का कार्य है। अतः 'अशुभ' उनके मूल तत्व में सम्मिलित है, इसका दार्शनिक औचित्य वैराग्य के सिद्धान्तों में निहित है। वैराग्य के विषय में एक ही प्रकार का तर्क बौद्धमत, हिन्दूधर्म, ईसाइयत तथा ज़रथुस्रतियों में मिलती है, जिसको इन धर्मों ने तपस्या एवं साधना का वस्त्र प्रदान कर दिया है।

इस्लामी क्रान्ति से पूर्व के उपर्युक्त धार्मिक पृष्ठभूमि से किसी को ग़लतफ़हमी नहीं होना चाहिए कि हमारा उद्देश्य अन्य धर्मों के नकारात्मक पक्षों की चर्चा करके इस्लाम की श्रेष्ठता का वातावरण उत्पन्न करना है। ऐसा करना इस्लाम की मूल आत्मा से अनभिज्ञता की परिचायक है, क्योंकि इस्लाम किसी भी धर्म अथवा धार्मिक मनीषी के निरादर का अत्यन्त विरोधी है। क़ुर्आन ने स्पष्ट किया है : **''जो लोग ईश्वर और उसके देवदूतों के साथ अधर्म करते हैं और चाहते हैं, ईश्वर और उसके देवदूतों के बीच विभेद करे और कहते हैं कि कुछ देवदूतों को हम मानेंगे और कुछ को न मानेंगे और इस प्रकार अधर्म तथा धर्म के बीच का मार्ग धारण कर लेना चाहते हैं, वे पक्के अधर्मी हैं और ऐसे अधर्मियों के लिए हमने अपमानजनक दण्ड निर्मित कर रखा है।''** (क़ुर्आन : 4/150,151) यह वक्तव्य सब के लिए निर्देशक सिद्धान्त है। अतः समस्त धर्मों तथा उनके प्रवर्तकों का आदर करना अनिवार्य है। परिवर्तन को चिह्नित करने की प्रक्रिया में प्रचलित अशुभ को मिटा कर शुभ को स्थापित करना होता है। इसी परिवर्तन को श्रीकृष्ण ने यह कहकर चिन्तन एवं विचार के नये क्षितिज प्रदान किये हैं :

कुलक्षये प्रणश्यन्ति कुलधर्माः सनातनाः।
धर्मे नष्टे कुलं कृत्स्नमधर्मोऽभिभवत्युत॥

(दीर्घकाल से प्रचलित कुल-परम्पराएँ कुल समाप्ति के साथ अन्त हो जाती हैं, परन्तु सद्‌गुण मिटकर भी समस्त मानवीय मूलवंश को आत्मसात कर लेते हैं। श्रीमद्‌भगवद्‌गीता : 1/40)

उपर्युक्त धार्मिक पृष्ठभूमि प्रस्तुति का उद्देश्य यह है कि इस तथ्य को स्पष्ट किया जाय कि समय गति के हाथों अनैतिक तत्त्व किस प्रकार धर्म में सम्मिलित होकर धर्म की आत्मा को खण्डित एवं प्रभावित करते हैं। धार्मिक विघटन की प्रक्रिया प्रत्येक काल में हुई है। इस्लाम पूर्व काल में भी तथा इस्लामी क्रान्ति के बाद भी, जिसकी चर्चा यथास्थान आयेगी। धार्मिक प्रदूषण ही कारण है कि एक के बाद एक नबी-पैग़म्बर आया, जिसने धर्म को प्रदूषित होने से सुरक्षित करके शुद्ध आचरण स्थापित किया, लेकिन प्रत्येक अवसर पर बाद में धर्म को प्रदूषित कर दिया गया। यहाँ तक कि इस्लामी क्रान्ति हुई जिसने प्रदूषण के कोहरे को हटाकर शुद्ध आचरण के प्रकाश को प्रज्ज्वलित कर दिया।

इस्लामी क्रान्ति के प्रवर्तक

इस्लामी क्रान्ति ने प्राच्य-जगत में अरुणोदित्य वातावरण को ज्योतिर्मय कर अंधकार पर विजय प्राप्त कर लिया, जिसे जार्ज फ्रेडरिक हीगल (मृ० 1831 ई०) ने प्राच्य का आन्दोलन कहा है। बर्टेण्ड रसल (मृ० 1872 ई०) ने इस विश्वव्यापी प्रभाव का अधिक संतुलित वर्णन किया है कि सांस्कृतिक एवं बौद्धिक उन्नति का आधार एवं स्रोत यूरोप ही नहीं था, अपितु इस युग में जबकि यूरोप कुम्भकर्णीय निद्रा में ग्रस्त था, इस्लाम की विकासोन्मुखी संस्कृति भारत से स्पेन तक प्रकाशस्तम्भ बनी हुई थी। इस्लाम और ईसाइयत के आन्दोलनों के उन्नयन आधारों में एक मौलिक अन्तर यह है कि रोम तथा यूनान की दीर्घकालीन सांस्कृतिक ज़ड़ता ने ईसाइयत के विकास का मार्ग प्रशस्त किया, तो पश्चिम को केन्द्र बिन्दु की स्थिति प्राप्त हुई, जबकि इस्लाम का उदय प्राच्य-जगत् में हुआ। प्राच्य-जगत् में ही इसकी सीमाएँ विकसित हुईं।

इस्लामी क्रान्ति का एक विचित्र पक्ष यह है कि इसका प्रारम्भ उपमहाद्वीप अरब से हुआ, जिसका अधिकांश भाग (लगभग 2,330,000 किमी०) निर्जल भूमि, ग्रीष्म ऋतु असहनीय (दिन में प्रायः 54 स), वर्षा न होने के बराबर (लगभग -500 मिमी०), अधिकतर आबादी ख़ानाबदोश, जो अपने पशुओं के साथ लगातार भ्रमण करते थे। थोड़े से लोग नगरों में आबाद थे, जिनका व्यवसाय कृषि तथा व्यापार, स्वभावतः अक्खड़, झगड़ालू तथा अहम्‌वादी। उनके दम्भपूर्ण विचार में मात्र अरबवासी 'फ़सीहो-बलीग़' (भाषिक प्रयोग में निपुण) शेष अन्य जातियाँ एवं देशवासी 'अजम' (गूँगे)! मक्का सांस्कृतिक एवं

व्यापारिक केन्द्र था, जिसको काबा के होने के कारण धार्मिक महत्त्व एवं सम्मान प्राप्त था। धर्म के नाम पर अधर्म और अन्याय का बोलबाला था, मात्र आशा की एक किरण शेष थी कि मक्कावासियों में क़ुरैश के मुहल्ला बनीहाशिम में न्याय एवं धर्म का द्वीप प्रज्ज्वलित था। उनमें कुछ लोग उस स्थिति में भी इब्राहीमी धार्मिक आदर्श पर स्थापित थे। काबा के अधिकारी भी वही थे। तीर्थयात्रियों की सेवा-सत्कार भी वही करते थे। इस्लाम के अन्तिम पैग़म्बर, जिनके आगमन का शुभ समाचार विभिन्न दैवी पुस्तकों में दिया गया था, इसी मुहल्ला बनीहाशिम में पुण्य अस्तित्व ग्रहण किया।

इस्लामी क्रान्ति के प्रवर्तक, मानव अधिकारों के संरक्षक तथा अन्तिम एवं सर्वश्रेष्ठ पैग़म्बर हज़रत अबुल क़ासिम मुहम्मद का जन्म मक्का के मुहल्ला बनीहाशिम में दिनांक 17 रबीअ-उल-अव्वल 1 गजधर-पंचांग तदनुसार 20 अगस्त, 570 ई० में हुआ था। उनके पिताश्री हज़रत अब्दुल्लाह-बिन-अब्दुल मुत्तलिब-बिन-हाशिम-बिन-अब्दुल मुनाफ़-बिन-क़ुसय थे। आपकी माताश्री हज़रत आमिना भी उच्च वंशज थीं। उनके पिता वहब फ़हरी तथा ज़ुहरा दोनों क़बीलों के सरदार थे। हज़रत आमिना की माता बरत हज़रत क़ुसय के दूसरे बेटे अब्दुद्दार की पौत्री थीं। इस प्रकार इस्लामी पैग़म्बर माता-पिता दोनों की ओर से उच्च वंशज थे।[1]

इस्लामी पैग़म्बर के पितामह हज़रत क़ुसय क़ुरैश क़बीला से थे। क़ुरैश उनके पूर्वज फ़हर की उपाधि थी। 'तक़रश' अरबी शब्द है, जिसका भावार्थ व्यवहार एवं व्यापार है। क़ुर्आन में भी क़ुरैश की चर्चा व्यापार के सन्दर्भ में ही है। यद्यपि हज़रत क़ुसय ने स्वयं को बादशाह नहीं कहा वरन् व्यावहारिक रूप में वे मक्का के बादशाह थे। उनका मकान 'दार-उल-अमारा' (राजभवन) तो नहीं था, वरन् 'दार-उल-नदवा' (सभाभवन) कहलाता था। उनके कथन को उनकी मृत्यु के पश्चात् भी विधि रूप में मान्यता प्राप्त रही। इस्लामी पैग़म्बर के पूर्वज हज़रत हाशिम, जिनके नाम पर उनके क़बीले का नामकरण बनीहाशिम हुआ, उनका वास्तविक नाम उमरू था। परन्तु इतिहास में हाशिम के नाम से इस कारण प्रसिद्ध हुए कि उन्होंने समस्त मक्कावासियों एवं तीर्थयात्रियों को ऐसा भोजन कराया, जो 'सरीद' कहलाता था। यदि रोटी के टुकड़े को शोरबा में भीगोकर खाये तो उसे 'सरीद' कहते हैं। 'हशम' रोटी को तोड़ने और चूरा करने को कहते थे। चूँकि हाशिम ने रोटियाँ तोड़कर चूरा करके शोरबे में डालकर खिलाया था, अतः हाशिम कहलाये। हाशिम अपने व्यापार के सम्बन्ध में सीरिया गये थे। वहीं परदेश में मृत्यु हो गयी।

---

1. सीरत-उल-रुसूल अल्लाह, पृ० 181

हाशिम के पुत्र हज़रत अब्दुल मुत्तलिब को अरब इतिहास में विशेष महत्त्व प्राप्त है। अबरहा (यमन) के शासक ने उन्हीं के काल (570-71 ई०) में काबा पर आक्रमण किया था, जिसकी चर्चा क़ुर्आन के 'सूरह-अलफ़ील' में है। इतिहासकारों ने लिखा है कि अब्दुल मुत्तलिब का व्यक्तित्व विशाल एवं प्रभावशाली था। अबरहा उनसे प्रभावित हुआ तथा उन्हें सम्मानपूर्वक अपने बराबर आसन ग्रहण करने को कहा फिर पूछा कि आपके आगमन का कारण क्या है। अब्दुल मुत्तलिब ने उत्तर दिया, मेरे दो सौ ऊँट जिन्हें तुम्हारी सेना ने बन्दी बना लिया है, वापस करा दें। अबरहा ने कहा, और आपको अपने काबा की चिन्ता नहीं है, जिसको मैं ध्वंस करने वाला हूँ, उसके विषय में कुछ नहीं कहोगे। अब्दुल मुत्तलिब ने उत्तर दिया, ऊँट मेरे हैं, मुझे उनकी चिन्ता है। काबा अल्लाह का घर है, वह अपने घर की चिन्ता स्वयं कर लेगा, मेरी सहायता की आवश्यकता नहीं है। अबरहा ने उनके ऊँट लौटा दिये।[1]

दूसरी महत्त्वपूर्ण बात यह है कि हाशिम ने खोदाई करके पुनः ज़मज़म को बरामद किया, जो समय की गति में पट कर मिट गया था। उसकी खोदायी में पक्का कुआँ हथियारों और सामान का गड्ढा निकला। क़ुरैश ने देखा तो अपना हक़ माँगने लगे कि हज़रत इस्माइल पैग़म्बर हमारे भी पूर्वज हैं। परन्तु पंचायत ने निर्णय अब्दुल मुत्तलिब के पक्ष में दिया। अब्दुल मुत्तलिब के दस बेटों में अबूलहब, अब्बास, हम्ज़ा, अबूतालिब तथा अब्दुल्लाह इस्लामी इतिहास में विशेष महत्त्व रखते थे। अबूलहब इस्लाम का परमशत्रु हुआ, जिसकी भर्त्सना में क़ुर्आन का एक सुरह है। अब्बास, हम्ज़ा तथा अबूतालिब की इस्लाम के पोषकों में गणना होती है। हज़रत अबूतालिब, हज़रत अली के पिताश्री थे तथा हज़रत अब्दुल्लाह इस्लामी पैग़म्बर के पिताश्री थे। इब्न-इसहाक़ ने उनके विवाह के सन्दर्भ में एक रोचक घटना लिखी है कि हज़रत अब्दुल मुत्तलिब अपने सुपुत्र हज़रत अब्दुल्लाह का हाथ पकड़े उनका निकाह करने के उद्देश्य से क़ुरैश की सर्वश्रेष्ठ युवती हज़रत आमिना के पिता एवं बनूज़ुहरा के सरदार वहब कल्बी के घर की ओर चले, तो बनी असद की एक महिला ने अब्दुल्लाह के मुख पर एक विशेष आभा को देखकर कहा कि यदि आप इस समय मेरे साथ सम्भोग कर सकें, तो मैं आपको सुनहरे आँखों वाले सौ ऊँट देने को तैयार हूँ। अब्दुल्लाह ने उत्तर दिया, इस समय मैं अपने पिताश्री के साथ जा रहा हूँ। हज़रत अब्दुल मुत्तलिब हज़रत आमिना के घर पर आये और उनसे हज़रत अब्दुल्लाह का निकाह कर दिया। हज़रत अब्दुल्लाह ने हज़रत आमिना को मकान उपलब्ध कराया और दोनों वैवाहिक जीवन व्यतीत करने लगे। यहाँ तक कि उन्होंने गर्भधारण कर

1. सीरत, पृ० 68

लिया। बाद में हज़रत अब्दुल्लाह अपने घर मक्का लौट आये। लौटते समय बनी असद की उसी महिला से भेंट हुई, जो वरक़ा-बिन-नोफ़िल की बहन थी। अब्दुल्लाह ने मुस्कान के साथ पूछा, अब क्या इरादा है? उसने उत्तर दिया, तुममें जो ज्योति प्रज्ज्वलित थी, वह तुमसे विदा हो चुकी है। अब मुझे तुम्हारी कोई आवश्यकता नहीं है।[1] माताश्री हज़रत आमिना के गर्भ से शिशु जन्म के पूर्व ही उनके पति का देहान्त हो गया। परन्तु कुछ जीवनीकार कहते हैं कि शिशु के जन्म के 28 माह पश्चात् पिताश्री का स्वर्गवास हुआ। यह वक्तव्य सही नहीं दीखता, क्योंकि यदि शिशु के जन्म के समय पिताश्री हज़रत अब्दुल्लाह जीवित रहे होते, तो माताश्री हज़रत आमिना उनको सूचित करने के स्थान पर शिशु के आजा को क्यों सूचित करतीं।

माताश्री आमिना का कथन है कि गर्भावस्था में उन्होंने एक स्वप्न देखा कि कोई कह रहा है कि तुम्हारे गर्भ में मानवता का सरदार है। उसके साथ श्रीप्रकाश उत्पन्न होगा। उसका नाम मुहम्मद रखना। तौरात तथा इंजील में उसका नाम अहमद है। समस्त ब्रह्माण्ड उसकी स्तुति में वन्दना करेंगे। फ़ुर्क़ान में उसका नाम मुहम्मद है। अतः यही नाम रखना। जन्म के उपरान्त हज़रत आमिना ने शिशु के आजा हज़रत मुत्तलिब को पूरी बात कहला दी। वे स्वयं पधारे शिशु को उठा लिया। काबा-शरीफ़ में लाये और आशीषवचन कविता के रूप में कहे : "**स्तुति ईश्वर की, जिसने मुझे गुलाबी गोरे रंग का यह पवित्र शिशु प्रदान किया। यह शिशु अवस्था में ही युवाओं का सरदार है। मैं इसे ईश्वर के शरण में देता हूँ, जो इस सुदृढ़ किनारोंवाले घर का स्वामी है। यहाँ तक कि वह भरपूर अवस्था को पहुँच जाये और मैं देखूँ कि उसके जोड़बन्द सशक्त हो चुके हैं। ईर्ष्या करनेवालों से ईश्वर का संरक्षण मानता हूँ। यहाँ तक कि मैं इसे महान् वक्ता एवं भाषाविद् देखूँ, दूसरी दो दैवी पुस्तकों में जिसका नाम अहमद रखा गया है, जो सर्वविदित है।**"[2]

हज़रत अब्दुल मुत्तलिब ने अपने पितृहीन पौत्र का पोषण बड़े लाड़-प्यार से किया। देखनेवालों ने बयान किया कि अब्दुल मुत्तलिब काबा-शरीफ़ की छाया में धरती पर फ़र्श बिछाकर बैठते थे, जिस पर उनकी उत्कृष्टता एवं महानता के कारण कोई अन्य व्यक्ति यहाँ तक कि उनके अपने पुत्र भी नहीं बैठते थे, लेकिन आमिना का यह लाडला उनके साथ बैठ जाता था। चाचा हटाना चाहते तो अब्दुल मुत्तलिब कहते, मेरे बच्चे को छोड़ दो। ईश्वर की सौगन्ध इसकी बड़ी महिमा है। शिशु की पीठ पर हाथ फेरते रहते। शिशु जो कार्य भी करता अब्दुल

---

1. सीरत, पृ० 34-35
2. सीरत, पृ० 41, 42

मुत्तलिब देख-देखकर भाव-विभोर होते रहते।[1] माताश्री हज़रत आमिना अपने शिशु को उच्चतम आचरण एवं आदर्श से सुसज्जित कर रही थीं कि छः वर्ष बाद उनका स्वर्गवास हो गया। दो वर्ष पश्चात् हज़रत अब्दुल मुत्तलिब भी अपने ईश्वर से जा मिले। वरन् वसीयत करके आठ वर्ष से कम आयु के मुहम्मद को अपने सुपुत्र हज़रत अबूतालिब के सिपुर्द कर गये, जो माता की ओर से हज़रत अब्दुल्लाह के सगे भाई थे तथा इस अल्पायु शिशु के हर प्रकार से सगे चाचा थे। हज़रत अबूतालिब का नाम अब्द-मुनाफ़ था। हज़रत अब्दुल मुत्तलिब के काव्यबद्ध वसीयतनामा का एक शेर है : **''ऐ अब्द-मुनाफ़ (अबूतालिब) मैं अपने बाद इस एकेश्वरवादी के विषय में तुम्हें वसीयत करता हूँ, जो अपने पिता की मृत्यु के बाद अकेला रह गया है।''**[2]

यहाँ इस तथ्य की ओर ध्यान आकृष्ट करना उचित दीखता है कि इस आठ वर्ष के शिशु को 'एकेश्वरवादी' कहकर वसीयत करना, स्पष्ट करता है कि वसीयत करनेवाला और जिसको वसीयत की जा रही है, दोनों ही एकेश्वरवादी हैं, अन्यथा कोई अईश्वरवादी किसी अईश्वरवादी को एक ईश्वरवादी की रक्षा करने का आदेश देना निरर्थक हो जायेगा। इसके अतिरिक्त इस परिवार के अन्य मनीषियों के जो काव्य इतिहास में सुरक्षित रह गये हैं, उनमें सदैव ईश्वर से प्रार्थना की गयी है, काबा के तथाकथित देवताओं से नहीं।

हज़रत अब्दुल मुत्तलिब की मृत्यु पर इतने मरसिये (शोक-काव्य) कहे गये, जितने उनसे पूर्व किसी के लिए भी नहीं कहे गये। उनकी मृत्यु को अपूर्व क्षति घोषित किया गया। उनकी मृत्यु के पश्चात् राज्य एवं सरदारी पर उन्हीं के वंशज की दूसरी शाखा उमैय्या के पुत्र हरब ने अधिकार कर लिया, जो अब्दुल मुत्तलिब के परिवार का परमशत्रु था। वरन् ज़मज़म तथा तीर्थयात्रियों का सेवाकार्य उनके सुपुत्र अब्बास को मिला। हज़रत अबू तालिब हर प्रकार से सत्ता से बाहर रहे, परन्तु अपने उच्च आचरण एवं व्यवहार के आधार पर क़ुरैश में सर्वाधिक सम्मान प्राप्त था। उन्होंने अपने पिताश्री हज़रत अब्दुल मुत्तलिब की वसीयत के पालन में अपने चहीते भतीजे मुहम्मद के पालन-पोषण तथा प्रतिरक्षा को अपने जीवन का सर्वाधिक महत्त्वपूर्ण उद्देश्य बना लिया। यहाँ तक कि जब उनके प्राणप्रिय भतीजे ने अपने पैग़म्बर होने की घोषणा की और क़ुरैश उनके ख़ून के प्यासे हो गये, तो बढ़े हुए ख़तरे की स्थिति में यह भय उत्पन्न हुआ कि रात के अंधकार में पैग़म्बर का जीवनदीप बुझाया जा सकता है, तो अबूतालिब सारी रात जागते, चहीते भतीजे को बिस्तर से उठाते, उसके स्थान पर अपने पुत्रों में किसी को लेटा

1. सीरत-उल-पैग़म्बर अल्लाह, पृ० 189
2. सीरत, पृ० 80

देते। यदि किसी का वध होना ही है, तो मुहम्मद को आँच न आये, मेरे बेटे उन पर न्यौछावर हो जायें! अबूतालिब की पत्नी हज़रत फ़ातिमा-बिन्त-असद भी अपने भतीजे के सेवा सत्कार में अपने पति से किसी प्रकार कम नहीं थीं, जिन्हें हज़रत मुहम्मद भी सदैव अपने माताश्री के रूप में सम्मान देते थे। जब चाची का स्वर्गवास हुआ तो भतीजे ने अपना वस्त्र कफ़न के रूप में दिया। जब जनाज़ा रवाना हुआ, तो जनाज़े के गहवारा के नीचे-नीचे चलते रहे। किसी ने इसका कारण पूछा तो उत्तर दिया—जितनी देर तक भी माताश्री की छत्रछाया सर पर बनी रहे, उचित ही है!

मातृ-पितृहीन बालक अपने माता-पिता के स्वाभाविक प्रेम से वंचित होने के कारण स्वभावतः अधिक संवेदनशील होते हैं। उनके किसी साधारण भावना को ठेस लग जाय, तो आँखों से आँसू उभर पड़ते हैं और बालक अपने माता-पिता को याद करने लगते हैं कि यदि वे जीवित होते, तो उनकी इच्छा की पूर्ति अवश्य होती। युवा मुहम्मद भी प्रकृति के नियमों के आधार पर आयु की सीमाएँ पार कर रहे थे। श्रद्धावान् चाचा अबूतालिब तथा मातामयी दयावान चाची फ़ातिमा उन पर प्राणों से न्यौछावर रहती थीं। परन्तु उस मन को क्या करें जो मातृ-पितृहीन बालक को समय-समय पर माता-पिता की याद दिला ही देता। एक बार अबूतालिब ने व्यापारियों के क़ाफ़िले के साथ सीरिया जाने का इरादा किया। भतीजे ने ऊँटनी की लगाम पकड़ ली और कहा—चाचाश्री, आप मुझको किसके सहारे छोड़े जा रहे हैं, न मेरी माँ है, न मेरा बाप। अबूतालिब के मनोभाव में उठते हुए तूफ़ान का अंदाज़ा उनके इस उत्तर से लगाया जा सकता है—ईश्वर की सौगन्ध! यह अवश्य मेरे साथ जायेगा। न मैं इसे जुदा करूँगा और न इससे जुदा होऊँगा।[1] यही पहला सफ़र है जो इस्लामी पैग़म्बर ने अपने श्रद्धेय चाचा के व्यापारिक क़ाफ़िले के साथ किया। इस सफ़र की पुण्य-स्मृतियाँ अबूतालिब की कविता सुरक्षित है, जिसमें उन्होंने चर्चा की है कि इस यात्रा के बीच यहूदी ऋषियों ने इस्लामी पैग़म्बर को देखकर बताया था कि इनके बारे में तौरात में चर्चा वर्तमान है। यही नबी होंगे। इस्लामी पैग़म्बर की दूसरी व्यापारिक यात्रा मक्का की सर्वाधिक धनवान महिला ख़ुदैजा-बिन्त-ख़्वैलिद के माल के साथ हुआ। वे एक सम्भ्रान्त व्यापारिक महिला थी, जो किसी न किसी को वेतन अथवा भागीदारी के आधार पर सम्मिलित करके व्यापार करती थीं। इस्लामी पैग़म्बर के साथ व्यापार करने में उन्हें दोगुना से अधिक लाभ हुआ। इस यात्रा में उनका दास मयसरा भी था। उसने अपनी स्वामिनी से बताया कि मार्ग में यहूदी

---

1. सीरत, पृ० 84

ऋषियों ने भविष्यवाणी की है कि यह व्यक्ति नबी है, जिसके विषय में इंजील में चर्चा की गयी है।[1]

इस्लामी पैग़म्बर हज़रत मुहम्मद के नबी होने की घोषणा के पूर्व के जीवन पर दृष्टि की जाय, तो स्पष्ट होता है कि वे उस समय की जाहिली परम्पराओं के प्रदूषण से पूर्णतः सुरक्षित रहे। नबी होने के ऐलान से पूर्व ही व्यवहार में श्रेष्ठतम, आचरण में उच्चतम तथा वंशज के आधार पर सर्वाधिक सम्मानित माने जाते थे। सर्वश्रेष्ठ पड़ोसी, उच्चतम जीवन मूल्य, सर्वाधिक सत्यवादी, आचरण में अद्वितीय यहाँ तक कि मक्का के धर्मभ्रष्ट समाज में 'अलअमीन' (निष्ठावान) की उपाधि से विख्यात थे। तत्कालीन अरब समाज आतंकवाद से ओतप्रोत था। अपने क़बीले के प्रति अवश्य ही निष्ठा रखते थे, परन्तु बाहर से आये व्यक्तियों को लूट लेना, हत्या कर देना, उनकी स्त्रियों और युवतियों को अपहरित कर दासी बना लेते थे। अभी मुहम्मद मात्र पच्चीस वर्ष के थे कि उन्होंने इस समस्या के समाधान हेतु एक युवा संगठन बनाया, जिसे इतिहास में 'हिल्फ़-उल-फ़ुज़ूल' (फ़ाज़िलों की मण्डली) के नाम से जाना जाता है। यह मित्र-मण्डली सभी आगंतुकों की सुरक्षा सुनिश्चित करती थी। परन्तु विचित्र ही है 610 ई० के लगभग 40 वर्ष की आयु में हज़रत मुहम्मद ने अपना पैग़म्बर होना घोषित किया। उसके बाद वही अरब जो उनके अत्यन्त प्रशंसक थे, घोर शत्रु हो गये। विशेषकर अरब का धनवान वर्ग, जिसका नेतृत्त्व उमैय्या वंश कर रहा था।

इस्लामीत्त्व के सिद्धान्त

इस्लामी क्रान्ति को प्रचलित शब्दावलियों के आधार पर कोई ऐसी क्रान्ति नहीं समझना चाहिए, जिसमें प्राच्य को निरस्त करके नवीनता अथवा आधुनिकता को विकसित किया जाता है। इस्लामी क्रान्ति प्राच्य स्वस्थ मूल्यों का संरक्षक एवं पोषक है। उसके समस्त सकारात्मक एवं रचनात्मक मूल्यों को विकसित करता है। इस्लाम किसी नये धर्म का नाम नहीं है, वरन् प्राचीन धर्मों के विकास क्रम का अन्तिम पड़ाव है। इस प्रकार इस्लामी क्रान्ति किसी नवीन धर्म अथवा जीवन-शैली प्रदान करने का दावेदार नहीं हो सकता। प्राच्य धर्मों के प्रवर्तकों की संख्या एक लाख चौबीस हज़ार बतायी जाती है। क़ुर्आन कहता है : "**कोई जाति ऐसी नहीं है, जिसमें निर्देशित करने वाला (नबी या पैग़म्बर) न हुआ हो।**" (क़ुर्आन : 35/24) एक अन्य आयत भी है : "**प्रत्येक जनसमूह के लिए एक पैग़म्बर और जब पैग़म्बर आ जाता है तो उनके बीच न्यायप्रद निर्णय**

1. सीरत, पृ० 98-99

हो जाता है तथा उन पर किसी प्रकार का अत्याचार नहीं होता।'' (क़ुर्आन : 10/47) क़ुर्आन ने इस्लामी क्रान्ति की स्थिति स्पष्ट कर दी है : **''आज मैंने तुम्हारे लिए धर्म को पूर्णरूपेण कर दिया और अपने समस्त उपकार प्रदान करके तथा तुम्हारे लिए इस्लाम धर्म को रुचिकर बना दिया।''** (क़ुर्आन : 5/3) इस्लाम धर्म की विशेषता है कि यह किसी पृथक् जनसमूह, वर्ग, समाज, देश अथवा काल तक सीमित नहीं है। सभी मानवप्राणी देश-समाज तथा काल-समय इसकी परिधि में आते हैं। इसका नाम 'इस्लाम' है, जिसका अर्थ सुख-शान्ति है, अतः जो व्यक्ति, सुख-शान्ति में विश्वास करता है, इसका अनुयायी है। उसका ईश्वर मात्र मुसलमानों का पूज्य नहीं है, वरन् **'रब्ब-उल-आलमीन'** (क़ुर्आन : 1/2) सभी दुनियाओं का पालनहार है। इसका रुसूल **'रहमत-उल-आलमीन'** (क़ुर्आन : 21/107) (सभी दुनियाओं का दयानिधान है। इसका आधार अत्यन्त व्यापक है, जिसका संदेश समस्त मानव-जाति के लिए समान रूप में है।

प्राचीन काल से चले आ रहे धर्मों के आधार पर अधिकार एवं दायित्व को दो भागों में विभाजित किया जा सकता है—'हुक़ूक़-उल-अल्लाह' अर्थात् ईश्वर से सम्बन्धित दायित्व तथा 'हुक़ूक़-उल-अबाद' अर्थात् मनुष्य से सम्बन्धित दायित्व। ईश्वर से सम्बन्धित दायित्व का मूल है—**''ला इलाह इलल्लाह'' (कोई ईश्वर नहीं है, अल्लाह के अतिरिक्त)**। यही वह मंत्र है, जिसको प्रत्येक मुसलमान को सर्वप्रथम धारण करना होता है। ईश्वर से सम्बन्धित दायित्व में अनेक विश्वास निहित हैं—**''अल्लाह एक है।''** (क़ुर्आन : 112/1), **''अल्लाह सबका स्वामी एवं शासक है, समस्त मानव का पूजनहार है।''** (क़ुर्आन : 114/23), **''अल्लाह से ही समस्त समस्याओं में सहायता मिलती है।''** (क़ुर्आन : 57/5), **''अल्लाह ही प्रत्येक वस्तु का रचनाकार है।''** (क़ुर्आन : 39/62), **''अल्लाह किसी अन्य के समतुल्य नहीं है।''** (क़ुर्आन : 42/11), **''अल्लाह न किसी का पिता है, न किसी का पुत्र।''** (क़ुर्आन : 112/3)।

उपर्युक्त दायित्व को स्वीकार करने के पश्चात् क़ुर्आन आदेश पारित करता है : **''हे धर्मभीरू! पैग़म्बर तथा वह किताब, जो पैग़म्बर पर उतारी गयी और वे किताबें जो इससे पूर्व उतारी जा चुकी हैं, सब पर ईमान लाओ और याद रखो कि जो अल्लाह, देवदूतों, आसमानी ग्रन्थों, पैग़म्बर और क़यामत के दिन को नकारेगा, वह निश्चय ही पथभ्रष्टता में बहुत दूर निकल गया है।''** (क़ुर्आन : 4/136) इस आधार पर पैग़म्बर अथवा पैग़म्बर अथवा नबी ईश्वर द्वारा नियुक्त, उसका प्रति-शासक है। ईश्वरीय दूत के रूप में पैग़म्बर उसके आदेशानुसार कार्य सम्पन्न करता है। अपनी ओर से किसी संशोधन अथवा परिवर्धन का अधिकार नहीं रखता। यहाँ तक कि अपनी इच्छानुसार कुछ कहता

ही नहीं। क़ुर्आन कहता है : "**वह उसी समय बोलता है जब उस पर कोई श्रुतिप्रकाश होती है।**" (क़ुर्आन : 53/4)

मनुष्य से सम्बन्धित दायित्व के दो पक्ष हैं—मानव के ईश्वर तथा धर्म से सम्बन्धित दायित्व तथा मानव के मानव से सम्बन्धित दायित्व। ईश्वर तथा धर्म से सम्बन्घित मानव के दायित्वों की चर्चा उपर्युक्त पंक्तियों में की जा चुकी है। मानव के मानव से सम्बन्धित दायित्व इस्लाम में अत्यन्त स्पष्ट रूप में प्रस्तुत कर दिये हैं— किसी व्यक्ति पर कोई व्यक्ति अपना धर्म बलपूर्वक आरोपित नहीं कर सकता : "**धर्म में किसी प्रकार का बल प्रयोग नहीं किया जा सकता है।**" (क़ुर्आन : 2/256)। उपद्रव करना वर्जित है : "**धरती पर उपद्रव न मचाओ।**" (क़ुर्आन : 7/85), "**जो लोग धरती में उपद्रव मचाते हैं, उनका दण्ड यह है कि वध किये जायें अथवा सूली पर चढ़ाये जायें।**" (क़ुर्आन : 5/33)। वचनबद्धता का पालन करो : "**वचन को पूरा करो, निश्चय ही इसके विषय में पूछताछ होगी।**" (क़ुर्आन : 17/34)। किसी के उपकार को जीवनपर्यन्त याद रखना : "**क्या उपकार का बदला, उपकार के अतिरिक्त कुछ और हो सकता है।**" (क़ुर्आन : 55/60)। किसी की बुराई का बदला उसी सीमा तक लिया जा सकता है, जहाँ तक वह बुराई हुई हो और यदि क्षमा कर सको तो यह सर्वोत्तम है : "**और बुराई का बदला उतना ही जितना की हो, फिर जो क्षमा कर दे तथा सुधार करे, तो उसका बदला अल्लाह देगा। अल्लाह अत्याचारियों को पसन्द नहीं करता।**" (क़ुर्आन : 42/40)। शासक एवं सत्तापक्ष का दायित्व है कि धर्म के आदर्शों पर दृढ़तापूर्वक स्थापित रहे : "**यह वह लोग हैं, यदि हम धरती पर सत्ता प्रदान करें तो नमाज़ स्थापित करेंगे तथा ज़कात देंगे तथा शुभ कार्यों का आदेश देंगे और बुराई से रोकेंगे।**" (क़ुर्आन : 22/41)। किसी के निजी जीवन में हस्तक्षेप न करो : "**और लोगों के भेद न टटोलो।**" (क़ुर्आन : 25/2)। कोई किसी का उपहास न करे : "**कोई वर्ग दूसरे वर्ग का उपहास न करे।**" (क़ुर्आन : 57/5)। बंधुत्त्व, समानता तथा सहिष्णुता का व्यवहार करो, क्योंकि सभी मनुष्य समान हैं : "**तुम सबको एक व्यक्ति (आदम) तथा उसकी अर्धांगिनी (हौव्वा) भी उसी प्रकार से उत्पन्न किया। फिर दोनों से बहुत बड़ी संख्या में स्त्री-पुरुष समस्त संसार में फैला दिये।**" (क़ुर्आन : 4/1)। स्त्री एवं पुरुष एक-दूसरे के लिए अपरिहार्य तथा परस्पर पूरक हैं : "**स्त्रियाँ तुम्हारे लिए वस्त्र हैं और तुम उनके वस्त्र हो।**" (क़ुर्आन : 2/187)। इस्लाम में वैराग्य नहीं है : "**और वैराग्य जिसे उन्होंने स्वयं अविष्कार कर लिया है, हमने उन्हें इसका आदेश नहीं दिया है।**" (क़ुर्आन : 57/27)।

क़ुर्आन ने इस्लामी राजसत्ता को परिभाषित किया है : "**वही अल्लाह है जिसने आकाशों और धरती को वास्तव में उत्पन्न किया।**" (क़ुर्आन : 6/73)।

दूसरे स्थान पर है : **"क्या तुम नहीं जानते कि आकाशों और धरती पर राज्य ईश्वर का ही है।"** (क़ुर्आन : 2/107)। फिर कहा गया : **"और राज्य में उसका कोई सहभागी नहीं है।"** (क़ुर्आन : 25/2)। फिर स्पष्ट किया गया : **"सदैव जीवित अपने बल पर स्थापित, न उसको ऊँघ आये, न नींद में घिरे, आकाश और धरती में जो कुछ है उसी का है। कौन है जो उसकी अनुमति के बिना उसके पास निवेदन करे, जो कुछ लोगों के सामने है उसे भी जानता है और जो कुछ उनसे ओझल है, उनसे भी परिचित है।"** (क़ुर्आन : 67/1)

इस्लाम ने विश्व के सामने दैवी-शासन व्यवस्था के सिद्धान्त प्रस्तुत किये हैं : **"राज्य नहीं है किसी का सिवाय अल्लाह के।"** (क़ुर्आन : 12/40) इस दैवी शासन में ईश्वर का प्रतिनिधि पैग़म्बर है, जिसको स्वयं ईश्वर ने चयनित किया है। इसके लिए क़ुर्आन ने 'इस्तफ़ा' की शब्दावली प्रयोग की है, जिसके अर्थ हैं, अनेक वस्तुओं में से किसी सर्वश्रेष्ठ वस्तु का चयन कर लेना। इसी आधार पर इस्लामी पैग़म्बर का नाम मुहम्मद मुस्तफ़ा है, अर्थात्, चयनित मुहम्मद! निश्चय ही चयनित व्यक्ति विभिन्न योग्यताओं के आधार पर सर्वश्रेष्ठ है तथा अपने पद के लिए सबसे अधिक उपयुक्त है। क़ुर्आन ने स्पष्ट किया है : **"ईश्वर ही बेहतर जानता है कि उसे अपनी पैग़म्बरी किसके सुपुर्द करनी चाहिए।"** (क़ुर्आन : 6/124) परन्तु नेतृत्व के विषय पर क़ुर्आन ने स्पष्ट कर दिया है कि कोई अत्याचारी कभी भी दैवी राज्य का प्रमुख नहीं हो सकता : **"और उस समय को याद करो जब अल्लाह ने चन्द बातों में इब्राहीम की परीक्षा ली और वे उसमें सफल हुए तो ईश्वर ने कहा कि हम तुमको लोगों का इमाम बना रहे हैं। उन्होंने याचना की— मेरे परिवारजन! वक्तव्य हुआ कि यह इमामत का पद दुराचारियों तक नहीं जायेगा।"** (क़ुर्आन : 2/124)

दैवी राज्य के विषय में भी व्याख्या की गयी है। एक ऐसा राज्य जिसमें राज्य की सीमाएँ न हों, समस्त विश्व एक ही राज्यसीमा के भीतर हो, जब कोई सीमा ही न होगी, तो उसके प्रतिबन्ध का प्रश्न न होगा। इन सीमाओं की सुरक्षा हेतु किसी सेना की आवश्यकता न होगी। कोई राज्य अपनी सीमाओं में विस्तार हेतु दूसरे राज्य की सीमाओं पर आक्रमण नहीं करेगा। सभी लोग स्वतन्त्र रूप में घूम-फिर सकेंगे। एक-दूसरे के ज्ञान से लाभ उठायेंगे। एक-दूसरे के साधनों का प्रयोग कर सकेंगे, व्यापार कर सकेंगे, आदान-प्रदान कर सकेंगे। राष्ट्र एवं देश के नाम पर लोग एक-दूसरे के शत्रु नहीं बनेंगे। चारों ओर सुख-शान्ति होगी। सुख-शान्ति समृद्धि बढ़ेगी। मानव उन्नति के मार्ग पर अग्रसर होगा। पुलिस का कार्य मात्र शासन के लिए कार्य करना नहीं होगा वरन् सुख-शान्ति स्थापित करना होगा। इससे व्यक्ति और राज्य के बीच शासन में ऐसा संतुलन स्थापित होगा कि

न तो शासन निरंकुश होकर किसी को विवश कर सकेगी, न व्यक्ति असीमित स्वातंत्र्य पाकर उद्दंड एवं सामाजिक लाभ का शत्रु बन सकेगा। वरन् व्यक्ति को मौलिक अधिकार देकर दैवी राज्य की विधि को प्रधानता प्रदान करते हुए, सत्ता के अनावश्यक हस्तक्षेप से सुरक्षित कर दिया जाता है। उसको नैतिकता के आधार पर समाज की भलाई के लिए दैवी राज्य से पूर्ण सहयोग करना अपेक्षित होता है।

दैवी राज्य के व्यावहारिक पक्षों का निर्वाह ईश्वर का प्रतिनिधि नबी या पैग़म्बर सम्पन्न करेगा उसके बाद उसके उत्तराधिकारी, जो अपने आचरण की शुद्धता एवं पवित्रता में अद्वितीय, जनता के विश्वासपात्र होंगे। परन्तु वे स्वयं किसी पद के प्रत्याशी नहीं बनेंगे। दैवी आदेश है : **"वह आख़िरत का घर हम उन लोगों को देंगे जो ज़मीन पर न अपनी बड़ाई के इच्छुक होते हैं और न उपद्रव करना चाहते हैं।"** (क़ुर्आन : 28/83) पैग़म्बर की अनेक हदीसें इस सम्बन्ध में हैं, एक हदीस देखिए : **"ईश्वर की सौगन्ध हम अपने राज्य का पद किसी ऐसे व्यक्ति को नहीं देते जो उसका इच्छुक हो अथवा उसकी लालच रखे।"**[1] पैग़म्बर का उत्तराधिकारी अथवा अन्य अधिकारी स्वयं दैवी चयनित होंगे। उन्हें पैग़म्बर चयनित करेंगे या फिर उनके बाद उनके चयनित उत्तराधिकारी। इसी क्रम में यह आध्यात्मिक राजसत्ता चलती रहेगी। यह अधिकारी अपनी ओर से कोई विधि लागू नहीं करेंगे। वरन् दैवी विधि की व्याख्या समयानुसार करते रहेंगे। इनके अधिकार क्षेत्र भी क़ुर्आन ने स्पष्ट कर दिये हैं : **"हे लोगो! जो इमान लाये हो, अनुपालन करो ईश्वर की और पैग़म्बर की और उन लोगों की जो तुममें श्रेष्ठ हों। फिर अगर तुम्हारे बीच किसी विषय में मतभेद हो जाये, तो उसे अल्लाह और पैग़म्बर की ओर फेंक दो। अगर तुम अल्लाह और क़यामत के दिन पर ईमान रखते हो।"** (क़ुर्आन : 4/59)

यह शासन व्यवस्था साधारण प्रचलित धर्मतन्त्र (Theocracy) से भिन्न है। इसमें ईश्वर की सत्ता को स्वीकार करने की सीमा तक तो अवश्य ही प्रचलित धर्मतन्त्र से समानता है, वरन् उसको व्यावहारिक रूप देने में अलग सिद्धान्त प्रतिपादित है। इस सिद्धान्त के अनुसार धार्मिक महानुभावों के किसी विशेष वर्ग को सत्ता का निर्वाहन केन्द्र मानने पर भी, इस राजनीति में भौतिक लाभ एवं उद्देश्य की पूर्ति के स्थान पर सत्ता को नैतिकता का वर्चस्व स्वीकारना पड़ता है।

---

1. जाम्अ-उल-सहीह-उल-बुख़ारी, भाग-3, पृ० 442, हदीस सं० 2022; जाम्अ-उल-सहीह-उल-मुस्लिम, भाग-2, पृ० 107 हदीस सं० 863

इस राजनीति का बाह्य रूप भी पूर्णरूपेण सत्य, शान्ति एवं सर्वसुखाय, न्याय एवं उपकार पर आधारित होना चाहिए। इस राष्ट्र में किसी वर्ग को जीवन के आवश्यक वस्तुओं से वंचित नहीं किया जा सकता, जिस पर प्रत्येक व्यक्ति का जन्मसिद्ध अधिकार है।

उपर्युक्त पंक्तियों में स्पष्ट करने का प्रयास किया गया है कि इस्लामी राज्य का मूल मंत्र क्या है। निश्चय ही एक स्वतन्त्र इस्लामी राज्य उसी स्थिति में अस्तित्व ग्रहण कर सकता है, जब वह पूर्णरूपेण स्वतन्त्र होते हुए स्वयं को ईश्वर के सामने समर्पित कर देता है और उसी के अन्तर्गत सत्ता को जनकल्याण के लिए समर्पित करे। वह एक ऐसा राज्य होगा, जो सभी प्रकार के क्षेत्रीय, भाषायी एवं जातीय समीकरणों से मुक्त होगा। पूर्वाग्रहों एवं पक्षपात को त्यागकर विश्व के प्रत्येक भाग में मानव वंशज के व्यक्ति चाहे जहाँ भी रहते हों, इन सिद्धान्तों को स्वीकार कर सकते हैं तथा बिना किसी भेदभाव एवं पक्षपात के समस्त मानव को समान अधिकार प्रदान कर सकते हैं। विश्व में जहाँ भी इन सिद्धान्तों के आधार पर राज्य स्थापित होगा, वह इस्लामी राज्य होगा चाहे उसका नाम कुछ भी रखें तथा उसका संचालन करनेवाले गोरे हों या काले या पीले हों, योरोप के हों, एशिया के हों अथवा अमेरिका के। इस प्रकार की दैवी सत्ता विश्व बंधुत्व स्थापित करेगी।

समानता एवं एकता का सन्देश :

इस्लाम ने रंग-नस्लभेद, क़ौम-क़बीला तथा क्षेत्रीय संकीर्णताओं को समाप्त करके समस्त विश्व के लोगों को समानता एवं एकता का सन्देश दिया था। इसका आधार क़ुर्आन ने स्पष्ट किया है : **"हे लोगो! हमने तुमको उत्पन्न किया है एक पुरुष और एक महिला से और बना दिया है, तुमको विभिन्न जातियाँ और क़बीले ताकि तुम एक-दूसरे की पहचान कर सको।"** (क़ुर्आन : 49/13) समस्त विश्व के लोग एक माता-पिता की संतान हैं, तो सभी मानव समान रूप में सम्मानीय हैं : **"और हमने आदम की संतान को सम्मान प्रदान किया।"** (क़ुर्आनः17/62) समस्त मानव की व्यवहारिक एवं बौद्धिक शक्तियाँ समान हैं : **"पढ़ अपने रब के नाम से जिसने पैदा किया, इंसान को रक्त की फटकी से, पढ़ और तेरा रब है अत्यन्त दयालु, जिसने सिखाया क़लम से, सिखाया इंसान को, जो वह न जानता था। दयानिधान है, जिसने सिखाया क़ुर्आन, पैदा किया इंसान को और सिखाया उसको बोलना।"** (क़ुर्आन : 55/1-4)

इस्लाम भाषिक आधार पर किसी को वरीयता प्रदान नहीं करता। भाषाएँ सम्प्रेषण का माध्यम मात्र हैं। चूँकि इसलामी पैग़म्बर के श्रोता उस समय अरबवासी थे। अतः उनकी भाषा में क़ुर्आन श्रुतिप्रकाश हुआ। अरबी भाषा अपने

आप में गौरव की पात्र नहीं है। इससे पूर्व अन्य नबियों रुसूलों की अपनी-अपनी भाषाएँ थीं। **''और (पूर्व में) सब को नबी बनाया और फिर उन्हें अपनी दया का पात्र भी बनाया और उच्चतम् भाषा भी बनाया।''** (क़ुर्आन : 19/50) **''और तुम्हारे रंग तथा भाषाओं का मतभेद भी है।''** (क़ुर्आन : 30/22) **''और हमने जिस पैग़म्बर को भी भेजा मगर उसी क़ौम की ज़बान के साथ।''** (क़ुर्आन : 14/4)

न्याय-प्रधान धर्म :

न्याय इस्लाम धर्म के मौलिक सिद्धान्तों में सम्मिलित है। न्याय मानव जीवन के अलौकिक विधान में मात्र व्यवहार का माध्यम नहीं है, वरन् ईश्वर के निजत्व का द्योतक है : **''और ईश्वर अपने बन्दों पर कदापि अन्याय नहीं करता।''** (क़ुर्आन : 22/10) इस्लामी राजव्यवस्था में क़ुर्आन मूल-विधान है, जो प्रत्येक व्यक्ति के लिए समान है। इसमें राज्य के सबसे निम्न वर्ग से लेकर उच्चतम वर्ग अथवा इस्लामी राज्य के शीर्ष व्यक्ति तक सभी लोगों पर इस्लामी विधान एक समान आदेश पारित करता है। किसी भी व्यक्ति के लिए विधान के बाहर कोई प्राथमिकता प्राप्त नहीं हो सकती। क़ुर्आन में अल्लाह ने अपने पैग़म्बर को यह घोषित करने का आदेश दिया है : **''और मुझे आदेश दिया गया है कि तुम्हारे बीच न्याय करूँ।''** (क़ुर्आन : 42/15) एक हदीस में पैग़म्बर ने सभी लोगों के साथ समान व्यवहार करने की चर्चा की है : **''तुमसे पहले जो उम्मतें गुज़री हैं, वह इसीलिए तबाह हुईं कि वे लोग निम्न वर्ग के अपराधियों को विधि के अनुसार दण्ड देते थे तथा उच्च वर्ग के लोगों को छोड़ देते थे। सौगन्ध है, उस अल्लाह की, जिसके हाथ में मुहम्मद के प्राण हैं। अगर मुहम्मद की अपनी बेटी फ़ातिमा भी चोरी करती, तो मैं ज़रूर उसका हाथ काट देता।''**[1]

इस्लाम में विधि को सर्वोच्च माना गया है। पैग़म्बरों के विषय में ईश्वरीय वक्तव्य है : **''हमने पैग़म्बरों को स्पष्ट तर्क के साथ भेजा और उनके साथ पुस्तक एवं न्यायिक तुला उतारी ताकि लोग न्याय पर स्थापित हों।''** (क़ुर्आन : 57/ 25) व्यक्तियों के धर्मनिष्ठ होने का आधार भी न्याय को माना गया है : **''हे ईमानवालो! ईश्वर के धर्म के लिए संगठित एवं न्याय के साक्षी बनो तथा किसी वर्ग की शत्रुता तुम्हें न्याय से कदापि वंचित न रखने पाये। न्याय करो, यही सदाचार का आधार है।''** (क़ुर्आन : 5/8)

---

1. जाम्अ-उल-सहीह-उल-बुख़ारी, भाग-3, पृ० 357 हदीस सं० 1688

सुख-शान्तिपूर्ण जीवन व्यवस्था :

इस्लाम अरबी शब्द 'सिल्म' से उद्धृत है, जिसके भावार्थ सुख-शान्ति है। इस्लाम एक ऐसी जीवन व्यवस्था को प्रोत्साहित करता है जिसमें स्वयं जियो तथा दूसरे को भी जीने दो का आदर्श है। इस्लामी क्रान्ति ने अध्यात्म एवं धर्म तथा भौतिक जीवन के बीच सीमांकन रेखा समाप्त कर दी। अध्यात्म एवं धर्म भौतिक जीवन के लिए परम आवश्यक अंग हैं। एक-दूसरे के पूरक हैं। मानव सामाजिक प्राणी है, उसको समाज में नहीं रहना चाहिए। इस सामाजिक जीवन का निर्देशक सिद्धान्त है : **"अल्लाह की इबादत करो और किसी वस्तु को उसमें सम्मिलित न करो तथा माता-पिता के साथ श्रद्धापूर्वक व्यवहार करो तथा सम्बन्धियों के साथ तथा पितृहीनों, निर्धनों, पास-पड़ोस के लोगों, दूर रहने वाले लोगों, अपने साथियों, दुःखी यात्रियों, दासों एवं सेवकों सबके साथ शुभ व्यवहार करो। अल्लाह दम्भकारी तथा अहंकारी लोगों को पसन्द नहीं करता।"** (क़ुर्आन : 4/36) और अल्लाह जिनको पसन्द करता है, उनकी पहचान भी बता दी, जो यह है : **"अल्लाह के बन्दे वही हैं, जो धरती पर धीरे से चलते हैं और जब अज्ञानी उनको सम्बोधित करते हैं, तो वे सुरक्षा का सन्देश देते हैं।"** (क़ुर्आन : 25/63)

आर्थिक एवं सामाजिक व्यवस्था :

इस्लामी अर्थव्यवस्था में धन का निरन्तर परिचलन में रहना अनिवार्य है। अतः आगे अच्छे दामों पर बेचने के लिए खाद्य पदार्थ का संचय करना निषिद्ध है। शोषण मुक्त समाज की संरचना हेतु एक-दूसरे के बीच बंधुत्व पर इस्लाम विशेष बल देता है। किसी को ऋण देकर उसे आर्थिक संकट से उबारना बड़ा पुण्य है, परन्तु ऋण को वापस लेने में दबाव बनाने की मनाही है। यदि उसकी आर्थिक स्थिति नहीं सुधरी है तो उसे माफ़ कर देने की सलाह दी गयी है : **"यदि तुम्हारा ऋणी आर्थिक संकट में है, तो उसे स्थिति सुधारने तक का समय दो और यदि तुम ऋण को क्षमा कर सको, तो तुम्हारे लिए अधिक उचित है और यदि तुम इस मर्म को समझ सको।"** (क़ुर्आन : 2/280)

इसी क्रम में आर्थिक व्यवस्था की रीढ़ की हड्डी स्वर्ण-परिचलन है। क़ुर्आन का स्पष्ट आदेश है : **"जो लोग सोना-चाँदी एकत्र करते हैं और उसे ईश्वर के मार्ग में व्यय नहीं करते, हे पैग़म्बर, आप उन्हें हृदयविदारक यातना की सूचना दे दें।"** (क़ुर्आन : 9/34) फिर कहा गया : **"सावधान! एक-दूसरे का माल अनुचित रूप में न खाना और न शासकों को देना कि घूस देकर निषिद्ध रूप**

में लोगों के माल खाओ, जबकि तुम जानते हो कि यह तुम्हारा माल नहीं है।'' (क़ुर्आन : 2/188)

इस्लाम ने पुरुष एवं महिला के अधिकार सुनिश्चित करके उन्हें पारस्परिक सहयोग का आदेश दिया है। विवाह के पश्चात् उनकी एक छोटी-सी इकाई बनती है : **''पुरुष महिलाओं के पोषक एवं संरक्षक हैं, उन विशिष्टताओं के आधार पर, जो ईश्वर ने एक व्यक्ति को दूसरे व्यक्ति पर दी है।''** (क़ुर्आन : 4/34) एक अन्य आयत में कहा गया है : **''स्त्रियों से सम्बन्ध स्थापित करो, सतीत्व एवं सदाचार के साथ।''** (क़ुर्आन : 4/24) माता-पिता एवं परिवारजनों की सम्पत्ति में पुरुषों के साथ ही महिलाओं का भी अधिकार है : **''पुरुषों के लिए उनके माता-पिता और परिवारजनों की विरासत में एक भाग है और महिलाओं के लिए भी उनके माता-पिता और परिवारजनों की विरासत में से एक हिस्सा है, वह माल बहुत हो या थोड़ा, यह भाग दायित्व रूप में है।''** (क़ुर्आन : 4/7)

दैवी संविधान :

दैवी राज्य का एक दैवी विधान भी है, जो लिखित रूप में है। उसी का नाम क़ुर्आन है, उसके आदेश तथा पैग़म्बर का जीवन जो इस विधि के आधार पर स्थापित है, उसका अनुसरण करना अनिवार्य है। ऐसा कोई नया विधान जो दैवी विधान की आत्मा एवं मिज़ाज से भिन्न हो प्रतिपादित नहीं किया जा सकता। इस्लामी पैग़म्बर की प्रसिद्ध हदीस है : **''तुम पर अनिवार्य है कि अल्लाह की किताब की पैरवी करो, जिस चीज़ को उसने हलाल किया, उसे हलाल मानो और जिसने उसने हराम किया है उसे हराम मानो।''**[1] यह राजव्यवस्था न्याय पर आधारित होगी : **''और जब लोगों के बीच निर्णय करो तो न्याय के साथ करो।''** (क़ुर्आन : 4/58)

इस्लामी इतिहास में 'मीसाक़-उल-मदीना' (मदीना संधि) का विशेष महत्त्व है, जिसको विश्व का प्रथम लिखित संविधान कहा गया है।[2] इस संविधान में कुल 47 अनुच्छेद हैं, जिनमें कुछेक के कई खण्ड हैं। इसका एक भाग मुसलमानों के बीच आत्मीयता, संगठन, आध्यात्मिक एवं सामाजिक सुधार एवं प्रशिक्षण तथा उनके अन्य मदीनावासियों से सम्बन्धों के विषय में है। मदीना नगर के राजनीतिक अनुशासन एवं सुरक्षा की व्यवस्था का भी प्राविधान है, परन्तु

1. अलमुसनद : अहमद, भाग-1, हदीस सं० 907, 966
2. The First Written Constitution in the World. pp. 4-9

दूसरा भाग मुसलमानों तथा अन्य धर्मावलम्बियों के बीच विधान के रूप में प्रस्तुत है, जो वर्तमान शब्दावली के आधार पर कहा जाय, तो धर्मनिरपेक्षता का उच्चतम आदर्श प्रस्तुत करता है। उचित होगा कि इस संविधान के कुछेक अनुच्छेदों की चर्चा कर दी जाय :

1. शरणार्थी तथा क़ुरैश एक ही वर्ग हैं।

2. यदि उनके किसी व्यक्ति पर किसी ने ऐसा अन्याय किया, जो अपराध की श्रेणी में आ सकता है, तो वे उसका प्रतिफल पाने के योग्य होंगे।

3. यहूदी अपने धर्म पर रहेंगे तथा मुसलमान अपने दीन पर वरन् जिसने अत्याचार एवं पाप किया, वह अपने आपको और अपने घरवालों को कष्ट में डालेगा।

4. सभी यहूदियों को समान अधिकार होंगे।

5. पड़ोसी अपने आप की तरह होगा, न उसे हानि पहुँचायी जायेगी, न उस पर अत्याचार होगा।

6. यदि कोई बाहरी शक्ति 'यसरिब' (मदीना) पर आक्रमण करे, तो सभी लोग परस्पर सहयोग से उसका सामना करेंगे।

7. यदि मुसलमानों में कोई अपने साथियों के साथ यहूदियों से सन्धि करना चाहे, तो यहूदी उसे स्वीकार करेंगे तथा यदि कोई यहूदी अपने साथियों के मुसलमानों से सन्धि करना चाहे, तो मुसलमान उसे स्वीकार करेंगे।

8. व्यय की स्थिति में सभी लोग अपने-अपने अंश का भार ग्रहण करेंगे।

9. यह सन्धि किसी अत्याचार एवं पापी को उसके दुष्कार्य के लिए सुरक्षा नहीं प्रदान करेगा।

10. जो मदीने से बाहर चला जायेगा, अथवा मदीना में रहेगा, अथवा सभी सुरक्षित होंगे।

पैग़म्बर और उनके परिवारजन

गतपृष्ठों में संदर्भ आ चुका है कि हज़रत मुहम्मद ने अपने प्रारम्भिक जीवन में हज़रत ख़ुदैजा के व्यापार में सहयोग किया था। उनकी उच्च विशेषताओं से प्रभावित होकर हज़रत ख़ुदैजा ने स्वयं विवाह करने का संदेश भिजवाया, जो क़ुरैश की महिलाओं में वंशज के आधार पर उच्चतम, व्यवहार में श्रेष्ठ तथा धन-सम्पदा में सबसे बढ़कर थीं। इस्लामी पैग़म्बर के दूसरे चाचा

हज़रत हम्ज़ा ने निकाह पढ़कर उन्हें आपसे सम्बद्ध कर दिया। तत्पश्चात् उनका समस्त धन-सम्पदा इस्लाम के प्रचार-प्रसार में व्यय हुआ। उनके जीवनकाल में इस्लामी पैग़म्बर ने कोई दूसरा विवाह नहीं किया। उन्हीं की सुपुत्री हज़रत फ़ातिमा ज़हरा थीं, जिनका विवाह हज़रत अली-बिन-अबूतालिब से हुआ, जिनके सुपुत्र इमाम हसन तथा इमाम हुसैन तथा सुपुत्रियाँ हज़रत ज़ैनब तथा हज़रत उम्म-कुलसूम का कृतित्त्व इस्लामी-क्रान्ति के लिए अपरिहार्य है। आगामी पंक्तियों में हज़रत अली, हज़रत फ़ातिमा तथा उनके सुपुत्रों का संक्षिप्त परिचय दिया जाता है।

हसन और हुसैन अर्थात् हसनैन :

इमाम हसन तथा इमाम हुसैन दोनों को सामूहिक रूप में हसनैन कहते हैं। इस्लामी पैग़म्बर ने पूर्व पैग़म्बर हज़रत हारून के ज्येष्ठ सुपुत्र 'शब्बर' के नाम पर अपने ज्येष्ठ नाती का नाम शब्बर तथा कनिष्ठ नाती का नाम शब्बीर रखा। क्रमशः इन दोनों नामों का अरबी अनुवाद हसन तथा हुसैन है। इमाम हसन अपने छोटे भाई से आयु में दस माह सत्रह दिन बड़े थे। दोनों भाई इस तरह से एक-दूसरे से आचरण, व्यवहार और स्वभाव में जुड़े रहे कि दोनों को मिलाकर अरबी के बहुवचन में 'हसनैन' उपाधि हो गयी। हसनैन को इस्लामी पैग़म्बर की श्रेष्ठताओं के पूरक के रूप में माना जाता है। शाह अब्दुल अज़ीज (मृ० 1824 ई०) ने लिखा है कि इस्लामी पैगम्बर को शहीद होने का गौरव हसनैन के माध्यम से प्राप्त हुआ, जिसमें हसन विषपान से शहीद हुए और हुसैन युद्धभूमि में अपने रक्त से नहाकर वीरगति को प्राप्त हुए। इस प्रकार से इस्लामी पैग़म्बर को दोहरी शहादत प्राप्त हुई।[1]

हसनैन की प्रारम्भिक शिक्षा-दीक्षा इस्लामी पैग़म्बर की छत्रछाया में हुई थी। उन्हें अपने नातियों से असाधारण प्रेम था। मुसलमानों का विश्वास है कि पैग़म्बर का यह प्रेम मात्र नाती होने के आधार पर नहीं था, वरन् ईश्वर के आदेशों के पालन में था, क्योंकि क़ुर्आन ने स्पष्ट किया है कि पैग़म्बर अपने मन से कोई बात कहते ही नहीं थे, जब तक कि ईश्वर की ओर से आदेश न हो। इस प्रकार उन्होंने इमाम हुसैन के विषय में जो कहा था, जो किया सभी, ईश्वर के आदेशों के अनुपालन में था। उदाहरणार्थ, ईदगाह जाने की तैयारी होती है तब बच्चे कहते हैं सब लोग अपने ऊँटों पर जा रहे हैं, हमारे पास ऊँट नहीं है, हम कैसे जायें? पैग़म्बर उन्हें अपने कंधों पर बिठा

1. सिर्र-उल-शहादतैन, पृ० 35

लेते हैं और कहते हैं—तुम्हारा ऊँट मैं हूँ। बच्चे कहते हैं—सबके ऊँटों के नकेल है। पैग़म्बर अपने सुन्दर केश उनके हाथों में थमा देते हैं। बच्चे कहते हैं—सभी ऊँट बोलते भी हैं, हमारा ऊँट क्यों नहीं बोलता? पैग़म्बर अपने मुख से ऊँट की आवाज़ निकालते हैं। पैग़म्बर के सर्वसम्मान्य सहाबीगण साथ-साथ हैं। दोनों में से कम-से-कम एक बच्चे को अपने कंधे पर ले जाना चाहते हैं। पैग़म्बर मना कर देते हैं। कोई मित्र कहता है—बच्चो! तुम्हारी सवारी कितनी अच्छी है! पैग़म्बर कहते हैं—नहीं, कहो, सवार कितने अच्छे हैं?[1] पैग़म्बर मस्जिद में अभिबोधन दे रहे हैं। हसनैन प्रवेश करते हैं। बालपन के कारण अपने ही वस्त्रों में उलझ कर गिर पड़ते हैं। पैग़म्बर अभिबोधन को विराम देते हैं। मंच से नीचे उतरते हैं। बच्चों को गोद में उठाते हैं, पुनः मंच पर जाते हैं तथा अपना अभिबोधन सम्पन्न करते हैं।[2] पैग़म्बर नमाज़ पढ़ रहे हैं। सिजदा की स्थिति में हैं। हुसैन घर में प्रवेश करते हैं, नाना को सिजदे की स्थिति में देखते हैं। बालपन की लीला, पैग़म्बर की पीठ पर सवार हो जाते हैं। पैग़म्बर सिजदे को बढ़ाते जाते हैं कि हुसैन स्वयं अपनी इच्छा से उनकी पीठ पर से हट जायें। पैग़म्बर स्वयं उन्हें नहीं हटाते!

इस प्रकार की अनेक घटनाएँ हैं, जिनमें पैग़म्बर अपने अनुयाइयों से कहते दीख पड़ते हैं—देख लो कि मैं इनसे कितना प्रेम करता हूँ, तुम भी इनसे इसी प्रकार प्रेम करना। फिर अह्लबैत तथा हसनैन की स्तुति में हदीसें कहते हैं; कुछेक देखिए : "**अबूज़र ग़फ़्फ़ारी ने काबा का द्वार पकड़ कर कहा कि मैंने पैग़म्बर को यह कहते सुना है—सूचित हो कि मेरे अह्लबैत तुम्हारे लिए पैग़म्बर नूह की नौका के समान हैं, जो व्यक्ति नाव में बैठा, उसने मुक्ति पायी और जो नौका में सवार होने से रह गया, वह नष्ट हो गया।**"[3] एक दूसरी हदीस इस प्रकार है : "**अब्बास-बिन-अब्दुलमुत्तलिब का कथन है कि इस्लामी पैग़म्बर ने कहा, ईश्वर की सौगंध, किसी व्यक्ति के हृदय में उस समय तक ईमान नहीं आ सकता, जब तक वह मेरे परिवारजनों से मेरे वंश-सम्बन्ध के आधार पर प्रेम न करे।**"[4] एक और हदीस है : "**ज़ैद-बिन-अर्क़म कहते हैं कि इस्लामी पैग़म्बर ने अली, फ़ातिमा, हसन तथा हुसैन के विषय में कहा कि**

---

1. जाम्अ-उल-सहीह-उल-मिश्कात-उल-मसाबीह, भाग-3, पृ० 260 हदीस सं० 5910
2. जाम्अ-उल-सहीह-उल-मिश्कात-उल-मसाबीह, भाग-3, पृ० 253 हदीस सं० 5876
3. जाम्अ-उल-सहीह-उल-मिश्कात-उल-मसाबीह, भाग-3, पृ० 263 हदीस सं० 5921
4. अलसुन्नन : इब्न-माजा, पृ० 13

जो व्यक्ति इन लोगों से लड़े, मैं उससे लड़ने वाला हूँ और जो व्यक्ति इनसे सन्धि रखे, मैं उनसे सन्धि रखनेवाला हूँ।''[1] इसी प्रकार : ''अब्दुल्लाह-बिन-अब्बास का कथन है कि इस्लामी पैग़म्बर ने अपने परिवारजनों के लिए कहा कि ये लोग (अली, फ़ातिमा तथा उसके दोनों पुत्र हसन और हुसैन) ही मेरे परिवार हैं। इनका जन्म मेरे स्वभाव से हुआ है। उन्हें मेरी समझ तथा मेरे शरीर का अंग मिला है। मेरे उस अनुयाई के लिए कष्ट एवं विनाश है, जो इनकी श्रेष्ठता को नकारता हो और मुझसे इनका जो सम्बन्ध है, उसे काटना चाहता है। ईश्वर ऐसे लोगों को मुक्ति हेतु मेरी संस्तुति प्रदान नहीं करेगा।''[2]

इस्लामी पैग़म्बर की धर्मपत्नी हज़रत आयशा कहती हैं : ''इस्लामी पैग़म्बर समस्तजनों में अपनी पुत्री फ़ातिमा को सर्वाधिक प्रेम करते थे। प्रश्न करनेवाले ने पूछा—और पुरुषों में? उन्होंने उत्तर दिया—उनके पति से।''[3] एक अन्य हदीस में है : ''फ़ातिमा मेरे मांस का अंग है। जिस व्यक्ति ने फ़ातिमा को क्रोधित किया उसने मुझे क्रोधित किया।''[4] तथा एक अन्य कथन है : ''कष्ट में डालती है मुझे वह वस्तु जो फ़ातिमा को कष्ट में डालती है और दुःख पहुँचाती है मुझको वह वस्तु जो फ़ातिमा को दुःख पहुँचाती है।''[5]

इमाम हसन और इमाम हुसैन—दोनों भाइयों की मुखाकृति इस्लामी पैग़म्बर से मिलती-जुलती थी। प्रसिद्ध हदीस है : ''इस्लामी पैग़म्बर ने कहा कि हसन और हुसैन स्वर्ग में युवाओं के सरदार हैं।''[6] एक अन्य प्रसिद्ध हदीस है : ''इस्लामी पैग़म्बर ने कहा कि हुसैन मुझसे है और मैं हुसैन से हूँ। जिसने हुसैन के प्रति प्रेम भाव रखा उसने मेरे प्रति प्रेम भाव रखा और जिसने मेरे प्रति प्रेम भाव रखा उसने ईश्वर के प्रति प्रेम भाव रखा।''[7]

''इस्लामी पैग़म्बर से पूछा गया कि आप अपने परिवारजनों में किससे सर्वाधिक प्रेम करते हैं। पैग़म्बर ने कहा—हसन और हुसैन से। वे अपनी पुत्री फ़ातिमा से कहते कि मेरे दोनों सुपुत्रों को बुलाओ, फिर वे हसन और हुसैन के

---

1. जाम्अ-उल-सहीह-उल-मिश्कात-उल-मसाबीह, भाग-3, पृ० 257 हदीस सं० 5893
2. कंज़-उल-उम्माल-फ़ी-सुन्नत-उल-अक़वाल-वअलअलफ़ाज़, भाग-2, पृ० 218
3. जाम्अ-उल-सहीह-उल-मिश्कात-उल-मसाबीह, भाग-3, पृ० 254 हदीस सं० 5877
4. जाम्अ-उल-सहीह-उल-मुस्लिम, भाग-2, पृ० 238 हदीस सं० 2349
5. जाम्अ-उल-सहीह-उल-मिश्कात-उल-मसाबीह, भाग-3, पृ० 255 हदीस सं० 5884
6. जाम्अ-उल-सहीह-उल-मिश्कात-उल-मसाबीह, भाग-3, पृ० 258 हदीस सं० 5901
7. जाम्अ-उल-सहीह-उल-मिश्कात-उल-मसाबीह, भाग-3, पृ० 260 हदीस सं० 5907

शरीर को सूँघते और गले से लगाते।''[1]

''अब्बुल्लाह-बिन-उमर ने बताया कि पैग़म्बर ने कहा—तुम्हारे तमाम पुरुषों में सर्वश्रेष्ठ अली-इब्न-अबीतालिब हैं तथा तुम्हारे समस्त युवाओं में सर्वश्रेष्ठ हसन और हुसैन हैं तथा तुम्हारी समस्त महिलाओं में सर्वश्रेष्ठ फ़ातिमा हैं।''[2]

इसी प्रकार एक अन्य हदीस है, इस्लामी पैग़म्बर ने हज़रत अली को सम्बोधित करके कहा : ''हे अली, मैं एक वृक्ष से उत्पन्न किया गया हूँ और तुम भी उसी वृक्ष में उत्पन्न किये गये हो। मैं उस वृक्ष का मूल हूँ और तुम उसके तना हो। हसन और हुसैन उसकी शाखाएँ हैं तथा हमारे मित्रगण उसके पत्ते हैं। अतः जो व्यक्ति इस पेड़ के किसी अंग से सम्बद्ध हो जाये, ईश्वर उसे जन्नत में प्रवेश प्रदान करेगा।''[3]

कर्बला की घटना तथा इमाम हुसैन के शहीद होने के विषय में भी हदीसें मिलती हैं। उनमें से एक हदीस जो पैग़म्बर की धर्मपत्नी उम्म-फ़ज़्ल द्वारा बतायी गयी है, इस प्रकार है कि एक बार वह पैग़म्बर की सेवा में उपस्थित हुईं और उन्होंने कहा कि हे ईश्वर के पैग़म्बर, आज मैंने बहुत ही अनिष्टकारी स्वप्न देखा है। उन्होंने पूछा—वह क्या? उन्होंने कहा कि मैंने स्वप्न में देखा कि आपके पवित्र शरीर से एक टुकड़ा काटा गया और मेरी गोद में रख दिया गया। पैग़म्बर ने कहा—तुमने अच्छा स्वप्न देखा है। ईश्वर ने चाहा तो मेरी सुपुत्री फ़ातिमा से एक पुत्र उत्पन्न होगा, जो तेरी गोद में रखा जायेगा। अतः जब हुसैन का जन्म हुआ तो मेरी गोद में रखे गये। मैं हुसैन को अपनी गोद में लेकर पैग़म्बर साहब की सेवा में उपस्थित हुई तथा हुसैन को उनकी गोद में दे दिया। इस्लामी पैग़म्बर की आँखों से आँसू बहने लगे। मैंने विनयपूर्वक कहा—मेरे माता-पिता आप पर न्यौछावर हों, क्या बात हुई? पैग़म्बर साहब ने उत्तर दिया कि जिब्रील ने मुझे सूचना दी है कि मेरे अनुयाई मेरे इस नाती को बिना किसी अपराध के शहीद कर डालेंगे। फिर उन्होंने मुझे लाल रंग की मिट्टी दी और कहा कि यह मिट्टी उस स्थान की है जहाँ मेरा हुसैन शहीद किया जायेगा।[4]

---

1. जाम्अ-उल-सहीह-उल-मिश्कात-उल-मसाबीह, भाग-3, पृ० 259 हदीस सं० 5905
2. मुवद्दत-उल-कुर्बा, पृ० 30
3. मुवद्दत-उल-कुर्बा, पृ० 30
4. जाम्अ-उल-सहीह-उल-मिश्कात-उल-मसाबीह, भाग-3, पृ० 263 हदीस सं० 5918

उपर्युक्त हदीसों का संदर्भ देने का उद्देश्य यह है कि इमाम हुसैन तथा अन्य अह्लबैत के सम्बन्ध में मुसलमानों के धार्मिक विश्वास का परिचय प्रस्तुत कर दिया जाय। चूँकि कर्बला के संग्राम में इमाम हुसैन के विरुद्ध युद्ध करने वाले भी स्वयं को मुसलमान कहते थे, अतः इन हदीसों की सार्थकता स्पष्ट है। गत पृष्ठों में यह बात कही जा चुकी है कि मुसलमानों के सभी सम्प्रदायों का विश्वास है, जैसा कि क़ुर्आन में कहा गया है कि पैग़म्बर साहब अपनी मनोकामना के आधार पर कुछ नहीं कहते थे। जो कुछ कहते थे, दैवी आदेश के आधार पर कहते थे। इन हदीसों से स्पष्ट हो जाता है कि कर्बला में इमाम हुसैन के विरुद्ध युद्ध करने वाले क़ुर्आन के इस आदेश पर विश्वास नहीं रखते थे कि इमाम हुसैन तथा अह्लबैत के सम्बन्ध में पैग़म्बर साहब ने जो कुछ व्यक्त कर दिया, वह दैवी आदेश के आधार पर दिया, इसमें उनमें व्यक्तिगत सम्बन्धी होने का संदर्भ नहीं था। इससे यह भी स्पष्ट है कि वास्तविक रूप में वे मुसलमान नहीं थे, क्योंकि क़ुर्आन के किसी आदेश के प्रति विश्वास न रखनेवाला मुसलमान नहीं हो सकता।

इस्लामी पैग़म्बर ने इस्लामी विधान तथा मुसलमानों के व्यवहारिक जीवन में तादात्म्य स्थापित करने हेतु एक निदेशक सिद्धान्त प्रस्तुत कर दिया है कि समस्त मुसलमानों को अपने जीवन को क़ुर्आन तथा अह्लबैत के आधार पर रखना चाहिए। क़ुर्आन में इस्लामी सिद्धान्त की परिकल्पना है तथा उनका व्यवहारिक रूप अह्लबैत ने अपने जीवन में बरतकर प्रस्तुत करेंगे। उनके बीच पूर्णतया सामंजस्य होगी, किसी प्रकार का कोई मतभेद नहीं होगा। यदि कहीं मतभेद दीख पड़े तो उसको इमाम जाफ़र सादिक़ ने स्पष्ट कर दिया है कि हमारे प्रत्येक कथन एवं आचरण को क़ुर्आन के प्रतिमान पर परखकर देखो, यदि पूरा उतरे तो स्वीकार कर लो अन्यथा कह दो कि यह हमारे इमाम का कथन अथवा व्यवहार हो ही नहीं सकता। इस्लामी पैग़म्बर के द्वारा प्रतिपादित निदेशक सिद्धान्त इस प्रकार है : **''मैं तुम्हारे बीच दो अमूल्य समभारयुक्त वस्तुएँ छोड़कर जा रहा हूँ। अल्लाह की किताब और मेरे अह्लबैत (परिवारजन) तुम इन दोनों से सम्बद्ध रहो। जब तक तुम इन दोनों से जुड़े रहोगे, कभी गुमराह नहीं होगे। यह दोनों एक-दूसरे से पृथक् नहीं होंगे। स्वर्ग में कौसर पर दोनों मुझमें समाविष्ट हो जायेंगे।''**[1]

---

1. अलख़सायस-फ़ी-मनाकिब-अली-बिन-अबीतालिब, पृ० 30; अलबिदाया-वअलनिहाया, भाग-5, पृ० 209; अलसवायक़-उल-मुहर्रिक़ा-फ़ी-रद्द-अला-अह्ल-उल-रफ़्ज़-वउल-ज़नदका, पृ० 147; अलमुस्तदरक-उल-सहीहैन, भाग-3, पृ० 109, 533

सभी मुसलमान बिना किसी अन्तर के इस्लामी पैग़म्बर के परिवारजनों के प्रति श्रद्धा एवं सम्मान करने को धार्मिक अनुष्ठान के रूप में स्वीकार करते हैं। शीआ और सुन्नी दोनों प्रतिदिन कम से कम 17 बार अपनी नमाज़ों की समाप्ति 'दरूद' (एक विशेषक मंत्र) पर करते हैं। पहले सुन्नियों का 'दरूद' देखिए : **''ईश्वर, दया कर हमारे सरदार और स्वामी मुहम्मद और उनकी संतान पर जिस प्रकार तूने दया की इब्राहीम और इब्राहीम की संतान पर। तथा हे ईश्वर, बरकत (दयावृद्धि) कर हमारे सरदार और स्वामी मुहम्मद और उनकी संतान पर जिस प्रकार तूने दयावृद्धि की इब्राहीम पर। निश्चय ही तू सर्वश्रेष्ठ गुण-सम्पन्न एवं महान है।''** शीआ भी नमाज़ की समाप्ति पर दरूद पढ़ते हैं, जो संक्षिप्त है : **''हे ईश्वर, दया कर मुहम्मद और उनकी संतान पर। कृपा एवं दया कर सब पर।''**

❑❑❑

अध्याय : दो

साम्राज्यवाद के शिकंजे

इस्लामी शासन व्यवस्था का साम्राज्यवाद के शिकंजे में जकड़ जाना वास्तविक रूप में धर्म, न्याय, दया, उपकार तथा शिष्टता के बदले में अधर्म, अन्याय, अत्याचार शोषण तथा अभद्रता की गाथा है। मक्का विजय (630 ई०) के अवसर पर किस प्रकार इस्लामी पैग़म्बर ने अपने चिर विरोधियों को सामान्य क्षमा प्रदान की थी। उन्हें शान्ति-सुख तथा आदर का जीवन जीने का अवसर प्रदान किया था, उससे आशा की जा सकती थी कि इसके पश्चात् वैमनस्य एवं द्वेषपूर्ण वातावरण का अन्त हो जायेगा, परन्तु उसके बदले में पैग़म्बर के इन चिर विरोधियों ने इस तरह उनकी सन्तान पर अत्याचार की सीमाएँ समाप्त कर दीं, जिनकी भर्त्सना करते हुए मौलाना अबुल ओला मौदूदी ने लिखा है : **''इस्लाम तो ख़ैर बहुत ऊँची चीज़ है, यज़ीद में यदि मानव शिष्टता की कोई चमक होती, तो वह सोचता कि मक्का विजय के बाद इस्लामी पैग़म्बर ने उसके पूरे ख़ानदान पर क्या एहसान किया था और उसके प्रशासन ने उनके नाती के साथ क्या बर्ताव किया।''**[1]

मक्का में इस्लामी पैग़म्बर को उनके नबी होने की घोषणा के बाद क्या-कुछ प्रताड़ना एवं दुःख झेलने पड़े थे। सामाजिक बहिष्कार में लगभग तीन वर्षों तक अत्यन्त कष्ट झेलते हुए अपने परिवारजनों सहित एक खोह में शरण लेकर गुज़ारे, बाहर नहीं निकल सकते थे। खाने-पीने का समान नहीं था। उपवासों से त्रस्त बच्चों और बूढ़ों की क्या दशा हुई होगी, उसकी कल्पना से ही संवेदनशील व्यक्ति सिहर हो उठता है। जब प्रतिबन्ध हटे और पैग़म्बर ने इस्लाम का प्रचार प्रारम्भ किया, तो उनको पत्थरों से मारकर लहूलुहान कर दिया जाता, अचेत

---

1. ख़िलाफ़तो-मुलूकियत, पृ० 169

होकर धरती पर गिर पड़ते, परिवारजन उन्हें उठाकर घर ले जाते, दवा-इलाज करते, स्वस्थ होते तो फिर लोगों के सामने अपनी बात कहने लगते : "**क़ूलू ला इलाह इलअल्लाह फ़तुफ़लहू**" (एक अल्लाह का कलमा पढ़ो, इसी में तुम्हारी भलाई है।) मार्ग में काँटे बिछाये जाते, गले में कभी चादर, कभी पशुओं की ओझड़ियाँ डालकर ऐसी निर्दयता से खींचते की आँखें उबल पड़तीं। जो लोग मुसलमान हो जाते, उन पर नाना प्रकार के अत्याचार होते थे। उनके हाथ-पाँव बाँधकर गर्म पत्थर पर डाल देते और कटीले कोड़ों से पीटते, इतना पीटतें कि बेदम कर देते। रास्ते में मुसलमानों को पकड़ लेते तो कहते मुहम्मद को गाली दो, वे इन्कार करते तो वध कर देते। इस तरह की घटनाओं से इतिहास की पुस्तकें भरी पड़ी हैं। पैग़म्बर मक्का विजय (जनवरी 630 ई०) के बाद यदि उनसे बदला लेते, तो निश्चय ही न्यायोचित होता। इस्लाम में उस सीमा तक बदला लेने की अनुमति भी है, जिस सीमा तक उस पर अत्याचार हुआ हो, परन्तु यदि क्षमा कर दे तो ईश्वर को उसका यह आचरण अधिक रुचिकर है। यह आदेश साधारण मुसलमानों के लिए है। लेकिन हज़रत मुहम्मद रुसूलअल्लाह को तो क़ुर्आन ने '**रहमत-उल-लिल-आलमीन**' (समस्त विश्व के लिए दयानिधान) (क़ुर्आन : 21/107) की उपाधि दी है। उन्होंने सब को क्षमा कर दिया। बल्कि यह तक घोषित कर दिया कि उनके परम शत्रु एवं उमैय्या वंशज मुखिया अबू सुफ़ियान के घर में जो व्यक्ति शरण लेगा उसके लिए भी सुख शान्ति है।

इतिहास में इस तरह के मुसलमानों को 'तुलक़ा' (मुक्त किये गये युद्धबन्दी) कहा गया है। "**तुलक़ा से अभिप्राय मक्का के वे वंशज हैं, जो अन्तिम समय तक इस्लामी पैग़म्बर तथा इस्लामी प्रचार के विरुद्ध रहे, मक्का विजय के पश्चात् हज़रत पैग़म्बर ने उनको क्षमा प्रदान कर दी और वे इस्लाम में प्रविष्ट हुए। हज़रत मुआविया, वलीद-बिन-उक़बा, मरवान-बिन-हकम इन्हीं क्षमा प्राप्त परिवारों के सदस्य थे तथा अब्दुल्लाह-बिन-सअद-बिन-अबीसरह तो मुसलमान होने के बाद पुनः उससे फिर चुके थे।**"[1] जहाँ तक 'तुलक़ा' के इस्लाम धर्म में विश्वास करने का प्रश्न है, उनके विषय में शाह वलीउल्लाह मुहद्दिस देहलवी ने पैग़म्बर की हदीस लिखी है कि उन्हें सामान्य मुस्लिमों के बराबर नहीं माना जाता था।[2] अमीर मुआविया के पिता अबूसुफ़ियान के आचरण से सदैव स्पष्ट रहा कि उसने कभी भी हृदय से इस्लाम धर्म स्वीकार नहीं किया

---

1. ख़िलाफ़तो-मुलूकियत, पृ0 100
2 इज़ालत-उल-ख़ुलफ़ा-अन-ख़िलाफ़त-उल-ख़ुलफ़ा, भाग-1, पृ0 396

था। वरन् विवश होकर इस्लाम का मुखौटा पहन लिया था। अतः जब भी उसे अवसर मिलता अपना विचार स्पष्ट करने में संकोच नहीं करता था : **"मैं साक्षी हूँ कि स्वर्ग, नरक, प्रलय दिवस कुछ नहीं है। सब हाशमीवंश का ढोंग है।"**[1]

क़बीलाई संदर्भ

इस्लाम पूर्व अरब में क़बीलाई संदर्भ जातीय गौरव का प्रतीक था, जिसके परिणामस्वरूप वे निरन्तर लड़ते-मरते रहते थे। इस्लाम ने क़बीलाई द्वेष को अमान्य कर दिया और लोगों को एक-दूसरे का भाई बना दिया है, जिसको पारिभाषिक रूप में 'उख़ूवत' (बंधुत्व) कहते हैं, तो 'तुलक़ा' में अनेक लोग विशेषकर बनीउमैय्या के शीर्षजन, जिन्होंने इस्लाम धर्म को मन से स्वीकार नहीं किया था, अपने क़बीलाई द्वेष भावना के कारण इसे समाप्त करने हेतु षड्यंत्र करते रहते थे। सर्वाधिक द्वेष उन्हें बनीहाशिम से था, क्योंकि इसी क़बीला में इस्लाम पैग़म्बर हज़रत मुहम्मद ने जन्म लिया था, जिसके बाद बनीहाशिम को पूरे अरब समाज में वे शिष्ट्य प्राप्त हो गया था। बनीहाशिम के प्रति उनकी स्वयंभू प्रतिद्वन्द्विता थी, जिन्हें उनके समान सत्ता एवं धन प्राप्त न होने के बावजूद सामाजिक जीवन में आदर एवं सम्मान प्राप्त रहा था। इस्लाम के विरुद्ध युद्ध करते हुए बद्र युद्ध (624 ई०) में जब बनीउमैय्या तथा क़ुरैश के शीर्षजन वध हो गये, तो अपने सहयोगियों एवं सम्बन्धियों के मारे जाने पर दुख से अधिक प्रसन्नता इस बात की थी कि अब अबूसुफ़ियान तथा उनके पुत्र मुआविया समस्त क़ुरैश के निर्विवाद सरदार हो गये। यदि इस्लामी शक्ति को पराजित किया जा सके, तो सारे अरब पर उनका राज्य स्थापित हो जायेगा। परन्तु बिल्ली के भाग्य से छींका न टूटा! इस्लाम विजयी हुआ और उसके शत्रु उसके दामन में पहान ढूँढ़ते दीख पड़े। अबूसुफ़ियान स्वयं इस्लामी पैग़म्बर से दया की भीख माँगते दिखे, जिसे उन दयानिधान ने इतना प्रदान किया कि निहाल कर दिया। इस्लाम की विजय तथा शत्रुओं के पराजय में हज़रत अली के सर्वाधिक महत्त्वपूर्ण भूमिका थी। अतः अब समस्त द्वेष एवं शत्रुता हज़रत अली के विरुद्ध सिमट आयी। मुआविया अली के प्रतिद्वन्द्वी के रूप में उभरे।

दूसरे, यह कि अरब समाज बनीउमैय्या को क़ुरैश में सम्मिलित मानने में संकोच करता था। क्यों उमैय्या वास्तव में क़ुरैशी सरदार अब्द-शम्स का पुत्र न था। उनके तो कोई सन्तान थी ही नहीं। उमैय्या रोमवासी दास था। वही

1. किताब-अलकामिल-फ़ी-तारीख़, भाग-3, पृ0 46

उत्तराधिकारी हुआ। अरब-समाज वंशज के अत्यन्त महत्त्व देता था। सभी क़बीले एवं गोत्र अपनी-अपनी वंशावली तैयार करते तथा उसे सँभाल कर रखते थे। बनीउमैय्या को सत्ता प्राप्त हो जाती, तो इस कलंक को मिटा देते कि वे दास के वंशज हैं, जो बाद में सत्ता पर अधिकार प्राप्त करने के पश्चात् हुआ भी। बनीउमैय्या वर्तमान में अब्द-शम्स के वंशज कहे जाते हैं। परन्तु उस समय की स्थिति विपरीत थी। इस्लामी पैग़म्बर के वरिष्ठ सहयोगी एवं अरबी के प्रख्यात कवि हस्सान-बिन-साबित ने एक कविता में बनी-उमैय्या की भर्त्सना करते हुए बनीउमैय्या का दास-वंशज होना उजागर किया था। उनका शेर हदीस के प्रमुख ग्रंथ 'सहीह-मुस्लिम' में पैग़म्बर की धर्मपत्नी हज़रत आयशा के सन्दर्भ से प्रस्तुत है, जिसमें हस्सान कहते हैं : **"बनीहाशिम परिवार में श्रेष्ठता का आधार मान मख़ज़ूम की सुपुत्री (इस्लामी पैग़म्बर की मातामह) की संतान है। हे अबूसुफ़ियान तेरा पितामह तो दास था।"**[1] अमीर मुआविया ने उस समय के सर्वाधिक दीर्घ आयु व्यक्ति अमद-बिन-अहद से अपने दरबार में उमैय्या के विषय में पूछा, तो उसने कहा, एक नाटा अंधा व्यक्ति था, जिसके चेहरे से बुराई टपकती थी, अपने स्वामी की गाड़ी खींचा करता था। मुआविया ने पूछा और हाशिम कैसे थे। उसने कहा, अत्यन्त वैभवशाली, लम्बे और सुन्दर व्यक्ति।[2] इस पर मुआविया किस प्रकार हीनभावना से ग्रस्त हुए होंगे, सहज ही अनुमान किया जा सकता है। अमीर मुआविया को अपनी माता 'हिन्दा-जिगरख़्वारा' के कारण भी कटाक्ष का सामना करना पड़ता था। वह व्यभिचार में इतनी लिप्त थी कि उसको इस्लाम की परिधि में लेते हुए पैग़म्बर ने वचन लिया था कि इसके बाद तुम व्यभिचार नहीं करोगी।[3] इसी कारण मुआविया के पितात्व संदेह में था, अबूसुफ़ियान के अतिरिक्त अन्य नाम भी लिए जाते थे, जैसे अकी उमर-बिन-मुसाफ़िर अब्बास-बिन-अब्दुल-मुत्तलिब, सबाह आदि।[4]

तीसरे, यदि क़बीलाई द्वेष इस उपजी मानसिकता का विश्लेषण करें, तो इसे यौन-विकार के समान अत्यन्त उलझी हुई समस्या ही पायेंगे। क़बीलाई द्वेष मानसिक ग्रन्थि के रूप में अमीर मुआविया पर पूरा अधिकार जमाये हुई थी। यह मानसिक ग्रंथि ही थी कि वे ख़लीफ़ा नहीं स्वयं इस्लामी पैग़म्बर माने जाने की अभिलाषा मन में पाल रहे थे। इसीलिए जब भरे दरबार में उन्हें **"अस्सलाम-अलैक, या रुसूलअल्लाह!"** (हे अल्लाह के रुसूल, आपको सलाम!) कर

1. जाम्अ-उल-सहीह-उल-मुस्लिम, भाग-2, पृ0 250, हदीस सं0 243।
2. अलमुअर्रमीन, पृ0 78; उसद-उल-ग़ाबा-फ़ी-मुआरिफ़-उल-सहाबा, भाग-6, पृ० 184
3. तारीख़-अलफ़ख़ी, पृ० 167
4. रबी-उल-अबरार, भाग-3, पृ० 551; तज़किरात-उल-ख्वास, भाग-7, पृ० 117

सम्बोधित किया गया।[1] तो उन्हें कोई आपत्ति नहीं हुई। जबकि सभी मुसलमान जानते हैं कि अन्तिम रुसूलअल्लाह हज़रत मुहम्मद हैं और उनके बाद किसी अन्य व्यक्ति को रुसूल मानने वाला इस्लामी परिधि से बाहर है। स्वयं को इस्लामी पैग़म्बर दिखाने के आवेश में उन्होंने मदीना से पैग़म्बर का 'मिम्बर' (सीढ़ीदार आसन, जिसपर बैठकर पैग़म्बर सम्बोधन करते थे) दमिश्क़ मँगवाने का बहुत प्रयत्न किया, परन्तु किसी न किसी दैवी बाधा के कारण असमर्थ ही रहे।[2]

चौथे, यह कि क़बीलाई द्वेष की ज्वाला इतनी बढ़ी कि अन्य किसी हथकण्डे से हज़रत अली पर बढ़त न बना सके, तो मुआविया ने अपशब्दों की बौछार करने का क्रम प्रारम्भ किया। द्वेष के इस नग्न-प्रदर्शन ने स्पष्ट कर दिया कि मुआविया स्वयं क्या हैं, क्यों गालियाँ बकना तो किसी सभ्य समाज में स्वीकार्य नहीं हो सकता था, न कभी हुआ, न है। साथ ही हज़रत अली के विषय दुष्प्रचार का जाल बिछा दिया कि प्रत्येक रूप में उनका चरित्रहरण करने हेतु राजकोष के द्वार खोल दिये।

पाँचवें, यह कि बनीउमैय्या क़बीलाई द्वेष के कारण क़ुरैश में अच्छी निगाह से नहीं देखे जाते थे, वरन् गत में दोबारा क़ुरैश की पंचायत ने उन्हें, दण्डित भी किया था। दूसरी बार तो उन्हें पंचायत ने पचास काली आँखों वाले ऊँटों का जुर्माना देने के साथ ही बनीउमैय्या के तत्कालीन सरदार हरब-बिन-उमैय्या को देशनिकाला किया गया था तथा उन्होंने सीरिया में शरण लिया था।

बनीउमैय्या के क़बीलाई द्वेष को तीसरे ख़लीफ़ा हज़रत उस्मान के शासनकाल ख़िलाफ़त-काल (644-56 ई०) में ख़ूब फलने-फूलने का अवसर मिला, क्यों उन्हें इस्लामी राज्य पर आधिपत्य प्राप्त हो गया था। उनमें अमीर मुआविया एक निरंकुश शक्ति बनकर उभरे । हज़रत उस्मान ने अमीर मुआविया को अपने पूरे 12 वर्ष के शासनकाल में लगातार एला से रोम सीमा तक तथा अलजज़ीरा से सागर के तट तक अधीनस्थ करके प्रशासक नियुक्त रखा।[3] इसी क्षेत्र पर वर्तमान में सीरिया, लेबनान, उर्दुन तथा इस्त्राइल के चार राज्य स्थापित हैं। इनका सामूहिक वर्गमील वर्तमान में भी लगभग वही है, जो अमीर मुआविया की गवर्नरी का क्षेत्र था। इसका "**प्रतिफल अन्ततोगत्वा हज़रत अली को**

---

1. तारीख़-अर्रुसुल-वअलमुलूक, भाग-1, पृ० 151; उसद-उल-ग़ाबा-फ़ी-मआरिफ़त-उल-सहाबा, भाग-6, पृ० 184
2. तारीख़े-अहमदी, पृ० 234
3. किताब-अलतबक़ात-उल-कबीर, भाग-7, पृ० 406; किताब-अलइस्तेआब-फ़ी-मुआरिफ़त-उल-असहाब, भाग-1, पृ० 253

भुगतना पड़ा.... मुआविया इस प्रदेश के राज्य पर इतने लम्बे काल तक रखे गये कि उन्होंने यहाँ अपनी जड़ें पूरी जमा लीं और वे केन्द्र के क़ाबू में न रहे। वरन् केन्द्र उनके दया-कृपा पर आश्रित हो गया।''[1]

इस्लामी राज्य का मंतव्य था—अल्लाह को शासक मानकर उसके आदेशानुसार प्रशासनिक व्यवस्था करना। अतः हज़रत अली का उद्देश्य इस्लाम की राजनीतिक सत्ता को इस्लाम पूर्व की जाहिली सत्ता व्यवस्था से सुरक्षित करना था और इसके लिए उन्होंने सभी सम्भव प्रयास किये, जिनका अमीर मुआविया ने प्रत्येक स्तर पर विरोध किया।

हज़रत अली के खलीफ़ा होने की स्थिति का आँकलन करते हुए द्वितीय खलीफ़ा हज़रत उमर ने कहा था : **''सौगन्ध है मेरे प्राणों की, तुम अली को ख़लीफ़ा न करोगे कि ईश्वर की सौगंध, अगर उन्हें ख़लीफ़ा करोगे, तो चाहे तुम अप्रसन्न ही क्यों न हो, वे तुमको सत्य मार्ग पर स्थापित किये बिना न रहेंगे।''**[2] इसी प्रकार हज़रत उस्मान के ख़लीफ़ा होने की स्थिति के विषय में भी उन्होंने कहा था : **''यदि मैं उस्मान को अपना उत्तराधिकारी बना दूँ, तो वे अबी-मुईत-वंशज (उमैय्या वंशज) को मुसलमानों की गर्दनों पर लाद देंगे, जो ईश्वर की अवज्ञा करेंगे। सौगन्ध है ईश्वर की, यदि मैंने ऐसा किया तो ऐसा ही होगा कि मुसलमान झगड़ा करके उस्मान का वध कर देंगे।''**[3] हज़रत उमर की दोनों भविष्यवाणी शत-प्रतिशत सत्य सिद्ध हुईं। हज़रत अली चौथे ख़लीफ़ा हुए, तो उनसे पूर्व तृतीय ख़लीफ़ा हज़रत उस्मान के काल में उनके क़बीला बनीउमैय्या राज्य सत्ता पर आधिपत्य प्राप्त कर लिया था, उसी के विरोध में हुए विद्रोह के परिणामस्वारूप हज़रत उस्मान का दुःखद वध हुआ। चौथी बार ख़लीफ़ा पद का पलटकर हज़रत अली तक आना, उमैय्या वंशज सत्ताभोगी शीर्षजन स्वीकार न कर सके तथा अपने सहयोगियों के साथ हज़रत अली के विरुद्ध युद्ध करने लगे। षड्यंत्रों के जाल फैला दिये गये।

इस्लामीत्त्व का विरोध

अमीर मुआविया ने ख़लीफ़ा के अधीनस्थ प्रशासक रहते हुए, अपने साम्राज्यवादी राज्य की स्थापना हेतु तात्कालिक ख़लीफ़ा हज़रत अली के

---

1. ख़िलाफ़तो-मुलूकियत, पृ० 106
2. कंज़-उल-उम्माल-फ़ी-सुन्नत-उल-अक़वाल-वअलअलफ़ाज़, भाग-3, पृ० 158, हदीस सं० 2447
3. किताब-अलइस्तेआब-फ़ी-मुआरिफ़त-उल-असहाब, भाग-2, पृ० 467

विरुद्ध युद्ध का विगुल बजा दिया। यद्यपि इस्लामी सत्ता के विरुद्ध युद्ध करने के विषय में इस्लामी पैग़म्बर के स्पष्ट हदीस से परिचित थे, द्वितीय ख़लीफ़ा हज़रत उमर के सुपुत्र अब्दुल्लाह-बिन-उमर द्वारा बयान की गयी हदीस है : **"इस्लामी पैग़म्बर ने कहा—जिसने हम पर हथियार उठाया, वह हममें से नहीं।"**[1] अर्थात् मुसलमान नहीं है। दूसरी हदीस भी है : **"धर्मनिष्ठों की माता तथा पैग़म्बर की पत्नी श्री हज़रत आयशा ने बताया कि पैग़म्बर ने उनसे कहा था कि जो कोई अली के विरुद्ध युद्ध करेगा, वह काफ़िर है और जहन्नुम में जायेगा।"**[2] तथा **"अली-इब्न-अबीतालिब को दोस्त रखो, क्योंकि ख़ुदा भी उसको दोस्त रखता है।"**[3] हज़रत अली की स्तुति में इस्लामी पैग़म्बर की अनेक हदीसें हैं, जिनमें उनके उत्तराधिकारी होने की ओर भी संकेत है। बुख़ारी-शरीफ़ में एक घटना की चर्चा है, जब इस्लामी पैग़म्बर ने हज़रत अली को सम्बोधित करके कहा था : **"क्या तुम इस बात से राज़ी नहीं हो कि तुम मेरे लिए हारून के समान हो। जैसे मूसा की ओर से हारून थे। मगर इतनी बात है कि मेरे बाद कोई नबी नहीं है।"**[4]

हज़रत अली से अमीर मुआविया के विरोध के अनेक कारण हो सकते हैं, जिनमें दो प्रमुख हैं—एक, यह कि हज़रत अली के ख़लीफ़ा हो जाने के बाद हज़रत उस्मान के उत्तराधिकारी के रूप में उनके ख़लीफ़ा बनने का स्वप्न चकनाचूर हो गया था। दूसरे, हज़रत अली के विरोध का कारण उनका इस्लामी पैग़म्बर का दाहिने हाथ की तरह सहायक होना था। पैग़म्बर के जीवन काल में इस्लाम के संरक्षण हेतु जितने भी युद्ध हुए, उनमें हज़रत अली नायक के रूप में विख्यात हुए। अमीर मुआविया के परिवारजनों में अनेक महत्त्वपूर्ण लोग इस्लाम के विरुद्ध युद्ध करते हुए, हज़रत अली के हाथों मारे गये थे। जैसे, उनके नाना अक़बा, दो मामा शबीह एवं नाना के ही नामाराशि अक़बा, भाई हनज़ला तथा क़बीले के एक प्रमुख आस आदि। परन्तु, इस बात पर सभी न्यायप्रिय सहमत हैं कि हज़रत अली से युद्ध करने में अमीर मुआविया असत्य मार्ग पर थे। शीआ तो इसे मानते ही हैं। विख्यात सुन्नी विद्वान लेखक हाफ़िज़ इब्न-हजर (मृ० 1448 ई०) का कथन है : **"अम्मार के वध से यह बात स्पष्ट हो गयी कि हज़रत**

---

1. जाम्अ-उल-सहीह-उल-बुख़ारी, भाग-3, पृ० 425 हदीस सं० 1949
2. मुवद्दत-उल-क़ुर्बा, अनुच्छेद 3, पृ० 39
3. मुवद्दत-उल-क़ुर्बा, अनुच्छेद 3, पृ० 44
4. जाम्अ-उल-सहीह-उल-बुख़ारी, भाग-2, पृ० 402 हदीस सं० 1532; अलमुर्तुज़ा, पृ० 85

अली सत्य मार्ग पर हैं तथा हज़रत मुआविया विद्रोही ही हैं।"[1] यही बात अनेक सुन्नी लेखकों इब्न-अब्दुल बर्र (मृ० 1070 ई०)[2], इब्न-कसीर (मृ० 1373 ई०)[3], अबुल ओला मौदूदी (मृ० 1979 ई०)[4] आदि ने भी कही है।

विचारणीय तथ्य है कि हज़रत उस्मान 21 दिनों तक विरोधियों के घिराव में रहे, जिन्होंने उन पर खाना-पानी बन्द कर रखा था। हज़रत अली ने उनकी सुरक्षा हेतु अपने सुपुत्रों इमाम हसन और इमाम हुसैन को चौकसी पर लगाया था, जो उनके मकान के मुख्य द्वार पर पहरा देते थे तथा उनके भोजन आदि की व्यवस्था भी करते थे। हज़रत उस्मान का वध हो गया, तो हज़रत अली अपने सुपुत्रों पर नाराज़ हुए। उन्होंने बताया कि विरोधी मकान के पीछे छत काटकर घुसे थे, हम तो मुख्य द्वार पर पहरा दे रहे थे। हज़रत उस्मान की लाश तीन दिनों के बाद दफ़्न की जा सकी, परन्तु अमीर मुआविया न तो हज़रत उस्मान की सहायता के लिए 21 दिनों के घिराव के बीच ही आये, न उनके अन्तिम संस्कार की चिन्ता की। परन्तु बाद में उन्होंने तत्कालीन ख़लीफ़ा हज़रत अली के विरुद्ध मोर्चा खोल दिया। मौलाना अबुल ओला मौदूदी ने अलतबरी[5], इब्न-असीर[6] तथा इब्न-कसीर[7] के सन्दर्भों के साथ तीखे शब्दों में अपनी प्रतिक्रिया व्यक्त की है, मौलाना मौदूदी के शब्दों में : **"स्पष्ट है यह जाहिलियत के समय की क़बीलाई व्यवस्था तो न थी कि किसी मृतक के वध की माँग लेकर जो चाहे और जिस प्रकार चाहे उठ खड़ा हो और जो व्यवस्था चाहे उसे पूरा करने के लिए इस्तेमाल करे। यह एक विधिक राज्य था, जिसमें हर दावे के लिए एक औपचारिक विधि वर्तमान थी। ख़ून की माँग को लेकर उठने का अधिकार मृतक के वारिसों का था, जो जीवित थे और वहीं वर्तमान थे।....यदि हज़रत अली न्यायोचित ख़लीफ़ा थे ही नहीं तो फिर उनसे यह माँग करने के क्या औचित्य था कि वे दोषियों को पकड़ें और दण्डित करें? क्या वे कोई क़बीलाई सरदार थे, जो बिना विधिक अधिकार के जिसे चाहे पकड़ लें और दण्डित कर डालें?....(अमीर मुआविया) सीरिया के प्रशासक के रूप में उस्मान के ख़ून का बदला लेने के लिए उठे, केन्द्रीय शासन के अनुपालन को नकारा, गवर्नरी**

1. तहज़ीब-उल-तहज़ीब, भाग-7, पृ० 41
2. किताब-अलइस्तेआब-फ़ी-मुआरिफ़त-उल-सहाबा, भाग-2, पृ० 424
3. अलबिदाया-वअलनिहाया, भाग-7, पृ० 241
4. ख़िलाफ़तो-मुलूकियत, पृ० 128-30
5. तारीख़-अर्रसुल-वअलमुलूक, भाग-4, पृ० 3-4
6. किताब-अलकामिल-फ़ी-तारीख़, भाग-3, पृ० 148
7. अलबिदाया-वअलनिहाया, भाग-7, पृ० 257-58

की शक्ति अपने इस उद्देश्य के लिए इस्तेमाल की और माँग भी यह नहीं कि हज़रत अली, हज़रत उस्मान के क़ातिलों पर मुक़द्दमा चलाकर उन्हें सज़ा दे, बल्कि यह किया कि वे हज़रत उस्मान के क़ातिलों को उनके सुपुर्द कर दें। ताकि वे स्वयं उनका वध कर दें। यह सबकुछ इस्लामी काल के राजव्यवस्था के बजाय इस्लाम पूर्व काल के क़बायली अव्यवस्था का द्योतक है।''[1]

अमीर मुआविया ने विधिक ख़लीफ़ा हज़रत अली के विरुद्ध षड्यन्त्र करके दुष्प्रचार द्वारा लोगों की भावनाओं को हज़रत उस्मान की हत्या के नाम पर उभारने के सभी सम्भव प्रयास किये। उनके ख़ून से भरी हुई क़मीस और उनकी पत्नी की कटी हुई उँगलियाँ ऐसी जगह लटका दी गयीं कि लोगों की भावनाएँ भड़क उठें।[2] ''मुआविया हज़रत उस्मान की हत्या का प्रतिशोध विधि के माध्यम से नहीं वरन् अवैधानिक रूप में लेना चाहते थे। अन्यथा स्पष्ट है कि हज़रत उस्मान की शहीद होने की सूचना ही लोगों में दुःख एवं क्रोध उत्पन्न करने के लिए पर्याप्त थी, उस क़मीस और उन उँगलियों का प्रदर्शन करके जनता में उत्तेजना उत्पन्न करने की कोई आवश्यकता न थी।''[3] ऐसी स्थिति में विद्रोही प्रशासक के विरुद्ध कार्यवाही करना विधिक ख़लीफ़ा के लिए अनिवार्य हो गया था। ''हज़रत अली यदि हज़रत मुआविया को निलम्बित करने का आदेश पारित करने में विलम्ब करते, तो यह बहुत बड़ी भूल होती। उनके इस कार्य से प्रारम्भ में ही यह बात खुल गयी कि हज़रत मुआविया किस स्थान पर खड़े हैं। अधिक समय तक उनके उद्देश्य पर परदा पड़ा रहता, तो यह धोखे का परदा होता, जो अधिक भयानक होता।''[4]

अमीर मुआविया के सम्बन्ध में विख्यात सूफ़ी महात्मा ख़्वाजा हसन बसरी (मृ० 728 ई०) का क़थन है : ''अमीर मुआविया के चार कार्य ऐसे हैं कि उनमें से किसी एक का प्रोज्य होना ही पथ-भ्रष्ट होने का पर्याप्त प्रमाण है प्रथम, यह कि उनका हज़रत अली के विरोध में युद्ध करना, शासन पर अधिकार प्राप्त करना। द्वितीय, यह कि अपने पुत्र यज़ीद को अपना उत्तराधिकारी बनाना, जिसका अधर्म एवं व्यभिचार उन पर तथा सब पर स्पष्ट था। तृतीय, यह कि ज़ियाद-बिन-अबीह को अपने वंश में सम्मिलित करना यद्यपि वे इस्लामी पैग़म्बर के इस वक्तव्य से सुपरिचित थे कि संतान उसकी है जिसके बिस्तर पर पैदा हो तथा व्यभिचारी के लिए कंकड़-पत्थर है तथा

1. ख़िलाफ़तो-मुलूकियत, पृ० 116
2. किताब-अलतबक़ात-उल-कबीर, भाग-3, पृ० 224-25
3. ख़िलाफ़तो-मुलूकियत, पृ० 123
4. ख़िलाफ़तो-मुलूकियत, पृ० 125

चौथा, यह कि हज़रत हुज्र-बिन-अदी और उनके सहयोगियों का निरपराध वध करना।"[1] ख़्वाजा हसन बसरी ने जिन चार विन्दुओं को लेकर अमीर मुआविया पर उंगली उठायी है, वे चारों इस्लाम के धर्मसिद्धान्त से सम्बन्ध रखते हैं। पैग़म्बर के उत्तराधिकारी के विरुद्ध विद्रोह करना स्वयं पैग़म्बर से विरोध करने के समान है। दूसरा विन्दु प्रण तोड़ने के सम्बन्ध में है। क़ुर्आनी आयतें स्पष्ट हैं कि यदि कोई प्रण किया जाय, तो उसे पूरा किया जाय। तीसरा विन्दु ज़ियाद-बिन-अबीह को अपने वंशज में शामिल करना है। इस्लामी धर्मशास्त्र में पैतृक परिवर्तन को धार्मिक अपराध माना गया है। पैग़म्बर की स्पष्ट हदीस है : **"व्यभिचार से उत्पन्न संतान कंकड़-पत्थर के समान है।"**[2] चौथा विन्दु हज़रत हुज्र-बिन-अदी की शहादत से सम्बन्धित है। हज़रत हुज्र-बिन-अदी किन्दी इस्लामी पैग़म्बर के विशिष्ट सहयोगियों में थे। अमीर मुआविया ने उन्हें निरापराध वध कराया था, जिस पर समस्त इस्लामी समाज ने दुःख एवं ग्लानि प्रकट की थी। इस घटना की चर्चा अगामी पंक्तियों में आयेगी।

इमाम अलनसअई, अहमद-बिन-शुऐब (मृ० 915 ई०), जिनको सुन्नी सम्प्रदाय के 'सहाह-सित्ता' (छः शुद्ध ग्रंथ) के लेखकों में होने के आधार पर अत्यन्त प्रतिष्ठित स्थान प्राप्त है, उनके विषय में मौलाना ज़या अहमद बदायूनी ने मुहम्मद इस्हाक़ इस्फ़हानी तथा हाफ़िज़ अबुल हसन वारक़रतनी का संदर्भ देकर लिखा है कि लोगों ने अमीर मुआविया के सद्‌गुणों के विषय में पूछा तो उनका उत्तर था : **"मुआविया में सद्‌गुण कहाँ हैं। मैं उनके किसी सद्‌गुण से परिचित नहीं हूँ।"**[3]

मौलाना सैय्यद अबुल हसन अली हसनी नदवी का विचार है : **"हज़रत अली की राजनीति और उनकी राज्य व्यवस्था और उनकी प्रशासनिक मशीनरी जिस धुरी के ऊपर घूमती थी, वह यह था कि इस्लाम की आत्मा, उसके सिद्धान्त, उसके मूल्यों तथा नमूनों का राजनीतिक चतुराई और प्रशासनिक आवश्यकताओं पर बलि न दी जाय। गत नबियों की राजसत्ता तथा राशदीन ख़लीफ़ाओं की परम्परा को आदर्श रूप में स्वीकार किया जाय। ख़लीफ़ा सबसे पहले इस्लाम का आदर्श इस्लामी सदाचार का उदाहरण तथा मुसलमानों के लिए मानक एवं उदाहरण हो, जिसका मात्र शासक और मुसलमानों का मुखिया होना पर्याप्त नहीं है। अतः वे पूरी तरह तैयार थे कि उस स्थिति को**

---

1. तारीख़-अर्रुसुल-वअलमुलूक, भाग-4, पृ० 166
2. जाम्अ-उल-सहीह-उल-बुख़ारी, भाग-3, पृ० 351 हदीस सं० 1651, 1652; पृ० 354 हदीस सं० 1667
3. क़ौले-सदीद पृ० 26

जीवित एवं वर्तमान रखें और उस पक्ष को समस्त अन्य राजनीतिक प्राथमिकताओं तथा प्रशासनिक समस्याओं पर वरीयता प्राप्त रहे। चाहे उसका जो भी मूल्य अदा करना पड़े। अतः इस उद्देश्य को जीवित रखने की; उनको भारी मूल्य चुकाना पड़ा, जिसको उन्होंने प्रसन्नतापूर्वक अदा किया और इसी पर उनकी अन्तर्रात्मा संतुष्ट रही।''[1]

इस्लामी सिद्धान्तों की विकृति

अमीर मुआविया द्वारा पोषित इस्लाम का विकृत रूप उनके शासनकाल, बनीउमैय्या तथा बनीअब्बास के शासनकाल से विस्तार लेता हुआ, वर्तमान तक शासन-व्यवस्था का अंग बना हुआ है। उसके अनेकानेक पक्ष हैं, जिनका समुचित अध्ययन इस पुस्तक की परिधि में सम्भव नहीं है। यहाँ उसके विस्तार में जाने की आवश्यकता भी नहीं है। हम अपनी वार्ता अमीर मुआविया तथा उनके बेटे यज़ीद के शासनकाल (661-83 ई०) तक सीमित रखेंगे। इस काल में अनगिनत ऐसी बातें हैं, जो उस काल में अथवा बाद के काल में इस्लाम की नींव को खोखली करने का कारण बनीं अथवा ऐसे साधन एकत्र कर गयीं, जो इस्लाम को विकृत करने में महत्त्वपूर्ण भूमिका निभाते रहे। एक ऐसी शासन व्यवस्था अस्तित्व में आयी, जो किसी के सामने जवाबदेह नहीं थी। न ईश्वर का भय, न पैग़म्बर से लज्जा, न क़ुर्आन की परवाह, न जनता से ही कोई भय कि वे ही कटघरे में खड़ा कर देंगे, न समाज की परवाह कि उचित-अनुचित की समीक्षा करके वे ही कुछ कह सकेंगे। एक ऐसी स्वच्छन्दता व्याप्त हुई, जिसमें किसी से कोई नियम नहीं, कोई नैतिकता नहीं—जो चाहो, जिस रूप में चाहो, विधि-विधान, परम्पराएँ कुछ नहीं, निरंकुशता सभी प्रकार के प्रतिबन्ध के बाहर है। संक्षेप में बस इतना कहना पर्याप्त होगा कि तत्कालीन व्यवस्था में ईश्वरीय आदेश : **''अम्र-बिल-मअरूफ़-वनहव-इनलमुनकर''** (मान्य आदेशों को स्वीकारना तथा निषिद्ध को स्वीकार न करना) (क़ुर्आन : 22/41) का पालन पूर्णतया स्थगित हो गया था। इसके अनेकानेक विषयों में यहाँ मात्र कुछ तथ्यों की ओर ध्यान आकृष्ट करने की चेष्टा की जायेगी। उनके आधार पर स्वतः अनेक तथ्य स्पष्ट होते जायेंगे, जिनके बारे में कुछ कहा जाय अथवा नहीं, प्रबुद्ध पाठक स्वयं इसकी अनुभूति प्राप्त कर लेंगे।

इस्लामी सिद्धान्तों के विकृत होने का मूल केन्द्र इस्लामी राजसत्ता का स[illegible]पन है। अमीर मुआविया ने जिस राजसत्ता का प्रवर्तन किया, वह इस्लामी

---

1. अलमुर्तुज़ा, पृ० 313

राज्य सिद्धान्त के विपरीत साम्राज्यवादी राजसत्ता पर आधारित था। उन्होंने इस्लाम द्वारा प्रतिपादित दैवी-शासन व्यवस्था के स्थान पर साम्राज्यवादी राज्यव्यवस्था स्थापित की। साम्राज्यवाद में प्रत्येक वे बातें होती हैं, जो दैवी राजसत्ता के विरुद्ध हैं। अल्लाह की हुकूमत के बजाय बादशाह की हुकूमत क़ायम होगी। साम्राज्यवाद ने इस्लामी सिद्धान्तों को अपने पैरों तले किस प्रकार रौंदा, इसकी चर्चा आगे की जायेगी। अमीर मुआविया और उनके साथी इस दैवी शासन व्यवस्था के स्थान पर साम्राज्यवादी राजव्यवस्था स्थापित होने पर गर्व किया करते थे। अमीर मुआविया का प्रशासक तथा बाद में बना ख़लीफ़ा मरवान-बिन-हकम गर्वपूर्वक कहा करता था कि अब पैग़म्बर की राज्यप्रथा परिवर्तित हो चुकी है।[1] यद्यपि इस्लामी पैग़म्बर का स्पष्ट आदेश वर्तमान है : **"जो व्यक्ति हमारे इस दीन में कोई ऐसी बात निकाले, जो इसके मूल में न हो, उसकी बात निन्दनीय है।"**[2]

हज़रत अली का उद्देश्य इस्लाम के राजनीतिक सत्ता को इस्लाम पूर्व की जाहिली सत्ता व्यवस्था से सुरक्षित करना था और इसके लिए उन्होंने सभी सम्भव प्रयास किये। अमीर मुआविया वैयक्तिक शासन के समर्थक थे, जिसके आधार पर इस्लाम पूर्व की जाहिली सत्ता व्यवस्था चलती थी। निम्नलिखित पंक्तियों में कुछेक चयनित विषयों की चर्चा की जायेगी।

पैग़म्बर के सहाबियों का वध

इस्लामी पैग़म्बर के परिवारजन तथा उनके शुद्ध अनुयायी 'सहाबा' (सहयोगी) ही मात्र संस्थागत वर्तमान थे, अमीर मुआविया द्वारा आरोपित इस्लाम पूर्व की जाहिली व्यवस्था को रोक सकते थे। उन्होंने अपने कर्तव्यों का निष्ठापूर्वक निर्वाह किया भी है, जिनकी बदौलत इस्लामी धर्मशास्त्र के सम्पादन का अद्वितीय कार्य सम्पन्न हो सका। क़ुर्आन तथा हदीस पर आधारित विद्याओं का अपार भण्डार एकत्र कर दिया है, जिस पर साम्राज्यवादी व्यवस्था का लेशमात्र प्रभाव भी नहीं है। इस्लामी पैग़म्बर के यही परिवारजन तथा सहाबी अपनी शुद्ध जीवनशैली, आदर्श आचरण तथा मान-मर्यादा के आधार पर सर्वाधिक सम्मानित थे। उनकी बातों के मूलस्रोत पैग़म्बर थे, अतः सभी विषयों में निर्णायक मानी जाती थीं, अतः वे अमीर मुआविया के लिए प्रमुख चुनौती थे। उनको तर्क-वितर्क से पराजित नहीं किया जा सकता था, उनकी जीवन-लीला ही समाप्त करने की कूटनीति बनी। अमीर मुआविया ने सहस्रों सहाबियों का वध कराया, अथवा

1. अलबिदाया-वअलनिहाया, भाग-8 पृ० 135
2. जाम्अ-उल-सहीह-उल-मिश्कात-उल-मसाबीह, भाग-1, पृ० 49 हदीस सं० 132/1

अमीर मुआविया के विरुद्ध धर्मयुद्ध करते हुए शहीद हुए, उनमें कुछेक की चर्चा ही यहाँ की जा सकती है—

—हज़रत इमाम हुसैन : इस्लामी पैग़म्बर के ज्येष्ठ नाती, जिनके विषय में सभी इतिहासकार एकमत हैं, कि मुआविया ने विष पिलाकर शहीद किया।

—हज़रत मुहम्मद-बिन-अबीबकर : प्रथम ख़लीफ़ा हज़रत अबीबकर के सुपुत्र थे। उनका वध कर, शव को गधे की खाल में रखकर जला दिया।[1]

—हज़रत मालिक अशतर : विष दिलाकर शहीद किया।[2]

—हज़रत अम्मार-बिन-यासिर : इनके विषय में पैग़म्बर की हदीस है कि अम्मार को धर्मद्रोही वध करेंगे। अतः जब सिफ्फ़ी युद्ध (656-57 ई०) में अमीर मुआविया की सेना ने उनका वध किया, तो उनकी सेना में ही विद्रोह की स्थिति हो गयी। अमीर मुआविया ने कुतर्क किया कि मैंने नहीं अली ने उनका वध किया है, क्योंकि न अली आमार को युद्ध भूमि में लाते न, वे शहीद होते![3]

—हज़रत ओवैस क़रनी : विख्यात सूफ़ी-सन्त, जिनकी स्तुति में पैग़म्बर की अनेक हदीसें हैं।[4] उन्हें भी सिफ़्फ़ीन युद्ध में शहीद किया गया।

—हज़रत उमरू-बिन-अलहमिक़ ख़ुज़ाई : एक ऐसे महानुभाव थे, जिनकी सेवा में स्वयं पैग़म्बर ने अपना साधुवाद भेजवाया था, अतः वे तत्कालीन समाज में अत्यन्त सम्मानित माने जाते थे। उनको बन्दी बनाया गया और मुआविया के विशेष आदेश पर 9 बार बर्छियों से छेदा गया, यद्यपि वे वयोवृद्ध सहाबी पहली बर्छी का वार ही न सहन कर सके थे और मृत हो चुके थे। फिर बर्छी से छेदकर उनका सर बर्छी की नोक पर उठाया गया और उनकी पत्नी की गोद में डाल दिया गया।[5] इतिहासकारों ने लिखा है कि यह किसी का पहला सर था, जो बर्छी पर उठाया गया। फिर कर्बला में तो अनेक शहीदों के सर बल्लमों की नोक पर उठाये गये।

—हज़रत सैफ़ी-बिन-फ़सील शैबानी : अत्यन्त सर्वप्रिय सहाबी थे। उनको दरबार में तलब करके हज़रत अली के लिए अपशब्दों का प्रयोग करने पर विवश

---

1. किताब-अलइस्तेआब-फ़ी-मुआरिफ़त-उल-सहाबा, भाग-1, पृ० 235; तारीख़-अरुसुल-वअलमुलूक, भाग-4, पृ० 79; किताब-अलकामिल-फ़ी-तारीख़, भाग-3, पृ० 180
2. मुरूज-उल-ज़हब-वमआदिन-उल-जवाहिर, भाग-3, पृ० 420; किताब-अलकामिल-फ़ी-तारीख़, भाग-3, पृ० 179; किताब-अलतबक़ात-उल-कबीर, भाग-6, पृ० 213
3. किताब-अलइबर, भाग-4, पृ० 317
4. जाम्अ-उल-सहीह-उल-मुस्लिम, भाग-2, पृ० 262 हदीस संख्या 2527-29
5. तारीख़-अरुसुल-वअलमुलूक, भाग-6, पृ० 148

किया। उन्होंने स्वीकार न किया, तो इतना पीटा गया कि धरती से लग गये। बाद में वध कर दिया गया।[1]

–हज़रत हुज्र-बिन-अदी किन्दी और उनके अन्य सात साथी : जो उनके साथ ही शहीद किये गये, उनके नाम हैं—(हज़रात) शरीक-बिन-शद्दाद हज़र्मी, सफ़ी-बिन-फ़ुज़ैल, क़बीसा-बिन-ज़बीअ, मुहर्रिज़-बिन-शहाब तमीमी, कराम-बिन-जहान ग़ज़्ज़ी तथा अब्दुर्रहमान-बिन-हस्सान ग़ज़्ज़ी। हज़रत हुज्र समेत सभी सहाबियों को तलवार से शहीद किया गया।[2] परन्तु हजरत अब्दुर्रहमान ग़ज़्ज़ी की स्पष्टवादिता के लिए जीवित ही धरती में गाड़ दिया गया।

हज़रत हुज्र के साथ उनके अन्य अनेक सहाबी साथियों को बन्दी बनाया गया था, परन्तु उनमें सब किसी-न-किसी प्रभावशाली व्यक्ति की सिफ़ारिश पर छोड़ दिये गये। उनमें कुछ नाम इतिहास में मिलते हैं, जैसे—(हज़रात) अर्क़म-बिन-अब्दुल्लाह किन्दी, करीम-बिन-अफ़ीफ़ ख़सइमी, आसिम-बिन-औफ़ बिजिल्ली, वर्क़ा-बिन-सम्मी बिजिल्ली, अतबा-बिन-अलख़नस, अब्दुल्लाह-बिन-होबा आदि। मुआविया के निकटवर्ती लोगों में मालिक-बिन-हुबैरा सुकूती ने सिरोशों के बीच खड़े होकर हज़रत हुज्र के लिए भी क्षमादान की प्रार्थना की कि वे अत्यन्त सम्मानित सहाबी हैं। परन्तु मुआविया तैयार न हुए और उनके वध पर अड़े रहे। हज़रत हुज्र-बिन-अदी किन्दी तथा उनके अन्य सहयोगी रात्रि भर इबादत करते रहे। क़ातिलों को देखकर कहा कि अब हम अपनी इबादत समाप्त करते हैं, ताकि तुम यह न कह सको कि मृत्यु से बचना चाहते हैं। फिर कहा, देखो मेरे ख़ून न धोना, मैं अपनी वर्तमान स्थिति में ही क़यामत के दिन मुआविया के ख़िलाफ़ अपना मुक़द्दमा प्रस्तुत करूँगा। इतना सुनना ही था क़ातिलों ने हमला बोल दिया और वध कर दिया।[3]

अमीर मुआविया द्वारा हत्या, विनाश एवं आतंकवाद की चरमसीमा इस्लामी पैग़म्बर के वरिष्ठ सहाबी हज़रत हुज्र-बिन-अदी की हत्या 671 ई० में परिणत

---

1. तारीख़-अर्रुसुल-वअलमुलूक, भाग-6, पृ० 149
2. किताब-अलइबर, भाग-3, पृ० 30
3. तारीख़-अर्रुसुल-वअलमुलूक, भाग-6, पृ० 155; अलबिदाया-वअलनिहाया, भाग-8, पृ० 52; किताब-अलकामिल-फ़ी-तारीख़, भाग-3, पृ० 245-49; किताब-अलइबर, भाग-3, पृ० 24-31; मुरूज-उल-ज़हब-वमआदिन-उल-जवाहिर, भाग-3, पृ० 12; अलअख़बार-उल-तवाल, पृ० 186; अलअसाबा-फ़ी-तमय्यज़-उल-सहाबा, भाग-1, पृ० 313; उसद-उल-ग़ाबा-फ़ी-मआरिफ़त-उल-सहाबा, भाग-1, पृ० 244; किताब-अलतबक़ात-उल-कबीर, भाग-6, पृ० 217; अलमुस्तदरक-उल-सहीहैन, भाग-3, पृ० 468-70; अलतारीख़ (याक़ूबी), भाग-2, पृ० 215

हुई, जो अपने समय के उच्चतम आचरण के महानुभाव तथा इस्लामी जगत के अत्यन्त मर्यादित व्यक्ति थे। मुआविया के शासनकाल में जब खुलेआम मस्जिद के धार्मिक आसन से हज़रत अली का तिरस्कार तथा उन पर अपशब्दों की बौछार का क्रम प्रारम्भ हुआ, तो सर्वत्र मुसलमान दुःख एवं ग्लानि से भर गये। कूफ़े में हज़रत हुज्र व्याकुल हो उठे और उन्होंने हज़रत अली की तारीफ़ प्रारम्भ की। कूफ़े का तत्कालीन प्रशासक ज़ियाद धार्मिक अविबोधन में हज़रत अली को गालियाँ देता, तो ये उठकर उसका उत्तर देते। ज़ियाद ने एक झूठा आरोप पत्र तैयार करके उनके विरुद्ध मुआविया को भेजा, जिस पर उसके सरीखे लोगों की गवाहियों के साथ ही एक गवाही क़ाज़ी शुरीह की भी थी। क़ाज़ी को इसकी सूचना मिली, तो उन्होंने मुआविया को लिखा कि ज़ियाद ने मेरी झूठी गवाही आपके पास भेजी है। मेरी वास्तविक गवाही यह है कि हुज्र उन लोगों में हैं, जो नमाज़ स्थापित करते हैं, ज़कात देते हैं, हज्ज करते हैं, अच्छे कर्मों की सलाह देते हैं और बुराई से रोकते हैं। उनका रक्त तथा उनकी सम्पत्ति पर आघात हराम है। अब यह आप हैं कि उनकी हत्या कर दें अथवा क्षमा कर दें। मुआविया ने उनके वध का आदेश दिया। वध के पूर्व जल्लादों ने उनसे कहा कि तुम अली की भर्त्सना करो, अन्यथा तुम्हें वध कर दिया जायेगा। हुज्र तथा उनके साथियों ने इंकार किया, हुज्र ने कहा कि मैं ऐसी बात नहीं कह सकता, जिससे ईश्वर अप्रसन्न हो। हुज्र और उनके सात साथी इस प्रकार वध किये गये कि उन्हें जीवित ही गड्ढा खोदकर दफ़्न करा दिया गया। इस निन्दनीय घटना की चर्चा सभी इतिहासकारों ने की है।[1]

इस घटना ने समस्त इस्लामी जगत को दहला दिया। पैग़म्बर की धर्मपत्नी हज़रत आयशा को अत्यन्त दुःख हुआ, जब मुआविया उनसे मिलने गये, तो उन्होंने मुआविया की कड़े शब्दों में भर्त्सना की। मुआविया के ख़ुरासान के प्रशासक रबीअ-बिन-ज़ियाद अलहारसी ने यह दुःखद घटना सुनी तो चिल्ला उठे कि ईश्वर अगर मेरे भीतर कुछ भी पुण्य शेष रह गया है, तो मुझे इस दुनिया से उठा ले।[2] इस्लामी पैग़म्बर के अन्य धर्मनिष्ठ सहाबियों ने भी खुलकर इस घटना पर अमीर मुआविया की भर्त्सना एवं निन्दा की है, जिसकी चर्चा विभिन्न

---

1. तारीख़-अर्रुसुल-वअलमुलूक, भाग-4, पृ० 190-207; किताब-अलकामिल-फ़ी-तारीख़, भाग-3, पृ० 234-42; किताब-अलइबर, भाग-3, पृ० 13; किताब-अलइस्तेआब-फ़ी-मुआरिफ़त-उल-असहाब, भाग-1, पृ० 135; अलबिदाया-वअलनिहाया, भाग-8, पृ० 50-55;
2. तारीख़-अर्रुसुल-वअलमुलूक, भाग-4, पृ० 208; किताब-अलइस्तेआब-फ़ी-मुआरिफ़त-उल-असहाब, भाग-1, पृ० 135

इतिहासकारों ने भी है। उन्होंने की जो अमीर मुआविया के पक्षधर कहे गये हैं। यहाँ विस्तार देना सम्भव नहीं है। कुछेक सर्ग ही लिखे जा सकते हैं।[1]

हज़रत आयशा की मृत्यु

हज़रत आयशा भी अमीर मुआविया सत्ता के षड्यंत्र का शिकार हुईं तथा उनका वध किया गया। हज़रत इस्लामी पैग़म्बर की धर्मपत्नी तथा प्रथम ख़लीफ़ा की सुपुत्री थीं। पैग़म्बर की धर्मपत्नी होने के कारण उन्हें भी 'उम्म-उल-मोमनीन' (धर्मनिष्ठों की माताश्री) की उपाधि प्राप्त है। सभी पत्नियों में वे ही कुँवारी (बकर) थीं, इसी कारण प्रथम ख़लीफ़ा 'अबूबकर' (कुँवरी के पिताश्री) कहलाये, अन्यथा उनका नाम अब्दुल्लाह है। हज़रत आयशा द्वारा सहस्त्रों हदीसें प्राप्त हुईं। अपनी विद्वता में भी असाधारण थीं। परन्तु हज़रत अली से नहीं बनती थी। अलतबरी ने लिखा है : "**आयशा का व्यवहार था कि जहाँ तक हो सकता था, वे अली की चर्चा अच्छाई से नहीं करती थीं।**"[2] जब चौथी बार हज़रत अली ख़लीफ़ा हुए, तो इसे स्वीकार न कर सकीं, परन्तु हज़रत अली के विरुद्ध युद्ध किया। स्वयं रणभूमि में आयीं। उद्देश्य अपनी बहन के पुत्र ज़ुबैर-बिन-अवाम को ख़लीफ़ा बनाना था। युद्ध में विजय प्राप्त न कर सकीं। ज़ुबैर का उनके साथियों ने ही वध कर दिया। हज़रत अली ने उन्हें सम्मानपूर्वक मदीना वापस भेज दिया। इस प्रकार वे हज़रत अली के विरोधी पक्ष की पक्षधर थीं, हज़रत अली के विरुद्ध मुआविया की समर्थक थीं, परन्तु जब मुआविया ने उनके भाई मुहम्मद-बिन-अबूबकर की हत्या कर शव को गधे की खाल में सिलवाकर जलवा दिया तो सहन न कर सकीं, मुआविया के लिए बद-दुआ की। मुआविया का खुलकर विरोध तो कभी नहीं किया, साधारणतः समर्थक ही मानी जाती थीं; परन्तु इसके बाद से टीका-टिप्पणी भी करती थीं। मुआविया दिखावे के लिए ही सही, सम्मान प्रदर्शित करते रहते थे। आर्थिक सेवा-सत्कार भी करते थे। इसी आधार पर हज़रत हुज्र-बिन-अदी किन्दी की मुक्ति की सिफ़ारिश भी की थी,

---

1. अलबिदाया-वअलनिहाया, भाग-8, पृ० 55; कंज़-उल-उम्माल-फ़ी-सुन्नत-उल-अक़वाल-वअलअलफ़ाज़, भाग-3, पृ० 88; किताब-अलइबर, भाग-3, पृ० 12; अलअसाबा-फ़ी-तमय्यज़-उल-सहाबा, पृ० 355; किताब-अलइस्तेआब-फ़ी-मुआरिफ़त-उल-सहाबा, भाग-1, पृ० 97; तारीख़-अर्रुसुल-वअलमुलूक, भाग-2, पृ० 217; अवासिम-बिन-क़वासिन, पृ० 341
2. तारीख़-अर्रुसुल-वअलमुलूक, भाग-1, पृ० 516

जिसकी चर्चा ऊपर की पंक्तियों में हो चुकी है। बाद में मुआविया उनसे भेंट करने गये तो उन्होंने कड़ी आपत्ति जताया। मुआविया, तुम्हें हुज्र का वध करते हुए ख़ुदा का खौफ़ न हुआ।[1] मुआविया ने कहा—आप मुझे और हुज्र को छोड़िए। देखा जायेगा।[2]

हज़रत आयशा की टीका-टिप्पणी अमीर मुआविया के असहनीय होती गयी। फिर जब वे यज़ीद के मनोनयन हेतु लोगों से बैअत लेने मदीना-शरीफ़ आये और पैग़म्बर के आसन पर बैठकर बैअत लेने लगे, तो अब यह सब हज़रत आयशा के लिए बर्दाश्त से बाहर हो गया। उन्होंने मुआविया को कड़े शब्दों में डपट दिया—शान्त हो जाओ, यह क्या कर रहे हो? क्या इससे पूर्व किसी अन्य ख़लीफ़ा ने ऐसा किया है? क्या उन्होंने भी अपने किसी पुत्र को अपना उत्तराधिकारी बनाया। मुआविया ने कहा, नहीं। फिर तुमको किसने यह अधिकार दिया है। अमीर मुआविया आसन से उतर आये और वहाँ से लज्जित होकर चले गये।[3] मुआविया के मदीना-प्रशासक मरवान-बिन-हकम ने यज़ीद के ख़लीफ़ा होने सम्बन्धी विवाद पर हज़रत आयशा के भाई अब्दुर्रहमान-बिन-अबीबकर तथा हज़रत उमर के पुत्र अब्दुल्लाह से दुर्व्यवहार किया और अपशब्द कहे तो हज़रत आयशा स्वयं ही मुआविया के पास गयीं और डाट पिलायी—यह कोई अच्छी बात नहीं है। तुम पहले मेरे एक भाई (मुहम्मद-बिन-अबीबकर) का वध कर चुके हो और तुमने उनका शव जलाया। आज मदीना में आकर मेरे दूसरे भाई को दुख देते हो और पैग़म्बर के सुपुत्र (इमाम हुसैन), अब्दुल्लाह-बिन-उमर तथा अब्दुल्लाह-बिन-ज़ुबैर को डराते-धमकाते हो। तुम उन लोगों में हो, जिन पर रसूलउल्लाह ने दया की कि मक्का विजय के पश्चात् मुक्त कर दिया था। तुम्हारा व्यवहार उचित नहीं है।

निरंकुशता तथा फ़ासीवाद तर्क-वितर्क स्वीकार नहीं करती, हज़रत आयशा अपने तर्क के आधार पर मुआविया को सचेत करना चाहती थीं। फिर वही हुआ, जो फ़ासीवादी वृत्ति ऐसे अवसर पर करती है। इब्न-ख़ल्दून ने लिखा है कि अमीर मुआविया के विश्वासपात्र एवं मदीना के प्रशासक मरवान-बिन-हकम ने "**दावत के बहाने से अपने घर बुलाया और पहले से एक गहरा गड्ढा खोदकर बर्छियाँ, तलवारें, छुरियाँ आदि रख दी थीं। ऊपर से फ़र्श बिछा दिया था। उम्म-उल-मोमिनीन (हज़रत आयशा) पधारीं, तो उनको वहीं**

---

1. ख़िलाफ़तो-मुलूकियत, पृ० 153
2. शहीदे-इंसानियत, पृ० 140
3. तारीख़-उल-ख़ुलफ़ा, पृ०

बिठाया गया। बैठना था कि नीचे गिर पड़ीं, वयोवृद्ध तथा कमज़ोर थीं, ऐसी चोट आयी कि फिर जीवित न रह सकीं।''[1]

हज़रत आयशा के विषय में इब्न-क़ुतैबा (मृ० ८८९ ई०) अबू उमर इब्न-अब्दरिब्बो, इमाम मालिक आदि ने लिखा है कि जब उनका अन्तिम समय आया, तो लोगों ने पूछा, क्या उनको इस्लामी पैग़म्बर के पास दफ़्न किया जाय। उनका उत्तर था, चूँकि उनकी मृत्यु के बाद मुझसे कुछ ऐसी बातें हो गयी हैं, जो उचित न थीं। मुझे उनकी अन्य पत्नियों के पास दफ़्न करना। अतः उन्हें 'जन्नत-उल-बक़ी' में दफ़्न किया गया।[2]

छद्म स्रोत एवं संदर्भ

इस्लाम धर्म में क़ुर्आन के बाद हदीसों को मुख्य स्रोत एवं सन्दर्भ माना गया है, तथा हदीसों की प्राप्ति का स्रोत इस्लामी पैग़म्बर के सहाबीगण हैं, जिनमें एक मुखर वर्ग की अमीर मुआविया ने हत्या करा दी। फिर भी अनेक सहाबी वर्तमान थे, जो प्रत्येक विषय पर रुसूल की अनगिनत हदीसें बयान करते थे। अतः उनके प्रतिकार हेतु छद्म स्रोत एवं सन्दर्भ गढ़े गये। इस कार्य को सुनियोजित ढंग से करने के लिए अमीर मुआविया ने आदेश जारी किये। इसके लिए राजकोष के द्वार खोल दिये गये। प्रत्येक काल में सिक्कों के बदले में ईमान बेचने वाले साधारणजन नहीं विशिष्टगण, विद्वान और लेखक होते हैं, उस काल में भी थे, जो जिस भाव मिला ख़रीदा गया, जो नहीं बिके, घायल हुए, अथवा मृत्यु को प्राप्त हुए। धार्मिक विश्वासों पर अपनी पकड़ स्थापित करने हेतु प्रामाणिकता के छद्म स्रोत एवं संदर्भ गढ़े गये। अमीर मुआविया तथा उनके बाद बनी उमैय्या के अन्य ख़लीफ़ाओं ने भी हज़रत अली तथा पैग़म्बर के अन्य परिवारजनों की स्पर्द्धा में बनीउमैय्या के विशिष्ट लोगों की स्तुति में छद्म हदीसें गढ़ने के लिए लोगों को लालच, रिश्वत तथा धन-वितरण द्वारा आकृष्ट किया। यदि पैग़म्बर के किसी निष्ठावान सहाबी ने असहयोग किया, तो उस पर घातक अपराधपूर्ण आक्रमण किये गये। परिणामस्वरूप छद्म हदीसों का एक ढेर इकट्ठा हो गया। सर्वाधिक दुखद यह हुआ कि स्वयं पैग़म्बर के चरित्रहरण हेतु ऐसी-ऐसी हदीसें बनायी गयीं कि जिनका प्रयोग वर्तमान में भी इस्लाम के शत्रु प्रमाणित स्रोत के रूप में करते हैं, जिस पर मुसलमान खीज-खीजकर रह जाते हैं। अमीर मुआविया ने इन छद्म स्रोतों एवं सन्दर्भों के प्रचार-प्रसार पर विशेष बल दिया। उलेमा को आदेश दिया

---

1. किताब-अलइबर, भाग-5, पृ० 59
2. किताब-अलमआरिफ़, पृ० 59, अलइक़्द-उल-फ़रीद, भाग-2, पृ० 223

कि इन स्रोतों एवं सन्दर्भों को अपने ग्रन्थों में स्थान दें। इनकी विश्वसनीयता स्थापित करें तथा मदरसों के पाठ्यक्रम में सम्मिलित कर युवाओं के मन-मस्तिष्क पर अंकित कर दें। अह्लबैत के विरुद्ध दुष्प्रचार करें। उन पर प्रत्येक नमाज़ विशेषकर जुम्आ की नमाज़ के ख़ुतबे में उन पर लानत भेजें। यह क्रम बनीउमैय्या के सम्पूर्ण शासनकाल (661-750) में नव्वे वर्षों तक चलता रहा, बीच में दो-ढाई वर्षों को छोड़कर। अल्लामा शिबली नुआमानी (मृ० 1914 ई०) ने भी स्वीकार किया है : "**हदीसों का सम्पादन बनीउमैय्या के काल में हुआ, जिन्होंने पूरे नव्वे वर्ष तक सिन्ध से लघु एशिया तथा उन्दुलुस तक जाम्अ मस्जिदों में बनीफ़ातिमा** (पैग़म्बर के परिवारजन) **का अपमान किया और जुम्आ में खुलेआम हज़रत अली पर लानत कहलवायी। सैकड़ों-हज़ारों हदीसें अमीर मुआविया की प्रशंसा में बनवायीं।**"[1]

छद्म वक्तव्यों की अमीर मुआविया द्वारा टकसाल वर्तमान में भी किसी न किसी रूप में सक्रिय है। आश्चर्य होता है उन उलेमा पर जो वस्तुस्थिति से भलीभाँति परिचित होते हुए, इन छद्म वक्तव्यों को इस्लामी पैग़म्बर की हदीस के रूप में प्रस्तुत करते रहते हैं। हालाँकि यदि इन वक्तव्यों का मात्र उनकी वास्तविकता के आधार पर विवेचना कर लें, तो उनके असत्य होने में कोई सन्देह नहीं रहता। उदाहरणार्थ, इस्लामी पैग़म्बर की अत्यन्त विख्यात हदीस देखिए : "**मेरे समस्त सहाबी न्यायिक हैं।**" सहाबी कौन हैं, इसकी भी एक हदीस है : "**जो मुसलमान पैग़म्बर के साथ रहे, या उनको देखा, वे सब आपके सहाबी हैं।**"[2] इन हदीसों को ऊपरी तौर पर देखें, तो सहाबियों की स्तुति में हैं और चूँकि सहाबियों का सभी मुसलमान अत्यन्त सम्मान करते हैं, जिनको अपने ऋषित्व, धर्मनिष्ठा एवं सदाचार के आधार पर प्रतिष्ठा प्राप्त है। वे इस्लामी धर्मशास्त्र को मुसलमानों तक पहुँचाने के सशक्त माध्यमों में रहे हैं। उनकी प्रतिष्ठा को कवच बनाकर अत्यन्त मीठे शब्दों में ऐसे नियम प्रतिपादित कर दिये, जो किसी प्रकार न्यायसंगत हो ही नहीं सकता। इस्लाम का मूलमंत्र न्याय है। सब के साथ न्याय। क्या यह बात न्यायसंगत हो सकती किसी विशेष युग के समस्त जन, चाहें उन्होंने कितने ही कुकर्म किये हैं, क्षम्य हों तथा अन्य युगों के लोग अपने कर्म के आधार पर फल पायें। क़ुर्आन कहता है : "**और ईश्वर उनके कार्यों के आधार पर उनका संरक्षक है।**" (क़ुर्आन : 6/127) अन्य स्थान पर है : "**कोई बता भी नहीं सकेगा, उसके अतिरिक्त जिसको दयानिधान अनुमति दे।**" (क़ुर्आन : 78/38) पैग़म्बर के जीवन-काल में अनेक ऐसी घटनाएँ हैं

---

1. सीरत-उल-नबी, भाग-1, पृ० 64
2. जाम्अ-उल-सहीह-उल-बुख़ारी, भाग-2, पृ० 233

जिनमें उसी काल के लोग मुसलमान होने के बाद भी इस्लाम के विरुद्ध षड्यंत्र करते रहे, जिनकी क़ुर्आन तथा पैग़म्बर ने भर्त्सना की है और उन पर लानत की है। उस काल के लोगों में तो वे भी हैं, क्या वे सब न्यायिक हैं। इस विषय पर अधिक जानकारी के लिए अध्ययन किया जा सकता है।[1] एक और हदीस देखिए। उसमें पैग़म्बर का वक्तव्य वर्णन किया गया है : **"उस मुसलमान को आ नहीं छुएगी, जिसने मुझे देखा या मुझे देखने वालों को देखा।"**[2] अब मंशा खुल गयी, मात्र सहाबी ही नहीं, उनके बाद की पीढ़ी के समस्त छद्मनामी मुसलमान जन्नत का परवाना पा गये। अमीर मुआविया ही उनका पुत्र यज़ीद और उसके समस्त सहयोगी, जन्नत में जायेंगे, क्यों उनमें सब ने या तो स्वयं पैग़म्बर को देखा या उनके देखने वालों को देखा है। इतने से भी तसल्ली नहीं हुई 'जब तक अमीर मुआविया का नाम लेकर, उनके समस्त कर्मों पर 'क्षम्य है' की मुहर न लगवा दें। अतः यह हदीस अस्तित्व में आयी : **"इब्न-अबी मलीका कहते हैं कि हज़रत मुआविया ने इशा (रात्रि) की नमाज़ के बाद एक रिकअत वित्र पढ़ी और उनके पास उस समय हज़रत इब्न-अब्बास के एक दास बैठे हुए थे, तो वे इब्न-अब्बास के पास आये और कहा कि देखिए, तो मुआविया एक रिकअत वित्र पढ़ते हैं, इब्न-अब्बास ने कहा, कुछ न कहो, यह रुसूल के पास उठे-बैठे हैं।"**[3]

साम्राज्यवाद ने अपने पाँव इस्लामी धरती पर बलपूर्वक स्थापित करने हेतु साम्राज्यवाद का इस्लामीकरण करने का प्रयास किया। अमीर मुआविया अपने राजकर्मियों को विधि के ऊपर मानते थे। उनका स्पष्ट आदेश था : **"मेरे राजकर्मियों के विरुद्ध कार्यवाही का कोई विधान नहीं है।"**[4] यह वक्तव्य इस्लामी संस्कार के ठीक उलट है : **" पैग़म्बर जब किसी को शासक बनाकर भेजते तो निर्देशित करते—नृशंसित व्यक्ति की आह से बचना कि उसके और ख़ुदा के बीच में कोई पर्दा नहीं होता।"**[5] अपनी बात का पच रखने हेतु बाद में एक छद्म हदीस गढ़ी गयी : **"तात्कालिक ख़लीफ़ा क़यामत के दिन की पूछगच की परिधि के बाहर है। उन पर ईश्वर का प्रकोप नहीं हो सकता।"** इस घृणित वक्तव्य पर तत्कालीन 40 वरिष्ठ एवं सम्मानित व्यक्तियों ने हस्ताक्षर किये

---

1. नज़रिया-ए-अदालत, पृ० 21-254
2. जाम्अ-उल-सहीह-उल-मिश्कात-उल-मसाबीह, भाग-3, पृ० 221 हदीस सं० 5757/6
3. जाम्अ-उल-सहीह-उल-बुख़ारी, भाग-2, पृ० 257 हदीस सं० 944
4. किताब-अलकामिल-फ़ी-तारीख़, भाग-3, पृ० 248; अलबिदाया-वअलनिहाया, भाग-8, पृ० 71
5. जाम्अ-उल-सहीह-उल-बुख़ारी, भाग-2, पृ० 89

थे।[1] इससे भी घृणित वक्तव्य एक छद्म हदीस के रूप में यह गढ़ी गयी कि क़ुसतुंतुनिया पर प्रथम आक्रमण जो अमीर मुआविया के राजकाल में समुद्री मार्ग से हुआ, अर्थात् पैग़म्बर साहब के स्वर्गवास के चार दशक पूर्व, उसके सैनिकों की प्रशंसा करते हुए स्वयं पैग़म्बर ने कहा था : **"मैंने उम्मत के उन मुजाहिदों को देखा, जो समुद्र में ज़िहाद के लिए सफ़र करेंगे और जहाज़ों पर इस तरह बैठे होंगे जिस तरह बादशाह अपने तख़्त पर बैठते हैं और फ़रमाया कि वे सब जनत्ती हैं।"**[2] यह छद्म हदीस इस लिए गढ़ी गयी कि अमीर मुआविया के पुत्र एवं उतराधिकारी तथा कर्बला के मुख्य अपराधी यज़ीद को हदीस-शरीफ़ के संरक्षण में लाकर जनत्ती साबित किया जाय कि यज़ीद भी तो अपने पिता के आदेशानुसार उन 'मुजाहिदों' में था, जो समुद्र में ज़िहाद के लिए सफ़र कर रहे थे और जहाज़ पर इस तरह बैठे थे जिस तरह बादशाह अपने तख़्त पर बैठता है और उसके लिए भी फ़रमाया गया था कि वह जनत्ती है! अब यज़ीद इस्लामधर्म की धज्जियाँ बिखेर दे, जैसाकि उसने बिखेरीं, सब कुकर्म करे, जैसाकि उसने किया, जन्नत तो उसकी बपौती है, मिलेगी ही ! क्या इस प्रकार की छद्म हदीसें सही मानी जा सकती हैं।

कहते हैं---दरोग़-गो-रा-हाफ़िज़ा न बाशद! (झूठे को बात याद नहीं रहती। प्रसिद्ध इतिहासकार अलतबरी (मृ० 923 ई०) ने इस हदीस की वास्तविकता उजागर कर दी है कि क़ुसतुंतुनिया के जिस आक्रमण में यज़ीद को समुद्री यात्रा में तख्त पर बैठाया गया है, उस युद्ध में तो यज़ीद प्रथम आक्रमण (49 हि०/670 ई०) में सम्मिलित ही नहीं हुआ, जिसके विषय में हदीस बतायी जाती है। यज़ीद सातवें आक्रमण (677 ई०) में सम्मिलित हुआ था।[3]

बड़ी चालाकी से बादशाही को भी इस्लामधर्म में मान्य करने की जसारत देखिये कि बादशाह को अपने तख़्त पर बैठा देखकर पैग़म्बर साहब प्रसन्न होते हैं, फिर अमीर मुआविया ने दैवी राज्य समाप्त करके व्यक्तिक साम्राज्य स्थापित किया, तो यह पैग़म्बर के पसन्द की बात थी। इससे भी बढ़कर यह छद्म हदीस गढ़ी गयी, जिसके वाचक स्वयं अमीर मुआविया हैं : **"पैग़म्बर-अल्लाह ने मुझसे फ़रमाया था कि हे मुआविया, जब तुम बादशाह हो जाना, तो अच्छे व्यवहार करना।"**[4] अर्थात् अमीर मुआविया ने इस्लामी ख़िलाफ़त को पैतृक

---

1. तारीख़-उल-ख़ुलफ़ा, पृ० 263
2. जाम्अ-उल-सहीह-उल-बुख़ारी, 56/63,2:218
3. तारीख़-अर्रुसुल-वअलमुलूक, भाग-11, पृ०1
4 इज़ालत-उल-ख़ुलफ़ा-अन-ख़िलाफ़त-उल-ख़ुलफ़ा, भाग-1, पृ० 596

साम्राज्य में परिवर्तित किया, तो इस्लामी पैग़म्बर की मंशा से किया, अन्यथा उन्होंने मना किया होता! इस प्रकार की अनेक छद्मनाम हदीसें अमीर मुआविया के सम्बन्ध में स्वयं उन्हीं के टकसाल की गढ़ी हुई मिलती हैं। इनके छद्मनामी होने की पुष्टि इमाम जलालउद्दीन सुयूती ने भी की है।[1] इसकी चर्चा गतपृष्ठों में हो चुकी है। इसके विपरीत इस्लामी पैग़म्बर द्वारा भर्त्सना करने की अनेक हदीसें अवश्य ही मिलती हैं। उदाहरणार्थ मात्र एक घटना देखिए, जिसकी चर्चा अनेक इतिहासकारों ने अपने ग्रन्थों में की है, जिसको द्वितीय ख़लीफ़ा हज़रत उमर के सुपुत्र ख़लीफ़ा अब्दुल्लाह बयान करते थे : **''इस्लामी पैग़म्बर एक घाटी से उदय हुए तो आपकी निगाह अबूसुफ़ियान पर पड़ी, जो एक गधे पर सवार था और मुआविया और उनके बड़े भाई यज़ीद आगे-पीछे से हाँक रहे थे। जब हुज़ूर की उस पर नज़र पड़ी, तो आपने फ़रमाया–या अल्लाह! इस्लाम की रक्षा की इन तीनों से!''**[2] इस घटना की ओर प्रथम ख़लीफ़ा हज़रत अबूबकर के सुपुत्र मुहम्मद-बिन-अबूबकर ने मुआविया के नाम अपने पत्र में भी किया है तथा इमाम हसन ने मुआविया को सौगन्ध देकर यह घटना एक अवसर पर स्मरण करायी थी।[3] बादशाह के इस्लामी वजूद को साबित करने के लिए अनेक ऐसी हदीसें गढ़ी गयीं, जिनके आधार पर कहा जा सके कि साम्राज्यवाद से वास्तविक रूप से इस्लाम को मतभेद नहीं है। वरन् साम्राज्यवाद तो इस्लामी पैग़म्बर के कथन के आधार पर स्थापित हुआ : **''मेरे बाद तीस वर्ष तक ख़िलाफ़त रहेगी, फिर बादशाहत होगी।''**[4] ऐसी भी अनेक हदीसें हैं, जिनमें विभिन्न देशों पर आक्रमणों की चर्चा है, जो इस्लामी के पैग़म्बर के मृत्यु के सैकड़ों वर्ष बाद तक होती रही थीं।[5] यहाँ तक कि भारत पर आक्रमण भी एक हदीस के अनुसार इस्लामी पैग़म्बर के कथन के अनुसार हुआ, जिसमें उन्होंने कहा था : **''मुसलमान हिन्दुस्तान में जिहाद करेंगे।''**[6] अपने कुकृत्य को इस्लामी पैग़म्बर से सम्बद्ध करने की धृष्टता का कारण यह है कि कुछेक साम्राज्यवादी

---

1. तारीख़-उल-ख़ुलफ़ा, पृ० 201, 213
2. किताब अलसिफ़्फ़ीन, पृ० 247; तारीख़-अर्रुसुल-वअलमुलूक, भाग-11, पृ० 357
3. नफ़्से-रुसूल, भाग-4 (3), पृ० 287-88
4. जाम्अ-उल-सहीह-उल-मुस्लिम, भाग-3, हदीस सं० 1552
5. किताब-अलजिहाद, भाग-2, पृ० 64-65; जाम्अ-उल-सहीह-उल-मुस्लिम, भाग-2, हदीस सं० 1008, 1388-89, भाग-3, हदीस सं० 1552, भाग-4, हदीस सं० 2225, 2901 ; अलमुसनद : अहमद, भाग-5, पृ० 241
6. अलसुन्नन : अलनसअई, भाग-2, पृ० 64

शासकों के कुकर्मों को इस्लाम धर्म के अनुरूप स्थापित किया जाय, चाहे इसके परिणामस्वरूप इस्लाम की आकृति ही कुरूप हो जाय।

इन छद्म वक्तव्यों, जिनको हम हदीस नहीं कह सकते, अल्लामा जलालउद्दीन सुयूती ने अपने विख्यात ग्रन्थ 'लवाली-मसनूआ' में एकत्र करके हदीस-विद्या के आधार पर गहन विश्लेषण के उपरान्त खण्डन किया है। परन्तु इसको क्या किया जाय कि कुछेक मार्ग से बहते हुए लेखक और विद्वान इन्हीं वक्तव्यों को आधार बनाकर वर्तमान में भी तर्क करने की धृष्टता करते रहते हैं।

इस्लामी धर्मसिद्धान्त की अवहेलना

ईश्वरीय राजसत्ता समाप्ति के प्रयोजनों को कार्यरूप देने के बाद सर्वाधिक महत्त्वपूर्ण उस विधि-विधान को समाप्त करना था, जो इस्लामी शासन व्यवस्था का आधार बनता है। वह क़ुर्आन था और है। स्पष्ट रूप में क़ुर्आन को समाप्त नहीं किया जा सकता था, तो कूटनीति यह बनी कि उसके प्रभाव को समाप्त करो, उन आधारों को हटा दो, जिन पर इस्लामी धर्मशास्त्र कार्यरूप धारण करता है। अतः इस्लामी धर्मशास्त्र को मिटाने के प्रयत्न किये गये। इस्लामी धर्मशास्त्र के सर्वमान्य सिद्धान्तों की अवहेलना की गयी।

1. नमाज़ के नियमों की अवहेलना :

इस्लाम में नमाज़ का विधान अत्यन्त सुनिश्चित है। इसकी अवहेलना इतनी बढ़ी कि पैग़म्बर के सहयोगीगण रोते थे दुख व्यक्त करते थे। 'सहीह-बुख़ारी' तथा 'सहीह-मुस्लिम' जैसे प्रतिष्ठित ग्रन्थों में है कि प्रसिद्ध सहाबी अबू दरआ कहा करते थे कि मैं इन लोगों में इस्लाम का कोई अंश नहीं देखता, सिवा इसके कि नमाज़ पढ़ लेते हैं।[1] इमाम मालिक का कथन है कि इनका इस्लाम मात्र अज़ान देने तक सीमित था। वे उस प्रकार नमाज़ नहीं पढ़ते थे, जिस प्रकार इस्लामी पैग़म्बर पढ़ते थे, वरन् उसमें भी परिवर्तन कर लिया था।[2] अत्यन्त प्रसिद्ध घटना है कि अमीर मुआविया ने सिफ़्फ़ीन युद्ध को जाते हुए बुध को जुम्आ की नमाज़ पढ़ायी थी। उसके बाद नियमों की अवहेलना की स्थिति यह हुई कि एक बार अब्दुल्ला-बिन-उमर ने जुम्आ की नमाज़ में विलम्ब करने पर टोका तो जवाब मिला—मेरा इरादा है कि तुम्हारी दोनों आँखें जिस सर

---

1. जाम्अ-उल-सहीह-उल-बुख़ारी, भाग-1, पृ० 91, 96; जाम्अ-उल-सहीह-उल-मुस्लिम, भाग-1, पृ० 77
2. जाम्अ-उल-सहीह-उल-बुख़ारी, भाग-1, पृ० 65, 77

में हैं, उस पर चोट लगाऊँ।[1] इसी प्रकार की अन्य घटनाएँ विभिन्न इतिहास ग्रंथों में भी लिखी है।[2] एक बार जुम्आ के अभिबोधन को इतना विस्तार दिया गया कि अस्र की नमाज़ का समय भी बीतने लगा, तो किसी व्यक्ति ने टोका कि इसके लिए ईश्वर के सामने जवाबदेही होगी। उत्तर मिला कि तूने सच कहा, परन्तु ऐसे सत्यवादी व्यक्ति का स्थान वह नहीं है, जहाँ तू खड़ा है। अतः उसी समय आँखों से संकेत पाकर अंगरक्षक ने उसे वध करके स्वर्ग पहुँचाने का प्रबन्ध कर दिया।[3]

2. ज़कात, ख़ुमुस आदि :

इस्लामी शासन व्यवस्था में ज़कात, ख़ुमुस, फ़ितरा आदि को आर्थिक तन्त्र की रीढ़ की हड्डी की स्थिति प्राप्त है। क़ुर्आन में अधिकांश स्थान पर नमाज़ तथा ज़कात पर समान रूप में बल दिया गया है : **''नमाज़ स्थापित करो, ज़कात अदा करो।''** (क़ुर्आन : 2/43) इसके आय-व्यय की पूर्ण व्यवस्था भी है : **''जो कुछ भी अल्लाह ने अपने क्षेत्र के वासियों की आरे से अपने पैग़म्बर को दिलवाया है वह सब अल्लाह, पैग़म्बर और पैग़म्बर के परिवारजनों, पितृविहीनों, निर्धनों और परदेशी यात्रियों के लिए है ताकि समस्त धन मात्र पूंजीपतियों के बीच घूम-फिरकर न रह जाय और जो कुछ भी पैग़म्बर तुम्हें दें, उसे लो और जिस् वस्तु से रोक दें, उससे रुक जाओ और अल्लाह से डरो कि अल्लाह कठोर यातनाएँ करेगा।''** (क़ुर्आन : 59/6)

उपर्युक्त आयतों से स्पष्ट हो जाता है कि 'ज़कात' तथा 'ख़ुमुस' दोनों में निर्धनों, पितृविहीनों, अनाथों तथा परदेशी यात्रियों आदि का अधिकार बनता है। परन्तु 'ख़ुमुस' में एक भाग पैग़म्बर और उनके परिवारजनों के लिए भी विशेष है, जो 'ज़कात' में नहीं है। क्योंकि ज़कात मात्र न्यौछावर है और न्यौछावर पैग़म्बर के परिवारजनों के लिए वर्जित है। अमीर मुआविया ने ज़कात तथा फ़ितरा के नियम परिवर्तित कर दिये। जिसको अनेक धर्मनिष्ठ व्यक्तियों ने अस्वीकार कर दिया था। पैग़म्बर के सहाबी अबू सईद ख़दरी ने बलपूर्वक यह कहा कि मैं मुआविया के नियम परिवर्तन को अपने जीवनभर स्वीकार नहीं करूँगा। इब्न-ज़ुबैर ने भी इसी प्रकार का मत व्यक्त किया तथा इसे ईमान लाने के बाद पुनः

1. किताब-अलइस्तेआब-फ़ी-मुआरिफ़त-उल-असहाब, भाग-1, पृ० 369
2. किताब-अलतबक़ात-उल-कबीर, भाग-4, पृ० 184
3. किताब-अलकामिल-फ़ी-तारीख़, भाग-4, पृ० 104-41; अलइक़्द-उल-फ़रीद, भाग-1, पृ० 62

ईमान से विमुख हो जाने की संज्ञा दी।[1] इसी प्रकार जिहाद में प्राप्त धन का पाँचवाँ भाग जो ख़लीफ़ाओं के राजकाल में धर्मकोष में जमा किया जाता था, अमीर मुआविया ने इसे स्वयं लेना प्रारम्भ कर दिया।[2]

3. बैत-उल-माल (धर्मकोष) :

इस्लामी पैग़म्बर के जीवनकाल में कोई धर्मकोष नहीं था, जो माल कहीं से आता था, उसी समय नियमानुसार लोगों में वितरित कर दिया जाता था। हज़रत उस्मान तथा हज़रत अबूज़र एक बार सायंकाल पैग़म्बर से भेंट करने गये, तो देखा कि वे अत्यन्त चिन्तित हैं, उनसे कोई बातचीत नहीं की। वे सहाबीगण दुःखी मन से लौट आये। पुनः फिर गये तो पैग़म्बर को प्रसन्नचित्त पाया। उन्होंने पूछा कि कल आप किस बात पर इतने चिन्तित थे कि हमसे बातचीत भी नहीं की। पैग़म्बर ने उत्तर दिया, सायंकाल में मेरे पास कुछ दिरहम आये थे, जिन्हें मैं उस समय लोगों में वितरित न कर पाया था। मुझे चिन्ता थी कि यदि रात में मेरी मृत्यु हो गयी, तो लोगों की देनदारी मेरे ऊपर शेष रह जायेगी। प्रातः ही मैंने सब वितरित कर दिया है, अब कोई समस्या नहीं रह गयी है। हज़रत अली ने धन वितरण के सम्बन्ध में इस्लामी पैग़म्बर की परम्परा को जीवित किया, जब भी बैअत-उल-माल में कुछ आता उसी समय नियमानुसार लोगों में वितरित कर देते थे। फिर बैअत-उल-माल में झाड़ू फिरा देते और उसी स्थान पर शुक्राने की नमाज़ अदा करते थे।

साम्राज्यवाद में इस्लामी धर्मकोष व्यक्तिगत खज़ाना बन गया। जनता से बलपूर्वक अनधिकृत वसूली की जाती थी। अमीर मुआविया द्वारा नियुक्त इराक़ के प्रशासक ख़ालिद के विषय में मिलता है कि उसने एक साल ईरानी त्यौहार नवरोज़ तथा मेहरजान के अवसर पर जनता से एक करोड़ दिरहम उपहार स्वरूप उगाहे थे।[3] इसी प्रकार प्रान्तों के गवर्नरों के द्वारा व्यक्तिगत लाभ हेतु उगाही कराने की अनेक चर्चाएँ मिलती हैं। हकम-बिन-उमरू ग़फ़्फ़ारी को प्रशासक बनाया गया और 670 ई० के एक युद्ध में लूट का माल हाथ आया, तो आदेश दिया गया कि सभी सामान नगद हो या वस्तु, राजकीय कोष में भेज दिया जाय। उन्होंने हिम्मत करके लिखा कि ये आदेश क़ुर्आन के विरुद्ध है।

---

1. दिरासात-उल-लबीब, पृ० 77
2. तारीख़-अर्रुसुल-वअलमुलूक, भाग-4, पृ० 187; अलबिदाया-वअलनिहाया, भाग-8, पृ० 29; किताब-अलइस्तेआब-फ़ी-मुआरिफ़त-उल-असहाब, भाग-1, पृ० 118; किताब-अलतबक़ात-उल-कबीर, भाग-7, पृ० 28-29
3. किताब-अलवज़रा, पृ० 11

अतः इसे स्वीकार नहीं कर सकता। इसके बाद उनको इतना आतंक ग्रस्त किया गया कि उनकी मृत्यु हो गयी।[1]

अमीर मुआविया के राजकाल में धर्मकोष का उपयोग उनके व्यक्तिगत उपभोग में तथा परिवारजनों एवं अधिकारियों के लिए खुले रूप में होता था, जिससे वे स्वयं तथा उनसे जुड़े हुए समस्त लोग भोग-विलास का जीवन व्यतीत करते थे। इस काल के धर्मकोष के विषय में यह कहना कठिन है कि उसका कितना भाग उनका व्यक्तिगत कोष बना। इसका विस्तार नहीं मिलता। परन्तु इसी परिवार के ख़लीफ़ा उमर-बिन-अब्दुल अज़ीज़ (मृ० 720 ई०) ख़लीफ़ा हुए, जो स्वभावतः नेक और शरीफ़ थे, तो उन्होंने अपने समय के राजकुमारों तथा अधिकारियों की अनधिकृत सम्पत्ति का निरीक्षण किया, तो उस समय उन्होंने स्वयं अपनी चालीस हज़ार दीनार की जायदाद, जो उन्हें अपने पिता से मीरास मिली थी, धर्मकोष को वापस कर दी।[2]

4. *इस्लामी अर्थव्यवस्था का विरोध :*

अमीर मुआविया जिस समय (650 ई० में) दमिश्क़ के प्रशासक थे। उनके स्वर्ण-मुद्रा एकत्र करने पर चेतावनी के रूप में इस्लामी पैग़म्बर के परमश्रेष्ठ सहयोगी, हज़रत अबूज़र ग़फ़्फ़ारी, जिनके विषय में पैग़म्बर ने कहा है कि यदि ईमान के दस दर्जे हैं, तो उनमें से नौ पर अबूज़र को अधिकार प्राप्त है, मुआविया को चेतावनी देने हेतु क़ुर्आन की आयतें पढ़ा करते थे। इसी प्रकार पैग़म्बर के एक अन्य सहाबी हज़रत अबू दर्दा ने अमीर मुआविया को मना किया कि उन्होंने रुसूल-अल्लाह से सुना है कि अधिक भार पर क्रय करना वर्जित है, तो मुआविया ने उत्तर दिया कि मेरे विचार में इसमें कोई अनुचित बात नहीं है। इस पर अबू दर्दा ने कहा कि मैं पैग़म्बर का आदेश बता रहा हूँ और तू अपनी राय दे रहा है। ईश्वर मुझे इस जगह से निकाले। मैं उस धरती पर नहीं रहूँगा, जिसका तू शासक हो।[3] इसी प्रकार की एक घटना प्रसिद्ध सहाबी हज़रत अबादा-बिन-सामित तथा अमीर मुआविया के बीच घटी। उन्होंने सोने के क्रय-विक्रय पर पैग़म्बर की हदीस बतायी, तो मुआविया ने उत्तर दिया कि मैं इसमें कोई बुराई नहीं समझता।[4]

---

1. तारीख़-अर्रुसुल-वअलमुलूक, भाग-6, पृ० 140-41
2. अलबिदाया-वअलनिहाया, भाग-9, पृ० 200-208
3. अलसुन्नन : इब्न-माजा, भाग-1, पृ० 7
4. अलसुन्नन : इब्न-माजा, भाग-1, पृ० 7

5. मदिरा-व्यापार :

इस्लाम में मदिरा सेवन अथवा उसका व्यापार पूर्णतया वर्जित है। अमीर मुआविया के शासनकाल में इसके विरुद्ध आचरण मिलता है। यह उस समय की बात है जब मुआविया प्रशासक थे। घटना इस प्रकार है कि पैग़म्बर के सहाबी हज़रत अब्दुर्रहमान-बिन-सह्ल अंसारी सीरिया गये, तो उन्होंने देखा कि ऊँटों पर शराब की मशकें भरी जा रही थीं। सहाबी अब्दुर्रहमान अंसारी आगे बढ़े और अपने भाले से उन मशकों में छेद कर दिया। दासों ने उन्हें रोकना चाहा परन्तु वे न माने। दासों ने यह सूचना मुआविया को पहुँचायी, तो उन्होंने कहा, छोड़ो इस बुड्ढे की बुद्धि भ्रष्ट हो गयी है। अब्दुर्रहमान ने कहा, मेरी बुद्धि नहीं गयी है, वरन् पैग़म्बर ने इसको मना किया है कि मदिरा हमारे शरीर में अथवा हमारे बर्तनों में प्रवेश न करे।[1]

6. विरासत का क़ानून :

इस्लाम में विरासत का निश्चित विधान है, जिसका आधार क़ुर्आन ने निश्चित किया है। अमीर मुआविया ने क़ुर्आन द्वारा निश्चित विरासत के क़ानून के विरुद्ध कार्य किया। इस्लामी बंधुत्व के आधार पर हत्तात-बिन-ज़ैद अमीर मुआविया के भाई थे। परन्तु क़ुर्आन द्वारा निश्चित विरासत के क़ानून के अन्तर्गत मुआविया उनकी विरासत में हिस्सा पाने के हक़दार नहीं थे। संयोग से हत्तात उनसे मिलने आये और वहीं उनकी मृत्यु हो गयी। मुआविया ने यह कहकर कि वे उनके भाई थे, उनकी सम्पत्ति पर अधिकार कर लिया। इस घटना की मुसलमानों में तीव्र प्रतिक्रिया हुई। यहाँ तक कि प्रसिद्ध अरबी कवि 'फ़रज़दक़' ने उनकी भर्त्सना में कविता लिखी।[2] इसी प्रकार इस्लाम धर्म के बाहर लोगों के विरासत के सम्बन्ध में भी नियम था कि कोई मुसलमान किसी अइस्लामी व्यक्ति का वारिस नहीं हो सकता था, न कोई अइस्लामी व्यक्ति किसी मुसलमान का वारिस हो सकता था। अमीर मुआविया ने नियम बदल दिया तथा अइस्लामी व्यक्ति का वारिस मुसलमान को बना दिया। ताकि जब उसकी मृत्यु हो जाय, तो उसकी धन-सम्पदा पर अधिकार किया जा सके।[3]

---

1. अलअसाबा-फ़ी-तमय्यज़-उल-सहाबा, भाग-2, पृ० 401; उसद-उल-ग़ाबा-फ़ी-मआरिफ़त-उल-सहाबा, भाग-3, पृ० 299
2. उसद-उल-ग़ाबा-फ़ी-मआरिफ़त-उल-सहाबा, भाग-1, पृ० 379
3. अलबिदाया-वअलनिहाया, भाग-8, पृ० 139, भाग-9, पृ० 232

7. 'दियत' की व्यवस्था :

इस्लाम में व्यवस्था है कि यदि मृतक के परिवारजन निश्चित धनराशि के बदले में हत्या करने वाले को क्षमा कर सकते हैं। इसे 'दियत' व्यवस्था कहते हैं। दीयत के धन का आधार मृतक की प्रतिष्ठा के आधार पर तय किया जाता था। इस व्यवस्था के अन्तर्गत मुसलमान तथा वे लोग जिनसे मुसलमानों का अनुबन्ध हो, समान रूप में अधिकार रखते थे। परन्तु अमीर मुआविया ने इसे आधा कर दिया तथा उसका शेष आधा भाग स्वयं लेना प्रारम्भ कर दिया।[1]

8. रत्यात्मकता :

इस्लाम ने स्त्री-पुरुष के बीच रत्यात्मकता के निश्चित नियम प्रतिपादित किये हैं। भोग-विलास में निश्चित सीमाओं को लाँघने पर कड़े दण्डों का प्राविधान किया गया है। यहाँ तक कि मृत्युदण्ड भी दिया जा सकता है, क्योंकि यौनविकृति सामाजिक जीवन को नष्ट-भ्रष्ट कर देती है। इसका ज्वलंत उदाहरण वर्तमान यूरोपीय तथा अमेरिकी समाज है। इस्लाम में इसे सभी स्तरों पर नियमित किया है। इसी प्रक्रिया में किसी नाजायज़ औलाद को किसी परिवार में सम्मिलित करने के विषय में भी है, क्योंकि उसका किसी वंशज से सम्बन्ध नहीं जोड़ा जा सकता। ज़ियाद-बिन-सुमैय्या का मामला भी इसी प्रकार है, जिसे अमीर मुआविया ने राजनीतिक उद्देश्यों से अपने वंशज का अंग बनाया। सुमैय्या एक वैश्या थी, उसके विषय में अमीर मुआविया ने घोषित किया कि उनके पिता अबू-सुफ़ियान ने उससे व्यभिचार किया था, जिससे वह उत्पन्न हुआ। अतः वह उनका भाई है। यद्यपि इस प्रकार के शिशुओं के विषय में इस्लाम का स्पष्ट आदेश वर्तमान है : **''अबू हुरैरा कहते हैं कि पैग़म्बर अल्लाह ने फ़रमाया कि बच्चा औरत के लिए है तथा व्यभिचारी के लिए पत्थर है।''**[2] इसी घटना को विख्यात सूफ़ी-सन्त ख़्वाजा हसन बसरी ने अमीर मुआविया के उन चार अपराधों में सम्मिलित किया है, जिनकी चर्चा गतपृष्ठों में यथास्थान हो चुकी है। हज़रत उम्म-हबीबा जो मुआविया की बहन थीं, ज़ियाद को अपना भाई नहीं मानती थी और उससे परदा करती थीं।[3]

---

1. अलबिदाया-वअलनिहाया, भाग-8, पृ० 139
2. जाम्अ-उल-सहीह-उल-बुख़ारी, भाग-3, पृ० 363 हदीस सं० 1718
3. किताब-अलइस्तेआब-फ़ी-मुआरिफ़त-उल-असहाब, भाग-1, पृ० 196; किताब-अलइबर, भाग-3, पृ० 7-8

अरब जातिवादियता

अमीर मुआविया ने क़ुर्आन द्वारा स्थापित मान्यताओं के विरुद्ध अरब जातिवादीयता को अरब-गौरव कहकर उभारा, जो इस्लाम विरोधी वृत्ति बनकर इतिहास को कलंकित कर गया। अरब जातिवादीयता के मूल में निहित वास्तविकता को समझने के लिए पूर्व की एक घटना की चर्चा कर देना उचित होगा। ग़स्सान का अन्तिम राजा जिबल्ला-बिन-उल-ईहम ने यरमूक युद्ध (634 ई०) में मुसलमानों से पराजित होने के बाद इस्लाम धारण कर लिया था। एक दिन काबा-शरीफ़ की परिक्रमा करते समय जिबल्ला के शाही चोग़े पर एक बद्दू का पाँव पड़ गया। जिबल्ला ने क्रोधित होकर उसके मुँह पर तमाचा जड़ दिया। बद्दू ने तत्कालीन ख़लीफ़ा हज़रत उमर के सम्मुख प्रस्तुत होकर याचना की। उन्होंने जिबल्ला से पूछगच की। उसने उत्तर दिया, इसने मेरा अपमान किया। यदि पवित्र स्थल पर न होता, तो मैंने इसका वध कर दिया होता। हज़रत उमर ने न्याय किया कि वह बद्दू से क्षमा-याचना करे अथवा दण्ड भोगे। जिबल्ला ने उत्तर दिया, मैं राजा हूँ और यह एक साधारण बद्दू है। हज़रत उमर का उत्तर था, इस्लाम ने राजा-रंक का भेद मिटा दिया है। उसने एक रात की मुहलत माँगी और छुपकर भाग गया, पुनः ईसाई हो गया कि ऐसे धर्म में नहीं रह सकता, जिसमें मेरा पूर्व वैभव सुरक्षित न हो। यह धर्म तो पुरखों के बने-बनाये सम्मान को भी मिट्टी में मिला देता है![1] अरब जातिवादी गौरव के पोषकों की भी यही मनोवृत्ति थी, परन्तु वे खुलकर इस्लाम का परित्याग नहीं करते थे। इस्लाम उनके लिए विवशता की स्थिति थी, क्योंकि इस्लाम का परित्याग करने पर सत्ता एवं भौतिक सुख भी हाथ से जाते रहते। अतः वे इस्लाम को ही अपने प्राचीन परिपाटी में परिवर्तित कर देना चाहते थे। अरब जातिवादी गौरव के नाम पर अत्याचार एवं दुराचार बढ़ता ही गया, तो उसकी प्रतिक्रिया भी उतनी ही तीव्र हुई।

अरब जातिवादीयता की प्रतिक्रिया में ईरान में शऊबी आन्दोलन (ईरानी राष्ट्रवादी आन्दोलन) को जन्म दिया, जिसने ख़ुरासान (ईरान) में उमैय्या वंशज के विरुद्ध अब्बासियों को प्रोत्साहित होने का अवसर मिला। ईरानियों में अरबों के विरुद्ध घृणा उत्पन्न हुई, जिसका अब्बासी वंशज शासकों ने उमैय्या वंशज के विरुद्ध उपयोग किया और उन्होंने इस आशा में अब्बासियों का साथ दिया कि उनके प्रयासों से क्रान्ति उत्पन्न होगी, जिससे अरबों का बल तोड़ा जा सकेगा।

1. किताब-अलअग़ानी, भाग-14, पृ० 4; अलसक़ाफ़त-उल-इस्लामिया, भाग-1, पृ० 83

ऐतिहासिक परिप्रेक्ष्य में देखा जाय तो 'तुलक़ा' वर्ग, जिसका सशक्त प्रतिनिधित्व अमीर मुआविया, तथा उनके पिता अबूसुफ़ियान करते थे, इस्लाम के परिधि में आने के बाद भी इस्लाम पूर्व क्षेत्रीय एवं क़बीलाई संकीर्णता के पक्षधर थे। हज़रत अबूबकर ख़लीफ़ा हुए, तो अबूसुफ़ियान ने भड़काऊ बातें कीं। हज़रत अली के पास आकर उनसे कहा कि क़ुरैश के सबसे छोटे क़बीले का आदमी कैसे ख़लीफ़ा बन गया। तुम उठने के लिए तैयार हो, तो मैं वादी को सवारों और प्यादों से भर दूँगा। हज़रत अली ने जवाब दिया कि तुम्हारी ये बातें इस्लाम दुश्मनी पर आधारित हैं और कुछ नहीं।[1] हज़रत उमर जिन्होंने पहली बार मुआविया को सीरिया का गर्वनर बनाया था। उनके विषय में इब्न-ख़ल्दून (मृ० 1406 ई०) ने लिखा है : **"(द्वितीय ख़लीफ़ा) उमर-फ़ारूक़ मुआविया की स्पष्ट स्थिति देखकर अपनी घृणा व्यक्त की थी।"**[2] इसी बात को मौलाना मौदूदी (मृ० 1979 ई०) ने लिखा भी है : **"हज़रत उमर को अपने आख़िर ज़माने में इस बात का ख़तरा महसूस हुआ कि कहीं उनके बाद अरब की क़बीलाई साम्प्रदायिकताएँ (जो इस्लामी आन्दोलन के असाधारण क्रान्तिकारी प्रभाव के बावजूद अभी बिल्कुल समाप्त नहीं हो सकी थीं) फिर न जाग उठे और उनके परिणामस्वरूप इस्लाम के भीतर उपद्रव होने लगें।"**[3]

अरब जातिवादी गौरव का उद्देश्य इस्लाम पूर्व जाहिली कालीन अरब की जीवनशैली को पुनःस्थापित करना था। इस्लामी पारिभाषिक शब्दावली में जाहिलीकाल अरब के इस्लाम पूर्व काल को कहते हैं। इस काल में अरब धार्मिक, आध्यात्मिक एवं नैतिक पतन से ग्रस्त थे। दम्भ, द्वेष, पशुता, निर्दयता, लड़ाई-झगड़ा, प्रतिशोध में उलझे हुए थे। संकीर्णता एवं साम्प्रदायिकता में अपने क़बीले के अतिरिक्त सभी को नीचा मानते थे। सभी प्रकार के भेदभाव प्रचलित थे। बेटियों को जन्म के समय मार देते थे। समस्त बुराइयों से ग्रस्त होने के बाद भी स्वयं को सर्वश्रेष्ठ मानते थे। शब्द 'अरब' का भावार्थ ही श्रेष्ठ है। अमीर मुआविया द्वारा पोषित अरब जातिवादी गौरव के सभी विन्दुओं की चर्चा यहाँ सम्भव नहीं, कुछेक की ही चर्चा की जा सकती है।

---

1. तारीख़-अर्रसुल-वअलमुलूक, भाग-2, पृ० 449; कंज़-उल-उम्माल-फ़ी-सुन्नत-उल-अक़वाल-वअलअलफ़ाज़, भाग-5, हदीस सं० 2374; किताब-अलइस्तेआब-फ़ी-मुआरिफ़त-उल-असहाब, भाग-2, पृ० 689
2. किताब-अलइबर, भाग-4, पृ० 257
3. ख़िलाफ़तो-मुलूकियत, पृ० 91

अमीर मुआविया के प्रतिक्रियावादी व्यवहार के कारण वस्तुस्थिति निरन्तर नकारात्मक रूप धारण करती गयी। अरब तथा अन्य देशीय मुसलमानों के बीच भेद-भाव के कारण अन्य देशीय मुसलमानों ने अनुभव किया कि इस्लामी विजय यात्रा ने वास्तविक रूप में उनको अरबों का दास बना दिया तथा वे इस्लाम धर्म स्वीकार करने के बाद भी उनके समकक्ष नहीं हो सकते थे। शासन की ओर से वाली, क़ाज़ी तथा नमाज़ पढ़ाने के लिए पेशइमाम की नियुक्ति के समय देख लिया जाता था कि वह अरब है। किसी अअरब को कोई सम्मानित पद नहीं मिल सकता था।[1] ईराक़ में नबतियों के हाथों पर पहचान के लिए मोहर लगायी गयी तथा बसरे में नये मुसलमान हुए लोगों को नगर निकाला दिया गया।[2] सईद-बिन-ज़ुबैर अपने समय के अत्यन्त महत्त्वपूर्ण विद्वान थे, जिनके समकक्ष समस्त इस्लामी जगत में कम ही थे परन्तु अरबवासी नहीं थे। जब उन्हें कूफ़ा में क़ाज़ी बनाया गया, तो समाज संकीर्णता में ऐसा ग्रस्त हो चुका था कि उनकी नियुक्ति पर बड़ा विरोध हुआ। अतः अबू मूसा अशअरी के पुत्र अबू बुर्दा को क़ाज़ी बनाया गया तथा उसे सईद के परामर्श के बिना कोई निर्णय लेने का अधिकार नहीं था।[3] यह पक्षपात की सीमा तक पहुँच चुका था कि यदि किसी मृतक के जनाज़े पर नमाज़ पढ़ाने के लिए किसी अरबवासी के अतिरिक्त कोई और नहीं हो सकता था। चाहे वहाँ कोई अरब युवक भी उपस्थित न हो और जनाज़ा बिना नमाज़ पढ़े ही रखा रह जाय।[4] यदि कोई व्यक्ति किसी ऐसी युवती से विवाह करना चाहता हो, जो अरब न हो, तो उस युवती के पिता अथवा सम्बन्धियों से परामर्श करने के बजाय उसको उस अरब की अनुमति प्राप्त करना होती थी, जिसके संरक्षण में वह अन्य देशीय व्यक्ति निवास करता हो।[5] दासी के कोख से जन्मी सन्तान के लिए अरबों में एक विशेष शब्द 'हीजान' प्रचलित था, जिसका अर्थ दूषित होने के हैं। यदि किसी की पत्नी अरब नहीं है, तो उसकी सन्तान को अरब पत्नी के सन्तान के बराबर विरासत नहीं मिल सकती थी।[6] यद्यपि इस्लामी शरीअत के आधार पर दोनों के अधिकार बराबर हैं। बनी सुलैम के एक व्यक्ति ने किसी ऐसे व्यक्ति से अपनी बेटी ब्याह दी जो अरब नहीं

1. वफ़ायात-उल-अयान-व-अनबा-उज़्ज़मान, भाग-2, पृ० 115
2. अलइक़्द-उल-फ़रीद, भाग-3, पृ० 416-17
3. वफ़ायात-उल-अयान-व-अनबा-उज़्ज़मान, भाग-2, पृ० 115
4. अलइक़्द-उल-फ़रीद, भाग-3, पृ० 413
5. अलइक़्द-उल-फ़रीद, भाग-3, पृ० 413
6. अयून-उल-अख़बार, भाग-2, पृ० 61

था, तो मदीना के प्रशासक ने पति-पत्नी के बीच अलगाव करा दिया और उस अन्य देशीय मुसलमान को कोड़े लगवाये, जिसने अपनी बेटी का विवाह किया था। फिर उस अन्य देशीय मुसलमान का सिर, दाढ़ी और भवें मुड़वाकर अपमानित किया गया।[1]

यह भेदभाव मात्र अरब तथा अन्य देशीय मुसलमान के बीच ही नहीं था, वरन् अरबों के बीच में भी कठोर क़बीलाई भेदभाव उत्पन्न हो गया था। अदनानी और क़हतानी, यमनी और मुज़री, अज़ुद और तमीन, क़ल्ब और क़ैस जाहिलीकाल में परस्पर शत्रुता से ग्रस्त थे। इस काल में पुनः पुराने झगड़े जीवित हो गये। शासक वर्ग भी क़बीलाई द्वन्द्व में फँसा हुआ था। एक क़बीले के विरुद्ध दूसरे क़बीले का उपयोग करता। तात्कालिक प्रशासक अपने-अपने अधिकार क्षेत्र में पक्षपातपूर्वक अपने क़बीले को प्रोत्साहित करते तथा दूसरे क़बीलों के प्रति अन्याय करते।

इस्लाम से पूर्व जाहिलीकाल में प्रतिशोध पर विशेष बल दिया जाता था। प्रतिशोध के नाम पर नाना प्रकार के अत्याचार किये जाते थे। इस्लाम ने प्रतिशोध की अनुमति उसी सीमा तक दी है, जिस सीमा तक उस पर अत्याचार हुआ हो, परन्तु यदि उसे क्षमा प्रदान कर सके, तो अति उत्तम होगा। इस्लामी इतिहास की दुःखद घटना है कि उहद युद्ध (मार्च 625 ई०) में इस्लाम की प्रतिरक्षा करते हुए पैग़म्बर के चाचा हज़रत हमज़ा शहीद हो गये, तो अमीर मुआविया की माता हिन्दा ने उनके शव का सीना फाड़कर कलेजा निकाला और चबाया तथा उनके नाक, कान आदि अंग काटकर आभूषण के रूप में गले में पहना। इसी कारण इतिहास में हिन्दा का नाम ही 'जिगर-ख़्वारा' (कलेजा चबानेवाली) हो गया। पैग़म्बर को इस घटना का अत्यन्त दुःख था तथा उन्होंने आदेश दिया था कि हिन्दा उनके सामने न आये।[2] इस्लाम ने युद्ध में विरोधियों के शव से सम्मानपूर्वक व्यवहार करने का आदेश दिया। शीश काटकर दूसरे स्थान पर भेजना तथा प्रतिशोध में शव का निरादर करने का पाशविक प्रचलन अमीर मुआविया ने पुनः प्रचलित किया। सर्वप्रथम इस्लाम में जिसका शीश युद्ध में शहीद होने के बाद काटा गया, वे पैग़म्बर के प्रिय सहाबी अम्मार-बिन-यासिर थे, जिनका शीश काटकर उपहार स्वरूप मुआविया के सामने प्रस्तुत किया गया।

---

1. ख़िलाफ़तो-मुलूकियत, पृ० 159
2. किताब-अलइबर, भाग-3, पृ० 93-96

इसी प्रकार इस्लामी पैग़म्बर के सहाबी उमरू-बिन-अलहमक़ का शीश अमीर मुआविया के आदेशानुसार सर्वप्रथम भाले की नोक पर ऊँचा किया गया। चारों ओर घुमाया गया फिर ले जाकर उनकी पत्नी की गोद में डाल दिया गया।[1]

न्यायपालिका की समाप्ति

अमीर मुआविया के पूर्व राशदीन खलीफ़ाओं ने अपने व्यक्तित्व को क़ानून से ऊँचा नहीं माना था। वे अपने को एक साधारण नागरिक के समान ही रखते थे। यद्यपि क़ाज़ी की नियुक्ति राजप्रमुख होने के नाते उनके द्वारा ही होती थी। परन्तु क़ाज़ी नियुक्ति के उपरान्त मुक़द्दमे पर निर्णय देने में पूर्णतया स्वतन्त्र होता था। एक बार हज़रत अली ने एक व्यक्ति को बाज़ार में अपनी खोयी ज़िरह बेचते हुए देखा। उन्होंने ख़लीफ़ा के अधिकार का प्रयोग करते हुए उससे अपनी ज़िरह छीनी नहीं, वरन् क़ाज़ी के सामने अपना मुक़द्दमा पेश किया। हज़रत अली अपने पक्ष में कोई साक्ष्य उपस्थित न कर सके। अतः क़ाज़ी ने उनके विरुद्ध निर्णय दे दिया।[2] एक अन्य मुक़द्दमा में अपना पक्ष लेकर क़ाज़ी शुरीह के न्यायालय में गये। क़ाज़ी ने उठकर उनका स्वागत किया। हज़रत अली ने कहा, ये तुम्हारा पहला अन्याय है।[3]

अमीर मुआविया के शासनकाल में नगरपालिका पर कार्यपालिका का हस्तक्षेप इतना बढ़ा कि गवर्नरों ने क़ाज़ी का पद एवं वैभव स्वयं ग्रहण कर लिया। यद्यपि ख़लीफ़ाओं के राजकाल में यह अधिकार ख़लीफ़ा के अतिरिक्त किसी अन्य व्यक्ति को प्राप्त नहीं थे।[4] राजनीतिक कारणों तथा व्यक्तिगत लाभ के आधार पर न्यायपालिका स्वतन्त्र न रह सकी। यहाँ तक कि शासक वर्ग से सम्बन्धित व्यक्तियों तथा उनसे सम्बद्ध लोगों के विरुद्ध निर्णय करना कठिन हो गया। इसका परिणाम यह हुआ कि स्वच्छ छवि के उलेमा क़ाज़ी का पद स्वीकार करने से इंकार कर देते थे तथा यदि कोई आलिम क़ाज़ी की कुर्सी पर बैठने को तैयार होता, तो लोग उसे सन्देह दृष्टि से देखते थे। न्यायपालिका का अन्त हुआ तो अन्याय के द्वार खुल गये। जैसे :

---

1. किताब-अलतबक़ात-उल-कबीर, भाग-6, पृ० 25; किताब-अलइस्तेआब-फ़ी-मुआरिफ़त-उल-असहाब, भाग-2, पृ० 440; अलबिदाया-वअलनिहाया, भाग-8, पृ० 48; अलतहज़ीब-उल-तहज़ीब, भाग-8, पृ० 24
2. अलसुन्नन-उल-कुबरा, भाग-1, पृ० 136
3. वफ़ायात-उल-अयान-व-अनबा-उज़्ज़मान, भाग-2, पृ० 168
4. हुस्न-उल-मुहाज़रा, भाग-2, पृ० 88

1. हत्या, विनाश तथा आतंकवाद :

सर्वविदित है कि इस्लाम सुख-शान्ति का प्रतीक है,जो ऐसी जीवन व्यवस्था को प्रोत्साहित करता है, जिसमें स्वयं जियो तथा दूसरे को भी जीने दो का आदर्श है, परन्तु अमीर मुआविया के शासनकाल में हत्या, विनाश तथा आतंक का बोलबाला रहा। सत्यवचन पर कठोर दण्ड मिलता। यदि किसी की अन्तरात्मा इतनी प्रबल होती कि सत्य वचन कहने पर बाध्य होता तो फिर हत्या, कारावास अथवा कोड़ों के मार के लिए तैयार होना पड़ता। जो लोग भी उस काल में सत्य वचन से नहीं डिगे, उनको कठोर दण्ड दिये गये, ताकि पूरा समाज आतंकित हो उठे तथा शासन के विरुद्ध कुछ कहने का साहस न जुटा सके। अमीर मुआविया का बसरा-प्रशासक अब्दुल्लाह बिन-उमरू ग़ीलान को एक व्यक्ति ने अन्याय पर टोका, तो उसका हाथ काट दिया गया।[1]

मुआविया के प्रशासक ज़ियाद के विषय में इतिहासकारों ने लिखा है कि किसी ने कोई अपराध किया हो, या नहीं, यदि उसने तय कर रखा है कि दण्डित करना है, तो दण्ड देगा। यदि दण्ड न देना हो, तो चाहे कितना बड़ा अपराध किया है, दण्डित नहीं होगा। लोगों को आतंकित करने हेतु बिना किसी पूछगच के बन्दी बना लेता और अनेक प्रकार से शारीरिक एवं मानसिक प्रताड़ना करता था। किसी मनुष्य को वध कर देना, तो उसके के लिए कोई बात ही न थी। उसने आदेश पारित किया था कि आधी रात के लगभग यदि कोई व्यक्ति किसी गली-कूचे में दिखायी पड़े, तो उसका वध कर दिया जाय। एक रात एक ग्रामीण अरब बन्दी बनाकर ज़ियाद के पास लाया गया, उसने अपनी सफ़ाई में कहा कि मैं यहाँ का रहने वाला नहीं हूँ, आज ही गाँव से आया हूँ, मुझे आपके आदेश की सूचना नहीं थी, अन्यथा रात में न निकलता। ज़ियाद ने कहा, ईश्वर की सौगन्ध, तू सच कह रहा है और निर्दोष है। परन्तु तेरा वध किया जाना जनहित में है! अतः उसे तुरन्त वध करा दिया।[2] ज़ियाद के बाद समरा-बिन-जुनदब प्रशासक हुआ। उसके अत्याचार ज़ियाद से भी अधिक थे। एक बार छह मास की अवधि में उसने आठ हज़ार लोगों का वध कराया था। अबूसौव्वार अद्दी का कथन है कि समरा ने मेरी जाति में से एक दिन में 47 लोगों का वध किया था, जो सब-के-सब क़ुर्आन के हाफ़िज़ थे। एक दिन समरा अपनी सेना के साथ नगर के बाहर निकला असद वंशज के मकानों के निकट उस क़बीले का कोई व्यक्ति किसी आवश्यकता हेतु एक गली में निकला हुआ था। सैनिक सवारों

---

1. ख़िलाफ़तो-मुलूकियत, पृ॰ 163
2 तारीख़-अर्रुसुल-वअलमुलूक, भाग-6, पृ॰ 126

में एक ने उसे देखते ही अपने भाले से घायल कर दिया, जिससे वह ज़मीन पर गिरकर तड़पने लगा। समरा उसके शव पर से गुज़रा, तो उसने कहा कि लोगों को ध्यान रखना चाहिए कि जब हमारी सवारी उधर से गुज़रे, तो उन्हें हमारे भालों से बचते रहना चाहिए।[1] मुस्लिम इजली का कथन है कि एक व्यक्ति समरा के पास आया और अपने माल की ज़कात अदा की, फिर मस्जिद में जाकर नमाज़ पढ़ने लगा। इतनी देर में एक अन्य व्यक्ति आया और उसकी गर्दन उड़ा दी। इस तरह से कि उसका शीश कटकर जा गिरा और शरीर दूसरी ओर तड़पने लगा।[2]

2. घूस द्वारा ईमान का सौदा :

अमीर मुआविया घूस देकर किसी को अधर्म हेतु प्रेरित करने को बुरा नहीं मानते थे। वरन् इस पर प्रसन्न होते थे। अतः जब मुग़ीरा-बिन-शुअबा का पुत्र मूसा अमीर मुआविया की मनोकामना की पूर्ति हेतु उनके पुत्र यज़ीद को साम्राज्य का उत्तराधिकारी नियुक्त करने हेतु कुछ लोगों का एक दल बनाकर उनके दरबार में आया, तो वे उसकी उपलब्धि पर प्रसन्न हुए तथा बाद में उससे पूछा तुम्हारे बाप ने इन लोगों से कितने में उनका दीन ख़रीदा? उसने उत्तर दिया कि तीस हज़ार दिरहम में। इस पर मुआविया ने कहा, फिर तो उनकी निगाह में उनका दीन बहुत ही हल्का है।[3] इसी प्रकार ख़ालिद-बिन-वलीद के पुत्र अब्दुर्रहमान का प्रभाव सीरिया में बढ़ गया, तो अमीर मुआविया को चिन्ता हुई कि कहीं उनके बाद लोग अब्दुर्रहमान को ख़लीफ़ा न बना दें, तो उन्होंने इब्न-असाल से उनको विष दिला दिया, जिससे उनकी मृत्यु हो गयी। मुआविया ने इब्न-असाल को इसका पारितोषिक यह दिया कि हमस के ख़िराज उगाहने का अधिकारी नियुक्त कर दिया।[4]

इमाम हसन को विष दिलाने का अपराध मुआविया ने किया, जिसके विषय में ख्वाज़ा हसन निज़ामी का कथन है कि यह ऐसा दुःखद ऐतिहासिक तथ्य है, जो निर्विवाद रूप में मुआविया के ऊपर सिद्ध है और कोई प्राचीन अथवा अर्वाचीन ऐतिहासिक एवं विधि-विश्लेषण उन्हें इस हत्या से मुक्त नहीं कर

---

1. तारीख़-अर्रुसुल-वअलमुलूक, भाग-6, पृ० 132
2. तारीख़-अर्रुसुल-वअलमुलूक, भाग-6, पृ० 164
3. किताब-अलकामिल-फ़ी-तारीख़, भाग-3, पृ० 249; अलबिदाया-वअलनिहाया, भाग-8, पृ० 79; किताब-अलइब्र, भाग-3, पृ० 15-16
4. तारीख़-अर्रुसुल-वअलमुलूक, भाग-6, पृ० 128-29

सकता।[1] यह घृणित कार्य अमीर मुआविया ने जअदा-बिन्त-अशअस द्वारा एक लाख दिरहम भेजकर तथा यज़ीद से उसका विवाह करने के वचन पर कराया था।[2]

3. विचित्र समाज रचना :

अमीर मुआविया के समकालीन कथित इस्लामी समाज का जायज़ा लीजिए, तो स्पष्ट दीख पड़ेगा कि एक ऐसा समाज पाँव पसार रहा है, जिसको इस्लाम से कुछ लेना-लादना नहीं है। उस समय के शासनतंत्र के सूत्रधार प्रशासक तक जघन्य धार्मिक अपराध में लिप्त थे। कूफ़ा का प्रशासक वलीद-बिन-अक़बा ऐसा भयानक पियक्कड़ था कि अपने आपे में नहीं रहता था। एक बार भोर की नमाज़ में उसने दो की बजाय चार रिकअतें पढ़ा दीं, लोगों ने आपत्ति की तो बोला, क्या और पढ़ा दूँ?[3] मरवान और उसका पिता हकम ऐसे जघन्य धार्मिक अपराधी थे कि इस्लामी पैग़म्बर ने उन्हें मदीना से निकाल दिया था, जिसको यथावत रखते हुए पहले ख़लीफ़ा हज़रत अबू बकर तथा दूसरे ख़लीफ़ा हज़रत उमर ने मदीना में प्रवेश की अनुमति नहीं दी थी, परन्तु उस समय मरवान शासन का प्रधान अधिकारी था।[4] किस प्रकार से भोग-विलास पर आधारित इस्लामविहीन समाज अस्तित्त्व में आ रहा था, उसका आभास बाद के काल की इस घटना में मिलता है, जिसका वर्णन 'किताब-अलअग़ानी' में है कि अरबी कवि इब्न-मुसज्जा एक बार दमिश्क़ आया। अपरिचित नगर, जीविका का कोई साधन नहीं, एक मस्जिद में घुस गया। कुछ युवक आपस में वार्ता करते दीख पड़े, उनके निकट जाकर बोला, क्या तुम में कोई व्यक्ति मुझे आथितेय प्रदान कर सकेगा? यह सुनकर युवक सोच में पड़ गये, क्योंकि वे तो किसी गायिका के घर जाकर मनोरंजन करने पर विचार कर रहे थे। निश्चय किया कि उसे भी साथ ले चलें। फिर सब उसको भी साथ लेकर रण्डी के कोठे पर गये और पूरी रात भोग-विलास करते रहे।[5]

अमीर मुआविया के शासनकाल में उनके द्वारा पोषित समाज की कल्पना इस्लामी समाज से भिन्न थी। इस्लाम एक ऐसे समाज की संरचना करता है,

---

1. मुहर्रमनामा, पृ० 174
2. अलइर्शाद-फ़ी-मुआरिफ़त-हुज्जाज-उल्लाह-अलाउल-इबाद, पृ० 197
3. अलबिदाया-वअलनिहाया, भाग-7, पृ० 155; किताब-अलइस्तेआब-फ़ी-मुआरिफ़त-उल-असहाब, भाग-2, पृ० 604
4. अलअसाबा-फ़ी-तमय्यज़-उल-सहाबा, भाग-1, पृ० 344-45
5. The Social Structure of Islam, p. 67

जिसमें व्यक्ति अपने कर्तव्य एवं दायित्व का पूर्णरूपेण उपयोग करते हुए बिना किसी दबाव के जीवन व्यतीत करता है। परन्तु इस्लामी समाज में व्यक्ति की स्वतन्त्रता धार्मिक एवं नैतिक नियमों के अन्तर्गत होती है। अमीर मुआविया का सामाजिक जीवन क्या था। उस पर टिप्पणी किये बिना कुछेक तथ्यों की ओर पाठकों का ध्यान अवश्य आकृष्ट करना चाहूँगा। मुस्लिम राज्यों में हिजड़ों तथा समलैंगिकों का अस्तित्व अमीर मुआविया के शासनकाल से प्रारम्भ होता है : **''अमीर मुआविया ने अपने व्यक्तिगत सेवा हेतु हिजड़ों को नियुक्त किया था।''**[1] यद्यपि इस्लाम में मनुष्य को बधिया करने को कड़े शब्दों में रोका गया है। हिजड़े बधिया बनाये जाते हैं, तो अनैतिक एवं अप्राकृतिक यौन-सम्बन्ध का माध्यम बनते हैं। हिजड़ों के अतिरिक्त अमीर मुआविया के दरबार से सौ 'क़ीनात' (युवा नर्तकियाँ) भी सम्बद्ध थीं, जो समय-समय पर दरबार में अपनी-अपनी कलाओं का प्रदर्शन करके श्रोताओं का मनोरंजन करती थीं।[2]

सम्प्रदायवाद को प्रोत्साहन

इस्लाम सम्प्रदायवाद के विरुद्ध है। क़ुर्आन ने अपने पैग़म्बर को स्पष्ट आदेश दिया है : **''जिन लोगों ने अपने धर्म में अलगाव उत्पन्न किया और टुकड़े-टुकड़े हो गये, उनसे आपका कोई सम्बन्ध नहीं है।''** (क़ुर्आन : 6/159) परन्तु अमीर मुआविया ने हज़रत अली से, जो सभी मुसलमानों के सर्वदलीय एवं सर्वसम्मति से ख़लीफ़ा थे, विरुद्ध युद्ध करके मुसलमानों में विभाजन कर दिया। परिणामस्वरूप मुसलमानों के अनेक सम्प्रदाय बन गये। इसके बाद से सम्प्रदायवाद को प्रोत्साहन मिलता ही गया। इस्लाम विभिन्न सम्प्रदायों में बटता जा रहा है। कहने को इस्लाम में तिहत्तर सम्प्रदाय हैं। वरन् यदि वास्तविक रूप में उनकी गणना की जाय, तो उनकी संख्या हज़ारों में पहुँचेगी। कुछेक तथ्य ही इस पुस्तक की सीमा को देखते हुए प्रस्तुत किये गये हैं।

अमीर मुआविया के व्यक्तिगत आचरण तथा उनके द्वारा इस्लामी धर्मशास्त्र के निरन्तर अवहेलना के कारण इस्लामी पैग़म्बर के अनेक वरिष्ठ सहाबियों में उनके प्रति घोर असंतोष था। वे विभिन्न बातों को लेकर मुआविया से वाद-विवाद करते-रहते थे। मिक़दाम-बिन-मअदी ने मुआविया के स्वर्ण आभूषण पहनने तथा हिंसक पशुओं की खाल पर बैठने अथवा उसके पहनने पर एतराज़ किया। अबू अयूब अंसारी सीरिया पहुँचे, तो उन्होने देखा कि जितने भी शौचालय हैं, काबे

1. A Short History of the Saracens, p. 67
2. उर्दू दायरा-ए-मआरिफ़े-इस्लामिया, भाग-15, पृ० 555

की दिशा में बने हुए हैं। उन्होंने तौबा किया और मुँह फेर लिया।[1] यह घृणा इतनी बढ़ गयी थी कि अमीर मुआविया हज्ज के लिए मक्का गये, तो प्रातः प्रसिद्ध सहाबी सअद-बिन-अबी-वक़ास की ओर से गुज़रे। उन्होंने सलाम किया, परन्तु सअद ने कोई उत्तर नहीं दिया। मुआविया ने अपनी झेप मिटाने हेतु अपने साथियों से कहा, ये सअद हैं, पैग़म्बर के सहाबी। इनका नियम है कि ये सूर्य उदय होने तक किसी व्यक्ति से बात नहीं करते। सअद को इसकी सूचना मिली, तो उन्होंने कहा, मुआविया के बात में कोई सत्यता नहीं है, वरन् ईश्वर की सौगन्ध, मैं उससे बात करना भी नहीं पसंद करता।[2] अमीर मुआविया ही इस्लामी राज्य में साम्राज्यवाद के प्रवर्तक हैं। कालान्तर में साम्राज्यवाद इस्लामी राज्य का पर्याय बन गया। उचित ही होगा कि साम्राज्यवादी इस्लामित्व के कुछेक विन्दुओं पर विचार कर लिया जाय।

साम्राज्यवादी इस्लामीत्त्व

गत अध्याय में इस्लामी राज्यतंत्र का एक संक्षिप्त परिप्रेक्ष्य प्रस्तुत किया जा चुका है, इस्लाम एक ऐसी विश्व राजसत्ता का प्रारूप उपस्थित करता है, जिसका केन्द्र विन्दु ईश्वरीय राजसत्ता की स्थापना है। इस्लामी राज्य इस्लाम के आदेशों के अनुकूल अल्लाह को शासक मानकर एक प्रकार का जनतान्त्रिक राज्य स्थापित करता था। इसको इस्लामी पैग़म्बर ने अपने जीवनकाल में सफल प्रयोगों द्वारा स्थापित कर दिया था। उनके बाद राशदीन ख़लीफ़ाओं ने इसी शासन व्यवस्था को अपना आधार बनाया। हज़रत अली ने उसे मूल रूप में इस्लामी पैग़म्बर द्वारा स्थापित मानकों के आधार पर बरत के दिखाया। इस शासन व्यवस्था में शासक बोरिया पर बैठने वाला साधारण व्यक्ति के समान जीवन व्यतीत करता था। वैभव एवं आडम्बर अथवा शक्ति प्रदर्शन का वह रूप नहीं हो सकता था, जो ईरान के क़ैसर-किसरा अथवा रोम के सम्राटों के दरबार का होता था। अमीर मुआविया ने अपने दरबार को इस्लामी पैग़म्बर अथवा उनके उत्तराधिकारियों के समान बोरियों पर बैठनेवालों के स्थान पर क़ैसर-किसरा तथा रोमी सम्राटों के राजदरबार के समान ही नहीं बनाया, वरन् इस्लाम की शासनव्यवस्था को त्यागकर क़ैसर-किसरा तथा रोमी सम्राटों के समान साम्राज्यवाद की आधारशिला रखी, जिसमें ईश्वर के प्रभुत्व के स्थान पर शासक की व्यक्तिगत अभिरुचि के आधार पर शासनव्यवस्था प्रतिपादित होती है।

---

1. दिरासात-उल-लबीब, पृ० 139
2. तारीख़-अर्रुसुल-वअलमुलूक, भाग-5, पृ० 66

इस्लाम के क्रान्तिकारी सामाजिक व्यवस्था के आधार पर स्वाभाविक रूप में उसे लाभकारी एवं शुभ व्यवस्था के रूप में स्वीकारने में किंचित मतभेद नहीं हो सकता, परन्तु यदि ज़मीनी सच्चाइयों की दृश्य से वस्तुस्थिति का विश्लेषण किया जाय, तो इस्लामी क्रान्ति तीव्र रूप में प्रतिक्रान्ति से ग्रस्त दीख पड़ती है। इस पर साम्राज्यवाद एवं निरंकुश एकाधिकारी शासन का अवलिप्त शोषण प्रधान व्यवस्था आरोपित है, जो अपने व्यक्तिगत लाभ के लिए कभी इस्लाम का लिबादा ओढ़ लेता है और कभी इसकी भी चिन्ता नहीं करता। वर्तमान में साम्राज्यवाद एवं निरंकुश एकाधिपत्तीय शासन व्यवस्था इस्लामी शासन व्यवस्था की पहचान बन गयी है, जो आतंकवाद, हिंसा, द्रोह, हत्या तथा विध्वंस के अभिशाप भी अपने साथ लायी है। कितनी विचित्र एवं दुःखद स्थिति है कि इस्लाम जिसका नाम और कार्य सुख-शान्ति है, आतंकवाद के नाम से सम्बोधित किया जाय। हम इसको मात्र अपशब्द कहकर निरस्त नहीं कर सकते। हमें इसका विश्लेषण करना चाहिए कि इस्लामी इतिहास में ऐसा क्या हुआ, जिसके कारण ईश्वरीय राजसत्ता का चिन्तन साम्राज्यवाद एवं निरंकुशवाद में परिवर्तित हो गया। इसका विवेचन भी करना चाहिए कि इस प्रतिआन्दोलन को रोकने के लिए क्या करना चाहिए तथा किन मूल्यों की ओर मुसलमानों को पुनः लौटना चाहिए और इस प्रति आन्दोलन के प्रभाव किन माध्यमों से रोके जा सकते हैं। पहले इस बीमारी को पहचानना चाहिए फिर देखना चाहिए कि यह बीमारी कैसे और कहाँ से प्रारम्भ हुई।

साम्राज्यवाद के इस्लाम में प्रवेश से उसकी दशा और दिशा दोनों ही बदल गयी। साम्राज्यवाद, निरंकुशवाद और फ़ासीवाद एक-दूसरे के पूरक हैं। व्यक्तिगत आडम्बर, दुराचार एवं अन्याय, सत्ता पर आधिपत्य तथा बिना किसी रोकटोक या जवाबदेही की बजाय उसका दुरुपयोग हो, तो विधिक राज स्थापित नहीं हो सकता। फिर न्यायपालिका को सत्ता की इच्छानुसार निर्णय करना होता है। राजसत्ता का मुख्य अधिकारी इस्लामी शरीअत की परिधि के बाहर होता है। न केवल अपने व्यक्तिगत जीवन में वरन् राज्य के प्रशासन एवं व्यवस्था में इस्लामी शरीअत की पैरवी आवश्यक नहीं रह जाती। विधि-विधान उसकी इच्छा का प्रतिबिम्ब होता है। इस्लाम के नाम पर विधि निर्माण तथा उसे कार्यान्वित करने का क्रम प्रारम्भ हो जाता है।

अमीर मुआविया का इस्लामी राज्य पर आधिपत्य प्राप्त करना दूरगामी परिणामों का द्योतक हुआ। उसका मौलिक रूप ही परिवर्तित हो गया। अमीर मुआविया ने जिस राजतन्त्र को अपनाया, वह शत-प्रतिशत साम्राज्यवादी था। अतः इस्लामी राजव्यवस्था के प्रतिकूल स्थिति प्रस्तुत करता था। इसी राजव्यवस्था को इमाम हुसैन ने सर्वप्रथम चुनौती दी तथा उसके अइस्लामी पक्षों को स्पष्ट कर

दिया। उचित होगा कि इस छद्मनामी इस्लामी राज्य के, जो वास्तविक रूप में साम्राज्यवाद का प्रथम चरण था, सम्बन्धित समस्याओं का समुचित विवेचन कर लिया जाय, जिसके निम्नलिखित विन्दु विचारणीय हैं :

1. इस्लाम का ईश्वरीय राज्य साम्राज्यवाद में प्रवर्तित हुआ, तो इस्लाम विरोधी तत्त्व, जो पराजित होकर नतमस्तक हो गया था, आँखें बन्द किये, सोने का बहाना किये, धरती पर पड़ा था, अकस्मात् जाग उठा। साम्राज्यवाद ने इस्लाम का छद्मनाम धारण कर लिया था। पहले 'कुफ़्र' (अधर्म) खुला हुआ था। अतः उसके विरुद्ध संघर्ष करना सरल था। अब उसने अपने चेहरे पर इस्लाम का मुखौटा डाल लिया था। आडम्बरपूर्वक एकेश्वर में विश्वास था, परन्तु पैग़म्बर की सच्चाई का एलान था, इस्लामी धर्मसिद्धान्त एवं कर्मकाण्ड का प्रदर्शन था। वस्तुतः उनके भीतर इस्लाम पूर्व के जाहिलीकाल की परम्पराएँ थीं। इनके विरुद्ध आह्वान करना परम कठिन था। खुले हुए इस्लाम विरोधियों से युद्ध करने में सभी धर्मनिष्ठ साथ हो जायेंगे। लाखों लोग हथेलियों पर अपना सर लिए बलिदान होने को तैयार होंगे। कोई मुसलमान खुलकर इस्लाम विरोधियों का समर्थन नहीं करेगा। परन्तु यदि छद्मनामी इस्लाम के समर्थकों के विरुद्ध युद्ध का अवसर आये, तो धर्मविरोधी ही नहीं धर्मनिष्ठ भी आपत्ति करेंगे, बल्कि उल्टा आरोप जड़ने लगेंगे। यही कुछ इस छद्म इस्लाम से लड़ते हुए हज़रत अली को झेलना पड़ा था। यह तो उनके महान व्यक्तित्त्व का प्रताप था कि उनके विरोधी भी उनके महान धर्मनिष्ठ आचरण पर उँगली न उठा सके।

2. साम्राज्यवाद में शासक को सर्वोच्च स्थान प्राप्त होता है। इस्लाम ने ईश्वर को ही सर्वोच्च शासक बताया था, जिसके आदेशों को उसके द्वारा मनोनीत नबी, पैग़म्बर अथवा उनका प्रतिनिधि कार्यान्वित करता है। साम्राज्यवाद में ईश्वर का स्थान बादशाह को प्राप्त हो गया। उसे सीधे-सीधे अल्लाह कहने की धृष्टता, तो न कर सके, वरन् उसे '**ज़िल्ल-अल्लाह**' अथवा '**ज़िल्ल-सुबहानी**' कहा, जिसका भावार्थ 'ईश्वर की छाया' है। अमीर मुआविया अपने विषय में गर्वपूर्वक '**अना औवल-अल मुलूक**'[1] (मैं पहला बादशाह हूँ) कहते थे। अन्य लोग भी उन्हें राजन् कहकर सलाम करते : '**अस्सलाम-आलैक-या अह्ल-उल-मुल्क**' (मैं भी आपकी सुख-शान्ति चाहता हूँ, हे राजन्!) फिर जैसा कि कहावत है : 'जैसा राजा वैसी प्रजा' जब इस्लाम में बादशाही स्थापित हो गयी, तो इस बादशाही की छत्रछाया में शासन तन्त्र के लोगों, प्रमुख व्यक्तियों, अधिकारियों, यहाँ तक कि धर्मभीरू का दृष्टिकोण भी वही हो गया, जो

---

1. अलबिदाया-वअलनिहाया, भाग-8, पृ० 135

शासकवर्ग का था। बहुत कम लोग ही स्वयं को इस छद्म इस्लामी शासन से विलग रख सके, जिन्होंने विरोध किया, शासन ने उनके विरुद्ध कठोरतापूर्वक दमनकारी कार्यवाही की।

3. साम्राज्यवाद ने अपने भौगोलिक क्षेत्रों के विस्तार हेतु अनेक देशों पर आक्रमण किये। भारत देश पर भी अमीर मुआविया की सेनाओं ने सर्वप्रथम आक्रमण किया तथा धन-सम्पत्ति लूट ले गये। यह समस्त साम्राज्यवादी आक्रमण इस्लाम धर्म के प्रचार-प्रसार के नाम पर हुआ, जिससे इस्लाम को बदनामी मिली कि वह तलवार की ज़ोर पर फैलाया गया। वास्तविकता यह है कि समस्त साम्राज्यवादी आक्रमण धनोपार्जन के दृष्टि से हुए। साम्राज्यवादी विचार में शक्ति का नाम सत्य है तथा दुर्बलता ही मिथ्या है, फिर शक्तिमान् अपने से दुर्बलों को दबाता है। फिर दुर्बल अपने से दुर्बलों को दबाता है! यह क्रम चलता रहता है। यहाँ तक कि सबसे निर्बल दास बन जाता है। दास की धन-सम्पत्ति, मान-मर्यादा, धर्मसंस्कार आदि स्वामी के लिए क्षम्य हो जाता है। राजमहल दासियों की रेल-पेल से रंगीन हो जाता है, जो इन्हीं दास-दासियों की माताएँ, बहनें और बेटियाँ होती हैं। प्रलोभन विस्तार चाहता है। शासक अपनी मनोकामना की पूर्ति के लिए नये-नये क्षेत्र ढूँढ़ना चाहता है, देश-विदेश में आक्रमणों का क्रम चल पड़ता है। साधारण मुसलमान समझता है कि इस्लाम के प्रचार-प्रसार हेतु जिहाद हो रहा है!

4. साम्राज्यवाद में अपने पाँव दृढ़तापूर्वक स्थापित करने हेतु इस्लामीत्त्व की मान्य संस्थाओं को समाप्त करने की मुहिम चलायी गयी। मान्य संस्थाएँ थीं, पैग़म्बर के परिवारजन तथा सहाबी और उनके समर्थक। इनमें प्रमुख थे, हज़रत अली। अतः उनके विरुद्ध नाना प्रकार की अफ़वाहें फैलाकर जनसाधारण को उनसे दूर रखने की कोशिश की गयी। अन्यथा मरवान-बिन-हकम भी मानता था कि हज़रत अली से अधिक कोई अन्य व्यक्ति हज़रत उस्मान का संरक्षक एवं समर्थक नहीं था। किसी ने उससे पूछा फिर अली के विरुद्ध मिम्बरों से अपशब्द क्यों कहते हो। उसने उत्तर दिया, इसके बिना हमारी सत्ता स्थापित नहीं रह सकती।[1]

5. साम्राज्यवाद ने अपने उद्देश्य की पूर्ति हेतु सभी प्रकार के उचित एवं अनुचित साधनों का खुलकर उपयोग किया। इस्लाम ने उद्देश्यों की पूर्ति हेतु साधन की पवित्रता पर विशेष बल दिया है। परन्तु साम्राज्यवाद में साधन की पवित्रता का कोई महत्त्व नहीं है। अत्याचार, बलात्कार, प्रलोभन जो भी साधन

---

1. अलसवायक़-उल-मुहर्रिक़ा-फ़ी-रद्द-अला-अह्ल-उल-रफ़्ज़-वउल-ज़नदका, पृ० 33

उद्देश्य की पूर्ति में सहायक हो, निःसंकोच प्रयोग में लाये गये। धर्म कुछ सिक्कों के बदले में खुलेआम नीलाम हुआ और लोग बिकते रहे, ख़रीदे जाते रहे। कुछ सिक्कों के बदले में ईमान की ख़रीदारी की यह घटना इतिहास में मिलती है, जिनमें एक घटना यह है कि चार लोग हत्तात मुजाशई, जारिया-बिन-क़ुद्दामा, अहनफ़-बिन-क़ैस तथा जौन-बिन-क़तादा अपना पारितोषिक लेने मुआविया के पास आये। मुआविया ने प्रत्येक व्यक्ति को एक-एक लाख दिरहम दिये। परन्तु हत्तात को सत्तर हज़ार दिरहम ही दिये। जब इसका संज्ञान हत्तात को हुआ, तो मुआविया से आकर उलाहना दिये। मुआविया ने उत्तर दिया कि मैंने इन लोगों से उनका दीन ख़रीद किया है। हत्तात ने कहा, फिर मुझसे भी मेरा दीन ख़रीद लीजिए।[1] घूस द्वारा ईमान ख़रीदने और बेचने का धंधा इतना बढ़ा था कि हस हम्माम में सभी नंगे दिखायी देते हैं, इस चर्चा को आगे न बढ़ाना ही अच्छा है।

6. साम्राज्यवाद के समस्त प्रावधानों के विस्तार में जाना यहाँ सम्भव नहीं हो सकता। अमीर मुआविया वैयक्तिक शासन के समर्थक थे, जिसके आधार पर इस्लाम पूर्व की जाहिली सत्ता व्यवस्था चलती थी। उन्होंने साम्राज्यवादी राज्य स्थापित किया, फिर उसे पैतृक साम्राज्यवाद में भी परिवर्तित किया।

पैतृक-साम्राज्यवाद का प्रारम्भ

हसन-मुआविया सन्धि की समुचित विवेचना तो आगामी अध्याय में होगी, परन्तु यहाँ इतना बता देना आवश्यक है कि इस सन्धि में अमीर मुआविया ने प्रण लिया था कि उन्हें अपने पश्चात् किसी ख़लीफ़ा के मनोनीत करने का अधिकार नहीं होगा। उनकी मृत्यु के पश्चात् ख़लीफ़ा पद इमाम हसन को लौटा दिया जायेगा तथा यदि उनकी भी मृत्यु हो जाय, तो इमाम हुसैन ख़लीफ़ा होंगे। परन्तु अमीर मुआविया ने इस्लाम द्वारा प्रतिपादित दैवी राज्य व्यवस्था को व्यक्तिगत साम्राज्य में परिवर्तित किया, तो हसन-मुआविया सन्धि की अन्य धाराओं की अवमानना करने के साथ ही साथ अपने व्यक्तिगत साम्राज्य को पैतृक साम्राज्य में परिवर्तित कर दिया। यह सब किस कूटनीति से हुआ, उसके विषय में संक्षिप्त में जान लेना उचित ही होगा।

---

1. तारीख़-अर्रुसुल-वअलमुलूक, भाग-6, पृ० 135; किताब-अलइस्तेआब-फ़ी-मुआरिफ़त-उल-असहाब, भाग-1, पृ० 154; उसद-उल-ग़ाबा-फ़ी-मआरिफ़त-उल-सहाबा, भाग-1, पृ० 379

अमीर मुआविया अपने विषय में रस लेकर कहा करते थे : **"हम तो दुनिया में डूब-डूब गये और लोट-लोटकर उसमें रहे।"**[1] दुनिया के मज़े लूटने के क्रम में अपने कलंकित पुत्र यज़ीद को अपने बाद ख़लीफ़ा बनाने की योजना बनाने लगे। यद्यपि ख़लीफ़ा पैग़म्बर का उतराधिकारी था। धर्म तथा राज्य दोनों का प्रधान। उसके आचरण एवं व्यवहार से इस्लाम के उच्च आचरण एवं व्यवहार का आदर्श स्थापित होता था, परन्तु यज़ीद-बिन-मुआविया अपने आचरण एवं कार्यों में ऐसी निकृष्ट कोटि का व्यक्ति था कि उससे अधिक निकृष्टता की कल्पना ही नहीं की जा सकती। उसका परिचय अग्रिम पंक्तियों में आयेगा।

यज़ीद को उत्तराधिकारी नियुक्त करने का प्रस्ताव सर्वप्रथम उनके कूफ़ा के प्रशासक मुग़ीरा-बिन-शुअबा की ओर से हुआ। मुआविया उनसे किसी बात पर रुष्ट थे। उन्हें गवर्नरी से हटाना चाहते थे। उन्हें इसकी सुनगुन मिल गयी, भागकर दमिश्क़ पहुँचे और यज़ीद से भेंट करके कहा, अधिकांश सहाबी मृत हो चुके हैं, क़ुरैश में भी महत्त्वपूर्ण लोग नहीं हैं। फिर समझ में नहीं आता कि तुम्हें उत्तराधिकारी क्यों नहीं घोषित किया जा रहा है। यज़ीद ने यह बात अपने पिता को बतायी। यह उनके मन की बात थी। तुरन्त मुग़ीरा को बुलाकर इसके विषय में वार्ता की, मुग़ीरा ने वही प्रस्ताव उनके सामने रखा। मुआविया जानते थे कि मुसलमान इसके लिए तैयार नहीं होंगे। मुग़ीरा से पूछा, इस कार्य को कौन सम्पन्न करेगा। उन्होंने कूफ़ावासियों को मैं संभालूँगा और बसरावासियों को ज़ियाद। मुआविया ने बसरा के प्रशासक ज़ियाद-बिन-सुमैया को मुग़ीरा के प्रस्ताव के विषय में लिखा। उसने दमिश्क़ जाकर मुआविया को समझाया कि अभी इसका उचित अवसर नहीं है।

ज़ियाद की मृत्यु (672 ई०) के बाद अमीर मुआविया ने यज़ीद को उत्तराधिकारी बनाने का प्रयास तीव्र कर दिया। द्वितीय ख़लीफ़ा हज़रत उमर के सुपुत्र अब्दुल्लाह को एक लाख दिरहम भेजे और यज़ीद की बैअत के लिए मनाने हेतु चेष्टा की। उन्होंने धन प्राप्त करने से मना कर दिया और कहा यदि यह धन इस उद्देश्य से भेजा गया है, तो फिर मेरा दीन मेरे लिए बड़ा ही सस्ता हो गया।[2] परन्तु मुआविया रुके नहीं उन्होंने मदीना के प्रशासक मरवान-बिन-हकम को यज़ीद को उत्तराधिकारी बनाने के विषय में लिखा। लोग तैयार नहीं हुए। इसके बाद मुआविया ने लोगों पर धन की वर्षा करके लोगों को मनाना

---

1. तारीख़-अर्रसुल-वअलमुलूक, भाग-6, पृ० 186
2. किताब-अलकामिल-फ़ी-तारीख़, भाग-3, पृ० 25; अलबिदाया-वअलनिहाया, भाग-8, पृ० 89

प्रारम्भ किया। सीरिया, ईराक़ तथा कुछेक अन्य क्षेत्रों में यज़ीद के लिए बैअत लेने के लिए मुआविया ने स्वयं भ्रमण किया तथा सोने की थैलियाँ बाँटते रहे।

सबसे कठिन समस्या मदीनावासियों की सहमति प्राप्त करना थी। अमीर मुआविया का साहस इतना बढ़ा कि वे यज़ीद को ख़लीफ़ा बनाने हेतु बैअत प्राप्त करने मदीना-शरीफ़ आये, तो नगर से बाहर ही इमाम हुसैन से भेंट हो गयी। इमाम हुसैन से धृष्टता पर उतर आये। इतिहासकार इब्न-असीर ने उनकी वार्ता का वर्णन इस प्रकार किया है : **''सबसे पहले जब वे (मुआविया) मदीना के निकट पहुँचे, तो इमाम हुसैन से भेंट हो गयी। उनको देखकर मुआविया ने कहा—न तुम्हारे लिए सुख हो, न साधुवाद। तुम बलिदान हेतु भेड़ा हो, जिसका रक्त जोश मार रहा है। सौगंध है ईश्वर की, यह रक्त अवश्य गिराया जायेगा। इमाम हुसैन ने उत्तर दिया—शान्त रहिए, हमें इस प्रकार सम्बोधित नहीं करना चाहिए ; मुआविया ने कहा—इससे भी निकृष्ट वाक्यों के योग्य हो।''**[1]

मुआविया अपने उद्देश्य में असफल लौटे। इमाम हुसैन से बैअत न प्राप्त कर सके। परन्तु उनकी मृत्यु (मई 680 ई०) के पश्चात् अनेक मनोनयन के आधार पर यज़ीद-बिन-मुआविया स्वयंभू ख़लीफ़ा बन बैठा, उसके बाद की घटनाएँ प्रस्तुत पुस्तक का विषय हैं, जिन पर आगामी अध्यायों में प्रकाश डाला जायेगा। परन्तु इतना कहना आवश्यक है कि जिस प्रकार अमीर मुआविया ने सन्धि तोड़कर अपने पुत्र यज़ीद को ख़लीफ़ा बनाया, तो अपने कुकर्मों के लिए यज़ीद दोषी है, परन्तु ख़लीफ़ा बनाने की जवाबदेही तथा दायित्व अमीर मुआविया पर भी है।

यज़ीद-बिन-मुआविया

यज़ीद-बिन-मुआविया का शासनकाल लगभग तीन वर्षों (680-83) तक सीमित है, परन्तु अपनी इस्लाम विरोधी गतिविधियों के कारण इतिहास का अत्यन्त कलंकित, दूषित एवं कुख्यात काल माना गया है। इस काल में इस्लामी विकृति अधिक मुखर रूप में स्पष्ट हुई, जो अमीर मुआविया के 20 वर्षीय शासनकाल (640-60) में शनैः-शनैः इस्लामी धर्म सिद्धान्त और उसके स्वरूप को विखण्डित कर इस्लामपूर्व की जाहिली व्यवस्था को स्थापित कर रहा था। यज़ीदी काल का उससे पूर्व का शासन से विमुक्त अध्ययन किसी सही निष्कर्ष पर नहीं पहुँचा सकता। इसे अमीर मुआविया के शासन काल की परिदृश्य में ही

---

1. किताब-अलकामिल-फ़ी-तारीख़, भाग-3, पृ० 454

देखा जा सकता है। गतपृष्ठों में उन विकृतियों का संक्षिप्त परिचय कराया जा चुका है। इस्लामी सिद्धान्तों की मूलात्मा नष्ट होने में बस इतनी कसर रह गयी थी कि लोग अब भी अपने को मुसलमान कहते थे, वरन् उनके व्यावहारिक जीवन में इस्लाम से कुछ लेना-देना नहीं था। यज़ीद-बिन-मुआविया की स्थिति तो करैला फिर नीम चढ़ा, जैसी थी। उचित होगा कि उसकी पारिवारिक पृष्ठभूमि, स्वभाव एवं व्यवहार के विषय में चर्चा कर ली जाये, जिसकी साधारणतया चर्चा नहीं होती।

यज़ीद मुआविया का ज्येष्ठ पुत्र था। उसकी माता का नाम मैसून था, जो एक बनजारिन थी। उसकी सुन्दरता पर मोहित हो मुआविया ने उसे अपनी पत्नी बना लिया था, परन्तु वह प्रसन्न नहीं थी। एक दिन वह गा रही थी, जिसके एक शेर में था—मुझे अपनी जाति-बिरादरी का एक दुबला-पतला तुच्छ आदमी मुझे एक दुर्व्यवहारी मुसटण्डे से अधिक प्रिय है। मुआविया ने उसे गाते हुए स्वयं अपने कानों से सुन लिया और अपने को 'दुर्व्यवहारी मुसटण्डा' कहने पर इतने क्रोधित हुए कि उसके 'दुबले पतले तुच्छ आदमी' वालों में वापस भेज दिया। वह वहीं रही, वहीं 22 हि० (642 ई०) में यज़ीद ने जन्म लिया।[1] दो वर्षों के बाद, मुआविया, जिन्हें उस समय तक कोई संतान नहीं थी, उसे अपने पुत्र कहकर उसकी माता सें छीन लिया।[2] अब ईश्वर ही जाने कि यज़ीद मुआविया का पुत्र है अथवा उस 'दुबले-पतले तुच्छ आदमी' का, जिसके लिए यज़ीद की माता मैसूना तड़पती रहती थी। स्वयं अमीर मुआविया का पितात्व विवादित रहा था, क्योंकि उनकी माता हिन्दा अबूसुफ़ियान की पत्नी होने के साथ ही अन्य लोगों से शारीरिक सम्बन्धी रखती थी। जिसकी चर्चा गतपृष्ठों में आ चुकी है।

आचरण एवं व्यवहार

यज़ीद दमिश्क़ के राजभवन में पला-बढ़ा। भोग-विलास के सभी साधन उपलब्ध थे। उसी में डूबता-उभरता रहता था। 'क़ीनात' का गाना-बजाना, दासियों के संग कामानन्द का सान्निध्य, समलैंगिकता आदि सभी ऐसे कार्य, जिनकी इस्लाम में मनाही है, उसके जीवन का अंग थे। बाल काल से ही सभी प्रकार से आचरणहीन रहा। किसी प्रकार कोई रोक-टोक न थी। युवावस्था तक पहुँचते-पहुँचते सभी प्रकार के विकार को जीवन का अंग बना चुका था। रात-दिन मदिरापान करता रहता था। एक बन्दर सधा रखा था, जिसको 'अबूक़ैस' कहता था, जिसे अपनी गधी पर बिठाता था। घुड़दौड़ के दंगल में उसे प्रस्तुत करता

---

1. हयात-उल-हैवान, भाग-2, पृ० 207
2. हयात-उल-हैवान, भाग-2, पृ० 207

था।[1] भोग-विलास, मदिरापान, कामानन्द के बीच तुकान्त भी करता था। उसमें उसने अपनी घृणित अवस्था की चर्चा भी करता था। यह केवल राजभवन का वातावरण ही नहीं था, वरन् उस समय के सम्पूर्ण दमिश्क़ की यही दशा थी। इसकी संक्षिप्त चर्चा गत पंक्तियों में हो चुकी है। यज़ीद ने कामानन्द प्राप्ति हेतु सभी मर्यादाओं का अन्त कर दिया था। प्रसिद्ध इतिहासकार इब्न-सअद (मृ० 844 ई०) तथा अल्लामा जलालउद्दीन सुयूती (मृ० 1505 ई०) आदि ने अपने-अपने ग्रन्थ में अब्दुल्लाह-बिन-हंज़ला का कथन उद्धृत किया है : **"ईश्वर की सौगन्ध, हम लोग यज़ीद के विरुद्ध उठ खड़े हुए, जब हमें यह भय हो गया कि यदि हम ऐसा नहीं कर सकते तो आकाश से हम पर पत्थरों की वर्षा हो। वह एक ऐसा व्यक्ति था, जो अपने पिता द्वारा सम्भोग की गयी दासियों तथा अपनी पुत्रियों तथा बहनों से मुँह काला करता था।"**[2] इसी प्रकार के विचार इब्न-हजर अलहैसमी (मृ० 1566 ई०) व्यक्त किये हैं : **"यज़ीद इस्लामी शरीअत द्वारा निश्चित सीमाओं की चिन्ता नहीं करता था और अपनी विमाताओं से सम्भोग करता था।"**[3]

"जब अमीर मुआविया ने उसे इस उद्देश्य से मदीना भेजा कि वह साफ़-सुथरी जीवन शैली प्रदर्शित कर लोगों में अपनी साख स्थापित करे, तो मदीना आवास के बीच भी उसने मदिरा सेवन नहीं त्यागा, वरन् मुसलमानों की भावनाओं को आघात पहुँचाते हुए खुलेआम शराब पीता था।"[4] इब्न-ख़ल्दून (मृ० 1406 ई०) ने यज़ीद के विषय में अमीर मुआविया के विश्वासपात्र ज़ियाद-बिन-अबीह का वक्तव्य लिखा है : **"यज़ीद में चरित्रहीनता, अशिष्टता, विश्वासघातिका तथा अयोग्यता है।"**[5]

शीआ तो यज़ीद को काफ़िर मानते हैं, विख्यात सुन्नी उलेमा भी यज़ीद को काफ़िर मानते हैं और उनमें अनेक उलेमा तथा सूफ़ी-संत यज़ीद पर लानत (भर्त्सना) करना भी उचित मानते हैं। भर्त्सना न करने के तर्क के रूप में मौलाना अबुल ओला मौदूदी (मृ० 1979 ई०) कहते हैं : "कहीं इस तरह उसके पिता (मुआविया) अथवा किसी अन्य सहाबी की भर्त्सना करने का द्वार न खुल जाय।"[6] कितना हास्यास्पद तर्क है कि यह मानते हुए कि वह और उसके पिता

---

1. अलबिदाया-वअलनिहाया, भाग-8, पृ० 1169
2. किताब-अलतबक़ात-उल-कबीर, भाग-5, पृ० 66; तारीख़-उल-ख़ुलफ़ा, पृ० 146
3. अलसवायक़-उल-मुहर्रिक़ा-फ़ी-रद्द-अला-अह्ल-उल-रफ़्ज़-वउल-ज़नदका, पृ० 135
4. किताब-अलकामिल-फ़ी-तारीख़, पृ० 135
5. किताब-अलइबर, भाग-4, पृ० 38
6. ख़िलाफ़तो-मुलूकियत, पृ० 17

के कार्य ऐसे हैं, जिसके आधार पर उनकी भर्त्सना करने का प्रथम द्रष्टा मामिला बनता है, लेकिन चूँकि पिता की भर्त्सना नहीं करना चाहते। अतः उसके पुत्र को भी छोड़ दिया जाय। अर्थात् कोई नियम नहीं, कार्य सुविधानुसार होगा। परन्तु इमाम अहमद-बिन-हम्बल (मृ० 855 ई०) से उनके पुत्र अब्दुल्लाह ने पूछा कि यज़ीद पर लानत भेजने का क्या आदेश है तो उन्होंने उत्तर दिया—मैं ऐसे व्यक्ति पर लानत क्यों न करूँ, जिस पर अल्लाह ने लानत की है और अपने मंतव्यों को प्रमाणित करने हेतु क़ुर्आन की एक आयत : **''जब ये नरक के कष्ट से निकल भागना चाहें, तो पुनः उसी में पलटा दिये जायेंगे, कि अभी नरक का स्वाद और भी चखो।''** (क़ुर्आन : 22/23) भी पढ़ दी।[1] विख्यात सूफ़ी-सन्त ख़्वाजा हसन बसरी (मृ० 728 ई०) पर किसी ने व्यंग्य किया कि क्या आप दमिश्क़ी शासकों के विरुद्ध युद्ध क्यों नहीं करते, तो वे उत्तेजित हो उठे, उन्होंने कहा—ईश्वर उनका नाश करे![2] इसी प्रकार एक बार किसी ने ख़्वाजा सैय्यद मुहम्मद अशरफ़ जहाँगीर समनानी (मृ० 1405 ई०) से यज़ीद पर लानत भेजने का औचित्य जानना चाहा, तो उन्होंने क़ुर्आन की एक आयत : **''निःसन्देह जो लोग अल्लाह और उसके रूसूल को कष्ट देते हैं, उन पर दुनिया और आख़िरत में ख़ुदा की लानत है और ख़ुदा ने उनके लिए अपमानपूर्ण दण्ड उपलब्ध कर रखा है।''** (क़ुर्आन : 33/57) का सन्दर्भ देकर कहा कि वे यज़ीद पर लानत भेजते हैं।

सुन्नी उलेमा में उपयुक्त के अतिरिक्त विशेषकर अल्लामा-इब्न-जौज़ी (मृ० 1200 ई०) क़ाज़ी अबू यअली, अल्लामा तफ़ता ज़ानी तथा अल्लामा जलालउद्दीन सुयूती (मृ० 1505 ई०) आदि यज़ीद पर लानत करना उचित मानते हैं। उमैय्या वंशीय ख़लीफ़ाओं में एकमात्र धर्मभीरू उमर-बिन-अब्दुल अज़ीज़ की सभा में किसी ने यज़ीद की चर्चा करते हुए उसे 'अमीर-उल-मोमनीन' (धर्मनिष्ठों का सरदार) कह दिया, तो वे अत्यन्त क्रोधित हो उठे और उसे बीस कोड़े लगवाये।[3]

पैग़म्बर तथा उनके परिजनों से शत्रुता :

यज़ीद में पैग़म्बर तथा उनके परिवारजनों के प्रति शत्रुता पारिवारिक धाती थी। अबूसुफ़ियान का पोता और अमीर मुआविया का पुत्र था, जिसने आँख खोलते ही हज़रत अली पर अपशब्दों की बौछार होते देखी थी। अमीर मुआविया

---

1. अलबिदाया-वअलनिहाया, भाग-8, पृ० 223
2. किताब-अलकामिल-फ़ी-तारीख़, भाग-4, पृ० 135
3. तहज़ीब-उल-तहज़ीब, भाग-11, पृ० 36

मुसलमानों के बीच नमाज़ भी पढ़ते थे। अभिभाषण में ईश्वर की वन्दना तथा पैग़म्बर की स्तुति भी करते थे। यज़ीद किसी प्रकार की औपचारिकता की आवश्यकता नहीं मानता था। खुले-आम अल्लाह, रुसूल, आख़िरत आदि के विरुद्ध कहता था। नमाज़, रोज़ा आदि से उसका कोई सम्बन्ध नहीं था। इस्लाम के विरुद्ध उसने खुलकर अपने विचार व्यक्त किये हैं, जो तुकान्त युक्त हैं। इसी आधार पर लेखकों ने उसे कवि लिख दिया है, जो सत्य पर आधारित नहीं है।

यहाँ यह बता देना विषयान्तर करना नहीं होगा कि अरब में वार्ता एवं संवाद में तुकान्त का प्रचलन इस्लाम पूर्व से चला आ रहा था, जो इस्लामी काल में भी यथावत चलता रहा। तुकान्त काव्य का अंग है, परन्तु काव्य में तुकान्त के साथ ही समस्त काव्य-विधान का पालन करना होता है। यज़ीद के विचार जो तुकान्त में हैं, उन्हें काव्य मानकर कवि की कल्पना नहीं समझना चाहिए, उसने स्पष्ट रूप में अपने विचार, अपने पूर्वजों की प्रशंसा तथा इस्लाम की निन्दा की है। उसको उसके विचारों के आधार पर लेना चाहिए, तभी उसकी उचित विवेचना सम्भव हो सकेगी। यज़ीद को उसके समस्त दुष्कर्मों के साथ ही एक घृणित स्वभाव, जो उसे धाती में प्राप्त हुआ था, इस्लामी पैग़म्बर तथा उनके परिवारजनों के प्रति शत्रुता, घृणा एवं दुर्व्यवहारता अपनी एक तुकान्त वार्ता में, जो आत्म-स्तुति में है। कुछेक उदाहरण देखिए मदिरा के तरंग के साथ कहता है—"**हे सुंदरी, प्रेयसी, मुझे सुना और ऊँचे स्वर में सुना, गाकर कह, मुझे चुपके-चुपके वार्ता अच्छी नहीं लगती। सुना अबूसुफ़ियान की वह पुरानी कथा, उहद में उसकी उपलब्धियाँ, जहाँ उसने दुश्मनों के घर मातम कर दिया। हाँ, उस कथा के साथ ही मुझे मदिरा के प्याले देती जा, वह मदिरा जिसे दमिश्क़ के चुने हुए अंगूर से बनाया गया है। हम जब प्राचीन व्यवस्था पर ध्यान देते हैं, तो हमें उसका पीना सदैव धर्मानुकूल लगता है और यदि मैं मर जाऊँ तो, हे सुन्दरी प्रेयसी तो तू किसी अन्य व्यक्ति से विवाह कर लेना और यह आशा न करना कि इस वियोग के बाद फिर कभी भेंट भी होगी।' दूसरे जीवन के विषय में जो कहानियाँ सुनी होंगी, वे सब पुरानी कहानियाँ हैं, जो मानव को भ्रान्ति में डालती हैं। यह निश्चित है कि मैं मुहम्मद का साक्षात्कार करूँगा। ऐसी मदिरा की मस्ती में डूबकर, जिसका प्रभाव मेरी हड्डियों तक पहुँच गया हो।**"[1] एक अन्य स्थान पर कहता है—"**अहमद ने जो किया है, यदि अहमद की सन्तान से मैं उसका बदला न लेता तो मैं जुनदब का वंशज न होता।**" एक बार कौवे को सम्बोधित करके कहा—"**तू बोल या न बोल मैंने रुसूल से अपना ऋण चुका दिया है।**" इस्लाम को अव्यवहारिक बताते हुए कहता है—"**यदि अहमद के दीन**

1. शहीदे-इंसानियत, पृ० 174

में शराब पीना हराम है, तो मसीह के दीन में सम्मिलित होकर पी लो।''

उपर्युक्त कुछ उदाहरण ही प्रस्तुत किये गये, कुछ अन्य उदाहरण यथास्थान पर दिये गये। यहाँ इन उदाहरणों के आधार पर यह स्पष्ट करना उद्देश्य है कि इस प्रकार के विचार व्यक्त करने वाले के विषय में इस्लामी धर्मशास्त्र क्या कहता है। क़ाज़ी सनाउल्लाह पानीपती (मृ० 1810 ई०) ने क़ुर्आन की व्याख्या करते हुए, यज़ीद के उस वक्तव्य के आधार पर कि यदि दीने-मुहम्मद में शराब हराम है, तो मसीही दीन धारण कर लो, स्पष्ट शब्दों में कहा कि यज़ीद इस्लाम की परिधि के बाहर हो गया था तथा काफ़िर था।[1] कौवे से यज़ीद के उपर्युक्त वार्ता के आधार पर अल्लामा शिहाब महमूद आलूसी (मृ० 1853 ई०) ने भी क़ुर्आन की व्याख्या करते हुए यज़ीद को काफ़िर घोषित किया है।[2] मुल्ला मुबीन फ़िरंगीमहती (मृ० 1810 ई०) ने भी यज़ीद के तुकान्त-वार्ताओं के आधार पर उसे इस्लाम का शत्रु तथा काफ़िर घोषित किया है।[3]

चार अक्षम्य अपराध एवं पाप

अक्षम्य अपराधी एवं पापी के रूप में इस्लामी इतिहास यज़ीद-बिन-मुआविया से बढ़कर कोई अन्य उदाहरण प्रस्तुत न कर सकता। धार्मिक, नैतिक, सामाजिक आदि स्तरों पर यज़ीद के असंख्य पाप एवं अपराध हैं, जिनकी गणना करना सम्भव नहीं हो सकता। यज़ीद का अस्तित्व ही पूर्णरूपेण पापों एवं अपराधों का पर्याय माना गया है। एक ऐसा व्यक्तित्व, जिसमें मनुष्यता के सामान्य गुण भी न हो, विश्व इतिहास में भी ऐसा कोई अन्य व्यक्ति दिखायी नहीं देता।

यज़ीद अपने पिता मुआविया-बिन-अबूसुफ़ियान की मृत्यु (22 रजब 60 हि०/30 मार्च, 680 ई०) के बाद राजसिंहासन पर आसीन हुआ। मात्र 3 वर्ष 7 मास 23 दिन (हिज्री पंचांग के अनुसार) राज कर (रबीअ-उल-अव्वल 64 हि०/ नवम्बर, 683 ई०) में काल के गाल में समा गया। इस अल्पशासन काल में उसने असंख्य अपराध किये। जिनका गिनवाना भी सम्भव नहीं हो सकता। उनमें से मात्र चार महानतम् अपराधों की चर्चा निम्न पंक्तियों में की जा सकती है —

पहला अपराध :

यज़ीद-बिन-मुआविया का प्रथम एवं सर्वाधिक चर्चित अपराध कर्बला में इस्लामी पैग़म्बर के समस्त परिवार का वध कराना है। कर्बला-युद्ध के फलस्वरूप

1. तफ़सीरे-मज़दरी, भाग-5, पृ० 274
2. तफ़सीर-रूह-उल-मआनी, भाग-26, पृ० 66
3. वसीलत-उन-निजात, पृ० 68

विकसित हुसैनी क्रान्ति प्रस्तुत पुस्तक का विषय-वस्तु है, जिसके विभिन्न पक्षों पर सविस्तार चर्चा की गयी है। यहाँ इमाम हुसैन की शहादत के उस विशेष पक्ष की चर्चा अभीष्ट है, जिस पर शाह अब्दुल अज़ीज़ मुहद्दिस देहल्वी (मृ० 1824 ई०) ने विशेष बल दिया है कि ईश्वर ने अपने प्रिय पैग़म्बर हज़रत मुहम्मद को सभी प्रकार के सम्मान एवं प्रतिष्ठा से सम्मानित किया था; किन्तु शहादत का सम्मान उन्हें उनके नातियों के माध्यम से प्राप्त हुआ, जिसके दो रूप हैं—गोपनीय तथा स्पष्ट्य। गोपनीय शहादत इमाम हसन के माध्यम से मिल चुकी थी। अब स्पष्ट्य शहादत इमाम हुसैन के माध्यम से प्राप्त हुई।[1]

दूसरा अपराध :

यज़ीद का दूसरा अपराध मदीना पर आक्रमण था। मदीना को इस्लामी पैग़म्बर का सन्दर्भ प्राप्त है। इसको 'मदीनत-रुसूल' (रुसूल का नगर) कहलाने का गौरव प्राप्त है। मदीना की महिमा में इस्लाम पैग़म्बर की अनेक हदीसें हैं। एक हदीस में पैग़म्बर ने कहा है : **''मदीना के साथ, जो व्यक्ति बुराई करेगा, ईश्वर उसे जहन्नुम की आग में सीसा की तरह पिघलायेगा।''**[2] परन्तु यज़ीद को इसकी क्या परवाह थी। उसने मदीना के ईंट से ईंट बजा दी। पूरे नगर को नष्ट-भ्रष्ट कर दिया। सेना को खुली छूट थी कि वे जो चाहें करें। फिर अत्यन्त भयावह स्थिति उत्पन्न हुई। सेना ने घरों में घुसकर महिलाओं तथा युवतियों का बलात्कार किया, जिससे सहस्त्रों नाजायज बच्चे पैदा हुए। इस घटना को इस्लामी इतिहास में 'हर्रा' की घटना कहा गया है। प्रस्तुत पुस्तक में यथास्थान चर्चा होगी।

तीसरा अपराध :

यज़ीद का तीसरा अपराध मदीना के बाद मक्का पर आक्रमण है। मक्का में ही काबा-शरीफ़ है, जिसकी ओर मुँह करके प्रत्येक मुसलमान कम-से-कम पाँच बार प्रति दिन नमाज़ पढ़ता है। काबा की परिक्रमा करके हज्ज सम्पन्न करता है। इस्लाम में काबा शान्तिस्थल है, जिसके प्रांगण में पत्ती भी नहीं तोड़ी जा सकती है। यज़ीद के आदेशानुसार काबा-शरीफ़ पर आक्रमण किया गया। ठेलवास से काबा-शरीफ़ पर पत्थरों की वर्षा की गयी, जिससे काबा-शरीफ़ की दीवार टूट गयी। अग्नि वर्षा, भी की गयी, जिससे काबा-शरीफ़ के पर्दे जल गये।[3] प्रस्तुत पुस्तक इस घटना की चर्चा में यथास्थान होगी।

---

1. सिर्र-उल-शहादतैन, पृ० 33-38
2. जाम्अ-उल-सहीह-उल-बुख़ारी, भाग-1, पृ० 421, हदीस सं० 1731; ख़िलाफ़तो-मुलूकियत, पृ० 170
3. तारीख़-अर्रुसुल-वअलमुलूक, भाग-4, पृ० 283

चौथा अपराध :

यज़ीद का चौथा अपराध लिखने में क़लम काँपती है, क्योंकि यह इस्लामी पैग़म्बर की धर्मपत्नी से सम्बद्ध है। क़ुर्आन का आदेश है कि पैग़म्बर की पत्नियाँ मुसलमानों की माताएँ हैं। अतः उन्हें 'उम्म-उल-मोमनीन' (धर्मनिष्ठों की माताएँ) की उपाधि सर्वमान्य है। यज़ीद की निगाह में उसकी अपनी माताओं, बहनों, आदि की क्या स्थिति थी, गतपृष्ठों में चर्चा की जा चुकी है। उसकी धृष्टता इतनी बढ़ी कि इस्लाम तथा समस्त मुसलमानों का अपमान करते हुए, शैख़ अब्दुल हक़ मुहद्दिस देहल्वी (मृ० 1642 ई०) के कथनानुसार उसने **"उम्म-उल-मोमिनीन हज़रत आयशा को निकाह का पैग़ाम भेजवाया था।"**[1] यह घटना उस समय की है, जब यज़ीद दमिश्क़ का युवराज था और अपने पिता अमीर मुआविया के संरक्षण में इस्लाम की धज्जियाँ बिखेर रहा था।

मुआविया-बिन-यज़ीद

मुआविया-बिन-यज़ीद (मुआविया द्वितीय) अपने नामाराशि पितामह अमीर मुआविया के पैतृक-साम्राज्यवाद के गाल पर भरपूर करारा चाँटा था, जिसके कारण उभरी पाँचों उँगलियों के निशान सब ने देखे! मेरा ही नहीं, सबके अनुभव की बात है कि यदि किसी अन्याय को ईश्वर के सुपुर्द कर दिया जाय, तो वह उसका प्रतिशोध अवश्य लेता है। उसके प्रतिशोध का यह विचित्र रूप है कि वह उसका प्रारम्भ अत्याचारी के घर से प्रारम्भ लेता है। उसको अपमानित करता है। बार-बार सबके समक्ष अपमानित करता है कि सब देख लें। उसी व्यक्ति के पैरों पर बार-बार गिराता है, जिसका अपमान किया गया हो। यही कुछ मुआविया द्वितीय के माध्यम से ईश्वर ने सम्पन्न कराया।

मुआविया द्वितीय का जन्म 28 मार्च, 661 ई० को हुआ था। अपने अन्य पाँच भाइयों तथा अनेक बहनों में पिता यज़ीद का ज्येष्ठतम पुत्र था। उसी वर्ष उसके नामाराशि पितामह अमीर मुआविया को ख़लीफ़ा बनने का अवसर मिला था। उन्होंने अत्यन्त उल्लासपूर्वक कहा था कि अब निश्चित हो गया कि पैतृक साम्राज्य मेरे परिवार में रहेगा। मैं, मेरे बाद मेरा पुत्र, इसके बाद उसका पुत्र! परन्तु ईश्वर ने तो कुछ और ही प्रबन्ध किया था। मुआविया द्वितीय अभी 13 वर्ष का था कि अमीर मुआविया चल बसे। यज़ीद की मृत्यु (नवम्बर 683 ई०) के समय मुआविया द्वितीय की आयु 22 वर्ष थी। यद्यपि अपने आयु में युवा था, परन्तु अपने ज्ञान एवं व्यवहार में अनुभवी विद्वान के समान था। उसको सत्ता

---

1. मदारिज-उल-नबूवत, भाग-1, पृ० 145; तारीख़े-अइम्मा, पृ० 193

सौंपी गयी, तो उसने इस पैतृक-साम्राज्यवाद की वास्तविकता स्पष्ट कर दी। इब्न-हजर हैसमी (मृ० 1566 ई०) ने लिखा है कि उसने अपने प्रथम अभिबोधन में ही घोषित कर दिया[1] : "ख़िलाफ़त ईश्वर द्वारा होती है। मेरे पितामह ने ख़िलाफ़त के लिए उस व्यक्ति के विरुद्ध युद्ध किया, जो उनसे अधिक ख़िलाफ़त के योग्य था, वे अली थे। उन्होंने (मुआविया) ने जो कार्य किया, उससे आप परिचित हैं और वे अपनी क़ब्र में इसके लिए भोग रहे हैं। मेरे पिता यज़ीद भी ख़लीफ़ा बन बैठे, यद्यपि वे इसके योग्य नहीं थे। उसने रसूलअल्लाह के पौत्र (इमाम हुसैन) से युद्ध किया और वे भी अपनी क़ब्र में अपने पापों का दण्ड भोग रहे हैं।" उसके पश्चात् मुआविया द्वितीय ने चिल्ला-चिल्लाकर कर कहा : "यह अत्यन्त दुखद है कि हम यज़ीद के कुकर्मों से भलीभाँति परिचित हैं। उसने इस्लामी पैग़म्बर के परिवारजनों का वध किया। वह शराबी था। उसने काबा में आग लगायी।"

इसके साथ मुआविया द्वितीय ने मक्का-शरीफ़ में यज़ीद के समय से चल रहे आक्रमण को रोक दिया और कहा : "मक्का में ईश्वर का घर है, पूर्व में भी और पश्चिम में भी। जब भी युद्ध होता है, स्वर्ग में भूकम्प आता है। फ़रिश्ते पनाह माँगते हैं। मैं ख़ून-खराबा नहीं चाहता। अब कोई युद्ध नहीं होगा। हमें पुनः मैत्री स्थापित करनी होगी तथा सभी लोगों में विश्वास उत्पन्न करना होगा।"

भला ऐसे रचनात्मक एवं शान्तिपूर्ण बातें बनीउमैय्या कहाँ सहन कर सकते थे। बनीउमैय्या ने विष देकर वध कर दिया। चूँकि मुआविया द्वितीय के कोई संतान न थी, अतः ख़िलाफ़त बनीउमैय्या की दूसरी शाखा में चली गयी। इस प्रकार अमीर मुआविया का पैतृक साम्राज्यवाद उनके पराजय का प्रतीक बनकर बनीउमैय्या में मुँह चिढ़ाता रहा!

❑❑❑

1. अलसवायक़-उल-मुहर्रिक़ा-फ़ी-रद्द-अला-अह्ल-उल-रफ़्ज़-वउल-ज़नदका, पृ० 134

अध्याय : तीन

इस्लामी पुनरुत्थान की आधारभूमि

इस्लाम के क्रान्तिकारी आयामों के मूल बिन्दुओं तथा इस्लाम विरोधी तत्त्वों की मानसिकता से उपजे दूषित एवं विकृत रूप का अवलोकन क्रमशः गत दो अध्यायों में कर चुके प्रबुद्ध पाठकों की जिज्ञासा आगामी घटनाक्रम के संज्ञान हेतु प्रेरित कर रही होगी। निश्चय ही हमारा उद्देश्य भी घटनाक्रम को सविस्तार प्रस्तुत करना है, जिसके लिए प्रस्तुत पुस्तिका अस्तित्त्व में आयी है। परन्तु मात्र घटनाएँ वर्णन कर देना ही पर्याप्त नहीं है, उसका संश्लिष्ट विवेचन भी साथ-साथ करते रहना है। यही प्रक्रिया पूरी पुस्तक में चलेगी। यहाँ इसकी अनिवार्यता इस कारण भी है कि सामान्य पाठक का हुसैनी क्रान्ति के बहुआयामी दिशाओं-दशों, उसकी पीठिका तथा प्रभाव-क्षेत्र से भलीभाँति परिचित होना आवश्यक नहीं है। अनेक ऐसे पक्ष हैं, जिन पर यदि चर्चा हुई है तो अपूर्ण एवं भ्रामक है, अथवा सिरे से कोई चर्चा हुई ही नहीं है। अतः हमें अपरिहार्य प्रतीत हुआ कि घटनाक्रमों की सविस्तार चर्चा करने से पूर्व कुछ नितान्त आवश्यक विषयों पर पहले चर्चा कर लें, फिर घटनाओं का वर्णन करें, ताकि सभी पाठकगण समुचित रूप में इस्लाम विरोधी तत्त्वों को पहचाना जा सके, जो स्वयं को इस्लामी शरीअत का अनुयायी कहते थे, परन्तु अपने प्रयासों से इस्लाम को उसके मूल से उखाड़ फेंकना चाहते थे। इन तत्त्वों के विरुद्ध इमाम हुसैन के नेतृत्व में इस्लाम को अपने वास्तविक मूल पर स्थापित करने का संघर्ष अद्वितीय बलिदान के रूप में परिणत हुआ।

हमने जिन अपरिहार्य विषयों पर पहले चर्चा करना सर्वाधिक महत्त्वपूर्ण माना है। वह हसन-मुआविया सन्धि है, जो हुसैनी क्रान्ति का पूरक है। हसन-मुआविया सन्धि के संज्ञान के बिना हुसैनी क्रान्ति को समझा ही नहीं जा सकता। तत्कालीन सत्ता के विरुद्ध इमाम हुसैन के निर्णय का क्या आधार था,

उसके जाने बिना, कर्बला-महासंग्राम के आयोजन को कैसे समझा जा सकता है, जिसको उस समय के धर्मनिष्ठजनों का समर्थन प्राप्त था, यद्यपि उनमें अनेक लोग कर्बला-महासंग्राम में शारीरिक रूप में सम्मिलित नहीं हो सके थे। इमाम हुसैन का प्रयास व्यक्तिगत था, अथवा व्यक्तिगत लाभ हेतु कदापि नहीं था, वरन् दैवी-सत्ता की पुनः स्थापना का प्रयास था, इसका उत्तर चाहिए। यज़ीद के ओर से बैअत प्राप्ति पर पूरा बल क्यों था? इमाम हुसैन ने पैतृक-साम्राज्यवाद को क्यों ललकारा? धर्मयुद्ध अनिवार्य हो गया था, या इसे टाला जा सकता था आदि अनेक समस्याएँ हैं, जिनका निवारण आगामी पृष्ठों में करने का प्रयास किया गया तथा इमाम हुसैन की जिहाद की अद्वितीयता को स्पष्ट करने की चेष्टा की गयी है, जिनसे सभी प्रबुद्ध पाठकों को परिचित होना ही चाहिए।

हसन-मुआविया सन्धि

हुसैनी क्रान्ति सहसा घटित घटना नहीं है, वरन् उस महान् नवजागरण की निरंतरता का परिणाम थी, जिसका नेतृत्व इमाम हुसैन से पूर्व उनके पिता हज़रत अली तथा भाई इमाम हसन समान रूप में करते आये थे। हज़रत अली चार वर्ष छः मास ही ख़लीफ़ा रहे थे कि नमाज़ पढ़ते समय उनपर जीवनघाती प्रहार हुआ और उन्होंने तीन दिनों के पश्चात प्राण त्याग दिये। उसी दिन समस्त मुसलमानों ने उनके ज्येष्ठ पुत्र इमाम हसन को ख़लीफ़ा के रूप में स्वीकार कर लिया। यह घटना शुक्रवार 21 रमज़ान 40 हि० तदनुसार 28 जनवरी, 661 ई० की है। इमाम हसन तथा अमीर मुआविया के बीच एक ऐतिहासिक सन्धि हुई, जो हसन-मुआविया सन्धि के नाम से विख्यात है। उचित होगा कि उसके विषय में समुचित संज्ञान प्राप्त कर लिया जाय।

हसन-मुआविया सन्धि के मर्म को समझने के लिए आवश्यक है कि उसकी पीठिका को ध्यान में रखा जाय। हज़रत अली की मृत्यु के पश्चात् अभी मृतक परिवार में शोक का वातावरण ही था कि दमिश्क़ के उपद्रवियों ने इस्लामी राज्य में अस्थिरता उत्पन्न करने का प्रयास प्रारम्भ कर दिया। कूफ़ा तथा बसरा में अनेक गुप्तचर पकड़े गये।[1] इमाम हसन ने स्वयं मुआविया को एक पत्र लिखा : **"तुम अपनी घुसपैठ से रुकते नहीं हो, तुमने लोग भेजे हैं कि मेरे राज्य में विद्रोह उत्पन्न करें और अपने गुप्तचर फैला दिये हैं। लगता है कि तुम युद्ध करना चाहते हो, यदि ऐसा है तो तैयार रहो, यह मंज़िल कुछ दूर नहीं है तथा मुझको**

1. अलइर्शाद-फ़ी-मुआरिफ़त-हुज्जाज-उल्लाह-अलाउल-इबाद, पृ० 192

सूचना मिली है कि तुमने मेरे पिताश्री की मृत्यु पर उपहास के शब्द कहे। यह कदापि किसी बुद्धिमान व्यक्ति का कार्य नहीं है। मृत्यु सबके लिए है, आज हमें इस घटना का साक्षात्कार करना पड़ा है, तो कल तुम्हें होगा और सत्य यह है कि हम अपने स्वर्गवासी को मृत नहीं समझते। वह तो ऐसा है, जैसे कोई एक मकान से निकलकर दूसरे मकान में जाये और आराम की नींद सो जाय।"[1] परन्तु परिस्थितियाँ इतनी बदल चुकी थीं कि इमाम हसन के अनेक अनुयायी भी अमीर मुआविया के दरबार से सम्बद्ध हो गये थे।

हज़रत अली ख़लीफ़ा हुए थे, तो उनके साथ वे लोग भी आ गये थे, जो पूर्व में तीनों ख़लीफ़ाओं (हज़रत अबूबकर हज़रत उमर तथा हज़रत उस्मान) के साथ रहे थे। मात्र हज़रत अली के अनुयायियों का वर्ग ही उनके साथ नहीं था, वरन् मुस्लिम जनसमूह था, जिसमें भाँति-भाँति के लोग थे। धर्मनिष्ठ भी थे और संसार के पीछे भागने वाले भी। त्यागी भी थे और सत्ता सुख भोगने वाले भी। ऐसे भी थे, जो किसी कारणवश हज़रत अली के साथ आ गये थे, परन्तु मन से कहीं और थे। वे अपने स्वभाव में बेगार में लाये गये, गरियार बैल के समान थे, जो खेत में जोतते समय लेट जाते हैं, फिर चाहे कितनी ही साँटी पड़े, उठते नहीं, पसरते जाते हैं! इन लोगों से हज़रत अली भी अत्यन्त खिन्न रहते थे। विभिन्न इतिहास-ग्रन्थों तथा 'नह्ज-उल-बलाग़ा' में उनके ऐसे वक्तव्य उपलब्ध हैं, जो दुःख एवं आत्मपीड़ा से ओत-प्रोत हैं। कभी आपने उनको सम्बोधित करके कहा कि तुमने मेरा हृदय पीप से भर दिया है तथा मेरी छाती को दुःख एवं ग्लानि से भर दिया।[2] कभी कहा कि क्या ही अच्छा होता कि मुआविया मेरे साथ अपने लोगों का मेरे लोगों से विनिमय कर लेता, उस तरह जैसे सोने के सिक्के का विनिमय चाँदी के सिक्के से होता है। अर्थात् तुममें से दस ले लेता और अपनों में से एक मुझे दे देता।[3] कभी कहा कि कितने दुःख की बात है कि वे अधर्म के मार्ग पर संगठित हैं और तुम सत्य मार्ग पर परस्पर सहयोग नहीं करते।[4] वे अपने शासक के आदेशों के प्रति प्रतिबद्ध हैं, जो ईश्वर की अनुज्ञा करता है और तुम अपने इमाम की बात नहीं मानते, जो ईश्वर का अनुपालन

---

1. शहीदे-इंसानियत, पृ० 112
2. नह्ज-उल-बलाग़ा, भाग-1, पृ० 78; अलअख़बार-उल-तवाल, पृ० 214
3. नह्ज-उल-बलाग़ा, भाग-1, पृ० 205; अलइर्शाद-फ़ी-मुआरिफ़त-हुज्जाज-उल्लाह-अलाउल-इबाद, पृ० 164
4. नह्ज-उल-बलाग़ा, भाग-1, पृ० 72; अलइर्शाद-फ़ी-मुआरिफ़त-हुज्जाज-उल्लाह-अलाउल-इबाद, पृ० 148

करता है।[1] यही सहयोगी-साथियों का वर्ग था, जो हज़रत अली के बाद ख़लीफ़ा होने पर इमाम हसन को धाती में मिला था। इन पर किस सीमा तक भरोसा किया जा सकता है, स्पष्ट है।

स्थिति चाहे जैसी भी हो, परन्तु इमाम होने के आधार पर इमाम हसन अपने महान् धार्मिक पद की प्रतिष्ठा एवं मर्यादा से भली-भाँति परिचित थे, जिसके विषय में स्वयं ईश्वर कहता है : **"ये वे लोग हैं कि यदि हम उन्हें सत्ता प्रदान करें, तो ये नमाज़ क़ायम करेंगे, ज़कात देंगे, पुण्य का आदेश देंगे और अधर्म से रोकेंगे।"** (क़ुर्आन : 22/41) इमाम हसन को अपने दायित्त्व का निर्वाह करना ही था। अतः उनके सामने दो विकल्प ही शेष रह गये थे। एक, अमीर मुआविया के विरुद्ध इस्लामी सिद्धान्तों की प्रतिरक्षा हेतु धर्मयुद्ध करें। दो, इस्लाम के **"मान्य आदेशों को स्वीकारना तथा निषिद्ध को स्वीकार न करना"** (क़ुर्आन : 41/22) के आधार पर सन्धि कर लें। इसी बीच अमीर मुआविया ने अकस्मात् ईराक़ पर आक्रमण कर दिया, इमाम हसन ने भी प्रतिरक्षा का प्रबन्ध प्रारम्भ किया। हज़रत हुज्र-बिन-अदी को अपना दूत बनाकर भेजा कि लोगों को वस्तुस्थिति से अवगत करायें। उन्होंने आकर लोगों की उत्साहहीनता के विषय में सूचना दी। हाँ, 'ख़ारिजी' सम्प्रदाय के लोग साथ देने को तैयार थे, जो मुआविया के शत्रु थे, मुआविया से किसी भी रूप में युद्ध चाहते थे। इमाम हसन ने क़ैस-बिन-सअद-बिन-अबादा अंसारी के नेतृत्व में 20 हज़ार की सेना रवाना की। अलतबरी का कथन है कि किसी ने झूठी सूचना फैला दी कि क़ैस-बिन-सअद वध कर दिये गये। बस इसी पर उपद्रव हो गया। यहाँ तक कि जिस ख़ैमा में इमाम हसन थे, लूट लिया गया। जिस बिछौने पर आप थे, उसे नीचे से खींच लिया गया।[2] इमाम हसन घोड़े पर सवार हो गये और मदद के लिए रबीआ तथा हमदान क़बीले इधर-उधर से दौड़ पड़े और उपद्रवियों से आपको दूर किया। इसके बाद आप मदायन की ओर गये, जहाँ छुपकर कटारी से आप पर आक्रमण हुआ। काफ़ी समय तक मदायन में चिकित्सा हेतु रुकने के बाद स्वास्थ्य लाभ कर रहे थे कि अमीर मुआविया का सन्देश इमाम हसन को मिला कि आप जिन शर्तों पर चाहें, वे सन्धि हेतु तैयार हैं। साथ ही अमीर मुआविया ने इमाम हसन की सेना के विद्रोही सरदारों को भी पत्र लिखे, जो मुआविया से साठगाँठ करना चाहते थे। उन्होंने अमीर मुआविया को आस्वस्त किया कि वे

---

1. नह्ज-उल-बलाग़ा, भाग-1, पृ० 205; अलइर्शाद-फ़ी-मुआरिफ़त-हुज्जाज-उल्लाह-अलाउल-इबाद, पृ० 164
2. तारीख़-अर्रुसुल-वअलमुलूक, भाग-6, पृ० 92

इमाम हसन को गिरफ़्तार करके उनके सुपुर्द कर देंगे अथवा उनका वध कर डालेंगे।[1]

सन्धि के नियम, उसका आधार, उसका प्रतिचालन सभी कुछ क़ुर्आन ने स्पष्ट किया है । उचित ही होगा कि सन्धि के विषय में क़ुर्आनी आदेश को समझ लिया जाय : **''और हमारे प्रण को पूरा करो, हम तुम्हारे प्रण को पूरा करेंगे।''** (क़ुर्आन : 2/40) **''और जब कोई प्रण करो तो ईश्वर के प्रण को पूरा करो।''** (क़ुर्आन : 16/91) **''और अपने प्रणों को पूरा करना कि प्रण के विषय में प्रश्न किया जायेगा।''** (क़ुर्आन : 17/34) इस्लामी शब्दावली में विश्वासघाती को 'मुनाफ़िक़' (मिथ्याचार) कहा गया है। प्रण से सम्बन्धित आचार संहिता के उल्लंघन को मिथ्याचार घोषित किया है : **''ये मिथ्याचार अपने प्रण में झूठे हैं।''** (क़ुर्आन : 63/1) द्वितीय ख़लीफ़ा हज़रत उमर के सुपुत्र अब्दुल्लाह ने इस्लामी पैग़म्बर की एक हदीस बयान की है, जिसमें उनका कथन उद्धृत किया : **''चार बातें जिसमें होंगी वह शुद्ध 'मुनाफ़िक़'** (मिथ्याचारी) **है और जिसमें इन चार की एक बात हो, उसमें एक बात वैमनस्य की है, यहाँ तक कि वह उनको त्याग दे, वह चार बातें यह हैं—(1) जब संरक्षक बनाया जाय, तो उसमें चोरी करे (2) और जब बात करे तो झूठ बोले (3) और जब वादा करे तो उसके विरुद्ध करे, (4) और जब लड़े तो अभद्र बोले।''**[2]

इमाम हसन ने मुआविया से सन्धि इस्लाम के 'मान्य आदेशों को स्वीकारना तथा निषिद्ध को स्वीकार न करना' के दायित्व निर्वाहन हेतु किया था। इसकी पृष्ठभूमि में इस्लामी पैग़म्बर की प्रसिद्ध हदीस है : **''यह मेरा सुपुत्र सरदार है तथा आंशा है कि अल्लाह इसके माध्यम से मुसलमानों के दो वर्गों के बीच में सन्धि करा दे।''**[3] इस्लामी पैग़म्बर की एक अन्य हदीस है : **''हसन-बिन-अली आपके काँधे पर थे। आप कहते थे, ऐ अल्लाह, मैं इसे दोस्त रखता हूँ, तू भी इसे दोस्त रख।''**[4]

इमाम हसन ने अमीर मुआविया के सन्धि प्रस्ताव पर उनको कोई उत्तर देने से पहले अपने साथियों को एकत्र करके एक विस्तृत प्रवचन दिया, जिसके अन्त में उन्होंने कहा : **''मुआविया ने मुझे एक ऐसी बात का आवाहन किया है,**

---

1. जाम्अ-उल-सहीह-उल-बुख़ारी, भाग-2, पृ० 71; अलइर्शाद-फ़ी-मुआरिफ़त-हुज्जाज-उल्लाह-अलाउल-इबाद, पृ० 195
2. जाम्अ-उल-सहीह-उल-बुख़ारी, भाग-1, पृ० 69
3. जाम्अ-उल-सहीह-उल-बुख़ारी, भाग-2, पृ० 255, हदीस सं० 927
4. जाम्अ-उल-सहीह-उल-बुख़ारी, भाग-2, पृ० 255, हदीस सं० 930

जिसमें न सम्मान है और न न्याय ही। अब तुम लोग बताओ कि तुम्हारा क्या संकल्प है? यदि तुम्हें प्रत्येक स्थिति में अपने प्राण बचाना है, तो मैं भारी मन से प्रस्ताव स्वीकार कर लूँ, और अगर तुम ईश्वर के मार्ग में प्राणों का बलिदान करने को प्रस्तुत हो, तो मैं भी ईश्वर के मार्ग में सबकुछ देने को तैयार हूँ और इसका फल ईश्वर पर छोड़ें। सारे मजमे ने आवाज़ दी— हमें ज़िन्दगी चाहिए !''[1]

इसके बाद एक ही विकल्प शेष रह गया था कि रुसूले-इस्लाम की परम्परा के अनुपालन में हुदैबिया-सन्धि के समान अत्यन्त दूरदर्शिता का प्रदर्शन करते हुए अमीर मुआविया से सन्धि कर लें, और यही इमाम हसन ने किया भी, जो इस्लामी इतिहास में 'हसन-मुआविया सन्धि' के रूप में विख्यात है। विभिन्न ग्रंथों में अलग-अलग ढंग से इस सन्धि की शर्तों की चर्चा हुई है, जिनमें निम्नलिखित मुख्य शर्तें इस प्रकार हैं :[2]

1. यह कि मुआविया इस्लामी राज्य में क़ुर्आन और इस्लामी पैग़म्बर के जीवन एवं वक्तव्य तथा सही मार्ग पर चलनेवाले 'राशदीन ख़लीफ़ाओं' (हज़रत अबूबकर, हज़रत उमर, हज़रत उस्मान तथा हज़रत अली) के कार्यपद्धति पर कार्यरत होंगे।[3] परन्तु इब्न-असीर ने स्पष्ट किया है कि मुआविया 'राशदीन ख़लीफ़ाओं' के समान 'अमीर-उल-मोममीन' (धर्मनिष्ठों के सरदार) उपाधि के अधिकारी नहीं होंगे, मात्र 'अमीर' कहे जा सकते हैं। अबूबकर मुहम्मद ख़ज़ीमा कहते थे कि इस प्रकार मुआविया मुसलमानों के इमाम अथवा ख़लीफ़ा पद से निषिद्ध थे।[4]

2. यह कि मुआविया को अपने पश्चात् किसी ख़लीफ़ा के मनोनीत करने का अधिकार नहीं होगा। उनकी मृत्यु के पश्चात् ख़लीफ़ा पद इमाम हसन को लौटा दिया जायेगा तथा यदि उनकी भी मृत्यु हो जाय, तो इमाम हुसैन ख़लीफ़ा होंगे।

3. यह कि सीरिया तथा ईराक़ तथा हिजाज़ तथा यमन सभी स्थानों के वासियों को शान्ति प्रदान की जायेगी।

---

1. उसद-उल-ग़ाबा-फ़ी-मआरिफ़त-उल-सहाबा, भाग-2, पृ० 13
2. अलसवायक़-उल-मुहर्रिक़ा-फ़ी-रद्द-अला-अह्ल-उल-रफ़्ज़-वउल-ज़नदका, पृ० 81; तारीख़-अर्रुसुल-वअलमुलूक, भाग-6, पृ० 97; बिहार-उल-अनवार, भाग-10, पृ० 237-39
3. शीआ लेखकों ने 'राशदीन ख़लीफ़ाओं' के अनुपालन की शर्त नहीं लिखी है। लेखक।
4. बिहार-उल-अनवार , भाग-10, पृ० 237

4. यह कि हज़रत अली के सहयोगी तथा शीआ जहाँ भी रहें, उनके प्राण, सम्पत्ति और परिवार तथा वंशज सुरक्षित रहेंगे।

5. यह कि मुआविया, इमाम हसन और उनके भाई इमाम हुसैन अथवा इस्लामी पैग़म्बर के परिवारजनों में किसी को कोई हानि पहुँचाने अथवा उनकी जान लेने की कोशिश नहीं करेंगे। न गोपनीय आधार पर और न खुले तौर पर और उनमें से किसी को किसी स्थान पर धमकाया, डराया अथवा आतंकग्रस्त नहीं किया जायेगा।

6. यह कि अमीर मुआविया तथा उनके लोगों द्वारा हज़रत अली के विषय में जो अपशब्दों का प्रयोग जाम्अ मस्जिद तथा नमाज़ में करते हैं, बन्द करेंगे। कुछेक ने लिखा है कि इस अन्तिम शर्त को स्वीकार करने से मुआविया ने इंकार किया, तो निश्चय हुआ कि कम से कम उन अवसरों पर जब इमाम हसन उपस्थित हों, ऐसा न किया जाय।

यह सन्धि हिजरी सन् 41 के रबीअ-उल-अव्वल अथवा जमादी-उल-अव्वल मास (जुलाई अथवा अगस्त 661 ई०) में सम्पन्न हुई। ज्ञातव्य रहे कि प्रत्येक सन्धि के परिप्रेक्ष्य में कुछेक विवादास्पद मुद्दे होते हैं, जिनकी वास्तविकताएँ दोनों पक्षों को स्वीकारना होती हैं, जिनके बिना कोई सन्धि हो ही नहीं सकती। यह वास्तविकताएँ दो प्रकार से हो सकती हैं—घटित हो चुकी हैं अथवा घटित होने की प्रबल सम्भावनाएँ हैं। हसन-मुआविया सन्धि के विवादास्पद मुद्दे थे—अमीर मुआविया पूर्व में स्थापित इस्लामी मान्यताओं के राजधर्म का निर्वाहन करेंगे, अर्थात् अबतक इस्लामी मान्यताओं का पालन नहीं करते थे, अब करेंगे। इसी प्रकार समस्त अन्य विवादास्पद मुद्दे थे। जैसे, अमीर मुआविया अपने बाद कोई ख़लीफ़ा मनोनीत नहीं करेंगे। अर्थात् खलीफ़ा मनोनीत करने की प्रक्रिया चल रही थी, जो रोक दी जायगी। अमीर मुआविया के शासनकाल में सीरिया तथा ईराक़ तथा हिजाज़ तथा यमन सभी स्थानों के वासियों को शान्ति प्राप्त नहीं थी, अब प्रदान की जायेगी। हज़रत अली के सहयोगी तथा शीओं को अमीर मुआविया के द्वारा प्रताड़ित किया जाता था, उनके प्राण, सम्पत्ति और परिवार तथा वंशज सुरक्षित नहीं थे, अब जहाँ भी रहें, सुरक्षित रहेंगे। इमाम हसन, इमाम हुसैन अथवा इस्लामी पैग़म्बर के परिवारजनों में किसी को कोई हानि पहुँचाने अथवा उनकी जान लेने की कोशिश नहीं करेंगे। न गोपनीय आधार पर और न खुले तौर पर और उनमें से किसी को किसी स्थान पर धमकाया, डराया अथवा आतंकग्रस्त नहीं किया जायेगा। अर्थात् ऐसा अबतक होता रहा है, हसन-मुआविया सन्धि के आधार पर आइंदा नहीं होगा। यहाँ सभी शर्तों को पुनः

प्रस्तुत करने का उद्देश्य है कि उस आतंकपूर्ण ऐतिहासिक वातावरण का परिचय प्रस्तुत कर दिया जाय, जिसमें इमाम हसन, इमाम हुसैन तथा इस्लामी पैग़म्बर के अन्य परिवारजनों, हज़रत अली के सहयोगी तथा शीओं को धमकाया, डराया अथवा आतंकग्रस्त कर दिया गया था।

हसन-मुआविया सन्धि साधारण राजनीतिक सन्धि नहीं थी। इसके अनेक ऐतिहासिक, सामाजिक, नैतिक, धार्मिक परिप्रेक्ष्य हैं, जैसे—एक, यह तत्कालीन ऐतिहासिक, सामाजिक, नैतिक, धार्मिक वातावरण को चित्रार्थ करती है, जिसमें षडयंत्रों के जाल बिछे हुए थे। धर्मनिष्ठ-जनों को धमकाया, डराया तथा आतंकग्रस्त किया जाता था। इन सबके उद्गम-स्रोत अमीर मुआविया थे, जिनको सन्धि के अन्तर्गत पाबंद किया गया था। दो, अमीर मुआविया सन्धि पर हस्ताक्षर के बाद तात्कालिक वातावरण के साक्ष्य हैं। यह अमीर मुआविया की स्वीकारोक्त दस्तावेज़ है, जिसमें दर्ज तथ्यों को वे स्वयं भी नकार नहीं सकते हैं, न ही बनीउम्मैया के पोषित इतिहासकारों का वाक्-चातुर्य कार्य करेगा,जो सत्य के विपरीत लिखने में माहिर हैं। तात्कालिक वातावरण की गाथा इस ऐतिहासिक दस्तावेज़ में सुरक्षित हो गयी है। तीन, क़ुर्आनी आदेश : 'मान्य आदेशों को स्वीकारना तथा निषिद्ध को स्वीकार न करना' के पालन में सन्धि के अतिरिक्त कोई अन्य विकल्प शेष नहीं रह गया था, वरन् अनुपूरक थीं, क़ुर्आनी आयतें तथा पैग़म्बर की हदीसें, जो उपर्युक्त में उद्धृत हैं। दूरदर्शी एवं दिव्यद्रष्टा इमाम हसन ने इस ऐतिहासिक दस्तावेज़ के माध्यम से सुख-शान्ति का संदेश पारित किया।

इमाम हसन के अद्वितीय राजनीतिक विवेक की परिचायक हसन-मुआविया सन्धि हुसैनी क्रान्ति की प्रस्तावना है, जो पूर्णतया ईश्वरीय आदेश के अनुरूप है। उपर्युक्त पंक्तियों में क़ुर्आनी आयतें उद्धृत की जा चुकी हैं कि यदि सन्धि प्रस्ताव किसी ओर से आये, तो उसे नकारना नहीं चाहिए, वरन् उसे स्वीकार करना चाहिए। इमाम हसन का ख़लीफ़ा पद त्यागने की नीति उनकी गहन दूरदर्शिता प्रतिबिम्बित करती है, जिसके आधार पर वे इमाम हुसैन के व्यक्तित्व में ख़लीफ़ा एवं इमाम दोनों को एकत्र करके संयुक्त रूप में इस्लामी पैग़म्बर के उत्तराधिकारी की नियुक्ति की समस्या सदैव के लिए इस प्रकार सुलझा देना चाहते थे कि मुसलमानों के बीच मतभेद एवं विरोध समाप्त हो जाय। अपने इस उच्च प्रयोजन हेतु उन्होंने अपने व्यक्तिगत लाभ को त्याग दिया। त्याग एवं बलिदान का एक ऐसा अद्वितीय उदाहरण प्रस्तुत किया, जो वर्तमान में भी मुस्लिम एकता के समर्थकों को विचार एवं कार्य हेतु आमंत्रित करता रहता है। यदि अमीर मुआविया ने इस सन्धि का निर्वाह नहीं किया, वरन् उसकी धज्जियाँ उधेड़ दीं, जिसके परिणामस्वरूप इस सन्धि से मुसलमानों के दो वर्गों में एकता उत्पन्न होने की

बजाय वैमनस्य उत्पन्न हुआ और आज तक नासूर बना हुआ है, तो इसका सीधे-सीधे दायित्व अमीर मुआविया पर है।

हसन-मुआविया सन्धि की विवेचना की जाय, तो निम्नलिखित स्थिति स्पष्ट होती है। जैसे, पहली शर्त थी कि अमीर मुआविया पूर्व में स्थापित इस्लामी मान्यताओं के राजधर्म का निर्वाहन करेंगे, परन्तु इस्लामी मान्यताओं के पालन की बात कौन कहे, इस्लाम ही विकृत होकर रह गया। इसकी सविस्तार चर्चा हम गत अध्याय में कर चुके हैं।

दूसरी शर्त थी कि अमीर मुआविया को अपने बाद कोई ख़लीफ़ा मनोनीत करने का अधिकार नहीं होगा। परन्तु इसकी अवहेलना करते हुए उन्होंने अपने पुत्र यज़ीद को अपना उतराधिकारी नियुक्त कर दिया। इसकी सविस्तार चर्चा भी हम गत अध्याय में कर चुके हैं।

तीसरी शर्त थी कि अमीर मुआविया के शासनकाल में सीरिया तथा ईराक़ तथा हिजाज़ तथा यमन सभी स्थानों के वासियों को शान्ति प्रदान की जायेगी। परन्तु अमीर मुआविया के शासनकाल में सीरिया, ईराक़, हिजाज़ तथा यमन ही नहीं, समस्त इस्लामी राज्य में प्रताड़ना एवं अन्याय चरमसीमा पर रहा। ईराक़ में ज़ियाद-बिन-सुमैया, (चूँकि ज़ियाद की माता सुमैया एक वैश्या थी, उसके पिता का नाम अज्ञात था। अतः अपनी माता के नाम से ही जाना जाता है।) ईराक़ का प्रशासक था, उसने उसके विषय में लिखा गया है कि वह अपराध के बिना के, किसी छानबीन के पहले ही लोगों का वध कर देता था।[1] उसके पश्चात् समरा-बिना-जन्दब उसका उत्तराधिकारी हुआ। उसके अत्याचार ज़ियाद से भी बढ़कर थे, एक बार छह मास में उसने आठ हज़ार आदमियों का वध कराया। समरा ये सब अमीर मुआविया के आदेशानुसार करता था। जब मुआविया ने उसे पदच्युत कर दिया, तो उसने कहा, मुआविया का नाश हो, यदि मैंने इतनी ताबेदारी ईश्वरी की होती, जितनी मुआविया की तो वह मुझको यातना न देता।[2]

चौथी शर्त थी कि हज़रत अली के सहयोगी तथा शीआ जहाँ भी रहेंगे, अमीर मुआविया उनके प्राण, सम्पत्ति और परिवार तथा वंशज सुरक्षित रखेंगे तथा हज़रत अली के अनुयाइयों के विरुद्ध प्रताड़ना समाप्त करेंगे। मुआविया के शासनकाल में शीओं पर असाधारण रूप में अत्याचार हुए, जिनमें सबसे कम यह था कि उन्हें कूफ़ा से निकाल दिया गया तथा उनके स्थान पर मुआविया के

---

1. तारीख़-अर्रुसुल-वअलमुलूक, भाग-6, पृ० 126
2. तारीख़-अर्रुसुल-वअलमुलूक, भाग-6, पृ० 164

पक्षधरों को बसाया गया।[1] कूफ़ा और बसरा के शीओं को उनकी मातृभूमि से निर्वासित करके सीरिया में क़ंसरीन नामक स्थान पर डाल दिया गया, जो नितान्त उजाड़ तथा बंजर था। असंख्य शीओं को बन्दी बनाकर कारागार में डालकर विभिन्न प्रकार की प्रताड़नाएँ दी गयीं, जिनकी अनेक इतिहासकारों ने चर्चा की है।[2] उन शीओं की संख्या भी कम नहीं है, जो निरापराध वध किये गये। इनकी संख्या हजारों में है, जिनकी चर्चा इतिहास ग्रंथों में मिलती है।[3]

पाँचवीं शर्त थी कि अमीर मुआविया के शासनकाल में इस्लामी पैग़म्बर के परिवारजनों में किसी को कोई हानि पहुँचाने, उनकी जान लेने की कोशिश, तथा धमकाया, डराया अथवा आतंकग्रस्त नहीं किया जायेगा। अमीर मुआविया ने इस शर्त की भी धज्जियाँ बिखेर दीं। सभी प्रकार से पैग़म्बर के परिवारजनों को हानि पहुँचाने की चेष्टा की, उन्हें डराया, धमकाया तथा इमाम हसन को विष देकर शहीद किया।[4]

छठी शर्त थी कि अमीर मुआविया हज़रत अली के विषय में अपशब्दों का प्रयोग बन्द करेंगे। अपशब्दों का प्रयोग करना किसी भी धर्म, समाज, सभ्यता एवं नैतिकता में अमान्य है। इस्लाम ने विशेषरूप में अपशब्दों का प्रयोग निषिद्ध किया है। क़ुर्आन का आदेश है : "**तुम गालियाँ न बका करो।**" (क़ुर्आन : 6/109) पैग़म्बर की प्रसिद्ध हदीस है : "**जिस किसी ने अली को गाली दी, उसने मुझको गाली दी और जिसने मुझको गाली दी उसने ख़ुदा को गाली दी।**"[5] अमीर मुआविया तथा उनके सहयोगियों द्वारा हज़रत अली के लिए अपशब्दों के प्रयोग की अल्लामा अबुल ओला मौदूदी ने कड़े शब्दों में निन्दा की है : "**एक और अत्यन्त अप्रिय घटना हज़रत मुआविया के काल में यह हुई कि वे स्वयं तथा उनके आदेश से उनके समस्त प्रशासक हज़रत अली पर अपशब्दों की बौछार करते थे। यहाँ तक कि नबी की मस्जिद में पैग़म्बर के मिम्बर पर ठीक पैग़म्बर के रौज़े के सामने उन महानुभाव के सर्वप्रिय सम्बन्धी को**

---

1. तारीख़-अर्रुसुल-वअलमुलूक, भाग-3, पृ० 240
2. अलबिदाया-वअलनिहाया, भाग-8, पृ० 52; उसद-उल-ग़ाबा-फ़ी-मआरिफ़त-उल-सहाबा, भाग-1, पृ० 846; अलतारीख (अलयाक़ूबी) भाग-2, पृ० 200
3. तारीख़-अर्रुसुल-वअलमुलूक, भाग-18, पृ० 201; किताब-अलइस्तेआब-फ़ी-मुआरिफ़त-उल-सहाबा, भाग-1, पृ० 49; उसद-उल-ग़ाबा-फ़ी-मआरिफ़त-उल-सहाबा, भाग-1, पृ० 113; अलतारीख (आसिम), पृ० 308
4. मुहर्रमनामा, पृ० 174
5. मुवद्दत-उल-क़ुर्बा, पृ० 37

गालियाँ दी जाती थीं तथा हज़रत अली के परिवारजन तथा उनके निकटतम सम्बन्धी अपने कानों से यह गालियाँ सुनते थे। किसी की मृत्यु के पश्चात् उसको गालियाँ देना धर्मशास्त्र तो एक ओर मानव नैतिकता के विरुद्ध था। विशेष रूप में जुम्आ के अभिबोधन को इस गंदगी से भ्रष्ट करना तो धर्म एवं नैतिकता के आधार पर अत्यन्त घिनौना कार्य था।''[1]

हसन-मुआविया सन्धि रुसूले-इस्लाम की हुदैबिया-सन्धि से बड़ी समानता है। प्रारम्भ में यह भी उसी तरह आपत्तियों में भी घिरी रही, परन्तु जिस प्रकार बाद में उसे 'फ़त्ह-मुबीन' (स्पष्ट-विजय) की उपाधि प्राप्त हुई, उसी प्रकार इमाम हसन द्वारा की गयी सन्धि भी इतिहास की कसौटी पर खरी उतरी है, जिसकी वास्तविक इस्लाम तथा छद्मनामी इस्लाम के बीच अन्तर स्पष्ट करने में असाधारण भूमिका है। इमाम हुसैन सभी स्थितियों में इमाम हसन का सहर्ष अनुपालन करते थे, इस सन्धि के परिप्रेक्ष्य में इमाम हसन के राजनैतिक विवेक की प्रशंसा करते थे। इमाम हसन पदच्युति के उपरान्त राजधानी कूफ़ा छोड़ कर पैग़म्बर के मदीना लौट आये, तो इमाम हुसैन भी उन्हीं के साथ मदीना आ गये। दोनों मर्यादा सम्पन्न भाई परम संयम से शान्तिपूर्वक जीवन भर हसन-मुआविया सन्धि के प्रत्येक अनुच्छेद का अक्षरशः अनुपालन करते रहे।

इमाम हसन तथा अमीर मुआविया के बीच सन्धि सम्पन्न हो जाने की स्थिति में उसका अनुपालन दोनों पक्षों के लिए अनिवार्य था, परन्तु अमीर मुआविया ने कुछ ही समय बाद कूफ़ा के निकट एक मस्जिद में जुम्आ के प्रवचन में घोषित किया : **''मेरा उद्देश्य युद्ध करने से यह नहीं था कि तुम लोग नमाज़ पढ़ने लगो, रोज़े रखने लगो, हज्ज करो या ज़कात अदा करो, ये सब तो करते ही हो। मेरा तो उद्देश्य मात्र यह था कि मेरी सत्ता तुम पर स्थापित हो जाय। वह हसन की इस सन्धि के बाद सम्पन्न हो गयी और बावजूद तुम लोगों की अरुचि के ईश्वर ने मुझे मेरे लक्ष्य में सफल कर दिया। रह गयीं वे शर्तें जो मैंने हसन के साथ की हैं, वे सब मेरे पैरों के नीचे हैं और उनका पूरा करना या न करना मेरे हाथ की बात है।''**[2] फिर अमीर मुआविया का सत्ता-उन्माद इतना बढ़ा कि उन्होंने इमाम हसन तथा इमाम हुसैन की मौजूदगी में हज़रत अली और इमाम हसन के विषय में अपशब्दों के साथ अनुचित बातें कहीं। इमाम हुसैन उत्तर देने हेतु खड़े हुए मगर इमाम हसन ने उन्हें बैठा दिया तथा स्वयं अत्यन्त शालीन एवं दो टूक उत्तर दिया कि मुआविया निर्वाक रह गये।[3]

---

1. ख़िलाफ़तो-मुलूकियत, पृ० 162
2. अलइर्शाद-फ़ी-मुआरिफ़त-हुज्जाज-उल्लाह-अलाउल-इबाद, पृ० 196
3. अलइर्शाद-फ़ी-मुआरिफ़त-हुज्जाज-उल्लाह-अलाउल-इबाद, पृ० 196

इन परिस्थितियों में इमाम हसन के अनुयायी अधीर एवं व्याकुल होने लगे। वे आग्रहपूर्वक कहते कि जब मुआविया सन्धि की अवहेलना कर रहे हैं, तो आप उसकी भरपायी उसी तरह के सिक्कों में क्यों नहीं करते। इमाम अपनी दिव्य दृष्टि से जो कुछ देख रहे थे, उसका उन्हें आभास भी नहीं था। उनकी कुण्ठा ऐसी बढ़ी कि इमाम हसन से धृष्टता करने लगे। एक अनुयायी अली-बिन-मुहम्मद हमदानी अपने सहयोगियों के साथ इमाम हसन से भेंट करने मदीना गये। सलाम किया : "**अस्सलाम अलैक या मुज़ाल्लीन-उल-मोमिनीन !**" (सलाम हो आप पर, हे धर्मनिष्ठों को गुमराह करने वाले!) इमाम हसन ने धैर्यपूर्वक उत्तर दिया : "**वअलैक अस्सलाम !**" (और सलाम हो आप पर भी!) न कोई क्रोध, न ग्लानि। फिर समझाया, मैं धर्मनिष्ठों को गुमराह नहीं किया है, उनके सम्मान का रक्षक हूँ, मैंने उन्हें भयावह युद्ध के विनाश से बचाया है। यदि युद्ध होता तो स्थिति ऐसी थी कि एक दिन मुआविया की बादशाहत क़ायम होती।[1]

दूसरी ओर अमीर मुआविया ने दुष्प्रचार द्वारा इमाम हसन तथा इमाम हुसैन के विषय में असत्य एवं निराधार बातें फैलाना प्रारम्भ कर दिया। इमाम हसन का चरित्रहरण करने हेतु प्रचारित किया कि उनकी ९९ पत्नियाँ थीं। यह तो नहीं कह सके कि एक समय में चार से अधिक पत्नियाँ थीं, वरन् यह आक्षेप किया कि इमाम हसन विवाह करते थे तथा उसके बाद तलाक़ दे देते थे। यद्यपि इतिहास में उनकी मात्र तीन पत्नियों की चर्चा मिलती है, जिनमें एक वह भी है जिसने उन्हें अमीर मुआविया के षड्यंत्र के आधार पर विष देकर शहीद किया। इमाम हुसैन के विषय में यह प्रचारित किया गया कि वे अत्यन्त क्रोधी एवं गर्म स्वभाव के थे। हसन-मुआविया सन्धि के विरुद्ध थे, जिसके आधार पर इमाम हसन से भी उनका मतभेद था। इमाम हुसैन कितने शान्त एवं धैर्य स्वभाव के थे, उसका प्रमाण तो कर्बला का संग्राम है, जिसकी विस्तृत चर्चा आगामी अध्यायों में की गयी है। इमाम हसन अथवा उनके द्वारा की गयी सन्धि से भी इमाम हुसैन पूर्णतया समरस थे। इमाम हसन ने यह सन्धि इमाम हुसैन के हितों की रक्षा हेतु की थी। इससे इमाम हुसैन भी भलीभाँति परिचित थे। फिर विरोध होने का प्रश्न कैसे उठ सकता था। इमाम हसन के प्रति इमाम हुसैन का समर्पित जीवन स्वयं सिद्ध करता है कि उन्होंने सदैव अपने भाई और तात्कालिक इमाम का पूर्णतया सम्मान एवं समर्थन किया। जब तक इमाम हसन कूफ़ा में रहे, इमाम हुसैन भी उनके साथ कूफ़ा में रहे तथा जब इमाम हसन कूफ़ा छोड़कर मदीना आ गये, तो इमाम हुसैन उनके साथ मदीना आ गये और उन्हीं के संरक्षण में जीवन भर रहे।

---

1. अलअख़बार-उल-तवाल पृ० 222

हसन सन्धि : हुसैनी क्रान्ति

वास्तविक रूप में देखा जाय तो हसन सन्धि तथा हुसैनी क्रान्ति एक ही उद्देश्य को कार्यान्वित करने के दो सफल प्रयोग हैं। दोनों एक दूसरे के पूरक हैं। प्रथम चरण में हुसैनी क्रान्ति भी सहज रूप में हसन सन्धि आन्दोलन का अंग बनी। परन्तु इसकी प्रेरणा एवं इसका प्रभाव अधिक व्यापक हुआ। हुसैनी आन्दोलन गतिरोध एवं अज्ञान के बीच इस्लामी जागरण का आन्दोलन था। देखा जाय तो कर्बला की घटना सर्वाधिक महत्त्वपूर्ण है। अन्याय एवं अत्याचार ने आँधियों का रूप धारण कर लिया था। इमाम हुसैन एवं उनके साथियों के अद्वितीय त्याग एवं बलिदान की बदौलत इस्लाम का पुनरुत्थान हुआ। हुसैनी आन्दोलन विकसित होकर हुसैनी क्रान्ति बन गया।

हुसैनी क्रान्ति मानव इतिहास की महान् घटना, कर्बला की त्रासदी के नायक इस्लामी पैग़म्बर के नाती इमाम हुसैन के नाम समर्पित है, जिन्होंने अपने एवं अपने परिवारजनों एवं साथियों के पवित्र रक्त से जीवन के अमरत्व की प्रस्तावना रची। इस्लामी इतिहास की दिशा एवं गति बदल दी। वैयक्तिक शासन से इस्लामी ख़िलाफ़त का पर्दा उतार दिया। इस्लाम और छद्मनामी इस्लाम के बीच सीमारेखा खींच दी। अद्वितीय बलिदान प्रस्तुत करके ईश्वर की सत्ता का अध्यर्थन स्थापित कर दिया। दैवी भविष्यवाणी सत्य सिद्ध हुई। कर्बला में इमाम हुसैन का जिहाद 'प्रज्वलित-विजय' ('फ़त्ह-मुबीन') का भाष्य हो गया : "**निःसंदेह हमने आपको प्रज्वलित विजय प्रदान की है।**" (क़ुर्आन : 48/1) यह प्रज्वलित विजय आक्रामक युद्ध में विजय प्राप्त करना नहीं है, अपितु उस महान् क्रान्ति का नाम है जिसका नारा है : "**ला इलाह इल अल्लाह मुहम्मदन पैग़म्बर-अल्लाह**" (नहीं है कोई ईश्वर अल्लाह के अतिरिक्त, मुहम्मद अल्लाह के पैग़म्बर हैं)। अतः यज़ीद-बिन-मुआविया का ख़लीफ़ा-पद ग्रहण मात्र इस्लामी राजतंत्र पर बलपूर्वक अतिक्रमण मात्र नहीं था, वरन् मुसलमानों के नेतृत्व की समस्या थी। किसी राजनीतिक राज्य के स्थापित होने या न होने की बात नहीं थी, वरन् इस्लाम धर्म के क़ुर्आन पर आधारित आदेशों को लागू करने की समस्या थी। इस घटाटोप अँधेरे में प्रकाश की एक रेखा उभरती है, जो फैलकर समस्त क्षितिज पर छा जाती है। अपने प्रकाश से दृश्य जगत् को प्रकाशमान कर देती है। उस प्रकाश का नाम हुसैन-बिन-अली है।

इमाम हुसैन ने अपने नाना इस्लामी पैग़म्बर के स्वर्गवास (8 जून 632 ई०) के बाद से इस्लाम के बार-बार चोला बदलने की स्थितियों का बौद्धिकतापूर्वक विश्लेषण किया था। उनके सामने स्पष्ट था कि यज़ीद की कथनी और करनी से इस्लाम की ऊँचाइयाँ तो क्या, साधारण नैतिकता का वस्त्र तार-तार

हो रहा था। अपने दुराचार के कारण पूरे परिवेश के साथ यज़ीद नग्न खड़ा था। उसकी धृष्टता इतनी बढ़ गयी थी कि जो कार्य उसके पिता भी करने में सफल न हुए, वह उस पर अड़ा था। उसके पिता इमाम हुसैन से बैअत प्राप्त किये बिना असफल एवं लज्जित होकर मदीना से लौट गये थे। परन्तु यज़ीद ने मदीना में अपने प्रशासक वलीद-बिन-अक़बा के नाम आदेश पारित कर दिया—इमाम हुसैन से बैअत ले, अन्यथा उनका शीश काटकर दमिश्क़ भेज दे। अब स्थिति यह हो गयी कि यदि इमाम हुसैन बैअत कर लें, तो मानो इस्लाम की क़ब्र पर फ़ातिहा पढ़ लें। यदि बैअत करने से इन्कार कर दें, तो शहीद होना स्वीकार करें तथा यदि वाक्चातुर्य द्वारा यथास्थिति को बनाये रखें, तो क्या उमैय्यावंश के लोलुप मिथ्यावादी जालसाज़ कथित विद्वान् उलेमा उसे यथावत रहने भी देंगे? कदापि नहीं। ऐसे-ऐसे कली-फुन्दने टाँकेंगे कि इस्लाम किसी प्रदर्शनी की गुड़िया बन जायेगा। इमाम हुसैन ने अपना वर्षों का सोचा समझा निर्णय ले लिया। इस्लाम को आरोपित समस्त मिथ्याओं, गंदगियों, पथभ्रष्टताओं, अंधकार एवं अधर्म से मुक्तकर उसे पुनः पवित्र एवं पावन करूँगा। निश्चय ही इसमें प्राणों की आहुति देने की आवश्यकता होगी, तो मैं उसे स्वीकार करूँगा। इस्लाम की प्रतिरक्षा में मुझे सभी प्रकार के बलिदान स्वीकार होंगे। अपमानपूर्ण जीवन पर सम्मानजनक मृत्यु को वरीयता प्रदान करूँगा। इमाम हुसैन ने अपने महत्त्वपूर्ण एवं दूरगामी निर्णय के आधार पर अपनी रणनीति विवेकपूर्वक सम्पादित किया।

हुसैनी निर्णय के समर्थक आधार

इमाम हुसैन के महत्त्वपूर्ण एवं दूरगामी निर्णय के समर्थक आधारों के अनेक आयाम हैं। किसी भी इमाम का सर्वप्रथम कर्तव्य है : "**अम्रु-बिल-मअरूफ़-वनह्वु-इनलमुनकर**" (मान्य आदेशों को स्वीकारना तथा निषिद्ध को स्वीकार न करना। क़ुर्आन : 22/41) साथ ही अन्य आदेश हैं : "**और अच्छाइयों का आदेश दो और बुराइयों से रोको।**" (क़ुर्आन : 31/71) "**जो लोग तुमसे युद्ध करते हैं, तुम भी ईश्वर के मार्ग पर जिहाद करो।**" (क़ुर्आन : 2/190) "**और उनसे उस समय तक युद्ध करते रहो, जब तक समस्त विद्रोह समाप्त न हो जाय और मात्र ईश्वर का धर्म शेष न रह जाय।**" (क़ुर्आन : 2/193) इस्लामी पैग़म्बर की स्पष्ट हदीसें हैं कि बुराइयों के विरुद्ध आवाज़ उठाना प्रत्येक व्यक्ति का दायित्व है : "**सर्वश्रेष्ठ जिहाद अत्याचारी शासक के सम्मुख न्याय की बात कहना है।**"[1] फिर कहा : "**लोग जब अत्याचारी को देखें और उसके हाथ**

---

1. अलसुन्ननः अबूदाऊद अ०17, जाम्अ-उल-सहीह-उल-तिरमिज़ी अ० 12

न पकड़ें, तो आश्चर्य नहीं कि वे ईश्वर के प्रकोप के भागीदार बनें।"[1] एक विशेष हदीस इमाम हुसैन की जिहाद के बारे में है। यह हदीस पैग़म्बर के प्रमुख सहयोगी अनस-बिन-हार्स ने बयान की। अनस कहते हैं : **" मैंने देखा कि शिशु हुसैन अपने नाना पैग़म्बर की गोद में थे, जिन्हें वे बार-बार प्यार कर रहे थे, इसी बीच कहा कि मेरा यह सुपुत्र उस धरती पर वध किया जायगा, जिसका नाम कर्बला है। देखो, तुम में से जो व्यक्ति भी उस समय उपस्थित हो, उसके लिए अनिवार्य है कि उसकी सहायता करे।"**[2] इसी हदीस के आधार पर स्वयं अनस-बिन-हार्स तथा अन्य सभी उपस्थित सहयोगी इमाम हुसैन के साथ जिहाद में शामिल हुए और शहीद हुए।

इमाम हुसैन ने क़ुर्आन तथा हदीस की प्रामाणिकता के साथ अपने उद्देश्यों को बारम्बार स्पष्ट किया था कि उनके संघर्ष का क्या आधार है। इतिहासों में चर्चा मिलती है कि हज़रत अली ने अपने प्राण त्यागने के पूर्व एक लिखित वसीयतनामा अपने उत्तराधिकारी पुत्र इमाम हसन को दिया था और कहा था कि अपने बाद इसे इमाम हुसैन को दे देना। उसमें कुछेक संदर्भ इमाम हुसैन के धर्मयुद्ध सम्बंधित निर्णय का समर्थन करते हैं। वसीयतनामा का उद्धरण देखिए : **"ख़ुदा की राह में अपनी जान-माल और ज़बान से जिहाद करते रहना। 'मान्य आदेशों को स्वीकारना तथा निषिद्ध को स्वीकार न करना' को कभी दृष्टिगत न करना। ऐसा न हो कि तुम पर बुरे लोगों का आधिपत्य स्थापित हो जाय।"**[3]

उपर्युक्त धार्मिक, नैतिक एवं कर्ममूलक दायित्व के अतिरिक्त इमाम हुसैन की निजी प्रतिबद्धता उन धर्मनिष्ठ व्यक्तियों के प्रति भी थी, जिनको वे निरन्तर आश्वस्त करते आये थे कि उचित समय आने पर जिहाद करेंगे। धर्मनिष्ठ व्यक्तियों के अनेक वर्ग तिल-तिलकर जी रहे थे। मृत्यु दण्ड तो साधारण सी बात थी। लोग ज़मीन में ज़िन्दा गाड़े जा रहे थे। लोगों के हाथ-पाँव काटे जा रहे थे, ज़बानें गुद्दी से खींची जा रही थीं। उनके शव मार्ग पर डाल दिये जाते थे कि लोग भयभीत हो जायँ। जितनी तरह से सम्भव था, अपमानित किया जाता था। ये धर्मनिष्ठ व्यक्तियों के समूह मन में आशा-दीप जलाये जी रहे थे कि इमाम ने वादा किया है कि उचित समय आने पर हमारे कष्टों का निवारण करेंगे, इमाम

---

1. अलसुन्ननः अबूदाऊद अ०17, जाम्अ-उल-सहीह-उल-तिरमिज़ीअ० 12
2. अलअसाबा-फ़ी-तमय्यज़-उल-सहाबा, भाग-1, पृ० 68; उसद-उल-ग़ाबा-फ़ी-मआरिफ़त-उल-सहाबा, भाग-1, पृ० 123, 349; कंज़-उल-उम्माल-फ़ी-सुन्नत-उल-अक़्वाल-वअलअलफ़ाज़ भाग-6, पृ० 223 ; अलज़ख़ाइर-उल-अक़बा, पृ०146
3. शहीदे-इंसानियत, पृ० 110

का वादा सदा सच्चा है, अवश्य ही पूरा होगा। इमाम हुसैन इस विश्वास को कैसे तोड़ सकते हैं, जिहाद होना अपरिहार्य है। उचित ही होगा कि पाठकों के स्मरण को ताज़ा करने हेतु उन घटनाओं की चर्चा कर दी जाय, जिनका संक्षिप्त संदर्भ गत अध्याय में आ चुका है, परन्तु इमाम हुसैन के वादे के परिप्रेक्ष्य में उसका संज्ञान कर लेना उचित ही होगा।

उचित समय आने पर जिहाद करने का प्रथम अश्वासन इमाम हुसैन ने उस समय दिया था, जब हसन-मुआविया सन्धि को अमीर मुआविया ने तार-तार कर खुले आम इमाम हसन तथा इमाम हुसैन की मौजूदगी में हज़रत अली और इमाम हसन के विषय में अपशब्दों के साथ अनुचित बातें कहने लगे थे।[1] इससे इमाम हसन के अनुयायी भी अधीर एवं व्याकुल होकर आग्रहपूर्वक कहने लगे कि आप उनकी भरपायी उन्हीं के सिक्कों में क्यों नहीं करते। इसी क्रम में अली-बिन-मुहम्मद हमदानी इमाम हसन से भेंट करने मदीना गये। उस समय वहाँ मुसैय्यब-बिन-नख़बा, अब्दुल्लाह तमीमी तथा सिराज ख़िशअमी भी उपस्थित थे। हमदानी ने धृष्टतापूर्वक इमाम हसन से वार्ता की। इमाम ने धैर्यपूर्वक उत्तर दिया, परन्तु वे असंतुष्ट ही रहे। वे वहाँ से उठकर सभी लोग इमाम हुसैन के पास आये। उनको इमाम हसन से हुई वार्ता बतायी और आग्रहपूर्वक निवेदन किया कि इमाम हसन ने मुआविया के साथ सन्धि पर हस्ताक्षर किये हैं, वे विवश हो गये हैं, आपकी ऐसी कोई विवशता नहीं है। मुआविया के अत्याचार असहनीय हो गये हैं, हम ये अत्याचार नहीं सहेंगे, अधर्म के विरुद्ध जिहाद करेंगे, आप उठिए और हमारा नेतृत्व कीजिए। इमाम हुसैन, जिनको उग्र स्वभाव साबित करने में मिथ्यावादी इतिहासकार धूल की रस्सी बटने में निरन्तर लगे रहते हैं, उन्हीं शान्त स्वभाव हुसैन ने रूठे हुए अनुयाइयों को तर्कपूर्वक समझा-बुझाकर शान्त कर दिया। यह कहकर कि इमाम हसन सत्य मार्ग पर हैं, उनका अनुमोदन किया जाय और सदैव के लिए स्थापित कर दिया कि एक इमाम दूसरे इमाम का प्रतिद्वन्द्वी नहीं होता, उसका पूरक होता है, उसकी परम्पराओं को निरन्तरता प्रदान करता है। इमाम हुसैन ने उनसे कहा—तुम्हारे लिए अनिवार्य है कि तुममें प्रत्येक व्यक्ति शान्त होकर घर में बैठ जाय और उस समय तक बैठा रहे, जबतक कि वह (मुआविया) जीवित है।[2] दूसरे शब्दों में स्पष्ट कर दिया कि अमीर मुआविया की मृत्यु तक ही हसन-मुआविया सन्धि वैध है, उसके बाद हम स्वतंत्र रूप में अधर्म के विरुद्ध जिहाद करेंगे।

---

1. अलइर्शाद-फ़ी-मुआरिफ़त-हुज्जाज-उल्लाह-अलाउल-इबाद, पृ० 196
2. अलअख़बार-उल-तवाल, पृ० 222

इस्लामी पैग़म्बर के प्रतिष्ठित सहाबी हज़रत हुज्र-बिन-अदी और उनके सहयोगियों को इस अपराध में कि उन्होंने हज़रत अली के विरुद्ध अपशब्दों का प्रयोग करने से इन्कार किया, तो अमीर मुआविया के आदेशानुसार उन्हें वध कर दिया गया, जिस पर समस्त इस्लामी जगत में तीव्र प्रतिक्रिया हुई। इसकी सविस्तार चर्चा गत अध्याय में हो चुकी है। इमाम हुसैन भी इस घटना से अत्यन्त आहत थे। अनुयाइयों ने वातावरण में व्याप्त असंतोष का लाभ उठाकर इमाम हुसैन से जिहाद करने का आग्रह किया। इमाम हुसैन ने उन्हें शान्ति का सन्देश दिया और कहा कि अभी जिहाद करने का समय नहीं आया है।[1] यहाँ भी निहित वादा है कि समय आने पर जिहाद करेंगे।

इमाम हसन के शव पर अमीर मुआविया के समर्थकों द्वारा वाण वर्षा में अनेक वाण में धँस गये, तो समस्त उपस्थित जन तड़प उठे, कुछ भी करने पर तैय्यार हो गये, पैग़म्बर के वंशज भी सहन न कर सके, तलवारें म्यानों के बाहर उबल पड़ीं। स्वयं इमाम हुसैन पर भाई के शव में चुभे वाणों को देखकर क्या बीती होगी, कल्पनातीत ही है, परन्तु उस कठिन घड़ी में भी उन्होंने संयम बनाये रखा, समस्त उपस्थित जन विशेषकर पैग़म्बर के वंशजों को समझा-बुझाकर शान्त किया। उत्तर वही था—अभी जिहाद करने का समय नहीं आया है। इस घटना के बाद ईराक़ के अनुयायी विशेषकर आन्दोलित हो उठे, उन्होंने इमाम हुसैन को लिखा कि हम लोग मुआविया की बैअत तोड़कर आपसे बैअत करने को तैय्यार हैं। इमाम हुसैन ने उत्तर दिया—नहीं, हमारे और मुआविया के बीच सन्धि हो चुकी है, उसका तोड़ना मेरे लिए उचित नहीं है। बेशक जब मुआविया की मृत्यु हो जायगी, तो देखा जायगा।[2]

इमाम हुसैन ने जिन समर्थक आधारों पर धर्मयुद्ध का निर्णय लिया, उनमें हसन-मुआविया सन्धि के बाद फैलायी जा रही उस मिथ्या का निराकरण भी आवश्यक हो गया था कि इसके बाद से इमामों का इस्लामी राज्य सम्बंधी अध्यर्थन स्वतः समाप्त हो गया, क्योंकि उन्होंने स्वयं सन्धि कर उसे दूसरे पक्ष को सौंप दिया था। यह मिथ्या आभास हसन-मुआविया सन्धि को उचित परिप्रेक्ष्य से हटाकर देखने से उत्पन्न होता है। सैय्यद-उल-उलेमा सैय्यद अली नक़ी ने सन्धि के समग्र विवेचन के बाद लिखा है : " **इमाम हसन ने जो सन्धि की थी, उसकी वास्तविकता तो यह थी कि इमाम हसन ख़लीफ़ा पद के दैवी आसन पर यथावत विराजमान थे। सन्धि द्वारा उन्होंने व्यवहारिक राजसत्ता छोड़ दी**

---

1. तारीख़-अर्रुसुल-वअलमुलूक, भाग-6, पृ० 143-48
2. अलइर्शाद-फ़ी-मुआरिफ़त-हुज्जाज-उल्लाह-अलाउल-इबाद, पृ० 206; बिहार-उल-अनवार, भाग-1-2, पृ० 144

और उसे निश्चित शर्तों के आधार पर मुआविया के सिपुर्द कर दिया, परन्तु इसके यह अर्थ नहीं थे कि उन्होंने दैवी शासनसत्ता, इमामत या इस्लामी संस्कृति के विषय में अपने धार्मिक विश्वास तथा सामाजिक एवं साहचर्य जीवन पद्धति से विमुक्त हो गये थे। यह सन्धि इसके बाद से मात्र एक प्रकार की अहस्तक्षेपीय सन्धि थी, जिसके कारण आध्यात्मिक केन्द्र राजसत्ता एक निश्चित समय सीमा तक के लिए अलग हो गया था।''[1] इसकी पुष्टि गत अध्याय में सन्दर्भित हसन-मुआविया सन्धि की इस शर्त से भी होती है कि मुआविया 'राशदीन ख़लीफ़ाओं' के समान 'अमीर-उल-मोमनीन' (धर्मनिष्ठों के सरदार) उपाधि के अधिकारी नहीं थे। इस प्रकार मुआविया मुसलमानों के इमाम अथवा ख़लीफ़ा पद से निषिद्ध थे।[2]

दैवीसत्ता की पुनःस्थापन के प्रयास

पारिभाषिक रूप में इमाम हुसैन द्वारा दैवीसत्ता की पुनः स्थापना विशेष इस्लामी शब्दावली है : **''मान्य आदेशों को स्वीकारना तथा निषिद्ध को स्वीकार न करना।''** (क़ुर्आन : 22/41) परिस्थितियों का विश्लेषण स्पष्ट कर देता है कि इमाम हुसैन द्वारा भ्रष्टता एवं अधर्म के विरुद्ध युद्ध करना अनिवार्य हो गया था। यदि यज़ीद ने इमाम हुसैन को अपनी बैअत के लिए विवश न किया होता अथवा कूफ़ावासियों ने उन्हें आमंत्रित न किया होता, तो उस स्थिति में भी इमाम हुसैन इस्लामी क्रान्ति का नेतृत्व करते तथा मान्य आदेशों को स्वीकारने तथा निषिद्ध को नकारने हेतु आग्रह एवं विरोध अवश्य करते। यज़ीद द्वारा बैअत करने की माँग अथवा कूफ़ावासियों का निमंत्रण हुसैनी क्रान्ति के मूल कारण एवं परिणाम नहीं हो सकते, वरन् उसके सहायक हो सकते हैं, क्योंकि यदि उनको मूल कारण एवं परिणाम मान लिया जाय, तो यह भी स्वीकार करना होगा कि यदि इमाम हुसैन से बैअत करने के लिए न कहा गया होता, तो उनको मान्य आदेशों को स्वीकार तथा निषिद्ध को अस्वीकार करने की चिन्ता न थी। वे अपना जीवन निजता के आधार पर जी रहे थे, परन्तु वस्तुस्थिति इसके नितान्त विपरीत है।

इमाम हुसैन का समय आने तक दैवीसत्ता की स्थापना के दो सिद्धान्त मुसलमानों में धर्म-विश्वास का रूप धारण कर चुके थे—एक, ख़िलाफ़त जिसमें मुसलमान जनता अपने 'मत' (बैअत) द्वारा ख़लीफ़ा के निर्वाचन को मानती थी।

---

1. शहीदे-इंसानियत, पृ० 218
2. बिहार-उल-अनवार , भाग-10, पृ० 237

दूसरे, इमामत जिसमें इस्लामी राज्य के नेतृत्व का चयन उसी प्रकार से ईश्वर की ओर से माना जाता है, जिस प्रकार पैग़म्बर का चयन ईश्वर की ओर से है। इन दोनों पद्धतियों में कोई व्यक्ति स्वयं अभ्यर्थी नहीं बनता था, वरन् उसको मुसलमानों का नेतृत्व प्रदत्त होता था। इमाम हुसैन इन दोनों सिद्धान्तों के आधार पर इस्लामी राज्य के प्रमुख थे। इमाम हसन की सन्धि के आधार पर अमीर मुआविया को अपने बाद इस्लामी राज्य का नेतृत्व इमाम हुसैन को सौंप देना चाहिए था, जिससे उन पर ख़लीफ़ा होने का क्रम स्थापित हो जाता। इमाम के पद पर वे पहले से नियुक्त थे। इस प्रकार दोनों सिद्धान्तों का समागम हो जाता तथा इमाम हुसैन के नेतृत्व में ईश्वरीय सत्ता अपने क़ुर्आनी आदेशों के आधार पर पुनः स्थापित हो जाती।

गत अध्याय में स्पष्ट किया जा चुका है कि इमाम हुसैन के समय आते-आते तक राज्य सत्ता के रूप में इस्लाम भ्रष्ट-अरब-जातिवाद की आकृति में पुनः ढल गया था। अतः यह अपरिहार्य हो गया था कि इस्लाम एवं छद्मनामी इस्लाम के बीच सीमा-रेखा खींच दी जाय। इमाम हुसैन ने यह सीमा-रेखा अपने तथा अपने सम्बन्धियों एवं साथियों के पवित्र रक्त की ज्योति से उज्ज्वल कर दी। इसके एक ओर भ्रष्ट अरब का अंधकार तथा उसकी आदर्श विहीनता है, राजसत्ता पर बलपूर्वक अधिकार पाने का प्रयत्न है, क़बीलावाद से उपजी साम्प्रदायिकता एवं अनुदारता है और इस्लामी समाज के अधिकारों को हड़प करके व्यक्तिगत लाभ प्राप्त करने की मनोकामना है। दूसरी ओर इस्लाम के उदार एवं हृदयग्राही संदेश हैं। राजसत्ता को क़ुर्आन द्वारा प्रतिपादित सत्ता के रूप में परिणत करना है, ताकि प्रत्येक व्यक्ति को समान अवसर एवं न्याय प्राप्त हो सके। किसी प्रकार का व्यक्तिगत लाभ उठाने के बजाय इस्लामी विधि के आधार पर सभी को लाभ पहुँचाना है। इसका सबसे बड़ा लाभ मानवता को महत्त्व देना तथा उसमें ईश्वर-वन्दना की प्रेरणा को मूल आधार बनाना है। इमाम हुसैन ने तलवारों, भालों तथा तीरों के आक्रमणों के बीच नमाज़ पढ़कर रब तथा बंदे के बीच सम्बन्धों की सार्थकता की व्याख्या कर दी। कर्बला की धरती पर उनका अन्तिम प्रणाम आज भी मस्तिष्क को ईश्वर की ओर खींचता है। इसी आधार पर मानव रचना के उद्देश्यों को पुनः विवेचन करने का इस्लामी दृष्टिकोण का आधार उभर कर सामने आया। इसी कारणवश हुसैनी क्रान्ति को मानव इतिहास में उच्चतम क्रान्ति की स्थिति प्राप्त होती है, जिसका प्रभाव मात्र मुसलमानों तक सीमित नहीं है, वरन् समस्त मानव तक विस्तृत है।

इमाम हुसैन के समय तक स्थितियाँ इस्लामी क्रान्ति के लिए अनिवार्य हो गयी थीं तथा इस्लामी क्रान्ति के नेतृत्व हेतु इमाम हुसैन से बढ़कर कोई और

व्यक्ति नहीं हो सकता था, क्योंकि जब मानव मूल्यों के ह्रास एवं भ्रष्टता के विरुद्ध उठना हो, तो ऐसे नेतृत्व की आवश्यकता होती है, जिसके व्यक्तित्व पर कहीं से उँगली न उठायी जा सके। उसके व्यक्तित्व में किसी प्रकार के लांछन की सम्भावना न हो।

इमाम हुसैन इस्लामी धार्मिक विश्वासों के मूल सन्दर्भ हैं, जिनसे प्रत्येक मुसलमान अपनी क्षमता के आधार पर लाभ अर्जित करता है। क़ुर्आन की उन आयतों तथा हदीसों के अतिरिक्त जो पैग़म्बर के परिवारजनों तथा इमामों की स्तुति में है, यहाँ कुछेक उन क़ुर्आनी आयतों की चर्चा कर देना उचित होगा जिनके विषय में सभी विद्वान एकमत हैं कि ये इमाम हुसैन से सम्बन्धित हैं। **''जो दायित्व ज़िहाद करने का है अल्लाह के राह में जिहाद करो। उसी ने तुमको चयनित किया है।''** (क़ुर्आन : 22/77) द्वितीय ख़लीफ़ा हज़रत उमर इस आयत को इमाम हुसैन से सम्बन्धित मानते थे।[1] इसी तरह की यह आयत है : **''उन लोगों पर ज़मीन आसमान को भी रोना न आया और न उन्हें मुहलत ही दी गयी।''** (क़ुर्आन : 44/29) अनेक इतिहासकारों ने लिखा है कि हज़रत अली कर्बला से किसी यात्रा के बीच गुज़रे तो रो पड़े।[2] तथा यह आयत भी : **''निश्चय ही वह आज्ञाकारी है।''** (क़ुर्आन : 46/15) इसे भी विद्वानों ने इमाम हुसैन से सम्बद्ध बताया है।[3]

इमाम हुसैन इस्लामी पैग़म्बर हज़रत मुहम्मद वंशज-उपवन के गुलाब थे। इस्लामी पैग़म्बर से अपने पारिवारिक सम्बन्ध में उनका समकक्ष कोई नहीं था। उनके शिशुकाल में ही इस्लामी पैग़म्बर ने उनको उपाधि प्रदान की थी : **''सैय्यदुश्शबाब-अहलुल-जन्ना''**[4] (जन्नत के युवाओं के सरदार) दूसरे अवसर पर पुनः पैग़म्बर ने घोषित किया था :**''हुसैन मुझसे है तथा मैं हुसैन से हूँ''**[5]

इमाम हसन के शहीद हो जाने के बाद इस्लामी जगत् में इमाम हुसैन से श्रेष्ठ किसी अन्य व्यक्ति का अस्तित्व न था। कोई उनका समकक्ष भी न था। इमाम हुसैन ने अत्यन्त सहनशीलता एवं समझदारी से स्थितियों का आकलन किया था। उन्होंने देखा कि अमीर मुआविया ने अपने बीस वर्षीय शासन काल, विशेष रूप से अन्तिम दशक, में किस प्रकार दमन एवं अत्याचार की नीति

---

1. अलदुर-उल-मंसूर-फ़ी-उल-तफ़सीर-बिल-मासूर, भाग-4, पृ० 371
2. तर्जमा-ए-कलामे-इलाही, पृ० 792
3. तर्जमा-ए-कलामे-इलाही, पृ० 804
4. मुवद्दत-उल-क़ुर्बा, पृ० 101-102
5. मुवद्दत-उल-क़ुर्बा, पृ० 113

अपनायी थी, जिससे इस्लामी जगत का वातावरण आतंकित हो उठा था। उनकी राज्य सीमाओं के भीतर हर एक स्थान पर मक्का-मदीना समेत प्रत्येक जुम्आ के व्याख्यान में हज़रत अली को गालियाँ दी जाती थीं। इस्लामी धर्मकोष को व्यक्तिगत लाभ के लिए व्यय किया जाता था। आध्यात्मिक व्यक्तित्व भी सत्ता के दास हो गये थे। पैग़म्बर की हदीसों को तोड़ा-मरोड़ा जा रहा था तथा झूठी और जाली हदीसें गढ़ी जा रही थीं। हदीसों में जो बातें अह्लबैत, विशेषकर हज़रत अली की स्तुति में थी, उनमें परिवर्तन करके अह्लबैत और हज़रत अली का नाम हटाकर उनके विरोधियों का नाम रखा जा रहा था, ताकि ये हदीसें हज़रत अली या अह्लबैत की स्तुति में न होकर तथाकथित मुसलमानों की स्तुति में हो जायँ। इस्लाम का रूप ही बदल गया था, समस्त निषेध स्वीकार्य और स्वीकार निषिद्ध हो गये थे। सत्ता की पकड़ इतनी कठोर एवं सबल थी कि उसके विरुद्ध आवाज़ उठाना असम्भव दिखलायी पड़ता था। इमाम हुसैन ने इसी असम्भव को सम्भव बनाया। यदि इमाम हुसैन ने ऐसी कठिन घड़ी में स्वयं को तटस्थ रखा होता, तो वर्तमान में इस्लामी इतिहास का रंग-रूप ही कुछ और होता। इमाम हुसैन से अधिक इस्लामी पैग़म्बर के इस वक्तव्य से कौन परिचित हो सकता था कि जो व्यक्ति अपने कार्यों एवं व्यवहार से दूषित परिस्थितियों का मूक दर्शक बना रहे, स्थितियों को बदलने के लिए प्रयत्नशील न हो, विरोध न करे, प्रदर्शन न करे तो ईश्वर की विधि के अनुसार उसका स्थान अत्याचारियों, दुराचारियों एवं धर्म में चोरी करनेवालों की होगी। अतः इमाम हुसैन ने अपने संघर्ष में प्रत्येक अवसर पर मान्य आदेशों को स्वीकार करने तथा निषिद्ध को नकारने की व्याख्या की है। इससे हुसैनी क्रान्ति के कारणों एवं उद्देश्यों के विभिन्न आयामों का बोध किया जा सकता है।

इमाम हुसैन की ओर से बैअत करने से इन्कार ने हुसैनी क्रान्ति के मूल आदर्श एवं उद्देश्य प्रारम्भिक चरण में ही स्पष्ट कर दिये, जिसका समर्थन एवं अनुमोदन कर कूफ़ावासियों ने इमाम हुसैन को असंख्य पत्र लिखे थे। इन पत्रों के लिखे जाने के भी राजनैतिक कारण थे। अमीर मुआविया ने कूफ़ावासियों के विरुद्ध अठारह माह तक युद्ध करके उनके जान-माल को अत्यन्त क्षति पहुँचायी थी। कूफ़ावासी इसका बदला लेना चाहते थे। उनमें दो प्रकार के लोग थे—एक, जो 'मान्य आदेशों को स्वीकार करने और निषिद्ध को नकारनेवाले' महानुभाव थे और दूसरे, शुद्ध अवसरवादी लोग जो धन-सम्पत्ति में अनुरक्त थे। पहली तरह के लोग जो अपने वचन पर अडिग रहे, उनमें से अनेक लोग इमाम हुसैन के साथ शहीद हुए। दूसरे प्रकार के लोगों से भी इमाम हुसैन अच्छी तरह परिचित थे और परिस्थितियों को भी भली-भाँति जानते थे। इमाम हुसैन जानते थे कि यदि ये लोग

एकमत रहे, अपने वचन का पालन किया, किसी प्रकार की गड़बड़ न की, उस स्थिति में भी मात्र उनके बल-बूते पर हुसैनी क्रान्ति की सफलता शत-प्रतिशत सम्भावित नहीं हो सकती। अधिक-से-अधिक पचास प्रतिशत सफलता की ही आशा की जा सकती थी, क्योंकि उनके विरोध में यज़ीदी सेना पचास प्रतिशत से अधिक सम्भावनाओं के साथ सामने खड़ी थी। अतः इमाम हुसैन ने इन लोगों के समर्थन की सीमा निर्धारित कर दी। मुस्लिम-बिन-अक़ील को अपने दूत के रूप में कूफ़ा भेजकर इमाम हुसैन ने सभी स्थितियों को अत्यन्त स्पष्ट कर दिया। स्पष्ट हो गया कि इमाम हुसैन वस्तुस्थिति से भली-भाँति परिचित थे। इतिहास के इस मोड़ को अच्छी तरह समझते थे। ऐसे निर्णय लेने में सक्षम थे, जो कालजयी परिणामों के द्योतक हों। वर्तमान में स्पष्ट है कूफ़ावासियों के समर्थन का आवाहन हुसैनी क्रान्ति के मूल आधारों में कोई स्थान नहीं रखते। वरन् इस इस्लामी क्रान्ति के आधार विन्दुओं तक पहुँचने के लिए इमाम हुसैन तथा कर्बला के जिहाद के क्रान्तिकारी आयामों का समझना अनिवार्य है।

बैअत : संघर्ष का मूल विन्दु

इमाम हुसैन मदीना में निवास कर अत्यन्त शान्तिपूर्ण जीवन व्यतीत करते हुए अपने सामाजिक एवं धार्मिक कर्त्तव्यों का निर्वाह बिना किसी द्वन्द्व में पड़े, कर रहे थे, अनायास ऐसा क्या हुआ कि उन्होंने राजसत्ता के विरुद्ध संघर्ष करना अनिवार्य मान लिया, 'ये प्रश्न प्रत्येक विचारशील पाठक के मन में सहज ही उत्पन्न होता है। यदि इस प्रश्न का विश्लेषण किया जाय, तो स्पष्ट हो जाता है कि इसका कारण यज़ीद का सिंहासन पर बैठते ही इमाम हुसैन को अपनी बैअत करने पर विवश करना था। अतः इमाम हुसैन तथा यज़ीद के बीच संघर्ष का मूल विन्दु बैअत क्या है, और क्यों है, अच्छी तरह समझ लेना चाहिए।

'बैअत' अरबी शब्द 'बैए' से उद्धृत है जिसका अर्थ है—क्रयकर्ता अथवा व्यापारी। क़ुर्आन में कहा गया है : **"अब तुम लोग अपने 'बैए' (व्यापार) पर ख़ुशियाँ मनाओ।"** (क़ुर्आन : 9/11) इसी आयत में शब्द 'उशतरा' भी है, जिसका अर्थ है—क्रय करना। क़ुर्आन कहता है : **"बेशक अल्लाह ने ईमानदारों से उनका जान-माल जन्नत के बदले में ख़रीद लिया है।"** (क़ुर्आन : 9/11) यह ईश्वर के प्रति पूर्णतया समर्पण की स्थिति है। अपनी अन्तरात्मा को ईश्वर के अनुपालन में समर्पित कर देना है। 'बैअत' की दूसरी स्थिति अल्लाह के पैग़म्बर के प्रति समर्पित होना है। यह एक प्रकार से शपथ धारण करना है; जिसकी बेहतरीन मिसाल 'बैअत-उल-रिज़वान' है, जो मक्का-विजय (630 ई०) के अवसर पर घटित हुआ। यह बैअत इस्लामी पैग़म्बर के

हाथों पर हुई थी। मुसलमान एक-एक करके आये और मक्का विजय के अवसर पर दृढ़ रहने का संकल्प दोहराया। इसको भी क़ुर्आनी प्रामाणिकता प्राप्त है : **"निःसन्देह ईश्वर धर्मनिष्ठों से उस समय प्रसन्न हो गया, जब वे वृक्ष के नीचे आप से बैअत कर रहे थे।"** (क़ुर्आन : 18/48) 'बैअत' की तीसरी स्थिति प्रारम्भिक चारों खलीफ़ाओं की चयन प्रक्रिया में अभिमत (वोट) के रूप में प्राप्त की गयी। चौथी स्थिति अमीर मुआविया द्वारा अधिकरण के रूप में प्रयोग की गयी, जिसकी चर्चा गत पृष्ठों में आ चुकी है। ख़लीफ़ाओं के समय में क़ुर्आन एवं पैग़म्बर को साक्ष्य मानकर बैअत ली जाती थी, परन्तु यज़ीद की बैअत इस समर्पण पर ली जाती थी कि बैअतकर्ता ख़लीफ़ा की सम्पत्ति है, व्यक्ति नहीं वस्तु है। ऐ काश, आर्थिक धुर्वीकरण पर हाय-तौबा मचाने वाले जान पाते कि व्यक्ति को वस्तु मानना यज़ीद की बैअत से प्रारम्भ हुआ। जब व्यक्ति वस्तु है, तो यज़ीद की बैअत इस समर्पण पर होती थी कि ख़लीफ़ा हमारी मान-मर्यादा, धन-सम्पदा तथा परिवारजनों का जिस रूप में चाहे, उपभोग कर सकता था, इससे कम पर बैअत सम्भव न थी। मदीना में इब्न-अब्दुल्लाह असवद पूर्व की परम्परानुसार क़ुर्आन एवं पैग़म्बर को साक्ष्य मानकर यज़ीद की बैअत करने पर तैयार हो गये थे, यज़ीद का दास होने का इक़रार करने से इंकार किया, तो वध कर दिये गये।[1]

इमाम हुसैन से यज़ीद द्वारा बैअत की माँग दूसरे शब्दों में उसकी दासता स्वीकारने की माँग थी। इमाम हुसैन को यज़ीद का अनुपालन करना एवं अनुयायी बनने का प्रण बाँधना था। अनुयायी होने का अर्थ यह होगा कि यज़ीद के आचरण एवं व्यवहार को आदर्श मानना तथा उसका अनुसरण करना। इस अनुपालन को क़ुर्आन ने इन शब्दों में परिभाषित किया है :**"हे धर्मपरायण! ईश्वर का अनुपालन करो। पैग़म्बर तथा योग्य व्यक्तियों का अनुपालन करो।"** (क़ुर्आन : 4/59) 'योग्य व्यक्तियों' ('उलुल-अम्र') को परिभाषित करने में मुसलमानों के बीच अनेक मत हैं। परन्तु इस बात में कोई मतभेद नहीं है कि अनुपालन का अर्थ मात्र किसी राजा का प्रजा बन जाना नहीं है, वरन् उसको ईश्वरीय सत्ता एवं राज्य का मुखिया मानना है, जो परमात्मा के द्वारा नियुक्त उपशासक अर्थात् पैग़म्बर का उत्तराधिकारी है। उसकी प्रत्येक करनी एवं कथनी मूल रूप में इस्लाम को प्रतिबिम्बित करती है। इस्लाम धर्म की व्याख्या एवं विवेचना प्रस्तुत करती है।

यह बात कि इमाम हुसैन द्वारा युद्ध इस्लामी शरीअत के आदेशों के परिधि मे था अथवा नहीं, यह विवाद ही अइस्लामी है, क्योंकि इसके लिए स्वयं

---

1 अलअख़बार-उल-तवाल, पृ० 261

क़ुर्आन ने उपर्युक्त आयत (क़ुर्आन : 4/54) में तर्क-वितर्क स्थापित कर दिया है। ईश्वर तथा उसके पैग़म्बर का पालन करने के विषय में इस्लामी सम्प्रदायों में कोई मतभेद नहीं है, परन्तु धर्माधिकारी जिसके लिए क़ुर्आन में 'उलुलअम्र' शब्द का प्रयोग हुआ, कुछेक के विचार में साधारणजन भी हो सकते हैं, परन्तु वे लोग जो धार्मिक उत्तराधिकार के विषय में विश्वास रखते हैं कि इस पद पर दैवी आदेशों के अनुरूप ही कोई महानुभाव विराजमान हो सकता है, उनके लिए 'उलुलअम्र' का सम्बोधन मात्र बारह इमामों के लिए हो सकता है। इस समस्या की बारीकियों से अलग रहते हुए इस्लामी सम्प्रदायों में कोई भी ऐसा नहीं है, जो यज़ीद-बिन-मुआविया को 'उलुलअम्र' मानता हो। अतः उसके विरुद्ध जिहाद करने में इस्लामी शरीअत के आधार पर कोई विवाद नहीं हो सकता।[1] विचारणीय है कि जिस समय इमाम हुसैन ने यज़ीद के विरुद्ध युद्ध किया था, इस्लामी पैग़म्बर के सहाबियों में अनेक लोग जीवित थे, उनके बाद की पीढ़ी भी आ गयी थी, जो 'ताबईन' कहे जाते हैं, परन्तु किसी ने भी इमाम हुसैन के जिहाद की वैधता का प्रश्न नहीं उठाया, न इसके विरुद्ध कोई शब्द कहा। अतः इमाम हुसैन का यज़ीद के विरुद्ध जिहाद निर्विवाद रूप में इस्लामी शरीअत के आधार पर न्यायोचित माना जाता रहा है।

दैवीसत्ता बनाम पैतृक-साम्राज्य

दैवीसत्ता को पैतृक-साम्राज्य में परिवर्तित करने के विरोध में मात्र हाशिम वंशज ही नहीं थे, वरन् समस्त धर्मनिष्ठ मुसलमान अत्यन्त कष्ट एवं ग्लानि की स्थिति में थे। इमाम हुसैन से पूर्व ही संघर्ष भी प्रारम्भ हो चुका था कि इस्लाम को बढ़े हुए भ्रष्टाचार एवं मानव मूल्यों को ह्रास से बचाया जा सके। यदि ध्यानपूर्वक देखा जाय, तो द्वितीय ख़लीफ़ा हज़रत उमर (मृ० 644 ई०) के पश्चात् इसका प्रयत्न स्पष्ट रूप से दिखायी पड़ता है। उदाहरणार्थ, पैग़म्बर के प्रमुख सहाबी अबूज़र ग़फ़्फ़ारी को रबज़ा के मरुस्थल में देश निकाला देने के लिए विवश करना, एक अन्य प्रमुख सहाबी हज़रत हुज्र-बिन-अदी तथा उनके साथियों के प्राणों की आहुति। हज़रत अली और इमाम हसन की शहादतें भी इस्लाम की रक्षा में हुईं। अनेकानेक महान् विभूतियाँ इस्लाम की रक्षा हेतु अपने

---

1. इस विषय पर सुन्नी दृष्टिकोण के सविस्तार अध्ययन हेतु मौलाना ज़या अहमद बदायूँनी की पुस्तक 'क़ौले-सदीद', मौलाना सैय्यद ताहिर-उल-क़ादिरी की 'फ़लसफ़ा-ए-शहादते-हुसैन' मौलाना मुहम्मद तैय्यब की 'शहीदे-कर्बला और यज़ीद' अल्लामा मुहम्मद शफ़ीअ की 'इमामे-पाक और यज़ीदे-पलीद तथा मौलाना सैय्यद अबुल ओला मौदूदी की पुस्तकें 'शहादते-हुसैन' तथा 'ख़िलाफ़तो-मुलूकियत' देखी जा सकती हैं। —लेखक

प्राणों की आहुतियाँ देती रही थीं। इमाम हुसैन, उनके परिवारजनों एवं साथियों का शहीद किया जाना, इस क्रम में विशेष महत्त्व रखता है, क्योंकि धर्म रक्षा के लिए युद्ध करना अनिवार्य है। क़ुर्आन निर्देशित करता है : **"यदि तुम ईश्वर के मार्ग में न निकलोगे, तो ईश्वर तुम्हें भयावह यातनाओं से ग्रस्त कर देगा।"** (क़ुर्आन : 9/39) अतः यदि कोई इस आदेश को पाने के बाद भी धर्म की रक्षा हेतु ईश्वर के मार्ग में बाहर न निकले, तो उसके आचरण एवं कार्यों का दायित्व स्वयं उस पर होगा। कोई अन्य व्यक्ति उत्तरदायी न होगा।

यज़ीद की बैअत करने को जिन अन्य प्रमुख व्यक्तियों से कहा गया, उनमें इमाम हुसैन के अतिरिक्त अन्य नाम हैं—मुहम्मद-बिन-हनफ़िया, अब्दुल्लाह-बिन-ज़ुबैर तथा अब्दुल्लाह-बिन-उमर, परन्तु मुख्य बल इमाम हुसैन से बैअत प्राप्त करने पर था। मुहम्मद-बिन-हनफ़िया इमाम हुसैन के ऐसे भाई थे, जिनकी माताएँ भिन्न थीं। इमाम हुसैन ने मदीना छोड़ते समय उन्हें अपना कार्यवाहक बना दिया था। वे हर प्रकार से इमाम हुसैन के उद्देश्यों के समर्थन में थे। इमाम हुसैन की शहादत के बाद उनसे बैअत करने को नहीं कहा गया तथा उन्होंने किसी स्थिति में यज़ीद की बैअत नहीं की। अब्दुल्लाह-बिन-ज़ुबैर, तो अह्लबैत के परम विरोधियों में थे। उन्होंने चालीस जुम्आ तक नमाज़ में इसलिए दरूद नहीं पढ़ा कि दरूद में अह्लबैत सम्मिलित हैं।[1] वे हज़रत अली और उनके परिवारजनों का नाम सुनकर इतने क्रोधित होते थे कि काँपने लगते थे और बकने-झकने लगते थे।[2] वे खुले हुए विरोधी थे, परन्तु उन्होंने इमाम हुसैन के शहीद होने से लाभ उठाकर अपना राज्य स्थापित किया।[3] इस काल के तीसरे प्रमुख व्यक्ति अब्दुल्लाह-इब्न-उमर की स्थिति बड़ी उलझी हुई है। वे हज़रत अली के विरोधियों में थे। यहाँ तक कि जब मुसलमानों ने चौथी बार हज़रत अली को ख़लीफ़ा बनाया, तो जिन कुछेक लोगों ने हज़रत अली को ख़लीफ़ा मानने से अपने को अलग रखा, उनमें अब्दुल्लाह-बिन-उमर भी थे। वे अमीर मुआविया के पक्षधर थे और यज़ीद के ऐसे समर्थक हो गये थे कि इमाम हुसैन के शहीद होने के बाद जब समस्त मदीनावासियों ने यज़ीद को त्याग दिया, तो उन्होंने अपने परिवारजनों एवं सम्बन्धियों को एकत्र करके यज़ीद को ख़लीफ़ा मान कर संगठित रहने पर बल दिया। यहाँ तक कि धमकी भी दी कि यदि कोई व्यक्ति उनकी अनुमति के विरुद्ध यज़ीद के बैअत से नाता तोड़ेगा, तो वे भी उससे विरक्त हो जायेंगे।[4]

---

1. अलनसाएह-उल-काफ़िया, पृ० 93
2. शरह-नहज-उल-बलाग़ा, भाग-1, पृ० 360
3. A Short History of the Saracens, p. 89
4. जाम्अ-उल-सहीह-उल-बुख़ारी, भाग-3, पृ० 434, हदीस सं० 1985

दूसरी ओर इमाम हुसैन हैं, जिन्होंने धर्म की रक्षा हेतु ईश्वर के मार्ग पर सब कुछ न्यौछावर कर दिया कि 'सैय्यद-अलशुहदा' (शहीदों के सरदार) उनकी उपाधि हो गयी।

गत अध्याय में चर्चित अमीर मुआविया द्वारा साम्राज्यवादी राज्य की स्थापना के संदर्भ में उन संभावनाओं का अध्ययन एवं विश्लेषण कर लिया जाय, जिनके आधार पर इमाम हुसैन ने यज़ीद की बैअत करना स्वीकार न किया, तो अनेक महत्वपूर्ण आयाम सामने आते हैं, जैसे—

1. इस्लाम में पैतृक साम्राज्य को मान्यता प्राप्त हो जाती, जबकि इस्लाम सिरे से साम्राज्यवाद को ही नकारता है। इस्लाम में सत्ता का अधिकार केवल ईश्वर को है। क़ुर्आन कहता है : "**क्या तुम नहीं जानते कि आसमानों और जमीन की बादशाही अल्लाह ही की है।**" (क़ुर्आन : 2/107) अन्य स्थान पर है : "**और बादशाही में कोई उसका भागीदार नहीं है।**" (क़ुर्आन : 25/2) इस प्रकार की अनेक आयतें हैं। बैअत करने की स्थिति में इन आयतों की अवहेलना होती।

2. पैतृक साम्राज्य स्थापित होते ही इस्लामी राजव्यवस्था स्वतः समाप्त हो गयी, क्योंकि इसके बाद निर्णय करने का अधिकार साम्राज्य को प्राप्त हो गया, जबकि इस्लाम के अनुसार इसका अनन्य अधिकार अल्लाह को है। "**निर्णय का अधिकार किसी को नहीं है, सिवाय अल्लाह के।**" (क़ुर्आन : 6/57), "**बेशक अल्लाह जो चाहता है।**" (क़ुर्आन : 5/1), "**अल्लाह निर्णय करता है और उसके निर्णय संशोधन करने वाला नहीं है।**" (क़ुर्आन : 13/41)।

3. साम्राज्य बनते ही इस्लाम की धार्मिक एवं आध्यात्मिक स्थिति समाप्त हो गयी है। वरन् उसकी धार्मिक एवं आध्यात्मिक स्थिति साम्राज्य के आवश्यकताओं के अनुरूप बनती, जिसे बैअत करने की स्थिति में इमाम हुसैन को स्वीकार करना पड़ता। क़ुर्आन का वक्तव्य है : "**क्या हम उन लोगों को जो ईमान लाये हैं और जिन्होंने शुभ कार्य किये हैं, उन लोगों के समान कर दें, जो धरती पर उपद्रव करते हैं। क्या हम धर्मनिष्ठ जनों को अधर्मियों जैसा कर दें।**" (क़ुर्आन : 38/28)

4. इस्लाम पूर्व के समस्त धर्मों की निरन्तरता का द्योतक है। परन्तु साम्राज्य को स्वीकार करते ही उसे शासन स्थापित कर सत्ता सुख भोगने का आरोप मान्य हो जाता। इसी साम्राज्यवादी वृत्ति के कारण ही इस्लाम को तलवार से फैलने का आरोप उठाना पड़ा। क़ुर्आन का मंतव्य है : "**और अनुपालन न करो उन अतिश्योक्ति पूर्णजनों का जो धरती पर उपद्रव करते हैं तथा सुधार नहीं करते।**" (क़ुर्आन : 26/151-152)

5. यज़ीद की बैअत करने पर न केवल यह कि इस्लामी पैग़म्बर के अद्वितीय कार्यों पर पानी फिर जाता, अपितु हज़रत अली, इमाम हसन तथा अन्य धर्म मनीषियों की उपलब्धियाँ समाप्त हो जातीं वरन् सृष्टि के प्रारम्भ से वर्तमान तक ईश्वर की ओर से समाज को धर्म के मार्ग पर प्रतिष्ठित करने आये एक लाख चौबीस हज़ार नबियों रुसूलों के महान कार्यों की इतिश्री हो जाती। क़ुर्आन कहता है : "**और हमने आपसे पहले भी बहुत से पैग़म्बर भेजे हैं, जिनमें से कुछेक की चर्चा आपसे की है और कुछेक की चर्चा भी नहीं की है।**" (क़ुर्आन : 40/78)

6. यज़ीद के आचरण में अन्याय, भ्रष्टाचार आदि व्याप्त था। वह साधारण जन से भी निम्न स्तर का था। ऐसी निम्नता जिससे अधिक की कल्पना ही नहीं की जा सकती। यदि इमाम हुसैन उससे बैअत कर लेते तो वही आचरण इस्लाम का आदर्श आचरण माना जाता। धर्म, सत्य, निष्ठा, दया आदि शब्द निरर्थक हो जाते।

7. आगामी इतिहास इमाम हुसैन से प्रश्न कर सकता था कि उन्होंने सब बातों का संज्ञान होते हुए भी इस्लाम को यज़ीद के हाथों मिटने से क्यों नहीं रोका। इमाम हुसैन ने इतिहासकार को उसकी धृष्टता का अवसर ही नहीं दिया अपितु अपनी तथा अपने सहयोगियों के प्राणों की आहुति देकर इस्लाम को मिटने से बचा लिया।

एक भ्रान्ति का निराकरण

कर्बला के महासंग्राम की गरिमा को कम करने के उद्देश्य से विरोधी वर्ग के लेखकों एवं इतिहासकारों ने यह भ्रम उत्पन्न करने की चेष्टा की है कि इसका कारण कबीलाई द्वेष था। क़बीलाई द्वेष के परिप्रेक्ष्य में देखने के पीछे यज़ीद तथा उसके सहयोगियों के अपराध की तीव्रता को कम करना भी है। प्रथम चरण में इस प्रकार का भ्रम बनीउमैय्या पोषक इतिहासकारों ने फैलाया। फिर अरबों के क़बीलाई द्वेष की परम्परा को ध्यान में रखते हुए अन्य लेखकों ने भी इस विचारधारा को फैलाने में योग किया। इसमें सन्देह नहीं कि अरब में क़बीलाई द्वेष सामान्य जीवन का अंग था। इस्लाम पूर्व क़बीलाई द्वेष समस्त अरब भूमि में व्याप्त था। छोटी-छोटी बातों पर एक क़बीला दूसरे क़बीले के विरुद्ध युद्ध प्रारम्भ कर देता। पीढ़ियों-दर-पीढ़ियों युद्ध की अग्नि में परिवार, वंशज तथा उनके समर्थक स्वाहा होते रहे। महिलाएँ युद्धभूमि में पुरुषों का उत्साहवर्धन करतीं, क़बीलाई कवि योद्धाओं की प्रशंसा में आकाश-पाताल एक कर देते। इस्लाम ने अरबवासियों में पूर्व की कुप्रथाओं, घृणित कार्यों, द्वेषात्मक मनोवृत्ति आदि पर

कठोरता से लगाम लगायी। इस्लाम ने क़बीलाओं के बीच उत्पीड़न के समस्त स्रोतों को बन्द कर दिया। परन्तु बनी उमैय्या के उन व्यक्तियों ने जो इस्लाम को मन से स्वीकार नहीं कर सके थे तथा इस्लाम पूर्व के प्रचलन को सीने से लगाये थे, उन्होंने क़बीलाई द्वेष शेष रखा। पराजित होने के उपरान्त उन्होंने क़बीलाई द्वेष सीनों में छिपाये रखा, परन्तु जब उन्हें राजसत्ता में अधिकार प्राप्त हो गया, तो क़बीलाई द्वेष स्पष्ट रूप में प्रदर्शित करने लगे।

बनी उमैय्या का क़बीलाई द्वेष स्पष्ट है, जिसकी चर्चा गत अध्याय में हो चुकी है, परन्तु बनी हाशिम के प्रयत्नों को क़बीलाई द्वेष के आधार पर देखना नितान्त धृष्टता ही है, जिसका परिणाम इमाम हुसैन ही नहीं, स्वयं इस्लामी पैग़म्बर पर असत्यपूर्ण दोषारोपण के रूप में आता है। यदि यह माना जाय कि बनी उमैय्या की बनी हाशिम के प्रति द्वेष क़बीलाई आधार पर थी, तो इसका क्रम इमाम हुसैन तक सीमित नहीं रह सकता, स्वयं इस्लामी पैग़म्बर पर धृष्टतापूर्वक दोषारोपण होगा कि उन्होंने क़बीलाई द्वेष के कारण ही अबूसुफ़ियान आदि के विरुद्ध युद्ध किया था। निश्चय ही इस प्रकार का विश्वास करने वाला इस्लाम की परिधि के बाहर हो जायेगा। ऐतिहासिक रूप में भी ऐसा नहीं था। क़ुरैश का मूल विरोध इस्लाम से था, अतः वे इस्लाम के निरन्तर विस्तार को रोकने के इस्लामी पैग़म्बर को बादशाह मानने को तैयार थे। शर्त यह थी कि इस्लाम का प्रचार छोड़ दें। उनके भगवानों को यथावत रहने दें।[1]

इस्लामी पैग़म्बर से चार पीढ़ी पूर्व तथा इमाम हुसैन से छः पीढ़ी पूर्व उनके पितामह हाशिम (मृ० 510 ई०) से उसी परिवार के कथित दत्तक पुत्र उमैय्या ने उत्तराधिकार के विषय पर अवश्य ही संघर्ष किया था। उसके बाद से उमैय्या वंशज हाशिमियों के सामाजिक सम्मान, धर्मनिष्ठा तथा लोकप्रियता के प्रति द्वेष एवं शत्रुता रखते थे। समय-समय पर उन्हें हानि पहुँचाने की चेष्टा करते थे। परन्तु हाशिमियों की ओर से किसी प्रकार के द्वेषात्मक कार्यों की चर्चा कहीं नहीं मिलती। वरन् इस्लामी पैग़म्बर के प्रति बनी उमैय्या के मुखिया अबूसुफ़ियान के अत्याचार से इतिहास के पन्ने भरे हुए हैं। यहाँ तक कि इस्लामी पैग़म्बर को विवश होकर अपनी मातृभूमि मक्का से निर्वासित होना पड़ा। उनके समस्त अन्याय, अत्याचार, धर्मविरोध आदि एक ओर, परन्तु इस्लामी पैग़म्बर ने जब मक्का विजय किया, यदि तनिक भी क़बीलाई द्वेष होता, तो अपने विरोधियों से बदला ले सकते थे। उन्हें नष्ट-भ्रष्ट करके उनका नामो-निशान मिटा सकते थे। परन्तु पैग़म्बर ने मक्का प्रवेश के समय सभी को सुख-शान्ति से रहने का सन्देश दिया और उन्हें उनके बुरे कार्यों के लिए क्षमा कर दिया। स्वयं अबूसुफ़ियान पर

1. सीरत-उल-रुसूल अल्लाह, भाग-1, पृ० 89

कृपा एवं दया की ऐसी वर्षा की कि घोषित कर दिया—जो व्यक्ति अबू सुफ़ियान के घर में शरण लेगा उसे भी माफ़ी है। यही आचरण इमाम हुसैन का था कि जब यज़ीदी फ़ौज ने पहली बार कर्बला के निकट उनका रास्ता रोका, तो सेना भूख और प्यास से ऐसी व्याकुल थी कि यदि थोड़ी देर खाना-पानी न मिलता, तो स्वयं मृत्यु को प्राप्त हो जाते। कुछ लोगों को इमाम हुसैन ने यह सलाह भी दी कि इन्हें इनकी मौत मरने दीजिए, लेकिन इमाम हुसैन ने अपने साथ की समस्त भोजन सामग्री यज़ीदी सेना को उपलब्ध करा दी। क्या इसके बाद भी कोई हाशिमियों पर क़बीलाई द्वेष का आरोप रखने का दुःसाहस कर सकता है!

इस्लामी इतिहास का विद्यार्थी जिज्ञासापूर्वक इस तथ्य का साक्षात् करता है कि जिन व्यक्तियों ने इस्लामी पैग़म्बर से उनके धर्म प्रचार के विरुद्ध युद्ध किया था, उन्हीं की संतान अबकी बार भी युद्ध के लिए सामने थी। उस समय इस्लाम के विरुद्ध युद्ध का नेतृत्व अबू सुफ़ियान कर रहा था, तो इस बार इस्लामी पैग़म्बर के नाती इमाम हुसैन के विरुद्ध अबूसुफ़ियान का पौत्र यज़ीद कर रहा था। अबूसुफ़ियान के इस्लाम विरोधी विश्वासों की चर्चा गत अध्याय में हो चुकी है। जब बनीउमैय्या के हज़रत उस्मान ख़लीफ़ा बने, तो उसने उनको बधाई देते हुए कहा था : **''मैं साक्षी हूँ कि स्वर्ग, नरक, प्रलय दिवस कुछ नहीं है। सब बनीहाशिम का ढोंग है। अब शासन तुम्हारे हाथ आया है। गेंद की तरह खेलो।''**[1]

यज़ीद ने भी इसी इस्लाम विरोधी विश्वासों की पुनरावृत्ति अपने राजदरबार में घमण्ड प्रदर्शित करते हुए किया था : **''बनी हाशिम ने सत्ता प्राप्ति हेतु एक खेल खेला था। वास्तव में न कोई सूचना आयी थी और न कोई श्रुतिप्रकाश अवतरित हुई थी।''**[2] इन दोनों वक्तव्यों से स्पष्ट है कि न तो अबूसुफ़ियान ने इस्लाम धर्म धारण किया था और न यज़ीद ही इस्लाम धर्म पर विश्वास करता था। अतः स्वतः सिद्ध है कि इमाम हुसैन के विरुद्ध अधर्म युद्ध हेतु आ खड़ा हुआ था, जिसको इस्लाम से कोई सम्बन्ध नहीं था। यह युद्ध शुद्ध रूप में इस्लाम तथा इस्लाम विरोधियों के बीच था।

इस्लाम के विरुद्ध यज़ीदी युद्ध तथा उसके पूर्वजों की इस्लामी विरोधी युद्ध के बीच यह भी समानता है कि इस बार भी उन समस्त क़बीलों के लोग सम्मिलित थे, जो अधर्म पर रहना चाहते थे। निश्चय ही इनमें कुछ ऐसे लोग भी

---

1. किताब-अलइस्तेआब-फ़ी-मुआरिफ़त-उल-असहाबद, भाग-4, पृ० 76-77; किताब-अलकामिल-फ़ी-तारीख़, भाग-3, पृ० 46
2. अलअख़बार-उल-तवाल, पृ० 258

थे, जो वस्तुस्थिति से भलीभाँति परिचित नहीं थे। विभिन्न कारणों से यज़ीदी सेना में सम्मिलित हो गये थे। अथवा दबाव में आये हुए लोग थे। इसके विपरीत इमाम हुसैन के साथ जो लोग थे, उनमें प्रत्येक व्यक्ति इस्लाम धर्म के समर्थक थे। तमाम संभावनाओं को भलीभाँति समझते थे। किसी प्रकार का दबाव नहीं था, क्योंकि इमाम हुसैन के बार-बार कहने के बावजूद कि यज़ीदी सेना सिर्फ़ उनके ख़ून की प्यासी है, तुमसे उनको कोई बैर नहीं है। तुम जा सकते हो, तुमसे कोई कुछ नहीं कहेगा, यदि तुमको अकेले जाते हुए लज्जा आती है, तो मेरे परिवार के लोगों में भी एक-एक का हाथ पकड़ो और अपने साथ ले जाओ, लेकिन हुसैनी सेना का एक व्यक्ति भी इमाम हुसैन का साथ छोड़ने को तैयार नहीं हुआ। इसकी सविस्तार चर्चा यथास्थान आयेगी।

इमाम हुसैन की संयोजना

1. अत्यन्त सुनियोजित कार्य-पद्धति :

इमाम हुसैन की समस्त संयोजना उनके निश्चित मत के आधार पर प्रतिपादित हुई थी। उससे सम्बन्धित समस्त निर्णय इमाम हुसैन ने स्वयं किये थे। उदाहरणार्थ, मदीना से प्रस्थान करते समय औरतों और बच्चों को साथ लेकर यात्रा करना, जिस पर उनके परम विश्वासपात्र भाई मुहम्मद हनफ़िया ने उन्हें मना भी किया था। परन्तु इमाम हुसैन ने उनकी सलाह नहीं मानी। मक्के में हज़ारों लोगों का सहयोग के लिए प्रस्तुत होना, परन्तु इमाम हुसैन के द्वारा उन्हें अस्वीकार करना, बसरावासियों को स्वयं पत्र लिखकर आवाहन करना, कूफ़ावासियों के पत्रों पर विश्वास न करके अपने भाई हज़रत मुस्लिम-बिन-अक़ील को भेजना, सैन्य बल, शस्त्र बल, भोज-सामग्री का एकत्र न करना। एक ओर बहुसंख्यक सैन्य समर्थन को ठुकरा देना, दूसरी ओर कुछ लब्ध-प्रतिष्ठ महानुभावों को स्वयं पत्र लिखकर धर्मयुद्ध में सम्मिलित होने के लिए आवाहन करना इत्यादि। इमाम हुसैन के यह सभी निर्णय उस समय समझे नहीं जा सके। परन्तु उनकी दूरदर्शिता कालान्तर में स्पष्ट होती गयी। वर्तमान में कोई इतिहासकार इमाम हुसैन के किसी निर्णय को अनुचित कहने का साहस नहीं कर सकता, क्योंकि उनके निर्णय समय की कसौटी पर खरे उतरे हैं।

2. सैन्य शक्ति रणनीति का आधार नहीं :

सेना के माध्यम से विजयश्री प्राप्त करने का परिणाम विभिन्न युद्धों—जमल (656 ई०), सिफ़्फ़ीन (657-58 ई०), नहरवान (658 ई०) इत्यादि के रूप

में प्रस्तुत था। भारी बहुसंख्य सेनाओं में सभी प्रकार के लोग, अच्छे-बुरे सब, रहते थे। हमारी सेना अल्पसंख्या में होगी, परन्तु इसमें जितने भी व्यक्ति सम्मिलित किये जायेंगे अपने-अपने आचरण एवं व्यवहार में इमामों के समान पवित्रता एवं पावनता से परिपूर्ण होंगे। किसी व्यक्ति के चरित्र एवं व्यवहार में कोई कलंक न हो। इस सेना का चयन इस प्रकार किया जायेगा कि इसमें सभी वर्गों, श्रेणियों, जातियों, लिंग एवं आयु के प्रतिनिधि सम्मिलित होंगे। इस्लामी पैग़म्बर के परिवार के लोग होंगे। पैग़म्बर के वयोवृद्ध सहयोगी होंगे। उनके बाद की पीढ़ी तथा उनके बाद की पीढ़ी के युवक होंगे। महिलाएँ होंगी। युवा होंगे। युवतियाँ होंगी। कुछ शिशु एवं बालक भी होंगे। उनमें से कुछ ऐसे बालक होंगे, जो अपने पालने से उठाकर रणभूमि में लाये जा सकें। इमाम हुसैन ने प्रचलित सैन्य शक्ति को नकार दिया, तो विभिन्न प्रकार के अस्त्र-शस्त्र की आवश्यकता भी नहीं रही। जब कोई बड़ी सेना ही न होगी, तो भोजन सामग्री एकत्र करने की आवश्यकता भी नहीं रहेगी। मात्र इतनी ही भोजन-सामग्री पर्याप्त होगी, जो उपर्युक्त थोड़े से रण-बाँकुरों की भूख-प्यास मिटा सके। यह रण-बाँकुरे अस्त्र-शस्त्र अथवा भोजन के बल पर रणभूमि में नहीं आयेंगे, वरन् उनका उद्देश्य इस्लाम का पुनरुत्थान करना है। अतः यदि आवश्यकता हुई, तो अस्त्र-शस्त्र भिन्न प्रकार के होंगे, जिनके नाम होंगे आचरण एवं व्यवहार की शुद्धता, पवित्रता, पावनता और धर्म के प्रति अपूर्व दृढ़ता इनकी पवित्र आत्मा इन्हें तृप्त रखेगी।

3. यह युद्ध मदीना अथवा मक्का में नहीं होगा :

यदि मदीना-मुनव्वरा में युद्ध हुआ तो उसकी शान्ति ही भंग न होगी, अपितु, उसकी प्रतिष्ठा को बट्टा भी लगेगा। अपने प्राणों की आहुति देने के पश्चात् हुसैनी क्रान्ति के उद्देश्यों का प्रचार-प्रसार भी नहीं हो सकेगा। यह महान् बलिदान दबा दिया जायेगा। उदाहरण सामने था। तृतीय ख़लीफ़ा हज़रत उस्मान की हत्या तथा उसके बाद क्या कुछ नहीं हुआ। उनकी धर्मपत्नी पर शस्त्रों से प्रहार किया गया। मृतक शव को तीन दिनों तक दफ़नाया न जा सका, जो इस्लाम तो क्या, साधारण मानव व्यवहार के विरुद्ध है कि किसी की मृत्यु के पश्चात् उसके अन्तिम संस्कार न किये जायें। मक्का-मुकर्रमा अधिक उपयोगी हो सकता था। हज्ज का समय निकट था। वहाँ हुसैनी क्रान्ति के उद्देश्यों की अधिक-से-अधिक प्रचार-प्रसार की सम्भावनाएँ थीं। इमाम हुसैन पैग़म्बर साहब के उस वक्तव्य का आधार नहीं बनना चाहते थे, जिसमें अल्लाह के पैग़म्बर ने कहा था कि काबा-शरीफ़ की मान-मर्यादा एक मेढ़े द्वारा नष्ट-

भ्रष्ट होगी। इमाम हुसैन वह मेढ़ा नहीं बन सकते थे। अतः मक्का-मुकर्रमा में भी यज़ीद के विरुद्ध धर्मयुद्ध नहीं किया जा सकता। परन्तु हुसैनी क्रान्ति के उद्देश्यों के प्रचार-प्रसार हेतु मक्का जाना आवश्यक था। इमाम हुसैन ने निर्णय लिया कि यदि स्थितियाँ सामान्य होंगी, तो अपने अन्तिम हज्ज का दायित्व भी वहन कर लूँगा।

4. कर्मभूमि हेतु उपयुक्त स्थान की तलाश :

इमाम हुसैन के सामने सुरक्षित केन्द्र बनाने के लिए कोई उपयुक्त स्थान नहीं था। यह अत्यन्त जटिल समस्या थी कि इमाम हुसैन किस स्थान को अपनी क्रान्ति का केन्द्र बनायें। इनमें सर्वप्रमुख मक्का-शरीफ़, जो स्वतः शान्ति-स्थल है, परन्तु इमाम हुसैन को शरण न मिल सकी और उन्हें मक्का-मुकर्रमा त्यागना पड़ा। दूसरा कूफ़ा हो सकता था, जिसकी ओर स्वाभाविक रूप से निगाह उठ सकती थी। कूफ़ा हज़रत अली की राजधानी भी रह चुका था। कूफ़े में किसी समय में शीओं की ही आबादी थी, परन्तु अमीर मुआविया के शासन काल में कूफ़ा के प्रशासक ज़ियाद-बिन-सुमैया ने चुन-चुनकर शीओं को क़त्ल कर दिया था, फिर भी कुछ लोग शेष रह गये थे। तीसरा स्थान बसरा हो सकता था। बसरा कूफ़ा की तुलना में सुरक्षित बचा था। अतः इमाम हुसैन ने बसरावासियों को पत्र भी लिखा था। परन्तु प्रारब्ध ने कर्बला को इमाम हुसैन की कर्मभूमि हेतु उपयुक्त स्थान माना था, वही हो कर रहा। इसकी विस्तृत चर्चा आगामी अध्यायों में आयेगी।

5. परिस्थितियों के अनुसार रणनीति :

यदि हुसैनी जिहाद की रणनीति का पूर्व में प्रचलित अथवा तात्कालिक युद्ध प्रणाली से तुलनात्मक अध्ययन किया जाय तो दोनों प्रकार की रणनीति में कई प्रकार अन्तर एवं परिवर्तन दीख पड़ते हैं। जैसे :

(1) युद्ध में समानता नामचीन शूरवीरों को अवश्य सम्मिलित किया जाता था। उस समय समस्त इस्लामी जगत में चार सर्वश्रेष्ठ शूरवीर माने जाते थे। स्वयं इमाम हुसैन और उनके तीन भाई मुहम्मद हनफ़िया, मुस्लिम-बिन-अक़ील तथा अब्बास-बिन-अली। इमाम हुसैन, हज़रत अब्बास को अपने साथ अवश्य लाये परन्तु मुहम्मद हनफ़िया को अपने प्रतिनिधि के रूप में मदीना में ही छोड़ दिया। हज़रत मुस्लिम को अकेले कूफ़ा भेज दिया, जहाँ वे शहीद कर दिये गये। हज़रत अब्बास को अपने पास अवश्य रखा, परन्तु उन्हें अंत तक खुलकर युद्ध करने की अनुमति नहीं प्रदान की।

(2) तत्कालीन समय में युद्ध की तैयारी हेतु तीन वस्तुओं की आवश्यकता होती थी—सेना, अस्त्र-शस्त्र तथा खाद्य-सामग्री। यदि इमाम हुसैन द्वारा युद्ध की तैयारी का विश्लेषण करें, तो प्रतीत होता है कि उन्होंने तात्कालिक प्रचलन के आधार न तो सेना एकत्र की, न अस्त्र-शस्त्र का प्रबन्ध किया और न खाद्य-सामग्री ही एकत्र की। वरन् इसके विपरीत यह देखा गया कि मक्का से प्रस्थान करते समय कई हज़ार लोग इमाम हुसैन के साथ युद्ध करने हेतु निकले थे, परन्तु इमाम हुसैन ने सब को लौटा दिया। उनको अपने साथ नहीं लिया। अपने सैनिकों की संख्या कम से कम रखी। परन्तु कुछेक विशेष लोग जो किसी कारण से उनके साथ नहीं थे, उन्हें पत्र लिखकर बुलाया। इससे स्पष्ट होता है कि इमाम हुसैन साधारण सैनिकों के साथ युद्ध नहीं करना चाहते, वरन् कुछ विशेष लोगों के साथ रणभूमि में आना चाहते हैं, जिनको देखकर स्पष्ट हो जाय कि इमाम हुसैन किसी राजसत्ता की प्राप्ति हेतु युद्ध नहीं कर रहे हैं वरन् सत्य की रक्षा हेतु सत्यनिष्ठ प्रतिष्ठित लोगों के साथ रणभूमि आये हैं, जिनमें कुछ इस्लामी पैग़म्बर के सहयोगी हैं, कुछ हज़रत अली के मित्र हैं, अनेक विद्वान, तपस्वी, ऋषि आदि हैं।

अस्त्र-शस्त्र के रूप में तलवार, तीर, गदा आदि एकत्र करने की कोई मिसाल नहीं मिलती। ऐसा लगता है कि इमाम हुसैन जिन अस्त्र-शस्त्र से युद्ध करना चाहते थे, उनमें तलवार, तीर, गदा आदि का कोई महत्त्व नहीं था। उन्होंने शस्त्र के तौर पर आचरण, निष्ठा, ऋषित्व, तपस्या, ज्ञान, धर्म, कर्तव्य का प्रयोग किया। भ्रष्टाचार को आचरण से, अविश्वास को निष्ठा से, भोग-विलास को ऋषित्व से, ईश्वर की अवज्ञा को तपस्या से, अज्ञान को ज्ञान से, अधर्म को धर्म से और कर्तव्यहीनता को कर्तव्य से अस्त्र-शस्त्र का रूप प्रदान किया और इसी आधार रणभूमि में जिहाद किया।

खाद्य-पदार्थ के संचित होने की संभावना नहीं हो सकती है। परन्तु इतिहास साक्षी है कि इमाम हुसैन के पास जो भी खाद्य-पदार्थ उपलब्ध था, भूखे-प्यासे यज़ीदी सैनिकों के आतिथेय में व्यय कर दिया, जिसका बदला यज़ीदी सेना ने यह दिया कि इमाम हुसैन और उनके साथियों पर तीन दिनों तक पानी बन्द रखा। हुसैनी सैनिकों ने भूख-प्यास का खाद्य-पदार्थ के रूप में उपभोग किया।

(3) तत्कालीन युद्ध रूबरू दो योद्धाओं के बीच होता था। इस्लामी पैग़म्बर की परम्परा थी कि युद्ध में अपने परिवारजनों और सम्बन्धियों को आगे रखते थे। वही ललकार का उत्तर देते तथा अपने प्राणों को जोखिम में डालते, इस्लामी पैग़म्बर के सहाबी उनके पीछे सहायता के लिए होते तथा वे भी अत्यन्त निष्ठा से

अपने युद्ध कर्तव्य का पालन करते। अतः कभी कोई आक्षेप करने का साहस न कर सका कि पैग़म्बर के परिवारजन एवं सम्बन्धी बच गये तथा सहाबीगण वध किये गये। इमाम हुसैन के साथ जो लोग रणभूमि आये थे, वे सब जानते थे कि मृत्यु ही हमारा भाग्य है। हमें अपने प्राणों की आहुति देना है। कौन कब यह आहुति देगा, अलग बात थी। इमाम हुसैन के सहयोगी इसको कदापि स्वीकार नहीं कर सकते थे कि उनके जीवित रहते हुए इस्लामी पैग़म्बर के परिवारजन शहीद हो जायँ। उन्होंने यह करके दिखाया कि स्वयं जीवित रहते हुए इस्लामी पैग़म्बर के परिवारजनों में किसी को किसी प्रकार का आघात नहीं पहुँच सका। वस्तुस्थिति अत्यन्त स्पष्ट थी, जो व्यक्ति जितनी देर तक जीवित रहेगा, उतनी देर तक दुःख झेलेगा, साथियों के खोने का दुःख, भूख-प्यास, शारीरिक एवं आत्मिक कष्ट आदि। अतः इमाम हुसैन ने भी उन्हें पहले शहीद होने का अवसर प्रदान किया। ताकि उनके कष्टों का अन्त यथाशीघ्र हो सके। सब के अन्त में स्वयं इमाम हुसैन रणभूमि आये सबके दुःख झेलते रहे, सम्बन्धियों, मित्रों, परिवारजनों, वृद्धों, युवाओं, शिशुओं की शहादत पर उनके शव उठाने के लिए हर बार एक नया युद्ध करते रहे। मानो 72 लड़ाइयाँ लड़ने के बाद साथियों के खोने का दुःख, भूख-प्यास आत्मिक एवं शारीरिक कष्ट और सबसे बढ़कर इसकी चिन्ता कि उनके बाद बची महिलाओं, शिशुओं आदि का क्या होगा। उन्हें इस दुःख की बेला से मुक्ति मिलेगी भी या नहीं और यदि मिलेगी तो कब मिलेगी।

6. हुसैनी जिहाद का परिप्रेक्ष्य :

हुसैनी जिहाद के परिप्रेक्ष्य से परिचित होने के लिए निम्न लिखित तथ्यों पर ध्यान रखना आवश्यक है :

1. जिहाद के अनेक स्तर हैं। अपनी अन्तर्रात्मा के प्रति जिहाद की उसे शुद्ध एवं आध्यात्मिक आधारों पर विकसित किया जा सके। राष्ट्र, जाति एवं समाज में न्याय स्थापित करने हेतु संघर्ष करना। इसी प्रकार अनेक स्तर हो सकते हैं, जिनमें जिहाद करना अनिवार्य हो। परन्तु इनमें हिंसा को कोई स्थान नहीं मिल सकता। धर्म प्रचार में भी हिंसा की कौन कहे बल प्रयोग भी नहीं किया जा सकता। क़ुर्आन का स्पष्ट आदेश है : **"ला इकराह फ़िद्दीन"** (धर्म के विषय में किसी प्रकार का बल प्रयोग वांछित नहीं है। (क़ुर्आन : 2/256) परन्तु यदि अराजक तत्त्व विद्रोह करें, तो क़ुर्आन कहता है : **"और विद्रोह तो हत्या से भी बुरा है।"** (क़ुर्आन : 2/151) फिर विद्रोह दमन हेतु शक्ति प्रयोग की अनुमति ही नहीं वध कर देना भी औचित्यपूर्ण है। क़ुर्आन आदेश देता है : **"और उनसे उस समय तक युद्ध करते रहो, जब तक समस्त विद्रोह समाप्त न हो जाय और**

मात्र ईश्वर का धर्म शेष न रह जाय। फिर यदि लोग रास्ते पर आ जायँ, तो अत्याचारियों के अतिरिक्त किसी पर बल-प्रयोग उचित नहीं।'' (क़ुर्आन : 2/193)

हुसैनी जिहाद क़ुर्आन के आदेशों के आधार पर स्थापित है। कर्बला में आने से पहले इमाम हुसैन धर्म, समाज एवं समस्त मानवता के उन्नयन हेतु जिहाद करते रहे। यथास्थान उनकी जीवनी प्रस्तुत करते समय इसकी यथास्थान चर्चा होगी। यहाँ धर्म, समाज एवं मानवता के प्रति विद्रोह दमन हेतु संघर्ष करने की चर्चा की जायेगी।

2. इस्लामी इतिहास का अवलोकन करने पर स्पष्ट हो जाता है कि इस्लाम में दो प्रकार के जिहाद किये गये। एक, इस्लामी पैग़म्बर के जीवनकाल में जिहाद जिसका उद्देश्य इस्लाम को शत्रुओं के आघात से सुरक्षित करना एवं नवनिर्मित इस्लामी राज्य का संरक्षण करना। यह इस प्रकार के समस्त युद्धों की संख्या 66 है। इनमें 28 युद्धों में स्वयं इस्लामी पैग़म्बर सम्मिलित हुए, जिनको इस्लामी शब्दावली में 'ग़ज़वा' कहते हैं।[1] शेष 38 युद्धों में इस्लामी पैग़म्बर सम्मिलित नहीं हुए इनको 'सिर्या' कहते हैं।[2] यह सभी युद्ध प्रतिरक्षा हेतु सम्पन्न हुए। शत्रुओं ने आक्रमण किया तथा मुसलमानों ने प्रतिरक्षा में युद्ध किया। परन्तु इस्लामी पैग़म्बर के बाद जो युद्ध हुए उनकी स्थिति भिन्न थी। उनका उद्देश्य इस्लामी साम्राज्य का विस्तार एवं धर्म-प्रचार था।

इमाम हुसैन के जिहाद को भी इस्लामी पैग़म्बर के युगीन युद्धों की शृंखला में ही रखा जा सकता है। इसका उद्देश्य भी इस्लाम की प्रतिरक्षा करना ही था। अन्तर है तो मात्र इतना कि इस्लामी पैग़म्बर को इस्लामी परिधि के बाहर रहने वाले काफ़िरों से युद्ध करना पड़ा था। इमाम हुसैन को छद्मनाम मुसलमानों से युद्ध करना पड़ा, जो स्वयं को मुसलमान कहते थे, परन्तु अपने आचरण एवं व्यवहार में काफ़िरों से भी बदतर थे।

3. इमाम हुसैन अपने साथ जिन योद्धाओं को लाये वे विभिन्न वर्गों, क्षेत्रों एवं जातियों का प्रतिनिधित्व करते थे। सब-के-सब श्रेष्ठ एवं चयनित कि उनमें किसी के विषय में कोई उँगली न उठ सके। इमाम हुसैन स्वयं इस्लामी पैग़म्बर की स्मृति, अब्बास अली के प्रतिरूप, अली अकबर को देखकर इस्लामी पैग़म्बर का रूप आँखों के सामने आ जाय, पैग़म्बर के सहाबी, ताबईन, क़ुर्आन के हाफ़िज़, हदीसों के वाचक तथा सभी परम शूरवीर।

---

1. उसवा-ए-हसना, पृ० 395-96
2. उसवा-ए-हसना, पृ० 435-36

क्रान्ति के नवीन आयाम

प्रथम, यह कि हुसैनी क्रान्ति ने विनाश को क्रान्ति-चिन्तन से अलग कर दिया : इमाम हुसैन ने निर्दोष जनता के जान-माल के लिए कोई भय उत्पन्न नहीं किया। न उनके आन्दोलन के माध्यम से जनता के जान-माल को भय उत्पन्न हुआ। जनता पूर्णरूपेण सुरक्षित रही। वरन् इमाम हुसैन तथा उनके साथियों ने अपने जान-माल का बलिदान देकर हुसैनी क्रान्ति को सफल बना दिया।

द्वितीय, यह कि हुसैनी क्रान्ति का उद्देश्य व्यक्तिगत लाभ हेतु सत्ता एवं शासन पर आधिपत्य प्राप्त करना नहीं था : जबकि अन्य समस्त क्रान्तियाँ सत्ता प्राप्ति एवं शासन हथियाने के लिए होती रही हैं या होती हैं। हुसैनी क्रान्ति की सफलता के पश्चात् सत्ता प्राप्ति एवं शासन के अवसर इमाम हुसैन के सुपुत्र इमाम ज़ैनुल आबिदीन तथा उनके सुपौत्र इमाम जाफ़र सादिक़ तथा इमाम रिज़ा को प्राप्त हुए। परन्तु उन्होंने साम्राज्यवादी सत्ता एवं शासन को स्वीकार करने से मना कर दिया। उनका निषिद्ध हुसैनी क्रान्ति के उद्देश्य को स्पष्ट कर देता है।

तृतीय, यह कि हुसैनी क्रान्ति किसी षड्यंत्र के द्वारा नहीं रची गयी : जबकि अन्य क्रान्तियाँ उनके नेताओं एवं समानधर्मी चिन्तकों के षड्यंत्र का परिणाम होती हैं। इसके विपरीत इमाम हुसैन ने मदीना से विदा होते समय ही अपना दृष्टिकोण घोषित कर दिया था कि वे व्यक्तिगत लाभ हेतु सत्ता और राज्य नहीं चाहते। इमाम हुसैन के साथ जिन लोगों ने हुसैनी क्रान्ति करने में त्याग एवं बलिदान किये। वे भी इमाम हुसैन की घोषणा से तादात्म्य रखते थे तथा अपने उद्देश्यों को उन्होंने कर्बला की रणभूमि में बार-बार स्पष्ट भी किया, जो इतिहास में सुरक्षित है।

चतुर्थ, यह कि हुसैनी क्रान्ति को अहिंसा के माध्यम से क्रान्ति लाना कहा जा सकता है : 'जिहाद' का शाब्दिक अर्थ उद्देश्य प्राप्ति हेतु संघर्ष है। इस्लामी शब्दावली में 'जिहाद-फ़ी-सबीलअल्लाह' का अर्थ सत्य हेतु संघर्ष करना है। इसको भारतीय सन्दर्भ में देखें, तो जिहाद सत्याग्रह का पर्याय है। 'सत्याग्रह' भी सत्य + आग्रह है। अर्थात् सत्य प्राप्ति हेतु संघर्ष करना। महात्मा गाँधी ने सत्याग्रह को इसी रूप में प्रस्तुत किया है। अहिंसा की मूल विशेषता यह है कि उसमें अपने त्याग और बलिदान द्वारा दूसरों को अपने दृष्टिकोण के समर्थन के लिए प्रोत्साहित किया जाता है। किसी पर ज़ोर-ज़बरदस्ती के ज़रिए अपने सिद्धान्त आरोपित नहीं किये जा सकते। इमाम हुसैन और उनके साथियों ने अपने विचार एवं दृष्टिकोण को बारम्बार अपने विरोधियों के सम्मुख प्रस्तुत किया, जिससे उस समय भी लोग प्रभावित हुए तथा यज़ीदी सेना छोड़कर इमाम हुसैन

की ओर आ गये। जिहाद किया और शहीद हुए। बिना किसी ज़ोर-ज़बर्दस्ती के अहिंसा के सिद्धान्तों पर चले। इमाम हुसैन द्वारा प्रतिपादित अहिंसा का सिद्धान्त कालांतर में इस प्रकार फला-फूला कि विश्व भर के क्रान्तिकारियों के लिए मार्ग-निर्देशक बन गया। प्रसिद्ध घटना है कि महात्मा गांधी ने भारत के स्वतंत्रता आन्दोलन के सम्बन्ध में 1930 ई० में डाँडी मार्च किया तो 72 लोगों को साथ लेकर चले। पूछने पर उन्होंने उत्तर दिया था कि इमाम हुसैन सत्य के मार्ग पर 72 व्यक्तियों को ही लेकर चले थे। बाद में इस कारवाँ में असंख्य लोग सम्मिलित हो गये, जो प्रारम्भ में बहत्तर व्यक्तियों पर आधारित था।

पंचम, यह कि हुसैन क्रान्ति ने शक्ति की श्रेष्ठता समाप्त कर दी : साधारणतया सोचा जाता है कि शक्ति ही समस्याओं का समाधान कर सकती है। यह शक्ति व्यक्तियों की संख्या के आधार पर राज्य एवं धन तथा सैन्य-बल के आधार पर लालच, आकांक्षाओं एवं धन वितरण से बनती-बिगड़ती है। परन्तु इमाम हुसैन ने शक्ति की परिभाषा बदल ही दी, जिससे हुसैन की सामान्य ढंग से दिखायी पड़नेवाली निर्बलता यज़ीदी सेना की धन-गरज पर हावी हो गयी। हुसैनी क्रान्ति ने यह मूल सिद्धान्त प्रतिपादित किया कि दिखावटी शक्ति के द्वारा विजय प्राप्त नहीं की जा सकती, वरन् किसी विजय के पीछे सिद्धान्त एवं नैतिकता आवश्यक है।

षष्ठम, यह कि हुसैनी क्रान्ति अपने काल से अधिक कालांतर पर प्रभावी हुई: जबकि अन्य क्रान्तियाँ अपनी सम-सामयिक स्थितियों में बँधी होती हैं तथा इन स्थितियों के समाप्त होते ही वह क्रान्ति जिसकी धन-गरज से संसार सहम जाता था, विपरीत क्रान्ति का शिकार हो जाती हैं जिसमें वह समस्त चिह्न मिटा दिये जाते हैं, जिन्हें एक समय तक क्रान्ति की उपलब्धि के रूप में स्वीकार किया जाता रहा था। हुसैनी क्रान्ति की उपलब्धियाँ समय एवं स्थान की सीमाओं में बाँधी नहीं जा सकतीं। हुसैनी क्रान्ति ने संसार को जीवित रहने का आदर्श बताया कि अपमानित जीवन से सम्मानपूर्ण मृत्यु अच्छी है। अपमानित जीवन विवेक एवं अनुभूति से रहित जीवन तथा शोषण पर आधारित जीवन का समाप्त होना ही अच्छा है। परन्तु इसको समाप्त करने हेतु क्रान्ति प्रवर्त्तकों को स्वयं अपना तथा अपनों का जीवन बलिदान करना होगा।

सप्तम, यह कि हुसैनी क्रान्ति प्रत्येक जाति, धर्म एवं देश के लिए समान रूप से संदेश देती है : वह संदेश सुख-शान्ति तथा सन्धि एवं सुरक्षा का है। इमाम हुसैन का सत्य एवं असत्य के बीच विभेद करने का सिद्धान्त मात्र मुसलमानों तक सीमित नहीं है वरन् हर उस मानव को दीक्षा देता है, जो दैवी धर्म के अनुयायी होने का दावेदार है। चाहे मुसलमान हो या हिन्दू हो, सिक्ख हो

या बौद्ध हो, ईसाई हो या यहूदी हो। इमाम हुसैन का संदेश है कि अपने विश्वास एवं धर्म सिद्धान्त के आधार पर सत्य एवं असत्य के बीच भेद करो। यह समझो कि क्या अपेक्षित है और क्या अनपेक्षित? समाज में रहो तो सामाजिक दायित्व स्वीकार करो। मानव संस्कृति की विकास-विधि का आदर करो। पुनः धर्म-भ्रष्टता की ओर पलट न जाओ। उन सभी साधनों का विरोध करो, जो सामाजिक जीवन को शोषण द्वारा नरक बनाते रहते हैं। उनको समाप्त करो। चाहे इस संघर्ष में अपने प्रिय प्राण ही गँवाना पड़े। यदि तुम अपने इस भौतिक अस्थायी जीवन की किसी उच्च जीवनादर्श के प्रति आहुति दे दोगे, तो अमरत्व का पद प्राप्त कर लोगे, फिर उस दैवी आदेश की सीमा के भीतर आ जाओगे। इसको क़ुर्आन ने अमरत्व प्रदान करते हुए दुहराया है कि ईश्वर के मार्ग में बलिदान हुए लोगों को मृत न कहो। वे जीवित हैं तथा अपने पालनहार से जीविका भी पाते हैं।

अष्टम, यह कि हुसैनी क्रान्ति के परिणामस्वरूप विद्याएँ एवं कलाएँ विकसित हुईं : साधारणतया विभिन्न विद्याएँ तथा ललितकलाएँ एवं साहित्य विशेषकर ऐसे आयामों तक पहुँचे जो इससे पूर्व असम्भव थे।

नवम, यह कि हुसैनी क्रान्ति के परिणामस्वरूप राजनैतिक, सामाजिक, सांस्कृतिक, धार्मिक, आध्यात्मिक आदि के सिद्धान्तों एवं मूल्यों में कई महत्त्वपूर्ण परिवर्तन हुए : इस्लामी धर्म-व्यवस्था के अन्तर्गत विषयों एवं समस्याओं का विश्लेषण कर पुनः समझने-समझाने की चेष्टा प्रारम्भ हुई। सर्वमान्य इस्लामी मूल्यों का पुनरुत्थान हुआ तथा उसे अमरत्व प्राप्त हुआ सांसारिक जीवन एवं धार्मिक जीवन के बीच कृत्रिम अंतर मिटा सका, जिससे मुसलमानों में शुद्ध एवं पवित्र जीवन व्यतीत करने के आदर्शों को पुनः मूल आधार प्राप्त हुआ। हुसैनी क्रान्ति ने मानवजीवन के अनेक आयाम विकसित कर दिये।

□□□

अध्याय : चार

मदीना से कर्बला तक

हुसैनी क्रान्ति के विकास क्रम का संज्ञान हेतु कुछेक नगरों की भूमिका अपरिहार्य है। वे नगर हैं—मदीना, मक्का, कूफ़ा और कर्बला। इसके अतिरिक्त दमिश्क़ की अपनी भूमिका है, जिसकी चर्चा यथास्थान होगी। प्रस्तुत अध्याय सर्वप्रथम मदीना की चर्चा है, जो इमाम हुसैन की जन्मभूमि है। वहाँ से इमाम हुसैन प्रस्थान करके मक्का गये थे, जिसको मुसलमान अत्यन्त पवित्र-पावन भूमि मानते आये हैं। जहाँ ईश्वर ने सुरक्षाकवच प्रदान कर रखा है। परन्तु वहाँ इमाम हुसैन को गोपनीय ढंग से वध करने की योजना उनके मक्का से भी प्रस्थान करने के फलस्वरूप विफल हो गयी। मदीना और मक्का से सम्बन्धित घटनाएँ स्वयं इमाम हुसैन पर बीती हैं। कूफ़ा इमाम स्वयं नहीं जा सके, वरन् अपने अनुज मुस्लिम-बिन-अक़ील को अपना दूत बनाकर भेजा, जहाँ उन्हें उनके समथकों के साथ वध कर दिया गया। इमाम हुसैन का मक्का से प्रस्थान, मक्का तथा कर्बला के बीच यात्रा, कर्बला में इमाम हुसैन आगमन आदि की समुचित चर्चा प्रस्तुत अध्याय में की गयी है। एक प्रकार से देखा जाय, तो अध्याय में कर्बला के संग्राम की विस्तृत पीठिका प्रस्तुत करता है।

प्रस्तुत अध्याय में वस्तुनिष्ठ एवं तटस्थ अध्ययन गहन-शोध के निष्कर्ष स्वरूप कुछेक ऐसे तथ्य प्रस्तुत किये गये हैं, जिनसे आगे चलकर अधिक विस्तृत अध्ययन एवं शोध के मार्ग प्रशस्त होंगे, ऐसा हमारा मानना है। इसके कई पक्ष हैं—भौगोलिक, ऐतिहासिक, राजनैतिक, पुरातात्त्विक तथा धार्मिक। हमने निम्नलिखित सामग्री एवं सूचना उपलब्ध करायी है—

1. तत्कालिक (680 ई०) में इस्लामी साम्राज्य का राजनैतिक मानचित्र।
2. इमाम हुसैन की यात्रा का मानचित्र। मदीने से मक्का तथा मक्का से कर्बला तक की यात्रा। उन पड़ावों को चिह्नित किया जाना, जिनसे

इमाम हुसैन गुज़रे अथवा पड़ाव किया।*

3. मदीना, मक्का तथा कूफ़ा नगरों की हुसैनी क्रान्ति के सन्दर्भ में सूचनाएँ।*
4. इमाम हुसैन के परिवारजनों को बन्दी बनाकर किन मार्गों से कर्बला से कूफ़ा, कूफ़ा से दमिश्क़, दमिश्क़ से कर्बला और मदीना ले जाया गया। इन मार्गों का मानचित्र।*
5. कर्बला का वर्तमान मानचित्र, सेटलाइट से प्राप्त।
6. उपर्युक्त चर्चित स्थानों की एक-दूसरे से दूरी। उनके बीच यात्रा में कितना समय लगा। उस समय की प्रचलित यात्रा गति। इमाम हुसैन किस गति से यात्रा की। बन्दियों को ले जाते समय यज़ीद सेना ने किस गति से यात्रा की तथा मदीना लौटते समय क्या गति थी।†
7. संदेशवाहकों की क्या गति थी। अमीर मुआविया की मृत्यु की सूचना मदीना तक किस गति से आयी या कूफ़ा से दमिश्क़ तक संदेशवाहक किस गति से गया और किस गति से लौटा।†
8. तिथियों का निर्धारण—कुछेक तिथियाँ निश्चित हैं, उनके विषय में कोई भ्रान्ति नहीं है, परन्तु अनेक ऐसी तिथियाँ हैं कि या तो उनके विषय में कोई जानकारी नहीं अथवा उनमें भ्रान्तियाँ हैं। सही तिथियों का निर्धारण तथा तद्नुसार ईस्वी तिथियाँ दी गयी हैं।†
9. ऐतिहासिक एवं धार्मिक महत्त्व के स्थानों के चित्र। पहले क्या थे, अब क्या हैं?

पुरातत्त्व इतिहास का प्रमुख अंग है, जिसके अन्तर्गत मानव सम्बन्धी समस्त वस्तुओं को सुरक्षित रखा जाता है। पुरावशेष से सांस्कृतिक विकास-क्रम निश्चित करने में सहायता है। विश्व के समस्त राष्ट्र अपने पुरावशेष सम्मानपूर्वक सुरक्षित रखते हैं। परन्तु यदि कोई अपवाद है, तो वे कुछेक आतंकवादी-अतिवादी स्वयंभू इस्लामी धर्मशास्त्र के छद्मनामी पोषक हैं, जो पुरावशेष को नष्ट-भ्रष्ट करना ही धर्म मानते हैं। अतः वहाबियों ने सत्ता पर आधिपत्य प्राप्त करने के बाद सबसे

---

*. सहयोग हेतु प्रो. रामेश्वर प्रसाद मिश्र (इलाहाबाद) के प्रति आभार जिन्होंने सभी तिथियों, स्थानों उनके बीच दूरियों, यात्रा गति आदि समस्याओं का समाधान करने में निरन्तर भागीदारी निभायी। —लेखक

†. सहयोग हेतु डॉ० मुहम्मद हसन मुज़फ़्फ़री (तेहरान, ईरान) के प्रति आभार जिन्होंने गहन शोध के उपरान्त उन मूल स्रोतों से सूचना उपलब्ध करायी, जो मुझे भारत में उपलब्ध नहीं हो सकते थे। —लेखक

पहले कर्बला तथा नजफ़ पर आक्रमण कर इमाम हुसैन तथा हज़रत अली के रौज़ों को तोड़ने का प्रयास किया। कर्बला पर पहला आक्रमण सत्ता आधिपत्य के तुरन्त बाद 1802 ई० किया वरन् नजफ़ पर उससे पूर्व 1799 ई० में आक्रमण कर चुके थे। यद्यपि वहाबियों की लूट-पाट से पवित्र रौज़ों को काफ़ी हानि हुई थी, वरन् बाद में उन्हें पुनः निर्माण कर लिया गया। इसके विपरीत मक्का तथा मदीना में पवित्र श्रृद्धास्थों विशेष इस्लामी पैग़म्बर के परिवारजनों तथा इमामों के रौज़ों को धराशाही किया। इस्लामी इतिहास का एक काला-दिवस बुधवार 8 शव्वाल 1345 हि० तद्नुसार 21 अप्रैल, 1925 ई० है, जब सऊदी शासक इब्न-सऊद के आदेशानुसार जन्नत-उल-बकी (मदीना) के रौज़े, जिनमें इस्लामी पैग़म्बरी की प्राणप्रिय सुपुत्री फ़ातिमा ज़हरा, इमाम हसन, इमाम ज़ैन-उल-अब्दीन, इमाम मुहम्मद बाक़र तथा इमाम जाफ़र सादिक के पवित्र रौज़े शहीद किये गये तथा उनसे सम्बद्ध मस्जिदें भी धराशाही कर दी गयीं, जिनमें श्रृद्धालु इबादत करते थे। इस तिथि को श्रृद्धालुजन विरोध दिवस के रूप में मनाते हैं।

मातृभूमि मदीना में

इमाम हुसैन का मातृभूमि मदीना की मिट्टी, पानी, हरियाली, खजूर के मनोरम वृक्षों, स्वच्छ वातावरण सबमें उनका मन बसता। यहाँ शान्ति है, तृप्ति का आभास होता है। मदीना अरब देश का वर्तमान में प्रमुख नगर है। मदीना का अर्थ ही है—नगर। यह नगर सभी प्रकार के प्रदूषण से मुक्त था। इसका प्राचीन नाम 'यसरिब' था। जब 622 ई० में इस्लामी पैग़म्बर ने इसे यहाँ बसकर इस्लामी क्रान्ति का आवाहन किया, तो यसरिब 'मदीना-तुर-रुसूल' (रुसूल का नगर) हो गया। इसे मुसलमानों का मक्का के बाद दूसरा पवित्र तीर्थस्थल माना गया। यहीं इस्लामी पैग़म्बर ने अपने कर-कमलों द्वारा पहली मस्जिद का निर्माण किया, जो 'मस्जिद-उल-नबवी' (नबी की मस्जिद) के नाम से विख्यात है। श्रृद्धालुओं का तीर्थस्थल है। मदीना की स्तुति में इस्लामी पैग़म्बर की अनेक हदीसें हैं। उनमें 27 हदीसें मात्र 'सहीह-उल-बुख़ारी' में ही दर्ज हैं।[1] इनमें मदीना की विभिन्न विशेषताओं की चर्चा स्वयं इस्लामी पैग़म्बर ने स्पष्ट की है। जैसे मदीना के अमुक स्थान से अमुक स्थान तक उसे 'हरम' (काबा) के समान सम्मान प्राप्त है। यह शान्तिस्थल है। यहाँ आने के बाद उसे हानि नहीं पहुँचायी जा सकती। वह पूर्णतया सुरक्षित है। यदि मदीना में हिरनों को चरता हुआ देखो, तो उन्हें कदापि न छेड़ो। मदीना बुरे लोगों को अपने

1. जाम्अ-उल-सहीह-उल-बुख़ारी, भाग-1, पृ० 420-23, हदीस सं० 1722-45

बीच से इस प्रकार निकाल देता है, जैसे भट्टी लोहे के मैल को निकाल देती है, जो व्यक्ति मदीनावासियों से बुराई करेगा, इस प्रकार घुल जायेगा, जैसे नमक पानी में घुल जाता है आदि। मदीना में इमाम हुसैन के अग्रजों की निशानियाँ हैं। नाना पैग़म्बर, माता फ़ातिमा तथा भाई हसन की क़ब्रें हैं। इन क़ब्रों पर रोज़ जाते भी थे, फ़ातिहा पढ़ते, कुछ समय बिताते, बौद्धिक एवं आध्यात्मिक शान्ति प्राप्त होती। दिल तो चाहता कि यहीं अपनी भी क़ब्र बने, इसी मिट्टी में समा जायें। लेकिन उससे पूर्व उस दायित्व का निर्वाहन करना है, जो धर्म ने उनके ऊपर **"अम्र-बिल-मअरूफ़-वनहवु-इनलमुनकर"** (मान्य आदेशों को स्वीकारना तथा निषिद्ध को स्वीकार न करना। (कुर्आन : 22/41) के रूप में अपरिहार्य था। इसके लिए युद्ध होना अनिवार्य हो गया। इमाम हुसैन मदीना के सम्मान को ठेस नहीं लगाना चाहते थे। इतिहास का साधारण छात्र भी, जिसने वस्तुस्थिति का विवेचन किया है, भलीभाँति परिचित है कि मदीना के सम्मान पर अवश्य आक्रमण होगा। भला इस्लाम के शत्रु मदीनावासियों को शान्तिमय जीवन व्यतीत करने देंगे। मदीना ही इस्लाम का अन्तिम शरण स्थल है। इसको नष्ट-भ्रष्ट करने के लिए यज़ीद के दादा अबूसुफ़ियान ने बारम्बार आक्रमण किये थे, उसका पोता यज़ीद मदीना की ईंटों से ईंटें क्यों नहीं बजा देगा। परन्तु मदीना के अपमान एवं विनाश का आरोप इमाम हुसैन अपने सिर नहीं लेंगे। अतः भरे मन के साथ मदीना से विदा हो जायेंगे। छाती दाग़ों से भर जाय, कितने ही दुःख सहने पड़े, इमाम हुसैन मदीना से बाहर रहकर 'मान्य आदेशों को स्वीकारना तथा निषिद्ध को स्वीकार न करना' के सिद्धान्त को स्थापित करने हेतु जिहाद अवश्य करेंगे।

इस्लाम के पुनर्स्थापना के लिए जिहाद करने का समय आ ही गया। अमीर मुआविया की मृत्यु 22 रजब, 60 हि० तदनुसार 30 मार्च, 680 ई० को हुई।[1] पथराई हुई आँखों के साथ वे अपने पुत्र यज़ीद की राह जोहते रहे। परन्तु उनका उत्तराधिकारी यज़ीद अपने भोग-विलास तथा मनोरंजन में व्यस्त दमिश्क़ के बाहर था। अमीर मुआविया ने अपने अधिकारियों में ज़हाक-बिन-क़ैस फ़हरी तथा मुसलिम-बिन-अक़बा से कहा कि जब यज़ीद आये, तो उससे मेरी वसीयत कहना कि मेरा आदेश है कि वह हिजाज़वासियों (मदीनावासियों) के साथ उपकारपूर्ण

---

1. अमीर मुआविया की मृत्यु-तिथि में भ्रान्ति है। इब्न-ख़ल्दून का कथन है : "मध्य रजब 60 हि० में मृत्यु हुई। कुछेक कहते हैं, जमादी-उस-सानी में अपने राज्यकाल के 19 वर्ष कुछ मास के बाद मृत्यु हुई।" (किताब-अलइबर भाग-5, पृ० 52) हमने मध्य रजब (22 रजब) को वरीयता दी है, क्योंकि साधारणतया यही तिथि मानी जाती है।

—लेखक

व्यवहार करे। वहाँ से जो लोग राजधानी दमिश्क़ में आयें, उनका आदर सत्कार किया जाय और जो वहाँ के उच्च वर्ग के लोग तथा वयोवृद्ध यहाँ से बहुत दूर हैं, उनकी भी समय-समय पर देख-रेख की जाती रहे। सीरियावासियों को अपना बाहुबल, आँख और कान बनाये रक्खे। उन्हें सीरिया प्रान्त से बाहर अधिक समय तक न रहने दिया जाय, ताकि उनमें उन स्थानों की परम्पराएं न स्थान पा सकें। उसके बाद यह बता देना कि मुझे उसके विरुद्ध मात्र चार व्यक्तियों से भय है। पहले हुसैन-बिन-अली, दूसरे अब्दुल्लाह-बिन-उमर, तीसरे अब्दुर्रहमान-बिन-अबूबकर और चौथे अब्दुल्लाह-बिन-ज़ुबैर।[1] अमीर मुआविया ने इन चारों व्यक्तियों के विषय में अलग-अलग टिप्पणी भी कर दी—इब्न-उमर अन्त में तुम्हारी सत्ता स्वीकार कर लेंगे। हुसैन-इब्न-अली सीधे-सादे स्वभाव के व्यक्ति हैं, मगर ईराक़वासी उनको विरोध करने पर अवश्य तैयार कर लेंगे। अतः यदि वे आक्रमण करें और तुमको उन पर विजय प्राप्त हो तो क्षमादान करना। उनका बड़ा हक़ है और रुसूलअल्लाह के वे नाती हैं और इब्न-अबीबकर का अपना निजी मत नहीं होता, जो उनके मित्रगण कहेंगे, वही करेंगे। यदि उनमें कोई साहस है, तो महिलाओं के समान है। हाँ जो व्यक्ति तुम पर सिंह के समान आक्रमण करेगा तथा लोमड़ी के समान छल-कपट करेगा और जब कभी अवसर मिलेगा, अवश्य करेगा, वह इब्न-ज़ुबैर है, अतः यदि वह ऐसा करे और तुम उस पर विजय प्राप्त करो, तो उसके हाथ-पाँव काट देना।[2] ज्ञातव्य रहे कि अब्दुर्रहमान-बिन-अबीबकर की मृत्यु सात वर्ष पूर्व 53 हि० (610 ई०) में हो चुकी थी।[3] इससे सिद्ध होता है कि उस समय तक प्रथम ख़लीफ़ा हज़रत अबीबकर के परिवार से मुआविया का सम्बन्ध इस सीमा तक टूट चुका था कि उन्हें इब्न-अबीबकर की सात वर्ष पूर्व की मृत्यु की सूचना भी नहीं थी।

यज़ीद को पिता की मृत्यु की सूचना मिली, तो राजगद्दी संभालने हेतु तुरन्त लौट पड़ा। दमिश्क़ पहुँचने पर उसे अमीर मुआविया की वसीयत से अवगत कराया गया। एक बिगड़ा हुआ युवक, हर समय काम-वासना में ग्रस्त, मदिरा की तरंग, सुरा-सुंदरी की बहुतायत, अमीर मुआविया की वसीयत काँटे की तरह चुभ गयी। यही लोग हैं, जिन्होंने मेरे पिता को दुःखी रक्खा। इनसे अवश्य ही प्रतिशोध लूँगा। शक्ति-बल का घमण्ड, विशालकाय साम्राज्य का दम्भ, अज्ञान की ज्वाला में घिरा हुआ तथा राजनीति की बारीकियों से अनभिज्ञ यज़ीद ने

---

1. तारीख़-अर्रुसुल-वअलमुलूक, भाग-6, पृ० 180; अलअख़बार-उल-तवाल, पृ० 237
2. किताब-अलइबर, भाग-5 पृ० 50
3. किताब-अलकामिल-फ़ी-तारीख़, भाग-3, पृ० 412, भाग-4, पृ० 3

अपना ध्येय बना लिया कि किसी-न-किसी तरह से इन व्यक्तियों को अपना अधीनस्थ करना है। उसने अपने चचेरे भाई और मदीना के प्रशासक वलीद-बिन-अतबा को तुरन्त आदेश पारित किया : **''हुसैन-बिन-अली, अब्दुल्लाह-बिन-उमर तथा अब्दुल्लाह-बिन-ज़ुबैर को बैअत करने पर विवश करो तथा बैअत के लिए उन्हें तनिक भी अवसर न दो।''**[1] वलीद ने यज़ीद का आदेश पाया, तो घबरा गया, क्योंकि वह जानता था कि इसका परिणाम भयावह है। उसने मरवान-बिन-हकम से परामर्श किया। मरवान वह व्यक्ति है, जिसके विषय में यथास्थान चर्चा की जा चुकी है कि अपने कुकर्मों के आधार पर उसको, उसके पिता हकम सहित इस्लामी पैग़म्बर ने मदीना से निकाल दिया था। हज़रत अबूबकर तथा हज़रत उमर ने उन दोनों को और भी दूर निर्वासित कर दिया था। मरवान पैग़म्बर और उनके परिवार का कट्टर शत्रु था। उसने सलाह दी कि तुम्हें यज़ीद के आदेश को कार्यान्वित करने में विलम्ब नहीं करना चाहिए। तुरन्त हुसैन से सम्पर्क करो और उनसे बैअत हासिल करो। वलीद का सन्देशवाहक इमाम हुसैन के पास गया। इमाम हुसैन उस समय मस्जिदे-नबवी में इबादत कर रहे थे। वहीं अन्य लोगों को भी यज़ीद के आदेश की सूचना मिल गयी। यह घटना 26 रजब, 60 हि० तदनुसार 2 मई, 680 ई० की है।[2]

इमाम हुसैन शान्तिपूर्वक मस्जिद से राजभवन की ओर चले। मदीना में निवास कर रहे परिवारजनों को सूचना मिली, तो वे हथियार सजकर दौड़ पड़े। इमाम हुसैन से कहा कि इस प्रकार आप अकेले न जाइए, हम भी साथ चलेंगे। इमाम हुसैन का उत्तर था, अधीर होने की कोई आवश्यकता नहीं है। मेरा अकेला

---

1. तारीख़-अर्रुसुल-वअलमुलूक, भाग-6, पृ० 188
2. इस तिथि के निर्धारण का आधार यह कि इमाम हुसैन ने मदीना-प्रशासक से वार्ता के दूसरे दिन मदीना से प्रस्थान किया। (तारीख़-अर्रुसुल-वअलमुलूक, भाग-6, पृ० 191) इमाम हुसैन से 'दो-एक दिन पूर्व' इब्न-ज़ुबैर का मदीना पहुँचना (अलअख़बार-उल-तवाल, पृ० 230) भी बताता है कि इमाम हुसैन ने मदीना से बाद में प्रस्थान किया प्रस्थान की निर्विवाद तिथि है—प्रातः 28 रजब 60 हि० अर्थात् 27 रजब को मदीना में रहे, 26 रजब को इमाम हुसैन को आमंत्रित किया गया।
   मदीना से दमिश्क़ की दूरी 812 मील/1300 किमी० है। 22 रजब को यज़ीद ने ख़लीफ़ा बनने के तुरन्त बाद मदीना प्रशासक को आदेश भेजा, जो 5 दिनों में मदीना पहुँचा। उस समय 'बरीद' व्यवस्था के अन्तर्गत संदेशवाहक रात-दिन यात्रा करता था। एक पड़ाव से दूसरे पड़ाव पर संदेशवाहक बदल जाता था, जिससे विश्राम हेतु मार्ग में रुके बिना, पूर्ण ऊर्जा से यात्रा अन्त तक चलती है। 812 मील की 5 दिनों-रातों में यात्रा लगभग 80 मील दिन + 80 मील रात्रि समान गति ही थी। —लेखक

जाना ही उचित होगा। परिवारजनों का अनुरोध बढ़ा तो उन्होंने समझाया, अच्छा ठीक है, तुम लोग भी चलो, परन्तु राजभवन के बाहर ही रुकना होगा। यदि मुझे कोई आवश्यकता हुई, तो तुम्हें पुकार लूँगा। इमाम हुसैन राजभवन में वलीद के सामने आये, तो उसने अमीर मुआविया के मृत्यु की सूचना दी। इमाम हुसैन ने किसी मृत्यु पर जिस प्रकार की औपचारिकताएँ होती हैं, व्यक्त कीं तथा इस अवसर पर पढ़ने की आयत : **''हम अल्लाह के लिए हैं और उसी की ओर पुनरावृति करेंगे।''** (क़ुर्आन :2/156) पढ़कर अपनी ओर से अत्यन्त सद्भावपूर्ण व्यवहार किया। फिर वलीद ने यज़ीद का आदेश उनके सामने रखा। इमाम हुसैन ने उत्तर में कहा कि यहाँ चुपचुपाते मेरा बैअत करना तुम्हारे लिए लाभदायक नहीं हो सकता। कल मस्जिद में सब के सामने अपना प्रस्ताव रखना तो मैं भी अपने विचार रखूँगा। वलीद ने कहा, यह बहुत ही अच्छी बात है। ठीक है आप इस समय जायें, मस्जिद में सबके सामने मैं यज़ीद की बैअत का प्रस्ताव रखूँगा। इस पर मरवान ने वलीद से कहा कि तुम किस अबुद्धि का परिचय दे रहे हो, यदि इस समय हुसैन तुम्हारे हाथ से निकल गये, तो तुम कभी भी उनसे यज़ीद की बैअत नहीं करा सकोगे। उचित यह है कि या तो हुसैन इसी समय यज़ीद की बैअत करें अथवा उनका शीश काटकर दमिश्क़ भेज दो। यह सुनना था कि इमाम हुसैन ने डपटकर कहा, तेरी मजाल है कि तू मेरा शीश काटेगा! इमाम हुसैन की आवाज़ का ऊँचा होना था कि उनके परिवार के लोग राजमहल में घुस आये और इमाम हुसैन को सुरक्षित अपने साथ लौटा लाये। उस समय तक यज़ीद की ओर से बैअत की माँग ही की गयी थी, इमाम हुसैन का शीश काटकर दमिश्क़ भेजने का आदेश नहीं था, परन्तु मदीना के प्रशासक के नाम उसके दूसरे आदेश में स्पष्ट कहा गया : **''तुम्हारे पत्र के उत्तर के साथ हुसैन-बिन-अली का शीश वर्तमान हो।''**[1] इस कठोर आदेश के सामने वलीद की क्या मजाल थी कि वह आदेश का पालन न करता, परन्तु इस पत्र के प्राप्त होने के पूर्व ही इमाम हुसैन मदीना से बाहर जा चुके थे।[2]

अमीर मुआविया ने प्रारम्भ में जिन चार व्यक्तियों का नाम लिया था, उनमें जैसा कि ऊपर की पंक्तियों में बताया जा चुका कि अब्दुर्रहमान-बिन-अबूबकर की मृत्यु हो चुकी थी। अब्दुल्लाह-बिन-उमर के बारे में दो प्रकार की सूचनाएँ मिलती हैं। एक यह कि उन्होंने तुरन्त ही यज़ीद की बैअत कर ली, दूसरे यह कि उस समय उन्होंने टाल दिया और कहा कि मैं तो आपके साथ हूँ ही, दूसरों से बैअत लीजिए। फिर इमाम हुसैन की शहादत के बाद उन्होंने तुरन्त यज़ीद की बैअत

---

1. तारीख़-अर्रुसुल-वअलमुलूक, भाग-6, पृ० 126,
2. तारीख़-अर्रुसुल-वअलमुलूक, भाग-6, पृ० 126, 191

कर ली।[1] अब्दुल्लाह-बिन-ज़ुबैर ने चतुराई दिखायी। उसी रात अंधेरे में मक्का के लिए पलायन कर गये, क्योंकि उनके विचार में मक्का का वातावरण उनके अनुकूल था। वहाँ उनके ख़लीफ़ा बन जाने की प्रबल संभावना थी।

रह गये इमाम हुसैन तो वे तीन रातों तक इस घटना के बाद भी मदीना में रहे।[2] उनका समय कितना कठिन रहा होगा, कल्पना की सीमाओं के परे है। मदीना त्यागने को मन नहीं कहता, मदीना में रहें, तो अपने सिद्धान्तों एवं आदर्शों को बलि देकर ही शान्ति मिल सकती थी। यदि मदीना में रहकर जिहाद किया जाय, तो मदीना की सुख-शान्ति प्रभावित होगी। मदीना की सुरक्षा को ध्यान में रखते हुए इस्लामी पैग़म्बर ने सभी युद्ध मदीना से बाहर किये थे। वे इस परम्परा को नहीं तोड़ सकते, अतः मदीना से बाहर निकलना ही होगा। इस यात्रा की कठिनाइयों सें उबरने के लिए इमाम हुसैन का अधिक समय पैग़म्बर के रौज़े पर बीतता था। वहीं नमाज़ पढ़ते और दुआएँ करते रहते थे। मदीना में अपनी अन्तिम रात उन्होंने अपनी माता हज़रत फ़ातिमा ज़हरा तथा भाई इमाम हसन की क़ब्रों पर इबादत करने तथा दुआ करने में बितायी।[3]

इमाम हुसैन ने अपना अन्तिम निर्णय घोषित करने के पूर्व अपने अनुज मुहम्मद-बिन-हनफ़िया से परामर्श किया।[4] उनकी राय हुई कि आप मक्का शरीफ़ की ओर प्रस्थान कर जायें। यदि मक्कावासी उचित व्यवहार न करें, तो यमन चले जायें, जहाँ आपके तथा अह्लबैत के अनुयायियों की बड़ी संख्या निवास करती है। यदि वहाँ की स्थिति भी अनुकूल न हो, तो आप किसी बियाबान अथवा पहाड़ी क्षेत्र में चले जायें तथा एक नगर से दूसरे नगर में हस्तांतरित होते रहें। इमाम हुसैन ने उनके परामर्श को उचित माना। उसके बाद उन्हें अपना कार्यवाहक प्रतिनिधि बनाकर मदीने में छोड़ा और साथ ही एक वसीयतनामा भी लिखित रूप में उन्हें प्रदान किया, जिसमें इमाम हुसैन ने अपने उद्देश्यों की स्पष्ट शब्दों में चर्चा की है : "**मेरा उद्देश्य है कि मैं मुसलमानों में सुधार लाने हेतु प्रयत्न करूँ। इस्लाम के मान्य आदेशों को स्वीकारने तथा निषिद्ध को अस्वीकार करने का सन्देश दूँ। अपने नाना पैग़म्बर तथा अपने पिता अली के जीवन को आदर्श बनाकर जो व्यक्ति मेरा सन्देश स्वीकार करेगा, ईश्वर उसका फल देगा तथा जो अवहेलना करेगा, तो मैं सन्तोष करूँगा, जब तक कि ईश्वर मेरे और उसके बीच में सच्चाई का आदेश न पारित करे तथा ईश्वर का आदेश**

---

1. किताब-अलइबर, भाग-5 पृ॰ 63
2. तारीख़-अर्रुसुल-वअलमुलूक, भाग-6, पृ॰ 191
3. बिहार-उल-अनवार, भाग-1-2, पृ॰ 149; अलमक़तल : अबी-मिख़नफ़ पृ॰ 15
4. किताब-अलइबर, भाग-5 पृ॰ 63

ही अन्तिम है। हे भाई! यह मेरी वसीयत है तथा ईश्वर के अतिरिक्त कोई किसी प्रकार का अवसर प्रदान नहीं कर सकता और मैं उसी की ओर पुनरावृत्ति कर रहा हूँ।''[1] मुहम्मद हनफ़िया ने साथ ही साथ यह सुझाव भी दिया कि इमाम हुसैन मदीना से बाहर निकलें, तो परिवार के कुछेक चुने हुए लोगों के साथ ही, महिलाओं एवं शिशुओं को अपने साथ न ले जायें। वरन् उन्हें मदीना में ही छोड़ दें, जिनके देख-रेख का दायित्व मुहम्मद हनफ़िया का होगा। इमाम हुसैन ने उनका यह प्रस्ताव स्वीकार नहीं किया। इमाम हुसैन जानते थे कि आगे जो कुछ घटित होना सम्भावित है, उसके लिए प्रामाणिक साक्ष्य की आवश्यकता होगी। यदि ये महिलाएं तथा शिशु भी साथ न हुए, तो घटना का सही वृत्तांत प्रस्तुत करने हेतु कोई न होगा। शासक वर्ग के पोषित इतिहासकार जो चाहेंगे मनमाने ढंग से लिखेंगे। उनका हाथ पकड़ने वाला कोई नहीं रहेगा, क्योंकि उनके द्वारा प्रस्तुत साक्ष्यों का खण्डन करने हेतु कोई अधिक प्रमाणिक साक्ष्य का अस्तित्व नहीं होगा। विद्वान एवं हितैषी मुहम्मद हनफ़िया के सामने तत्कालिक समस्याएँ थीं, परन्तु इमाम हुसैन बहुत आगे की स्थिति को भलीभांति देख रहे थे। आज यह बताने की आवश्यकता नहीं है कि इमाम हुसैन का निर्णय कितना दूरदर्शी, वस्तुनिष्ठ एवं यथार्थपरक था।

इसके बाद इमाम हुसैन अपनी नानी तथा पैग़म्बर की धर्मपत्नी हज़रत उम्म-सलमा से भेंट की। उन्हें अपने विचारों से अवगत कराया। ऐसी मान्यता है कि उन्हें इस्लामी पैग़म्बर ने पूर्व में ही इसकी सूचना दे रखी थी तथा कर्बला के उस स्थान की मिट्टी भी प्रदान की थी, जहाँ इमाम हुसैन का वध होना था। साथ ही कहा था कि जब इमाम हुसैन का वध होगा, तो इस मिट्टी का रंग लाल हो जायेगा। यह भी मिलता है कि इस्लामी पैग़म्बर ने बताया था कि इमाम हुसैन के शहादत के बाद यह मिट्टी लाल हो जायेगी, जो वास्तव में लाल हो गयी।[2] यह एक धार्मिक मान्यता एवं विश्वास की बात है। इस प्रकार की बातें सभी धर्मों में मिलती हैं

मदीना से मक्का प्रस्थान

सभी पक्षों पर विचारमर्श के उपरान्त निर्णयानुसार इमाम हुसैन 28 रजब, 60 हि० तदनुसार 4 मई, 680 ई० को मदीना से बाहर निकले।[3] एक अत्यन्त कठिन यात्रा में साथ चलने के लिए अपने क़बीला बनी-हाशिम के अत्यन्त

---

1. बिहार-उल-अनवार, भाग-1-2, पृ० 151
2. बिहार-उल-अनवार, भाग-1, पृ० 232-34
3. तारीख़-अर्रुसुल-वअलमुलूक, भाग-6, पृ० 190-215

महत्त्वपूर्ण एवं विशिष्ट व्यक्तियों को अपने साथ लिया, जिसमें शिशु, बालक, युवा, महिलाएँ एवं वृद्ध सम्मिलित थे। विशेष यह है कि इस यात्रा में अपने पितामह (हज़रत अली के पिता) हज़रत अबू तालिब के वंशजों में सभी जनों को साथ लिया, जिनमें इमाम हुसैन की दो बहनें ज़ैनब एवं उम्म-कुलसूम भी थीं। सभी भाई-भतीजे तथा उनसे सम्बन्धित परिवारजन, कुछेक अपवादों के अतिरिक्त जैसे मुहम्मद हनफ़िया जिनको अपना प्रतिनिधि बनाकर मदीना में छोड़ा, अपनी फूफी उम्म-हानी, जो इतनी वृद्ध हो गयीं थीं कि चलने-फिरने से असमर्थ थीं। अपनी बीमार बेटी फ़ातिमा सुग़रा, उनकी देखरेख के लिए माता, जिनका नामकरण ही 'उम्म-उल-बनीन' (पुत्रों की माता) है और जो हज़रत अब्बास तथा अन्य पुत्रों की कर्बला में शहादत से गौरवान्वित हैं। इमाम हुसैन के बहनोई अब्दुल्लाह-बिन-जाफ़र का साथ में न होना आश्चर्यजनक लगता है, वे इमाम हुसैन के हिजाज़ से प्रस्थान के विरुद्ध थे और अपने विचारों से इमाम हुसैन को प्रभावित करने का निरन्तर प्रयास भी करते रहते थे। इमाम हुसैन जिस मुहिम पर निकल रहे थे, उसमें किसी महत्त्वपूर्ण व्यक्ति का नकारात्मक एवं विरोधी विचार अन्य सहयोगों को हतोत्साहित कर सकता था, अथवा उनके मन-मस्तिष्क में ऊहापोह उत्पन्न कर सकता था। हो सकता है कि इसी कारण इमाम हुसैन ने अब्दुल्लाह-बिन-जाफ़र का मदीना में रहना ही उचित समझा हो। यह ऐतिहासिक तथ्य विचारणीय है कि कर्बला में बनीहाशिम वंशज के जितने भी महानुभाव दीख पड़ते हैं, सब के सब हज़रत अबूतालिब के वंशज हैं, कोई अन्य बनीहाशिमी व्यक्ति दीख नहीं पड़ता। परिवार से बाहर के लोगों में नसर-बिन-अबीनयज़र थे, जो उसी परिवार के संग रहे थे। उसी प्रकार जौन, जो विख्यात सहाबी हज़रत अबूज़र के सेवक थे, अपने स्वामी की मृत्यु के बाद उसी परिवार में रहते थे तथा उनके सुपुत्र औन भी साथ रहते थे या हार्स, जो पहले हज़रत हमज़ा के सेवक थे। उनके बाद इस्लामी पैग़म्बर की सेवा में रहे, फिर उनके परिजनों के साथ रहे थे, तथा उनके सुपुत्र सअद अजलानी या मुनजह-बिन-सह्म जिनकी माता इमाम ज़ैन-उल-आबिदीन की सेविका थीं, वे अपनी माता के साथ रहते थे, उक़बा-बिन-समआन, जो इमाम हुसैन की पत्नी उम्म रबाब के सेवक थे तथा एक तुर्की सेवक क़ारिब की चर्चा मिलती है, जो मदीना से इमाम हुसैन के साथ चले। ये सभी लोग इमाम हुसैन के परिवार के सेवक थे और स्वाभाविक रूप में इमाम हुसैन के साथ चले। मात्र अपने परिवारजनों तथा परिवार से सम्बन्धित जनों को ही साथ लेने से भी स्पष्ट होता है कि इमाम हुसैन किसी विजययात्रा में नहीं जा रहे थे।

मदीना से मक्का की दूरी 210 मील (338 कि० मी०) है बीच में 14 प्रमुख स्थान हैं—मदीना.....→ ज़ूहलीफ़ा.....→ मिलल.....→ मियाला.....→

अर्क़ ज़निया.....→ दौनिया.....→ अरज.....→ लहयी जमल.....→ सक़या.....→ अबवा.....→ हरशा.....→ जहफ़ा.....→ क़दीद-ख़लीस.....→ असफ़ान.....→ मरज़हरान.....→ मक्का। यह कहना कठिन है कि इनमें किन स्थानों पर इमाम हुसैन ने विश्राम किया, परन्तु इस यात्रा की अवधि 5 दिन मानी जाती है। 5 दिनों में 210 मील की यात्रा अत्यन्त सहज भाव से यात्रा करने की गति है।[1] इससे स्पष्ट है कि प्रचलित मार्ग से सुविधापूर्वक यात्रा इमाम हुसैन की शान्त मनःस्थिति की द्योतक है। उन्हें कोई जल्दी नहीं थी, धीरे-धीरे अपनी मंज़िल की ओर बढ़े। इमाम हुसैन अत्यन्त शान्तिपूर्वक सामान्य यात्रा कर रहे थे।

मक्का में आश्रय के दिन

अरब देश की पावन धरती मक्का में पैग़म्बर हज़रत इब्राहीम तथा उनके सुपुत्र पैग़म्बर हज़रत इस्माइल द्वारा 2000 ई० पू० में निर्मित काबा-शरीफ़ है, जो मुसलमानों का आराध्य केन्द्र है, काबा अल्लाह का घर है। प्रत्येक मुसलमान प्रतिदिन कम-से-कम पाँच बार काबा की ओर मुँह करके नमाज़ पढ़ता है। यही इस्लामी पैग़म्बर की जन्मभूमि भी है। इस्लाम का उदय भी इसी भूमि से हुआ, जिसका मक्कावासी क़ुरैश ने घोर विरोध किया। अमीर मुआविया के पिता अबूसुफ़ियान के नेतृत्व में, जिसमें अमीर मुआविया की भी सक्रिय भागीदारी थी, मक्का में इस्लामी पैग़म्बर का रहना दूभर कर दिया। अतः उन्हें 622 ई० में मक्का से प्रस्थान करना पड़ा। मुसलमानों ने 630 ई० में मक्का विजय कर लिया, तो इस्लामी पैग़म्बर सभी विरोधियों को क्षमादान प्रदान कर दिया। काबा के प्रांगण में आने के बाद सभी प्रकार से सुरक्षा मिल जाती है। काबा शान्ति-स्थल है। पूर्णरुपेण संरक्षित है। काबा के प्रांगण में पत्ती भी नहीं तोड़ी जा सकती। इसकी घोषणा इस्लामी पैग़म्बर ने उसी समय कर दी थी, जब उन्होंने मक्का विजय (629 ई०) के पश्चात् मुसलमानों को सम्बोधित किया था : "हे **जनता-जनार्दन! निःसन्देह ईश्वर ने जिस दिन आकाश तथा धरती को बनाया, उसी दिन मक्का में रक्तपात तथा युद्ध को वर्जित किया। अतः वह प्रलय-दिवस तक इसी प्रकार सामान्य रहेगा। किसी व्यक्ति को जो ईश्वर तथा प्रलय-दिवस पर ईमान लायेगा, यह अनुमति नहीं है कि इसमें रक्तपात करे और न उसमें कोई हरा-भरा पेड़ काटे, किसी व्यक्ति को मेरे पूर्व और न मेरे बाद**

1. अनुमानतः 40 मील (64 कि०मी०) प्रतिदिन के आधार पर यात्रा हुई, जो उस समय में ऊँट के क़ाफ़िले की रेगिस्तान यात्रा की औसत गति है।

—लेखक

मक्का में युद्ध करना वर्जित है।"[1] विजय के समय भाव-विभोर होकर मात्र इतना कह देने पर कि आज मक्का में घमासान का रण पड़ेगा, सहाबी सअद-बिन-अबादन अंसारी को, जो एक दल के सेनानायक थे, इस्लामी पैग़म्बर ने पदच्युत कर दिया था।[2]

इमाम हुसैन के लिए मक्का व्यक्तिगत कारणों से भी अत्यन्त महत्त्वपूर्ण है। उनके पूर्वजों की जन्मभूमि एवं कर्मभूमि है। उनके नाना इस्लामी पैग़म्बर, उनके पिता हज़रत अली तथा उनकी माता हज़रत फ़ातिमा ज़हरा सभी की जन्मभूमि मक्का है। मक्का से प्रवसन कर इस्लामी पैग़म्बर रबीअ-उल-अव्वल 1 हि० (जून 622 ई०) में मदीना आये,[3] तो परिवार के अन्य लोग तथा मक्का में पीड़ित अन्य मुसलमान जन भी मदीना आकर बस गये। परन्तु मक्का से किसी न किसी रूप में सम्बन्ध स्थापित रहा। विभिन्न वंशजों के अनेक जन मक्का में निवास करते थे। पैग़म्बर के वंशज बनीहाशिम में भी कई लोग मक्का में थे। स्वाभाविक है कि इमाम हुसैन के लिए मदीना के बाद सर्वाधिक उपयोगी स्थान मक्का ही था। इमाम हुसैन ने मदीना से मक्का के लिए चिर-परिचित मार्ग से प्रस्थान किया। अपनी मातृभूमि त्याग दी, मक्का-मुकर्रमा पहुँचे। मुसलमानों को अपने संकल्प से परिचित कराया।

मक्का में इमाम हुसैन की आगमन तिथि 3 शअबान 60 हि०[4] तदनुसार 9 जुलाई, 680 ई० है। वहाँ पैतृक-आवास 'शिअब-अली' में निवास किया,[5] जो मुहल्ला बनीहाशिम में रहा होगा। इमाम हुसैन के आगमन की सूचना अत्यन्त वेग से चारों ओर फैल गयी—इमाम हुसैन ने यज़ीद की बैअत करने से इंकार कर दिया है। अमीर मुआविया की मृत्यु के बाद यज़ीद अनधिकृत रूप में ख़लीफ़ा बन बैठा है। वह ख़लीफ़ा पद के योग्य नहीं है। वह इमाम हुसैन पर बैअत करने के लिए दबाव बना रहा था, जिसे इमाम हुसैन ने स्वीकार नहीं किया। अब हमें इमाम हुसैन के नेतृत्व में संगठित होना चाहिए, ताकि इस भ्रष्ट सत्ता व्यवस्था से मुक्ति मिल सके। लोग मक्का में उमरा के लिए आते, इमाम हुसैन से मिलते और इमाम हुसैन के उद्देश्य की जानकारी अन्य मुसलमान को देते थे।

मदीना के समान मक्का में भी इमाम हुसैन ने अपनी दिनचर्या ईश-वन्दना में बिताते रहे। अधिकतर समय काबा-शरीफ़ में इबादत करते रहते, वहीं लोगों से

---

1. किताब-अलइबर, भाग-3, पृ० 167
2. हयाते-मुहम्मद, पृ० 525
3. किताब-अलतबक़ात-उल-कबीर, भाग-1-2, पृ० 153
4. बिहार-उल-अनवार, भाग-1, पृ० 154; तारीख-अर्रुसुल-वअलमुलूक, भाग-6, पृ० 215
5. अलअख़बार-उल-तवाल, पृ० 229

मुलाक़ात भी करते। विभिन्न स्थान से मुसलमान बड़ी संख्या में इमाम हुसैन की सेवा में उपस्थित होते। उनके प्रति अपना आदर सत्कार एवं आस्था व्यक्त करते। कुछेक लोग जिहाद करने की सलाह भी देते। इमाम हुसैन शान्तिपूर्वक उनकी बातें सुनते तथा साधुवाद देते। धीरे-धीरे आने वालों की संख्या बढ़ने लगी, जिनकी ओर से जिहाद के लिए आग्रह भी होता। कुछ लोगों ने इमाम हुसैन से ख़लीफ़ा के रूप में बैअत भी करना चाहा, परन्तु इमाम हुसैन ने उन्हें समझा-बुझाकर टाल दिया।

ऊपर की पंक्तियों में चर्चा हो चुकी है कि अब्दुल्लाह-बिन-ज़ुबैर ने यज़ीदी प्रशासक की ओर से बैअत की माँग होते ही, मदीने से पलायन कर मक्का में अपना केन्द्र बना लिया था। वे निरन्तर प्रयास में थे कि लोग उनके हाथ पर बैअत करके उन्हें ख़लीफ़ा मान लें। इमाम हुसैन के आने से पासा उल्टा पड़ गया, लोग अब्दुल्लाह-बिन-ज़ुबैर के पास न जाकर सीधे इमाम हुसैन से सम्पर्क स्थापित कर रहे थे। अब्दुल्लाह-बिन-ज़ुबैर को इमाम हुसैन का मक्का में आगमन बहुत नागवार गुज़रा, क्योंकि इससे उनके खलीफ़ा बनाये जाने की स्थिति समाप्त हो गयी थी कि इमाम हुसैन के होते हुए कोई भी उनकी बैअत नहीं करेगा।[1] अतः उन्होंने स्थिति कां संज्ञान कर इमाम हुसैन का दामन पकड़ने में ही भलाई समझी। यद्यपि वे इमाम हुसैन ही नहीं, समस्त अहलबैत के कट्टर विरोधी थे। यहाँ तक कि एक समय में नमाज़ पढ़ना त्याग दिया था, क्योंकि उसमें अहलबैत की स्तुति करनी पड़ती है।[2] परन्तु इस समय कूटनीति कहती थी कि इमाम हुसैन के साथ हो जाओ। वे नियमित रूप में इमाम हुसैन की सेवा में प्रस्तुत होते, कभी-कभी तो दो दिन लगातार प्रस्तुत होते और कभी दो दिन में एक बार, परन्तु आते ही इमाम हुसैन के प्रति अपनी श्रद्धा का प्रदर्शन करने लगते।[3] अब्दुल्लाह-बिन-उमर भी मक्का में इमाम हुसैन से मिले, परन्तु उनका उद्देश्य इमाम हुसैन को यज़ीद की बैअत के लिए आमादा करना था। उन्होंने इमाम हुसैन को सलाह दी कि आप वर्तमान सत्ता से सन्धि कर लें तथा उनसे युद्ध करने का विचार मन में न लायें।[4]

इमाम हुसैन मक्कर-उल-मुकर्रमा में लगभग तीन मास रहे। इसमें रमज़ान-उल-मुबारक का पवित्र मास भी सम्मिलित है। रमज़ान आत्मशुद्धि का मास है। इसमें रोज़ेदार स्वयं अपनी धार्मिकता का लेखा-जोखा करता है। पाशविक

---

1. अलइर्शाद-फ़ी-मुआरिफ़त-हुज्जाज-उल्लाह-अलाउल-इबाद, पृ० 184
2. अलनसाइए-उल-काफ़िया, पृ० 93
3. अलअख़बार-उल-तवाल, पृ० 230
4. बिहार-उल-अनवार, भाग-1, पृ० 183

इच्छाओं पर लगाम लगाता है ताकि स्वयं को ईश्वर की इच्छाओं के अनुरूप बना सके। उसे अपनी आत्मा को प्रशिक्षित करने का भरपूर अवसर मिलता है। इमाम हुसैन के लिए रमज़ान का महीना उनके उद्देश्य "मान्य आदेशों को स्वीकारना तथा निषिद्ध को स्वीकार न करना" को जन-जन तक पहुँचाने का विशेष अवसर था। इमाम हुसैन के साथ इबादत में शामिल होना स्वयं अपने-आप में अत्यन्त गौरवान्वित था। वे समस्त मुसलमानों को इस्लाम धर्म के मूल उद्देश्यों से अवगत करते रहते थे। इसका प्रभाव अत्यन्त सकारात्मक रूप में सामने आया। इमाम हुसैन तत्कालीन परिस्थितियों में एक व्यक्ति के रूप में ही नहीं थे वरन् एक आन्दोलन के रूप में इस्लाम के पुनरुत्थान हेतु संघर्षशील थे। चारों ओर से बड़ी संख्या में मुसलमान इमाम हुसैन के समर्थन में एकजुट हो रहे थे। हज्ज का समय निकट आ रहा था, मक्का में मुसलमानों का जमाव दिनोंदिन बढ़ता जा रहा था। लगता था कि इस बार हज्ज कुछ विशेष सन्दर्भ लेकर आया है।

परिस्थितियों का वस्तुगत विवेचन किया जाय, तो स्पष्ट दीखता है कि लोग तो इमाम हुसैन के समर्थन में एकजुट हो रहे थे, परन्तु इमाम हुसैन की निगाहें कुछ अन्य लोगों को तलाश रही थीं। बसरा, यमामा, तायफ़ और यमन ऐसे क्षेत्र थे, जहाँ के लोगों से अपेक्षित था कि उनमें उत्साह होगा, परन्तु हर जगह घोर अँधेरा पसरा था, मात्र कूफ़ा में कुछ सुन-गुन थी। बसरावासियों को तो स्वयं इमाम हुसैन ने पत्र लिखा था। साधारणजनों के नाम एक पत्र तथा एक अलग पत्र वहाँ के विशिष्ट व्यक्तियों में मालिक-बिन-समा, अहनफ़-बिन-क़ैस, मंदज़-बिन-जारूद, मस्ऊद-बिन-उमर तथा क़ैस-बिन-हिशाम के नाम।

इसी बीच कूफ़ावासियों ने स्वयं इमाम हुसैन को पत्र लिखा, जिनमें इमाम हुसैन के जाँचे-परखे लोग भी थे। जैसे, सुलैमान-बिन-सुरद ख़ुज़ाई, मुसैय्यब-बिन-नजबा, रफ़ाग़ा-बिन-शद्दाद, अब्दुल्लाह-बिन-वायल तथा हबीब-बिन-मज़ाहिर। उन्होंने इमाम हुसैन को धार्मिकता के आधार पर पत्र लिखा, जिसका पाठ्य आगामी पंक्तियों में आयेगा। इनके अतिरिक्त कूफ़ावासियों में उन लोगों के भी पत्र आये, जिनके आँखों के सामने सांसारिक सुख एवं वैभव की लालसाएँ थीं। वे इमाम हुसैन की सहायता से अपनी झोलियाँ भर लेना चाहते थे। इस प्रकार के लगभग बारह हज़ार पत्र धीरे-धीरे एकत्र हो गये। इमाम हुसैन इन 'सुख एवं वैभव की लालसाएँ वालों' को नकार सकते थे, परन्तु उन लोगों को नहीं नकार सकते थे, जिन्होंने सत्य के नाम पर एकत्र होने हेतु इमाम हुसैन का आवाहन किया था। परन्तु कूफ़ावासियों ने गत में जिस प्रकार धोखा दिया था, उसको ध्यान में रखते हुए सीधे-सीधे उन पर विश्वास कर लेना भी कठिन था। अतः इमाम हुसैन ने अपने चचेरे भाई तथा बहनोई मुस्लिम-बिन-

अक़ील को अपना प्रतिनिधि बनाकर कूफ़ा भेजा। कूफ़ा में क्या हुआ, इसकी चर्चा यथास्थान होगी।

इमाम हुसैन मक्के में थे कि समस्त इस्लामी जगत् से मुसलमान हज्ज सम्पन्न करने हेतु मक्के में एकत्र हो रहे थे। हुसैनी क्रान्ति के उद्देश्यों से परिचित होने के बाद हज़ारों व्यक्तियों ने इमाम हुसैन के साथ इस धर्मयुद्ध में सम्मिलित होने की इच्छा प्रकट की, परन्तु इमाम हुसैन एक बहुत बड़ी सेना के साथ धर्मयुद्ध करने के पक्ष में नहीं थे, जैसा कि ऊपर चर्चा की जा चुकी है। अतः इमाम हुसैन ने अपने विवेकपूर्ण निर्णय के आधार पर हज्ज करने का विचार त्यागकर, हज्ज को उमरा में बदला और अपने साथियों के सामने एक अत्यन्त प्रभावशाली अभिबोधन किया, जो इतिहास में सुरक्षित है। उसका एक अंश देखिए : **"समस्त स्तुतियाँ ईश्वर के लिए हैं। वह जो चाहता है वही करता है एवं बिना उसके तथा किसी अन्य में शक्ति नहीं है। मृत्यु आदमपुत्र के गले से इस प्रकार लिपटी है, जिस प्रकार युवामहिला के कंठ में गुलबंद। न पूछो कि मुझे अपने पुरखों से समग्र होने के लिए कितना कौतूहल है? उतना ही कौतूहल है जितना कि याक़ूब को यूसुफ़ से मिलने का कौतूहल था। मेरा मृत्यु-स्थान निश्चित हो चुका है तथा मैं वहाँ जाकर रहूँगा। मानो, अपने जोड़-बंद को देख रहा हूँ कि नवदेश तथा कर्बला के बीच जंगल के भेड़िए (अर्थात् यज़ीदी सेना) टुकड़े-टुकड़े कर रहे हैं और उनसे अपने भूखे पेटों और अपने रिक्त भोजन पात्रों को भर रहे हैं। प्रकृति की लेखनी ने मृत्यु का जो दिन लिख दिया है, उससे छुटकारा नहीं हो सकता। हम अह्लबैत की वही इच्छा होती है, जिसमें ईश्वर की सहमति हो। हम आवृत्तियों में संतोष करते हैं तथा वह हमें संतोषियों के रूप में पूरा पारितोषिक देगा। पैग़म्बर के सम्बन्धी आपसे विलग नहीं किये जायेंगे, बल्कि सब-के-सब स्वर्ग में आपके लिए एकत्र किये जायेंगे, जिनको देखकर आपकी आँखें ठंडी होंगी तथा पैग़म्बर उनसे किये हुए वादे पूरे करेंगे। देखो, जो हमारे साथ प्राणों की आहुति देने के लिए तत्पर हों तथा ईश्वर के प्रति समर्पण हेतु अपनी आत्मा को तैयार कर चुके हों, वे हमारे साथ चलें। मैं कल प्रातः ईश्वर ने चाहा तो प्रस्थान करूँगा।"**[1]

अपने निश्चित कार्यक्रम के अनुसार उसी दिन 8 ज़िलहिज्जा, 60 हि० तदनुसार 9 सितम्बर 680 ई० को भोरबेला में इमाम हुसैन का क़ाफ़िला मक्का-उल-मुकर्रमा के बाहर निकल आया। संयोग से यह वही तिथि है, जब कूफ़ा में मुस्लिम को युद्ध करना पड़ा तथा इसके दूसरे दिन जब मुस्लिम शहीद कर दिये

1. बलाग़त-उल-हुसैन, पृ० 123-25

गये, इमाम हुसैन बियाबानों में अपनी मंज़िल की तलाश में आगे बढ़ रहे थे।[1] इमाम हुसैन ने अपने जाने का ऐसा मार्ग अपनाया कि लोग अनुमान ही न कर पाये कि किधर जायेंगे।

इमाम हुसैन ने अकस्मात् मक्का क्यों छोड़ दिया, रहस्य बना हुआ था। मुसलमानों के बहुसंख्यक वर्ग के मन में जो उबाल आया था, उसका आधार यह था कि यदि इस बार पैग़म्बर के सुपुत्र इमाम हुसैन का साथ देंगे, तो दीन भी मिलेगा और दुनिया भी मिलेगी, क्योंकि उन्होंने समझ रखा था कि ख़िलाफ़त स्थापित हो जाने के बाद अपनों का किस प्रकार भरण-पोषण होता है। अब वह हज़रत अली की बात न होगी। इमाम हुसैन ने सब देखा और समझ लिया होगा कि हज़रत अली की रणनीति सफल नहीं हो सकती। धन वितरण के द्वारा ही लोगों को आकर्षित करना होगा। अब इमाम हुसैन भी दोनों हाथों से धर्मकोष अपने समर्थकों में बाँटेंगे। इस समय जो साथ देगा, बड़े ही लाभ में रहेगा। परन्तु जब इमाम हुसैन ने उपर्युक्त अत्यन्त प्रभावशाली अभिबोधन द्वारा स्पष्ट किया कि उनका उद्देश्य इस्लाम के मान्य आदेशों को स्वीकार करना तथा निषिद्ध को नकारना है तथा वे किसी विजय यात्रा पर नहीं जा रहे हैं, जिसमें धन-सम्पदा प्राप्त होने की सम्भावना हो, तो अधिकांश मुसलमान, जो बड़े उत्साह के साथ इमाम हुसैन के साथ आये थे, उतनी ही तीव्र गति से हतोत्साहित होकर उनसे अलग हो गये। मक्के से मात्र आठ व्यक्ति ही इमाम हुसैन के साथ सम्मिलित हो सके, जिनके नाम हैं—अब्दुर्रहमान-बिन-अब्दरब अंसारी, ख़िज्रज्जी जिनादा-बिन-कअब अंसारी ख़िज्रज्जी तथा उनके पुत्र उमरू, आबिस-बिन-अबीशबीब शाकिरी तथा उनके दास शौज़ब, ज़ाहिर-बिन-उमरू असलमी किंदी, अम्मार-बिन-हस्सान ताई और कूफ़ा से मक्का आकर इमाम हुसैन से सम्बद्ध हुए हज्जाज-बिन-मसरूक़ जोफ़ी।

मक्का से इमाम हुसैन का सुरक्षित बाहर निकलना यज़ीदी प्रशासन के लिए एक चुनौती बन गया। उस समय उमर-बिन-सअद मक्का तथा मदीना दोनों का प्रशासक था। वह उस समय मक्का में उपस्थित था, उसने अपने भाई याहया-बिन-सईद के नेतृत्व में एक सेना इमाम हुसैन को रोकने के लिए भेजी। यह सेना मक्का के निकट ही इमाम हुसैन के क़ाफ़िले से टकरायी, परन्तु हुसैनी सेना के प्रतिरक्षात्मक आक्रमण सहन न कर पायी और भाग खड़ी हुई।[2] इमाम हुसैन का कारवाँ आगे की ओर बढ़ गया।

---

1. अलइर्शाद-फ़ी-मुआरिफ़त-हुज्जाज-उल्लाह-अलाउल-इबाद, पृ० 228
2. तारीख़-अर्रुसुल-वअलमुलूक, भाग-5, पृ० 217-18; अलइर्शाद-फ़ी-मुआरिफ़त-हुज्जाज-उल्लाह-अलाउल-इबाद, पृ० 229; अलअख़बार-उल-तवाल. पृ० 245

कूफ़ा में मुस्लिम

कूफ़ा ईराक़ के प्रमुख नगरों में है। इसका शब्दार्थ बालू तथा कंकड़ का मिश्रण है। यह कूफ़ावासियों के चरित्र का परिचायक भी है। जहाँ एक ओर रचनात्मक प्रकृति के श्रद्धालु बसते थे, वहीं उजड्ड-कपटी लोग भी थे। हुसैनी क्रान्ति में कूफ़ावासियों की महत्त्वपूर्ण भूमिका है। इमाम हुसैन के साथ शहीदों की संख्या करें, तो उनमें सर्वाधिक कूफ़ावासी दीख पड़ेंगे। इमाम हुसैन के ख़ून का बदला भी लेने में कूफ़ावासी सबसे आगे रहे, परन्तु भी सत्य है कि यज़ीदी सेना में अधिकांश सैनिक कूफ़ावासी थे। इस विडम्बना का उत्तर इतिहास में मिल सकता है। इस नगर की स्थापना 638 ई० में सैनिक छावनी के रूप में हुई थी। हज़रत अली के ख़लीफ़ा होते ही अमीर मुआविया तथा अन्य ने मोर्चा लगा दिया, तो राजधानी मदीना से बहुत दूर होने के कारण उपद्रव पर नियंत्रण में कठिनाई देखते हुए इस्लामी राज्य के मध्य में स्थित कूफ़ा को राजधानी बनाया। हज़रत अली 12 रजब 36 हि० तदनुसार 7 जनवरी 657 ई० को कूफ़ा पधारे। राजमहल में निवास न करके एक साधारण मकान में निवास किया, जिसमें अन्त तक (28 जनवरी 661 ई०) तक रहे। इस बीच अह्लबैत के श्रद्धालु विभिन्न स्थानों से आकर कूफ़ा में बस गये। एक समय में 'कूफ़ा' को हज़रत अली के शीआ का पर्याय माना जाने लगा। हज़रत अली के शहीद होने के छः मास बाद इमाम हसन कूफ़ा त्यागकर पुनः मदीना लौट गये और कूफ़ा अमीर मुआविया के अधीनस्थ आ गया, तो अह्लबैत के श्रद्धालुओं तथा शीओं का कत्ले-आम प्रारम्भ हुआ। चुन-चुन कर लोग मारे गये। घर उजाड़ दिये गये। इस सन्दर्भ में कूफ़ा के प्रशासक ज़ियाद-बिन-अबीह तथा समरा-बिन-जनदब की चर्चा यथास्थान की गयी है। हुसैनी क्रान्ति के समय कूफ़ा में थोड़े-से ही श्रद्धालु शीआ बचे थे, शेष बनी-उमैय्या के पोषक थे, जो अन्य स्थानों से लाकर बसाये गये थे।

उपर्युक्त वस्तुस्थिति को अभीष्ट रखते हुए ही, सही तथ्यों का संज्ञान सम्भव हो सकता है। इसके प्रथम चरण कूफ़ा में मुस्लिम के आगमन तथा उसके बाद के घटना . म पर विस्तार से चर्चा करना है, क्योंकि कूफ़ा में जो कुछ हुआ, उसे कर्बला के घटना क्रम का निश्चित आयाम समझना चाहिए। अतः उसकी पीठिका का संज्ञान कर लेना आवश्यक है, जिससे अनेक मौलिक प्रश्न जुड़े हुए हैं।

इमाम हुसैन का मक्का में आगमन, यज़ीद की बैअत से इंकार, मुसलमानों का उनके समर्थन में एकत्र होना, आदि, स्थितियाँ कूफ़ा में अह्लबैत के समर्थकों के लिए अत्यन्त सुखद थीं। कूफ़ा में लोग सुलैमान-बिन-सुरदख़ुज़ाई के घर में एकत्र हुए। क्योंकि वही वयोवृद्ध सहाबी थे, जिन्होंने इस्लामी पैग़म्बर की आँखें

देखी थी तथा हज़रत अली के साथ जिहाद में सम्मिलित हुए थे। सुलैमान ने विषय प्रवर्तन किया कि इमाम हुसैन ने यज़ीद की बैअत से इंकार कर दिया, मदीना छोड़कर मक्का आ गये हैं। हम सब उनके और उनके पिताश्री के समर्थक एवं अनुयायी हैं। यदि उचित समझो, अपने प्रण पर दृढ़ रह सको तो हम सब उनसे सहयोग करें, उनके शत्रुओं से जिहाद करें तथा अपने प्राणों की आहुति एवं धन-सम्पदा से उनके साथ सम्मिलित हो तथा इस आशय का एक विनम्र पत्र उनको लिखकर यहाँ पधारने का आग्रह करो। यदि तुम अपनी कायरता से डरते हो, तो उनकी सहायता करने में आलस्य करोगे। उन्हें धोखा न दो, और न उनके प्राणों के लिए संकट उत्पन्न करो। सभी उपस्थित जन एकमत होकर कहो कि जब इमाम हुसैन पधारेंगे तो हम सब उपस्थित होंगे। श्रद्धापूर्वक उनसे बैअत करेंगे, सहायता एवं मैत्री तथा विरोधियों के दमन में संघर्ष करेंगे। अतः निश्चित मंतव्यों के आधार पर एक पत्र इमाम हुसैन के नाम लिखा गया। **"यह पत्र है इमाम हुसैन की सेवा में सुलैमान-बिन-सुरद, मुसैय्यब-बिन-नजबा, रफ़ाग़ा-बिन-शद्दाद बिजिल्ली, अब्दुल्लाह-बिन-वायल एवं हबीब-इब्न-मज़ाहिर तथा अन्य कूफ़ावासियों की ओर से।"** फिर लिखा : **"हम आपके अलावा किसी अन्य को अपना इमाम व पेशवा नहीं मानते। अतः हमारी आग्रह की ओर ध्यान दें, हम सब आपके समर्थक एवं अनुयायी हैं। अतः यहाँ पधारिए तो किंचित् हम लोग आपकी बदौलत सत्य पर एकत्र हो जायें।"**[1] इस पत्र को लेकर अब्दुल्लाह-बिन-सबीअ हमदानी तथा अब्दुल्लाह-बिन-वायल गये तथा इमाम हुसैन ने मक्का निवास के बीच 10 रमज़ान 60 हि० तदनुसार 14 जून, 680 ई० में प्राप्त किया।[2]

इसके बाद गतिविधियाँ बढ़ गयीं, दो दिनों के बीच 53 प्रार्थना-पत्र लिखे गये। इन पत्रों को लेकर क़ैस-बिन-मुसहर सैदावी, अब्दुर्रहमान-बिन-अब्दुल्लाह-बिन-कदन अरहबी तथा अम्मारा-बिन-उबैद सलोबी के हाथ भेजे गये। इसी प्रकार का अन्य पत्र लेकर हानी-बिन-हानी सबीई तथा सईद-बिन-अब्दुल्लाह हनफ़ी इमाम हुसैन की सेवा में गये।[3] इसके बाद कूफ़ा में इमाम हुसैन के समर्थन में लहर चल गयी। वे लोग, जो कल तक विरोधी दलों में सम्मिलित थे, समर्थन में बढ़-चढ़कर सम्मिलित होने लगे। उन्हें इमाम हुसैन के सिद्धान्तों से अधिक

---

1. बिहार-उल-अनवार, भाग-1-2, पृ० 155
2. तारीख़-अर्रुसुल-वअलमुलूक, भाग-6, पृ० 197; अलइर्शाद-फ़ी-मुआरिफ़त-हुज्जाज-उल्लाह-अलाउल-इबाद, पृ० 209
3. तारीख़-अर्रुसुल-वअलमुलूक, भाग-6, पृ० 197

सरोकार नहीं था। इमाम हुसैन के नेतृत्त्व में सम्भावित सत्ता में सम्मिलित होना चाहते थे। उन्होंने इमाम हुसैन को लिखाः **''खेतियाँ लहलहा रही हैं, मेवे पेड़ों में पक गये हैं और तालाब पानी से भर गये हैं। जब आप चाहें पधारें, एक ऐसी सेना की ओर जो आपके लिए सुसज्जित उपस्थित है।''**[1] इस पत्र पर सात व्यक्तियों के हस्ताक्षर थे—शब्स-बिन-रबई, ख़जार-बिन-अलजब्र, यज़ीद-बिन-हार्स रोएम, अज़रा-बिन-क़ैस, उमर-बिन-हज्जाज जुबैदी तथा मुहम्मद-बिन-उमैर तमीमी[2] समर्थन के पत्र निरंतर प्राप्त हो रहे थे। उनकी संख्या इतनी हो गयी कि उनसे दो खुर्जियाँ भर गयीं।[3]

इन दो प्रकार के पत्रों में उनके अलग-अलग मंतव्यों को भली-भाँति देखा जा सकता है। वह पत्र जो सुलैमान-बिन-सुरद आदि की ओर से आया था, उसमें धार्मिक एवं आध्यात्मिक नेतृत्व प्रदान करने की प्रार्थना थी। उसमें सत्ता का लोभ नहीं था। परन्तु दूसरे प्रकार के पत्र जो शब्स-बिन-रबई आदि ने लिखे थे, उनमें सीधे-सीधे शासन व्यवस्था पर अधिकार प्राप्त करने में सहयोग करने की बात थी। इस लिए 'खेतियाँ लहलहा रही हैं, मेवे पेड़ों में पक गये हैं ' का प्रलोभन है कि आइए, ख़लीफ़ा बनिए, जिस प्रकार शासन व्यवस्था पर अधिकार प्राप्त करके सुख-सुविधा का उपभोग होता रहा था, आप भी कीजिए, जिस प्रकार सहयोगियों को उनका हिस्सा मिलना चाहिए, हमें भी दीजिए !

इमाम हुसैन इन सत्ता के लोभी भ्रष्टाचारियों को भली भाँति पहचानते थे। उनके समर्थन में निरन्तर पत्र प्राप्त होने के बावजूद कूफ़ावासियों पर भरोसा करने का अभाव था। इमाम हुसैन के हितैषी लगातार उनको कूफ़ावासियों पर विश्वास करने से मना करते थे, जिनमें चाचा अब्दुल्लाह-इब्न-अब्बास तथा अनुज मुहम्मद हनफ़िया विशेष हैं। इमाम हुसैन अपना मत सुरक्षित रखे हुए थे। उन्होंने कभी नहीं कहा कि मुझे कूफ़ावासियों पर विश्वास है। परन्तु इस तर्क के उत्तर में कि मक्का आपके लिए अधिक सुरक्षित स्थान है। उत्तर में कहते थे कि ये लोग मुझे जीवित नहीं छोड़ेंगे, यदि मैं किसी पशु के खोह में जाकर रहूँ तो भी मुझसे वही व्यवहार होगा, जिस प्रकार यहूद ने शनिश्चर के विषय में अत्याचार किया गया था।[4] अलबत्ता अब्दुल्लाह-इब्न-ज़ुबैर के उत्तर में कहा कि मुझे संज्ञान है कि मक्का में एक व्यक्ति मेढ़ा के समान वध किया जायेगा, जिससे वहाँ की पवित्रता

---

1. तारीख़-अर्रुसुल-वअलमुलूक, भाग-6, पृ० 197
2. तारीख़-अर्रुसुल-वअलमुलूक, भाग-6, पृ० 197; अलइर्शाद-फ़ी-मुआरिफ़त-हुज्जाज-उल्लाह-अलाउल-इबाद, पृ० 210
3. अलअख़बार-उल-तवाल, पृ० 231
4. तारीख़-अर्रुसुल-वअलमुलूक, भाग-6, पृ० 217

पर आँच आयेगी, मैं वह मेढ़ा नहीं बनना चाहता।[1] एक बार इब्न-ज़ुबैर ने चुपके से कुछ कहा तो इमाम हुसैन ने स्पष्ट किया, ईश्वर की सौगन्ध है, मैं एक बीता भर मक्का की सीमाओं से बाहर वध किया जाऊँ, मुझे अधिक पसन्द है, इससे कि एक बीता भर मक्का के सीमाओं के भीतर मारा जाऊँ।[2]

इन परिस्थितियों के विवेचन से लगता है कि इमाम हुसैन का कूफ़ा जाना अपरिहार्य हो गया था। परन्तु अपने परखे हुए कुछ व्यक्तियों के अतिरिक्त कूफ़ा से उमड़े जन समर्थन पर विश्वास करना कठिन था। इमाम हुसैन सभी परिस्थितियों को भलीभाँति जानते थे। यह भी स्पष्ट था कि यदि इमाम हुसैन मक्का-मुकर्रमा में स्थायी रूप में निवास करते हैं, तो उनको शान्तिपूर्वक मक्का में रहने नहीं दिया जायेगा। उनके विरुद्ध यज़ीदी सेना मक्का पर चढ़ाई बोलेगी, युद्ध होगा, रक्तपात होगा तथा जिस व्यक्ति पर आक्रमण के कारण युद्ध होगा, रक्तपात होगा, उसे पैग़म्बर ने मेढ़ा कहकर भविष्यवाणी कर दी है कि उसके द्वारा काबा-शरीफ़ का निरादर होगा। इमाम हुसैन किसी क़ीमत पर वह मेढ़ा बनने को तैयार नहीं थे। फिर विकल्प ही क्या बचता है। लगता है कि इमाम हुसैन को कूफ़ा जाने का निर्णय लेना चाहिए।

इमाम हुसैन ने कूफ़ावासियों के आह्वान पर सीधे अनुमोदन नहीं किया। तुरन्त कूफ़ा जाने का निर्णय भी नहीं किया, वरन् अपने चचेरे भाई और बहनोई मुस्लिम-बिन-अक़ील को अपना प्रतिनिधि बनाकर कूफ़ा भेजने का निर्णय लिया। कूफ़ावासियों के अन्तिम दूत हानी तथा सईद को इस आशय का एक पत्र दिया : **''तुम्हारे इस आग्रह पर कि तुम्हारा कोई इमाम नहीं है, मेरे आगमन से किंचित सभी लोग सत्य पर एकमत हो जायँ, मैं अपने भाई तथा चाचा के पुत्र एवं विश्वासपात्र मुस्लिम-बिन-अक़ील को भेजता हूँ, ताकि वे वस्तुस्थिति का आँकलन करके मुझे अवगत करायें। यदि उनकी सूचना सकारात्मक हुई, तो मैं निकट भविष्य में तुम्हारी ओर आऊँगा। स्पष्ट रहे कि इमाम का भावार्थ है, ईश्वर की पुस्तक पर न्यायपूर्वक कार्यान्वित हो, सत्य का अनुयायी तथा अपने व्यक्तित्व को ईश्वर की इच्छा पर समर्पित किये हो।''**[3] इस पत्र से स्पष्ट है कि मुस्लिम किसी विजय-यात्रा हेतु नामित नहीं किये गये थे। न कूफ़ा के प्रशासक ही मनोनीत हुए थे। वरन् उनका कार्यक्षेत्र मात्र इतना था कि कूफ़ा में इमाम हुसैन के प्रति समर्थन का वस्तुपरक निरीक्षण करें तथा उसकी सूचना इमाम हुसैन को दें, जिसके आधार पर इमाम हुसैन आगामी रणनीति निर्धारित कर सकें।

---

1. तारीख़-अर्रुसुल-वअलमुलूक, भाग-6, पृ० 217
2. तारीख़-अर्रुसुल-वअलमुलूक, भाग-6, पृ० 217
3. तारीख़-अर्रुसुल-वअलमुलूक, भाग-6, पृ० 197, 210-11

मुस्लिम-बिन-अक़ील कूफ़ा के पत्रवाहकों में क़ैस-बिन-मुसहर सैदावी, अब्दुर्रहमान-बिन-अब्दुल्लाह अरहबी के साथ मक्का से चलकर पहले मदीना शरीफ़ गये। वहाँ मस्जिदे-नबवी में नमाज़ पढ़ी, फिर अपने सगे-सम्बन्धियों से विदा हुए तथा क़ैस क़बीले के दो लोगों को साथ लिया, जो मार्ग से परिचित थे। संयोग से दोनों अरब, जो मार्ग निर्देशन हेतु साथ चले थे, अकस्मात मार्ग भूल कर रेगिस्तान में पड़ गये, प्यास से व्याकुल होकर एक ऐसे स्थान पर जहाँ से अपेक्षित मार्ग दिखाई दे रहा था, दमतोड़ बैठे। यद्यपि मुस्लिम तथा उनके अन्य साथी भी समान स्थितियाँ भोग रहे थे, परन्तु अपने आत्मबल के आधार पर किसी न किसी रूप में मुख्य मार्ग पर पहुँचे तथा एक जलस्रोत जिसका नाम मज़ीक़ था, ठहर गये। वहाँ से इमाम हुसैन को एक पत्र लिखा कि इस घटना के बाद मेरा मन कूफ़ा जाने से मना करता है, परन्तु इमाम हुसैन ने उत्तर में उन्हें आगे बढ़ने की सलाह दी तथा मुस्लिम कूफ़ा के लिए प्रस्थान कर गये।[1]

मुस्लिम और उनके साथी सकुशल कूफ़ा पहुँचे। तीव्रता से मुस्लिम के आगमन की सूचना कूफ़ा में फैल गयी, लोगों के ठट लग गये, अपार जनसमूह में मुस्लिम कूफ़ावासियों के नाम इमाम हुसैन का पत्र पढ़कर सुनाया। लोग उत्साह से भर गये, सर्वप्रथम आबिस-बिन-अबीशबीब शाकिरी समर्थन में बोलने खड़े हुए, उन्होंने कहा—मैं औरों की बात नहीं जानता, परन्तु अपने विषय में कहता हूँ कि यदि युद्ध का अवसर आया, तो अपने प्राणों की आहुति देने में पीछे नहीं रहूँगा और मेरा उद्देश्य ईश्वर की आज्ञा के पालन के सिवा और कुछ नहीं होगा। उनके बाद हबीब-इब्न-मज़ाहिर ने इमाम हुसैन की प्रशंसा करते हुए कहा कि आपने कुछ ही शब्दों में मूल मंतव्य कह दिया। इसी प्रकार के अन्य लोगों ने भी वक्तव्य दिये, युद्ध में अपने प्राणों की आहुति देने का आश्वासन स्पष्ट करता है कि वक्ताओं के सामने यह तथ्य उजागर था कि युद्ध होना अपरिहार्य है तथा उसमें प्राणों की आहुति देनी होगी।

मुस्लिम प्रशासक नहीं बनाये गये। अतः राजभवन में ठहरने का प्रश्न ही नहीं उठता था, यज़ीदी प्रशासक राजभवन में वर्तमान रहा। सम्भवतः सुलैमान-बिन-सुरद ख़ज़ाई मुस्लिम के कूफ़ा आगमन के समय कहीं बाहर गये हुए थे, अन्यथा मुस्लिम उन्हीं के अतिथि होते, वे ही सर्वाधिक महत्त्वपूर्ण व्यक्ति भी थे, जिनके प्रवर्तन पर इमाम हुसैन को पत्र लिखा गया था। अतः मुस्लिम को मुख़्तार-बिन-अबीउबैदा सक़फ़ी के घर पर ठहरना पड़ा।[2] यह मकान 9वीं सदी

---

1. तारीख़-अर्रुसुल-वअलमुलूक, भाग-6, पृ० 198; अलअख़बार-उल-तवाल, पृ० 232
2. तारीख़-अर्रुसुल-वअलमुलूक, भाग-7, पृ० 58; अलअख़बार-उल-तवाल, पृ० 232

ई० तक वर्तमान क़ा, जिसको 'दार-उल-मुसैय्यब' कहते थे।[1]

मुस्लिम के हाथ पर एक सप्ताह के भीतर 12 से 18 हज़ार लोगों ने इमाम हुसैन के नाम पर बैअत की।[2] यह नहीं कहा जा सकता कि ये सभी लोग वास्तविक रूप में इमाम हुसैन के धार्मिक अनुयायी थे। इसमें सन्देह नहीं कि इमाम हुसैन के पिताश्री हज़रत अली के ख़िलाफ़त-काल (जून 655 ई०-जनवरी 661 ई०) की राजधानी कूफ़ा में थी। जहाँ एक समय में सभी लोग उनके अनुयायी एवं समर्थक थे, परन्तु बीते हुए बीस वर्षों के बीच कूफ़ावासियों का अह्लबैत तथा हज़रत अली के अनुयायी होने के आरोप में जिस प्रकार निर्दयतापूर्वक वध किया जाता रहा, हाथ-पाँव काटे जाते रहे, सूलियों पर चढ़ाया जाता रहा, अधिकांश लोग समाप्त हो गये थे, या किसी अन्य सुरक्षित स्थान पर परिवर्तित हो गये थे, शेष कुछ ही लोग थे जो अपने घरों में प्रताड़नापूर्ण जीवन व्यतीत करते थे। इसमें सन्देह नहीं कि मुस्लिम के समर्थन में आन्दोलन के प्रवर्तकों में अधिकांश लोग सच्चे और खरे हितैषी थे, परन्तु उनका कार्य वातावरण को सकारात्मक बनाना था और उन्होंने बनाया भी, जिससे मुस्लिम भी प्रभावित हुए। मुस्लिम ने इमाम हुसैन को एक पत्र 12 ज़ीक़ाद 60 हिजरी तदनुसार 12 अगस्त, 680 ई० को लिखा कि कूफ़ा की स्थिति अनुकूल है तथा कूफ़ावासी अपने निश्चय पर दृढ़ हैं।[3]

यह विचार करना कि कूफ़ा में सभी लोग इमाम हुसैन के समर्थक हो गये थे, बड़ी भूल होगी। कूफ़ा में बनी-उमैय्या के समर्थकों का बाहुल्य था, जो हज़रत अली के अनुयायियों के कूफ़ा से निर्वासित किये जाने पर बस गये थे, उन्होंने विरोधी गतिविधियाँ चलाये रखी थीं। कूफ़ा के प्रशासक नुअमान-बिन-बशीर ने इमाम हुसैन के समर्थन से लोगों को रोकने का प्रयत्न किया, परन्तु यज़ीद का समर्थक वर्ग उससे भी संतुष्ट न हुआ। इब्न-ताउस ने उनके नाम दिये हैं।[4] अबू हनीफ़ा दीनावरी ने यज़ीद के दो गुप्तचरों मुस्लिम-बिन-सईद हज़रमी तथा अम्मारा-बिन-वलीद के विषय में तथा अलतबरी ने अब्दुल्लाह-बिन-मुस्लिम बाहली के विषय में लिखा है कि उसने यज़ीद के नाम पत्र लिखा कि मुस्लिम-बिन-अक़ील कूफ़ा में आये हैं तथा इमाम हुसैन के समर्थकों ने उनके नाम पर बैअत कर ली है। यदि आप कूफ़ा पर अपना अधिकार चाहते हैं, तो किसी सशक्त व्यक्ति को भेजिए, क्योंकि वर्तमान प्रशासक नुअमान-बिन-बशीर दुर्बल

---

1. तारीख़-अर्रुसुल-वअलमुलूक, भाग-6, पृ० 199; अलअख़बार-उल-तवाल, पृ० 232
2. तारीख़-अर्रुसुल-वअलमुलूक, भाग-6, पृ० 211
3. तारीख़-अर्रुसुल-वअलमुलूक, भाग-6, पृ० 211; अलअख़बार-उल-तवाल, पृ० 243
4. लहूफ़-अला-क़तला-उल-तफ़ूफ़, पृ० 14

व्यक्तित्व के शासक हैं, अथवा जानबूझकर निर्बलता दिखा रहे हैं। यज़ीद ने अपने गुप्तचरों की सूचना पर तत्काल कार्यवाही की तथा नुअमान-बिन-बशीर के स्थान पर उबैदउल्लाह-बिन-ज़ियाद को कूफ़ा का प्रशासक नियुक्त किया। उबैदउल्लाह, उसी ज़ियाद का पुत्र है, जिसको अमीर मुआविया ने अपना दत्तक भाई बनाया था तथा जिसके अत्याचारों की चर्चा ऊपर की पंक्तियों में आ चुकी है। उबैदउल्लाह अपने पिता से बढ़कर अत्याचारी एवं निर्दयी व्यक्ति था, जिसके नाम से उस समय के लोग काँपते थे।

मक्का में इमाम हुसैन के पधारने की सूचना मिल चुकी थी तथा जनता का उत्साह दिनोंदिन बढ़ता जा रहा था। लोग बेचैनी से इमाम हुसैन के पधारने की प्रतीक्षा कर रहे थे। उबैदउल्लाह-बिन-ज़ियाद ने कूफ़ा की गवर्नरी संभालने की कार्यवाही पूर्णतया गोपनीयता से की। वह कूफ़ा के निकट पहुँचा, तो उसने अपना हुलिया बदलकर काली पगड़ी पहन ली, जो सैय्यद होने की पहचान थी तथा मुँह पर ढाटा बाँध लिया, जो युद्ध के समय अरब योद्धा सामान्यतया बाँध लेते थे। इस हुलिया के साथ उबैदउल्लाह घोड़े पर सवार आगे-आगे तथा उसके पीछे सशस्त्र सेना थी। लोग समझे कि इमाम हुसैन हैं। अतः स्वागत हेतु दौड़ पड़े, चारों ओर पुकार मच गयी—स्वागत है, हे इमाम आपकी, हे पैग़म्बर के सुपुत्र हुसैन आपकी, ऐ मुसलमानों के कर्णधार आपकी। उबैदउल्लाह इन पुकारों को सुनता रहा, उन चेहरों को पहचानता रहा, जो यह पुकार लगा रहे थे। धीरे-धीरे अपार जनसमूह एकत्र हो गया। लोग अपने घरों से निकल आये और इमाम हुसैन समझकर स्वागत करने लगे। यहाँ तक कि मार्ग में अवरोध उत्पन्न होने लगा। उस समय मुस्लिम-बिन-उमरू-बाहली जो इस्लामी इतिहास में प्रसिद्ध कुतैबा-बिन-मुस्लिम का पिता है, वह इब्न-ज़ियाद के साथ था पुकारकर बोला, रास्ता छोड़ो, यह अमीर उबैदउल्लाह-बिन-ज़ियाद हैं।[1] यह सुनना था कि सन्नाटा छा गया तथा सारा जनसमूह तितिर-बितिर हो गया। जब इब्न-ज़ियाद राजभवन पहुँचा तो उसके साथ लोगों से अधिक नहीं थे।[2]

कूफ़ावासियों की मनोदशा का अनुमान करना अधिक कठिन नहीं हो सकता। इब्न-ज़ियाद ने एक-एक व्यक्ति को पहचाना, उनकी आवाज़ को पहचान लिया, यह अवश्य दण्डित करेगा, यह वही है जिसके पिता ने असंख्य लोगों का वध किया, सूली पर लटकाया, हाथ-पाँव, ज़बान और सिर काटे। उसकी भयानक प्रताड़ना की कल्पना मात्र से ही मानव सिहर जाता है। अपने साथ तो जो कुछ होना था, परिवारजनों के साथ क्या होगा, पत्नी और बच्चों के साथ क्या होगा,

---

1. तारीख़-अर्रुसुल-वअलमुलूक, भाग-6, पृ० 201; अलअख़बार-उल-तवाल, पृ० 234
2. तारीख़-अर्रुसुल-वअलमुलूक, भाग-6, पृ० 301

यह तथा इसी प्रकार के अनेक सवाल थे, जिन्होंने मन को बोझिल कर दिया था। उस पर इब्न-ज़ियाद की तीव्र गति से कार्यवाही से लोग सहमे जा रहे थे। उसने जाम्आ मस्जिद में एक कठोर एवं धमकी भरा भाषण दिया कि जो कोई भी दमिश्क़ की सत्ता के विरुद्ध कोई कार्यवाही करेगा, उसके मुहल्ले के मुखिया के द्वार पर सूली दे दी जायेगी तथा उसके परिवार के सभी लोगों को सदैव के लिए राजतन्त्र से बाहर कर दिया जायेगा।[1] उसने ऐसी व्यवस्था कर दी कि चारों ओर आतंक फैल गया, एक मुहल्ले से दूसरे मुहल्ले में जाने से डरते थे तथा एक स्थान पर पाँच-दस आदमी भी एकत्र नहीं होते थे। परिणामस्वरूप 'लहलहाती खेतीवाले' कूफ़ावासियों ने मुस्लिम-बिन-अक़ील का साथ छोड़ दिया, जिनको उबैदउल्लाह ने निर्दयतापूर्वक वध कर दिया। सत्य के नाम पर एकत्र होनेवाले कूफ़ावासियों में कुछेक इमाम हुसैन के साथ धर्मयुद्ध में सम्मिलित हुए और शहीद हुए। अनेक लोग बंदी बनाकर कारावास में ठूँस दिये गये।[2] इमाम हुसैन के शहीद होने के बाद जब क़ैदी क़ैदखाना तोड़कर बाहर निकले, तो उनकी संख्या चालीस हज़ार बतायी जाती है, जो पारिभाषिक रूप से 'तौव्वाबीन' (क्षमाप्रार्थी) कहे जाते हैं।[3]

कूफ़ा के चारों ओर गुप्तचरों का पहरा बैठा हुआ था, चप्पे-चप्पे की जानकारी राजभवन तक पहुँचायी जा रही थी। इमाम हुसैन के शान्ति-दूत मुस्लिम-बिन-अक़ील ने भी स्वयं को असुरक्षित अनुभव किया। उन्होंने मुख़्तार-बिन-अबीउबैदा सक़फ़ी के मकान से उठ जाना ही उचित समझा, क्योंकि सभी को ज्ञात था कि मुस्लिम वहाँ ठहरे हुए हैं और मुख़्तार उन दिनों नगर में थे भी नहीं। अतः वे रात के अँधेरे में एक अन्य विश्वस्त व्यक्तित्व हानी-बिन-उरवा के घर आ गये। हानी अपने क़बीले के सरदार थे, जब बाहर निकलते 12 हज़ार सशस्त्र योद्धा अंगरक्षक के रूप में साथ चलते।

अल्लामा मुजतबा हसन कामूँपुरी का वक्तव्य है कि हानी के मकान पर उन दिनों उनके एक अन्य मित्र शरीक-बिन-अग़ोर भी अतिथि रूप में ठहरे हुए थे, परन्तु अस्वस्थ थे। शरीक अत्यन्त प्रतिष्ठित व्यक्ति थे, जिनके तत्कालीन सत्ता से भी व्यवहारिक सम्बन्ध थे, परन्तु मन से पैग़म्बर के अह्लबैत तथा इमाम हुसैन के भक्त एवं अनुयायी थे। उन्होंने मुस्लिम से कहा कि इब्न-ज़ियाद को मेरे अस्वस्थ होने की सूचना मिल गयी है, वह मुझसे भेंट करने अवश्य आयेगा,

---

1. तारीख़-अर्रुसुल-वअलमुलूक, भाग-6, पृ० 201; अलइर्शाद-फ़ी-मुआरिफ़त-हुज्जाज-उल्लाह-अलाउल-इबाद, पृ० 214
2. तारीख़-अर्रुसुल-वअलमुलूक, भाग-4, पृ० 207
3. तारीख़-अर्रुसुल-वअलमुलूक, भाग-4, पृ० 371-417

जब वह आये तो आप अपनी तलवार से उसका वध कर दीजिए, कूफ़ा पर आपका अधिकार हो जायेगा, मैं स्वास्थ्य लाभ के पश्चात् बसरा को आपके समर्थन में ला खड़ा कर दूँगा, उनके कहे अनुसार इब्न-ज़ियाद शरीक का हाल पूछने हानी के मकान पर आया। शरीक ने तेज़ बुख़ार बताया और संकेत के रूप में अपनी पगड़ी तीन बार उतारी और रख दी, परन्तु मुस्लिम अपने स्थान से हिले भी नहीं। इब्न-ज़ियाद के लौटने पर शरीक ने मुस्लिम से शिकायत की कि आपने ऐसा अनुपम अवसर खो दिया। मुस्लिम ने उत्तर दिया, इसके दो कारण हैं, एक तो यह कि पैग़म्बर की हदीस है कि किसी पर अकस्मात् आक्रमण मान्य नहीं है। दूसरे यह कि मैं हानी का अतिथि हूँ। इसके लिए हानी की अनुमति अनिवार्य थी। मुझसे यह अपेक्षित नहीं है कि मैं मर्यादा का उल्लंघन करूँ।[1]

हानी ने मुस्लिम को अत्यन्त गोपनीय ढंग से अपने मकान में सुरक्षित रखा, परन्तु परिस्थितियाँ स्पष्ट करती थीं कि शीघ्र ही युद्ध होगा, जिसके लिए इमाम हुसैन के समर्थकों में मुस्लिम-बिन-औसजा असदी ने लोगों से मुस्लिम की सुरक्षा हेतु प्रण लेना तथा अबूसमामा उमर-बिन-अब्दुल्लाह सायदी ने धन एवं शस्त्र उपलब्ध करने का दायित्व ले लिया।[2] ये दोनों महानुभाव बाद में इमाम हुसैन के साथ कर्बला में शहीद हुए। इब्न-ज़ियाद को सूचना मिली कि मुस्लिम ने हानी के मकान में शरण ले रखी है, तो उसने हानी को तलब किया, पहले हानी ने इंकार किया, परन्तु वस्तुस्थिति जानने के बाद उन्होंने स्वीकार कर लिया, परन्तु इब्न-ज़ियाद के धमकाने पर भी मुस्लिम को उसके सुपुर्द करने से नकार दिया। इब्न-ज़ियाद ने वृद्ध हानी पर घातक प्रहार किया, जिससे वह अपने रक्त में नहा गये, फिर उन्हें कारावास में डाल दिया। हानी के समर्थकों को सूचना मिली, तो वे सशस्त्र होकर बड़ी संख्या में राजभवन की ओर दौड़ गये, परन्तु तत्कालीन क़ाज़ी शुरीह के असत्य वक्तव्य से भ्रमित होकर लोग लौट गये।[3] हज़रत मुस्लिम के लिए कठिन समय था कि वे हानी के मकान में छुपे बैठे रहें और हानी का वध कर दिया जाय, परन्तु हुआ ऐसा ही हानी की प्रतिरक्षा हेतु मुस्लिम घर के बाहर निकले, तो उन्हें सूचना मिली कि हानी शहीद कर दिये गये। उस समय इब्न-ज़ियाद पुनः मस्जिद में धमकी भरा भाषण दे रहा था कि लोग दौड़ते हुए आये

1. तनवीरे-मजालिस, पृ० 37
2. तारीख़-अर्रुसुल-वअलमुलूक, भाग-5, पृ० 204; अलइर्शाद-फ़ी-मुआरिफ़त-हुज्जाज-उल्लाह-अलाउल-इबाद, पृ० 215
3. तारीख़-अर्रुसुल-वअलमुलूक, भाग-6, पृ० 207; अलइर्शाद-फ़ी-मुआरिफ़त-हुज्जाज-उल्लाह-अलाउल-इबाद, पृ० 218

और बताया कि मुस्लिम बाहर आ गये हैं। इब्न-ज़ियाद तुरन्त भाग खड़ा हुआ और राजभवन में घुसकर उसके द्वार बन्द कर लिये।[1]

हज़रत मुस्लिम जिन स्थितियों में अकस्मात् युद्ध के लिए बाहर निकले थे, उसमें यह अनुमान करना कि वे समस्त 18 हज़ार लोग जिन्होंने बैअत की थी, सब मुस्लिम के साथ एकत्र हो गये होंगे, सम्भव नहीं हो सकता, वरन् 4 हज़ार लोगों के एकत्र होने की सूचना मिलती है, परन्तु इनमें अपने प्रण के प्रति वफ़ादार बहुत थोड़े लोग थे, क्योंकि मुस्लिम अभी राजभवन तक पहुँचे भी नहीं थे कि लोगों ने साथ छोड़ दिया मात्र तीन सौ लोग साथ रह गये।[2] आतंकपूर्ण वातावरण में मुस्लिम के समर्थक निर्दयता से वध किये गये। अम्मारा-बिन-सलख़ब तथा अब्दुल्लाह-उल-आला कलबी और उनके साथी मुस्लिम तक पहुँचने के पूर्व ही गिरफ़्तार कर लिये गये तथा बाद में उन्हें वध कर दिया गया।[3] हबीब-इब्न-मज़ाहिर, मुस्लिम-बिन-औसजा तथा अबूसमामा सायदी भी मुस्लिम तक नहीं पहुँच सके, बाद में किसी तरह कर्बला पहुँचे और इमाम हुसैन की ओर से धर्मयुद्ध करते हुए शहीद हो गये।

फिर भी मुस्लिम के नेतृत्व में धर्मयुद्ध सायं तक चलता रहा, उस समय तक उनके साथ मात्र तीस लोग रह गये थे। रात की नमाज़ पढ़ने के बाद जब मुस्लिम मस्जिद के बाहर निकले, तो धीरे-धीरे वे तीस लोग भी जा चुके थे, अब मुस्लिम अकेले थे। कोई ऐसा भी नहीं था जो उन्हें कूफ़ा के मार्गों के बारे में बता सकता, रात के अँधेरे में यूँ ही भटकते-भटकते क़बीला कंदा में पहुँच गये।[4] उस क़बीला की एक महिला तौआ के मकान के सामने पहुँच गये, मुस्लिम ने उससे पानी माँगा, उसने पानी लाकर दिया, मुस्लिम पीने के बाद भी वहीं बैठे रहे, महिला ने मुस्लिम से कहा कि अपने घर जाइए, मुस्लिम ने कोई उत्तर नहीं दिया, उसने फिर कहा तो मुस्लिम ने उत्तर दिया कि इस नगर में मेरा कोई घर नहीं है, यदि तुम अपने घर में मुझे शरण दे सको तो मैं आभारी रहूँगा। उसने मुस्लिम का परिचय पूछा, मुस्लिम ने सबकुछ सही-सही बता दिया। वह एक धर्मभीरु महिला थी, उसने मुस्लिम का आदर-सत्कार किया और मकान के भीतर ले आयी, अभी थोड़ा समय ही बीता था कि उस महिला के पुत्र ने अपने मकान में मुस्लिम होने की सूचना इब्न-ज़ियाद तक पहुँचायी। उसने मुहम्मद-बिन-अशअस के नेतृत्व में

---

1. तारीख़-अर्रुसुल-वअलमुलूक, भाग-6, पृ० 239; अलइर्शाद-फ़ी-मुआरिफ़त-हुज्जाज-उल्लाह-अलाउल-इबाद, पृ० 218
2. तारीख़-अर्रुसुल-वअलमुलूक, भाग-6, पृ० 207
3. तारीख़-अर्रुसुल-वअलमुलूक, भाग-6, पृ० 214
4. अलअख़बार-उल-तवाल, पृ० 140

एक सेना मुस्लिम को गिरफ्तार करने के लिए भेजी। घोड़ों की टाप की आवाज़ से मुस्लिम समझ गये कि यह सेना मुझे गिरफ़्तार करने के लिए आयी है।

मुस्लिम मकान के बाहर निकल आये। सेना मकान में घुस गयी, मुस्लिम ने आक्रमण करके सेना को घर से बाहर निकाल दिया। इसमें मुस्लिम के ऊपर का होठ कट गया तथा नीचे का होठ भी ज़ख़्मी हुआ तथा दो दाँत टूट गये, इसके बाद भी विरोधी मुस्लिम पर विजय प्राप्त न कर सके। विरोधी सेना समझ गयी कि मुस्लिम पर इस प्रकार विजय पाना सम्भव नहीं है। अतः उन्होंने मकान की छत पर चढ़कर पत्थर फेंकना शुरू किया तथा आग के गोले बनाकर फेंकने लगे, उनका सेनानायक मुहम्मद-बिन-अशअस ने पुकारकर कहा, आपके लिए शान्ति है, अनायास तलवार न चलाइए। निःसंदेह धर्मभीरू मुस्लिम के कानों में क़ुर्आन का आदेश गूँज गया होगा : **''और यदि वे संधि की ओर आकृष्ट हों तो तुम भी झुक जाओ।''** (क़ुर्आन : 8/61) मुस्लिम ने प्रश्न किया, क्या यह सच है कि मुझे शान्ति प्रदान की जा रही है, उसने कहा, हाँ। मुस्लिम ने तलवार म्यान में रख ली, इतनी देर में एक घोड़ा लाया गया, मुस्लिम उस पर सवार हुए, तो तलवार कमर से निकाल ली गयी।

यज़ीदी सेनानायक इब्न-अशअस हज़रत मुस्लिम को लेकर राजभवन के द्वार पर पहुँचा, स्वयं अनुमति प्राप्त करके भीतर गया और इब्न-ज़ियाद को वस्तुस्थिति से अवगत कराया और बताया कि मैं उन्हें अमान देने के प्रण के साथ लाया हूँ। इब्न-ज़ियाद ने कहा, तुम अमान देने वाले कौन होते हो। इब्न-अशअस कुछ और कहने का साहस न कर सका। हज़रत मुस्लिम को इब्न-ज़ियाद के सामने पेश किया गया, तो मुस्लिम बहुत प्यासे थे। निरंतर रक्तपात होने से प्यास बढ़ती ही गयी थी। पानी को उनके सामने प्रस्तुत किया गया, तो वे पी नहीं सके, क्योंकि रक्त इस प्रकार बह रहा था कि पानी में भर जाता था। मुस्लिम ने कहा, पानी मेरे भाग्य में नहीं है, इसे हटा लो। इब्न-ज़ियाद ने कहा मुस्लिम मैं तुम्हें अवश्य वध करूँगा, यदि चाहो तो वसीयत कर लो, मुस्लिम ने चारों ओर देखा, तो उमर-बिन-सअद को पहचान लिया। मुस्लिम ने कहा तुम क़ुरैश वंशज हो, मैं तुमसे कुछ कहना चाहूँगा, यदि तुम सुन सको। फिर मुस्लिम ने अपनी वसीयत बयान की—पहली बात यह कि जब मैं कूफ़ा आया था, 700 दिरहम का ऋणी हो गया हूँ, मेरी तलवार और ज़िरह बेचकर भुगतान कर देना। दूसरी बात यह कि मेरे वध होने के बाद मेरा शव इब्न-ज़ियाद से माँग लेना और उसे दफ़्न कर देना तथा तीसरी सर्वाधिक महत्त्वपूर्ण बात यह है कि इमाम हुसैन को मेरे साथ घटित स्थितियों की सूचना किसी प्रकार दे देना। ताकि वे वापस चले जायँ और कूफ़ावासियों के धोखे में न पड़ें।

हज़रत मुस्लिम को राजभवन के कोठे पर ले जाया गया, जहाँ उनके शीश को शरीर से अलग करके, शरीर को राजभवन के कोठे से नीचे फेंक दिया गया।[1] हज़रत मुस्लिम ने रविवार, 8 ज़िलहिज्जा, 60 हि० तदनुसार 9 सितम्बर, 680 ई० से जिहाद प्रारम्भ किया तथा दूसरे दिन सोमवार 9 ज़िलहिज्जा, 60 हि० तदनुसार 10 सितम्बर, 680 ई० को शहीद किये गये।[2]

इसके बाद कूफ़ा में आतंक एवं भय का ऐसा वातावरण उत्पन्न हुआ कि लोगों ने अपने मकानों से निकलना छोड़ दिया, सभी ओर सन्नाटा पसरा रहता था। स्थिति ऐसी भयावह हुई कि वे हानी-बिन-उरवा, जिनके अंगरक्षक के रूप में 12 हज़ार सशस्त्र योद्धा हर समय उपलब्ध थे, जब उनके वध होने की सूचना कूफ़ा में फैली थी, तो लोगों ने राजभवन पर आक्रमण कर दिया था, जिसकी चर्चा ऊपर की पंक्तियों में हो चुकी है। परन्तु हज़रत मुस्लिम की शहादत के बाद स्थिति ऐसी भयावह थी कि वही हानी-बिन-उरवा रस्सियों में जकड़े हुए कारावास से राजभवन लाये जा रहे थे तथा वे अपनी सहायता हेतु अपने क़बीले के लोगों को पुकार रहे थे, तो कोई उनकी सहायता के लिए नहीं आया, यहाँ तक कि इब्न-ज़ियाद के एक दास ने अपनी तलवार से उनका शीश उनके तन से अलग कर दिया।[3] इब्न-ज़ियाद ने मुस्लिम और हानी दोनों के शीश अपने एक पत्र के साथ, जिसमें उसने घटना की सूचना दी थी, दमिश्क़ में यज़ीद के पास भेजा, उत्तर में यज़ीद ने उसकी सराहना की तथा लिखा कि तुमने वही किया जिसकी हमें तुमसे अपेक्षा थी। अब हुसैन-बिन-अली के विषय में तुम्हारी कर्त्तव्यनिष्ठा देखना है।[4]

मुस्लिम कूफ़ा में आते समय अपने दो शिशुओं को भी साथ में लाये थे। इससे संकेत मिलता है कि मुस्लिम निश्चिंत थे कि कूफ़ा में उनसे न्यायोचित व्यवहार ही किया जायेगा। ऐसा सोचना स्वाभाविक भी था, क्योंकि मुस्लिम शान्तिदूत के रूप में आये थे, किसी सैनिक कार्यवाही हेतु नहीं आये थे और शान्तिदूत को तो अत्यन्त कठिन परिस्थितियों में भी सुरक्षा प्रदान की जाती है। यह एक साधारण मर्यादा है, जो प्रत्येक काल में प्रत्येक सत्ता द्वारा व्यवहार में रही है।

---

1. तारीख़-अर्रुसुल-वअलमुलूक, भाग-6, पृ० 212; अलइर्शाद-फ़ी-मुआरिफ़त-हुज्जाज-उल्लाह-अलाउल-इबाद, पृ० 225
2. तारीख़-अर्रुसुल-वअलमुलूक, भाग-6, पृ० 212-13; अलइर्शाद-फ़ी-मुआरिफ़त-हुज्जाज-उल्लाह-अलाउल-इबाद, पृ० 225-26
3. तारीख़-अर्रुसुल-वअलमुलूक, भाग-6, पृ० 213-14; अलइर्शाद-फ़ी-मुआरिफ़त-हुज्जाज-उल्लाह-अलाउल-इबाद, पृ० 226
4. अलअख़बार-उल-तवाल, पृ० 142

अपने दोनों शिशुओं के साथ होने से मानसिक तनाव की स्थिति में सन्तुलित होने में सहायता मिलती, मन कितना ही व्याकुल हो, शिशुओं की लीला सभी व्याकुलताओं को सहज ही समाप्त कर देती है। मुस्लिम की शहादत के बाद दोनों बालक लगभग एक वर्ष तक कारावास में रहे। एक दिन वहाँ नियुक्त सिपाही को उनका सही परिचय ज्ञात हुआ, तो उसने रात के अंधेरे में उन्हें कारावास के बाहर कर दिया। दोनों बालक रात भर कूफ़ा की गलियों में भटकते रहे, प्रातः नदी किनारे एक पेड़ की खोह में छुप गये। कोई दासी नदी से पानी भरने आयी, उसने चाँद से चमकते हुए चेहरों की परछाईं पानी में तैरती देखी, घर जाकर स्वामी को बताया, वह आयी और बच्चों को अपने घर पर ले गयी, आदर-सत्कार से रखा, रात के समय देर से उसके पति हार्स ने घर में प्रवेश किया, पत्नी को उसने बताया कि मुस्लिम के शिशु कारावास से भाग गये हैं, हाकिम ने उनके ढूँढ़ने के लिए 2 हज़ार दिरहम पुरस्कार रखा है। मैंने दिन भर उन्हें ढूँढ़ा, वे न मिले, पत्नी यह सुनकर सिहर गयी। हार्स को पता चला कि दोनों बालक उसी के मकान में शरण लिए हुए हैं, तो उनके बाल को पकड़कर खींचता हुआ बाहर लाया और एक खम्भे से बाँध दिया। भोर के समय उन्हें लेकर नदी के किनारे आया, बच्चों ने उससे विनती की कि हमें निर्दोष क्यों हत्या करता है, हमें बाज़ार में ले जाकर दास के रूप में बेच दे। तूझे अधिक धन मिल जायेगा, परन्तु वह न माना। पहले बड़े भाई का वध किया, सिर तोबड़े में रखा और शरीर को नदी में फेंक दिया, छोटा भाई बड़े भाई के ख़ून में तड़पने लगा, उसने निर्दयतापूर्वक छोटे भाई का भी वध किया, उसका सिर भी तोबड़े में रखा और शरीर को नदी में फेंक दिया। उनकी क़ब्रें उनके शीश के आधार पर बनी हैं, शरीर तो अप्राप्त ही रहे, कभी दफ़्न नहीं किये जा सके।[1]

अन्त में उचित होगा कि इस आरोप पर भी विचार कर लिया जाय कि कूफ़ावासियों ने इमाम हुसैन को अतिथि रूप में आमन्त्रित करके शहीद कर दिया। उपर्युक्त संख्या के आधार पर कहा जा सकता है कि इमाम हुसैन के साथ शहीद होने वालों में सबसे बड़ी संख्या कूफ़ावासियों की है, मदीनावासियों की स्पर्धा में भी, जिन्होंने अपनी आँखों से देखा कि इस्लामी पैग़म्बर के नाती इमाम हुसैन ने विवश होकर मदीना छोड़ा और ये लोग अपने घरों के तालों में बंद रहे। इस आरोप का दूसरा पक्ष यह है कि इमाम हुसैन को कूफ़ावासियों ने अतिथि रूप में आमंत्रित किया। निश्चय ही कूफ़ावासियों ने इमाम हुसैन को आमंत्रित किया, परन्तु उनमें दो प्रकार के लोग थे। उनके पत्रों के उद्धरण हेतु गतपृष्ठों में

---

1. तनवीरे-मजालिस, पृ० 52-54।

प्रस्तुत किये जा चुके हैं। इनमें एक वे धर्मनिष्ठ लोग थे, जिनके सामने इस्लामी सिद्धान्त वांछित कार्यों को प्रोत्साहित करना एवं निषेधित कार्यों से बचना था।

इस प्रकार के पत्र लिखने वालों में सुलैमान-बिन-सुरद ख़ुज़ाई, मुसैय्यब-बिन-नज़बा, रफ़ाग़ा-बिन-शद्दाद, हबीब-इब्न-मज़ाहिर, अब्दुल्लाह-बिन-सबीअ हमदानी, अब्दुल्लाह-बिन-दाल, हानी-बिन-हानी सबीई, सईद-बिन-अब्दुल्लाह हनफ़ी, क़ैस-बिन-मुसहर सैदावी, अब्दुर्रहमान-बिन-अब्दुल्लाह अरहबी आदि सम्मिलित थे। इनमें से हबीब-इब्न-मज़ाहिर, सईद-बिन-अब्दुल्लाह हनफ़ी, अब्दुर्रहमान-बिन-अब्दुल्लाह अरहबी ने इमाम हुसैन के नेतृत्व में जिहाद करके शहीद हुए। सुलैमान-बिन-सुरद कर्बला न आ सके, परन्तु बाद में इमाम हुसैन के क़ातिलों से बदला लेने में शहीद हुए।[1] शेष लोगों के विषय में सूचनाएँ नहीं मिलती, परन्तु इतनी बात निश्चित है कि उनमें कोई व्यक्ति यज़ीदी सेना में सम्मिलित नहीं हुआ, क्योंकि यदि उनमें कोई व्यक्ति यज़ीदी सेना में सम्मिलित हुआ होता, तो कूफ़ा के गणमान्य व्यक्तियों में होने के कारण उसे यज़ीदी सेना में सम्मानित पद मिला होता, परन्तु ऐसे किसी नाम की चर्चा नहीं मिलती। इससे स्पष्ट होता है कि यह लोग भी कूफ़ा में यज़ीदी प्रशासक उबैदउल्लाह-बिन-ज़ियाद के अत्याचारों का शिकार हो गये या शहीद हो गये या बन्दीगृह में डाल दिये गये।

इमाम हुसैन को पत्र लिखने वालों का दूसरा वर्ग उन समय के साथ उड़ने वाले लोगों का था, जो हर चढ़ते सूर्य की पूजा करते हैं। यह वर्ग हर काल में होता है, उस समय भी था। उन्होंने इमाम हुसैन को आमंत्रित किया, परन्तु उनके पत्र में इस्लाम धर्म की रक्षा अथवा इस्लामी पैग़म्बर का कोई सन्दर्भ नहीं है। वरन् 'लहलहाती खेतियों' की चर्चा है, उनमें 7 नाम इतिहास में सुरक्षित हैं—सब्स-बिन-रबई, हुज्जार-बिन-अबजर, यज़ीद-बिन-हार्स, नीर-बिन-रोयम, अज़रा-बिन-क़ैस, उमरू-बिन-हज्जाज ज़ुबैदी तथा मुहम्मद-बिन-अमीर तमीमी। यह सब इमाम हुसैन के विरुद्ध यज़ीदी सेना में सम्मिलित हुए, पद एवं पुरस्कार प्राप्त किये। इनके विषय में अन्य सूचनाएँ भी इतिहासों में मिलती हैं।[2]

मक्का से कर्बला के बीच

इमाम हुसैन की मक्का से कर्बला के बीच यात्रा में 37 स्थानों की जानकारी मिलती है, जिनके बीच से उनका क़ाफ़िला गुज़रा था। मक्का-मुकर्रमा.....→

---

1. लहूफ़-अला-क़तला-उल-तफ़ूफ़, पृ० 178
2. लहूफ़-अला-क़तला-उल-तफ़ूफ़, पृ० 245-46

बनी-आमिर.....→ तनईम.....→ सफ़्फ़ाह.....→ ज़ात-इर्क़.....→ ग़मरा.....→ उम्म-ख़ुर्मान.....→ मुसल्लिह.....→ अफ़ीमिया.....→ मअदन-फ़िज़ान.....→ उम्क़.....→ सलसलीया.....→ मुग़ीसा-मावान.....→ नुक़रा.....→ हाज़ज.....→ समेरा.....→ तूज़.....→ अजफ़र.....→ ख़ुज़ैमिया.....→ ज़रवुद.....→ सअलबिया.....→ बितान.....→ शुक़ूक़.....→ ज़बाला.....→ बत्न-अक़बा.....→ अन्मिया.....→ वाक़सा.....→ शर्राफ़.....→ अबू-मिस्क.....→ जबल-ज़ीहसम.....→ बैज़ा.....→ मसीजद.....→ हमाम.....→ मुग़ीसिया.....→ उम्म-कुरून.....→ अज़ीब.....→ क़स्र-बनीमुक़ातिल.....→ तक़तक़ाना.....→ कर्बला (वादी-तफ़्फ़)।

उपर्युक्त सभी स्थान ऐतिहासिक, सांस्कृतिक एवं धार्मिक महत्त्व रखते हैं। ये इतिहास के अत्यन्त महत्त्वपूर्ण घटना के साक्षी हैं। परन्तु खेद है कि उनके विषय में समुचित जानकारी उपलब्ध नहीं है। फिर भी इनमें कुछेक स्थानों की चर्चा विभिन्न स्रोतों में मिल जाती है। उनके आधार पर हम उनमें से 14 मंजिलों के विषय में तथा उनसे सम्बन्धित घटनाओं की चर्चा करेंगे।[1]

इनमें पहली मंज़िल 'तनईम' से नवीं मंज़िल 'शराफ़' तक इमाम हुसैन ने निर्विघ्न सफ़र किया। दसवीं मंज़िल 'जबल-ज़ीहसम' पर यज़ीदी सेना ने विघ्न उत्पन्न किया, फिर कर्बला उन्हें घेर कर अपने साथ लायी। चलिए, हम इमाम हुसैन के सफ़र की इन सोलह मंज़िलों की ज़ियारत कर लें :

---

1. यात्रा-सम्बन्धी कुछेक तथ्यों पर ध्यान रखना चाहिए। प्रथम यह कि मक्का से कर्बला की ज़मीनी दूरी 918 मील (1,470 कि० मी०) है। द्वितीय यह कि इमाम हुसैन के क़ाफ़िले की यात्रा मुख्यतः ऊँटों की सवारी पर थी, जिसमें महिलाएँ एवं शिशु भी थे तथा जलवायु शुष्क थी। अतः यात्रा तीव्र गति से नहीं हो सकती थी। तृतीय यह कि उस समय ऊँटों के क़ाफ़िलों की यात्रा-गति साधारणतया 30-40 मील प्रतिदिन होती थी। इमाम हुसैन के क़ाफ़िले ने 918 मील की यात्रा लगभग 24 दिनों (9 सितम्बर-2 अक्टूबर 680 ई०) में सम्पन्न की थी। चतुर्थ यह कि निश्चित रूप में यात्रा की मंज़िलें 24 नहीं हो सकती है। सम्भव है कि किसी मंज़िल पर एक से अधिक दिनों तक रुके हों, जैसा कि हज़रत मुस्लिम की शहादत की सूचना मिलने पर ज़बाला में दो दिनों तक रुके। पंचम यह कि यदि 4 दिन मार्ग में रुकने को कम करके मात्र 20 दिनों की यात्रा मानें, तो यात्रा गति लगभग 40 मील प्रति दिन ठहरती है, जो अत्यन्त सहज गति से यात्रा कही जा सकती है। सम्भवतः 35-40 मील प्रतिदिन की गति यात्रा सम्पन्न हुई थी। —लेखक

1. तनईम :

यह स्थान भी मक्का के निकटवर्ती क्षेत्रों में ही है। यहाँ इमाम हुसैन को एक काफ़िला दिखाई पड़ा, जो यमन से आ रहा था। आपने उनसे कुछ ऊँट अपने लिए तथा साथियों की सवारियों के लिए किराये पर लिये, आपने उनसे कहा—तुममें से जो कोई ईराक़ जाना चाहे हम उसे पूरा किराया तथा कुछ पुरस्कार भी देंगे और यदि रास्ते से वापस जाना चाहेगा, तो उसे उतनी दूर का किराया देकर वापस कर देंगे। उनमें कुछ लोग ईराक़ तक जाने के लिए साथ हो गये।[1] इससे दो बातें सामने आती हैं, एक तो किसी से कोई सौदा करते समय स्पष्टरूप में उसके सभी पक्षों को सामने रख देना, जो इमाम हुसैन के व्यवहार कुशलता का प्रमाण प्रस्तुत करता है। दूसरे यह भी स्पष्ट होता है कि इमाम हुसैन मक्का से बिना किसी पूर्व तैयारी के चल पड़े थे। यहाँ तक कि सवारी के लिए ऊँट तथा अन्य वस्तुओं का भी अभाव था।[2]

तनईम ही वह स्थान है, जहाँ इमाम हुसैन के बहनोई अब्दुल्लाह-बिन-जाफ़र और मक्का के प्रशासक का भाई सईद-बिन-आस ने इमाम हुसैन से भेंट की। अब्दुल्लाह-बिन-जाफ़र इमाम हुसैन की मक्का के प्रस्थान के समय मदीना में थे। उन्हें इमाम हुसैन के ईराक़ की ओर जाने की सूचना मिली, तो परेशान हो उठे। अपने दो पुत्रों औन तथा मुहम्मद के माध्यम से एक पत्र इमाम हुसैन को भेजा, जिसमें इमाम हुसैन को क़सम देकर रोका कि उनके पत्र को देखते ही आगे बढ़ने से रुक जाइये, क्योंकि आप जिस ओर जा रहे हैं, उसमें आपके लिए दुर्घटनाओं की संभावनाएँ अधिक हैं और यदि आप दुनिया से उठ गये, तो धरती का प्रकाश विदा हो जायेगा, क्योंकि आप सत्य मार्ग पर चलने के प्रतीक हैं तथा धर्मभीरुओं की आशाओं का केन्द्र हैं। कृपया यात्रा में जल्दी न कीजिए, मैं इस पत्र के पीछे आ रहा हूँ। औन तथा मुहम्मद ने यह पत्र तनईम नामक स्थान पर इमाम हुसैन की सेवा में प्रस्तुत किया। इमाम हुसैन को पत्र भेजने के बाद अब्दुल्लाह-बिन-जाफ़र मदीना के प्रशासक उमरू-बिन-सईद-बिन-आस के पास गये और उससे वार्ता करके एक शान्ति प्रदान करने के आश्वासन पर आधारित पत्र इमाम हुसैन के लिए प्राप्त किया और उसके भाई याहया-बिन-सईद को साक्ष्य के रूप में अपने साथ लिया। वे भी इमाम हुसैन से तनईम नामक मंज़िल पर मिले। याहया-बिन-सईद तो वही व्यक्ति था जिसने मक्का से इमाम हुसैन के

---

1. तारीख़-अर्रुसुल-वअलमुलूक, भाग-6, पृ० 212; अलइर्शाद-फ़ी-मुआरिफ़त-हुज्जाज-उल्लाह-अलाउल-इबाद, पृ० 225
2. अलइर्शाद-फ़ी-मुआरिफ़त-हुज्जाज-उल्लाह-अलाउल-इबाद, पृ० 229

प्रस्थान के समय आक्रमण किया था। अब रणनीति बदलकर अब्दुल्लाह-बिन-जाफ़र के साथ मुखौटा बदलकर साथ में था। इमाम हुसैन सभी स्थितियों से भलीभाँति परिचित थे। उन्होंने अब्दुल्लाह-बिन-जाफ़र को समझाया कि केन्द्रीय सत्ता के इच्छाओं के विपरीत स्थानीय सत्ता का कोई आश्वासन अर्थहीन होता है। फिर प्रशासक के नाम उसके पत्र का उत्तर लिखकर उसके भाई को दिया, अब्दुल्लाह-बिन-जाफ़र इमाम हुसैन के साथ आगे की मंजिल की तरफ़ नहीं गये, वरन् मदीना लौट गये।[1]

2. सफ़्फ़ाह :

इस स्थान पर इमाम हुसैन ने पड़ाव नहीं किया, वरन् इसी स्थान पर इमाम हुसैन की प्रसिद्ध अरबी कवि 'फ़रज़दक़'-बिन-ग़ालिब से भेंट हो गयी। 'फ़रज़दक़' ने आश्चर्य से पूछा—हे स्वामी, समस्त इस्लामी जगत् हज्ज हेतु मक्के में एकत्र हो रहा है और आप हज्ज त्याग रहे हैं? इमाम हुसैन ने उस रहस्य से परदा उठा दिया, जो अब तक किसी पर स्पष्ट नहीं किया था। आपने उत्तर दिया—यदि मैं शीघ्रता से कार्य न करता, तो बंदी बना लिया जाता।[2] स्पष्ट है कि इमाम हुसैन ईश्वर के मार्ग में धर्म की स्थापना हेतु अपने प्राणों की आहुति देने को तत्पर हैं, परन्तु चुप-चाप बंदी बन जाना स्वीकार नहीं कर सकते थे। यह इमाम हुसैन की रणनीति का महत्त्वपूर्ण पक्ष है, क्योंकि चुप-चाप बंदी बन जाने के बाद हुसैनी क्रान्ति के उद्देश्यों पर परदा पड़ जाता। 'फ़रज़दक़' ने इमाम हुसैन को कूफ़ा में उबैदउल्लाह-इब्न-ज़ियाद की नियुक्ति के उपरान्त स्थितियों से अवगत कराया कि कूफ़ावासियों के मन आपके साथ हैं तथा तलवारें बनीउमैय्या के साथ होंगी। इमाम हुसैन ने कहा, तुम ठीक कहते हो।[3] इसी के निकटवर्ती क्षेत्रों में अबतह नामक स्थान पर समर्थकों का एक दल, जिसमें ज़ैद-बिन-सुबैत अलअबदी तथा उनके दो पुत्र अब्दुल्लाह एवं उबैदउल्लाह, आमिर-बिन-मुस्लिम अलअबदी बसरी तथा उनके दास सालिम और शबीब-बिन-अब्दुल्लाह सम्मिलित थे, इमाम हुसैन के साथ सम्मिलित होकर साथ-साथ चलने लगे।[4]

---

1. तारीख़-अर्रुसुल-वअलमुलूक, भाग-6, पृ० 212; अलइर्शाद-फ़ी-मुआरिफ़त-हुज्जाज-उल्लाह-अलाउल-इबाद, पृ० 202
2. बलाग़त-उल-हुसैन, पृ० 123-25
3. तारीख़-अर्रुसुल-वअलमुलूक, भाग-6, पृ० 212; अलइर्शाद-फ़ी-मुआरिफ़त-हुज्जाज-उल्लाह-अलाउल-इबाद, पृ० 225
4. तारीख़-अर्रुसुल-वअलमुलूक, भाग-6, पृ० 218; अलइर्शाद-फ़ी-मुआरिफ़त-हुज्जाज-उल्लाह-अलाउल-इबाद, पृ० 228

3. ज़ात-इर्क़ :

शैख़ मुफ़ीद ने अब्दुल्लाह-इब्न-जाफ़र से सम्बन्धित उपर्युक्त घटना की चर्चा करने के बाद लिखा है कि इमाम हुसैन तीव्रता से ईराक़ की ओर बढ़े तथा ज़ात-उल-ईराक़ में पहुँचकर विश्राम किया।[1]

4. हाजज़ :

यह बत्न-उल-रम्मा की वादी में एक स्थान का नाम है। यही वह मंज़िल थी, जहाँ इमाम हुसैन ने किसी प्रकार राहत की साँस ली। उन्होंने कूफ़ावासियों के प्रतिनिधि क़ैस-बिन-मुसह्र को एक पत्र देकर विदा किया, जो इस आशय का था कि मुस्लिम-बिन-अक़ील के पत्र से मुझे अनुकूल वातावरण की सूचना मिली है। यह भी ज्ञात हुआ कि तुम लोग मेरे समर्थन में एकमत हो, ईश्वर तुम्हें इसका फल देगा। मैं मक्का से 8 ज़िलहिज्जा को प्रस्थान कर चुका हूँ। मेरा पत्र पाते ही अपनी व्यवस्था चुस्त-दुरुस्त कर लेना। मैं शीघ्र ही तुम्हारे बीच पहुँचने वाला हूँ।

क़ैस पत्र लेकर कूफ़ा नहीं पहुँच पाये, क़ादिसिया ही पहुँचे थे कि यज़ीदी सेनानायक हिस्सीन-बिन-नुमैर ने बन्दी बनाकर कूफ़ा के प्रशासक उबैदउल्लाह-बिन-ज़ियाद के पास भेज दिया। उबैदउल्लाह ने क़ैस-बिन-मुसह्र से कहा कि तुम्हें प्राणदान मिल सकता है, यदि तुम इमाम हुसैन के विरुद्ध भाषण दो और उनकी निन्दा करो। क़ैस ने हामी भर ली। मस्जिद में जनसमूह एकत्र हुआ, देखें इमाम हुसैन का दूत क्या कहता है। क़ैस ने इस अवसर का उपयोग इमाम हुसैन के उद्देश्य को जनसाधारण तक पहुँचाने के लिए किया। ईश-वन्दना के बाद लोगों को सम्बोधित करते हुए कहा—हे जनता-जनार्दन, इस समय समस्त विश्व में हुसैन-बिन-अली सर्वश्रेष्ठ हैं, जो पैग़म्बर की सुपुत्री हज़रत फ़ातिमा के सुपुत्र हैं। मैं उन्हीं का सन्देश लेकर तुम्हारे पास आया हूँ। तुम्हारा दायित्व है कि उनके आह्वान को स्वीकार करो। यह सुनकर उबैदउल्लाह-बिन-ज़ियाद क्रोध से पागल हो उठा। उसके आदेशानुसार उनको राजभवन के ऊपर ले जाकर नीचे गिरा दिया गया, जिससे उनके अंग-अंग चकनाचूर हो गये।[2]

5. ज़रवुद :

इसी मंज़िल के निकट एक जलस्रोत था, जिस पर ज़ुहैर-बिन-क़ैन-बिन-क़ैस-बिजिल्ली अपना ख़ेमा लगाये विश्राम कर रहे थे। ज़ुहैर बनीउमैय्या से थे,

---

1. अलइर्शाद-फ़ी-मुआरिफ़त-हुज्जाज-उल्लाह-अलाउल-इबाद, पृ० 229
2. अलअख़बार-उल-तवाल, पृ० 245; अलइर्शाद-फ़ी-मुआरिफ़त-हुज्जाज-उल्लाह-अलाउल-इबाद, पृ० 230

अतः विरोधी पक्ष के समझे जाते थे, परन्तु वास्तविकता यह थी कि अह्‌लबैत तथा इमाम हुसैन के परमभक्त थे। उनका नया-नया विवाह हुआ था, अपनी पत्नी के साथ यात्रा में थे। उन्हें इमाम हुसैन के आह्वान का संज्ञान था, परन्तु इमाम हुसैन से बच-बचकर चल रहे थे, उनसे एक मंज़िल की दूरी पर यात्रा कर रहे थे कि उनका इमाम हुसैन से साक्षात्कार न हो जाय, कि इसके बाद उन्हें आह्वान के आधार पर साथ चलना होगा, जिसे वे उस समय टालना चाहते थे। परन्तु इमाम हुसैन ने अपने साथ इस धर्मयुद्ध में सम्मिलित होनेवालों की, जो सूची बनायी थी, उनमें ज़ुहैर-क़ैन को प्रमुख स्थान प्राप्त था, जो बाद में उनकी जिहाद में यथार्थ बनकर उभरा।

इमाम हुसैन ने अपने सुपुत्र अली अकबर को एक पत्र के साथ उनके पास भेजा। ज़ुहैर-क़ैन ने पत्र को आँखों से लगाया, अपने शीर्ष पर रखा, फिर पत्नी के पास आये और उनसे कहा कि अब पैग़म्बर के सुपुत्र ने मुझे बुला लिया है। अतः मैं अवश्य जाऊँगा, तुम चाहो तो तुम्हें तलाक़ देकर मुक्त कर सकता हूँ। पत्नी ने उत्तर दिया—अब तक मैं जीवनसंगिनी थी, एक साधारण व्यक्ति की, अब तुम्हारी पदोन्नति हो गयी है, तो मुझे अलग कर रहे हो, क्या यही तुम्हारा न्याय है। ज़ुहैर-क़ैन ने साथ चल रहे अन्य लोगों से अपना मंतव्य स्पष्ट किया, परन्तु उनके चचेरे भाई सलमान-बिन-मज़ारिब-बिन-क़ैस बिजिल्ली के अतिरिक्त कोई साथ चलने पर तैयार न हुआ। यह विशिष्ट दम्पत्ति इमाम हुसैन की सेवा में उपस्थित हो गया।[1] इसी बीच मार्ग में इमाम हुसैन के अभिन्न मित्र हबीब-इब्न-मज़ाहिर तथा प्रसिद्ध वयोवृद्ध बुरैर-बिन-ख़ुज़ैर हमदानी तथा जुनदब-बिन-हजीर ख़ौलानी, यज़ीद-बिन-ज़ियाद किन्दी अबुल शअसा, हबाब-बिन-आमिर-बिन-कअब तयमी भी इमाम हुसैन के साथ काफ़िले में शामिल हो गये।

इसी मंज़िल से कठिनाइयाँ भी प्रारम्भ हो गयीं। इमाम हुसैन के दो अनुयायी अब्दुल्लाह-बिन-सलीम तथा मज़री-बिन-मुसमअल दोनों बनीअसद के योद्धा, जो मक्का में हज्ज के दायित्व का निर्वाहन करने के पश्चात इमाम हुसैन के साथ आ गये थे, उन्होंने एक व्यक्ति को कूफ़ा की ओर से आते हुए देखा। इमाम चाहते थे कि उससे कूफ़ा की स्थिति के बारे में जानकारी प्राप्त की जाय, परन्तु उसने अपना मुँह मोड़ लिया और दूसरी ओर चल दिया। इमाम हुसैन भी आगे बढ़ गये। दोनों असदी योद्धाओं ने आगे बढ़कर उसका पीछा किया और उसे पा लिया। उसको अपना परिचय दिया, वह भी उन्हीं के क़बीले का था, उसने

---

1. तारीख़-अर्रुसुल-वअलमुलूक, भाग-6, पृ० 224; अलइर्शाद-फ़ी-मुआरिफ़त-हुज्जाज-उल्लाह-अलाउल-इबाद, पृ० 231-32

बताया—हाँ, सुनो! मैं कूफ़ा से बाहर नहीं आया था कि मुस्लिम-बिन-अक़ील और हानी-बिन-उरवा का वध किया गया। मैंने अपनी आँखों से देखा कि उनके शव के पाँव में रस्सी बाँधकर बाज़ार में घसीटा जा रहा है।[1] अत्यन्त हृदयविदारक सूचना थी। समय की गति को ध्यान में रखते हुए उन्होंने तत्काल इसकी सूचना देना उचित न समझा, दुःखी मन से आकर क़ाफ़िले में सम्मिलित हो गये, जो आगे की ओर बढ़ रहा था।

6. सअलबिया :

इमाम हुसैन ने इस मंज़िल पर सायंकाल पहुँचे और रात्रि में क़ाफ़िले ने यहीं पर विश्राम किया। अब्दुल्लाह-बिन-सलीम तथा मज़री-बिन-मुसमअल दोनों बनीअसद योद्धा इमाम हुसैन की सेवा में प्रस्तुत हुए और एकान्त में कुछ कहने की अनुमति माँगी। इमाम हुसैन ने कहा—कहो, किसी गोपनीयता की आवश्यकता नहीं है। दोनों योद्धाओं ने बताया कि आपने जिस व्यक्ति को कूफ़ा से आते देखा था, वह हमारा ही वंशज है, सच्चा और समझदार व्यक्ति है। फिर उन्होंने वह शब्द दोहरा दिये, जो उससे सुने थे। इमाम हुसैन के लिए यह सूचना अत्यन्त दुःखदायी थी, मात्र एक सम्बन्धी और विश्वासपात्र अनुयायी का शोक-समाचार ही नहीं था, वरन् परिस्थितियों के अकस्मात् विपरीत हो जाने का सूचक भी था। इमाम हुसैन ने कई बार क़ुर्आन की इस आयत को दोहराया : **"हम अल्लाह के लिए हैं और उसी की ओर पुनरावृति करेंगे।"** (क़ुर्आन :2/156) और फिर शान्त हो गये।[2] दोनों असदी युवकों ने सलाह दी कि इन परिस्थितियों में हमें आगे नहीं बढ़ना चाहिए। इमाम हुसैन ने शहीद मुस्लिम के परिवारजनों की ओर देखा, सब ने एक मत से कहा कि हम मुस्लिम के वध का प्रतिशोध लेंगे या उसी प्रकार रणभूमि में अपने प्राणों की आहुति दे देंगे, जैसे मुस्लिम ने दी। इमाम हुसैन ने दोनों असदियों की तरफ़ देखकर कहा—जब ये न रहे, तो मैं ज़िन्दा रहकर क्या करूँगा। कुछेक साथियों ने मत व्यक्त किया कि आप और मुस्लिम की बराबरी नहीं है। आप कूफ़ा पहुँचेंगे, तो लोग आपकी सहायता के लिए दौड़ पड़ेंगे। इमाम हुसैन ने कोई उत्तर नहीं दिया, न पक्ष में, न विपक्ष में। इमाम हुसैन उस दिन रुक गये, औरतों-बच्चों में रोने-पीटने की आवाज़ें

---

1. तारीख़-अर्रुसुल-वअलमुलूक, भाग-6, पृ० 235; अलइर्शाद-फ़ी-मुआरिफ़त-हुज्जाज-उल्लाह-अलाउल-इबाद, पृ० 223
2. तारीख़-अर्रुसुल-वअलमुलूक, भाग-6, पृ० 225; अलइर्शाद-फ़ी-मुआरिफ़त-हुज्जाज-उल्लाह-अलाउल-इबाद, पृ० 232

उठती रहीं।[1] यहीं रात गुज़ारी प्रातः काफ़ी मात्रा में पानी साथ लेकर आगे की ओर बढ़ गये।

7. ज़बाला :

इसी मंज़िल पर कवि अयास-बिन-असलताई ने मुहम्मद-बिन-अशअस का पत्र इमाम हुसैन को दिया। यह पत्र हज़रत मुस्लिम की वसीयत के मुताबिक़ भेजा गया था, जिसमें लिखा गया था कि कूफ़ा की स्थिति परिवर्तित हो गयी है। अब कूफ़ा आने का विचार न कीजिए।[2] पत्रवाहक ने यह भी सूचना दी कि क़ैस-बिन-मुसह्र सैदावी का वध किया जा चुका है।[3] फिर इमाम हुसैन ने अपने सहयोगियों को एकत्र किया तथा अपना उद्देश्य स्पष्ट शब्दों में अभिव्यक्त किया। इतिहास में उसका सविस्तार वर्णन है। एक उद्धरण देखिए : **"आप खड़े होकर ईशवंदना करते रहे। फिर पैग़म्बर की चर्चा की और उनकी स्तुति के उपरान्त कहा—हे लोगो! मैंने तुमको अपने पास रहने दिया था, उन प्रत्यक्ष सम्भावनाओं के आधार पर कि ईराक़ पर मेरा अधिकार होगा। परन्तु अब मुझे अपने भाई मुस्लिम के सम्बन्ध में अत्यन्त भयावह सूचना मिली है, जो सिद्ध करती है कि हमें बुलानेवालों ने हमसे विश्वासघात किया। अतः अब तुममें से जो व्यक्ति तलवारों की आँच और बरछियों का प्रहार सह सकता हो, वह हमारे साथ चले अन्यथा यहीं से अलग हो जाय।"**[4]

इस वक्तव्य को सुनने के बाद सत्ता के मतवाले अलग हो गये। परन्तु जहनी क़बीले के तीन लोगों ने इमाम हुसैन का साथ नहीं छोड़ा, जिनके नाम हैं— इबाद-बिन-मुहाजिर, अक़बा-बिन-सुल्त जुहनी तथा मजमअ-बिन-ज़ियाद जुहनी हैं। इस प्रकार इमाम हुसैन के साथ उनके इष्ट भक्तों का वर्ग ही रह गया है।

8. बत्न-अक़बा :

शैख़ मुफ़ीद ने इस स्थान का नाम 'बत्न-उल-अक़बा' लिखा है, कुछेक ने 'बत्न-उल-अक़ीक़' कहा है। इस मंज़िल पर अकरमा क़बीले का एक व्यक्ति उमरू-बिन-लोज़ान ने इमाम हुसैन से भेंट करके बताया कि यज़ीदी सत्ता की ओर से क़ादिसिया तथा अज़ीब के बीच नाकाबन्दी हो गयी है। आप उधर न जाइये, यदि गये तो वही लोग आपसे युद्ध करने हेतु आयेंगे, जिन्होंने आपको पत्र लिखा। इमाम हुसैन ने उसे आशीष प्रदान किया और आगे की ओर प्रस्थान

---

1. लहूफ़-अला-क़तला-उल-तफ़ूफ़, पृ० 27
2. तारीख़-अर्रुसुल-वअलमुलूक, भाग-6, पृ० 203
3. अलअख़बार-उल-तवाल, पृ० 247
4. तारीख़-अर्रुसुल-वअलमुलूक, भाग-6, पृ० 246

किया। मार्ग में थोड़ा-सा परिवर्तन किया, जिससे हिस्सीन-बिन-नुमैर की सेना जो क़ादिसिया की सीमाओं में थी, उससे भिड़न्त नहीं हुई तथा आप आगे बढ़ गये।[1]

9. शर्राफ़ :

सालिबिया तथा ज़बाला के बाद इस मंज़िल पर भी इमाम हुसैन के आदेशानुसार पानी का विशेष प्रबन्ध किया गया। मशकें तथा छागलें पानी से भर ली गयीं।[2] सम्भवतः यह 1 मुहर्रम 61 हि० तदनुसार 1 अक्टूबर, 680 ई० की तिथि थी कि इमाम हुसैन का क़ाफ़िला शराफ़ की सीमाओं के आगे क़ादिसिया से दो-तीन मील की दूरी पर था कि इमाम हुसैन के सहयोगियों में किसी ने नारा-ए-तकबीर : **"अल्लाह-ओ-अकबर"** (ईश्वर सबसे महान है) बुलन्द की। इमाम हुसैन ने कहा कि निःसन्देह ईश्वर सबसे महान है, परन्तु इस समय तकबीर कहने का तात्पर्य है। उसने उत्तर दिया, मुझे खजूर के पेड़ दिखायी दे रहे हैं, अर्थात् कोई बस्ती निकट ही है। अन्य सहयोगियों ने कहा, इस स्थान पर तो हमने कभी खजूर का कोई पेड़ नहीं देखा। इमाम हुसैन ने कहा—आगे बढ़कर देखो, क्या दिखायी पड़ता है। उन्होंने कहा—हमें तो घोड़ों की गर्दनें या कनौतियाँ दीख पड़ती हैं। इमाम हुसैन ने कहा—मैं भी यही देखता हूँ।[3]

10. जबल-ज़ीहसम :

इसको कुछेक ने ज़ूजश्म भी लिखा है। इस सूचना पर कि खजूर के पेड़ नहीं वरन् यज़ीदी सेना उनसे युद्ध करने के लिए आ रही है, इमाम हुसैन ने सहयोगियों से पूछा कि यहाँ निकट में कोई ऐसा सुरक्षित स्थान है, जिसे हम अपनी पीठ की ओर रखकर सामने से शत्रु का सामना करें, जिससे चारों ओर से घिर जाने का भय न रहे, लोगों ने कहा, यह ज़ूजिस्म पर्वत है, यदि हम उस पर शत्रुओं के पूर्व पहुँच जायें, तो काम बन सकता है। इमाम हुसैन ने इस सलाह को पसन्द किया तथा उधर की ओर क़ाफ़िले को मोड़ दिया, शत्रुओं ने भी उधर बढ़ना चाहा, परन्तु इमाम हुसैन वहाँ पहले पहुँच गये, सहयोगियों ने अपने-अपने ख़ेमे लगा दिये।[4]

---

1. अलअख़बार-उल-तवाल, पृ० 247; अलइर्शाद-फ़ी-मुआरिफ़त-हुज्जाज-उल्लाह-अलाउल-इबाद, पृ० 233-34
2. तारीख़-अर्रुसुल-वअलमुलूक, भाग-6, पृ० 227; अलइर्शाद-फ़ी-मुआरिफ़त-हुज्जाज-उल्लाह-अलाउल-इबाद, पृ० 233-34
3. तारीख़-अर्रुसुल-वअलमुलूक, भाग-6, पृ० 227; अलइर्शाद-फ़ी-मुआरिफ़त-हुज्जाज-उल्लाह-अलाउल-इबाद, पृ० 234
4. अलअख़बार-उल-तवाल, पृ० 256

यज़ीदी सेना द्वारा विघ्न

इमाम हुसैन के ज़ूजिस्म पहुँचने तथा उनके सहयोगियों के अपने-अपने ख़ेमे लगाने के बाद शत्रु की सेना भी पहुँच गयी, जो हुर्र-बिन-यज़ीद रियाही के नेतृत्त्व में एक हज़ार सैनिकों पर आधारित थी। इस सेना का उद्देश्य इमाम हुसैन का मार्ग अवरुद्ध करना था। चूँकि इमाम हुसैन क़ादिसिया की सेना से टकराये बिना आगे बढ़ गये थे, तो गुप्तचरों ने इमाम हुसैन के मार्ग परिवर्तन की सूचना दी। यज़ीदी सत्ता ने इमाम हुसैन का रास्ता रोकने के लिए यह सेना भेजी थी। दोपहर का समय, गर्मी का मौसम, रेगिस्तान की यात्रा, हुर्र की सेना को इमाम हुसैन तक पहुँचने में कठिन परिश्रम करना पड़ा। मार्ग में ही पानी समाप्त हो गया, यहाँ तक पहुँचते-पहुँचते मानव, तो क्या चौपाये भी प्यास की तीव्रता से त्रस्त थे। यदि कुछ देर और पानी न मिलता, तो अपने आप तड़प-तड़पकर मर जाते।

इमाम हुसैन अपने साथियों समेत सिरों पर पगड़ियाँ रखे, कमर में तलवारें लटकाये शान्तिपूर्वक खड़े थे कि शत्रुओं की सेना हाँफती-काँपती मृत्यु के कगार पर फिसलती हुई, हुसैनी सेना के सामने आकर खड़ी हो गयी। इमाम हुसैन तो दयानिधान थे, उनसे शत्रुओं का बिना पानी के तड़प-तड़पकर मृत्यु को प्राप्त होना स्वीकार नहीं हो सकता था। उन्होंने आदेश दिया कि हमारे पास जितना पानी और खाने का सामान है, सब इनके लिए उपलब्ध करा दिया जाय। इमाम हुसैन के आदेश की देर थी, उनके सेवानिष्ठ सहयोगी सहायता हेतु दौड़ पड़े। इमाम हुसैन स्वयं अपनी देख-रेख में सभी को पानी पिलवा रहे थे। घर में पानी के जितने भी सामान थे, सभी से पानी पिलाया जा रहा था। सिपाहियों को ही नहीं उनके पशुओं को भी तृप्त किया जा रहा था। कई-कई बार पानी पेश किया जाता।[1] यज़ीदी सेना का एक सैनिक बिन-तआन जो हुर्र के साथ आया था, कहता है कि प्यास से मेरी स्थिति इतनी बिगड़ चुकी थी कि मैं चाहने पर भी पानी नहीं पी सकता था। पानी ज़मीन पर बह जाता था। इमाम हुसैन ने मुझे समझाया कि इस प्रकार पानी पियो, मगर मैं समझ नहीं पाया, तो वे अपने स्थान से उठे और अपने हाथों से मुझे पानी पिलाया, मैंने जी भरकर पानी पिया और अपने घोड़े को भी पिलाया।[2] इस घटना का यज़ीदी सेना पर जो कृतज्ञतापूर्ण प्रभाव पड़ा, उसे कहने की आवश्यकता नहीं है। परन्तु अभी वह समय नहीं आया था कि इस सेना का नायक हुर्र का मन विद्रोह करके धर्मयुद्ध के मार्ग पर

---

1. अलअख़बार-उल-तवाल, पृ० 247; तारीख़-अर्रुसुल-वअलमुलूक, भाग-6, पृ० 227
2. तारीख़-अर्रुसुल-वअलमुलूक, भाग-6, पृ० 227; अलइर्शाद-फ़ी-मुआरिफ़त-हुज्जाज-उल्लाह-अलाउल-इबाद, पृ० 234

डाल सके। इमाम हुसैन ने उनसे आने का कारण पूछा, किसी ने कोई उत्तर नहीं दिया, सैनिक अपने घोड़ों की बागें पकड़े हुए ज़मीन पर बैठ गये।[1] ज़ुहर की नमाज़ का समय हुआ, तो इमाम ने हज्जाज-बिन-मसरूक़ जुफ़ी को अज़ान कहने का हुक्म दिया। नमाज़ की पंक्तियाँ तैयार हुईं और अक़ामत पढ़ी जाने लगी, तो इमाम हुसैन ने हुर्र से पूछा कि क्या तुम अलग नमाज़ पढ़ाना चाहते हो? उसने उत्तर दिया, नहीं आप पढ़ाइये, हम सब आपके पीछे नमाज़ पढ़ेंगे। सभी ने इमाम हुसैन के पीछे नमाज़ पढ़ी।[2]

नमाज़ सम्पन्न करके इमाम हुसैन ने ईश-वन्दना के पश्चात हुर्र तथा उसकी सेना को सम्बोधित किया : **"हे मानवजन, मैं ईश्वर को साक्षी मानकर तुम्हारे समक्ष अपनी सफ़ाई पेश करता हूँ, मैं तुम्हारी ओर उस समय तक नहीं आया जब तक कि तुम्हारे पत्र मेरे पास नहीं गये कि आप हमारी ओर आइये, हमारा कोई इमाम नहीं है, शायद अल्लाह आपके माध्यम से हमें सत्य मार्ग पर एकत्र कर दे। अब यदि तुम अपनी बात पर स्थिर हो तो मैं आ ही गया हूँ, अपने संकल्प पर स्थिर रहो और यदि तुम मेरे आने से अप्रसन्न हो, तो मैं वापस चला जाऊँ, वहीं जहाँ से आया हूँ।"** इमाम हुसैन का यह भाषण सुनने के बाद सन्नाटा छाया रहा कोई उत्तर नहीं मिला।[3] फिर इमाम अपने ख़ेमे में गये। हुर्र भी अपने ख़ेमे में चला गया। अस्र की नमाज़ भी हुर्र के समान दोनों वर्गों ने इमाम हुसैन के पीछे पढ़ी, नमाज़ के बाद इमाम हुसैन ने पुनः ईश-वन्दना के साथ सम्बोधन किया : **"यदि सत्य मार्ग धारण करोगे तथा हक़दार का हक़ पहचानोगे तो अल्लाह की रज़ामन्दी हासिल करोगे, वास्तव में हम अह्लबैत इस्लामी जगत की सत्ता के उन लोगों से ज़्यादा हक़दार हैं, जो आज इस पद पर अपना अनुचित दावा प्रस्तुत कर रहे हैं तथा मुसलमानों पर अत्याचार करते हैं, परन्तु यदि तुम हमको पसन्द नहीं करते और हमारे हक़ को स्वीकार नहीं करते और उस वचन के विरुद्ध हो, जो तुम्हारे पत्रों तथा दूतों के माध्यम से स्पष्ट हो रहे थे तो मैं वापस चला जाऊँगा।"**[4] अब हुर्र ने अपनी चुप्पी तोड़ी और कहा— ईश्वर की सौगन्ध, मुझे इन पत्रों के विषय में कोई सूचना नहीं है, जिनका आप सन्दर्भ दे रहे हैं। इमाम के आदेशानुसार वह थैले लाये गये, जो इन पत्रों से भरे हुए थे। हुर्र ने कहा हम उन लोगों में नहीं जिन्होंने आपको पत्र लिखा, हम तो

---

1. अलअख़बार-उल-तवाल, पृ० 247
2. अलअख़बार-उल-तवाल, पृ० 247; तारीख़-अर्रसुल-वअलमुलूक, भाग-6, पृ० 228
3. अलअख़बार-उल-तवाल, पृ० 248; तारीख़-अर्रसुल-वअलमुलूक, भाग-6, पृ० 228
4. तारीख़-अर्रुसुल-वअलमुलूक, भाग-6, पृ० 228; अलइर्शाद-फ़ी-मुआरिफ़त-हुज्जाज-उल्लाह-अलाउल-इबाद, पृ० 235-36; अलअख़बार-उल-तवाल, पृ० 437

इस कार्यहेतु यहाँ भेजे गये हैं कि जहाँ भी आप मिलें, आपका साथ न छोड़ें, यहाँ तक कि आपको इब्न-ज़ियाद के सामने पहुँचा दे। इमाम हुसैन बन्दी बनाया जाना कब स्वीकार कर सकते थे, बलपूर्वक उत्तर दिया : "**मैं मर जाऊँगा, परन्तु यह बात कदापि स्वीकार नहीं करूँगा।**"[1]

इसके बाद इमाम हुसैन ने कूफ़ा के मार्ग को त्यागकर अपने काफ़िले को अन्य मार्ग पर बढ़ने का आदेश दिया। आगे बढ़ने से पूर्व आपने अपने सहयोगियों को सम्बोधित करते हुए, ईश-वन्दना के पश्चात् कहा : "**परिवर्तित परिस्थितियों से तुम परिचित हो, ऐसा लगता है कि संसार से अच्छाई विदा हो चुकी है और उसमें इससे अधिक कुछ नहीं रह गया है, जैसे पानी बह जाने के बाद भी थोड़ा-सा पानी किसी बर्तन में रह जाता है। पराजित जीवन विषैली घास के समान है। ऐसी स्थिति में धर्मनिष्ठ मृत्यु के बाद ईश्वर से भेंट करना ही उचित समझते हैं। मेरे विचार में मृत्यु की स्थिति में शहादत ईश्वर की कृपा है तथा जीवित रहना इन अत्याचारियों के बीच आत्मघातक है।**"[2] इन शब्दों ने इमाम हुसैन के सहयोगियों पर अपेक्षित प्रभाव स्थापित किया, उन्हें अपना संकल्प दोहराने की आवश्यकता प्रतीत हुई। सर्वप्रथम ज़ुहैर-बिन-क़ैन खड़े हो गये, परन्तु यह देखकर कि उनसे वरिष्ठ सहयोगी उपस्थित हैं, तथा उनकी अनुमति के बिना कुछ कहना धृष्टता होगी, उन्होंने अन्य सहयोगियों की ओर देखा और पूछा कि यदि आपकी अनुमति हो, तो मैं कुछ कहूँ। सब ने हामी भरी, तो उन्होंने ईश्वर वन्दना के बाद कहा : "**ईश्वर आपका उद्देश्य सफल करे, हे पैग़म्बर के सुपुत्र! हमने आपकी बातें सुनीं, हम आपके साथ हैं।**"[3] इमाम हुसैन ने उन्हें आशीष वचन से अलंकृत किया। उनके बाद नाफ़अ-बिन-हिलाल जमली ने अत्यन्त प्रभावपूर्ण भाषण दिया, जिसके कुछ शब्द ही यहाँ उद्धृत किये जा सकते हैं, उन्होंने कहा : "**हे पैग़म्बर के सुपुत्र! आपको विदित है कि आपके पितामह (इस्लामी पैग़म्बर) के लिए भी यह सम्भव नहीं हुआ कि अपना प्रेम लोगों को घोलकर पिला दें तथा लोग उनकी भक्ति उसी प्रकार करें जैसा वह चाहते थे। हज़रत पैग़म्बर के साथ भी बहुत से ग़द्दार थे, जो सहयोग का वचन देते थे, परन्तु मन में विरोध पालते थे। वे ऐसी बातें बनाते थे, जो शहद से ज़्यादा मीठी होती थीं, मगर अपने आचरण से विरोध करते, जो**

1. तारीख़-अर्रुसुल-वअलमुलूक, भाग-6, पृ० 228; अलइर्शाद-फ़ी-मुआरिफ़त-हुज्जाज-उल्लाह-अलाउल-इबाद, पृ० 246; अलअख़बार-उल-तवाल, पृ० 248
2. तारीख़-अर्रुसुल-वअलमुलूक, भाग-6, पृ० 228; अलइर्शाद-फ़ी-मुआरिफ़त-हुज्जाज-उल्लाह-अलाउल-इबाद, पृ० 235-36
3. तारीख़-अर्रुसुल-वअलमुलूक, भाग-6, पृ० 229

अत्यन्त कटु सिद्ध हुए। यहाँ तक कि रुसूल अल्लाह का स्वर्गवास हो गया। इसके बाद आपके पिताश्री हज़रत अली को भी इसी स्थिति से दो चार होना पड़ा। कुछ लोग उनसे सहयोग करने पर सहमत हुए और उनका साथ देते हुए उनके विरोधियों से युद्ध भी किया, परन्तु कुछ लोगों ने विरोध भी किया। यहाँ तक कि उनकी भी शहादत हो गयी। आज वही स्थिति हमारे सामने आपके लिए वर्तमान है। अतः जो व्यक्ति अपने प्रण को तोड़ेगा और अपनी नियति ख़राब करेगा, वह स्वयं अपना बुरा करेगा और ईश्वर उसकी ओर से आपको विरक्त कर देगा। बिस्मिल्लाह (प्रारम्भ किया ईश्वर के नाम से) चलिए, हमको लेकर सच्चाई और भलाई के साथ चाहे पूर्व की ओर, चाहे पश्चिम की ओर, ईश्वर की सौगन्ध हम उसके निशिचत निर्णय से भयभीत नहीं हैं और न अपने रब से भेंट करने में कोई संकोच करते, हम अपने निर्णय और विश्वास पर स्थापित हैं। हम सहिष्णुता रखते हैं, हर उस व्यक्ति से जो आपके प्रति सहिष्णुता रखता हो और शत्रु हैं उसके जो आपसे शत्रुता करे।''[1] फिर बुरैर-बिन-ख़ुज़ैर हमदानी ने भाषण दिया : ''ईश्वर की सौगन्ध! हे पैग़म्बर के सुपुत्र! ईश्वर की हम पर यह अनुकम्पा है कि उसने हमको अवसर प्रदान किया कि हम आपके सामने युद्ध करें और आपकी प्रतिरक्षा में हमारे हाथ-पाँव काटे जायें, यहाँ तक कि क़यामत के दिन आपके पितामहश्री से अपनी मुक्ति की प्रार्थना करें, क्योंकि वे लोग कभी मुक्ति नहीं पा सकते, जिन्होंने अपने पैग़म्बर के नाती का वध किया। धिक्कार है उन पर वह ईश्वर को क्या मुँह दिखायेंगे और उनकी क्या स्थिति होगी, उस दिन जब वे दोज़ख़ की आग में जलते हुए चिल्लायेंगे।''[2]

सहयोगियों के समर्पित वक्तव्यों ने अवश्य ही इमाम हुसैन से साधुवाद प्राप्त किया होगा। परन्तु इससे यह भी भलीभाँति स्पष्ट हो गया कि जो लोग इमाम हुसैन के साथ चल रहे थे, उनके उद्देश्यों से न केवल भलीभाँति परिचित थे, वरन् उन्हीं उद्देश्यों को वे अपने जीवन का लक्ष्य मानते थे। वे भी इमाम हुसैन के साथ सत्य की रक्षा में अपने प्राणों की आहुति देने हेतु तत्पर थे। उनके विश्वास में दृढ़ता तथा व्यवहार में निश्चयता स्पष्ट थी। सहयोगियों के मंतव्यों को सुनने के बाद इमाम हुसैन ने सहयोगियों को आदेश दिया कि अपने सवारियों पर सवार हो जाओ और जिस रास्ते से आये हो, उसी रास्ते पर वापस चलो। अर्थात् मदीना लौट चलो। सहयोगियों ने वापस होने का इरादा ही किया था कि हुर्र के

---

1. तारीख़-अर्रुसुल-वअलमुलूक, भाग-6, पृ० 229; अलइर्शाद-फ़ी-मुआरिफ़त-हुज्जाज-उल्लाह-अलाउल-इबाद, पृ० 246
2. तारीख़-अर्रुसुल-वअलमुलूक, भाग-6, पृ० 229

नेतृत्व में आयी यज़ीदी सेना मार्गरोधक हो गयी। हुर्र ने धृष्टतापूर्वक इमाम हुसैन के घोड़े के लगाम पर हाथ डाल दिया। इमाम हुसैन ने कड़े शब्दों में कहा— तेरी माँ तेरे मातम में बैठे बता तेरा इरादा क्या है। हुर्र काँप उठा—इमाम हुसैन ने उसकी अन्तर्रात्मा को जाग्रत करने हेतु जिन कठोर शब्दों का प्रयोग किया था, उनका मनोवैज्ञानिक प्रभाव स्पष्ट था। हुर्र ने ग्लानिपूर्वक उत्तर दिया— जिस स्थिति में आप हैं, और जिस स्थिति में मैं हूँ, यदि किसी अन्य व्यक्ति ने मेरी माता का नाम लिया होता, तो मैं उसे उसी रूप में उत्तर देता, परन्तु आपकी माताश्री तो ऐसी महिला हैं, जिनकी स्तुति किये बिना नाम नहीं लिया जा सकता। यह हुर्र के धर्मविवेक का पहला परिचय था। आगे वह स्थिति भी आयेगी, जब उसका धर्मविवेक पूर्णरूपेण जाग्रत होगा, परन्तु अभी उसका समय नहीं आया था।

हुर्र के उत्तर पर इमाम हुसैन ने पूछा, तुम क्या चाहते हो। हुर्र ने कहा, मैं चाहता हूँ कि आपको इब्न-ज़ियाद के पास ले चलूँ। इमाम हुसैन ने कहा यह नहीं हो सकता। हुर्र ने कहा, मैं आपको छोड़ूँगा भी नहीं। इसी प्रकार दो-तीन बार वार्ता हुई अन्त में हुर्र ने कहा : "**मैं आपसे युद्ध करने पर नियुक्त नहीं हूँ। मुझे बस यह आदेश है कि आपके साथ-साथ रहूँ। यहाँ तक कि आप कूफ़ा पहुँचें। अब चूँकि स्थिति परिवर्तित हो गयी, आपने कूफ़ा जाने से इंकार कर दिया, तो एक ऐसा मार्ग धारण कीजिए, जो न कूफ़ा की ओर जाता हो, न मदीना की ओर। बस मेरे और आपके बीच यही न्याय है, उस समय तक जब तक मुझे प्रशासक के मत का संज्ञान नहीं होता।**" इमाम हुसैन ने उसकी यह बात मान ली तथा आपने क़ाफ़िले को क़ादिसिया तथा अज़ीब के मार्ग से बायीं ओर मुड़ने का आदेश दिया और हुर्र भी साथ-साथ चला। यहाँ से अज़ीब की दूरी 30 मील थी, जैसा कि इतिहासकारों ने लिखा है।[1]

11. बैज़ा :

इस स्थान का भी ऐतिहासिक महत्त्व है, क्योंकि यहाँ इमाम हुसैन ने एक बार फिर हुर्र के नेतृत्व में आयी यज़ीदी सेना के सामने पुनः अपना उद्देश्य स्पष्ट किया तथा उन्हें सत्य मार्ग पर आने का आह्वान किया। इमाम हुसैन ने कहा : "**हे जनता-जनार्दन! इस्लामी पैग़म्बर की हदीस है कि जो व्यक्ति किसी ऐसे शासक को देखे कि वह शोषण एवं अत्याचार करता है, धार्मिक रूप में वर्जित**

---

1. तारीख़-अर्रुसुल-वअलमुलूक, भाग-6, पृ० 228; अलइर्शाद-फ़ी-मुआरिफ़त-हुज्जाज-उल्लाह-अलाउल-इबाद, पृ० 236; अलअख़बार-उल-तवाल, पृ० 248

बातों को मान्य बनाये हुए है। ईश्वर के साथ अपने प्रण को तोड़ चुका है। पैग़म्बर के जीवन एवं आचरण का विरोध करता है तथा जनता-जनार्दन के बीच पाप का मार्ग धारण किये हुए है, परन्तु यह व्यक्ति इन बातों को सहता रहता है और सुधार के लिए प्रयत्न नहीं करता, ऐसा व्यक्ति अपने विचार एवं आचरण से उसी शासक के साथ ईश्वर द्वारा आँका जायेगा।'' इसके बाद तत्कालीन परिस्थितियों का समालोचन करने के बाद इमाम हुसैन ने पुनः कहा : **''तुम्हें विदित होगा कि इन उमैय्या वंशीय शासकों ने शैतान का मार्ग अपना लिया है तथा ईश-भक्ति से विरक्त हो गये हैं। मुसलमानों के धन-सम्पत्ति को अपना लिया है और ईश्वर द्वारा वर्जित को मान्य तथा मान्य को वर्जित बना दिया। अतः इस वस्तुस्थिति में मुझसे अधिक किसका यह दायित्व है कि वह सुधार के लिए प्रयत्न करे।''**[1]

12. अज़ीब-उल-हिजानात :

इस स्थान के नामकरण का आधार यह है कि प्राचीन हीरा राज्य के राजा नुअमान की 'हिजानात' (ऊँटनियाँ) यहाँ चरा करती थीं।[2] इससे स्पष्ट है कि यह कोई हरी-भरी जगह थी। यहाँ इमाम हुसैन का क़ाफ़िला तथा हुर की सेना थोड़ी-थोड़ी दूर पर स्थापित हुईं। इसी बीच कूफ़ा के पाँच आदमी अपने घोड़ों पर सवार इमाम हुसैन की सेवा में प्रस्तुत हुए, जिनके साथ एक कोतल घोड़ा भी था। मार्गनिर्देशक के रूप में तिरिम्माह-बिन-अदी भी साथ थे। पाँचों व्यक्ति उमर-बिन-ख़ालिद असदी सैदावी, उनके दास सआद, मुजम्अ-बिन-अब्दुल्लाह, उनके सुपुत्र आयज़-बिन-मुजम्अ तथा जिनादा-बिन-हार्स सलमानी थे। हुर ने इन लोगों को देखा, तो बढ़कर इमाम हुसैन से बोला कि यह लोग कूफ़ावासी हैं, आपके साथ आनेवालों में नहीं है। मैं इन्हें बन्दी बनाऊँगा अथवा कूफ़ा वापस कर दूँगा। इमाम हुसैन ने उत्तर दिया कि अब ये लोग मेरे पास पहुँच गये हैं, तो इनकी सुरक्षा मेरा दायित्व है, अब यह मेरे सहयोगियों में सम्मिलित हो गये हैं। हुर इमाम हुसैन का स्पष्ट उत्तर सुनकर शान्त हो गया।

इमाम हुसैन ने इन लोगों से कूफ़ा की स्थिति के विषय में जानकारी देने को कहा, मुजम्अ ने कहा कि बड़े लोगों को घूस दे दी गयी है तथा धन-सम्पत्ति से उनको तृप्त कर दिया गया है। अतः वह सब आपके विरुद्ध एकमत हैं। रह गये दूसरे प्रकार के लोग उनके हृदय आपकी ओर हैं, परन्तु उनकी तलवारें आपके विरुद्ध ही उठेंगी। उन्होंने क़ैस-बिन-मुसहर की शहादत के विषय में भी

---

1. तारीख़-अर्रुसुल-वअलमुलूक, भाग-6, पृ० 229
2. तारीख़-अर्रुसुल-वअलमुलूक, भाग-6, पृ० 230

बयान किया, जिनको सुनकर इमाम हुसैन के आँखों में आँसू डबाडबा आये। उन्होंने इमाम हुसैन से कहा कि आप अपने लोगों के साथ अजा पर्वत पर चलिए, जिस पर प्राचीन ग़स्सान तथा हमीर राजा भी आधिपत्य प्राप्त न कर सके। मैं वचन देता हूँ कि मेरे क़बीला तय के 20 हज़ार योद्धा आपकी सहायता हेतु प्रस्तुत होंगे। इमाम हुसैन ने धन्यवाद के साथ उनके प्रस्ताव को अस्वीकार कर दिया।[1]

13. क़स्त्र-उल-बनी मक़ातिल :

इमाम हुसैन कूफ़ा का मार्ग छोड़कर दाहिने हाथ की ओर चले, तो क़स्त्र-उल-बनी मक़ातिल पहुँचकर पड़ाव किया। हुर्र भी अपनी सेना के साथ कुछ दूरी पर पड़ाव किया। इसी मंज़िल पर कूफ़ा के योद्धाओं में एक व्यक्ति अब्दुल्लाह-बिन-हुर्र जाफ़ी ठहरा हुआ था। इमाम हुसैन ने उसे अपने साथ धर्मयुद्ध में सम्मिलित होने का आह्वान किया, परन्तु उसने बहाना बनाकर सुअवसर खो दिया, जिस पर जीवनभर तड़पता रहा। फिर बाद में इमाम हुसैन के ख़ून का बदला लेने के लिए युद्ध में सम्मिलित हो गया।[2]

यहाँ से क़ाफ़िला के चलने से पूर्व इमाम हुसैन ने युवाओं को पानी भर लेने का आदेश दिया, जिसका भलीभाँति पालन हुआ। फिर क़ाफ़िला चल पड़ा।[3]

14. नैनवा :

इमाम हुसैन क़स्त्र-बनी मक़ातिल से विदा होकर नैनवा की भूमि तक पहुँचे थे जो तत्कालीन कर्बला ग्रामसमूह में सम्मिलित था। इसके विषय में समुचित जानकारी आगामी अध्याय में दी जायेगी। यहाँ इतना बताना है कि इमाम हुसैन नैनवा में ही थे, जब उबैदउल्लाह-बिन-ज़ियाद का फ़रमान एक पत्रवाहक के माध्यम से उनके पास आया था, जिसमें लिखा था : **"जहाँ तुमको यह पत्र मिले तुम पर अनिवार्य है कि वहीं पर हुसैन को आगे बढ़ने से रोक दो तथा उन्हें ऐसे स्थान पर रहने के लिए विवश करो, जहाँ पानी उपलब्ध न हो तथा कोई क़िला संरक्षण के लिए न हो। मैंने अपने दूत को आदेश दिया है कि वह तुम्हारे साथ-साथ रहे और तुम्हारी गतिविधियों की सूचना देता रहे। तुमसे अलग न हो, यहाँ तक मेरे आदेश का पालन हो जाय।"**[4] हुर्र ने इमाम हुसैन के सामने पत्र पढ़कर

---

1. तारीख़-अर्रुसुल-वअलमुलूक, भाग-6, पृ० 230-31; अलअख़बार-उल-तवाल, पृ० 249
2. तारीख़-अर्रुसुल-वअलमुलूक, भाग-6, पृ० 231; अलअख़बार-उल-तवाल, पृ० 249
3. तारीख़-अर्रुसुल-वअलमुलूक, भाग-6, पृ० 231
4. लहूफ़-अला-क़तला-उल-तफ़ूफ़, पृ० 29, अलमक़तल, पृ० 20।

सुनाया, इमाम हुसैन वहीं रुक गये। स्पष्ट है कि हुर्र ने इमाम हुसैन के प्रति मार्ग में जिस प्रकार आदरपूर्वक व्यवहार किया था, उसकी सूचना पाकर ही इब्न-ज़ियाद ने अपना गुप्तचर उसके पीछे लगा दिया। हुर्र ने विवशतापूर्वक उपर्युक्त पत्र इमाम हुसैन के सम्मुख रखा। इमाम हुसैन ने कहा कि इस स्थान से थोड़ा आगे बढ़कर उस गाँव में मुझे ठहरने दो, जिसका नाम ग़ाज़रिया है। अथवा उसके निकट दूसरे गाँव में जिसका नाम शफ़िय्या है। हुर्र ने नम्रतापूर्वक उत्तर दिया कि मुझे इसका अधिकार नहीं है। हुसैनी योद्धा ज़ुहैर-बिन-क़ैन ने इमाम हुसैन को सम्बोधित करके विनम्रतापूर्वक सुझाव दिया कि इस समय इनसे युद्ध कर लेना, हमारे लिए आसान है, उन लोगों से युद्ध करने की तुलना में जो इनके बाद आयेंगे, क्योंकि इसके बाद इतनी बड़ी सेना आयेगी जिसका मुक़ाबला करने की हममें शक्ति न होगी। इमाम हुसैन ने उत्तर दिया—नहीं! मैं युद्ध का प्रारम्भ नहीं करना चाहता। फिर हुर्र को सम्बोधित करके इमाम हुसैन ने कहा—हमें कुछ तो आगे बढ़ने दो। हुर्र शान्त रहा।

15. कर्बला :

नैनवा से मुड़कर बायीं हाथ की ओर इमाम हुसैन का क़ाफ़िला कुछ ही दूर गया था कि यज़ीदी सेना पुनः सामने आ खड़ी हुई और उसने रास्ता रोक दिया और कहा कि बस यहीं उतर पड़िए। नदी यहाँ से दूर नहीं है। इमाम हुसैन ने उस स्थान का नाम पूछा, तो लोगों ने बताया कि इस स्थान को कर्बला कहते हैं। इमाम हुसैन ने कहा, यही मेरी मंज़िल है! और घोड़े से उतर पड़े। पहले हुसैनी ख़ैमे नदी के किनारे स्थापित हुए, परन्तु हुर्र की सेना के बाधा उत्पन्न करने पर इमाम हुसैन ने अपने सहयोगियों को रोक दिया तथा ख़ैमे हटा लिये गये। यह घटना 2 मुहर्रम 61 हि० तदनुसार 2 अक्टूबर, 680 ई० की है।[1]

❑❑❑

---

1. तारीख़-अर्रुसुल-वअलमुलूक भाग-6, पृ० 232
   यहाँ उपर्युक्त तथा बाद में अन्य घटनाओं की तिथियों के विषय में यह स्पष्ट कर देना उचित होगा कि तिथियों में कोई मतभेद नहीं है, वरन् उनके दिन विभिन्न पंचांगों में अलग-अलग हैं। हमारे पंचाग के आधार पर 2 मुहर्रम मंगलवार तथा 10 मुहर्रम शुक्रवार को था। तक़वीमे-हिजरी-व-ईस्वी। —लेखक

अध्याय : पाँच

कर्बला में शान्ति-प्रयास

इमाम हुसैन और कर्बला की कल्पना करते ही ध्यान उस महान बलिदान की ओर आकृष्ट हो जाता है, जो इमाम हुसैन ने अपने सहयोगियों तथा परिवार जनों के साथ कर्बला के उत्सर्ग वेदी पर प्रस्तुत की थी। यह बलिदान उन्होंने 10 मुहर्रम 61 हि० को प्रस्तुत किया था, यद्यपि कर्बला में उनका आगमन 2 मुहर्रम 61 हि० को हुआ था। इस एक सप्ताह के बीच उनकी गतिविधियों की चर्चा वर्तमान अध्याय का विषय है। इसका अध्ययन मात्र कर्बला के संग्राम की पीठिका के रूप में किया जता है। हमारे विचार में यह एक सप्ताह मात्र युद्ध की भूमिका नहीं है, क्योंकि इमाम हुसैन ने इन दिनों में युद्ध करने हेतु किसी प्रकार से साधन एकत्र करने का प्रयास नहीं किया। न सामग्री एकत्र की, न किसी प्रकार का सैनिक अभियान चलाया। वरन् इस बीच इमाम हुसैन ने अपने उद्देश्यों को बारम्बार स्पष्ट किया। जनसाधारण को बताया कि वे कौन हैं और क्या चाहते हैं।

इमाम हुसैन के जीवनकाल का वस्तुगत एवं तटस्थ विवेचन किया जाय, तो स्पष्ट हो जाता है कि इमाम हुसैन स्वयं युद्ध के पक्ष में नहीं थे। युद्ध उन पर आरोपित किया गया था। उनका विख्यात वक्तव्य है : **'अपमानित जीवन से सम्मानित मृत्यु श्रेष्ठ है।'** इससे स्पष्ट है कि यदि उनको सम्मानपूर्वक जीवित रहने दिया जाता, तो वे कदापि युद्ध न करते। युद्ध टालने के लिए इमाम हुसैन निरन्तर प्रयास करते रहे। यज़ीदी सेना से स्वयं सन्धि हेतु पहल की, अनेक बार प्रयत्न किये, परन्तु शत्रु पक्ष अपनी बात पर अड़ा रहा। इमाम हुसैन ने उनके समक्ष सन्धि हेतु तीन संभावनाएँ प्रस्तावित की थीं। पहली, उन्हें मदीना वापस लौट जाने दिया जाय। दूसरी, उन्हें अरब देश से बाहर कहीं अन्य देश में चला जाने दिया जाय। इन अन्य देशों में भारत का नाम भी शामिल है। तीसरी, यज़ीद

से रूबरू वार्तालाप करने का अवसर दिया जाय।

पहली संभावना में इमाम हुसैन पुनः मदीना में रहते हुए शान्तिपूर्वक जीवन व्यतीत करते। मदीना निवास में न पहले ही शासन के लिए कोई ख़तरे थे, न अब बनते। उपर्युक्त दूसरी संभावना में तो और भी किसी प्रकार से यज़ीदी प्रशासन को किसी प्रकार का भय नहीं हो सकता था, क्योंकि इमाम हुसैन ने अरब देश ही त्याग देने का प्रस्ताव रखा था। सुदूर देश में निवास करते हुए इमाम हुसैन यज़ीद के लिए किसी प्रकार का भय उत्पन्न नहीं कर सकते थे। इमाम हुसैन द्वारा प्रस्तुत तीसरी संभावना कि उन्हें यज़ीद के सम्मुख प्रस्तुत किया जाय, वे स्वयं वार्ता कर लेंगे, इसमें किसी भी स्थिति में यज़ीद को ख़तरा नहीं था, तमाम ख़तरे इमाम हुसैन के लिए थे।

कर्बला विषयक सर्वश्रेष्ठ अधिकारिक विद्वान सैय्यद-उल-उलमा सैय्यद अली नक़ी नक़वी (मृ० 1988 ई०) उपर्युक्त प्रस्तुत दूसरी तथा तीसरी संभावनाओं से सहमत नहीं हैं। उनका तर्क है कि उन्हें किसी प्राचीन सन्दर्भ-ग्रन्थ में नहीं मिला कि इमाम हुसैन ने भारत जाने की बात कही थी। परन्तु इसे अविश्वसनीय नहीं माना है, क्योंकि यह बात इमाम हुसैन के परामर्श से तारतम्य अवश्य रखती है। परन्तु यह बात कि इमाम हुसैन ने प्रस्ताव किया था कि उन्हें यज़ीद के पास ले चलो, वे स्वयं वार्ता कर लेंगे। सर्वथा अविश्वसनीय है, क्योंकि इस तरह का कोई संकेत इमाम हुसैन के भाषणों, पत्रों तथा चर्चाओं में नहीं मिलता। यह बात इमाम हुसैन की नीति के भी विरुद्ध मानते हैं, क्योंकि यदि इमाम हुसैन यज़ीद को स्वीकार कर लेते, तो सत्य एवं धर्म पर सदैव के लिए पर्दा पड़ जाता तथा यदि यज़ीद इमाम हुसैन की बात न मानता और उनका वध कर देता, तो इमाम हुसैन का तीव्र आचरण हनन हो जाता, जिसकी प्रतिरक्षा सम्भव नहीं हो सकती। आँखों देखे गवाह शत्रु होते, जिस तरह चाहते, घटने की चर्चा करते।

इन पंक्तियों का विनम्र लेखक विद्वान विशेषज्ञ के प्रति असहमत है। पहली बात कि भारत जाने की चर्चा उन्हें किसी प्राचीन सन्दर्भ-ग्रन्थ में नहीं मिली। इससे कदापि स्थापित नहीं होता कि घटना घटित ही नहीं हुई। शोध-अनुशीलन में सन्दर्भ के अनेक साधन एवं स्तर होते हैं। इसी आधार पर सूचनाएँ बदलती रहती हैं। कल का असम्भव आज का यथार्थ बनता रहता है। पहले सन्दर्भ-ग्रन्थ नहीं मिला था, बाद में प्राप्त हो गया, जैसाकि प्रस्तुत विषय में हुआ है। अब अनेक विवादित विषयों पर सन्दर्भ-ग्रन्थ उपलब्ध हैं। अल्लामा इब्न-क़ुतैबा, अबू-मुहम्मद

अब्दुल्लाह-बिन-मुस्लिम दीनावरी (मृ० ४८९ ई०) ने लिखा है : **"इमाम हुसैन ने कहा, यदि तुम मेरे ईराक़ पहुँचने पर राज़ी नहीं हो, तो मुझे छोड़ दो, मैं सिंध (हिन्द) चला जाऊँ।"**[1] इसी प्रकार इमाम हुसैन के परिवार के सेवक अक़बा-बिन-समआन द्वारा वर्णन की गयी समस्त बातों को अल्लामा सैय्यद मुस्तबा हसन कामूँपुरी (मृ० 1974 ई०) ने सम्पादित करके अपने उपयोगी एवं आवश्यक टिप्पणी के साथ प्रकाशित कर दिया है, उसका अध्ययन किया जा सकता है।

विद्वान विशेषज्ञ अल्लामा सैय्यद अली नक़ी ने तर्कपूर्वक स्थापित किया है कि इमाम हुसैन सभी स्थितियों को जानते थे, वे स्वयं वार्ता हेतु यज़ीद के पास जाना स्वीकार नहीं कर सकते थे, क्योंकि उनका दमिश्क़ जाना भयावह परिणाम का द्योतक हो सकता था, जहाँ इमाम हुसैन को चुपचुपाते शहीद कर दिया जाता, तो कोई उनका पक्ष प्रस्तुत करनेवाला भी न होता। निश्चय ही इस तर्क में बहुत बल है। शासन के पोषित इतिहासकार जिस रूप में भी चाहते घटना का वर्णन करते। यदि शहीद न किये जाते बल्कि यज़ीद से कुछ बातों के आधार पर सन्धि होती, तो इसका क्या भरोसा था कि यज़ीद उसका पालन भी करता। उसके पिता मुआविया ने इमाम हसन से लिखित रूप में सन्धि की थी और उस सन्धि को उन्होंने जिस प्रकार तोड़ा, उसके बाद यज़ीद से सन्धि पर किस प्रकार विश्वास किया जा सकता था।

परन्तु मेरा विनम्र मत है कि दमिश्क़ जाकर यज़ीद से रूबरू वार्तालाप करने के अवसर की माँग प्रस्तावित करना इमाम हुसैन की अद्वितीय दूरदर्शी प्रज्ञान का द्योतक है, जिस पर ध्यान देना आवश्यक है। इस प्रकार का निर्णय सिर्फ़ और सिर्फ़ इमाम हुसैन ही ले सकते थे, कोई दूसरा सामान्य जन नहीं। दूसरे पक्ष से सीधे वार्ता करने का प्रस्ताव वही रख सकता है, जिसको अपने उद्देश्य के न्यायोचित होने का पूर्ण विश्वास हो। इसको नकारने वाला अपना मुक़द्दमा प्रथमदृष्ट्या में ही हार जाता है। यही हुआ भी। यज़ीदी पक्ष ने इमाम हुसैन का दमिश्क़ जाकर यज़ीद से रूबरू वार्तालाप करने का प्रस्ताव नकार कर बिना कहे ही इमाम हुसैन के उद्देश्य का न्यायोचित होना स्वीकार कर लिया। रूबरू वार्तालाप करने का विकल्प प्रत्येक युग में शान्ति स्थापना का अत्यन्त फल यंत्र रहा है। वर्तमान में भी संयुक्त राष्ट्र संघ के अधिकारपत्र का अंग है। भला अपने उद्देश्य के न्यायोचित होने का मानक बनाकर इसका उपयोग इमाम हुसैन क्यों न करते। यह प्रश्न उठाना कि दमिश्क़ जाने में प्राण का भय था, तो इमाम हुसैन को अपने जान की परवाह ही कब हो सकती थी, बशर्ते कि उसका

1. किताब-अलमआरिफ़, पृ० 95

इस्लामी मानक 'मान्य आदेशों को स्वीकारना तथा निषिद्ध को स्वीकार न करना' हो। दमिश्क़ में इमाम हुसैन शहीद होते, तो उनके उद्देश्य पर पर्दा पड़ सकता था, ये दोनों ही विचार निर्मूल हैं। स्पष्ट है कि इमाम हुसैन वस्तुस्थिति से भलीभाँति अवगत थे कि यज़ीदी शान्ति नहीं युद्ध चाहते थे। इमाम हुसैन उनकी दुष्टताओं, षड्यन्त्रों तथा अत्याचारों को पूर्णरूपेण समझते थे, परन्तु अपनी ओर से वाद-विवाद के सभी मार्गों को खुला रखकर स्पष्ट कर देना चाहते थे, ताकि उमैय्या वंशज शासन के बिके हुए लेखक एवं इतिहासकार कोई भी वाक्य-कौशल न दिखा सकें। अत्याचार पर से सदैव के लिए पर्दा उठ जाय। यज़ीदी प्रशासक उबैदउल्लाह-बिन-ज़ियाद को बैअत से कम कोई शर्त स्वीकार नहीं थी तथा इमाम हुसैन किसी रूप में भी बैअत करने को तैयार नहीं हो सकते थे। अतः इमाम हुसैन ने जानबूझकर एक ऐसा प्रस्ताव रखा था, जिसको नकारने के बाद यज़ीदियों के पास कोई तर्क ही नहीं रह गया। यह स्वतः स्पष्ट हो गया कि इमाम हुसैन युद्ध टालना चाहते थे, परन्तु यज़ीदी किसी रूप में इमाम हुसैन की बात मानने को तैयार नहीं थे।

उपर्युक्त तथ्यों से स्पष्ट है कि युद्ध मात्र उस स्थिति में टाला जा सकता था, यदि इमाम हुसैन तत्कालीन शासक यज़ीद-बिन-मुआविया के शासनकाल का सत्यार्पण कर दें तथा उसके हाथ पर बैअत कर लें। यज़ीदी सेनानायक इससे कम किसी शर्त पर तैयार नहीं था और इमाम हुसैन इस शर्त के अतिरिक्त किसी अन्य शर्त पर सन्धि कर सकते थे। इस शर्त पर सन्धि करनी होती, तो इमाम हुसैन मदीना से बाहर ही क्यों निकलते।

इस प्रसंग को अभी स्थगित करते हैं इसकी चर्चा इसी अध्याय में यथास्थान करेंगे। चलिए, अभी कर्बला चलते हैं।

कर्बला-उल-मुअल्ला

इमाम हुसैन की पुण्यभूमि होने के कारण कर्बला, जो एक उजाड़ मरुस्थल था, मुसलमानों का तीसरा सर्वश्रेष्ठ तीर्थस्थल हो गया। काबा-शरीफ़ के कारण मक्का को 'मक्का-उल-मुअज़्ज़मा' (सम्मान्य मक्का), मदीना को इस्लामी पैग़म्बर की पुण्यभूमि होने के कारण 'मदीनत-उल-मुनव्वरा' (दीप्त मदीना) कहा जाता है, उसी प्रकार इमाम हुसैन की बदौलत कर्बला को 'कर्बला-उल-मुअल्ला' (वैभवमान कर्बला) की उपाधि प्राप्त हो गयी। उसकी धरती ऐसी पवित्र हो गयी कि 'ख़ाक-उश-शिफ़ा' (पापमुक्त धरती) होने का गौरव प्राप्त हुआ।

वर्तमान में कर्बला मध्य ईराक़ का एक प्रसिद्ध एवं पावन नगर है, जो राजधानी बग़दाद से 55 मील (88 किलोमीटर) दक्षिण-पश्चिम में स्थित है तथा

रेलमार्ग द्वारा राजधानी से जुड़ा हुआ है।[1] अब जिसे कर्बला कहा जाता है, प्राचीन काल में एक प्रकार के ग्राम-समूह का नाम था। ये ग्राम आकार में छोटे होते थे, परन्तु उनकी अलग-अलग विशेषताएँ होती थीं और उन्हीं के आधार पर उनका नामकरण होता था। अलग-अलग नामकरण एवं विशेषताओं के आधार पर उनको पृथक् मान्यता देकर कुछेक लेखकों ने इस प्रकार चर्चा की है कि कदाचित् उनके अलग अस्तित्त्व का भ्रम होता है। अतः आवश्यक है कि इमाम हुसैन की पुण्य-भूमि के सन्दर्भ में अलग-अलग नाम, जो कर्बला, नैनवा, ग़ाज़रिया तथा शत्त-उल-फ़ुरात के नाम से प्रसिद्ध हैं, ये ग़ैर आबाद रेगिस्तान में छोटी-छोटी बस्तियाँ थीं। उचित होगा कि उनके विषय में संक्षिप्त रूप में संज्ञान कर लिया जाय।[2]

'नैनवा', सर्वप्रथम स्थान है, जिसकी चर्चा गत अध्याय में इमाम हुसैन की एक मंज़िल के रूप में की जा चुकी है। यह स्थान वर्तमान में 'सद्द-उल-हिन्दिया' (हिन्दिया महल) के निकट था। इसी के निकट एक स्थान 'ग़ाज़रिया' नामक था, जिसका नामकरण प्रसिद्ध असद-वंशज की एक शाखा 'ग़ाज़रा' के आधार पर था, जो वहाँ निवास करते थे। यह सबसे बड़ी बस्ती थी। सम्भवतः यही वह भूमि है, जिसे अब 'हुसैनिया' के नाम से प्रसिद्धि प्राप्त है। इसी स्थान पर एक ग्रामीण-पुरवा 'शफ़िया' था तथा यहीं एक भूखण्ड 'कर्बल्ला' पाया जाता था। वही वर्तमान कर्बला नगर के पूर्वी भाग में दक्षिण की ओर स्थित है। इससे मिला हुआ 'अक्र-उल-बाबुल' नामक एक पुरवा था, जो 'ग़ाज़रियात' के उत्तर-पश्चिम में स्थित है। वहाँ पुरातत्त्वीय लक्षण पाये जाते हैं। चारों ओर टीलों से घिरा होने के कारण एक दुर्ग का आभास होता है, उसी के निकट 'हीर' नामक भूमि थी, जो वर्तमान में 'हायर' के नाम से प्रसिद्ध है, जहाँ इमाम हुसैन की क़ब्र है। 'हीर' उस स्थान को कहते हैं, जहाँ पानी चक्कर काटकर रुक जाय, इमाम हुसैन की क़ब्र के निकट की भूमि को ध्यानपूर्वक देखा जाय, तो उत्तरीय तथा पश्चिमी दिशा में भूमि की प्राचीन ऊँचाई प्रतीत होती है और पूर्वी दिशा में नर्म मिट्टी जो ढलान की ओर जाती है, उसके अतिरिक्त कुछ दिखाई नहीं पड़ता। इससे आभास किया जा सकता है कि इस स्थान का प्राचीन रूप ऐसा था कि पूर्व की ओर समतल तथा उत्तर और पश्चिम की ओर गोलाकार रूप में उठी हुई थी। यही गोलाकार भूमि थी, जिसमें इमाम हुसैन को घेरकर शहीद किया गया।

---

1. जनगणना 1985 ई० के अनुसार कर्बला नगर की कुल जनसंख्या 1,84,574 थी।—लेखक
2. तस्वीरे-कर्बला, पृ०3-7; शहीदे-इंसानियत, पृ० 329-31

कर्बला की घटना में फ़ुरात नदी की चर्चा निरन्तर आती है। वास्तविक रूप में फ़ुरात नदी का कर्बला से कोई प्रत्यक्ष सम्बन्ध नहीं है। उसकी सीमा हिल्ला, मुसय्यब आदि स्थानों से होती हुई, कूफ़ा के बाहरी भागों से मिलती है। इस स्थान से कर्बला लगभग 50 मील (80 किलोमीटर) है। परन्तु फ़ुरात नदी की एक छोटी-सी शाखा रिज़वानिया नामक स्थान के निकट से निकलकर कर्बला के उत्तर-पूर्व दिशा के मरुस्थलों एवं घाटियों से होती हुई कर्बला में उस स्थान से होकर जाती थी, जहाँ वर्तमान में हुसैनी सेनानायक हज़रत अब्बास की क़ब्र है। फिर वर्तमान हिन्दिया की ओर से होती हुई उत्तर-पश्चिमी क्षेत्र में 'क़रिया-ज़िलकफ़ल' में मूल फ़ुरात नदी से मिल जाती है। यह छोटी-सी नदी 'अलक़मा' के नाम से प्रसिद्ध थी तथा इसी को अनेक लेखकों ने फ़ुरात नदी कह दिया है। यह फ़ुरात नदी नहीं वरन् उसकी एक शाखा 'अलक़मा' थी। इसी प्रकार अरबी शब्द 'तफ़' का अर्थ नदी का किनारा होता है। फ़ुरात नदी का वह किनारा जो दक्षिण में बसरा से प्रारम्भ होता है, 'फ़ुरात-उल-सग़ीर' कहते हैं। अतः अलक़मा नदी का वह किनारा, जिसमें कर्बला स्थित था, 'तफ़' कहा जाने लगा। इसी आधार पर कर्बला की घटना को 'वाक़यात-उल-तफ़' कहा जाता है तथा कर्बला को 'शत-उल-फ़ुरात' के नाम से भी स्मरण किया जाता है।

गत अध्याय में सन्दर्भ आ चुका है कि इमाम हुसैन के क़ाफ़िले ने 'क़स्र-उल-बनी मक़ातिल' ने पानी का संग्रह किया था तथा आगे की ओर प्रस्थान किया। अभी थोड़ी दूर ही गये थे कि इमाम हुसैन की आँखें नींद से बोझल हो गयीं। आँख खुली तो उनको क़ुर्आन की आयत का पाठ करते पाया गया। आयत थी : **''हम अल्लाह के लिए हैं और उसी की ओर पुनरावृति करेंगे।''** (क़ुर्आन : 2/156) इमाम हुसैन ने यही आयत दो-तीन बार दोहरायी, तो उनके सुपुत्र अली अकबर अपना घोड़ा बढ़ाकर निकट आये और इस समय इस आयत के पढ़ने का कारण पूछा। इमाम हुसैन ने बताया कि राह चलते-चलते मेरी आँख लग गयी थी। मैंने देखा कि एक व्यक्ति कह रहा है कि यह लोग तो अपने मार्ग पर जा रहे हैं, परन्तु मृत्यु इनके पीछे आ रही है। मैं समझता हूँ कि यह मेरे मृत्यु की सूचना है। अली अकबर ने पूछा— पिताश्री! ईश्वर आपको किसी दुःख में न डाले, क्या हम सत्य मार्ग पर नहीं हैं। इमाम हुसैन ने उत्तर दिया, क्यों नहीं! निःसन्देह, ईश्वर की सौगन्ध, जिसकी ओर मुझे लौटकर जाना है, हम सत्यमार्ग पर हैं। अली अकबर ने कहा, जब सत्य पर हैं तो हमें मृत्यु की क्या चिन्ता हो सकती है। इमाम हुसैन ने पूछा, प्राणप्रिय! मृत्यु को किस दृष्टि से देखते हो। अली अकबर ने उत्तर दिया, सत्य की रक्षा में आप पर प्राणों को न्यौछावर करते हुए शहद से ज़्यादा मीठी। इमाम हुसैन ने अली अकबर को दुआ दी, ईश्वर

तुम्हें ऐसा सर्वोच्च फल दे, जो किसी पुत्र को उसके पिता की ओर से मिल सकती हो।

कर्बला में अपने और अपने सहयोगियों के ख़ैमे लगते ही इमाम हुसैन ने कर्बला ग्राम-समूह के भूमि स्वामियों की तलाश करायी। उन्हें अपने पास बुलाया और कर्बला ग्राम-समूह की भूमि को ख़रीदने की इच्छा प्रकट की। इस ग्राम-समूह के सभी भूमि-स्वामियों ने एक मत होकर इमाम हुसैन से कहा कि इस उजाड़ मरुस्थल को ख़रीदने की क्या आवश्यकता है, यह हमारे लिए कभी लाभप्रद नहीं रहा है। हमारे लिए इससे बढ़कर और क्या संयोग होगा कि हम इस ग्राम-समूह को सामूहिक रूप में आपको भेंट कर दें। कृपया हमारी भेंट स्वीकार करें। इमाम हुसैन निःशुल्क कर्बला ग्राम-समूह ग्रहण करने पर सहमत नहीं हुए। उन्होंने कहा कि हम इसे क्रय करना चाहते हैं, तुम इसका मूल्य हमसे लो, उसी स्थिति में मैं तुम्हारी भूमि ग्रहण कर सकता हूँ। भू-स्वामियों ने विनम्रतापूर्वक पूछा कि इस उजाड़ मरुस्थल को लेकर आप क्या करेंगे, यह नितान्त बंजर है, यहाँ कुछ भी उगाया नहीं जा सकता। इमाम हुसैन ने कहा कि मैं यहाँ एक बाग़ लगाऊँगा, वे शान्त हो गये कि इमाम हुसैन कोई चमत्कार कर सकते हैं। इमाम हुसैन ने उनसे कर्बला ग्राम-समूह ख़रीद लिया। उस समय तो लोगों ने नहीं समझा था, परन्तु आज स्पष्ट है कि इमाम हुसैन ने बाग़ लगाने के नाम पर क्या संदेश दिया था। कर्बला में इस्लामी पैग़म्बर के परिवारजनों की क़ब्रें हैं। इमाम हुसैन ने नैनवा तथा फ़ाख़रिया वासियों से कुल भूमि 4 मील × 4 मील = 16 वर्ग मील अर्थात 6.4 कि०मी० × 6.4 कि० मी० = 41 वर्ग कि० मी०, जो नगद धन 60 हज़ार दिरहम में ख़रीदी थी और उन्हीं के नाम वक़्फ़ कर दी थी।[1]

कर्बला में अपनी ज़मीन ख़रीदकर ख़ैमे लगाना, एक महत्त्वपूर्ण एवं दूरगामी निर्णय था, जिसके विभिन्न आयामों को उस समय नहीं समझा जा सकता था। इसके बाद कर्बला की धरती इमाम हुसैन की व्यक्तिगत सम्पत्ति हो गयी, तो उस पर आघात करनेवाला सदैव आक्रमणकारी रहेगा, क्योंकि इमाम हुसैन ने किसी पर आक्रमण नहीं किया, बल्कि उनकी निजी सम्पत्ति पर बाहर से आक्रमण किया गया। इमाम हुसैन ने सदैव के लिए सम्पत्ति अधिकार की सुरक्षा के प्रश्न को उजागर कर दिया। यह विधान उस समय भी प्रचलित था, तथा प्रत्येक युग में प्रचलित रहा है कि किसी की सम्पत्ति पर कोई बाहरी व्यक्ति या दल या समूह आधिपत्य नहीं कर सकता।

---

1. तस्वीरे-कर्बला, पृ० 24

यज़ीदी सेना द्वारा नाकाबन्दी

गत अध्याय में कूफ़ा में हज़रत मुस्लिम की शहादत के संदर्भ में चर्चा की जा चुकी है कि उसी बीच इमाम हुसैन के अनेक महत्त्वपूर्ण समर्थक भी शहीद किये गये, जिनमें मीसम तम्मार तथा रशीद हुजरी विशेष हैं। यज़ीद को दमिश्क़ में हज़रत मुस्लिम के शहीद होने की सूचना के साथ ही इमाम हुसैन के मक्का से प्रस्थान की सूचना भी मिली, तो उसने इब्न-ज़ियाद को पत्र में लिखा था : **''मुझे सूचना मिली है कि हुसैन-बिन-अली ईराक़ की ओर आकृष्ट हैं। अतः तुम्हारे लिए अनिवार्य है कि कुशलतापूर्वक गुप्तचर नियुक्त करो। मोर्चे सुदृढ़ करो और यदि किसी व्यक्ति के विषय में आशंका भी हो, तो उसका प्रबन्ध करो और तत्काल बन्दी बना लो।''**[1] इस आदेश के प्राप्त होते ही कूफ़ा का बन्दीघर क़ैदियों से छलकने लगा, जिसको स्वयं इब्न-ज़ियाद ने यज़ीद को सूचित करते हुए चर्चा की है। उसके शब्द हैं : **''कोई ऐसा व्यक्ति जिसके विषय में भ्रम हो सकता था कि वह प्रशासन का विरोध करेगा, मगर यह कि वह बन्दीघर के भीतर है।''**[2] इसके बाद उन सभी स्रोतों को बन्द करने का सशक्त प्रबन्ध किया गया, जिनसे इमाम हुसैन को किसी प्रकार की सहायता प्राप्त हो सकती थी।

इमाम हुसैन को इस्लामी समाज में जो असाधारण सम्मान प्राप्त था, उससे यज़ीदी प्रशासन निरन्तर आतंकित था। हर समय एक भय बना हुआ था कि यदि मुसलमानों को सूचना मिली कि इमाम हुसैन यज़ीद की बैअत करने से इंकार करके युद्ध हेतु रणभूमि में उतर आये हैं, तो मुसलमानों का आत्मसम्मान जाग उठेगा। जनसमूह चारों ओर से उमड़ेगा जिसको सम्हालना सम्भव नहीं हो सकेगा। अतः यज़ीदी सेना द्वारा नाकाबन्दी का विशेष प्रबन्ध किया गया। सबसे अधिक भय था कि कहीं बसरा, मदायन तथा उसके निकटवर्ती क्षेत्रों के लोग इमाम हुसैन की सहायता हेतु न आ सकें। अतः उसकी सरहदों की विशेष रूप में नाकाबन्दी हुई, क्योंकि क़ादिसिया में जो हिजाज़, ईराक़ तथा सीरिया की सीमाएँ केन्द्रित थीं। क़ादिसिया में कूफ़ा के नगर कोतवाल हिस्सीन-बिन-नुमैर[3] को चार

---

1. तारीख़-अर्रुसुल-वअलमुलूक, भाग-6, पृ० 222-23; अलअख़बार-उल-तवाल, पृ० 243
2. तारीख़-अर्रुसुल-वअलमुलूक, भाग-6, पृ० 222-23; अलअख़बार-उल-तवाल, पृ० 243
3. 'हिस्सीन-बिन-नुमैर' नाम के कई उच्चारण मिलते हैं— हसीन, हुसेन, आदि। हमें बिहार-उल-अनवार (उर्दू अनुवाद, भाग-1, पृ० 189, 231) के आधार पर 'हिस्सीन' लिखना उचित लगा। — लेखक

हज़ार सैनिकों के साथ चौकसी पर नियुक्त किया गया। इसी प्रकार वाक़सा से लेकर क़तक़ताना, लअलअ तथा ख़फ़ान तथा उसके सीमावर्ती क्षेत्र में जितने भी मार्ग सीरिया और बसरा से सम्बन्धित थे, सब में सेना को फैला दिया गया। यहाँ तक कि स्थिति यह हुई कि इधर का आदमी न उधर जा सकता था, न उधर का आदमी इधर आ सकता था। कूफ़ा से बाहर आने के सभी मार्ग भी पूरी तरह से बन्द कर दिये गये। क़ैस-बिन-मुसहर सैदावी के विषय में ऊपर की पंक्तियों में चर्चा हो चुकी है कि इसी नाकाबन्दी के कारण क़ादिसिया में हिस्सीन के हाथों बन्दी बनाये गये थे तथा वध किये गये।

नाकाबन्दी में कितनी बड़ी सेना लगायी गयी थी, इसका अनुमान तिरिम्मह-बिन-अदी के वक्तव्य से होता है, जो उन्होंने इमाम हुसैन के सामने कूफ़ा की स्थिति बताते हुए कहा था कि कूफ़ा से बाहर निकलने से पहले मैंने कूफ़ा के पीछे इतनी बड़ी सेना देखी, जिससे बड़ी सेना कभी नहीं देखी थी। मैंने उनसे पूछा तो बताया गया कि यह सब इसलिए एकत्र हैं कि शीघ्र ही आपके मुक़ाबले के लिए रवाना होंगे।[1]

इमाम हुसैन की लोकप्रियता एवं सम्मान से यज़ीदी प्रशासन भयभीत था कि उनके आह्वान पर विशाल सेना एकत्र हो सकती थी। फिर उनके परिवारजनों के शौर्य ने गतवर्षों में अनेक अवसरों पर मात्र एक योद्धा ने विजयश्री दिलायी थी। अतः वे अधिक से अधिक सेना एकत्र कर लेना चाहते थे। इब्न-ज़ियाद विशेषरूप में भयभीत था कि अपनी बहुत बड़ी सेना को भी बहुत कम समझता था। परिणामस्वरूप उसने कूफ़ा नगर कोतवाल हिस्सीन-बिन-नुमैर के नेतृत्व में क़ादिसिया के नाके पर जो तीन हज़ार नफ़री सेना थी, पूरी-की-पूरी कर्बला में उतार दी। इसके बाद आम भर्ती की घोषणा कर दी गयी।

इब्न-ज़ियाद स्वयं कूफ़ा से निकलकर नख़ीला नामक गाँव में, जो कूफ़ा से लगभग 30 कि० मी० दूरी पर कर्बला जाने के मार्ग पर स्थित था, अपना ख़ैमा गाड़कर ठहरा हुआ था।[2] उसने तत्कालीन कई नामचीन सेनानायकों में हज्जार-बिन-अबजर, शब्स-बिन-रबई, उमर-बिन-हज्जाज ज़ुबैदी आदि को आदेश दिया कि अपनी सेनाओं के साथ कर्बला को प्रस्थान करें। उनमें हरेक के साथ बहुत बड़ी सेना थी। इस संयोजन में अपनी ओर से 8 हज़ार की अतिरिक्त सेना भी साथ कर दी।[3] यदि किसी ने किसी कारण बचना चाहा, तो उसकी बात नहीं

---

1. तारीख़-अर्रुसुल-वअलमुलूक, भाग-6, पृ० 230-31; अलअख़बार-उल-तवाल, पृ० 249
2. अलअख़बार-उल-तवाल, पृ० 443-44 43
3. अलअख़बार-उल-तवाल, पृ० 443

सुनी गयी। जैसे कि शब्स-बिन-रबई ने अस्वस्थ होने का बहाना किया, तो इब्न-ज़ियाद ने बिगड़कर कहा कि तुम बन रहे हो। यदि तुम्हें हमारी अधीनता स्वीकार है, तो युद्ध हेतु प्रस्थान करो। विवश होकर शब्स-बिन-रिबई अपनी सेना के साथ कर्बला के लिए प्रस्थान कर गया। कुछ ऐसे भी थे, जो इब्न-ज़ियाद से भेंट करके छुप-छुपाकर कूफ़ा लौट जाते थे। इब्न-ज़ियाद को इसका संज्ञान हुआ, तो उसने सुवैद-बिन-अब्दुर्रहमान अलमिक़री को इस आदेश के साथ सेना सहित कूफ़ा भेजा कि यदि कोई व्यक्ति इमाम हुसैन से युद्ध करने हेतु कूफ़ा से नहीं गया है, तो उसे गिरफ़्तार करके मेरे सामने ले आओ। स्वैद ने कूफ़ा पहुँचकर आतंक फैलाया संयोगवश एक सीरियावासी किसी व्यक्तिगत कारणवश कूफ़ा आया हुआ था, पकड़ा गया। जिसका तत्काल वध कर दिया गया। इससे चारों ओर आतंक फैल गया, सब इमाम हुसैन से युद्ध करने हेतु निकल पड़े।[1]

इसमें संदेह नहीं कि जितने लोग कर्बला में इमाम हुसैन के विरुद्ध युद्ध करने हेतु एकत्र किये गये थे, सभी लोग शत्रु भाव से प्रेरित नहीं थे। उनमें कुछ लोग ऐसे भी थे, जिन्हें विवश करके कर्बला लाया गया था। उनके लिए यह मारे-बांधे का सौदा था। एक वर्ग ऐसा था जो यज़ीदी प्रशासन का वेतनभोगी था तथा अपने अधिकारी के आदेशों का पालन करना अपना कर्तव्य समझता था। उसका उद्देश्य अपने अधिकारी को प्रसन्न करके उन्नति एवं धन पुरस्कार स्वरूप प्राप्त करना था। अधिकांश लोग ऐसे थे, जिन्हें इमाम हुसैन के प्रति न कोई शत्रुता थी न मैत्री, जिनमें अधिकतर युवावर्ग के सैनिक थे। सम्भव है कि वे इमाम हुसैन के विषय में कुछ जानते ही न हों। उनके दृष्टि में वे मात्र सत्ता के विरोधी रहे हों। इमाम हुसैन के विषय में कुछ न जानने का कारण यह था कि दमिश्क़ की सत्ता ने हज़रत अली, इमाम हसन तथा इमाम हुसैन ही नहीं, पैग़म्बर के समस्त परिवारजनों के विषय में अत्यन्त असत्य एवं द्वेषपूर्ण प्रचार-चक्र चला रखा था। कुछ ऐसे वृद्ध भी थे, जो शारीरिक असमर्थता के कारण युद्ध में सम्मिलित नहीं किये गये, तो कर्बला में जिहाद के समय इमाम हुसैन की सफलता के लिए रो-रोकर दुआएँ माँग रहे थे, जिन पर यज़ीदी समर्थकों को ग़ुस्सा आता था। वे कहते— हे भाग्यहीनों! यदि तुम्हारी इमाम हुसैन के प्रति ऐसी ही सद्भावना है, तो उनके समर्थन में जिहाद क्यों नहीं करते।[2] 6 मुहर्रम तक (शहीदी दिवस से 4 दिन पुर्व) स्थिति यह थी कि कर्बला तथा उसके पास-पड़ोस में सर ही सर दिखायी देते थे।[3]

---

1. अलअख़बार-उल-तवाल, पृ० 253
2. तारीख़-अर्रुसुल-वअलमुलूक, भाग-6, पृ० 222
3. अलअख़बार-उल-तवाल, पृ० 444

सेनाओं की संख्या

यज़ीदी सेना की संख्या के विषय में मतभेद है। इतिहासकारों ने अलग-अलग संख्या लिखी है। यह संख्या 40 हज़ार से 4 लाख तक बतायी गयी है, परन्तु यज़ीदी सेना के भिन्न सरदारों तथा उनके अन्तर्गत में सेना की संख्या, जो विभिन्न इतिहासों में लिखी गयी है, यदि उनका योग किया जाय, तो संख्या लगभग 55,500 ठहरती है। सबसे कम संख्या 4 हज़ार अल्लामा सैय्यद अबुल ओला मौदूदी ने लिखी है, जो किसी भी गणना के आधार पर सही नहीं हो सकती, क्योंकि यज़ीदी सेनानायक उमर-बिन-सअद की निजी सेना की संख्या ही 6 हज़ार थी, जिसके साथ वह कर्बला पहुँचा था।[1] माना, एकाध[2] ने उसकी निजी सेना की संख्या 4 हज़ार भी लिखी है, परन्तु यह यज़ीदी सेना की कुल संख्या नहीं हो सकती। इसके अतिरिक्त उसके आधीन अनेक अन्य सेनानायक थे, जिनकी बड़ी-बड़ी सेनाएँ युद्ध हेतु प्रस्तुत थीं।

विशाल यज़ीदी सेना की प्रतिस्पर्द्धा में हुसैनी सेना की संख्या 72 बतायी जाती है, 23 सवार, 40 प्यादे।[3] यही संख्या सर्वसाधारण में प्रचलित है, परन्तु अल्लामा सैय्यद अली-इब्न-ताऊस ने इमाम मुहम्मद बाक़िर का कथन लिखा है कि हुसैनी सेना में 45 सवार तथा 100 प्यादे थे, अर्थात् कुल 145 व्यक्ति।[4] इनमें 111 योद्धाओं की संक्षिप्त जीवनी मौलाना सैय्यद अली नक़ी ने लिखी है, उन्होंने इनके अतिरिक्त 46 अन्य व्यक्तियों की जीवनियाँ भी लिखी हैं, जिनके विषय में सम्भावनाएँ हैं कि वे इमाम हुसैन के साथ जिहाद में सम्मिलित हुए थे। इस प्रकार उनके कथनानुसार कर्बला के शहीदों की सामूहिक संख्या 157 निश्चित होती है।[5] अतः इमाम हुसैन के परिवारजनों, सहयोगियों तथा समर्थकों की सामूहिक संख्या अधिक से अधिक 157 कही जा सकती है, जो युद्ध में इमाम हुसैन के साथ सम्मिलित हुए, तथा उनके मुक़ाबले में यज़ीदी सेना की संख्या कम से कम 40,000 थी।

पहली बात तो यह स्पष्ट है कि जो लोग इमाम हुसैन के साथ युद्ध में सम्मिलित हुए, वे किसी लालच अथवा सत्तामोह ग्रस्त नहीं हो सकते, क्योंकि स्थितियों से भलीभाँति स्पष्ट था कि इमाम हुसैन के समर्थन में उनके साथ रहकर

---

1. अलमक़तल : अबी-मिख़्नफ़ पृ० 65
2. अलअख़बार-उल-तवाल, पृ० 153 (उर्दू अनुवाद पृ० 441-43)
3. ख़िलाफ़तो-मुलूकियत, पृ० 168
4. लहूफ़-अला-क़तला-उल-तफ़ूफ़, पृ० 41
5. शुहदा-ए-कर्बला, भाग-1-3

युद्ध करने की स्थिति में सत्ता प्राप्ति नहीं होगी। वरन् यज़ीदी सेना की इतनी बड़ी संख्या के मुक़ाबले में उनका शहीद हो जाना ही भाग्य में लिखा है। इससे स्पष्ट है कि इमाम हुसैन के साथ युद्ध में सम्मिलित योद्धा इमाम हुसैन के उद्देश्य से भलीभाँति परिचित थे, उनका व्यक्तिगत लाभ अथवा कोई निहित उद्देश्य नहीं था। वे अपने प्राणों की आहुति देने आये थे, सत्ता का सुख भोगने नहीं आये थे। अतः यह महानुभाव स्वार्थी अथवा लालची नहीं हो सकते। मौलाना सैय्यद अली नक़ी के शोध के साथ इनमें 93 शहीदों का निवास-स्थान का पता लगाया जा सका। इमाम हुसैन के साथ 6 व्यक्ति मदीना से आये थे, मक्का से 8 लोग और साथ हो गये। मक्का से चलने के बाद 6 लोग और भी जुड़ गये, बसरावासियों में 8, कूफ़ावासियों में 58। इनके अतिरिक्त वे लोग जिनके निवास-स्थान के विषय में निश्चित रूप में नहीं कहा जा सकता, जिनमें उनका कूफ़ावासी होना भी सम्भव है, उनकी संख्या 11 है।

मार्ग में यज़ीदी सेना द्वारा नाकाबन्दियों के सभी यत्न होने के बावजूद इमाम हुसैन के समर्थकों में 23 शूरवीरों का नाम मिलता है, जो किसी न किसी प्रकार इमाम हुसैन तक पहुँचने में सफल हो सके। उनके नाम हैं— अबूसमामा उमर-बिन-अब्दुल्लाह सायदी, नाफ़िअ-बिन-हिलाल, सईद-बिन-अब्दुल्लाह हनफ़ी, उमर-बिन-क़ुरज़ा अंसारी, हनज़ला-बिन-असअद शामी, सालिम-बिन-उमर-बिन-अब्दुल्लाह कल्बी, उमर-बिन-जुनदब हज़रमी, क़अनब-बिन-उमर नमरी, यज़ीद-बिन-मअक़ल जाफ़ी, उमैय्या-बिन-सअद-बिन-ज़ैद ताई, जिबिलस-बिन-अली शीबानी, हुज्जाज-बिन-ज़ैद सअदी तयमी, अब्दुर्रहमान-बिन-अब्दुल्लाह अरहबी, किनाना-बिन-अतीक़ तग़लबी, मुस्लिम-बिन-कसीर सदफ़ी आरज अज़दी तथा उनके सेवक राफ़ेअ-बिन-अब्दुल्लाह नईम-बिन-अजलान अंसारी, ज़ुहैर-बिन-हार्स तग़लबी के तीन पुत्र क़ासित, मक़सत एवं करदूस तथा सैफ़-बिन-हार्स-बिन-सरीअ हमदानी, उनके चचेरे भाई मालिक-बिन-अब्दुल्लाह हमदानी तथा उनके दास शबीब, बुश्र-बिन-उमर हज़रमी तथा सुवैद-बिन-अबी मताअ ख़सअमी।

इस सूची के साथ कर्बला में इमाम हुसैन के साथ आगमन करनेवाले योद्धाओं की संख्या सम्पन्न होती है। इन महानुभावों को विशेषता प्राप्त है कि वे सदैव इमाम हुसैन के साथ ही रहे। किसी अन्य को उन्होंने मान्यता नहीं दी वरन् अपने धार्मिक विश्वासों पर अपनी आत्मा के पुकार के अनुरूप अडिग रहे।

हुसैनी सेना में आगमन

कर्बला में इमाम हुसैन के आगमन के पश्चात् कुछ लोग यज़ीदी सेना छोड़कर इमाम हुसैन की ओर आ गये। यज़ीदी सेना में सम्मिलित होकर कर्बला

पहुँचने का प्रयोजन किसी गोपनीय रणनीति का अंग हो सकती है, क्योंकि यज़ीदी प्रशासन ने चारों ओर ऐसी कड़ी नाकाबन्दी कर रखी थी कि मार्ग में कहीं-कहीं न पकड़े जाने तथा वध किये जाने की संभावना प्रबल थी। प्राणों की चिन्ता तो इन्हें हो नहीं सकती, क्योंकि वे अपने-अपने प्राणों की आहुति देने हेतु ही अग्रसर थे। परन्तु यह चाहते थे कि इमाम हुसैन के श्रीचरणों पर उनका अन्त हो। दूसरी संभावना यह है कि उनमें से कुछ लोग प्रारम्भ में यज़ीदी सेना का अंग रहे हों। किन्तु मार्ग में उनकी आत्मा जाग्रत हुई हो और उन्होंने निर्णय किया हो कि कर्बला पहुँचकर इमाम हुसैन के साथ सम्मिलित होकर सत्य की रक्षा में अपने प्राणों की आहुति देंगे। जो भी हो, शत्रु सेना के साथ यात्रा करना अत्यन्त जोखिम भरा संकल्प था। इन वीरों ने सफलतापूर्वक कर्बला तक की यात्रा की, जिनकी मनः स्थिति यज़ीदी सेनानायक तथा अन्य सेनानी समझने से असमर्थ रहे। इन वीरों के नाम हैं— जाबिर-बिन-हुज्जाज तयमी, ज़रग़ाम-बिन-मालिक तग़लबी, अब्दुल्लाह-बिन-बुश्र ख़िसअमी, उमैर-बिन-ज़बीअ अलजाबई तयमी, क़ासिम-बिन-हबीब अज़दी। इनके अतिरिक्त मस्ऊद-बिन-हुज्जाज तयमी तथा उनके पुत्र अब्दुर्रहमान-बिन-मस्ऊद हैं, जो 7 मुहर्रम (युद्ध से तीन दिन पूर्व) को इमाम हुसैन की सेवा में सलाम करने के बहाने यज़ीदी सेना से निकले तो फिर लौटकर न गये। इनके अतिरिक्त भी कई योद्धा यज़ीदी सेना त्याग कर इमाम हुसैन की ओर आये और शहीद हुए, उनकी चर्चा यथास्थान होगी।

सैनिक वातावरण में शान्ति प्रयास

यज़ीदी सेना ने कर्बला में प्रवेश करते ही अत्याचार पूर्ण व्यवहार प्रारम्भ कर दिया था। इसका पहला प्रदर्शन उस समय हुआ जब उन्होंने इमाम हुसैन और उनके सहयोगियों के ख़ैमों को अलक़मा नदी के किनारे से हटाने के नाम पर उपद्रव करना चाहा, यद्यपि इसका कोई औचित्य नहीं था, क्योंकि इमाम हुसैन तथा उनके सहयोगी यज़ीदी सेना से पूर्व कर्बला पहुँचे थे, और उन्होंने अपने ख़ैमे लगा लिए थे। यज़ीदी सेना ने कदाचित् ख़ैमा लगा लिए समय कोई आपत्ति नहीं की थी। परन्तु बाद में वे इसी बहाने युद्ध करना चाहते थे। उनके आक्रामक व्यवहार पर हुसैनी योद्धाओं की ओर से तीव्र प्रतिक्रिया हुई। ऐसा प्रतीत हुआ कि युद्ध प्रारम्भ हो जायेगा, दोनों ओर से तलवारें म्यान के बाहर निकल आयीं, परन्तु इमाम हुसैन अपने उद्देश्य को पानी के नाम पर युद्ध से प्रभावित होना नहीं देख सकते थे। उन्होंने अपने सहयोगियों से आग्रह किया कि वे अपने ख़ैमे अलक़मा नदी के किनारे से हटाकर कुछ दूर पर पुनः स्थापित करें। इमाम के आदेश की देर थी कि सहयोगियों ने तत्काल ख़ैमे हटा लिये। यज़ीदी सेना ने अलक़मा नदी पर आधिपत्य प्राप्त कर लिया। हुसैनी योद्धाओं को अलक़मा नदी

से पानी लेने में कठिनाई उत्पन्न की जाने लगी, परन्तु उस समय पानी पर कोई प्रतिबन्ध नहीं लगाया गया। दूसरे दिन 3 मुहर्रम 61 हि० (3 अक्टूबर, 680 ई०) को उमर-बिन-सअद छः हज़ार सैनिकों के साथ यज़ीदी सेना के मुख्य सेनानायक के रूप में कर्बला पहुँचा।[1] उमर-बिन-सअद के नेतृत्व में ही यज़ीदी सेना ने इमाम हुसैन और उनके सहयोगियों से युद्ध किया, वह इस घटना के पात्रों में से एक है। अतः उचित होगा कि उसके विषय में संज्ञान कर लिया जाय।

उमर-बिन-सअद इस्लामी पैग़म्बर के एक प्रमुख सहाबी सअद-बिन-वक़्क़ास का पुत्र था। सअद को मुसलमानों का बहुसंख्यक सुन्नी समुदाय 'अशरा-उल-मुबश्शरा' (दस शुभम्) में गणना करता है। विचित्र ही है कि इसी प्रकार 'अशरा-उल-मुबश्शरा' के एक अन्य सदस्य मुग़ीरा-बिन-शुअबा भी हैं, जिनके प्रस्ताव पर अमीर मुआविया ने यज़ीद को अपना उत्तराधिकारी नियुक्त किया था। इसकी चर्चा यथास्थान आ चुकी है। सअद के पिता अबीवक़्क़ास अपने वंशज के आधार पर इस्लामी पैग़म्बर की माताश्री हज़रत आमिना के भाई होते थे। परन्तु प्रारम्भ में इस्लामी पैग़म्बर के कटु शत्रु थे। इसी प्रकार सअद के चाचा अतबा भी पैग़म्बर का कटु शत्रु था, जिसने उहद युद्ध (625 ई०) में पत्थर मारकर इस्लामी पैग़म्बर को घायल कर दिया था, जिससे उनके दाँत शहीद हो गये। सअद के पिता अबीवक़्क़ास ने बाद में इस्लाम स्वीकार कर लिया था तथा हज़रत उमर के ख़िलाफ़त काल में (634-44 ई०) उन्होंने ईराक़ विजय प्राप्त किया था तथा ईराक़ के प्रशासक भी रहे थे। प्रसिद्ध है कि एक बार इस्लामी पैग़म्बर ने उनको सम्बोधित करके कहा था कि तुम्हारा पुत्र मेरे पुत्र का वध करेगा। इसका उन पर मनोवैज्ञानिक प्रभाव हुआ। अतः उन्होंने अपने पुत्र की शिक्षा-दीक्षा पर विशेष बल दिया और उसे एक व्यवहारिक मुसलमान का संस्कार प्रदान किया। इसमें संदेह नहीं कि कर्बला की घटना के पूर्व सत्ता की लालसा, जिसके कारण वह यज़ीदी सेना का एक नायक था, इसके अतिरिक्त उमर-बिन-सअद के आचरण के विरुद्ध कुछ ऐसा नहीं मिलता जिस पर उँगली उठायी जा सके।

उमर-सअद ने इस्लामी पैग़म्बर को नहीं देखा था, परन्तु उन लोगों को अवश्य देखा था, जिन्होंने इस्लामी पैग़म्बर को देखा था। उनसे इमाम हसन और इमाम हुसैन तथा इस्लामी पैग़म्बर के परिवारजनों के विषय में अवश्य ही जानकारी मिली होगी। विशेषकर पैग़म्बर के नातियों के विषय में उनके प्रेमपूर्वक

---

1. अलमक़तल : अबूमखनफ़, पृ० 65; किताब-अलकामिल-फ़ी-तारीख़, भाग-4, पृ० 21, तारीख़-अर्रुसुल-वअलमुलूक, भाग-6, पृ० 232

व्यवहार की सूचना मिली होगी। फिर जब इमाम हुसैन अपने पिता हज़रत अली के साथ कूफ़ा में थे, उसने स्वयं कूफ़ा में निवास करते हुए इमाम हुसैन के उच्च आचरण एवं सात्विक जीवन के विषय में व्यक्तिगत रूप में जानने का अवसर मिला होगा। कूफ़ा से इमाम हुसैन के जाने के बीस वर्षों के बीच उनकी शान्तिप्रियता, सहिष्णुता, उच्च आचरण से सम्बन्धित घटनाएँ भी उसमें अवश्य सुनी होंगी। सम्भवतः यही कारण है कि उसे जब इमाम हुसैन से युद्ध के लिए विवश किया गया, तो संकोच करता रहा।

उन दिनों जब यज़ीदी सेना ने इमाभ हुसैन को कर्बला में रुकने पर विवश किया था, उसी बीच ईरान में विद्रोह हो गया था, इब्न-ज़ियाद ने इस विद्रोह के दमन हेतु उमर-बिन-सअद को अपनी सेना के साथ जाने का आदेश दिया तथा उसे रय (वर्तमान में ईरान का शाह अब्दुल अज़ीम नगर) तथा उसके निकटवर्ती क्षेत्रों के प्रशासक पद की नियुक्ति-पत्र भी प्रदान किया। वह अपनी सेना के साथ ईरान की ओर बढ़ रहा था कि इब्न-ज़ियाद का आदेश उसके पास पहुँचा कि पहले कर्बला जाकर वहाँ की समस्या का समाधान करो, फिर ईरान की ओर जाओ। इब्न-ज़ियाद का आदेश उमर-सअद को मिला, तो वह असमंजस में पड़ गया। रय का प्रशासक होना उसकी हार्दिक इच्छा थी, परन्तु इसके लिए इमाम हुसैन से युद्ध नहीं करना चाहता था। इसी ऊहापोह में उसने अपने सम्बन्धियों और हितैषियों से परामर्श किया। सब ने एकमत होकर उसे इमाम हुसैन के विरुद्ध युद्ध करने से मना कर दिया। उसके भांजे हमज़ा-बिन-मुग़ीरा ने तो खुलकर उससे कहा कि इमाम हुसैन से युद्ध करने का पाप न करे, उनसे सम्बन्धी होने की लज्जा रक्खे। यदि समस्त संसार की धन-सम्पत्ति एवं सत्ता मिले, तो उसके बदले में भी इमाम हुसैन की हत्या का भार अपनी गर्दन पर न ले।[1] इन विचारों ने उमर-सअद को दहला दिया। उसने इब्न-ज़ियाद से प्रार्थना की कि वह उसे कर्बला न भेजे। उसने सुझाव दिया कि अनेक योद्धा, उसके समकक्ष अथवा उससे श्रेष्ठ उपलब्ध हैं, उनमें से किसी को भेज दें और अपनी ओर से कुछेक सरदारों के नाम भी बताये। इब्न-ज़ियाद अत्यन्त क्रुद्ध हुआ और डपटकर बोला, तुम्हें योद्धाओं के नाम गिनवाने की आवश्यकता नहीं है! यदि मुझे किसी अन्य व्यक्ति को भेजना होगा तो तुमसे परामर्श नहीं करूँगा, तुम अपने विषय स्पष्ट बताओ कि तुम्हें जाना है अथवा नहीं, यदि नहीं जाना है, तो रय के प्रशासक पद का नियुक्ति पत्र लौटा दो। इस स्थान पर सत्ता की लालसा उसकी आत्मा पर आधिपत्य पा गयी। उसने स्वीकार कर लिया कि अच्छा, मैं ही

1. तारीख़-अर्रुसुल-वअलमुलूक, भाग-6, पृ० 221

जाऊँगा और वही सेना जिसे लेकर ईरान जा रहा था, अपने साथ लेकर कर्बला पहुँच गया।

हुर्र के नेतृत्व में एक हज़ार सेना पहले से ही कर्बला में मौजूद थी। उमर-सअद के साथ चार अथवा छः हज़ार की सेना और आ गयी। इसके बाद विभिन्न सेनानायकों के नेतृत्व में तथा सीधी भर्ती के सैनिकों से कर्बला के मरुस्थल में मानव सिरों का जंगल दीखने लगा। उमर-सअद के प्रारम्भिक व्यवहार से लगता है कि वह चाहता था कि किसी प्रकार इस महापाप से बच जाय। परन्तु सत्ता की लालसा उसे अपने जबड़े में जकड़े हुए थी। उसने समस्या के समाधान हेतु प्रयत्न प्रारम्भ किया। उसने ग़रज़ा-बिन-क़ैस को दूत बनाकर इमाम हुसैन के पास भेजना चाहा, परन्तु चूँकि वह इमाम हुसैन को पत्र लिखकर कूफ़ा आमन्त्रित करने वालों में था, इमाम हुसैन का सामना करने को तैयार न हुआ। कई लोगों से उमर-बिन-सअद ने चर्चा की, परन्तु कोई तैयार न हुआ तो कसीर-बिन-अब्दुल्लाह शूबी को पत्रवाहक बनाकर भेजा। वह हुसैनी सेना के निकट पहुँचा तो अबूसमामा सायदी ने कहा कि यदि इमाम हुसैन की सेवा में प्रस्तुत होना चाहता है, तो हथियार उतार दे, उसने नकार दिया, तो अबूसमामा ने कहा, अच्छा मैं तेरी तलवार पर हाथ रखूँगा, वह तैयार न हुआ। उन्होंने कहा अच्छा अपना संदेश बता मैं उत्तर लाय देता हूँ। वह तैयार न हुआ। अबूसमामा ने कहा, फिर तू इमाम हुसैन की सेवा में नहीं जा सकता। वापस लौटकर उमर-सअद को बता दे कि हुसैनी सेवक तुझे इमाम हुसैन तक नहीं जाने देंगे।[1] इसके बाद उमर-सअद ने बनीहज़ीमा के एक योद्धा बुध्र-बिन-उमरू-बिन-उहदूस किन्दी को दूत बनाकर भेजा, उससे वही वार्तालाप ज़ुहैर-बिन-क़ैन ने की। उसने सभी शर्तें मान लीं तथा इमाम हुसैन की सेवा में प्रस्तुत हुआ। ईश्वरी सेना में सम्मिलित हो गया फिर लौटकर न गया।[2] उमर-सअद ने मुर्रा-बिन-क़ैस हंज़ली को भेजा। हबीब-इब्न-मज़ाहिर ने उसे समझाया, उसने उत्तर दिया कि अभी मैं उमर-सअद का दूत हूँ, फिर विचार करूँगा।

इमाम हुसैन ने अत्यन्त शान्तिप्रद उत्तर उमर-सअद के दूत द्वारा भेज दिया : **"मुझको तुम्हारे नगर के लोगों ने लिखा कि मैं आऊँ। लेकिन अब जबकि उनको मेरा आना रुचिकर नहीं है तो मैं वापस चला जाऊँगा।"**[3] उमर-सअद ने

---

1. किताब-अलमुख़तसर-फ़ी-अहवाल-उल-बशर, भाग-1 पृ० 118-19
2. अलमक़तल, पृ० 65, किताब-अलकामिल-फ़ी-तारीख़, भाग-4, पृ० 21, तारीख़-अर्रुसुल-वअलमुलूक, भाग-6, पृ० 232
3. अलमक़तल : अबू मख़नफ़ पृ० 67

इमाम हुसैन के उत्तर से संतुष्ट होकर दूसरे दिन उबैदउल्लाह-बिन-ज़ियाद को पत्र लिखा : **"मैंने यहाँ पहुँचकर हुसैन के पास अपना प्रतिनिधि भेजा तथा उसके माध्यम से पूछा कि वे यहाँ क्यों आये, क्या चाहते हैं और क्या माँगें हैं। उन्होंने ने कहा कि इस देश के लोगों ने मुझको लिखा था तथा मेरे पास उनके दूत गये थे तथा मुझे आने का निमंत्रण दिया था, लेकिन जबकि वे मेरा आना पसन्द नहीं करते तथा उनके विचार परिवर्तित हो गये हैं, तो मैं जहाँ से आया हूँ, उधर ही वापस चला जाऊँगा।"**[1] परन्तु इब्न-ज़ियाद ने पत्र से अलग ही भावार्थ निकाला। पत्र पाकर उसने एक शेर पढ़ा, जिसका भावार्थ था कि अब जबकि हमारे चंगुल उन तक पहुँच गये हैं, तो वे मुक्ति चाहते हैं, कदापि नहीं। अब वे बचकर कहाँ जायेंगे। फिर उसने उमर-सअद को लिखा : **"पत्र पहुँचा हाल मालूम हुआ, तुम हुसैन के सामने यह माँग प्रस्तुत करो कि वे तथा उनके सभी सहयोगी यज़ीद-बिन-मुआविया की बैअत कर लें। जब वे ऐसा कर चुकें, तो फिर हम विचार करेंगे।"**[2] इस पत्र की अंतिम पंक्तियाँ स्पष्ट करती हैं कि यदि इमाम हुसैन यज़ीद की बैअत कर भी लेते, तो उस स्थिति में भी उन्हें शान्ति नहीं मिल सकती थी, क्योंकि 'फिर हम विचार करेंगे' का वाक्य स्पष्ट करता है कि उसके बाद इमाम हुसैन को उस समय तक यज़ीद की बैअत न करने के आरोप में दण्ड का भागीदार बनाया जा सकता था। इस पत्र ने उमर-सअद की आशाओं को पुनः अंधकार में डुबा दिया। उसने ग्लानिपूर्वक कहा : **"मुझे पहले ही आशंका थी कि अमीर इब्न-ज़ियाद सुख-शान्ति के इच्छुक नहीं हैं।"**[3] फिर उसने इब्न-ज़ियाद का मूलपत्र ही इमाम हुसैन के पास भेज दिया। इमाम हुसैन का वही उत्तर था, जो अपेक्षित था : **"यह कदापि सम्भव नहीं। अधिक से अधिक मृत्यु ही तो है, मैं उसके स्वागत के लिए तत्पर हूँ।"**[4] उमर-सअद ने इमाम हुसैन का उत्तर इब्न-ज़ियाद के पास भेज दिया।

इमाम हुसैन लोगों के बीच ख़ून-ख़राबा नहीं चाहते थे। सम्मानपूर्ण निर्णय हेतु उन्होंने स्वयं पहल की। अपने सहयोगी उमर-बिन-क़ुरज़ा अंसारी को उमर-सअद के पास इस प्रस्ताव के साथ भेजा कि वे उससे शान्ति वार्तालाप स्वयं करना चाहते थे। रात्रि समय दोनों सेनाओं के मध्य स्थान पर वार्ता निश्चित हुई।

---

1. किताब-अलकामिल-फ़ी-तारीख़, भाग-4, पृ० 22, शहीदे-इंसानियत पृ० 346
2. अलअख़बार-उल-तवाल, पृ० 252
3. तारीख़-अर्रुसुल-वअलमुलूक, भाग-6, पृ० 234; अलअख़बार-उल-तवाल, पृ० 251; अलइर्शाद-फ़ी-मुआरिफ़त-हुज्जाज-उल्लाह-अलाउल-इबाद, पृ० 239
4. अलअख़बार-उल-तवाल, पृ० 252

दूसरे दिन आमने-सामने वार्ता हेतु अलक़मा नदी के किनारे फ़र्श बिछाया गया। उमर-सअद अपने साथ बीस सैनिकों को लेकर आया। इमाम हुसैन भी इतने ही सहयोगियों के साथ गये। निकट पहुँचने पर इमाम हुसैन ने अपने सहयोगियों से ठहरने के लिए कहा। उमर-सअद ने भी अपने सैनिकों को रोक दिया। इमाम हुसैन और उमर-सअद अकेले में मिले। देर रात तक वार्तालाप होता रहा, फिर इमाम हुसैन अपने ख़ैमे की ओर प्रस्थान कर गये तथा इब्न-सअद अपने सेना की ओर लौट गया।[1] उनके बीच की वार्ता गोपनीय रही थी, परन्तु इतनी बात इतिहासकारों ने लिखी है कि इमाम हुसैन हर प्रकार से शान्ति-स्थापना हेतु प्रयत्नशील थे। उन्होंने कहा था : "**मैं पहले भी कह चुका हूँ कि मुझे वापस जाने दो यदि यह सम्भव नहीं है, तो मुझे यज़ीद के सामने ले चलो। मैं उससे वार्ता कर लूँगा, यदि यह भी नहीं तो मैं ईराक़ में स्थापित होने का विचार त्याग दूँगा तथा यदि आवश्यकता हुई तो अरब देश ही त्याग दूँगा और किसी दूर-दराज़ स्थान पर निवास धारण करूँगा।**"[2]

इमाम हुसैन ने अन्तिम अवसर प्रदान करने हेतु विरोधियों के सामने एक ऐसा प्रस्ताव प्रस्तुत कर दिया था, जिस पर उमर-सअद भी मदमस्त हो उठा तथा उसने अत्यन्त उत्साहपूर्वक उबैदउल्लाह-बिन-ज़ियाद को सूचना दी : "**धन्य है ईश्वर, उपद्रव की ज्वाला बुझ गयी तथा मुसलमानों के संगठित बने रहने की एक स्थिति पैदा हो गयी तथा इस्लामी उम्मत का मामला सुलझ गया। हुसैन इसको मान गये हैं कि वे अरब-देश की सीमाओं से बाहर किसी दूर देश में चले जायेंगे। मेरे विचार में अब विरोध का कोई कारण नहीं है और अब इस स्थिति को समाप्त होना चाहिए।**"[3]

परन्तु यज़ीदी सेना के उपप्रधान ख़िवल्ला-बिन-ज़ियाद असबही ने उबैदउल्लाह-बिन-ज़ियाद को एक अन्य पत्र लिखकर उमर-सअद पर पक्षपात का आरोप लगाया।[4] सम्भवतः इसी से प्रभावित होकर इब्न-ज़ियाद ने उमर-सअद के पत्र का उत्तर लिखा, जिस पर ख़िवल्ला की शिकायत के प्रभाव स्पष्ट हैं : "**इसके बाद, हे इब्न-सअद, मुझको यह सूचना मिली है कि तू प्रत्येक रात्रि को अपनी सेना से निकलकर फ़र्श बिछाता है तथा बड़ी रात बीतने तक हुसैन**

---

1. तारीख़-अर्रुसुल-वअलमुलूक, भाग-6, पृ० 235
2. तारीख़-अर्रुसुल-वअलमुलूक, भाग-6, पृ० 235
3. तारीख़-अर्रुसुल-वअलमुलूक, भाग-4, पृ० 240, अलअख़बार-उल-तवाल, पृ० 253-54, शहीदे-इंसानियत, पृ० 356
4. अलमक़तल : अबी-मिख़नफ़, पृ० 76

से बातें करता रहता है।''[1]

उबैदउल्लाह-बिन-ज़ियाद ने उमर-सअद को चेतावनीपूर्ण पत्र तो लिख दिया, परन्तु इमाम हुसैन के शान्ति प्रस्ताव को एकदम नकार देने में असमर्थ रहा। अपनी इसी मानसिक पीड़ा में उसने इस प्रस्ताव को स्वीकार करने के पूर्व अपने अभिन्न मित्र तथा यज़ीदी सेनानायक शिम्र-बिन-ज़िलजौशन (शिम्र जबल-बिन-उमरू-बिन-मुआविया) से परामर्श किया, जो इस्लामी पैग़म्बर के परिवारजनों विशेषकर इमाम हुसैन का परम शत्रु था। उसने सुझाव दिया कि इस प्रस्ताव को स्वीकार नहीं करना चाहिए, क्योंकि इससे आपके आत्म-सम्मान को आघात पहुँचता है। इमाम हुसैन को बिना शर्त हथियार डालना चाहिए, फिर आपको अधिकार है कि आप क्या निर्णय लेते हैं। रह गया उमर-सअद, तो मैंने सुना है कि वह अपनी रातें इमाम हुसैन से वार्तालाप में बिताता है।[2] उसका प्रस्ताव इब्न-ज़ियाद को रुचिकर लगा तथा उमर-सअद का इमाम हुसैन से वार्तालाप करना, उसके साथ धोखाधड़ी लगी। उबैदउल्लाह-बिन-ज़ियाद ने उमर-सअद के पत्र के उत्तर में कड़ा पत्र लिखा था : **''मैंने तुमको हुसैन की ओर इसलिए नहीं भेजा है कि तुम उनके साथ सहयोग करो अथवा उनके साथ बातों को बढ़ाओ या उनको जीवन की आशा दिलाओ या मेरे पास उनकी सिफ़ारिश करने बैठो। देखो, हुसैन और उनके सहयोगी मेरे आदेश के आगे नतमस्तक हो जायँ और स्वयं को मेरी दयादृष्टि पर छोड़ दें तो उनको चुपचाप मेरे पास भेज दो तथा यदि वे इंकार करें, तो उन पर आक्रमण कर दो। उनका वध कर दो तथा उनके अंग-प्रत्यंग काट दो, क्योंकि वे इसी के योग्य हैं।''** इसी पत्र में आगे वह घृणित एवं पाशविक आदेश भी है, जो समस्त मानव जाति को आगे कलंकित करता है : **''यदि हुसैन का वध हो जाय, तो उनकी छाती तथा पीठ को घोड़ों की टापों से रौंद डालना, क्योंकि वे राज्य के विद्रोही, विरोधी तथा शत्रु हैं। मेरा यह उद्देश्य नहीं है कि इस मृत्यु के पश्चात् उनको कोई हानि पहुँचेगा, परन्तु यह बात कह चुका हूँ कि यदि हुसैन को वध किया, तो उनके साथ ऐसा ही व्यवहार करूँगा। यदि तुमने इन आदेशों का कार्यान्वयन किया तो ठीक है, तुम्हें पारितोषिक मिलेगा, जो एक कर्तव्यनिष्ठ भाई को मिलना चाहिए और यदि तुम्हें यह स्वीकार न हो, तो सेना की सरदारी से अलग हो जाओ और यह पद शिम्र को सौंप दो, जिसे हमने यथोचित निर्देश दे दिये हैं।''[3]**

---

1. अलमक़तल : अबी-मिख़नफ़, पृ० 67, किताब-अलकामिल-फ़ी-तारीख़, भाग-4, पृ० 22
2. तारीख़-अर्रुसुल-वअलमुलूक, भाग-6, पृ० 236
3. तारीख़-अर्रुसुल-वअलमुलूक, भाग-4, पृ० 241-42, अलअख़बार-उल-तवाल, पृ० 253, शहीदे-इंसानियत, पृ० 349-58

यज़ीदी सेनानायक शिम्र ज़िलज़ौशन, जो बनीआमिर-बिन-ससआ से था 9 मुहर्रम 61 हि० (9 अक्टूबर, 680 ई०) को कर्बला पहुँचा तथा उमर-सअद की सेवा में उपर्युक्त पत्र प्रस्तुत किया। उमर-सअद का धर्म बिक गया, उसके शब्द इतिहास में सुरक्षित हैं : **"चाहे मुझे नरक में जलना और उसके घृणित भाग में जाना पड़े परन्तु मैं न तो 'रय' का शासन छोड़ सकता हूँ, न तूझे सेनानायक देख सकता हूँ।"**[1] शिम्र की उपस्थिति उमर-सअद के लिए आत्मपीड़ा बन गयी थी कि किसी समय क्या कुछ उसके विरुद्ध न हो जाय।

पानी पर पाबंदी

इमाम हुसैन के क़ाफ़िले पर पानी बन्द करने का आदेश उबदैउल्लाह-इब्न-ज़ियाद ने एक पत्र द्वारा उमर-सअद को दिया था, जिसमें लिखा गया : **"मेरा यह पत्र पढ़कर हुसैन को आदेश दे कि वे मेरे आदेशों का पालन करें। अगर मान लें तो ठीक है अन्यथा उन पर पानी बन्द कर दे। इसलिए कि मैंने उसको यहूदियों तथा ईसाइयों पर क्षम्य कर दिया है और उनपर उनके परिवारजनों पर वर्जित कर दिया है।"**[2] परन्तु कुछेक इतिहासकारों ने पत्र का अन्तिम वाक्य इस प्रकार लिखा है : **"हुसैन और उनके साथियों पर पानी बंद कर दो, उसी प्रकार कि उन्हें एक बूँद भी पानी न मिलने पाये, जैसा कि उस्मान-बिन-अफ़्फ़ान के साथ व्यवहार किया गया था।"**[3] कैसी विडम्बना है कि जिन लोगों के कुकर्मों के कारण हज़रत उस्मान के प्राण गये, वही उनकी मृत्यु पर षड्यन्त्र कर इमाम हुसैन के पिता हज़रत अली से युद्ध करते रहे और अब इमाम हुसैन पर पानी बन्द करने का बहाना बना रहे हैं, जबकि वास्तविकता यह है कि हज़रत अली ने ही हज़रत उस्मान की सुरक्षा का प्रबन्ध किया था तथा स्वयं उनके घर भोजन एवं पानी पहुँचाते रहे थे।[4]

यह बात 7 मुहर्रम 61 हि० (7 अक्टूबर, 680 ई०) की है, जबकि उमर-सअद के आदेशानुसार अलक़मा नदी पर पहरा बिठा दिया गया। उमर-सअद ने हुज्जार-बिन-अबजर को चार हज़ार सवारों, शब्स-बिन-रबई को चार हज़ार सवारों, इस्हाक़-बिन-ख़वाइय्या हज़रानी दो हज़ार सवारों, उमर-बिन-

---

1. तारीख़-अर्रुसुल-वअलमुलूक, भाग-4, पृ० 242
2. अलमक़तल, पृ० 67, किताब-अलकामिल-फ़ी-तारीख़, भाग-4, पृ० 22
3. तारीख़-अर्रुसुल-वअलमुलूक, भाग-6, पृ० 234, अलअख़बार-उल-तवाल, पृ० 252, शहीदे-इंसानियत, पृ० 351
4. तारीख़-अर्रुसुल-वअलमुलूक, भाग-3 (2), पृ० 437,

हज्जाज ज़ुबैदी को पाँच सौ सवारों तथा अज़रक शामी चार सौ सवारों के साथ अलक़मा नदी पर पहरा देने के लिए नियुक्त किया— चौपाये पानी पीयें तो मना न किया जाय, लेकिन पैग़म्बर की सुपुत्री फ़ातिमा के लाल को पानी की एक बूँद न मिलने पाये! यह पहरा मात्र कर्बला की सीमाओं तक सीमित न था, वरन् अलक़मा नदी के सुदूर घाटों पर भी पहरा लगाया गया था।[1]

कहने-सुनने को 7 मुहर्रम से पानी बंद हुआ, परन्तु सम्भावनाओं से स्पष्ट है कि पानी पर पाबन्दी कर्बला में इमाम हुसैन के पहुँचते ही हो गयी थी। इसी आधार पर इमाम हुसैन और उनके साथियों के ख़ैमे अलक़मा नदी के किनारे से हटाये गये थे, क्योंकि इब्न-ज़ियाद का आदेश था : **"उन्हें ऐसे स्थान पर रहने के लिए विवश करो, जहाँ पानी उपलब्ध न हो।"**[2] पहरा लगने के पूर्व ही इमाम हुसैन के ख़ैमे में पानी समाप्त हो चुका था। इतिहास में स्पष्ट है कि इमाम हुसैन की शहादत के तीन दिन पूर्व से इमाम हुसैन और उनके सहयोगी ही नहीं महिलाओं तथा बच्चों पर भी पानी पूर्णतया बन्द किया जा चुका था।[3] विशेषकर शिशुओं एवं बालकों को प्यास ने व्याकुल कर रखा था। फिर इस पर निर्लज्ज शत्रुओं के उपहास थे कि हुसैन देखते हुए पानी नीला-नीला आसमानी रंग का किस प्रकार बह रहा है। मगर तुम मरते दम तक इसमें से एक बूँद नहीं पा सकते। कभी कहा जाता, हे हुसैन! यह पानी उपलब्ध है, जिसमें कुत्ते तक मुँह डालते हैं तथा ईराक़ के सुअर, गधे और भेड़िये तक इसमें से पीते हैं, मगर तुम इसमें से, ईश्वर की सौगंध, एक बूँद नहीं चख सकते। साथ ही बड़ी ढिठाई से कहते कि हम इस्लामी पैग़म्बर से आपके सम्बन्ध को अच्छी तरह जानते हैं, परन्तु आपको छोड़ेंगे नहीं, यहाँ तक कि आप प्यास से तड़प-तड़पकर मर जायेंगे।[4]

इसी स्थिति में निर्जल तीन दिन बीत गये। इमाम हुसैन के सहयोगियों के लिए यज़ीदियों के कटाक्ष उत्तेजित करते रहे। उन्होंने अपने शौर्य का परिचय देते हुए स्पष्ट किया कि तुम्हारा पहरा हमारा कुछ नहीं बिगाड़ सकता। हम जब चाहें तुम्हें घाट से हटाकर पानी ले सकते हैं। इस सन्दर्भ में एक बार हज़रत अब्बास द्वारा एक मश्क पानी लाने की चर्चा इतिहासकारों ने की है, जो सम्भवतः सभी बच्चों के लिए भी पर्याप्त नहीं हो सका। यह 7 मुहर्रम के रात की घटना है,

---

1. अलमक़तल : अबी-मिख़नफ़ पृ० 53
2. अलअख़बार-उल-तवाल, पृ० 249-50
3. अलअख़बार-उल-तवाल, पृ० 252; किताब-अलकामिल-फ़ी-तारीख़, भाग-4, पृ० 27, तारीख़-अर्रुसुल-वअलमुलूक, भाग-6, पृ० 234।
4. तारीख़-अर्रुसुल-वअलमुलूक, भाग-6, पृ० 234

उसके बाद तीन दिन तक निरन्तर, 8 मुहर्रम, 9 मुहर्रम तथा 10 मुहर्रम हुसैनी ख़ैमों में पानी का अकाल रहा तथा बच्चे पानी के लिए बिलखते रहे।

इमाम हुसैन के सहयोगी शिशु एवं बालकों को प्यास से तड़पता देखकर विचिलत हो उठते थे, परन्तु यदि उनको पानी उपलब्ध भी हुआ, तो उसे स्वयं ग्रहण न करते थे परन्तु इमाम हुसैन के परिवारजनों तथा शिशुओं एवं बालकों के लिए प्राप्त करना चाहते थे। यज़ीदी सेना नकार देती, तो बिना अपने होठ सिंचित किये प्यासे ही लौट जाते थे। इसी क्रम की एक घटना है कि हुसैनी योद्धा नाफ़िअ-बिन-हिलाल बिजिल्ली यह विचार करके कि अलक़मा नदी पर यज़ीदी पहरादारों में एक उमर-बिन-हज्जाज ज़ुबैदी, उनका सम्बन्धी भी है, सम्भवतः मेरे कहने पर पानी दे देगा। वे नहर पर आये और उसे सम्बोधित करके पुकारे—मैं तुम्हारे चाचा का पुत्र नाफ़िअ-बिन-हिलाल तुमसे पानी माँगने आया हूँ।

अलक़मा नदी के पहरे पर यज़ीदी सेना के सरदार उमर-बिन-हज्जाज ने भी पुकारकर कहा कि तुम जितना पानी चाहे पी सकते हो तथा अपने जानवरों को भी पिला सकते हो। हुसैनी योद्धा ने उत्तर दिया कि मैं उस समय तक अपने होंठ पानी से नहीं भिगा सकता जब तक कि इमाम हुसैन और उनके बच्चे पानी से तृप्त नहीं हो जाते। उसने नकार दिया। इन्होंने भी पानी पीने से इंकार कर दिया।[1] हुसैनी योद्धा बुरैर हमदानी ने इमाम हुसैन से अनुमति प्राप्त करके इब्न-सअद से पानी बन्द करने के विषय में वार्तालाप की थी, उससे कहा कि तुम कैसे मुसलमान हो कि पैग़म्बर के परिजनों को वध करने पर तैयार होकर आये हो और फिर उस पर तुर्रा यह है कि यह अलक़मा नदी का पानी है, जिससे ईराक़ के कुत्ते और सुअर तक पीते हैं। मगर यह इमाम हुसैन हैं और उनके परिवारजन की प्यास से मृत्यु के निकट पहुँच गये हैं और उन्हें अलक़मा नदी के पानी तक पहुँचने नहीं दिया जाता। उमर-सअद ने उत्तर में अपना अपराध स्वीकार करते हुए कहा कि यदि मैं इब्न-ज़ियाद की इच्छा के विरुद्ध कुछ भी करूँगा, तो रय का शासन मेरे हाथ से जाता रहेगा और यह मेरे लिए किसी प्रकार सम्भव नहीं है।[2]

इमाम हुसैन के सहयोगियों का इमाम हुसैन के प्रति असाधारण समर्पण पानी के अकाल के समय भी अद्वितीय रहा। हुसैनी सेनानायक हज़रत अब्बास ने अकेले ही युद्ध करके नहर से यज़ीदी सेना को भगाकर अधिकार कर लिया था, परन्तु स्वयं सिंचित नहीं हुए। इसकी विस्तृत चर्चा यथास्थान होगी। इस प्रकार शान्ति एवं समझौते की सभी संभावनाएँ समाप्त हो गयीं।

---

1. बिहार-उल-अलवार, भाग-1, पृ० 210
2. तारीख़-अर्रुसुल-वअलमुलूक, भाग-6, पृ० 234

अकस्मात् यज़ीदी आक्रमण

मुहर्रम की 9वीं तिथि (9 अक्टूबर, 680 ई०) वृहस्पतिवार की संध्या थी कि यज़ीदी सेना ने बिना किसी पूर्व चेतावनी के अकस्मात् आक्रमण कर दिया, जिसके पीछे उमर-सअद का मानसिक संतुलन का बिगड़ना ही कहा जा सकता है, क्योंकि शिम्र-बिन-ज़िलजौशन के उपसेनानायक होने के बाद से हर समय आतंकित रहता था कि कहीं शिम्र के कुचक्र में फँसकर रय का प्रस्तावित प्रशासन पद उसके हाथ से न चला जाय। अतः वह इब्न-ज़ियाद के प्रति अपनी वफ़ादारी दिखाने के लिए तुरन्त युद्ध करना चाहता था। उसने तत्काल सेना को इमाम हुसैन के ख़ैमे पर आक्रमण करने का आदेश पारित कर दिया। अभी सायं नहीं हुई थी। सूर्यास्त में कुछ समय शेष था। इमाम हुसैन अपने ख़ैमे के दरवाज़े पर तलवार का सहारा लिये बैठे, कुछ विचार कर रहे थे कि घोड़ों की टापों तथा शस्त्रों की झंकार कानों में आयी। अपने परमवीर भाई हज़रत अब्बास-बिन-अली को आदेश दिया कि वस्तुस्थिति की जानकारी प्राप्त करें। आदेश पाते ही अब्बास के साथ हबीब-इब्न-मज़ाहिर तथा ज़ुहैर-क़ैन भी सम्मिलित हो गये। अब्बास ने आगे बढ़कर ललकारा। सेना के पाँव वहीं रुक गये। उमर-सअद ने आगे बढ़कर परिवर्तित वस्तुस्थिति को कारण बताया। अब्बास, इमाम हुसैन से परामर्श हेतु लौट आये। इस बीच हुसैनी योद्धाओं में हबीब-इब्न-मज़ाहिर तथा ज़ुहैर-क़ैन सैनिकों से वार्तालाप करते रहे तथा उन्हें इमाम हुसैन के नेतृत्व में समर्पित होने हेतु तैयार करते रहे। अब्बास ने लौटकर सूचना दी कि इमाम हुसैन एक रात का समय चाहते हैं। बड़ी बहस के बाद उमर-सअद एक रात का समय देने पर तैयार हो गया कि यदि कल प्रातः इमाम हुसैन तथा उनके परिवारजन एवं सहयोगी बिना किसी शर्त के आत्मसमर्पण कर देंगे, तो उनको कूफ़ा के प्रशासक उबैदउल्लाह-बिन-ज़ियाद के समक्ष प्रस्तुत किया जायेगा। अन्यथा, यदि बैअत करने से इंकार किया, तो कल निर्णायक युद्ध होगा![1]

यज़ीदी सेना से आगमन

यज़ीदी सेना में कुछ योद्धा ऐसे थे, जो व्यक्तिगत एवं अपने परिवार की सुरक्षा को सर्वोपरि रखते थे। वे सोचते थे कि अन्ततोगत्वा इमाम हुसैन से सन्धि हो जायेगी। सब कुछ ठीकठाक हो जायेगा। इमाम हुसैन के साथ जाने में अनायास ही यज़ीदी प्रशासन उनका और उनके परिवार का शत्रु हो जायेगा,

---

1. किताब-अलकामिल-फ़ी-तारीख़, भाग-4, पृ० 23, तारीख़-अर्रुसुल-वअलमुलूक, भाग-6, पृ० 237।

जिससे अनेक प्रकार की हानि एवं क्षति की सम्भावना हो सकती थी। अतः यज़ीदी सेना के साथ बने रहने में कोई हानि नहीं है। हम इमाम हुसैन से युद्ध नहीं कर रहे हैं, मात्र सेना के साथ हैं। इसमें कोई पाप नहीं है। भला यह सम्भव भी कहाँ है कि इस्लामी पैग़म्बर के नाती से स्वयं मुसलमान युद्ध करें। यह असम्भव है। परन्तु जब इमाम हुसैन द्वारा शान्ति की सभी संभावनाओं को यज़ीदी प्रशासन ने अस्वीकार कर दिया, तो उनकी आत्मा जाग्रत हो उठी। उन्होंने यज़ीदी सेना में एक पल भी ठहरना स्वीकार न किया और तत्काल इमाम हुसैन की सेवा में प्रस्तुत हो गये। इमाम हुसैन ने उन्हें क्षमा प्रदान करके अपनी छोटी-सी सेना का अंग बना दिया। उन योद्धाओं के नाम हैं— जवीन-बिन-मालिक-बिन-क़ैस तयमी, हार्स-बिन-उमरा उलक़ैस कंदी, सौव्वार-बिन-मुनइम-बिन-अबी उमैर नहमी, नुअमान-बिन-उमर अज़दी, सहद-बिन-हार्स असदी तथा अबुल हनूफ़-बिन-हार्स असदी।

अन्तिम रात्रि

कर्बला में युद्ध के पूर्व की अन्तिम रात्रि, जो 'शबे-आशूर' (दसवीं की रात्रि) के नाम से इस्लामी इतिहास में प्रसिद्ध है, जो 9 तथा 10 मुहर्रम 61 हि० (9 तथा 10 अक्टूबर, 680 ई०) के बीच की रात्रि थी। इस रात्रि को कुछ इतिहासकारों ने इमाम हुसैन के लिए निर्णय-रात्रि लिखा है, परन्तु यदि घटनाओं की विवेचना के आधार पर देखें, तो इसे निर्णय-रात्रि नहीं कहा जा सकता, क्योंकि इमाम हुसैन ने अपना निर्णय मदीना से प्रस्थान करते समय ही ले लिया था, जो उनके प्रत्येक कार्यकलाप एवं वक्तव्यों से स्पष्ट है। वरन् यह रात्रि इमाम हुसैन के परिवारजनों एवं सहयोगियों के लिए अवश्य ही निर्णय-रात्रि कही जा सकती है। यह नहीं कहा जा सकता कि इस रात्रि में ही उन्होंने निर्णय लिया। वरन् इतना स्पष्ट है कि उन्होंने इमाम हुसैन के शहीदी दस्तावेज़ पर अपने-अपने ख़ून से अपने हस्ताक्षर अवश्य ही किये थे।

इतिहासकारों ने घटनाक्रम की चर्चा करते हुए लिखा है कि इमाम हुसैन अपने परिवारजनों तथा सहयोगियों को इस रात्रि में एकत्र किया तथा एक महत्वपूर्ण वक्तव्य दिया, जिसमें उन्होंने कहा : "**सभी प्रकार की स्थितियाँ ईश्वर के लिए हैं, सुख-दुःख प्रत्येक स्थिति में उसको धन्यवाद है। हे ईश्वर, तू धन्य है कि तूने हमें नबी बनाकर प्रतिष्ठा प्रदान की, क़ुर्आन का ज्ञान प्रदान किया, धार्मिक संज्ञान की निधि हमें दी, हमें श्रवण-शक्ति, मर्मभेदी नेत्र तथा ज्ञानपूर्ण हृदय रूपी उपकरणों से धन्य कर दिया....ज्ञातव्य रहे कि समस्त विश्व में किसी के सहयोगियों को अपने सहयोगियों से अधिक कर्तव्यनिष्ठ एवं श्रेष्ठ नहीं**

जानता तथा अपने परिवारजनों से अधिक सत्यवादी तथा दायित्व निर्वहन करने वाले परिवारजन किसी के मुझे ज्ञात नहीं है। ईश्वर तुम सबको मेरी ओर से इसका सद् फल दे। जान लो कि शत्रु कल अवश्य युद्ध करेगा। मैं खुले मन से अनुमति देता हूँ कि जहाँ तुम्हारा जी चाहे चले जाओ, मैं अपनी बैअत का दायित्व तुमसे हटाये लेता हूँ। रात का पर्दा पड़ा चाहता हूँ, इसी को अपना वाहन बनाकर रवाना हो जाओ। मैं मात्र तुमसे जाने के लिए नहीं कहता, वरन् तुममें से हरेक मेरे परिवारजनों में से भी एक-एक का हाथ पकड़े और अपने साथ लेता जाये। इसलिए कि यह मात्र मेरा वध करना चाहते हैं, यदि मेरा वध कर डालेंगे, तो ये फिर किसी दूसरे की ओर ध्यान नहीं देंगे।''[1]

इमाम हुसैन ने इस प्रभावपूर्ण वक्तव्य के बाद सभा में प्रज्ज्वलित दीपक भी शान्त कर दिया, ताकि यदि चिह्नित होने के संकोच में कोई नहीं जा रहा है, तो प्रकाश समाप्त करके अंधेरा कर दिया गया कि आसानी से चला जाय, किसी के सामने लज्जित न होना पड़े। इमाम हुसैन ने थोड़ा-सा विराम देने के बाद पुनः दीपक जलाया। कोई व्यक्ति अपनी जगह से हिला भी नहीं था, उठना और चला जाना तो दूर रहा! वरन् इमाम हुसैन के समर्थन में अत्यन्त प्रभावशाली भाषण दिये गये।

अब्बास-बिन-अली, मुस्लिम-बिन-औसजा, सईद-बिन-अब्दुल्लाह हनफ़ी, ज़ुहैर-क़ैन के भाषण इतिहास की शोभा बढ़ाते हैं। सर्वप्रथम अब्बास खड़े हुए और प्रश्न किया : **''किस लिए हम ऐसा करें? क्या इसलिए कि हम आपके बाद जीवित रहें? कदापि नहीं। ईश्वर हमको यह अशुभ दिन न दिखाये।''** अन्य परिवारजनों ने भी उनका समर्थन किया, तो इमाम हुसैन ने अपने चाचा अक़ील के सन्तानों को सम्बोधित करके कहा : **''तुम्हारे लिए मुस्लिम का वध किया जाना पर्याप्त है। तुम चले जाओ, मैं तुम्हें अनुमति देता हूँ।''** सब ने एक मत होकर कहा : **''आपके बाद जीवित रहने में क्या आनन्द हो सकता है। यह सम्भव नहीं है।''**

इसके बाद इमाम हुसैन के सहयोगियों ने पैग़म्बर के वयोवृद्ध सहाबी मुस्लिम-बिन-औसजा खड़े हुए, उन्होंने ने भी प्रश्न के रूप में कहना प्रारम्भ किया : **''हम आपको छोड़ दें? यह नहीं हो सकता, ईश्वर की सौगंध, मैं इन शत्रुओं से भाले के साथ युद्ध करूँगा, यहाँ तक कि मेरा भाला उनके सीनों में टूट जाय और तलवार चलाऊँगा, जब तक कि उसका क़ब्ज़ा मेरे हाथ में ठहर**

---

1. तारीख़-अर्रुसुल-वअलमुलूक, भाग-6, पृ० 238-39, हबीब-उल-सियर, भाग-2, पृ० 29।

सके और मैं आपसे किसी तरह अलग नहीं हो सकता, यदि हथियार नहीं होंगे कि उनसे युद्ध कर सकूँ, तो मैं उन्हें पत्थर मारूँगा और आपका समर्थन करूँगा, यहाँ तक कि आपके श्रीचरणों पर अपने प्राण न्यौछावर कर दूँ।'' उनके बाद सईद-बिन-अब्दुल्लाह हनफी ने कहा : ''ईश्वर की सौगंध, हम आपका साथ नहीं छोड़ेंगे, जब तक कि ईश्वर के सम्मुख यह सिद्ध न कर लें कि हम ने सर्वश्रेष्ठ पैग़म्बर का परोक्ष रूप में उत्तरदायित्व पूरा नहीं किया। ईश्वर की सौगंध, मुझे यह मालूम हो कि मैं वध किया जाऊँगा, पुनः जीवित किया जाऊँगा, फिर जीवित रहते हुए जला दिया जाऊँगा, फिर मेरी राख हवा में बिखेर दी जायेगी और ऐसा ही मेरे साथ 70 बार होगा तब भी मैं आपका साथ नहीं छोड़ूँगा, जब कि अन्तिम बार आपके श्रीचरणों पर ही मृत्यु को प्राप्त होऊँगा। यहाँ तो मात्र एक बार वध होना और उसके बाद वह अमर सम्मान जो कभी समाप्त नहीं होगा।'' ज़ुहैर-बिन-क़ैन ने कहा : ''ईश्वर की सौगंध मेरी तो इच्छा यह है कि मैं वध किया जाऊँ, फिर जीवित किया और फिर वध किया जाऊँ, ऐसा ही एक हज़ार बार हो। परन्तु मैं किसी तरह आपसे और आपके परिवारजनों से यह मुसीबत किसी तरह टल जाय।'' अन्य सहयोगियों ने इन्हीं से मिलते-जुलते शब्दों में अपना मंतव्य प्रस्तुत किया। संक्षेप को ध्यान में रखते हुए उनका पाठ्य-प्रस्तुत नहीं किया जा रहा है, परन्तु सभी भाषणों का मूल सार यह था कि हम आपको त्यागकर नहीं जायेंगे। हमने अच्छी तरह सोच-समझकर निर्णय लिया है। हम आपके उद्देश्यों के प्रति सर्वथा समर्पित हैं। उपर्युक्त वक्तव्यों के पाठ विभिन्न इतिहास ग्रन्थों में सविस्तार प्रस्तुत किये गये हैं।[1]

महाबलिदान का संकल्प

धार्मिक विश्वास के आधार पर प्रत्येक मुसलमान मानता है कि इमाम हुसैन की कर्बला में शहादत भाग्यविधाता ने निश्चित कर दी थी, जिसकी सूचना इस्लामी पैग़म्बर ने पूर्व में कर दी थी। ऐतिहासिक तथ्यों के आधार पर देखा जाय, तो मक्का-उल-मुकर्रमा से प्रस्थान के समय से ही स्पष्ट होने लगता है कि इमाम हुसैन एक ऐसी मंज़िल की ओर बढ़ रहे हैं, जहाँ उन्हें अपने प्राणों की आहुति प्रस्तुत करनी होगी। इमाम हुसैन ने मक्का से प्रस्थान करते समय स्पष्ट शब्दों में कहा था : **''देखो, जो हमारे साथ प्राणों की आहुति देने के लिए तत्पर**

1. तारीख़-अर्रुसुल-वअलमुलूक, भाग-6, पृ० 239; अलइर्शाद-फ़ी-मुआरिफ़त-हुज्जाज-उल्लाह-अलाउल-इबाद, पृ० 244

हों तथा ईश्वर के प्रति समर्पण हेतु अपनी आत्मा को तैयार कर चुके हों, वे हमारे साथ चलें। "[1] इसकी पुनर्रावृत्ति फिर ज़बाला मंज़िल पर उन्होंने की थी, जब अपने सहयोगियों को सम्बोधित करते हुए उन्होंने कहा था : "**अब तुममें से जो व्यक्ति तलवारों की आँच और बरछियों का प्रहार सह सकता हो, वह हमारे साथ चले अन्यथा यहीं से अलग हो जाय।**"[2]

इस्लामी दृष्टि से बलिदान प्रस्तुत करने की दो स्थितियाँ हैं। पहली स्थिति में बलिदान प्रस्तुत करने वाला स्वयं सुरक्षित रहता है, किसी पशु अथवा प्रिय वस्तु को बलि देता है, जिस पशु को बलि देता है, वह मृत्यु को प्राप्त होता है। दूसरी स्थिति में बलिदान प्रस्तुत करने में बलिदानी स्वयं अपने प्राण आहुत करता है, परन्तु यह आत्महत्या अथवा ऐच्छिक मृत्यु प्राप्ति से सर्वथा भिन्न है। बलिदानी किसी श्रेष्ठतम आदर्श की प्राप्ति, सत्य की रक्षा, न्याय की स्थापना हेतु आत्मरक्षा के सभी साधनों का उपयोग करते हुए, संघर्ष करता है। इस संघर्ष को इस्लामी शब्दावली में 'जिहाद' कहा गया है तथा इसका अन्त 'क़िताल' (वध) होने की स्थिति में परिणित होता है, जो शहीद कहे जाते हैं। क़ुर्आन ने ऐसे शहीदों को मृत कहने से मना किया है : "**और जो लोग ईश्वर के मार्ग में बलिदान देते हैं, उनको मृत न कहो, वरन् वे जीवित हैं, परन्तु तुम्हें उनके जीवन का विवेक नहीं है।**" (क़ुर्आन : 2/154)। इमाम हुसैन और उनके सहयोगियों का बलिदान इसी श्रेणी में आता है।

उपर्युक्त पंक्तियों में इमाम हुसैन का प्रभावपूर्ण वक्तव्य तथा उनके सहयोगियों का समर्पित वक्तव्य इस तथ्य की ओर ध्यान आकृष्ट करता है कि अब औपचारिक रूप में बलिदान प्रस्तुत करने की घोषणा की गयी है। यद्यपि इसके पूर्व अनेक अवसरों पर विशेषकर मक्का-उल-मुकर्रमा से सातवीं मंज़िल पर भी इमाम हुसैन तथा उनके सहयोगियों ने इसी प्रकार अपने प्राणों की आहुति देने का संकल्प किया था। परन्तु अब समय आ गया कि उस संकल्प को कार्यरूप प्रदान किया जाय।

इमाम हुसैन तथा उनके सहयोगियों ने महाबलिदान का अन्तिम निर्णय लेने के बाद ईश-वन्दना में अपने जीवन की अन्तिम रात्रि बिताने के निर्णय द्वारा यज़ीदी सेना के सामने एक बार पुनः स्थापित किया कि वे जिन महानुभावों के विरुद्ध युद्ध करना चाहते हैं, उनके जीवन का मुख्य लक्ष्य ईश्वर की सत्ता को स्थापित रखना है। इतिहासकारों ने लिखा है कि इस रात में इमाम हुसैन के ख़ैमों

---

1. बलाग़त-उल-हुसैन, पृ० 123-25
2. तारीख़-अर्रुसुल-वअलमुलूक, भाग-6, पृ० 246

से ईश-वन्दना एवं तसबीह पढ़ने की इस प्रकार आवाज़ें आ रही थीं, मानो, शहद की मक्खियों के भिनभिनाने की आवाज़ आती है।[1]

हुसैनी योद्धाओं में असाधारण रूप में संतोष एवं प्रफुल्लता का भाव था। योद्धा एक-दूसरे से हास्य एवं व्यंग्य भी कर रहे थे, लगता था कि मनोकामना की पूर्ति पर ऐसे आनन्द का अनुभव कर रहे हैं, जिससे बढ़कर कोई अन्य आनन्द नहीं हो सकता। अपने शस्त्रों को भी चमका रहे थे और एक-दूसरे पर कटाक्ष भी कर रहे थे। हुसैनी योद्धाओं में बुरैर-बिन-ख़ुज़ैर हमदानी ने अब्दुर्रहमान-बिन-अब्दरब अंसारी ख़िज्रज्जी से कोई परिहास किया। अब्दुर्रहमान ने कहा, छोड़ो इन बातों का समय नहीं है। बुरैर ने उत्तर दिया, ईश्वर की सौगंध, मेरी जाति एवं क़बीले के लोग अच्छी तरह जानते हैं कि मुझे अपने युवा आयु से लेकर इस आयु तक परिहास के प्रति कोई रुचि नहीं रही है, परन्तु इस समय की स्थिति मुझे भविष्य की कल्पना में सराबोर किये हुए है। ईश्वर की सौगन्ध, हमारे और चिरकालीन सौभाग्य के बीच बस इतनी दूरी है कि धर्मविरोधी तलवारें लेकर हम पर टूट पड़ें और मेरी तो मनोकामना है कि किसी प्रकार वह समय जल्द आये कि तलवारें हम पर पड़ने लगें।[2]

इस अन्तिम रात्रि की एक घटना इमाम हसन के ज्येष्ठ पुत्र क़ासिम का इमाम हुसैन की पुत्री फ़ातिमा कुबरा से विवाह होने के सम्बन्ध में है। कहा जाता है कि इमाम हुसैन ने इस अन्तिम रात्रि में यह विवाह स्वयं सम्पन्न किया था, ताकि इमाम हसन की वंशावली चलती रहे। अतः उन्होंने क़ासिम को युद्ध की अनुमति नहीं दी थी, परन्तु अन्त में क़ासिम के निरन्तर अनुरोध पर उन्हें युद्ध की अनुमति प्रदान की थी। अनेक विद्वानों ने इस घटना के विषय में आपत्तियाँ की हैं। उनके विचार में विवाह सम्बन्धी घटना का कोई अस्तित्व नहीं है। हमारे लिए इसकी चर्चा करना इसलिए अनिवार्य है कि क़ासिम-बिन-हसन के विवाह से सम्बन्धित आयोजन भारत में अज़ादारी का मुख्य अंग है। इसकी याद में मेंहदी तथा चौकी के जुलूस मुहर्रम में आयोजित होते हैं, जिनमें प्रतीकात्मक रूप में हज़रत कासिम के विवाह की मेंहदी अथवा चौकी सजाते हैं।

यज़ीदी सेना से आगमन

इमाम हुसैन और उनके सहयोगियों के ख़ैमों से ईश-वन्दना की ध्वनि वातावरण को पवित्र एवं निर्मल बना रही थी। यज़ीदी सेना में दो योद्धा ऐसे थे

---

1. तारीख़-अर्रुसुल-वअलमुलूक, भाग-6, पृ० 240
2. तारीख़-अर्रुसुल-वअलमुलूक, भाग-6, पृ० 241

कि उनके लिए अब वहाँ ठहरना सम्भव नहीं रह गया था, उनकी आत्मा व्याकुल होकर उन्हें प्रेरित कर रही थी कि तुम्हें तत्काल यज़ीदी सेना त्याग देना चाहिए। तुम अब तक यहाँ क्यों रुके हो। तुम्हें भी अन्य धर्मनिष्ठ व्यक्तियों की तरह पूर्व में ही निर्णय लेना चाहिए था कि तुम इमाम हुसैन के श्रीचरणों पर अपने प्राण न्यौछावर करोगे। आत्मा की पुकार पर उन्होंने निर्णय लिया और इस अन्तिम रात्रि में इमाम हुसैन की सेवा में प्रस्तुत हो गये। इमाम हुसैन ने उन्हें क्षमा प्रदान की और अपनी सेना में शामिल किया। उनके नाम हैं— ज़ुहैर-बिन-सलीम-बिन-उमरू अज़दी, हल्लास-बिन-अमरू रासिबी।

इन हुसैनी युद्धाओं के अतिरिक्त कुछेक योद्धा और भी थे, जो अभी तक यज़ीदी सेना में थे, उनमें विशेषकर हुर्र-बिन-यज़ीद रेयाही का नाम लिया जा सकता है, जो सेनानायक के रूप में विरोधियों के बीच में था। हुर्र ने अपना समय कैसे किस ग्लानि के बीच बिताया, उसकी कोई सूचना नहीं, परन्तु जिस बेचैनी के साथ उसने रात काटी होगी, उसका आभास प्रातः यज़ीदी सेना छोड़ने से पता चलता है। इमाम हुसैन का मार्ग रोकने के लिए आना, प्यास में उनके द्वारा सिंचित होना, फिर उन्हीं पर पानी बन्द करना, कितना बड़ा पाप किया है, क्या कभी मैं भी क्षम्य हो सकता हूँ। इसी असमंजस में हुर्र ने निर्णय किया कि इमाम हुसैन के नेतृत्व में अपने प्राणों की आहुति प्रस्तुत करेंगे।

इमाम हुसैन इबादत करते-करते बीच-बीच में उठते थे तथा ख़ैमों के बीच जाते थे, मानो यह देखना चाहते हों कि परिवारजन विशेषकर महिलाएँ कल के युद्ध के बारे में क्या सोचती हैं। उल्लेख मिलता है कि इमाम हुसैन अपनी बहन ज़ैनब के ख़ैमे की ओर सर्वप्रथम गये, तो देखा कि वे अपने दोनों बच्चों औन तथा मुहम्मद को युद्ध के लिए दीक्षा दे रहीं है तथा पुत्रगण उत्तर में कहते हैं कि माताश्री, कल युद्ध होने तो दीजिए हमारे संकल्प के आगे यज़ीदी सेना ठहर नहीं पायेगी। फिर इमाम हुसैन अपनी दूसरी बहन उम्म-कुलसूम के ख़ैमे में गये। उम्म-कुलसूम के कोई सन्तान नहीं थी। इमाम हुसैन ने देखा कि वे जानमाज़ पर बैठी, ईश्वर से कह रही हैं, हे पालनहार! मेरे कोई सन्तान नहीं, मुझे कभी इसकी शिकायत नहीं हुई, परन्तु आज जबकि अन्य महिलाएँ अपनी सन्तान का बलिदान दे रही हैं, मुझको यह कमी कचोटती है। इमाम हुसैन अपनी पत्नी उम्म-लैला के ख़ैमे में गये तो देखा कि उनके पुत्र अली अकबर, जो अपनी आकृति में इस्लामी पैग़म्बर से बड़ी समानता रखते थे, विश्राम कर रहे हैं, माताश्री की उँगलियाँ बालों में तैर रही हैं, बड़ी हसरत से कहती हैं कि कल यह चाँद-सी सूरत मिट्टी में मिल जायेगी, आज की रात जी भरकर तूझे देखती रहूँगी। इमाम हुसैन को संतोष हुआ और अपने मुसल्ले पर आकर बैठ गये और इबादत

करने लगे। कुछ देर बाद फिर न जाने क्या विचार मन में आया, उठे और अकेले युद्धभूमि की ओर चल पड़े। थोड़ी दूर गये थे कि लगा कोई पीछा कर रहा है। आवाज़ दी, कौन है। इमाम हुसैन के सहयोगी नाफ़िअ-बिन-हिलाल बिजिल्ली आगे बढ़े, पैरों पर सिर रख दिया, मुझसे भूल हुई। आपके इस आदेश का पालन न कर सका कि कोई आपका पीछा न करे मौला! ये सेवक आपको अकेले रणभूमि की ओर जाते देखकर अपने को रोक न सका। इमाम हुसैन ने हिलाल को उठाकर छाती से लगा लिया और कहा, इब्न-हिलाल उस धरती को देखना चाहते हो, जहाँ मुझे वध किया जायेगा। फिर रात के अँधेरे में एक निचले स्थान पर आये और वहीं बैठ गये।

यज़ीदी सेना में रात भर युद्ध की तैयारी होती रही। हथियारों पर सान दिये जाते रहे, चमकाये जाते रहे, उनका सैनिकों में वितरण होता रहा तथा घोड़ों को गर्म करने के लिए दौड़ाया जाता रहा। यज़ीदी सेना ने भी यह रात अत्यन्त व्यस्तता में बितायी। परन्तु उनकी और हुसैनी सेना की व्यस्तता में मूल अन्तर रहा कि यहाँ रात भर ईश-वन्दना होती रही तो वहाँ सेना को मनोरंजित करने हेतु वे समस्त बातें होती रहीं, जिनको इस्लाम में वर्जित किया गया है।

इमाम हुसैन ने यज़ीदी सेना के आक्रमकता को देखते हुए इस रात में अपने ख़ैमों के पीछे तीन ओर से गहरी खाइंयाँ खुदवायीं और उसमें लकड़ियाँ जमा करके आग लगा दी, ताकि पीछे की ओर से शत्रु सेना आक्रमण न कर सके। इस प्रकार यज़ीदी सेना द्वारा घेरकर चारों ओर से आक्रमण करने का अवसर समाप्त हो गया। इन खाइंयों में आग भड़क रही थी, तो पता चला कि यज़ीदी सेनानायक शिम्र-ज़िलजौशन सिर से पाँव तक लोहे में डूबा हुआ उधर से भड़कती हुई आग के निकट आया और जब उसे लाँघने में असमर्थ रहा, तो कटाक्ष करने लगा। उसकी धृष्टता पर हुसैनी सेना के वयोवृद्ध सहाबी मुस्लिम-बिन-औसजा ने इमाम हुसैन से प्रार्थना की कि यदि आपकी अनुमति हो, तो मैं इसे अपने वाण का निशाना बना लूँ। यह अत्यन्त अधर्मी व्यक्ति है और इस समय ठीक मेरे निशाने पर है। परन्तु इमाम हुसैन ने मना कर दिया, कि नहीं ऐसा न करो, मैं युद्ध प्रारम्भ नहीं करना चाहता।[1] स्पष्ट है कि इस समय चलाया गया एक वाण युद्ध की स्थिति ही परिवर्तित कर देता है।

कुछेक ने लिखा है कि इमाम हुसैन ने इसी रात में हज़रत अब्बास से ख़ैमों के निकट सात कुएँ खुदवाये, परन्तु हर बार कुएँ में पानी नहीं निकला। एक ही स्थान पर बार-बार सात कुएँ खोदना बताता है कि कुएँ खोदने का उद्देश्य कुछ

---

1. तारीख़-अर्रुसुल-वअलमुलूक, भाग-6, पृ० 242

और ही था, जल प्राप्ति नहीं था, क्योंकि सभी जानते हैं कि जिस स्थान पर जल नहीं मिल रहा, वहाँ बार-बार खोदने का कोई औचित्य नहीं होता। अलग हटकर दूसरे स्थान पर खोदा जाना चाहिए, परन्तु यहाँ एक ही स्थान पर बार-बार खुदाई हुई है। इमाम हुसैन यदि पानी प्राप्त करना चाहते, तो अलग हटकर खुदाई कराते। जैसा कि विषय के अनेक जानकारों ने लिखा है, इमाम हुसैन ने जिहाद करके बलिदान प्रस्तुत करने का निर्णय ले लिया था। उनके परमवीर भाई एवं सेनानायक अब्बास के असाधारण बल एवं पुरुषार्थ से संभावना हो सकती थी कि युद्ध की स्थिति ही बदल जाती। अतः इमाम हुसैन ने उनके शारीरिक बल को क्षीण करने हेतु उस रात उनसे सात कुएँ खुदवाये, इसका समर्थन इस तथ्य से भी होता है कि इमाम हुसैन ने अब्बास को युद्ध करने की अनुमति अन्त तक नहीं दी। सबके बाद अब्बास नहर पर पानी लाने के लिए भेजे गये तथा हथियार के रूप में उन्हें मात्र एक गदा साथ ले जाने की अनुमति मिल सकी।

□□□

अध्याय : छः

महाबलिदान की उत्सर्ग वेदी

भोरबेला की कल्पना ही रोमांचित होती है, जिसमें स्वप्न यथार्थ का रूप धारण करते हैं। प्रत्येक दिन सूर्य नयी शान से उदय होता है, सदैव नया तथा नयी प्रेरणाओं से ओतप्रोत, कभी पुराना नहीं पड़ता। परन्तु यह भोरबेला इमाम हुसैन के महाबलिदान दिवस 10 मुहर्रम 61 हि० (10 अक्टूबर, 680 ई०) से सम्बद्ध है, जिसको 'रोज़े-आशूरा' (दशमी) कहते हैं। इसी दिन कर्बला की धरती पर सत्य एवं अधर्म के बीच कालजयी युद्ध हुआ, जिसका समकक्ष विश्व इतिहास में नहीं मिलता। समय सारणी के आधार पर यह युद्ध बहुत ही कम समय में हुआ। एक दिन, उसमें भी लगभग 7-8 घण्टे, परन्तु अपने प्रभाव क्षेत्र में अनेक शताब्दियों को घेरे हुए हैं।

इस्लामी पैग़म्बर तथा उनके परिवारजनों से सम्बद्ध धर्मभीरू व्यक्तियों ने दसवीं की रात ईश्वर की वन्दना में बितायी ही थी कि रातभर जागने से आँखों में ख़ुमार छाया हुआ था कि इमाम हुसैन की आवाज़ कानों में आयी, उठो! प्रातः के दायित्व का निर्वाह करो, फ़जिर की नमाज़ का समय हो गया है। सभी धर्मनिष्ठ उठ खड़े हुए। वज़ू करने के लिए पानी नहीं था, तो मिट्टी से तयमुम्म किया। इमाम हुसैन के सुपुत्र अली अकबर ने अज़ान कही, उनकी मधुर वाणी वातावरण में गूँजी— **'अल्लाह-ओ-अकबर'** (ईश्वर महान है)। ऐसा लगा कि पूरे वातावरण में वही मधुर वाणी गूँज रही है, निःसंदेह ईश्वर महान है। जानमाज़ बिछाये गये। सबने इमाम हुसैन के पीछे नमाज़ पढ़ी— **'क़ुआँ खुला हुआ कि जमाअत की थी नमाज़!'** नमाज़ समाप्त करने के बाद इमाम हुसैन रणभूमि में आये तथा उन्होंने अपने हाथ आसमान की तरफ़ उठाये और ईश्वर से दुआ की : **''पालनहार! तू मेरा सहारा है, प्रत्येक कष्ट में मेरी आशाओं का केन्द्र है, प्रत्येक दुःख में, प्रत्येक अवसर पर मुझे तुझ पर भरोसा है। कितने ही दुःख ऐसे हैं, जिनके सहन करने में मानव क्षीण हो जाता है तथा प्रयत्न के मार्ग अवरुद्ध हो जाते हैं। मित्र साथ छोड़ देते हैं तथा शत्रु उपहास करने लगते हैं। मैं उनको तेरे**

सम्मुख प्रस्तुत करता तथा तुझसे आग्रह करता हूँ, क्योंकि मैं तुझे छोड़कर किसी अन्य से सम्बन्ध जोड़ना जानता ही नहीं हूँ। तू उस कष्ट को दूर करता तथा उसका निवारण करता है, निश्चय ही तू सभी प्रकार की अनुकम्पा का स्वामी तथा उपकार का केन्द्र एवं प्रत्येक उद्देश्य अन्तिम आश्रयदाता है।"[1]

यज़ीदी सेना की स्पर्द्धा हुसैनी सेना की संख्या साधारणतया बहत्तर व्यक्तियों पर बतायी जाती है, परन्तु अधिक-से-अधिक संख्या भी दो सौ से कम ही है। ऐसी स्थिति में हुसैनी सेना की मोर्चाबन्दी से स्पष्ट होता है कि इमाम हुसैन पूर्णरूपेण संगठित रूप में युद्ध करना चाहते थे। सेना की संख्या उनके लिए गौण थी, महत्त्वपूर्ण बात यह थी कि जो लोग उनकी सेना में सम्मिलित हों, उनके उच्च आचरण सर्वशक्ति होकर विरोधी सेना पर आधिपत्य प्राप्त कर लें। उनकी संख्या कितनी ही कम हो युद्ध सुसंगठित रूप में ही लड़ा जायेगा। नमाज़ के बाद इमाम हुसैन ने अपनी संक्षिप्त सेना संगठित की। 'मैमना' (सेना की दाहिनी कमान) की सरदारी ज़ुहैर-बिन-क़ैन को दी, 'मैसरा' (सेना की बायीं कमान) का नायक हबीब-इब्न-मज़ाहिर को बनाया तथा इस्लामी पताका अपनी सेना के सर्वश्रेष्ठ योद्धा अब्बास-बिन-अली को प्रदान किया। अली अकबर को 'क़ल्ब' (मध्यकमान) का भार मिला, उनके साथ इमाम हुसैन के परिवारजन तथा समस्त सहयोगी पंक्तिबद्ध प्रस्तुत थे। इससे पूर्व तथा बाद कभी ऐसी इस्लामी सेना नहीं मिली, जो संख्या में इतनी कम, समस्त योद्धा परमवीर तथा सब इस्लामी पैग़म्बर तथा उनके परिवारजनों पर अपने प्राणों की आहुति देने वाले, साधुता एवं पवित्रता आकृति से स्पष्ट, सन्तोष एवं शांति से ओतप्रोत थे।

सामने यज़ीदी सेना का विशाल ठाठें मारता समुद्र था, जिसमें सैनिकों की संख्या कम से कम 40 हज़ार बतायी गयी है, तथा कुछेक के विचार में यह संख्या तीन लाख से अधिक थी, जिसके विषय में गत अध्याय में चर्चा की जा चुकी है। यज़ीदी सेना ने रात भर की युद्ध सम्बन्धी तैयारियों के बाद दसवीं मुहर्रम के प्रातः यज़ीदी सेनाप्रमुख उमर-बिन-सअद के नेतृत्त में हथियारों से लैश होकर युद्धभूमि में स्थापित हो गये। यज़ीदी सेना के मुख्य सेनानायक इस प्रकार थे— 'मैमना' (दाहिनी कमान) पर उमर-बिन-हज्जाज ज़ुबैदी, 'मैसरा' (बाईं कमान) पर शिम्र-बिन-ज़िलजौशन,घोड़-सवारों का नायक कुर्राह-बिन-क़ैस, प्यादों का नायक, शब्स-बिन-रबई सेना के प्रथम चतुर्थ कमान, जो किन्दी व रबीई क़बीलों पर आधारित थी, क़ैस-बिन-अशअस को, द्वितीय चतुर्थ कमान, जो मदीनावासियों पर आधारित थी, अब्दुल्लाह-बिन-ज़ुबैर अज़दी को, तृतीय चतुर्थ

---

1. तारीख़-अर्रुसुल-वअलमुलूक, भाग-6, पृ० 241; अलइर्शाद-फ़ी-मुआरिफ़त-हुज्जाज-उल्लाह-अलाउल-इबाद, पृ० 246

कमान, जो मज़हज व असद क़बीलों पर आधारित थी, अब्दुर्रहमान जाफ़ी को तथा शेष चतुर्थ कमान, जो तमीम व हमदान क़बीलों पर आधारित थी, हुर्र-बिन-यज़ीद रियाही को नियुक्त किया। सेना की पताका उमर-सअद ने अपने दास दुरैद (ज़ैद या ज़ुवैद) के हाथों में थी,[1] जो यज़ीदी सेना के 'कल्ब' का प्रतिनिधित्व करने लगा। उपर्युक्त यज़ीदी सरदारों में उन प्रमुख यज़ीदी सैनिकों का नाम दे देना उचित होगा, जो अपने किसी बड़े कुकर्म के आधार पर इतिहास में स्थान पा गये हैं—

1. अब्दुल्लाह-बिन-हौज़ा तैयमी
2. असवद-बिन-ख़ालिद
3. अबूज़ुरहम अज़दी
4. अमर-बिन-सअद-बिन-नोफ़ेल अज़दी
5. अब्दुल्लाह-बिन-अक़बा ग़ज़नवी
6. अमर-बिन-हल्लाज
7. अब्दुल्लाह बिजिल्ली
8. अब्दुल्लाह तैयमी
9. अक़ीक़-बिन-ज़ुहैर
10. बिश्र-बिन-साब्त
11. बजदल-बिन-सलीम कल्बी
12. बुदैल-बिन-सोरैम
13. बकीर-बिन-हैय तयमी
14. बह्र-बिन-कअब
15. फ़लाफ़िस नहशली
16. हज्जार-बिन-अबजर
17. हमीद-बिन-मुस्लिम अज़दी
18. ह़रमल्लाह-बिन-काहिल
19. हानी-बिन-सुबैत हमदानी
20. इस्हाक़-बिन-ख़ाबिय्या हमदानी
21. ख़िवल्ला-बिन-यज़ीद असबही
22. कअब-बिन-जाबिर अज़दी
23. लक़ीत-बिन-यासिर जुहनी
24. मसरूक़-बिन-वायल हज़रानी
25. मुहाजिर-बिन-औस तैयमी
26. मुर्रह-बिन-मुनक़ीज़
27. मुस्लिम-बिन-अब्दिल्लाह ज़हबी
28. मालिक-बिन-निस्र किन्दी
29. नुअमान-बिन-बशीर
30. उस्मान-बिन-ख़ालिद जुहनी
31. ओरवा-बिन-क़ैस
32. रज़ी-बिन-मुनक़िज़ अब्दी
33. रबीअ-बिन-तमीम हारिसी
34. सिनान-बिन-अनस नख़ई
35. वलीद-बिन-अक़बा
36. यज़ीद-बिन-मअक़ल
37. ज़ैद-बिन-हारिस
38. ज़ज्र-बिन-बद्र नख़ई
39. ज़ोरम-बिन-शोरक

---

1. तारीख़-अर्रुसुल-वअलमुलूक, भाग-6, पृ० 241; अलअख़बार-उल-तवाल, पृ० 256; किताब-अलकामिल-फ़ी-तारीख़, भाग-3 पृ० 286

किंचित नामों को पहचान लीजिए, इनमें 'लहलहाती खेतों वाले' हैं, जिनके विषय में यथास्थान कहा जा चुका है।

समस्त यज़ीदी सेना अस्त्र-शस्त्र से सजी हुई पंक्तियाँ बाँधे हुए, हुसैनी सेना के सामने खड़ी हुई, तो इमाम हुसैन को आवश्यक प्रतीत हुआ होगा कि एक बार पुनः यज़ीदी सेना के सामने अपना मंतव्य स्पष्ट रूप में रखें। इसकी अनिवार्यता इसलिए भी थी कि बनी उमैय्या निरन्तर असत्य प्रचार करते आये थे कि इस्लामी पैग़म्बर ने अपने पीछे कोई संतान नहीं छोड़ी तथा वे ही उनके विधिक उत्तराधिकारी हैं। इमाम हुसैन ने चाहा कि कोई व्यक्ति अज्ञानवश उनके विरुद्ध युद्ध में सम्मिलित न हो। सब को भलीभाँति विदित हो जाय कि इमाम हुसैन इस्लामी पैग़म्बर के सगे नाती हैं और यज़ीदी सैनिक पैग़म्बर के परिवारजनों के विरुद्ध युद्ध करने के लिए एकत्र हुए हैं। इमाम हुसैन इसे युद्ध प्रारम्भ होने के पूर्व ही वस्तुस्थिति कर देना चाहते थे। इसलिए आपने अपना ऊँट मँगवाया, उस पर सवार हुए, क़ुर्आन अपने सामने रखा फिर शत्रु सेना को ऊँची आवाज़ में सम्बोधित किया, जिसकी सविस्तार चर्चा विभिन्न सन्दर्भ ग्रन्थों में है। निम्नलिखित पंक्तियों में इमाम हुसैन का वक्तव्य तथा उस पर यज़ीदी सेनानायकों की प्रतिक्रिया प्रस्तुत की जा रही है।[1]

इमाम हुसैन ने यज़ीदी सेना को सम्बोधित करते हुए कहा : "हे जनता-**जनार्दन, मेरी बात सुनो! जल्दी में कोई अनर्थ न करो, यहाँ तक कि मुझ पर जो तुम्हारा हक़ है, उसके आधार पर मैं तुमको उपदेश देने का दायित्व पूरा कर सकूँ और तुम्हारे सामने वस्तुस्थिति स्पष्ट कर सकूँ कि मैं तुम्हारी ओर क्यों आया। यदि तुमने मेरे वक्तव्य को यथार्थ समझते हुए स्वीकार कर लिया तथा मेरे साथ न्याय किया, तो यह तुम्हारा सौभाग्य होगा और तुम्हें ज्ञात होगा कि तुम्हें मेरा विरोध करने का कोई कारण हो ही नहीं सकता तथा यदि तुमने मेरे वक्तव्य को स्वीकार न किया और न्याय नहीं किया, तो ठीक है एकत्र होकर अपनी शक्ति को संगठित कर लो। जिस-जिस को चाहो अपने सहधर्मियों में से और कोई प्रयत्न बचा के न रक्खो। फिर पूरी शक्ति से बिना एक क्षण की देर किये मेरा अन्त कर दो। मेरे लिए मेरा ईश्वर पर्याप्त है, जिसने क़ुर्आन उतारा और वही अपने निष्ठावान भक्तों का सहायक है।"** इमाम हुसैन इतना ही कह पाये थे कि उनके ख़ैमों से महिलाओं के विलाप करने की आवाज़ें आने

---

1. तारीख़-अर्रुसुल-वअलमुलूक, भाग-6, पृ० 242-43, बलाग़त-उल-हुसैन, पृ० 155-59; अलइर्शाद-फ़ी-मुआरिफ़त-हुज्जाज-उल्लाह-अलाउल-इबाद, पृ० 248

लगीं। उन्होंने अपना वक्तव्य रोककर सेनानायक अब्बास और अपने सुपुत्र अली अकबर को ख़ैमे की ओर इस संदेश के लिए भेजा कि महिलाओं का विलाप बन्द करायें और उनसे कहें कि अभी विलाप का समय नहीं आया। विलाप की आवाज़ें बन्द हुईं, तो इमाम हुसैन ने पुनः अपनी बात आगे बढ़ायी। आपने ईश वन्दना की और उसके वैभव के अभीष्ट उसकी चर्चा की तथा ईश्वर की स्तुति मुहम्मद पर उसके देवदूतों पर तथा समस्त रुसूलों के परिवारजनों की प्रशंसा की। ईश वन्दना तथा पैग़म्बर की स्तुति के बाद अनेक बातें आपने कहीं। इमाम हुसैन ने स्पष्ट करते हुए अपना मंतव्य स्पष्ट करते हुए कहा : "हे **जनता-जनार्दन! मेरे वंशज के विषय में विचार करो कि मैं कौन हूँ और फिर अपने-अपने हृदय से पूछो और विचार करो कि मेरा वध करना, मेरा निरादर करना तुम लोगों के लिए कैसे उचित है। क्या मैं तुम्हारे पैग़म्बर का नाती नहीं हूँ, क्या मैं उनके उत्तराधिकारी एवं चचेरे भाई का पुत्र नहीं हूँ, जो कि ख़ुदा पर सबसे पहले ईमान लाये और ख़ुदा के पास उसका पैग़म्बर जो आदेश लेकर आया, उन्होंने उसका समर्थन नहीं किया। क्या 'सैय्यद-उश-शुहदा'** (शहीदों के सरदार) **हमज़ा मेरे पिता के चाचा नहीं हैं, क्या जाफ़र-तैय्यार, जिनको ईश्वर ने दो पंख प्रदान किये हैं, मेरे चाचा नहीं हैं, क्या तुममें से किसी ने यह नहीं सुना है कि इस्लामी पैग़म्बर ने मेरे तथा मेरे भाई के विषय में यह घोषित किया है कि ये दोनों जन्नतवासियों में युवाओं के शीर्ष हैं। जो कुछ मैं तुमसे कह रहा हूँ, वह सत्य पर आधारित है। यदि तुम मेरे साक्ष्य बनोगे, तो सुन लो, ईश्वर की सौगन्ध, जब से मुझे इस बात का संज्ञान हुआ कि झूठ बोलने वाले से ईश्वर घृणा करता है तथा झूठ बोलने वाले को उसके झूठ से हानि पहुँचाता है, मैं कभी झूठ नहीं बोला। यदि तुम मुझको झूठा समझते हो तो सुनो! तुममें से ऐसे लोग वर्तमान हैं उनसे पूछो, तो वे बता देंगे। जाबिर-बिन-अब्दुल्लाह अंसारी अथवा अबू सईद ख़िज़री अथवा सह्ल-बिन-सअद सायदी अथवा ज़ैद-बिन-अरक़म अथवा अनस-बिन-मालिक अथवा अलबोरा-बिन-अज़ीब से पूछकर देखो। ये लोग बतायेंगे कि उन्होंने मेरे तथा मेरे भाई के विषय में इस्लामी पैग़म्बर को यही कहते सुना है। क्या यह तथ्य भी मेरा रक्तपात करने में तुम लोगों को बाधक नहीं है।"** इमाम हुसैन ने सामने खड़ी विशाल यज़ीदी सेना के बीच अत्यन्त धैर्य एवं संयम से अपनी बात रखी और अपनी सवारी से उतर आये।[1] इस घटना के सन्दर्भकर्ता

1. मक़तल-उल-हुसैन : अलमुक़र्रिम पृ० 278; तारीख़-अर्रुसुल-वअलमुलूक, भाग-6, पृ० 242

का कहना है कि मैंने ऐसी शुद्ध भाषिक प्रांजलता, अभिव्यक्ति, लालित्य तथा रचनात्मकता का सुंदर प्रयोग न इससे पूर्व कभी सुना था, न इसके बाद कभी सुना।

यज़ीदी सेनानायक शिम्र ने बीच में टोकाटाकी करते हुए कहा, ईश्वर ही जाने क्या कह रहे हैं। हुसैनी सेनानायक हबीब-इब्न-मज़ाहिर ने उसको उत्तर दिया—तू ठीक ही कहता है कि तेरी समझ में नहीं आता कि आप क्या कह रहे हैं। ईश्वर ने तेरे हृदय को सत्य प्राप्ति से बाधित कर दिया है : **"हृदयों को मुदबन्द कर दिया।"** (क़ुर्आन : 3/63) इस टोकाटोकी के बीच इमाम हुसैन ने उत्तेजित हुए बिना अपनी बात आगे बढ़ायी : **"हे जनता-जनार्दन! यदि तुम्हें इस बात में यदि संदेह है, तो क्या इस सत्य में भी भ्रम है कि मैं तुम्हारे पैग़म्बर का नाती हूँ। ईश्वर की सौगन्ध, इस समय पूर्व से पश्चिम तक मेरे अतिरिक्त कोई व्यक्ति, तुममें से हो या तुम्हारे अतिरिक्त हो, किसी पैग़म्बर का नाती नहीं है और मैं तो विशेष रूप में तुम्हारे पैग़म्बर का नाती हूँ। तो यह बताओ, क्या तुम इसलिए मेरे विरुद्ध हो कि मैंने तुममें से किसी का वध किया है, अथवा तुम्हारे किसी धन को क्षति पहुँचायी है या मैंने किसी को घायल किया है, जिसका बदला मुझसे चाहते हो।"** इमाम हुसैन के सत्य वचन ने विशाल यज़ीदी सेना को निर्वाक् कर दिया था। उनके वक्तव्य का अब कोई उत्तर देने की स्थिति में नहीं था। आपने पुकारकर कहा : **"हे शब्स-बिन-रबई, हे हज्जार-बिन-अबजर, हे क़ैस-बिन-अशअस क्या तुमने मुझे पत्र में नहीं लिखा था कि मेवे पक गये हैं, बाग़ हरे-भरे हो रहे हैं, तालाब छलक रहे हैं, आप पर न्यौछावर होने के लिए, सेना यहाँ संगठित है।"** उन लोगों ने उत्तर दिया हमने नहीं लिखा था। इसके बाद इमाम हुसैन ने कहा : **"ईश्वर की सौगन्ध, यह तुमने कहा था। हे जनजनार्दन! यदि मेरा आना तुम्हें अरुचिकर हो तो दुनिया में किसी कोने में शांति की ओर मुझे चला जाने दो।"** उत्तर में क़ैस-बिन-अशअस ने कहा, आप अपने सम्बन्धियों के आदेश पर सिर क्यों नहीं झुका देते। यह सब आपसे उसी प्रकार व्यवहार करेंगे, जैसाकि आप चाहते हैं। उनकी ओर से कोई बात आपके स्वभाव के विरुद्ध नहीं होगी। इमाम हुसैन ने उत्तर दिया : **"अंततः तू मुहम्मद-बिन-अशअस का भाई ही तो है।[1] अब तू यह चाहता है कि मुस्लिम-बिन-अक़ील के ख़ून से बढ़कर हाशिमी वंशज तुझसे माँग करें। ईश्वर की सौगंध, मैं अपमान के साथ उन लोगों के हाथ में हाथ देनेवाला नहीं हूँ, न दास के रूप में**

---

1. इसकी बहन जाअदा-बिन्त-अशअस के विष से इमाम हुसैन शहीद हुए थे। इसकी चर्चा यथास्थान हो चुकी है।

—लेखक

सेवा करने का आश्वासन देनेवाला हूँ।" फिर इमाम हुसैन ने कहा : "हे ईश्वर के सेवकों! मैं अपने और तुम्हारे पालनहार से आश्रय माँगता हूँ। इस बात से कि तुम मुझ पर पत्थरों की वर्षा करो। मैं अपने और तुम्हारे पालनहार से आश्रय माँगता हूँ, प्रत्येक ऐसे अत्याचारी से जो प्रलयदिवस पर विश्वास नहीं करता कि उस दिन ईश्वर सबका लेखाजोखा करेगा।" इमाम हुसैन ने अपनी बात समाप्त की। उनका उद्देश्य सम्पन्न हो चुका था। अपने ऊँट को बिठाया और उतर पड़े। हुसैनी योद्धा अक़बा-बिन-समआन ने आगे बढ़कर ऊँट का नकेल पकड़ लिया और उसे बाँध दिया।[1]

इमाम हुसैन का वक्तव्य समाप्त होने पर हुसैनी सेनानायक ज़ुहैर-क़ैन, जो उमैय्या वंशज से थे, उन्हें लगा कि मैं उनके बीच से आया हूँ, अतः हो सकता है कि मेरी बातों का कुछ प्रभाव हो। उन्होंने अस्त्र-शस्त्र ग्रहण किया और यज़ीदी सेना से पुकारकर कहा : "ईश्वर के प्रकोप से डरो, एक मुसलमान की गर्दन पर उसके इस्लामी भाई का अधिकार होता है कि वे उसे शुभ उपदेश दे और हम आपस में भाई-भाई उस समय तक हैं और एक ही बिरादरी के अन्तर्गत हैं, जब तक कि हमारे तुम्हारे बीच तलवार नहीं चलने लगती। जब तक औपचारिक रूप में युद्ध प्रारम्भ नहीं होता, हमारे और तुम्हारे बीच बंधुत्व स्थापित है और अभी तुम हमारी ओर से उपदेश के योग्य हो। निःसंदेह जब तलवार चलने लगेगी, तो यह सम्बन्ध स्वतः टूट जायेगा और हम अलग-अलग बिरादरी के हो जायेंगे। निश्चय ही ईश्वर ने हमारी और तुम्हारी परीक्षा की है, अपने पैग़म्बर मुहम्मद मुस्तफ़ा की संतान के माध्यम से ताकि वह देखे कि हम उनके साथ क्या करते हैं और तुम क्या व्यवहार करते हो, हम तुम सबसे आह्वान करते हैं कि उनकी सहायता करो तथा उबैदउल्लाह-बिन-ज़ियाद का साथ छोड़ दो, यज़ीद और इब्न-ज़ियाद से तुमको उनके राज के सभी काल में कभी बुराई के अतिरिक्त कोई अच्छा व्यवहार दीख नहीं पड़ेगा, वे तुम्हारी आँखों में सलाइयाँ फिरवाते, तुम्हारे हाथ-पाँव कटवाते, तुम्हें सूलियाँ दिलवाते और तुम्हारे सज्जन संस्कारगत क़ुर्आन के हाफ़िज़ों जैसे हिज्र-बिन-अदी और उनके साथियों तथा हानी-बिन-उर्वरा आदि ऐसे व्यक्तियों का वध करते रहते हैं।"[2] ज़ुहैर-क़ैन के वक्तव्य के बीच यज़ीदी सेना की ओर से निरन्तर हस्तक्षेप किया जाता रहा, परन्तु वे निर्भीक होकर उत्तर देते रहे। इमाम हुसैन ने

---

1. तारीख़-अर्रुसुल-वअलमुलूक, भाग-6, पृ० 243; अलइर्शाद-फ़ी-मुआरिफ़त-हुज्जाज-उल्लाह-अलाउल-इबाद, पृ० 248
2. मक़तल-उल-हुसैन : अलमुक़र्रिम पृ० 283 ; तारीख़-अर्रुसुल-वअलमुलूक, भाग-6, पृ० 245

किसी से पुकारकर कहलवाया कि ज़ुहैर-क़ैन तुमने अपना कार्य सफलतापूर्वक सम्पन्न किया है। अब लौट आओ। उस आवाज़ को सुनकर ज़ुहैर-क़ैन लौट आये।[1]

इसी बीच हुसैनी सेना के एक योद्धा बुश्र-बिन-उमर हज़रमी के पुत्र के विषय में सूचना मिली कि उनके पुत्र उमरू को रय की सीमा पर बन्दी बना लिया गया है। उन्होंने कहा, मैं उसे ईश्वर पर छोड़ता हूँ, उसको भी अपने आपको भी। निश्चय ही यदि मुझे जीवित रहना होता, तो यह न चाहता कि वह बन्दी बना रहे। इमाम हुसैन को सूचना मिली, तो उन्होंने बुश्र से कहा कि तुम मेरी बैअत से आज़ाद हो। जाओ, और अपने पुत्र को छुड़ाने का प्रयत्न करो। सत्य एवं निष्ठा से परिपूर्ण योद्धा ने उत्तर दिया कि मुझे जीते-जी हिंसक पशु खा जाय, अगर मैं आपसे जुदा हूँ, यह भला कैसे हो सकता है। इमाम हुसैन ने कहा, अच्छा! अपने पुत्र मुहम्मद को भेज दो और यह कड़े उसको दे दो कि उनके मूल्य से अपने भाई को छुड़ाने का प्रबन्ध करे। इमाम हुसैन ने पाँच आभूषण प्रदान किये, जिनका मूल्य हज़ार अशर्फ़ी के बराबर था। इसके बाद जितने योद्धा इमाम हुसैन के पास बचे, वही थे, जिन्होंने मृत्यु को गले की माला समझकर पहन लिया था। उनके आचरण में किसी दुविधा का दूर-दूर तक कोई प्रभाव नहीं था।

इसके विपरीत एकल ही सही परन्तु एक ऐसे योद्धा की चर्चा मिलती है, जो इमाम हुसैन से सहयोग करते हुए धर्मयुद्ध में सम्मिलित भी होना चाहते थे, परन्तु अपने प्राण भी बचा लेना चाहते थे। 'क़मक़ाम' में है कि ज़हाक-बिन-अब्दुल्लाह मशरिक़ी ने शत्रुओं द्वारा वाणों की वर्षा से बचाने के लिए अपने घोड़े को ख़ेमों में बाँध दिया था। पहले शत्रुओं में दो को मारा और एक का हाथ काटा। फिर इमाम हुसैन की सेवा में प्रस्तुत होकर कहा—आपसे मेरी बैअत यह थी कि मैं आपके साथ जिहाद करूँगा। अब मैंने जिहाद कर लिया है, अतः आप मुझसे अपनी बैअत उठा लीजिए। इमाम हुसैन ने उन्हें सहर्ष अनुमति प्रदान कर दी, तो उन्होंने अपना घोड़ा बाहर निकाला और उस पर सवार होकर चले। यज़ीदी सेना को फाड़कर बाहर निकल गये। पंद्रह सवारों ने पीछा किया, परन्तु वे हाथ न लगे।[2] बाद में ज़हाक मशरिक़ी का कर्बला की घटनाओं के साक्ष्य के रूप में मिलता है। उनके 'मक़तल-उल-हुसैन' की चर्चा यथास्थान हो चुकी है।

---

1. तारीख़-अर्रुसुल-वअलमुलूक, भाग-6, पृ० 244
2. तस्वीरे-कर्बला, पृ० 84-85

यज़ीदी सेना के आक्रामक एवं अड़ियल व्यवहार से स्पष्ट हो गया था कि अब शीघ्र ही युद्ध प्रारम्भ हो सकता है। इमाम हुसैन से युद्ध करने की कल्पना ने हुर्र को विचलित कर दिया, जो अब तक यज़ीदी सेनानायक के रूप में कार्यरत था। वह सोचता था कि भला पैग़म्बर के नाती से युद्ध करने की धृष्टता कौन करेगा, अन्ततोगत्वा संधि हो जायेगी। इसी आशा में यज़ीदी सेना में बना हुआ था, परन्तु अब वस्तुस्थिति स्पष्ट हो गयी थी। इमाम हुसैन की बातें मन को छूने वाली थीं। फिर ज़ुहैर-क़ैन का वक्तव्य, उसके धैर्य का बाँध टूट गया। वह उमर-सअद के पास आया और बोला, क्या तुम वास्तव में उनसे युद्ध करोगे। उत्तर मिला, एक ऐसा युद्ध होगा, जिसमें मानव सिरों की वर्षा होगी। हुर्र ने पूछा कि इमाम हुसैन ने शान्ति-स्थापित करने हेतु इतने सुझाव दिये, क्या तुम्हारे विचार में उनमें कोई बात मानने योग्य नहीं है। उमर-सअद ने कहा, यदि मेरे हाथ में होता तो मैं मान लेता, परन्तु तुम्हारा अधिकारी नहीं मानता। उसके उत्तर ने हुर्र के मन में दृढ़ विश्वास जगाया कि इमाम हुसैन शान्ति चाहते हैं तथा यज़ीदी हठधर्मी करते हुए उन्हें वध कर देना चाहते हैं। अब हुर्र के लिए अन्तिम निर्णय लेने का समय आ गया था। हुर्र ने निर्णय लिया कि वह सत्यमार्ग पर चलेगा और असत्य को त्याग देगा। परन्तु इमाम हुसैन तक पहुँचे, तो किस तरह, क्योंकि यदि किसी को उसके निर्णय की भनक मिल गयी, तो उसे तत्काल बन्दी बना लिया जायेगा। उसके पास ही यज़ीदी सेनानायक क़ुर्रा-बिन-क़ैस खड़ा था, जो इमाम हुसैन की सेवा में इब्न-ज़ियाद का संदेश लेकर गया था तथा हबीब-बिन-मज़ाहिर ने उसे वहीं रुक जाने के लिए कहा था, जिस पर उसने उत्तर दिया था कि पहले सन्देश पहुँचा लूँ, फिर विचार करूँगा। हुर्र को उसका अपने पास खड़ा होना अप्रिय लगा।[1] उससे कहा कि तुमने अपने घोड़े को पानी नहीं पिलाया है, उसे पानी पिलाओ। मानव चिन्ताग्रस्त तो उसका चेहरा स्वयं बताने लगता है। हुर्र की स्थिति भी कुछ न कुछ उस पर खुल गयी होगी। परन्तु उसने इतना ही समझा कि हुर्र उसको अपने पास से टालना चाहते हैं। वह चुपचाप चला गया। बाद में हुर्र के जाने के बाद हाथ मलता रहा कि यदि हुर्र ने उसे बता दिया होता, तो वह भी उनके साथ हो लेता।[2]

हुर्र ने अपना घोड़ा धीरे-धीरे इमाम हुसैन के ख़ैमे की तरफ़ बढ़ाना शुरू किया। इस बीच यज़ीद सैनिक तथा हुर्र के क़बीले का एक व्यक्ति मुहाजिर-बिन-ओस ने उसके पास आकर कहा, हुर्र क्या विचार है, क्या आक्रमण करना चाहते

1. लहूफ़-अला-क़तला-उल-तफ़ूफ़, पृ० 37
2. तारीख़-अर्रुसुल-वअलमुलूक, भाग-6, पृ० 244

हो। हुर्र ने कोई उत्तर नहीं दिया। मुहाजिर बोला, मैंने तुम्हारी यह स्थिति पहले कभी नहीं देखी। यदि मुझसे कोई पूछता कि कूफ़ा में सबसे बड़ा योद्धा कौन है, तो मैं तुम्हारे अतिरिक्त किसी और का नाम न लेता, परन्तु इस समय तुम्हारी विचित्र स्थिति देख रहा हूँ, इसका कारण क्या है। अब हुर्र ने अधिक गोपनीयता बरतना उचित नहीं समझा, स्पष्ट कह दिया, मेरे सम्मुख इस समय स्वर्ग एवं नरक का प्रश्न है। मैं स्वर्ग पर किसी अन्य वस्तु को वरीयता नहीं दूँगा, चाहे मेरे टुकड़े-टुकड़े कर दिये और आग में जला दिया जाय। यह कहते-कहते हुर्र ने घोड़े को चाबुक लगाया और इमाम हुसैन के सहयोगियों की ओर पहुँच गया। यद्यपि यज़ीदी सेना ने हुर्र को रोकने के प्रयास में घोड़े दौड़ाये, परन्तु हुर्र को पाना, तो क्या उसके घोड़े के टाप की धूल भी न पा सके।[1]

हुर्र हुसैनी सेना में

हुर्र अकेले नहीं आये थे, अपने भाई, दो पुत्र तथा सेवक को भी साथ लाये थे। प्रतीत होता है कि उनके पुत्र और सेवक निकट में ही थे, क्योंकि हुर्र के यज़ीदी सेना से प्रस्थान करते ही हुर्र के भाई **मुसअब**, दो पुत्र **सअद** और **अली** तथा दास **क़ुर्रा** भी घोड़े दौड़ाते हुए उनसे आ मिले।[2] सम्भवतः वे भी हुर्र के साथ इमाम हुसैन की सेवा में प्रस्तुत हुए। एक संकोच हुर्र के मन में रहा होगा कि मेरे इस तरह घोड़ा उड़ाये हुए आते देखकर कहीं हुसैनी योद्धा किसी भ्रम में न पड़ जायँ और मेरा मार्ग रोक दें, क्योंकि उन्होंने हुसैनी सेना के निकट पहुँचते ही अपनी ढाल को पलटकर अपने हाथ में ले लिया, जो प्रतीक था कि मैं युद्ध करने के लिए नहीं आ रहा हूँ। हुर्र सीधे इमाम हुसैन की सेवा में प्रस्तुत हो गये और कहने लगे, हे पैग़म्बर के सुपुत्र! मेरे प्राण आप पर न्यौछावर, मैं वही गुनहगार हूँ, जिसने आपको वापस जाने से रोका, रास्ते में आपके साथ-साथ रहा और आपको इस स्थान पर रुकने पर विवश किया। ईश्वर की सौगंध है, जिसके अतिरिक्त कोई पूजनीय नहीं है, यदि मुझे तनिक भी शंका होती कि ये लोग आपके सन्धि प्रस्ताव को अस्वीकार कर देंगे और स्थिति यहाँ तक पहुँचेगी। मैंने अपने मन सोचा था कि क्या बुरा है, मैं किसी सीमा तक उन लोगों का साथ दूँगा और उन्हें पता न चलेगा, कि मैं उनकी पराधीनता के बाहर हूँ, फिर यह लोग आपके सन्धि प्रस्ताव को तो स्वीकार ही कर लेंगे। अब मैं आपकी सेवा में प्रस्तुत हूँ, अत्यन्त ग्लानि के साथ तौबा करता हूँ अपने गुनाह से। मैं इस इरादे

---

1. तारीख़-अर्रुसुल-वअलमुलूक, भाग-6, पृ० 244
2. तस्वीरे-कर्बला, पृ० 39

से आया हूँ कि आपके चरणश्री पर अपने प्राण न्यौछावर कर दूँगा। इमाम हुसैन ने हुर्र को बिना किसी अन्तराल के तत्काल गले से लगा लिया और कहा कि निश्चय ही ईश्वर तुम्हें क्षमा करेगा। मेरा साधुवाद लो, तुम वास्तव में 'हुर्र' हो (अर्थात् स्वतन्त्र व्यक्ति) उसी प्रकार जैसे तुम्हारी माँ ने तुम्हारा नाम रखा है। ईश्वर ने चाहा, तो तुम इस जगत में भी हुर्र हो तथा आख़िरत में भी।[1]

इमाम हुसैन ने हुर्र को घोड़े से उतरकर तनिक विश्राम करने को कहा, परन्तु हुर्र ने एक बार यज़ीदी सेना से वार्ता करने को प्राथमिकता दी और इमाम हुसैन से इजाज़त लेकर विरोधी दल को समझाने का यत्न किया : **"आख़िर तुम लोग इमाम हुसैन की उन बातों में से, जिन्हें वे प्रस्तुत करते हैं, किसी एक बात को मान क्यों नहीं लेते, ताकि तुम उनसे युद्ध करने से बच सको।"** सैनिकों ने कहा उमर-सअद से कहो। हुर्र ने अपनी बातों को पुनः दोहराया, जिसके उत्तर में उमर-सअद ने कहा कि यदि मुझसे सम्भव होता तो अवश्य करता। फिर हुर्र ने यज़ीदी सेना को सम्बोधित करते हुए कड़े शब्दों में कहा : **"हे लोगों! ईश्वर तुम्हें कभी क्षमा नहीं करेगा, तुमने इमाम हुसैन को बुलाया, फिर उन्हें शत्रु को सौंप दिया। फिर उन पर चढ़ाई कर दी है और उनको वध करना चाहते हो, तुमने उनके प्राण साँसत में डाल रखा है। उन्हें चारों ओर से घेर लिया है तथा ईश्वर की चौड़ी-चकली धरती पर शान्ति हेतु शरण लेने से रोक रखा है। तुमने उन पर और उनके बच्चों पर पानी बन्द कर रखा है। वह पानी जिसे ईराक़ के सुअर और कुत्ते तक पीते और लोटते हैं, परन्तु तुमने अपने पैग़म्बर मुहम्मद मुस्तफ़ा के बाद उनके परिवारजनों को भुला दिया है। अब भी समय है, तुम अपने पाप से मुक्ति हेतु पश्चाताप कर लो, अन्यथा फिर तुम्हें कभी इसका अवसर भी नहीं मिलेगा।"**[2]

हुर्र के भाषण का एक-एक शब्द यज़ीदी सेना के लिए गाल पर पड़ते थप्पड़ के समान था। वे बिलबिला उठे। परन्तु उनके पास कोई उत्तर नहीं था। एक तो हुर्र का यज़ीदी सेना से निकलकर इमाम हुसैन की ओर आना ही यज़ीदी सेना के मनोबल को तोड़ने के लिए पर्याप्त था। फिर कड़े शब्दों में हुर्र द्वारा सत्य उजागर करना सोने पर सुहागा हो गया। उमर-सअद घबरा उठा कि कहीं सेना में विद्रोह न हो जाय, उसने शिम्र के साथ मिलकर एक षड्यंत्र रचा कि हुर्र उसकी सेना से गये हैं, तो उसके उत्तर में हुसैनी सेनानायक अब्बास को प्रलोभन देकर अपनी ओर खींच लिया जाय। अब्बास की माता उम्म-उल-बनीन

---

1. तारीख़-अर्रुसुल-वअलमुलूक, भाग-6 पृ० 244
2. मुशीर-उल-अहज़ान, पृ० 31; बिहार-उल-अनवार, भाग-1 पृ० 228

के वंशज से शिम्र का नाता था, जिसके आधार पर उसने अब्बास को अपना भांजा कहकर सम्बोधित किया और आग्रह किया कि उसने अब्बास के सुरक्षा हेतु उमर-सअद से लिखित रूप में आदेश प्राप्त कर लिया है। वह नहीं चाहता कि अब्बास और उनके अन्य भाई इमाम हुसैन के साथ वध किये जायँ। अब्बास ने उत्तर दिया, मैं तेरी बातों में नहीं आऊँगा। यदि अमान देना है, तो पहले इमाम हुसैन और उनके परिवारजनों के सुरक्षा का प्रबन्ध करो। शिम्र अब्बास की बातों से निराश हुआ, तो उसने उनके अन्य भाइयों को सम्बोधित करके भी वही बात दोहरायी। सबने एक स्वर से उत्तर दिया कि हमारे बड़े भाई ने जो उत्तर दिया है, वही हमारा भी उत्तर है। उमर-सअद और शिम्र का षड्यन्त्र असफल हो गया।[1] इससे पूर्व हुसैनी सेनानायक अब्बास के सगे मामा अब्दुल्लाह-बिन-अबी-उल-मुहल हज़ाम ने उनके लिए सुरक्षा देने का पत्र उबैदउल्लाह-बिन-ज़ियाद से प्राप्त कर कर्बला में पहुँचा चुके थे, जिसका उत्तर उन्हें दिया जा चुका था कि हम इमाम हुसैन की सुरक्षा के बिना अपनी सुरक्षा की कल्पना भी नहीं कर सकते।[2] हुसैनी सेनानायक अब्बास तो इमाम हुसैन के प्रति समर्पण, कर्तव्यनिष्ठा तथा वफ़ादारी से अपनी पहचान रखते हैं, परन्तु इतिहास साक्षी है कि भूख-प्यास में मृत्यु के सामने खड़े हुसैनी योद्धाओं में कोई एक व्यक्ति भी यज़ीदी सेना की ओर जाना तो बहुत दूर की बात है, उनके परस्पर प्रलाभनों का मुहँ तोड़ उत्तर देते रहे।

औपचारिक युद्ध प्रारम्भ

अब धूप चारों ओर फैल गयी थी। सूर्य की किरणें मौसम की गर्मी का आभास देने लगी थीं। युद्ध के प्रारम्भ होने की औपचारिकता ही शेष रह गयी थी, अन्यथा वातावरण में शस्त्रों की गूँज कह रही थी कि बस कुछ ही क्षणों की देर है। यज़ीदी सेनाप्रमुख उमर-सअद अपनी सेना के आगे बढ़ा, हुसैनी के निकट जाने का साहस तो नहीं जुटा पाया, अपनी सेना के बीच सुरक्षित स्थान पर खड़े होकर उसने अपने दास दुरैद को पुकारा, जिसके हाथ में यज़ीदी सेना का ध्वज था। कहा कि ध्वज मेरे पास लाओ। दुरैद ध्वज लेकर उसके पास आकर खड़ा हो गया। उमर-सअद ने एक वाण अपने कमान पर चढ़ाकर हुसैनी सेना की ओर फेका और घोषित किया : "**साक्षी रहना कि सबसे पहला वाण**

---

1. लहूफ़-अला-क़तला-उल-तफ़ूफ़ पृ० 34-35
2. तारीख़-अर्रुसुल-वअलमुलूक, भाग-6 पृ० 236

मैंने लगाया है।''[1] यज़ीदी सेनाप्रमुख के मुख से इन शब्दों का निकलना तथा वाण का कमान से छूटना था कि यज़ीदी सेना उल्लास से भर गयी। एक साथ सहस्त्रों कमानें कड़कीं और वाणों का काला बादल हुसैनी की ओर बरसने को बढ़ गया।

इमाम हुसैन के सैनिकों को किसी तैयारी की क्या आवश्यकता थी, उनके सीने तो मृत्यु के स्वागत के लिए खुले हुए थे। इमाम हुसैन ने अपने साथियों को सम्बोधित करते हुए कहा— खड़े हो जाओ, मृत्यु के स्वागत हेतु, जो आवश्यक है। ईश्वर तुम पर अपनी कृपा करे। यह वाण नहीं हैं, शत्रुओं के दूत हैं, जो तुम्हारी ओर भेजे गये हैं। हुसैनी सैनिक बिना किसी प्रकार विचलित हुए अपने स्थान पर अडिग रहे। इमाम हुसैन की ओर से युद्ध की अनुमति मिलने के बाद चाकचौबंद हो गये। उन्होंने वाणों का उत्तर वाणों से दिया। कह दिया कि हम युद्ध के लिए पूर्णतया तैयार हैं। स्पष्ट है कि सौ-दो-सौ वाण यज़ीदी सेना का क्या बिगाड़ सकते थे, परन्तु प्रतीकात्मक रूप में उनके वाणों का उत्तर अवश्य थे।[2]

यज़ीदी सेना ने युद्ध प्रारम्भ कर दिया तो सर्वप्रथम उधर से ही दो लोग युद्ध हेतु ललकारते हुए रणभूमि में आये। उनके नाम थे, यसार तथा सालिम। दोनों ही इब्न-ज़ियाद तथा उसके पिता ज़ियाद के दास थे। दोनों की ललकार सुनकर हबीब-बिन-मज़ाहिर असदी तथा बुरैर-बिन-ख़ुज़ैर हमदानी जोश में भरे हुए, आगे बढ़े, परन्तु इमाम हुसैन ने उन्हें रोक दिया। हुसैनी योद्धाओं में सभी को रणभूमि में पहले जाने की मनोकामना था। हुर ने तो सतर्क अपनी दावेदारी रखी थी कि मैं पहला व्यक्ति हूँ, जिसने आपसे विद्रोह किया था, सो मुझे सर्वप्रथम मुझे युद्ध की अनुमति दीजिए, ताकि मैं शहीद होकर उन लोगों में वरीयता प्राप्त कर लूँ, जो क़यामत के दिन आपके नाना रुसूल से हाथ मिलायेंगे।[3] परन्तु हुसैनी सेना की ओर से रणभूमि में जाने का गौरव, तो **अब्दुल्लाह-बिन-उमैर कल्बी** के भाग्य में था। वे सपत्नीक कूफ़ा से जिहाद के इरादे से ही आये थे। वे इमाम हुसैन की सेवा में प्रस्तुत हुए और रणभूमि में जाने की अनुमति माँगी। इमाम

---

1. तारीख़-अर्रुसुल-वअलमुलूक, भाग-6, पृ० 245, अलइर्शाद-फ़ी-मुआरिफ़त-हुज्जाज-उल्लाह-अलाउल-इबाद, पृ० 250
2. अलइर्शाद-फ़ी-मुआरिफ़त-हुज्जाज-उल्लाह-अलाउल-इबाद, पृ० 220; मक़तल-उल-हुसैन : अलमुक़र्रिम पृ० 292
   अलइर्शाद-फ़ी-मुआरिफ़त-हुज्जाज-उल्लाह-अलाउल-इबाद, पृ० 255
3. लहूफ़-अला-क़तला-उल-तफ़ूफ़ पृ० 41

हुसैन ने उन्हें सिर से पाँव तक देखा—लम्बा क़द, कसरती शरीर, दृढ़ कलाइयाँ, शक्ति प्रदर्शित करती बाहें, चौड़ी पीठ और विशाल सीना। कहा, शूरवीर एवं रणबांकुर लगते हो, जाओ, अगर तुम्हारा जी चाहता है।

अरबों के तात्कालिक सैन्य मर्यादा में था कि दो योद्धा जब आमने-सामने से युद्ध करते थे, तो सर्वप्रथम अपना-अपना परिचय देते थे, जिसमें अपनी वंशावली, शौर्य एवं पराक्रम को अत्यन्त प्रभावशाली शैली में प्रस्तुत करते थे, ताकि विरोधी का मनोबल टूट जाय, जिसको 'रजज़' (वर्णन) कहते थे। यह भी व्यवस्था होती थी कि दोनों योद्धा एक-दूसरे के समकक्ष हों। असंतुलित स्पर्द्धा यथासम्भव नहीं की जाती थी। यज़ीदी सेना के दोनों लड़ाकू नामचीन सैनिक थे। उन्होंने मुक़ाबले के लिए आये, हुसैनी योद्धा अब्दुल्लाह-बिन-उमैर कलबी से उनका परिचय पूछा, जो उन्होंने बता दिया। उन्होंने कहा, हम तुम्हें नहीं जानते, हमसे युद्ध हेतु हबीब-बिन-मज़ाहिर अथवा बुरैर-बिन-ख़ुज़ैर को आना चाहिए। यह सुनकर अब्दुल्लाह क्रोधित हो उठे, कठोर शब्दों में उत्तर देते हुए उन्होंने आक्रमण कर दिया तथा पहले ही आक्रमण में यसार का वध कर दिया। सालिम ने उन पर तलवार से हमला किया, उन्होंने अपने हाथ को ढाल बनाया, जिससे उनकी उँगलियाँ कट गयीं, परन्तु उन्होंने पलटकर सालिम का भी वध कर दिया। यज़ीदी सेना के दो महत्त्वपूर्ण लड़ाकुओं का वध करने के बाद अब्दुल्लाह ने अत्यन्त उत्साहपूर्वक पुनः अपना परिचय दिया। इसी बीच उन्होंने अपनी पत्नी को सम्बोधित करके कहा— हे अर्धांगिनी! मैं ऐसा ही युद्ध करूँगा, जो एक धर्मनिष्ठ एवं शूरवीर के आचरण के अनुरूप हो। यह सुनना था कि उनकी पत्नी भी उत्साहित हो एक हाथ में गदा लेकर रणभूमि में आ गयीं और पुकारकर कहने लगीं— मेरे माता-पिता तुम पर न्यौछावर हों, पैग़म्बर के परिवारजनों के प्रति समर्पण में कोई कोताही न होने पाये।[1] वहब कलबी ने चाहा कि समझा-बुझाकर पत्नी को वापस भेज दें। उनके हाथ में एक तलवार थी, जिससे शत्रु के ख़ून की बूँदे टपक रही थीं, दूसरे हाथ की अंगुलियाँ कट चुकी थीं, जिनसे स्वयं उनका रक्त बह रहा था। उन्होंने भरसक प्रयास किया, परन्तु बहादुर महिला ने हाथ छुड़ा लिया और कहने लगी कि मैं तुम्हें नहीं छोड़ूँगी, तुम्हारे साथ ही मैं भी अपने प्राण न्यौछावर करूँगी। इमाम हुसैन ने यह दृश्य देखा, तो आवाज़ दी— ईश्वर तुम्हें इसका शुभ फल देगा। हे धर्मनिष्ठ महिला! वापस आ जाओ, मेरे परिवार की महिलाओं के पास बैठी रहो, क्योंकि इस्लाम में महिलाओं को जिहाद करने की अनुमति नहीं है। वह धर्मनिष्ठ महिला इमाम हुसैन के आदेश से विवश हो गयी तथा ख़ैमे में वापस आ गयी। अब्दुल्लाह-बिन-उमैर निरन्तर युद्ध करते रहे।

1. तारीख़-अर्रुसुल-वअलमुलूक, भाग-6, पृ० 246

कई यज़ीदियों का वध किया, परन्तु अन्त में यज़ीदी सेना के हानी-बिन-सुबैत हज़रानी तथा बकीर-बिन-हैय तयमी ने उनको शहीद कर दिया।[1]

यज़ीदी सेना अपने नामचीन सैनिक यसार तथा सालिम के वध के बाद वे क्रोध से पागल हो उठी। यज़ीदी सेना के दाहिनी कमान का नायक उमरू-बिन-हज्जाज ने अपनी सम्पूर्ण सेना के साथ समस्त शक्ति का प्रयोग करते हुए हुसैनी सेना पर आक्रमण कर दिया। परन्तु हुसैनी योद्धाओं ने आक्रमण को निरीह कर दिया। उन्होंने अपने घुटने धरती पर टेक दिये तथा बरछी के फल सामने कर दिये, जिससे शत्रु के घोड़े भड़ककर अपनी जगह ठहर गये, विवश होकर शत्रु सेना अपने घायलों को तड़पता छोड़कर रणभूमि से भाग निकली। परन्तु भागते हुए सैनिक वाणों की वर्षा करते रहे।[2]

युद्ध पूर्णरूपेण प्रारम्भ हो चुका था, परन्तु इमाम हुसैन की ओर से अभी तक कोई आहत नहीं हुआ था। यज़ीदी सेना से इमाम हुसैन की ओर आये परमप्रतापी हुर्र-बिन-यज़ीद रियाही के मन में इस मनोकामना का जाग्रत होना स्वाभाविक ही था कि मैंने इमाम हुसैन के मार्ग में सर्वप्रथम बाधा उत्पन्न की थी, अतः सर्वप्रथम मुझे अपने प्राणों की आहुति देनी चाहिए। इमाम हुसैन की सेवा में प्रस्तुत हुए और उनसे प्रार्थना की—हे पैग़म्बर के सुपुत्र! चूँकि सबसे पहले मैं आपसे लड़ने आया था, अतः मेरी परम इच्छा है कि आप मुझे अनुमति प्रदान करें कि सर्वप्रथम मैं ही आपके श्रीचरणों पर अपने प्राण न्यौछावर करूँ। इमाम हुसैन ने इजाज़त दे दी। हुर्र रणभूमि आये और उन्होंने रजज़ में कुछ शेर पढ़े। इसके बाद उन्होंने तलवार से आक्रमण किया। अनेक यज़ीदी सैनिकों को टुकड़े-टुकड़े कर दिया। यज़ीदी सैनिक भागते-फिरते थे। इस भाग-दौड़ में हुर्र का घोड़ा घायल हो गया। उसके सिर तथा चेहरे पर तलवारें पड़ी थीं, जिनसे ख़ून बह रहा था। यज़ीदी सेनानायक हिस्सीन-बिन-नुमैर ने अपने सैनिक यज़ीद-बिन-सुफ़ियान से कहा, देखो! हुर्र वही तो है, जिसके वध करने की तुझको मनोकामना थी। उसने कहा, अच्छा! यह कहकर वह बाहर निकला और हुर्र को पुकारा, क्या मुझसे मुक़ाबला करना स्वीकार है। हुर्र ने उत्तर दिया, हाँ! अवश्य ही! यह कहते ही सामने आ गये, हिस्सीन का स्वयं कथन है कि ऐसा लगा मानो मेरे प्राण हुर्र

---

1. बकर-बिन-हैय तयमी का नाम शहीदों में मिलता है। (शहीदे-इंसानियत, पृ० 409) सम्भव है कि बकीर उन्हीं बकीर का भाई रहा हो। कर्बला में इसकी मिसालें मिलती हैं। एक व्यक्ति इमाम हुसैन की ओर से शहीद हुआ, दूसरा यज़ीदी सेना में रहा।

—लेखक

2. तारीख़-अर्रुसुल-वअलमुलूक, भाग-6, पृ० 246

के आधिपत्य में हों। हुर्र ने तत्काल प्रहार करके उसे उसकी रक्त में डुबो दिया।[1] यह ऐसा भयानक दृश्य था कि शत्रु सेना आत्म-विश्वास खो बैठी, फिर कोई सेना के परे से बाहर नहीं निकला। अपने घोड़े के अत्यन्त घायल होने के कारण हुर्र को वापस लौटना पड़ा। बाद में हुर्र यज़ीदी सेना के 'परास्त आक्रमण' में सम्मिलित हो गया, जिसमें उनको अमरत्व प्राप्त हुआ। इसकी चर्चा यथास्थान होगी।[2]

इस्लामी पैग़म्बर के वयोवृद्ध सहाबी **मुस्लिम-बिन-औसजा असदी** को इमाम हुसैन के सहयोगियों में विशेष स्थान प्राप्त है, जो हुसैनी सेना के बायीं कमान के नायक थे। उनकी शहादत इस प्रकार हुई कि यज़ीदी सेना परस्पर पराजय से विचलित हो उठी थी। यज़ीदी सेनानायक भयभीत थे। संख्या के आधार पर छोटी-सी हुसैनी सेना विशाल यज़ीदी सेना पर भारी पड़ रही थी। उमर-बिन-हज्जाज ज़ुबैदी द्वारा यज़ीदी सेना के समस्त दाहिनी कमान के पराजय ने चारों ओर निराशा का वातावरण उत्पन्न कर दिया था। अतः उसने अपनी सेना के मनोबल को उठाने के लिए सैनिकों को ललकारा— हे मूर्खो! तुम जानते भी हो कि किससे युद्ध कर रहे हो। यह देश के सर्वोच्च रणबांकुरें हैं, जो अपने प्राणों पर खेले हुए हैं, तुममें से कोई व्यक्ति अकेले इनसे युद्ध करने के लिए बाहर न निकले। हाँ! चूँकि इनकी संख्या बहुत कम है, अतः ये बहुत थोड़ी देर तक जीवित रह सकते हैं। यदि तुम सब मिलकर मात्र पत्थर ही उन पर बरसाओ, तो भी उनका वध कर सकते हो। यह सुझाव कि आमने-सामने से एक योद्धा दूसरे से युद्ध न करे, उमर-सअद को रुचिकर लगा, उसने समस्त सेना को आदेश दिया कि कोई व्यक्ति रजज़ पढ़ने के लिए बाहर न निकले। फिर उमर-बिन-हज्जाज ने आगे बढ़कर समस्त सेना को उत्साहित करने हेतु एक भाषण दिया और कहा, हे कूफ़ावासियो! अपने स्वामीभाव के प्रति समर्पित रहो, अपने दल से अलग न हो, तनिक भी सन्देह न करो। इन लोगों के विषय में जिन्होंने धर्म को छोड़ दिया है और वर्तमान में इमाम यज़ीद के विरोध में हैं। इमाम हुसैन ने इन असत्य आरोपों का उत्तर देना उचित समझा तथा उसे सम्बोधित करके कहा, हे उमरू-बिन-हज्जाज! तू लोगों का मेरे विरुद्ध आह्वान कर रहा है। क्या हमने धर्म छोड़ दिया और तुम धर्म पर स्थापित हो? ईश्वर की सौगंध, शीघ्र ही जब तुम्हारे प्राण तुम्हारे शरीर को त्याग देंगे और तुम अपनी इस करनी के साथ दुनिया से जाओगे, तो तुम्हें मालूम होगा कि धर्म को किसने त्यागा है तथा नरक

---

1. तारीख़-अर्रुसुल-वअलमुलूक, भाग-6, पृ० 248-49
2. तारीख़-अर्रुसुल-वअलमुलूक, भाग-6, पृ० 248; मनाक़िबे-आले-अबीतालिब, भाग-4 पृ० 94

की अग्नि किसको भस्म करेगी।[1]

उमर-बिन-हज्जाज के प्रोत्साहित करने पर समस्त दाहिनी कमान की यज़ीदी सेना ने अलक़मा नदी की ओर से पुनः हुसैनी सेना पर आक्रमण कर दिया। मुस्लिम-बिन-औसजा ने अपने अधीनस्थ कमान के साथ अत्यन्त शौर्य प्रदर्शित करते हुए उस आक्रमण को निरीह कर दिया था। हुसैनी सेना ने अत्यन्त वीरतापूर्वक सहस्त्रों की यज़ीदी सेना का प्रतिरोध किया तथा उसे आगे बढ़ने से रोक दिया, परन्तु जब युद्ध का गर्द-ग़ुबार हटा तो मुस्लिम-बिन-औसजा अपने ख़ून में लथपथ दीख पड़े। इमाम हुसैन तत्काल उनके सिरहाने पहुँच गये। अभी उनमें प्राण शेष था। उन्हें आशीषवचन प्रदान किया। हबीब-इब्न-मज़ाहिर, जो उनके साथ-साथ थे। मुस्लिम के निकट गये। उनसे कहा, तुम्हारे साथ छोड़ने का बहुत दुःख है, परन्तु तुम्हें स्वर्ग प्राप्ति मुबारक हो! मुस्लिम ने डूबती हुई साँसों के साथ, कमज़ोर आवाज़ में उत्तर दिया, तुम्हें भी सभी प्रकार का पुण्य मुबारक हो! हबीब ने कहा, यदि मुझे विश्वास न होता कि मैं भी शीघ्र ही तुम्हारे पीछे-पीछे आता हूँ, तो कहता कि कुछ वसीयत करो और मैं उस वसीयत को पूरा करुँगा। मुस्लिम ने इमाम हुसैन की ओर संकेत करते हुए कहा, वसीयत इन्हीं के सम्बन्ध में है। हबीब ने कहा, अवश्य! ईश्वर की सौगन्ध ऐसा ही होगा। मुस्लिम-बिन-औसजा शहीद हो गये, परन्तु उमर-बिन-हज्जाज की सेना पराजित होकर जिस प्रकार भाग निकली थी, उसे पता नहीं था कि मुस्लिम-बिन-औसजा शहीद हो गये। उनके शहीद होने की सूचना जब हुसैनी ख़ैमों में पहुँची, तो उनके परिवारजन जो उनके साथ आये थे, उनमें एक दासी ने चीख़कर कहा, हाय! मेरे स्वामी शहीद हो गये। यह सुनकर यज़ीदी सेना में प्रसन्नता की लहर दौड़ गयी। लोग प्रसन्न होने लगे, परन्तु उनके बीच मुस्लिम-बिन-औसजा की शहादत घोर मतभेद भी दीख पड़ा। स्वयं यज़ीद नायक हिस्सीन-बिन-नुमैर ने आपत्ति की। उसने कहा, कितने दुःख की बात है कि मुस्लिम-बिन-औसजा की तरह के व्यक्ति का वध हो गया और तुम प्रसन्नता प्रदर्शित कर रहे हो। ईश्वर की सौगन्ध मैंने इस्लाम की सेवा में उनके कृतित्व को अपनी आँखों से देखा है।[2] इमाम हुसैन की सत्यता किस-किस के मुँह से अपनी बखान कराती रहती है, उसका यह भी एक उदाहरण है।

दूसरी बार सामूहिक रूप में आक्रमण की सफलता से यज़ीदी सेना का मनोबल बढ़ गया। यज़ीदी सेना के दाहिनी कमान में सामूहिक रूप में हुसैनी सेना के दाहिनी कमान पर आक्रमण कर दिया। अब गौरवान्वित होना, वहब-

---

1. शहीदे-इंसानियत, पृ० 407
2. तारीख़-अर्रुसुल-वअलमुलूक, भाग-6, पृ० 449

बिन-हब्बीब कल्बी ने इस सफल युद्ध के बाद अपनी माता से पूछा, आप प्रसन्न हुईं। वीर महिला ने उत्तर दिया कि मैं उस समय ही प्रसन्न होंगी, जब तू सत्य की रक्षा करते हुए अपने प्राण इमाम हुसैन पर न्यौछावर कर देगा,[1] जो बाद में शहीद हुए।[2] वहब-कल्बी ने सफलतापूर्वक युद्ध करके यज़ीदियों को परास्त कर दिया, इस सामूहिक आक्रमण के समय अत्यन्त वीरता एवं शौर्य प्रदर्शित किया। यज़ीदी सेना के कई सैनिकों का वध किया, उनकी माता, जो अपने ख़ैमे से पुत्र की वीरता देखकर भावविभोर हो रही थीं, ख़ैमे की एक बल्ली लेकर स्वयं भी रणभूमि में कूद पड़ीं और धर्मयुद्ध करने लगीं। इमाम हुसैन ने देखा, तो उनकी वीरता की सराहना करते हुए, उन्हें समझाया कि इस्लाम में महिलाओं को धर्मयुद्ध करने की अनुमति नहीं है, अतः उन्हें ख़ैमें में लौट आना चाहिए। वे इमाम हुसैन के आदेश के पालन में लौट पड़ीं।

वहब-कलबी के भाग्य में था, जिन्होंने सपरिवार मसीही धर्म त्यागकर इमाम हुसैन के हाथ पर इस्लाम धर्म ग्रहण किया[3]—सभी प्रकार से पापमुक्त मानो आज ही माता से जन्म पाया है! वहब-कल्बी परमवीरतापूर्वक युद्ध करते हुए शहीद हुए और जब पत्नी को उनके शहीद होने की सूचना मिली, तो वह व्याकुल हो उठी। इस विचार से नहीं कि पुनः वे भी युद्ध करेंगी अथवा अपने पति की हत्या का प्रतिशोध लेंगी, वरन् इस विचार से कि अपने पति के शव का अन्तिम दर्शन कर लें, उनके पास पहुँचीं। पति के सिर को अपने गोद में रखा, चेहरे से ख़ून साफ़ किया और रोकर कहा, तुम्हें स्वर्ग में जाना मुबारक हो! परन्तु यज़ीदी सेना का अत्याचार, जो मानवता की सभी सीमाएँ लाँघ चुका था, शिम्र ने अपने दास रुस्तम को आदेश दिया कि इस महिला का वध कर दे, वह आगे बढ़ा और उस दुखिया महिला के सिर पर एक गदा कसकर मारी कि वह वहीं शहीद हो गयीं।[4]

वयोवृद्ध हुसैनी योद्धा बुरैर-बिन-ख़ुज़ैर हमदानी रणभूमि में आये और ललकारा कि बद्र युद्ध में पैग़म्बर के सहाबियों के कातिल कहाँ हैं, सामने आयें। उन्होंने भीषण युद्ध करके 30 यज़ीदी सैनिकों का वध कर दिया।[5] उनका नाम लेकर यज़ीदी सैनिक यज़ीद-बिन-मअक़ल ने ललकारा। वह बुरैर से परिचित था तथा उनसे धार्मिक विषयों पर शास्त्रार्थ करता था। व्यंग्य से कहने लगा, देखा

1. लहूफ़-अला-क़तला-उल-तफ़ूफ़ पृ० 42; बिहार-उल-अनवार, पृ० 235
2. तारीख़-अर्रुसुल-वअलमुलूक, भाग-6, पृ० 246
3. बिहार-उल-अनवार, भाग-1, पृ० 235
4. तारीख़-अर्रुसुल-वअलमुलूक, भाग-6, पृ० 251
5. बिहार-उल-अनवार, भाग-1, पृ० 233

तुमने ईश्वर ने कैसा व्यवहार किया है। बुरैर ने उत्तर दिया, मेरे साथ तो बहुत अच्छा व्यवहार किया। हाँ! तू अपनी कह कि बढ़ा ही अभागा सिद्ध हुआ। उसने कहा, तुम झूठ कहते हो, यद्यपि इसके पूर्व झूठ बोलने का तुम्हारा स्वभाव नहीं था। अच्छा यह बताओ कि अहलबैत के विषय में तुम अपने पूर्व विश्वास पर ही स्थापित हो या उसमें कुछ परिवर्तन हुआ है। बुरैर ने उत्तर दिया, मैं अपने धार्मिक विश्वास पर अटल हूँ। उसने कहा, मैं गवाही देता हूँ कि तुम भ्रष्ट हो। उत्तर में बुरैर ने कहा कि यदि तुम तैयार हो, तो हम दोनों मिलकर ईश्वर से प्रार्थना करें कि वह झूठे की भर्त्सना करे तथा जो सत्य पर हो, उसके हाथ से असत्यवादी का वध कराये। उसने बुरैर के कथन को स्वीकार कर लिया। दोनों ओर की सेनाओं ने देखा कि दोनों प्रतिद्वन्द्वी आमने-सामने आ खड़े हुए, आकाश की ओर दोनों ने हाथ उठाकर दुआ की, फिर युद्ध प्रारम्भ किया। ज्ञातव्य रहे कि इस्लामी व्यवस्था में यह सत्य को परखने की एक विधि है, जिसको 'मुबाहिला' कहते हैं। स्वयं इस्लामी पैग़म्बर ने मुबाहिला किया था, जिसकी चर्चा मिलती है। (क़ुर्आन : 3/61)

मात्र दो बार ही हथियारों का अदल-बदल हुआ। पहले यज़ीद ने वार किया, परन्तु तलवार छिछिलती हुई आगे बढ़ गयी, कोई हानि न पहुँचा सकी। फिर बुरैर ने सौंतकर तलवार उसके सिर पर मारी, जो उसके सिर के कवच को काटती हुई, उसके मस्तिष्क तक पहुँची और वह घोड़े से ज़मीन पर गिर पड़ा, इस प्रकार कि तलवार उसके मस्तिष्क में धँसी हुई थी और वह उसे बाहर खींच रहे थे। इसी दशा में यज़ीदी सैनिक रज़ी अबदी ने उन पर आक्रमण करके मल्ल युद्ध करना चाहा, परन्तु बुरैर उसके छाती पर चढ़ गये। मृत्यु को सामने देखकर वह चिल्लाया, कहाँ हैं हमारे प्रतिरक्षक सैनिक, जो मुझे बचा सकें। इसी बीच कि बुरैर उससे लड़ रहे थे, यज़ीदी सैनिक कअब-बिन-जाबिर-अबदी उन पर आक्रमण करने हेतु बढ़ा, तो अनेक यज़ीदी सैनिकों ने उसे मना किया कि बुरैर क़ुर्आन के हाफ़िज़ हैं तथा मस्जिद में क़ुर्आन याद कराते हैं, परन्तु वह न माना और उसने पीठ की ओर से बुरैर पर बरछी से वार किया, जो सीने के पार हो गया। बुरैर ज़मीन पर गिर गये, फिर उसने तलवार से उनका वध कर दिया।[1]

हुसैनी सेना के योद्धा **मनजह-बिन-सह्म** को सेवक के रूप में प्रथम शहीद होने का गौरव प्राप्त है, जिन्होंने युद्ध के पहले चरण में ही अपने अपूर्व शौर्य का प्रदर्शन करते हुए अनेक यज़ीदी सैनिकों का वध किया। अन्त में युद्ध करते हुए यज़ीदी सैनिक हस्सान-बिन-बकर ख़न्तली के हाथों वीरगति को प्राप्त हुए।

---

1. तारीख़-अर्रुसुल-वअलमुलूक, भाग-6, पृ० 247

युद्ध प्रारम्भ होने के पश्चात् पाँच हुसैनी योद्धाओं ने यज़ीदी सेना में घुसकर क्रान्तिकारी युद्ध किया, उनके शीर्ष **उमर-बिन-ख़ालिद सैदावी** थे। अन्य योद्धा थे, उनके दास **सअद, मजम्अ-बिन-अब्दुल्लाह आयज़ी** उनके सुपुत्र **आयज़-बिन-मजम्अ** तथा **जिनादा-बिन-हार्स सलमानी**। यज़ीदी सेना ने उनको चारों ओर से घेरकर हुसैनी सेना से अलग कर दिया, तो इमाम हुसैन ने सेनानायक **अब्बास-बिन-अली** को उनकी सहायता हेतु भेजा। उन्होंने अकेले ही आक्रमण कर यज़ीदी सेना को भगा दिया और इन घायल योद्धाओं को लेकर अपनी सेना की ओर चले। अभी पूरा मार्ग तय नहीं हुआ था कि शत्रु पीछा करने के लिए पलट आये। हुसैनी सेनानायक अब्बास ने इन योद्धाओं को आगे किया और उनकी सुरक्षा हेतु स्वयं पीछे चलने लगे, ताकि उन्हें किसी की हानि न पहुँच सके। परन्तु शत्रु सेना के निकट आते ही घायल शूरवीरों का जोश सीमाएँ पार कर गया, निश्चित सुरक्षा घेरा को तोड़कर बाहर निकल गये और शत्रुओं पर टूट पड़े। यद्यपि पहले से घायल थे, परन्तु उनमें हरेक योद्धा ने अपने शौर्य का परिचय दिया। एक-एक करके पाँचों योद्धा शहीद हो गये।[1] सेनानायक अब्बास ने इमाम हुसैन को इस घटना की सूचना दी। इमाम ने उनके शौर्य की प्रशंसा की और उनके लिए ईश्वर से प्रार्थना की।[2]

उनके बाद हुसैनी योद्धा **जुनदब-बिन-हजीर किन्दी ख़ौलानी**, जो हुर्र की सेना द्वारा मार्गरोधन के पूर्व से ही इमाम हुसैन के साथ चल रहे थे, यज़ीदी सेना से युद्ध करके कई यज़ीदियों का वध किया, फिर स्वयं भी शहीद हुए।

हुसैनी योद्धा **यज़ीद-बिन-ज़ियाद-बिन-मुहाजिर किन्दी, अबुल शअसा** भी जनदब के समान इमाम हुसैन के साथ-साथ चल रहे थे। वे धनुष वाण विशेषज्ञ थे। इमाम हुसैन के सामने घुटने टेककर बैठ गये। उनके पास आठ वाण थे, आठों निशाने पर लगाये, पाँच वाण निशाने पर बैठे और यज़ीदी सेना के पाँच सैनिक मृत्यु को प्राप्त हो गये। जब वाण समाप्त हो गये तो तलवार लेकर युद्धभूमि में आ गये। अपना युद्ध कौशल प्रदर्शित किया, यज़ीदी सेना के अनेक लड़ाकुओं को मार गिराया। युद्ध करते हुए वीरगति को प्राप्त हुए।[3]

कायरतापूर्ण आक्रमण

इतिहासकारों ने इसे 'हमला-ए-ऊला' (मुख्य आक्रमण) कहा है, परन्तु हमारे विचार में इसे यज़ीदी सेना का कायरतापूर्ण आक्रमण ही कहना अधिक तर्कसंगत

1. तारीख़-अर्रुसुल-वअलमुलूक, भाग-6, पृ० 255
2. तारीख़-अर्रुसुल-वअलमुलूक, भाग-6, पृ० 255
3. तारीख़-अर्रुसुल-वअलमुलूक, भाग-6, पृ० 255

है, जो यज़ीदी सेना द्वारा सभी सैनिक मर्यादाओं को तिलांजलि देते हुए किया था। किसी भी स्थिति की उसके परिवेश, परम्पराओं एवं आदर्शों के आधार पर ही विवेचना की जा सकती है। यह संग्राम अरब देश में सम्पन्न हुआ, अतः तत्कालीन अरब युद्ध नियमों के आधार पर ही समझना उचित है। गतपृष्ठों में चर्चा हो चुकी है कि अरब अत्यन्त सम्मानपूर्ण परम्पराओं के आधार पर युद्ध करते थे। अपने समकक्ष से ही युद्ध करते थे, युद्ध के पहले दोनों पक्ष अपना-अपना परिचय भी अवश्य देते थे। दोनों पक्ष एक प्रकार के हथियारों का प्रयोग करते थे। पहले तलवार से युद्ध होता, फिर गदा से, फिर भाले से। वाणों का प्रयोग उस समय होता जब शत्रु पर तलवार, गदा अथवा भाले से विजय प्राप्त करना सम्भव न रह जाता। जब कुछ भी बल न चलता तो दूर से पत्थर खींचकर मारते थे।

इसे कायरतापूर्ण आक्रमण कहने का तात्पर्य यह है कि यज़ीदी सेना ने युद्ध का प्रारम्भ ही वाणों की वर्षा से किया। युद्ध प्रारम्भ की औपचारिक घोषणा के रूप में उमर-सअद तथा उसके साथ सहस्त्रों वाण इमाम हुसैन की सेना पर बरसाये थे। चूँकि वे वाण बहुत दूर से फेके गये थे, उनके प्रभाव शून्य ही रहे तथा उन्हें प्रतीकात्मक रूप में युद्ध घोषित करने की औपचारिकता के रूप में ही लिया जा सकता था।

प्रारम्भ से दोपहर तक युद्ध की यह व्यवस्था रही थी कि एक से एक युद्ध करता था। इससे इमाम हुसैन के सहयोगियों का मनोबल एवं उत्साह बढ़ता रहा, जिसके विपरीत यज़ीदी सेना में भय एवं दुर्व्यवस्था फैलती गयी। निरन्तर पराजय ने यज़ीदी सेना का मनोबल अत्यन्त क्षीण कर दिया था। प्रातः से अपराह्न का समय हो गया था, परन्तु विशाल यज़ीदी सेना के बनाये कुछ नहीं बनता था। निरन्तर भारी हानि हो रही थी। हुसैनी सेना जो संख्या में बहत्तर या अधिक से अधिक डेढ़ सौ व्यक्तियों पर आधारित थी, यज़ीदी सेना के लाखों पर भारी सिद्ध हो चुकी थी। तीन दिनों के भूखे-प्यासे हुसैनी योद्धाओं ने सभी सुख-सम्पदा से सम्पन्न यज़ीदी सेना के छक्के छुड़ा दिये थे।

सीसे पिलायी हुई दीवार के समान हुसैनी सेना सीना ताने खड़ी थी, जो सभी प्रकार से अभेद सिद्ध हो चुकी थी। क़ुर्आन के शब्द चित्रार्थ हो रहे थे : "**निश्चय ही ईश्वर उन लोगों से प्रेम करता है, जो उसके मार्ग में पंक्तियाँ बना कर लड़ते हैं, मानो सीसा पिलायी हुई दीवार हैं।**" (क़ुर्आन : 61/4) इसके विपरीत यज़ीदी सेना में ऊहापोह की स्थिति थी। चारों ओर अव्यवस्था फैल गयी थी। किसी एक नियम के आधार पर युद्ध करने से असमर्थ हो गये थे। प्रत्यक्षदर्शियों का कथन है कि हुसैनी सेना के सवार जिनकी संख्या मात्र बत्तीस

थी, यज़ीदी सेना पर ऐसे सशक्त आक्रमण किये कि उनके मुँह फेर दिये। वे जिस ओर आक्रमण करते यज़ीदी सेना भागती दीख पड़ती।[1]

यज़ीदी सेना के परस्पर पराजय से क्षुब्ध होकर कुर्रा-बिन-क़ैस ने, जो सवारों का नायक था, अपने सेनाप्रमुख उमर-सअद के पास अब्दुर्रहमान-बिन-हिस्सीन को इस संदेश के साथ भेजा— आप देखते हैं कि आज प्रातः से उस छोटे से वर्ग के हाथों मेरी सेना की क्या स्थिति है? अब आप प्यादों की सेना तथा वाण विशेषज्ञों के दल भेजिए कि वे मोर्चा सम्भाल सके। निःसंदेह यह यज़ीदी सेना द्वारा अपना पराजित होना स्वीकार करना ही था। उसके सेनानायक ने स्पष्ट शब्दों में अपना पराजय स्वीकार कर लिया था। उमर-सअद भी घबरा उठा। उसने शब्स-बिन-रबई को, जो प्यादों का नायक था, फटकारते हुए आदेश दिया, तुम आगे क्यों नहीं बढ़ते? परन्तु उसने अपमानजनक उत्तर दिया, खेद है कि इस मुहिम को जीतने के लिए सवारों की इतनी बड़ी सेना अपर्याप्त मानी जाय और मेरे ऐसे बड़े सेनाधिकारी को कष्ट दिया जाय और फिर वाण विशेषज्ञों की आवश्यकता भी प्रतीत हो रही है! क्या मेरे अतिरिक्त कोई अन्य व्यक्ति इस मुहिम को जीतने के लिए नहीं मिलता? यह सुनकर उमर-सअद विवश हो गया। उसने हिस्सीन-बिन-नुमैर को पाँच सौ वाण विशेषज्ञों की अतिरिक्त सेना के साथ नियुक्त किया कि वे आगे बढ़े और हुसैनी ख़ैमा के निकट जाकर पास से उन पर वाणों की वर्षा करे।[2] इसके अनुपालन में यज़ीदी सेना ने कायरतापूर्ण आक्रमण करते हुए इमाम हुसैन की सेना के निकट आकर एक साथ वाणों की वर्षा कर दी। परन्तु हुसैनी योद्धा ज़ुहैर-क़ैन ने अपने दस वीरों के साथ यज़ीदी सेना पर ऐसा आक्रामक प्रहार किया कि यज़ीदी सेनानायक शिघ्र अपनी सेना छोड़कर भाग निकला।[3] यह अपराह्न से लगभग एक घण्टा पूर्व की घटना है।

यज़ीदी सेना के कायरतापूर्ण वाणों की वर्षा इमाम हुसैन की सेना के लिए अत्यन्त दुःखदायी सिद्ध हुई। हुसैनी योद्धाओं ने वाणों की वर्षा को रोकने हेतु अपनी सवारी के पशुओं को आगे कर दिया। तलवारें लेकर आगे बढ़े और वाणों की वर्षा को तलवारों से काटने लगे। यह कल्पना करके सिहर जाते थे कि कोई वाण इमाम हुसैन और उनके परिवारजनों तक न पहुँच जाय। उनके जीते जी उनमें से किसी को किसी प्रकार की कोई क्षति न पहुँच जाय। इमाम हुसैन और

---

1. तारीख़-अर्रुसुल-वअलमुलूक, भाग-6, पृ० 250; अलइर्शाद-फ़ी-मुआरिफ़त-हुज्जाज-उल्लाह-अलाउल-इबाद, पृ० 251
2. तारीख़-अर्रुसुल-वअलमुलूक, भाग-6, पृ० 250
3. मक़तल-उल-हुसैन : अलमुक़र्रिम, पृ० 292 ; तारीख़-अर्रुसुल-वअलमुलूक, भाग-6, पृ० 251; अलइर्शाद-फ़ी-मुआरिफ़त-हुज्जाज-उल्लाह-अलाउल-इबाद, पृ० 222

उनके परिवारजनों को सुरक्षित रखने के अपने प्रयास में वे अत्यन्त सफल रहे और उनमें से किसी को किसी प्रकार का आघात नहीं पहुँचा, परन्तु जब वाणों के काले बादल हटे, तो मालूम हुआ कि उनकी सेना जो पहले ही बहुत छोटी थी, और भी छोटी हो गयी थी। साथ ही जितने भी घोड़े इमाम हुसैन की सवारी में थे, सभी वध किये जा चुके थे। कुछेक सहयोगी जो सवार थे, प्यादा हो गये थे।[1] हुर्र का घोड़ा जो पहले से ही घायल था, वध हो गया था। यज़ीदी सैनिक अयूब-बिन-मुशरह, जिसने हुर्र के घोड़े का वध किया था, कहता था कि उसने घोड़े को एक ऐसा वाण मारा कि वह थर्राकर गिर गया। हुर्र अपने घोड़े की पीठ से सिंह के समान उछलकर अलग हो गये थे।

यज़ीदी सेना के इस कायरतापूर्ण आक्रमण में हुसैनी योद्धाओं में पचास शूरवीरों ने वीरगति प्राप्त की, जिनके नाम हैं— **अदहम-बिन-उमैय्या अब्दी बसरी, उमैय्या-बिन-सअद-बिन-ज़ैद ताई, जाबिर-बिन-हुज्जाज तयमी, जिबिला-बिन-अली शैबानी, जिनादा-बिन-कअब-बिन-हार्स अंसारी ख़िज़्रज्जी, जुवैन-बिन-मालिक तयमी, हार्स-बिन-उमराउलक़ैस-बिन-आबिस किन्दी, हार्स-बिन-निबहान, हबाब-बिन-हार्स, हबाब-बिन-आमिर-बिन-कअब तयमी, हबशा-बिन-क़ैस नहमी, हुज्जाज-बिन-ज़ैद सअदी तयमी, हल्लास-बिन-उमरू अज़दी-रासबी, हनज़ला-बिन-उमर शैबानी, ज़ाहर, ज़ुहैर-बिन-बुश्र ख़िसअमी, ज़ुहैर-बिन-सुलैम-बिन-उमरू अज़दी, सालिम, सलीम, सौव्वार-बिन-मुनइम-बिन-अबी उमैर नहमी, सैफ़-बिन-मालिक अब्दी, शबीब-बिन-अब्दुल्लाह, शबीब-बिन-अब्दुल्लाह नहशली, ज़रग़ाम-बिन-मालिक तग़लबी, आमिर-बिन-मुस्लिम अब्दी बसरी, इबाद-बिन-मुहाजिर जुहनी, अब्दुर्रहमान-बिन-अब्दरब अंसारी ख़िज़्रज्जी, अब्दुर्रहमान-बिन-अब्दुल्लाह अरहबी, अब्दुर्रहमान-बिन-मस्ऊद तयमी, अब्दुल्लाह-बिन-बिश्र ख़िसअमी, अब्दुल्लाह-बिन-ज़ैद-बिन-सुबैत क़ैसी, अब्दुर्रहमान-बिन-ज़ैद-बिन-सुबैत क़ैसी, उक़बा-बिन-सुल्त जुहनी, अम्मर-बिन-अबीसलामा दालानी, अम्मार-बिन-हस्सान ताई, उमैर-बिन-ज़बीआ-बिन-क़ैस-बिन-सअलबा अलज़ाबई तयमी, इमरान-बिन-कअब-बिन-हार्स अशजई, क़ारिब, क़ासित-बिन-ज़ुहैर-बिन हार्स तग़लबी, क़ासिम-बिन-हबीब अज़दी, करदूस-बिन-ज़ुहैर-बिन-हार्स तग़लबी, किनाना-बिन-अतीक़ तग़लबी, मजम्अ-बिन-ज़ियाद-बिन-उमरू जुहनी, मस्ऊद-बिन-हुज्जाज तयमी, मुस्लिम-बिन-कसीर सदफ़ी आरज अज़दी, मुसक़ित-बिन-ज़ुहैर-बिन-हार्स तग़लबी, मुनीअ-बिन-**

---

1. तारीख़-अर्रुसुल-वअलमुलूक, भाग-6, पृ० 250; अलइर्शाद-फ़ी-मुआरिफ़त-हुज्जाज-उल्लाह-अलाउल-इबाद, पृ० 252

ज़ियाद, नसर-बिन-अबीनयज़र, नुअमान-बिन-उमर अज़दी, नईम-बिन-अजलान अंसारी।

हुसैनी ख़ैमों पर आक्रमण

यज़ीदी सेना को निरन्तर अपमानजनक पराजय से उत्पन्न हतोत्साह से उभारने हेतु सभी प्रयास असफल हुए, तो यज़ीदी सेना ने हुसैनी ख़ैमों पर आक्रमण कर दिया। हुसैनी ख़ैमे इस प्रकार स्थापित किये गये थे कि एक-दूसरे से सटे हुए थे, जिनके खूँटे और डोर ख़ैमों में छुप गये थे। ख़ैमे एक प्रकार के अभेद्य रक्षाकवच बन गये थे। उमर-सअद ने इस स्थिति को देखकर आदेश दिया कि ख़ैमों की डोरे काटकर उन्हें दाहिने-बायें से गिरा दिया जाय, ताकि हुसैनी सेना का घिराव करना सम्भव हो सके। हुसैनी सैनिकों ने यह रणनीति देखी, तो सब अपने-अपने ख़ैमों के भीतर घुसकर प्रतीक्षा करने लगे कि जैसे ही कोई यज़ीदी सैनिक उनके ख़ैमें में प्रवेश करे, इससे पहले कि वह ख़ैमे के डोरे काट सके, उसका तुरन्त वध कर दें तथा उसका शव बाहर फेंक दें। हुसैनी सैनिकों की इस रणनीति से यज़ीदी सैनिक भागने लगे तथा ख़ैमों के पास जाने से मना करने लगे। विवश होकर उमर-सअद ने अपनी रणनीति की असफलता स्वीकार करते हुए पुनः आदेश दिया कि यज़ीदी सैनिक ख़ैमे के अन्दर जाकर उसे गिराने की चेष्टा न करें, बल्कि सभी ख़ैमों में आग लगा दें।

हुसैनी ख़ैमे इस प्रकार स्थापित किये गये थे कि इमाम हुसैन का ख़ैमा तथा उनके परिवारजनों के ख़ैमों की पंक्तियाँ हुसैनी सेना के अन्य ख़ैमों की पंक्तियों से अलग स्थापित हुई थीं। हुसैनी सैनिकों के ख़ैमों की पंक्तियों में आग लगाने से उधर से आक्रमण करने का मार्ग स्वतः समाप्त होता था। उमर-सअद इस बात को न समझ सका, परन्तु इमाम हुसैन इस मर्म को भलीभाँति समझते थे, अतः उन्होंने अपने सहयोगियों से कहा कि उन्हें आग लगाने दो, रोकने की आवश्यकता नहीं है। ख़ैमे जल गये, तो यह बात उमर-सअद के समझ में भी आ गयी। उमर-सअद तथा अन्य यज़ीदी सेनानायक खीझकर रह गये। अपनी असफलता पर उन्हें अत्यन्त ग्लानि थी। शिम्र क्रोध से पागल हो उठा। इमाम हुसैन के ख़ैमे पर बरछियाँ मारता हुआ चिल्लाया कि आग लाओ, मैं इस ख़ैमे को जलाऊँगा। इमाम हुसैन के परिवारजनों के ख़ैमों में महिलाओं एवं शिशुओं में भय व्याप्त हो गया। इमाम हुसैन ने शिम्र को सावधान किया। उन्होंने कहा कि यदि तू मेरे ख़ैमे में आग लगाकर मेरे परिवारजनों को जला देगा, तो ईश्वर तूझे आग में जलाकर मारेगा। इमाम हुसैन के वक्तव्य को सुनकर यज़ीदी सैनिक भयभीत हो गये, अन्य सभी सरदारों ने भी शिम्र की भर्त्सना की। शब्स-बिन-रबई

ने शिम्र के पास जाकर कहा कि मैंने ऐसी निर्लज्ज बात नहीं सुनी, जैसी तुम अपनी जीह्वा से निकाल रहे हो और न ऐसा घृणित कार्य देखा है, जैसा तुमने करने का यत्न किया है।[1]

इस बीच **हुसैनी सेनानायक ज़ुहैर-क़ैन** ने दस योद्धाओं के साथ आकर यज़ीदी सेना को मार भगाया। उनका आक्रमण इतना तीव्र था कि शिम्र और उसके सैनिक रणभूमि में न रुक पाये, अनेक यज़ीदी सैनिक विशेषकर शिम्र का अभिन्न मित्र अबूग़ज़्ज़ा मारा गया।

एक और आगमन

यज़ीदी सेनानायक का विशाल यज़ीदी त्याग कर सत्य की रक्षा के लिए इमाम हुसैन की ओर आने वालों में हुर्र को विशेष महत्व प्राप्त है, जिसकी चर्चा प्रायः की जाती है, परन्तु उनके शुभागमन के पूर्व से यह क्रम प्रारम्भ हो चुका था, जिनकी चर्चा यथास्थान की जा चुकी है। इस क्रम के अन्तिम **योद्धा बकर-बिन-हय्य हैं**, जो यज़ीदी सेना के कायरतापूर्ण वाणों द्वारा आक्रमण के बीच उसे त्यागकर इमाम हुसैन की ओर आये। बकर-बिन-हय्य तयमी यज़ीदी सेनाप्रमुख उमर-सअद की अपनी कमान के अंग थे। उसी के साथ कर्बला आये थे। युद्ध प्रारम्भ हुआ, तो अन्तर्रात्मा की पुकार ने व्याकुल कर दिया। इसकी सूचना नहीं मिलती कि इमाम हुसैन की सेवा में प्रस्तुत भी हुए अथवा नहीं। बस इतनी जानकारी मिलती है कि यज़ीदी सेना द्वारा उपर्युक्त कायरतापूर्ण आक्रमण के बाद वीरगति को प्राप्त हुए।[2]

हुसैनी ख़ैमों पर आक्रमण के बाद दोनों ओर से भीषण युद्ध हुआ। यज़ीदी सेना में अनेक लोग वध हुए, परन्तु उनकी संख्या इतनी अधिक थी कि यज़ीदी सैनिकों के मारे जाने से कोई अन्तर नहीं पड़ता था, परन्तु हुसैनी सेना में योद्धाओं की संख्या इतनी कम हो गयी थी कि किसी एक के शहीद होने से भी उसकी कमी महसूस होती थी।[3] यद्यपि उनका उत्साह बढ़ता ही जाता था। मुस्लिम-बिन-औसजा के बाद उनके सुपुत्र (आयु 12 वर्ष) ने असाधारण शौर्य प्रदर्शित करते हुए 20 यज़ीदियों का वध करके वीरगति प्राप्त की। इसी प्रकार मस्ऊद-बिन-हज्जाज के सुपुत्र ने भी अपने पिता का नाम रौशन किया। हुर्र के

1. तारीख़-अर्रुसुल-वअलमुलूक, भाग-6, पृ० 250
2. शहीदे-इंसानियत, पृ० 445
3. तारीख़-अर्रुसुल-वअलमुलूक, भाग-6, पृ० 251

भाई मुसअब-बिन-यज़ीद रियाही, सुपुत्र बकीर-बिन-हुर्र तथा उनके दास क़ुर्रा भी शहीद हुए।

हुसैनी योद्धा **जिनादा-बिन-कअब-बिन-हार्स अंसारी ख़ज़्रज्जी** ने यज़ीदी सेना द्वारा कायरतापूर्ण आक्रमण के समय सत्य की रक्षा में अपने प्राणों की आहुति दी थी, उनका नाम उन पचास वीरगति को प्राप्त योद्धाओं में है, जिनकी सूची उपर्युक्त प्रस्तुत की जा चुकी है। इमाम हुसैन अपने ख़ैमे के सामने अन्य सहयोगियों के साथ विराजमान थे कि उन्होंने देखा कि एक बालक कमर में तलवार लटकाये उनकी ओर आ रहा है। आयु में इतना कम है कि तलवार ज़मीन पर खिचती हुई आ रही है। उसने निकट आकर इमाम हुसैन को सलाम किया तथा उनसे युद्ध करने की अनुमति हेतु प्रार्थना की। इमाम हुसैन ने लोगों से पूछा कि यह बालक कौन है? उन्हें बताया गया कि यह जिनादा-बिन-कअब का सुपुत्र **उमर-बिन-जिनादा** है। इमाम हुसैन ने उसे अपनी जाँघ पर बैठा लिया और कहा कि तुम्हारे लिए यही गौरव पर्याप्त है कि तुम्हारे पिता ने सत्य की रक्षा में अपने प्राणों की आहुति दी। जाओ, अपनी माता के कोख की ठंडक बनो। शिशु अमरू ने कहा कि यह तलवार तो मेरी माताश्री ने ही मेरे कमर से लगायी है और उन्होंने ही रणभूमि में जाने की अनुमति दी है। जिनादा की विधवा ने भी आकर इमाम हुसैन से प्रार्थना की। इमाम हुसैन ने उसकी प्रार्थना स्वीकार की और शिशु अमरू रणभूमि में आया, युद्ध किया और वीरगति को प्राप्त हुआ। यज़ीदी सेना के किसी निर्दयी सैनिक ने उस शिशु का सिर काटकर हुसैनी सेना की ओर फेका। परमवीर माता ने बढ़कर सिर को उठा लिया उसको प्यार किया और कहा, धन्य हो पुत्र कि तुमने इमाम हुसैन पर अपने प्राणों को न्यौछावर कर दिया फिर उस सिर को यज़ीदी सेना की ओर यह कहते हुए फेक दिया कि हम दान में दी हुई वस्तु वापस नहीं लेते![1]

ज़ुहर की नमाज़ और जिहाद

युद्ध के बीच दोपहर हो गया, ज़ुहर की नमाज़ का समय आ गया। इमाम हुसैन अपनी संक्षिप्त सेना के साथ रणभूमि में थे। हुसैनी योद्धा **अबूसमामा-उमरू-बिन-अब्दुल्लाह सायदी** ने इमाम हुसैन की सेवा में प्रस्तुत होकर कहा, स्वामी! यह ज़ुहर की नमाज़ का विशिष्ट समय है। मृत्यु निकट है, चाहता हूँ कि अन्तिम नमाज़ आपके साथ पढ़ने के बाद ईश्वर के सामने जाऊँ। इमाम हुसैन ने आसमान की तरफ़ देखा और कहा, निश्चय ही यह ज़ुहर का विशिष्ट समय है!

---

1. शहीदे-इंसानियत, पृ० 445-46

फिर दुआ दी, ईश्वर तेरी गणना नमाज़ियों में करे। इसके बाद कहा कि यज़ीदी सेना से अनुरोध करो कि इतनी देर के लिए युद्ध को विराम दे दें कि हम लोग नमाज़ पढ़ लें।

यज़ीदी सेना ने इमाम हुसैन को ज़ुहर की नमाज़ अदा करने के लिए समय देने से इंकार कर दिया, परन्तु इमाम हुसैन ने नमाज़ की वरीयता को सर्वोपरि रखा। उन्होंने अपनी संक्षिप्त-सी सेना के साथ, जो और भी संक्षिप्त हो गयी थी, नमाज़ पढ़ने के लिए तत्पर हुए। हुसैनी सेनानियों ने इमाम हुसैन के पीछे नमाज़ की पंक्तियाँ बना लीं। इमाम हुसैन नमाज़ पढ़ाने के लिए सबके आगे थे अर्थात् अब यज़ीदी सेना के सामने इमाम हुसैन थे। दुश्मन के प्रहार का प्रथम प्रभाव उन पर होता। परन्तु इमाम हुसैन के प्रतिबद्ध एवं समर्पित सहयोगी कैसे सहन कर सकते थे कि उनके रहते हुए उनके स्वामी पर आघात किया जाय। इतिहास में अपने प्रकार की सबसे अलग प्रकार की नमाज़ हुई, जिसमें इमाम के आगे दो वीर सेनानी **ज़ुहैर-बिन-क़ैन** तथा **सईद-बिन-अब्दुल्लाह हनफ़ी** तलवारें लेकर खड़े हो गये, जबकि स्वाभाविक रूप में होता यह है कि इमाम आगे होते हैं और अन्य नमाज़ी पीछे होते हैं। इन्हें इमाम के आगे खड़े होकर ईश-वन्दना का अवसर मिला। यज़ीदी सेना की ओर से वाणों की वर्षा शुरू हुई। दोनों वीरों ने वाणों को अपने तलवारों से काटना शुरू किया, यदि वाणों को काटने में असफल हुए, तो अपना सीना सामने कर दिया, जिसमें वाण गड़ते चले गये। इधर इमाम हुसैन ने अपनी नमाज़ सम्पन्न की उधर दोनों योद्धा, जो एक-दूसरे से गले में बाँहें डाले हुए लहूलुहान झूम रहे थे, इमाम हुसैन के क़दमों पर गिर पड़े। सईद-बिन-अब्दुल्लाह हनफ़ी इतना अधिक घायल हो गये थे कि उसी समय वीर गति को प्राप्त हो गये, उनके शरीर में तेरह वाण गड़े हुए थे। ज़ुहैर-क़ैन अत्यन्त घायल होने के बावजूद उस समय जीवित बच गये थे।[1]

यज़ीदी सेना ने न केवल यह कि इमाम हुसैन को ज़ुहर की नमाज़ पढ़ने का समय नहीं दिया वरन् उनके अनुरोध पर यज़ीदी सेनानायक हिस्सीन-बिन-नुमैर ने अपनी सेना से बाहर निकलकर पुकारा और कहा कि तुम्हारी नमाज़ स्वीकार्य नहीं हो सकती।[2] हुसैनी सेनानायक **हबीब-बिन-मज़ाहिर** के लिए हिस्सीन-बिन-नुमैर का वक्तव्य असहनीय हो गया। उन्होंने ललकार कर कहा, क्या कहा, स्वीकार्य नहीं है? पैग़म्बर के सुपुत्र की नमाज़ तेरे विचार में स्वीकार्य नहीं है और तेरी नमाज़ स्वीकार्य है। यह सुनते ही हिस्सीन ने हबीब पर आक्रमण कर दिया।

---

1. मुशीर-उल-अहज़ान, पृ० 34; तारीख़-अर्रुसुल-वअलमुलूक, भाग-6, पृ० 252
2. तारीख़-अर्रुसुल-वअलमुलूक, भाग-6, पृ० 251

हबीब भी मुक़ाबले पर आ गये। उन्होंने उसके घोड़े के मुँह पर तलवार मारी, जिससे घोड़ा अलफ़ हो गया, हिस्सीन ज़मीन पर गिर पड़ा, परन्तु उसके साथियों ने बढ़कर उसे अपने घेरे में ले लिया और हबीब से बचाकर ले गये।

अब हबीब रणभूमि में उतर ही चुके थे। ईमान का जोश, इमाम हुसैन के प्रति अद्वितीय समर्पण, शत्रुओं के कटाक्ष पर क्रोध और उसके जीवित बच जाने का दुःख, ललकारते हुए कहा, ईश्वर की सौगन्ध, अगर हम संख्या में तुम्हारे समान होते अथवा तुम्हारे आधे भी होते, तो तुम हमारे सामने से भागते फिरते, तुम इस धरती के निकृष्टतम जन्तु हो, नैतिक रूप में भी तथा पारिवारिक स्थिति में भी। हबीब ने अत्यन्त वीरतापूर्वक युद्ध किया। अनेक यज़ीदी सैनिकों का वध किया। यज़ीदी सेना का नामचीन पहलवान बुदैल-बिन-सोरेम ने उन पर आक्रमण किया, परन्तु हबीब ने एक ही वार में उसकी जीवनलीला समाप्त कर दी, परन्तु किसी अन्य यज़ीदी सैनिक ने धोखे से वार किया, जिससे वे ज़मीन पर गिर पड़े। पूर्व में पराजित हिस्सीन-बिन-नुमैर ने सिर पर तलवार लगायी, जिससे वे वीरगति को प्राप्त हो गये। यज़ीदी सैनिक जिसने हबीब को ज़मीन पर गिराया था, उनका सिर काटने के लिए आया, तो हिस्सीन ने कहा कि मैं भी उनके वध में सम्मिलित हूँ। सैनिक ने कहा, नहीं। मैंने उन्हें मारा है। अन्त में हिस्सीन ने कहा कि मुझे इतना कर लेने दे कि मुझे उनका सिर अपने घोड़े की गरदन में बाँधकर सेना का चक्कर लगाने दे, तो फिर तू उसको ले ले और इब्न-ज़ियाद से पुरस्कार भी तू ही ले ले। इस प्रकार हिस्सीन-बिन-नुमैर ने अपनी खीझ मिटायी।[1]

हुर्र की चर्चा गत पृष्ठों में कई स्थान पर हो चुकी है। हमारे पाठकगण उनसे पूर्णतया परिचित हैं कि वे यज़ीदी सेना त्यागकर हुसैनी सेना में सम्मिलित हुए थे तथा पूर्व में यज़ीदी सेना को कई बार ललकार भी चुके थे। चर्चा की जा चुकी है कि यज़ीदी सेना के कायरतापूर्ण आक्रमण में उनके घोड़े के पय हो जाने के बाद प्यादा हो गये थे। इस स्थिति में उन्होंने कई बार युद्ध किया था। हबीब-इब्न-मज़ाहिर के शहीद हो जाने के बाद उन्होंने प्रण कर लिया कि अब वे अपने प्राणों की आहुति प्रस्तुत करेंगे। रणभूमि में आये और रजज़ पढ़ने लगे—मैं प्रण करता हूँ कि मैं उस समय तक वध नहीं किया जा सकूँगा, जब तक कि मैं शत्रुओं को उनके कुकर्म पर दण्डित न कर सकूँ, उन्हें मृत्यु को प्राप्त न करा सकूँ।

ज़ुहैर-बिन-क़ैन ने हुर्र के साथ सम्मिलित होकर सामूहिक रूप में युद्ध प्रारम्भ किया। दोनों बढ़-बढ़कर आक्रमण करते, जब एक शत्रुओं के बीच घिर जाता, तो दूसरा उसकी सहायता कर छुड़ा लेता। कुछ देर तक यही स्थिति रही।

---

1. तारीख़-अर्रुसुल-वअलमुलूक, भाग-6, पृ० 251; मुशीर-उल-अहज़ान, पृ० 34

फिर यज़ीदी सेना में प्यादों की कमान में हुर्र को चारों ओर से घेर लिया।[1] ज़ुहैर-क़ैन अत्यन्त प्रयास करने के बावजूद हुर्र तक न पहुँच सके। बहुत से लोग एक साथ हुर्र पर टूट पड़े और तलवारों से घायल करने लगे। हुर्र के वीरगति प्राप्त करने पर उनके शव पर इमाम हुसैन ने कहा था, निःसंदेह तुम हुर्र (स्वतन्त्र) हो, तुम्हारे माता-पिता ने तुम्हारा नाम बहुत ठीक रखा है। तुम दुनिया में भी हुर्र हो और आख़िरत में भी।[2]

ज़ुहैर-बिन-क़ैन अपनी धर्मनिष्ठा एवं इमाम हुसैन के प्रति समर्पण साथ ही वीरता एवं शौर्य के आधार पर विशिष्ट हैं, जिनकी यथास्थान चर्चा की गयी है। एक बार हुर्र के साथ सम्मिलित होकर युद्ध किया, जिसमें हुर्र ने वीरगति प्राप्त की, परन्तु ज़ुहर-क़ैन उस समय जीवित रह गये। पुनः सईद-बिन-अब्दुल्लाह हनफ़ी के साथ इमाम हुसैन के अंगरक्षक रहे कि इमाम हुसैन अपनी ज़ुहर की नमाज़ पढ़ सकें। सईद शहीद हो गये, परन्तु ज़ुहैर-क़ैन इस बार भी बच गये। बलिदानी महावीर ज़ुहैर-क़ैन के लिए उनका बार-बार बच जाना असह्य हो गया। यद्यपि अत्यन्त घायल अवस्था में थे, परन्तु तलवार लेकर युद्धभूमि में आ गये। बड़े जोश में रजज़ पढ़ने लगे— मैं ज़ुहैर-बिन-क़ैन हूँ, क़ैन का पुत्र, मैं अपनी तलवार से शत्रुओं को इमाम हुसैन के पास से दूर कर दूँगा। फिर उन्होंने ऐसा युद्ध किया कि उनके शत्रु भी उनका लोहा मान गये। यज़ीदी सेना ने सामूहिक रूप में उन पर आक्रमण किया, अन्त में कसीर-बिन-अब्दुल्लाह शुअबी तथा मुहाजिर-बिन-ओस ने सामूहिक रूप में उनका वध किया।

अबूसमामा सायदी, जिन्होंने इमाम हुसैन को ज़ुहर की नमाज़ की याद दिलायी थी कि अन्तिम नमाज़ इमाम हुसैन के पीछे पढ़ लें, परन्तु उनकी यह इच्छा पूरी न हो सकी। उन्होंने अत्यन्त सफल युद्ध कर अनेक यज़ीदियों का वध किया, फिर उन्हीं के क़बीले के एक व्यक्ति ने, जो यज़ीदी सेना में था, धोखे से उन्हें शहीद कर दिया।

ज़ुहैर-क़ैन के चचेरे भाई **सलमान-बिन-मुज़ारिब**, जो उनके साथ ही कर्बला आये थे। वीरतापूर्वक युद्ध किया, ज़ुहर के बाद के शहीदों में सम्मिलित हैं।

उमर-बिन-क़ुर्ज़ अंसारी तलवार लेकर रणभूमि में आये, तो बड़े जोश से शत्रुओं को ललकारा तथा इमाम हुसैन के प्रति अपने समर्पण को दर्शाते हुए कहा, इमाम हुसैन पर मेरे प्राण और मेरा घरबार सब न्यौछावर है। कुछ देर तक

1. तारीख़-अर्रुसुल-वअलमुलूक, भाग-6, पृ० 252
2. अलइर्शाद-फ़ी-मुआरिफ़त-हुज्जाज-उल्लाह-अलाउल-इबाद, पृ० 215

युद्ध करने के बाद इमाम हुसैन के पास आकर खड़े हो गये। यज़ीदी सेना की ओर से जो वाण इमाम हुसैन की ओर आते, उसे रोकते और स्वयं ढाल बन जाते। अन्त में अत्यन्त घायल हो गये तो इमाम हुसैन से पूछा, स्वामी मैंने अपना दायित्व निभाया? इमाम ने कहा, हाँ! तुम स्वर्ग में मुझसे पहले जाओगे, मेरे पितामह को मेरा सलाम पहुँचा देना और कहना कि मैं भी शीघ्र ही आ रहा हूँ।

नाफ़िअ-बिन-हिलाल बिजिल्ली धनुष विद्या में विशिष्ट थे। उन्होंने अपने वाणों की नोक पर अपना नाम लिख दिया था और उन्हें विष में बुझा लिया था। ज़ुहर के बाद उन्होंने वाण चलाना प्रारम्भ किया। शत्रु सेना के 12 लोगों का वध किया तथा अनेक को घायल कर दिया। यहाँ तक कि शत्रुओं ने उन्हें चारों ओर से घेर लिया उनके दोनों बाँह घायल हो गये थे। शिम्र तथा उसकी सेना ने नाफ़िअ को बन्दी बना लिया उन्हें उमर-सअद के सामने इस स्थिति में लाया गया कि उनकी दाढ़ी से ख़ून टपक रहा था। उमर-सअद ने व्यंग्य करते हुए कहा कि तुमने अपनी अन्तर्रात्मा के साथ कैसा दुर्व्यवहार किया है। परमवीर नाफ़िअ ने उत्तर दिया, मेरी अन्तर्रात्मा का संज्ञान ईश्वर को है। परन्तु यदि मेरी बाँहें टूट न जाती, तो तुम मुझे इस प्रकार बन्दी नहीं बना सकते थे। शिम्र ने उनका वध कर दिया।[1]

आबिस-बिन-अबीशबीब शाकिरी के पूर्व उनके दास **शोअज़ब-बिन-अब्दुल्लाह** शहीद हुए, फिर स्वयं आबिस। आबिस जब युद्ध के लिए रणभूमि में उतरे, तो उनके माथे पर एक घाव पहले से मौजूद था, जो पूर्व के किसी युद्ध में आ गया था। यज़ीदी सेना आबिस को देखकर भयभीत हो उठी, क्योंकि उनमें अनेक लोगों ने आबिस को पूर्व में युद्ध करते हुए देखा था। उमर-सअद ने अपने कई सैनिकों को युद्ध के लिए कहा, परन्तु कोई तैयार नहीं हुआ। उमर-सअद ने कहा, तुम आबिस के निकट नहीं जा सकते, तो सब मिलकर दूर से पत्थर की वर्षा करो। आबिस ने युद्ध-कवच उतार दिये और तलवार सौंत कर शत्रु सेना पर टूट पड़े, जिधर जाते यज़ीदी भागते दीख पड़ते। अन्त में यज़ीदी सेना ने चारों तरफ़ से घेरकर उनका वध कर दिया। उनका सिर काटा गया, तो कई लोग झगड़ा करने लगे कि उसने वध किया है। उमर-सअद ने कहा, आबिस का क़ातिल कोई एक नहीं हो सकता, तुम सबने मिलकर उनका वध किया है।[2]

इस्लामी पैग़म्बर के प्रमुख **सहाबी अबूज़र ग़फ़्फ़ारी** के क़बीला के हराक़ ग़फ़्फ़ारी के दो पौत्र, तथा हज़रत अली के सहयोगी उरवा (या उज़रा) के सुपुत्र

---

1. तारीख़-अर्रसुल-वअलमुलूक, भाग-6, पृ० 253
2. तारीख़-अर्रसुल-वअलमुलूक, भाग-6, पृ० 253

अब्दुल्लाह तथा **अब्दुर्रहमान** दोनों ने मिलकर साथ-साथ यज़ीदी सेना से युद्ध किया तथा वीरगति को प्राप्त हुए।

हनज़ला-बिन-असअद शबामी ने यज़ीदी सेना को ललकारा तथा रणभूमि में कूद पड़े, युद्ध किया, यज़ीदियों को मारा और वीरगति को प्राप्त हुए।

सैफ़-बिन-हार्स-बिन-सरीअ तथा **मालिक-बिन-अब्द दुल्लाह-बिन-सरीअ** दोनों चचेरे भाई थे, परन्तु दोनों की माता एक ही थी। उनके साथ शबीब भी थे, जो यज़ीदी सेना के कायरतापूर्ण आक्रमण में शहीद हुए थे। ये दोनों भाई इमाम हुसैन के पास खड़े होकर रोने लगे। इमाम हुसैन ने कारण पूछा, तो उन्होंने उत्तर दिया, हमारे प्राण आप पर न्यौछावर हों, हम अपने लिए नहीं रोते, हमें आपके निःसहाय होने पर रोना आ रहा है। हम देखते हैं कि शत्रुओं ने चारों ओर से आपको घेर लिया है तथा हम आपको सुरक्षित रखने में असफल हो रहे हैं। इमाम हुसैन ने उनके सद्‌भाव की सराहना की। दोनों भाई रणभूमि आये युद्ध किया बहुतों को मारा तथा वीरगति को प्राप्त हुए।

जौन, इस्लामी पैग़म्बर के विशिष्ट सहाबी हज़रत अबूज़र के हब्शी दास थे। इमाम हुसैन से रणभूमि में जाने की अनुमति माँगी, तो इमाम हुसैन ने उन्हें अत्यन्त वृद्ध होने के कारण अनुमति प्रदान करने में संकोच किया। उन्हें अत्यन्त कष्ट हुआ। कहने लगे, किंचित मेरा रंग काला है, मैं निम्न परिवार से हूँ, मेरे शरीर से बदबू आती है, सम्भवतः मेरा ख़ून आपके उच्च परिवार के ख़ून के साथ मिलकर नहीं बह सकता। इमाम हुसैन ने उन्हें गले से लगा लिया। उन्हें युद्ध करने की अनुमति प्रदान की तथा ईश्वर से दुआ की--पालनहार! जौन के काले रंग को सफ़ेदी में बदल दे। इनके मुँह को आभामान कर दे, इनका शरीर सुगन्धित हो उठे। इनकी सर्वश्रेष्ठ धर्मनिष्ठ लोगों में गणना हो। जौन ने सफलतापूर्वक युद्ध किया तथा वीरगति को प्राप्त हुए।

इमाम हुसैन के एक **तुर्की दास वाज़ह,** जिनको उन्होंने अपने सुपुत्र इमाम ज़ैन-उल-आबिदीन को प्रदान किया था, रणभूमि में आये तो अद्वितीय युद्ध किया। अन्त में घायल होकर गिर पड़े। इमाम हुसैन अन्तिम समय में उनके पास आये और अपनी बाहें उनके गले में डाल दीं। उन्होंने मुर्छा से आँखें खोलीं और इमाम हुसैन को देखकर मुस्कराये। फिर सदैव के लिए आँखें बन्द कर लीं।

अनस-बिन-हार्स काहिली असदी कर्बला आये, तो अत्यन्त वृद्ध हो चुके थे, परन्तु धार्मिक निष्ठा में युवाओं से बढ़कर थे। युद्ध में जाने से पूर्व अपने को अच्छी तरह से सजाया। सिर पर पगड़ी बाँधी, कमरबन्द से कमर को चुस्त किया, भवें, जो आँखों पर अटक आयी थीं, ऊँचा करके रूमाल से माथे पर बाँधा। पूरी सजधज से रणभूमि में आये, युद्ध किया तथा वीरगति को प्राप्त हुए।

हुज्जाज-बिन-मसरूक़ जाफ़ी को सौभाग्य प्राप्त था कि हुर्र की सेना के आने के बाद ज़ुहर की नमाज़ का वक़्त हुआ, तो इमाम हुसैन ने उन्हें अज़ान देने का अवसर प्रदान किया था। रणभूमि आये तो अनेक शत्रुओं का वध किया। अन्त में स्वयं शहीद हो गये।

ज़ियाद-बिन-अरीब सायदी ने तीव्र युद्ध किया। यज़ीदी सेना के कई लोगों का वध किया। अन्त में स्वयं भी शहीद हो गये।

सालिम-बिन-उमर-बिन-अब्दुल्लाह कल्बी की विशेषता है कि वे पहले हज़रत मुस्लिम के साथ जिहाद में सम्मिलित हुए, फिर उनके शहीद होने पर कर्बला में आकर इमाम हुसैन की सेना में सम्मिलित हुए तथा शहीद हुए।

सअद-बिन-हार्स अंसारी अजलानी, जो हज़रत अली के सेवक थे, ज़ुहर के बाद रणभूमि आये, युद्ध किया तथा अपने प्राण इमाम हुसैन पर न्यौछावर कर दिये।

उमर-बिन-जुनदब हज़रमी, जो कूफ़ा में हज़रत मुस्लिम के शहीद होने के बाद किसी तरह छुपते-छुपाते इमाम हुसैन तक पहुँचे थे, इमाम हुसैन के शत्रुओं से युद्ध करते हुए शहीद हुए।

क़अनब-बिन-उमर नमरी बसरावासी थे। कर्बला में इमाम हुसैन के शत्रुओं से युद्ध किया और शहीद हुए।

ज़ैद-बिन-सुबैत क़ैसी भी बसरावासी थे। उनके दो पुत्रों अब्दुल्लाह तथा उबैदउल्लाह की चर्चा हो चुकी है, जो शत्रु सेना के कायरतापूर्ण आक्रमण में शहीद हुए थे। ज़ैद-बिन-सुबैत अपने पुत्रों के बाद रणभूमि में आये। युद्ध किया तथा वीरगति को प्राप्त हुए।

यज़ीद-बिन-मअक़ल जाफ़ी, जो हज़रत अली के सहयोगियों में थे तथा उनके समर्थन में विरोधियों से युद्ध कर चुके थे। कर्बला में इमाम हुसैन के शत्रुओं से युद्ध करते हुए शहीद हुए।

राफ़िअ-बिन-अब्दुल्लाह, जो मुस्लिम अज़दी के सेवक थे, अपने स्वामी के संग कर्बला आये, इमाम हुसैन के समर्थन में युद्ध किया और शहीद हुए।

बुश्र-बिन-उमर किन्दी की चर्चा उपर्युक्त पंक्तियों में हो चुकी है कि उनका पुत्र उमर रय में बन्दी बना लिया गया था। परन्तु वे उसे छुड़ाने के लिए नहीं गये और इमाम हुसैन पर अपने प्राण न्यौछावर करने की वरीयता दी। वे इमाम हुसैन के सहयोगियों में उन महानुभावों में हैं, जो अन्त में शहीद हुए।

स्वैद-बिन-उमर-बिनअबी मुताअ ख़समी, जो शारीरिक रूप में अत्यन्त वृद्ध थे, पूर्व में अनेक युद्धों में सम्मिलित हो चुके थे, कर्बला में बुश्र-बिन-उमर-

बिन-उहदूस हजरमी किन्दी के बाद इमाम हुसैन की ओर से रणभूमि आये। युद्ध किया, अत्यन्त घायल हुए, जिससे उनको मृत समझ लिया गया, यद्यपि उनके शरीर में प्राण शेष थे। इमाम हुसैन के शहीद होने के बाद वे मूर्छा से सचेत हुए, तो उस समय तक इमाम हुसैन का वध हो चुका था। यह असह्य हो गया। तड़पकर उठ खड़े हुए। उनकी तलवार लोग ले जा चुके थे। एक छूरा पड़ा हुआ था। उसी से शत्रुओं पर आक्रमण कर दिया, शत्रुओं ने घेरकर वध कर दिया और उनका सिर उनके शरीर से अलग कर दिया।

उपर्युक्त में इमाम हुसैन के जिन सहयोगियों की चर्चा की गयी है, उनके अतिरिक्त कुछ अन्य शहीद भी हैं, जिनका कर्बला में इमाम हुसैन की ओर से युद्ध करने तथा वीरगति को प्राप्त करने की चर्चा मिलती है। विख्यात है कि हुसैनी ब्राह्मणों के पूर्वज भी इमाम हुसैन के समर्थन में शहीद हुए थे, जिनके वंशजों का कहना है कि वे मूलरूप में ब्राह्मण हैं, जिनके गोत्र हैं— गप्पे, भाकर, लंदो, गारे, दारगोपाल, रती, छटछुट, राबत, भारद्वाजी, दानभार तथा अनेक अन्य। कुछेक सूत्र उन्हें दत्ता ब्राह्मण बताते हैं तथा भट् कहलाने के कारण हुसैनी वीर कथा कहते हैं।[1] सरायकी भाषा में कर्बला-वृत्तान्त पर आधारित कवित मिलती है, जिसको सरायकी भाषाशास्त्री 'हिन्दू-शाही काल' (850-900 ई०) का बताते हैं।[2] इसमें हुसैनी ब्राह्मणों के बलिदान का वर्णन होता है, जो इस प्रकार है कि राजा सिद्ध ओझादत्त ने अरब में निवास किया। उसकी संतान में रायपुत्र, बीरसार तथा मीरद भी अरब में निवास करते थे। उमैय्या राज्य ने न्यायप्रिय इमाम पर अत्याचार किया। दत्तों ने इमाम का साथ देकर शत्रुओं का वध किया। उनको भय से ग्रस्त किया। इमाम की जीत हुई। दुनिया इमाम को धन्य-धन्य कहने लगी।[3] इस पर गहन शोध एवं अनुशीलन की आवश्यकता है। आशा की जा सकती है कि आगे कोई विद्वान शोधार्थी इसे अपना विषय बनायेगा।

परिवारजनों का जिहाद

इमाम हुसैन के सभी सहयोगी वीरगति को प्राप्त हो गये तो उनके परिवारजनों ने सत्य की रक्षा में जिहाद किया। यह तथ्य ध्यान देने योग्य है कि जब तक इमाम हुसैन के सहयोगियों में एक व्यक्ति भी जीवित रहा, इमाम हुसैन

---

1. A Glossary of the Tribes and Castes of the Punjab and North-West Frontier Provinces, Vol. II, pp. 141-42
2. दुर्रे-ग़ौहर, पृ० 9
3. तारीख़े-अदबयाते-मुसलमानाने-पाकिस्तानो-हिन्द, भाग-14 (2), पृ० 264

अथवा उनके परिवारजनों में किसी को यज़ीदी सेना सभी प्रकार के यत्न करने पर भी कोई क्षति नहीं अथवा आघात पहुँचाने में असमर्थ रही। इमाम हुसैन के वीर एवं प्रतापी सहयोगी शीशे की पिघलायी हुई दीवार के समान यज़ीदी सेना के सामने सीना खोले हुए खड़े रहे कि यदि कोई वाण या तलवार हुसैनी सेना की तरफ़ आती है, तो इमाम हुसैन या उनके परिवारजनों को कोई हानि पहुँचाने की बजाय हुसैनी सेना के योद्धा उन्हें अपने सीनों पर लेने के लिए तैयार रहे। इमाम हुसैन के अद्वितीय प्रतिबद्ध एवं समर्पित सहयोगियों में जब कोई न रहा तो इमाम हुसैन के परिवारजनों में पुत्र, भाई, भतीजे, भांजे तथा अन्य सम्बन्धी एक-एक करके शहीद हुए, जिनकी चर्चा आगामी पंक्तियों में की जायेगी।

इमाम हुसैन के परिवारजनों में सर्वप्रथम उनके सुपुत्र अली अकबर रणभूमि में आये। उस समय उनकी आयु 18 वर्ष थी।[1] अत्यन्त सुन्दर एवं मृदुलभाषी थे। अपनी आकृति एवं सदाचार में इस्लामी पैग़म्बर की यादगार थे। इमाम हुसैन का उनके प्रति असाधारण अनुराग था। अली अकबर रणभूमि में जाने की अनुमति हेतु इमाम हुसैन की सेवा में प्रस्तुत हुए, तो इमाम हुसैन ने कहा कि पहले अपनी फूफी ज़ैनब की अनुमति प्राप्त करो, जिन्होंने तुम्हें अपने पुत्रों से बढ़कर प्यार दिया है तथा पाल-पोसकर बड़ा किया है। अली अकबर मुस्कराते हुए ख़ैमे में आये। ज़ैनब ने पूछा, क्या सन्धि हो गयी कि तुम मुस्कुरा रहे हो? अली अकबर ने उत्तर दिया—जिस अवसर के लिए गतरात्रि भर आप अपने सुपुत्रों औन और मुहम्मद को तैयार करती रही हैं, उसका समय आ गया है। अब हमें रणभूमि में जाने की अनुमति प्रदान करें, ताकि हम आपके दिये हुए संस्कारों पर पूरे उतर सकें। उनसे अनुमति प्राप्त करने के बाद अली अकबर इमाम हुसैन की सेवा में आये। इमाम हुसैन अली अकबर को रणभूमि में जाने से मना नहीं कर सकते थे, परन्तु उनकी मनःस्थिति का अनुमान इससे किया जा सकता है कि उन्होंने रणभूमि में जाने के लिए अली अकबर को स्वयं शस्त्रों से सुसज्जित किया। फिर अपने सिर की पगड़ी उतारकर अली अकबर को पहना दी और अल्लाह की बारगाह में दुआ की—पालनेवाले! जब मैं तेरे पैग़म्बर के दर्शन का अभिलाषी होता था, अपने इस पुत्र को देख लेता था। अब तेरे पैग़म्बर के दर्शन से वंचित हो रहा हूँ। मेरा यह पुत्र अपनी आकृति एवं सदाचार में तेरे पैग़म्बर की याद दिलाता है।

अली अकबर रणभूमि में आये। उनसे युद्ध करने के लिए यज़ीदी सेना के प्रमुख सेनानियों को उमर-सअद ने मुक़ाबले में उतारा, परन्तु अली अकबर पर दल-बल का कोई प्रभाव न हुआ बल्कि उन्होंने उनका वध कर दिया। इस प्रहार

1. अलइर्शाद-फ़ी-मुआरिफ़त-हुज्जाज-उल्लाह-अलाउल-इबाद, पृ० 237

में अली अकबर ने यज़ीदी सेना के 120 पहलवानों को वध किया था।[1] उनके असाधारण युद्ध से घबराकर यज़ीदी सेना सामने से भाग निकली। अली अकबर विजय कर इमाम हुसैन के पास लौटे। प्यास से व्याकुल हो रहे थे। इमाम हुसैन से अपनी स्थिति बतायी। इमाम हुसैन ने कहा कि अपनी जीभ मेरे मुँह में दो, शायद तुम्हें राहत मिल जाय। अली अकबर ने अपनी जीभ इमाम हुसैन के मुँह में दे दी, परन्तु तुरन्त ही बाहर कर ली। कहा, पिताश्री! आपका मुँह तो मुझसे भी अधिक सूखा हुआ है। अली अकबर समझ गये कि इमाम हुसैन यही बताना चाहते थे कि वे वृद्ध होकर निरन्तर दुःख सहन कर रहे हैं, उन्हें भी सहन करना चाहिए।[2] अली अकबर पुनः रणभूमि में आये और युद्ध प्रारम्भ किया। इस बार 80 यज़ीदी सैनिकों का वध किया।[3] यज़ीदी सैनिक मंक़ज़-बिन-मुर्रा ने तलवार से आक्रमण किया और हिस्सीन-बिन-नुमैर पीछे की ओर से सीने पर बरछी मारी जो आरपार हो गयी। अली अकबर घोड़े से ज़मीन पर गिर पड़े। शत्रुओं ने चारों ओर से घेरकर उनके शरीर के टुकड़े-टुकड़े कर दिये। इमाम हुसैन पर अली अकबर के शहीद होने का स्वाभाविक रूप में असाधारण प्रभाव हुआ। वे परिवार के अन्य युवकों के साथ उनके मृत शरीर के पास गये और कहा, उठाओ! अपने भाई का शव। सभी युवा आगे बढ़े तथा अली अकबर के शव को लाकर उस ख़ैमे के आगे रख दिया, जो हुसैनी सेना के मध्य में था।[4]

अब्दुल्लाह-बिन-मुस्लिम-बिन-अक़ील की माता रुक़ैय्या इमाम हुसैन की बहन थीं तथा पिता मुस्लिम चचेरे भाई थे। इस प्रकार अब्दुल्लाह इमाम हुसैन के भतीजे और भांजे दोनों ही थे। अली अकबर की शहादत के बाद हुसैनी ख़ैमों में दुःख व्याप्त हुआ, तो अब्दुल्लाह, जो अपने बाल अवस्था में थे, ख़ैमे के बाहर निकल आये। यज़ीदी सैनिक उमरू सदाई ने अब्दुल्लाह पर वाण लगाया, जो उनके माथे की ओर आया।[5] उन्होंने बचाव में अपना हाथ माथे पर रखा, तो वाण ने हाथ को माथे के साथ छेद दिया, फिर दूसरा वाण सीने पर पड़ा, जिससे शहीद हो गये।[6] कुछेक कहते हैं कि किसी निर्दयी ने बरछी से सीने पर वार किया, जिससे शहीद हुए।[7]

---

1. बिहार-उल-अनवार, भाग-1, पृ० 266
2. बिहार-उल-अनवार, भाग-1,पृ० 266
3. बिहार-उल-अनवार, भाग-1,पृ० 266
4. तारीख़-अर्रुसुल-वअलमुलूक, भाग-6, पृ० 256
5. अलअख़बार-उल-तवाल, पृ० 254
6. तारीख़-अर्रुसुल-वअलमुलूक, भाग-6, पृ० 256
7. तारीख़-अर्रुसुल-वअलमुलूक, भाग-6, पृ० 256

अब्दुल्लाह की शहादत के बाद हज़रत अक़ील के वंशजों में एक साथ आक्रमण किया। इमाम हुसैन ने उनकी सराहना की और कहा था— हाँ, मेरे चाचा के सुपुत्रो! मृत्यु पर विजय प्राप्त करो। सर्वप्रथम **मुहम्मद-बिन-मुस्लिम** शहीद हुए, जो अब्दुल्लाह से भिन्न माता, परन्तु एक ही पिता के पुत्र थे। उनके बाद **जाफ़र-बिन-अक़ील** ने युद्ध किया, उन्हें भी यज़ीदी सेना ने वाण मारकर शहीद कर दिया।[1] फिर **अब्दुर्रहमान-बिन-अक़ील** रणभूमि में आये, उन्हें भी वाण का निशाना बनाया गया।[2] उनके बाद **मुहम्मद-बिन-अबीसईद-बिन-अक़ील** युद्ध करने हेतु रणभूमि में आये, उन पर भी यज़ीदी सेना ने वाणों की वर्षा की, जिससे वे शहीद हो गये।

अब्दुल्लाह-बिन-जाफ़र के दो पुत्रों **मुहम्मद** तथा **औन** की चर्चा एक साथ होती है। उनके पिता अब्दुल्लाह इमाम हुसैन के चचेरे भाई थे। इस प्रकार ये दोनों बालक इमाम हुसैन के भतीजे हुए, परन्तु उनमें औन इमाम हुसैन की बहन **ज़ैनब** के सुपुत्र थे, जो इमाम हुसैन के भांजे हुए। परन्तु दोनों को समान रूप में ज़ैनब का स्नेह प्राप्त था। दोनों भाई एक साथ रणभूमि आये। आयु में युवा होने की सीमा तक भी नहीं पहुँचे थे, बालक ही कहे जा सकते हैं, परन्तु साहस में युवाओं से बढ़कर थे। रणभूमि में आते ही आक्रामक नीति से यज़ीदी सेना पर आक्रमण कर दिया। यज़ीदी सेना स्तब्ध रह गयी। यह आगे बढ़ते ही गये, यहाँ तक कि शिम्र के ख़ैमे तक पहुँच गये। ख़ैमे में घुसकर उसका वध करना चाहते थे कि शिम्र अपने ख़ैमे को तलवार से फाड़ता हुआ भाग निकला। दोनों ने मिलकर उसका पीछा किया। इस पीछा करने में वे हुसैनी ख़ैमों से दूर निकलकर यज़ीदी सेना के बीच में घिर गये। यज़ीदी सेना ने चारों तरफ़ से घेरकर दोनों को शहीद कर दिया।

क़ासिम-बिन-हसन की चर्चा गत अध्याय में अन्तिम रात्रि के सन्दर्भ में हो चुकी है, जिनका विवाह होना विवादित है। अभी अपनी आयु में युवा की सीमाओं के निकट थे कि कर्बला की घटना में सम्मिलित हो गये। वे जब रणभूमि में आये, तो उनकी सुन्दरता को देखकर यज़ीदी सैनिकों ने कहा कि यह तो चाँद का एक टुकड़ा है। उनके शरीर पर युद्ध रक्षा कवच भी न थी। एक कुर्ता पहने हुए थे, पैर में जूते थे, जिनमें से एक का तसमा टूटा हुआ था।[3]

---

1. तारीख़-अर्रसुल-वअलमुलूक, भाग-6, पृ० 256
2. अलअख़बार-उल-तवाल, पृ० 254
3. अलइर्शाद-फ़ी-मुआरिफ़त-हुज्जाज-उल्लाह-अलाउल-इबाद, पृ० 254; तारीख़-अर्रुसुल-वअलमुलूक, भाग-6, पृ० 256

उमर-सअद ने उस समय के नामचीन पहलवान तथा नदी पर पहरा देती सेना के नायक अज़रक़ शामी को आदेश दिया कि वह इस बालक का वध कर दे। उसने इंकार किया कि एक बालक से युद्ध करके मैं अपना नाम नहीं बिगाड़ूँगा। अलबत्ता मैं अपने पुत्रों में से सबसे छोटे को आदेश दूँगा कि इसका सिर काट लाये। वह मुक़ाबले में आया, क़ासिम ने उसका सिर धड़ से अलग कर दिया। फिर उसका दूसरा भाई आया, फिर तीसरा आया, फिर चौथा। क़ासिम ने बारी-बारी सभी का सिर काटकर ज़मीन पर गिरा दिया। इस पर दहाड़ता हुआ अज़रक़ क़ासिम पर झपट पड़ा। क़ासिम ने कहा, देख तेरे घोड़े का तसमा टूट गया है! वह उसे देखने के लिए झुका ही था कि क़ासिम ने भरपूर तलवार उसके सिर पर लगायी, जो सिर को काटती हुई सीने पर आयी और सीने को काटती हुई उसको दो टुकड़े कर गयी। फिर यज़ीदी सेना एक साथ क़ासिम पर झपट पड़ी। क़ासिम के सिर पर तलवार का वार पड़ा और वह ज़मीन पर गिर पड़े। सहायता के लिए इमाम हुसैन को पुकारा। इमाम हुसैन घायल शेर की तरह झपटकर तत्काल पहुँच गये। क़ासिम के पास ही उनका क़ातिल उमर-बिन-सअद-बिन-नफ़ील खड़ा था। इमाम हुसैन ने उस पर तलवार का वार किया, जिससे उसका हाथ कोहनी से कट गया, विरोधी सेना उसको बचाने के लिए चारों ओर से दौड़ी, तो घोड़ों के टापों के नीचे क़ातिल भी कुचल कर मृत्यु को प्राप्त हुआ। क़ासिम का शव भी कुचल गया था। इमाम हुसैन ने स्वयं क़ासिम का शव उठाया, इस प्रकार कि सीने से सीना मिला हुआ था, पैर ज़मीन पर निशान देते जा रहे थे। उनका शव उस जगह रख दिया गया, जहाँ पहले से अन्य परिवारजनों के शव रखे हुए थे।

इमाम हसन के दूसरे सुपुत्र **अबीबकर-बिन-हसन** ने अपने भाई क़ासिम के बाद रणभूमि में आकर युद्ध किया। उन पर यज़ीदी सेना किसी प्रकार नियंत्रण नहीं पा रही थी, यज़ीदी सैनिक वाणों की वर्षा करने लगे, जिसमें अबीबकर शहीद हो गये।

इमाम हुसैन के भाई **मुहम्मद-बिन-अली**, जो हज़रत अली की सन्तानों में मुहम्मद-बिन-हनफ़िया से छोटे थे, अत्यन्त वीरता से युद्ध करते रहे, अनेक यज़ीदी सैनिकों का वध किया, यज़ीदी सैनिकों में अबान-बिन-दारम के वाण से शहीद हुए, जो उनका सिर काटकर उमर-सअद के पास ले गया।[1]

इमाम हुसैन की एक अन्य माता का नाम भी **फ़ातिमा-बिन्त-ख़ालिद हज़ाम** था, जो किलाब वंशज से थीं। इन फ़ातिमा से हज़रत अली के विवाह का विशेष सन्दर्भ है। हज़रत अली ने अपने भाई अक़ील से, जो अरब के विभिन्न

---

1. तारीख़-अर्रुसुल-वअलमुलूक, भाग-6, पृ० 257

वंशजों के विषय में अधिकारिक संज्ञान रखते थे, पूछा था कि किसी ऐसे शूरवीर वंशज के विषय में बताइये, जिससे मैं विवाह करूँ, ताकि अत्यन्त शूरवीर पुत्र उत्पन्न हों। अक़ील ने फ़ातिमा किलाबी का नाम प्रस्तावित किया, जिनसे चार पुत्र हुए। चारों एक से एक बढ़कर शूरवीर। चारों शूरवीरों की माता होने के कारण फ़ातिमा की उपाधि 'उम्म-उल-बनीन' (पुत्रों की माता) हो गया। इन पुत्रों में ज्येष्ठतम अबुल-फ़ज़्लिल अब्बास हुसैनी सेनानायक के रूप में विख्यात हैं। उनके अन्य भाई **अब्दुल्लाह, उस्मान** तथा **जाफ़र** थे।

सेनानायक अब्बास ने पहले एक-एक करके अपने अनुजों को रणभूमि में यह कहते हुए भेजा—बढ़ो! अपने स्वामी पर अपने प्राण न्यौछावर कर दो।[1] ताकि तुम्हारा वध किया जाना, मैं अपनी आँखों से देख लूँ। तुम्हारी कोई संतान नहीं है। यदि कोई संतान होती, तो तुम पहले उसे रणभूमि में भेजते फिर स्वयं प्राणों की आहुति देते। सबसे पहले **अब्दुल्लाह-बिन-अली** रणभूमि में आये, अनेक यज़ीदी सैनिकों का वध किया। फिर तीव्र युद्ध के उपरान्त शहीद हुए। उनके बाद **उस्मान-बिन-अली** रणभूमि में आये, अपनी शूरवीरता शत्रुओं पर स्थापित की। यज़ीदी सेना का बस न चला, तो वाणों की वर्षा प्रारम्भ हो गयी। वीरगति को प्राप्त हुए; तो उनका सिर शरीर से काटकर अलग किया गया।[2] **जाफ़र-बिन-अली** अपने भाइयों में सबसे छोटे थे। अपने दो भाइयों के बिछुड़ने का दुःख झेलने के बाद उनके ज्येष्ठ भ्राता अबुल-फ़ज़्लिल अब्बास ने उन्हें सम्बोधित करके कहा, जाओ! जिस प्रकार तुम्हारे दोनों भाइयों के बिछुड़ने का दुःख मैंने झेला है, तुम्हारा दुःख भी झेलूँगा, क्योंकि तुममें से किसी के कोई संतान नहीं है। जाफ़र ने रणभूमि में अपने शौर्य का प्रदर्शन करने के पश्चात् वीरगति प्राप्त की।

अबुलफ़ज़्लिल अब्बास-बिन-अली को इमाम हुसैन ने अपनी छोटी-सी सेना का सेनाध्यक्ष बनाया था। हुसैनी सेना का ध्वज भी उन्हीं के हाथों में था। अब्बास निरन्तर इमाम हुसैन से रणभूमि में जाने की अनुमति माँगते रहे, परन्तु हर बार इमाम हुसैन ने यह कहकर उनको शान्त कर दिया कि तुम तो सेनानायक हो। अब जबकि इमाम हुसैन की सेना वीरगति को प्राप्त हो चुकी थी, इमाम हुसैन और अब्बास के अतिरिक्त कोई जीवित न था, अब्बास ने पुनः आग्रह किया। इमाम हुसैन ने वही उत्तर पुनः दिया कि तुम तो सेनानायक हो। अब्बास व्याकुल हो उठे—स्वामी! आपने सेनानायक बनाकर मेरा बहुत मान बढ़ाया है, परन्तु अब वह सेना है कहाँ, जिसका मैं नायक हूँ। विवश होकर इमाम हुसैन ने

---

1. अलअख़बार-उल-तवाल, पृ० 255
2. अलइर्शाद-फ़ी-मुआरिफ़त-हुज्जाज-उल्लाह-अलाउल-इबाद, पृ० 255

उन्हें रणभूमि में जाने की अनुमति दे दी, परन्तु यह भी कह दिया कि ख़ैमे में बच्चे प्यास से तड़प रहे हैं, उनके लिए पानी का बन्दोबस्त करो। तलवार साथ ले जाने से मना कर दिया, मात्र एक गदा लेकर जाने की अनुमति दी। अब्बास ने मशक काँधे पर रखी, हुसैनी सेना का ध्वज एक हाथ में और दूसरे हाथ में गदा लेकर रणभूमि में आये। अलक़मा नदी पर सहस्त्रों यज़ीदी सैनिकों का पहरा था, परन्तु उनमें कोई भी परमवीर अब्बास को रोक न सका। अब्बास ने नहर पर अपनी विजय पताका लहरा दी। अलक़मा नदी में उतर गये, सूखी मश्क को पानी में कुछ देर भिगोते रहे, फिर पानी भरा, काँधे पर रखा। घोड़े को पानी में छोड़ दिया ताकि वह पूरी तरह से पानी पी ले, परन्तु वफ़ादार घोड़े ने अपना थूथना उठाये रखा। अब्बास ने घोड़े को सम्बोधित करके कहा— अच्छा देख, मैं पानी पीता हूँ, तू भी पी ले। यह कहकर एक चुल्लू पानी लिया, देर तक उसे देखते रहे, फिर उसे फेंक दिया। न अब्बास ने अपने होंठ पानी से भिगोये, न उनके घोड़े ने। कहने को बात रह गयी कि अलक़मा नदी पर आधिपत्य पाने के उपरान्त भी अब्बास ने इमाम हुसैन के बच्चों की प्यास को याद करके पानी नहीं पिया। अब अब्बास का भरसक प्रयास है कि पानी किसी तरह इमाम हुसैन के ख़ैमा तक पहुँच जाये।

यज़ीदी सेना, जो अब्बास के आक्रमण से पलायन कर गयी थी, फिर एकजुट हुई, अब्बास को चारों तरफ़ से घेर लिया। एक सैनिक ने अब्बास के दाहिने हाथ पर तलवार से वार किया, जिससे उनका दाहिना हाथ पहुँचे से कट गया। अब्बास ने अलम को बाँये हाथ में लिया। फिर बाँया हाथ भी यज़ीदी सेना ने काट दिया। हुसैनी सेना का ध्वज धराशायी हो गया। अब अब्बास ने मश्क़ को सीने के नीचे छुपा लिया और तीव्र गति से ख़ैमे की ओर बढ़ने लगे। यज़ीदी सेना ने वाणों की वर्षा शुरू कर दी। एक वाण मश्क पर लगा, जिससे उसका सब पानी बह गया। पानी का बहना था कि मानो अब्बास के शरीर का लहू बह गया। किसी सैनिक ने गदा से सिर पर वार किया। अब्बास चकराकर घोड़े से ज़मीन पर आ रहे। इमाम हुसैन को अन्तिम समय में पुकारा, तो इमाम हुसैन दौड़ पड़े। आक्रमण करके सेना को अब्बास के पास से हटाया। कुछेक ने लिखा है कि इमाम हुसैन के अब्बास तक पहुँचने के पूर्व ही प्राणपखेरू उड़ चुके थे, परन्तु अन्य ने लिखा है कि नहीं, अब्बास को इमाम हुसैन की प्रतीक्षा थी। इमाम हुसैन आये, अब्बास के सिर को उठाकर अपनी जाँघ पर रखा। धूल, मिट्टी और ख़ून से उनके चेहरे को साफ़ किया, अब्बास ने आँखें खोलीं और इमाम हुसैन को देखकर प्राण त्याग दिये। इमाम हुसैन उनक़ा शव ख़ैमे तक नहीं ला सके, क्योंकि अब्बास का शव टुकड़े-टुकड़े हो गया था और उठायी नहीं जा सकती थी। पिता के वध से व्याकुल दो शिशु फ़ज़्ल तथा क़ासिम, जो अब्बास के सुपुत्र

थे, अपने पिता के शव तक जाना चाहते थे कि यज़ीदी सेना ने उनका भी वध कर दिया।

इमाम हुसैन रणभूमि में

इमाम हुसैन प्रातः से अब तक निरन्तर दुःख झेल चुके थे। एक-एक करके सभी सहयोगी विदा हो गये। फिर परिवारजनों में सभी छोटे-बड़े आँखों के सामने वध किये गये। सामने यज़ीदी सेना का मौजें मारता हुआ समुद्र, जो किसी सीमा तक अत्याचार करने से संकोच नहीं करेगा। ख़ैमे में इस्लामी पैग़म्बर के परिवार की महिलाएँ, युवतियाँ तथा शिशु हैं। इमाम हुसैन के बाद इनका क्या होगा। इस समय इमाम हुसैन की क्या मनःस्थिति रही होगी, अपने अकेलापन को उन्होंने किस प्रकार सहन किया होगा, कल्पनातीत ही है। इमाम हुसैन की अद्वितीय सहनशक्ति, आत्मबल एवं धैर्य के इतिहास में कुछ संकेत मात्र मिलते हैं। इमाम हुसैन के व्यक्तित्व का यह पक्ष पूर्णरूपेण प्रस्तुत कर देना मानव सामर्थ्य के बाहर दीखता है। उनकी बौद्धिक, नैतिक तथा आध्यात्मिक शक्ति एक-साथ इस प्रकार सुनियोजित है कि साधारण मस्तिष्क उसका बोध करने में असमर्थ रह जाता है। इमाम हुसैन ने कर्बला में जो कर दिखाया, उसे हम अपनी कल्पना के प्रतिमान पर देखने की चेष्ठा करते हैं, जो हमारी असमर्थता का द्योतक बन जाता है। इस तहलके को समझने के लिए तो किसी तात्विक प्राणी का मस्तिष्क चाहिए। हम तो मात्र घटनाक्रम ही प्रस्तुत कर सकते हैं।

इमाम हुसैन रणभूमि में आने से पहले सबसे विदा होने के लिए ख़ैमे में आये। एक यमनी चादर को जगह-जगह से फाड़कर सबसे नीचे पहना।[1] ताकि उनके शहीद होने पर शरीर के कपड़े लूटे जायँ तो शायद इस चादर को फटा हुआ मानकर छोड़ दें, जिससे शरीर नग्न अवस्था से बच जाय। फिर परिवारजनों के साथ अपने ज्येष्ठ पुत्र अली-इब्न-हुसैन (इमाम ज़ैन-उल-आबिदीन) के, जो अत्यन्त अस्वस्थ होने के कारण मूर्च्छा अवस्था में थे, ख़ैमे में आये। बहन ज़ैनब ने सहारा देकर भतीजे को बिठाया। इमाम हुसैन ने उन्हें इमाम नामित करने की औपचारिकताएँ सम्पन्न कीं। फिर कहा, पुत्र अब तुम इमाम हो, मुझे रणभूमि में जाने की अनुमति दो। इमाम ज़ैन-उल-आबिदीन ने, जिन्हें मूर्च्छा अवस्था में होने के कारण, दिनभर में क्या हुआ, कुछ भी मालूम नहीं था, इमाम हुसैन से कहा—पिताश्री, आप स्वयं क्यों युद्ध करने जा रहे हैं। अपने सहयोगियों में किसी को भेज दीजिए। इमाम हुसैन ने उत्तर दिया, सब वध किये

1. तारीख़-अर्रुसुल-वअलमुलूक, भाग-6, पृ० 240

जा चुके। फिर उन्होंने नाम ले लेकर एक-एक परिवारजनों के विषय में पूछा। इमाम हुसैन सब के लिए कहते गये, वध कर दिये गये। जब अली अकबर के लिए पूछा तो इमाम हुसैन ने व्याकुल होकर उत्तर दिया—प्राणप्रिय! बस यह समझो कि पुरुषों में मेरे और तुम्हारे अतिरिक्त अब कोई जीवित नहीं है। यह सुनना था कि वे भी तलवार का सहारा लेकर खड़े हो गये। कहा, मुझे भी पहले अपने प्राण न्यौछावर कर लेने दीजिए। इमाम हुसैन ने समझाया कि तुम्हें अधिक कठिन दायित्व सम्पन्न करना है। दुःख के समुद्र पार करना है, बन्दी बनना है, प्रताड़ित होना है।

यज़ीदी सेना का लिपिक हमीद-इब्न-मुस्लिम कहता है कि इमाम हुसैन अपने ख़ैमे से इस प्रकार विदा हुए कि महिलाएँ उनके दामन से लिपटी हुई थीं तथा बालक पाँव से। सबने इमाम हुसैन से अनुरोध किया कि हम लोग एक गोलाकार बनाकर खड़े हो जाते हैं और आप हमारे बीच से होकर निकलें। वह कहता है कि इमाम हुसैन इस तरह विदा हुए जैसे किसी भरे-पूरे घर से किसी युवा का जनाज़ा निकलता है। बाहर निकलकर इमाम हुसैन मैदान में आये। अपने घोड़े पर सवार होने के पूर्व एक बार अपने शहीद सहयोगियों एवं परिवारजनों की ओर मुँह करके पुकारा—हे मेरे परमवीरो! अब हुसैन युद्ध करने के लिए रणभूमि में जा रहा है, क्या तुम उसे विदा करने नहीं आओगे। प्रत्यक्षदर्शी का कथन है कि मैंने देखा कि इमाम हुसैन की बहन ज़ैनब, जो सिर से पाँव तक काली चादर से लिपटी हुई थीं, ख़ैमे से बाहर निकलीं, उनकी बाँह पकड़कर घोड़े पर सवार किया।

इमाम हुसैन ने रणभूमि में पहुँचते ही शत्रुओं को ललकारा, जिसको सुनते ही यज़ीदी सेना भयभीत हो गयी। कोई सामने आने का साहस नहीं जुटा पाता था। इमाम हुसैन अकेले ही पूरी यज़ीदी सेना पर भारी पड़ रहे थे। यद्यपि हुसैनी सेना के सभी योद्धा असाधारण शूरवीर थे। सभी ने एक से बढ़कर एक चमत्कारी युद्ध किया था। परन्तु इमाम हुसैन का आक्रमण सबसे बढ़कर था। ऐसा लगता था कि इस्लामी पैग़म्बर स्वयं रणभूमि में हैं, जिनकी आकृति इमाम हुसैन के रूप में विद्यमान थी। सैनिक चारों ओर भागने लगे। ऐसी भगदड़ मची कि 'स्ट्रमपीड' की स्थिति उत्पन्न हो गयी। यज़ीदी सैनिक, जो एक-दूसरे से सटे खड़े थे, धक्कम-धक्का कर एक-दूसरे को गिराने लगे। कितने ही सेवक कुचल कर मर गये। यज़ीदी सैनिकों का एक दल, जो कर्बला से भागा तो कूफ़ा में जाकर रुका। इससे कूफ़ा में यह अफ़वाह फैल गयी कि इमाम हुसैन आक्रमण करते हुए कूफ़ा तक पहुँच गये हैं। कूफ़ा में यज़ीदी समर्थक हताश होकर घरों से भागने लगे। यज़ीदी प्रशासक इब्न-ज़ियाद राजभवन छोड़कर भाग निकला। बाद में वस्तुस्थिति का पता लगने पर ही लौटकर राजमहल में आ सका।

यज़ीदी सेना इस भ्रम में थी कि अब युद्ध का अन्त हो गया है, परन्तु इस अन्तिम चरण के युद्ध में उनको अपनी पराजय दिखायी देने लगी। यज़ीदी सेना की घबराहट को देखकर यज़ीदी सेनानायक शिम्र ने सेना को ललकार कर एकजुट किया तथा पुनः संगठित करके सवारों को प्यादों के पीछे खड़ा किया और वाण चलानेवालों को आदेश दिया। बारम्बार उभारने पर यज़ीदी सेना चारों ओर से इमाम हुसैन पर टूट पड़ी। इमाम हुसैन पर वाणों, तलवारों और बर्छियों से आक्रमण होने लगे। इमाम हुसैन परमवीरता से उनकी काट करते रहे। परन्तु इस ऊहापोह में इमाम हुसैन का घोड़ा अत्यन्त घायल हो गया। अतः उनको पैदल हो जाना पड़ा, परन्तु उन्होंने मुक़ाबला करना जारी रखा।

इस बीच इमाम हुसैन को अपने ख़ैमों की ओर कुछ चीख़-पुकार की आवाज़ें सुनायी पड़ीं। यह सोचकर कि सम्भवतः यज़ीदी सेना का कोई बस नहीं चला, तो महिलाओं को परेशान करने हेतु ख़ैमों की ओर पहुँच गयी है। इमाम हुसैन तत्काल ख़ैमे में आये। बहन ज़ैनब से पूछा कि इस प्रकार व्याकुल होने का कारण क्या है। उन्होंने उत्तर दिया कि आपका छः मास का शिशु अली असग़र व्याकुल हो गया है और किसी प्रकार शान्त नहीं होता है। इमाम हुसैन ने कहा—यह प्यास से व्याकुल है, लाओ, मैं इसके लिए यज़ीदी सेना से पानी तलब करता हूँ। इमाम हुसैन ने अली असग़र को अपने हाथों पर लिया और रणभूमि की ओर चल पड़े। रणभूमि में पूर्व में जितने भी योद्धा आये, अपनी सवारियों से आये या पैदल आये। परन्तु यह योद्धा इमाम हुसैन के हाथों पर सवार होकर रणभूमि में आया! इमाम हुसैन एक ऊँचे स्थान पर खड़े हुए और अली असग़र को अपने हाथों पर उठाकर कहने लगे—हे लोगो! यदि तुम्हारी दृष्टि में मैं दोषी हूँ, तो यह छः मास का बालक तो किसी दृष्टि से दोषी नहीं हो सकता। इसकी माता का दूध सूख गया है। यह मरणासन्न है। तुममें से कोई व्यक्ति आगे बढ़े और इसे पानी से सिंचित कर दे। यज़ीदी सेना में कुछ लोगों ने कहना शुरू किया कि हाँ, इसे पानी पिला देना चाहिए। अब इमाम हुसैन ने अली असग़र को कर्बला की जलती हुई धरती पर लिटा दिया और कहा—यदि तुम्हारा यह विचार है कि इस बहाने मैं पानी पी लूँगा, तो मैंने इस बच्चे को धरती पर लिटा दिया है, तुममें से कोई आये और इसे पानी पिला दे। यज़ीदी सेना में कई लोगों ने कहा कि इसे अवश्य पानी पिला देना चाहिए। परन्तु अधिकांश लोगों पर कोई प्रभाव नहीं पड़ा। अब इमाम हुसैन ने अली असग़र को अपने हाथों पर लेकर ऊँचा उठाया और अली असग़र को सम्बोधित करके कहा, प्राणप्रिय! तुम स्वयं इनसे अपनी प्यास की व्यथा कह दो। प्रत्यक्षदर्शी का कहना

है कि मैंने देखा कि अली असग़र ने अपनी गरदन को उठाया और अपनी सूखी हुई ज़बान को अपने पपड़ाए हुए होंठों पर फेरना शुरू किया। यह वह दृश्य था कि अपने सीने में पत्थर का हृदय रखनेवाले यज़ीदी सैनिक भी तड़प उठे। लोगों ने शोर मचाना शुरू किया कि इसे तत्काल पानी पिला देना चाहिए। उमर-सअद को लगा कि सेना में विद्रोह हो जायेगा, उसने यज़ीदी सेना के हरमला-बिन-काहिल असदी को, जों वाण चलाने में विख्यात था, आदेश दिया कि हुसैन की वाणी को काट दे। उसने तीन फलों का वाण कमान पर चढ़ाया और अली असग़र को निशाना बनाया। वाण अली असग़र के गरदन को छेदकर इमाम हुसैन के बाँह में गड़ गया। अली असग़र ने मुँह से दूध उगला और फिर ख़ून और वीरगति को प्राप्त हो गये।[1] इमाम हुसैन अली असग़र के शव को लेकर ख़ैमे की तरफ़ गये, फिर ग्लानि का अनुभव करके लौट आये कि पानी पिलाने के वादे से बच्चे को लाये थे। इसी प्रकार तीन बार ख़ैमे की तरफ़ गये और लौटे। अन्त में कुछ दूर जाकर अपने तलवार की म्यान से क़ब्र खोदी और अली असग़र को उसमें दफ़्न करके अपने दामन को झाड़ा और फिर रणभूमि में आ गये।[2]

इमाम हुसैन ने पुनः युद्ध प्रारम्भ किया। शत्रुओं को पराजित करते हुए इमाम हुसैन अलक़मा नदी तक पहुँच गये। शत्रु भयभीत हो उठे कि इमाम हुसैन पानी न पी लें। हिस्सीन-बिन-नुमैर ने एक वाण लगाया, जो आपके मुख पर पड़ा, जिससे ख़ून उगलने लगे। शिम्र ने प्यादों को अपने साथ लेकर इमाम हुसैन को चारों तरफ से घेर लिया, परन्तु स्थिति यह थी कि इमाम हुसैन जिधर मुड़ते, शत्रु सेना भागती दीख पड़ती।[3] इमाम हुसैन द्वारा यज़ीदी सैनिकों के वध होने की संख्या 1,950 बतायी गयी है।[4] यज़ीदी सेना के एक प्रत्यक्षदर्शी अब्दुल्लाह-बिन-अम्मार ने उस स्थिति का वर्णन करते हुए कहा है कि मैंने कोई ऐसा व्यक्ति नहीं देखा जो घायल हो चुका हो और उसके परिवारजन और सहयोगी सब का वध किया जा चुका हो और फिर वह हुसैन के समान संतुष्ट एवं धैर्यवान दीख पड़े और उनके समान साहस एवं शौर्य से शत्रु का मुक़ाबला करे। स्थिति यह थी कि प्यादे चारों ओर से उन्हें घेरते थे और वे तलवार लेकर उन पर आक्रमण कर देते थे तो वे सब दाहिने-बायें इस प्रकार से हटते थे, जैसे भेड़ों का गोल भेड़िये

---

1. बिहार-उल-अनवार, भाग-1, पृ० 268
2. नासिख़-उल-तवारीख़, भाग-6, पृ० 225
3. तारीख़-अर्रुसुल-वअलमुलूक, भाग-6, पृ० 255
4. बिहार-उल-अनवार, भाग-1, पृ० 273

के आक्रमण के समय बिखर उठता है।[1] इस अवसर पर इमाम हुसैन ने शत्रुओं को सत्य मार्ग पर आने की अन्तिम दीक्षा प्रदान की, जो इतिहास में सुरक्षित है। इमाम हुसैन ने चेतावनी देते हुए कहा— **"याद रखो! अल्लाह, मेरे वध किये जाने से अत्यन्त अप्रसन्न है। मैं शपथपूर्वक कहता हूँ कि तुम्हारे द्वारा मुझे अपमानित करने से अल्लाह मुझे सम्मान प्रदान करेगा और फिर मेरा प्रतिशोध तुमसे इस प्रकार लिया जायेगा, जिसका तुम्हें इससे पूर्व कल्पना भी नहीं कर सकोगे। स्मरण रखो कि मेरा वध करने के पश्चात् स्वयं तुम्हारे बीच विभाजन हो जायेगा। गृहयुद्ध होंगे और अन्ततोगत्वा तुम्हारा रक्तपात होगा, फिर उसके बाद आख़िरत की सज़ा, जो उससे भी अधिक होगी।"**[2]

इसके बाद यज़ीदी सेना ने चारों ओर से घेरकर इमाम हुसैन पर आक्रमण प्रारम्भ कर दिया। इमाम हुसैन ने परमवीरता का प्रदर्शन करते हुए निरन्तर युद्ध किया। सहयोगियों और परिवारजनों के मारे जाने का दुःख, तीन दिनों की भूख-प्यास, आत्मबल एवं सत्य के प्रति निष्ठा के आधार पर तलवारें चलाते रहे। अन्ततोगत्वा शारीरिक बल अत्यधिक ख़ून बह जाने से प्रभावित होने लगा। इस स्थिति में भी इमाम हुसैन जिहाद करते रहे, परन्तु जब शारीरिक बल स्थिर न रह गया और ज़मीन पर खड़े रहना सम्भव न रह सका, तो ज़मीन पर गिर गये। फिर भी इमाम हुसैन के प्रताप की आभा ऐसी थी कि शत्रु उनके पास आने से डरते थे, वाणों की वर्षा करते थे या कंकड़-पत्थर खींचकर मारते थे।

इमाम हुसैन संभलकर ज़मीन पर बैठ गये थे, निरन्तर घाव बढ़ते जाते थे। इसी बीच इमाम हसन का शिशु अब्दुल्लाह-बिन-हसन, जिसकी आयु तीन साल के लगभग थी, इमाम हुसैन को अत्यन्त घायल देख व्याकुल होकर ख़ैमे से निकला और इमाम हुसैन की तरफ़ दौड़ा और उनके पास पहुँचकर शत्रुओं के बीच चिल्लाया—मेरे चाचा को क्यों मारते हो, यह तो तुम्हें नहीं मारते, तुम भी मेरे चाचा को न मारो। इमाम हुसैन ने शिशु को वापस भेजने के लिए समझाया, परन्तु वह उनके गले से लिपट गया और कहने लगा कि आप घर लौट चलिए, यहाँ लोग आपको मारते हैं। इमाम हुसैन बच्चे को समझा ही रहे थे कि यज़ीदी सैनिक हरमला ने एक वाण उसकी ओर फेंका, जिससे वह घायल हो गया। दूसरे सैनिक ने आगे बढ़कर तलवार से वार किया, जिससे शिशु अब्दुल्लाह के दोनों हाथ पहुँचों से कट गये। उसे इमाम हुसैन के गोद से निकालकर वध कर

---

1. तारीख़-अर्रुसुल-वअलमुलूक, भाग-6, पृ० 259; अलइर्शाद-फ़ी-मुआरिफ़त-हुज्जाज-उल्लाह-अलाउल-इबाद, पृ० 256-57
2. तारीख़-अर्रुसुल-वअलमुलूक, भाग-6, पृ० 261

दिया।[1] इसी बीच इमाम हुसैन की बहन ज़ैनब भी अपने ख़ैमे से निकल पड़ीं। निकट ही एक छोटे से टीले पर वर्तमान में 'तिला-ए-ज़ैनब' कहा जाता है, आकर खड़ी हो गयी और यज़ीदी सैनिकों से दया करने की प्रार्थना करती रहीं। इमाम हुसैन ने ज़ैनब को देखा तो किसी प्रकार समझा-बुझाकर उन्हें वापस कर दिया।[2]

इमाम हुसैन ने आसमान की ओर देखा। अपराह्न में अस्र की नमाज़ का उपयुक्त समय आ चुका था। इमाम हुसैन, जिन्होंने अपने पूरे जीवन में कोई एक नमाज़ भी नहीं छोड़ा था। वरन् सभी नमाज़ परम उपयुक्त समय पर पढ़ी थी, अपने जीवन की यह आख़िरी नमाज़ कैसे छोड़ सकते थे। इस बार उन्होंने यज़ीदी सेना से नमाज़ पढ़ने की मुहलत नहीं माँगी। शान्तिपूर्वक नमाज़ की नीयत करके नमाज़ शुरू कर दी। शिम्र ने यज़ीदी सैनिकों को ललकारा कि तुम किस बात की प्रतीक्षा कर रहे हो, इनको वध कर दो। परन्तु कोई सैनिक इस अपराध को करने के लिए आगे नहीं बढ़ा। कुछ देर तक यज़ीदी सैनिकों के बीच ऊहापोह के बाद ही वे इमाम हुसैन की हत्या करने पर तैयार हो सके।[3] मालिक-बिन-निस्त्र किन्दी (या बुश्र किन्दी) आगे बढ़ा और उनके सिर पर तलवार लगायी, जो माथे तक धँस गयी। अन्त में ज़ुरअ-बिन-शुरैक की तलवार, सिनान-बिन-अनस नख़ई की बरछी से घायल किया। इमाम हुसैन ने नमाज़ में सिजदे के लिए ज़मीन पर सिर रखा ही था कि शिम्र ज़िलजौशन ने गरदन के पीछे से सिजदे की स्थिति में इमाम हुसैन का सिर शरीर से काट दिया। इमाम हुसैन का गला ही नहीं कटा था वरन् इस्लाम का गला कट गया, सत्य का गला कट गया, मानवता का गला कट गया। यह हृदयविदारक घटना 10 मुहर्रम 61 हि० तदनुसार 10 अक्टूबर, 680 ई० मानवता को दुःखी कर गयी।

इमाम हुसैन का सिर बरछी के ऊपर उठाया गया। मुनादी ने पुकारकर कहा— हुसैन कर्बला की धरती पर वध कर दिये गये! हुसैन के परिवार की महिलाओं और बच्चों में मातम फैल गया। प्रकृति भी प्रभावित हुए बिना नहीं रह सकी। इतिहासकारों ने लिखा है कि उस समय अत्यन्त भयावह कालीन आँधी उठी, जिसकी कालिमा ने कर्बला के पूरे वातावरण को अपने लपेट में ले लिया। चारों ओर हाहाकार मच गया। इससे यज़ीदी सैनिकों में निराशा एवं पाप का भय व्याप्त हो गया। अनेक यज़ीदी सैनिकों ने अलक़मा नदी में कूदकर आत्महत्या कर ली कि हम क्या सोचते थे और क्या हो गया, अब हमारा अन्त अत्यन्त

---

1. बिहार-उल-अनवार, भाग-1, पृ० 276
2. बिहार-उल-अनवार, भाग-1, पृ० 277
3. अलअख़बार-उल-तवाल, पृ० 255

कष्टदायक होगा। दूसरी ओर यज़ीदी सेना के अधिकारियों एवं बहुसंख्यक वर्ग में प्रसन्नता की लहर दौड़ गयी। इमाम हुसैन के शरीर से वस्त्र लूट लिये गये। इस्हाक़-बिन-ख़वैय्या हज़रमी ने कमीज़ ली, बह्र-बिन-कअब ने 'ज़ेरजामा' (भीतरी वस्त्र), अख़नस-बिन-मुरसद ने पगड़ी, दारम वंशज के अब्दुर्रहमान-बिन-मुहम्मद-बिन-अशअस ने तलवार, क़ैस-बिन-अशअस ने 'क़तीफ़ा' (यमनी चादर) लूट ली, जिससे वह बाद में कलंकित नाम 'क़ैस-क़तीफ़ा' से पुकारा जाने लगा।[1]

इमाम हुसैन के परिवारजनों के ख़ैमों पर यज़ीदी सेना ने धावा बोल दिया, जो कुछ भी सामान मिला, लूट लिया।[2] महिलाओं के सिरों से चादरें उतार लीं।[3] यहाँ तक कि बीमार ज़ैन-उल-आबिदीन के नीचे से बिस्तर इस बेदर्दी से खींचा कि वे मुँह के बल गिर पड़े। इसके बाद यज़ीदी सेना ने महिलाओं के ख़ैमों में आग लगा दी, जिससे वे रोती-बिलखती हुई धरती पर इकट्ठी होकर बैठ गयीं।

उमर-सअद ने घोषित किया कि कौन-कौन ऐसे सैनिक हैं, जो इमाम हुसैन के शव को घोड़ों से रौंदने के लिए तैयार हों। इस पर दस लोग इस घृणित कार्य के लिए तत्पर हुए। उन्होंने अपने घोड़े के नाल ठीक कराये। पंक्ति बनाकर इमाम हुसैन के शव पर आये और उनके शव को घोड़ों के टापों से कुचल डाला।[4]

उमर-सअद अपनी योजना की सफलता की सूचना कूफ़ा में अपने स्वामी उबैदउल्लाह-बिन-ज़ियाद को यथाशीघ्र पहुँचा देना चाहता था। अपने प्रतिद्वन्द्वी शिम्र-ज़िलजौशन को इसका अवसर नहीं देना चाहता कि वह उससे पहले कूफ़ा जाकर इब्न-ज़ियाद को सूचना देकर पुरस्कार प्राप्त कर सके। अतः उसने तत्काल एक सेनानायक खिवल्ला-बिन-यज़ीद असहबी को उसकी सेना के साथ इमाम हुसैन का शीश तथा अपने संदेश के साथ कूफ़ा भेज दिया। स्वयं तथा अन्य सैनिकों के साथ कर्बला में ही रुका रहा कि दूसरे दिन की व्यवस्था करने के पश्चात् प्रस्थान करेगा।

रात्रि का अंधकार फैलने लगा। रणभूमि में चारों ओर शव फैले हुए थे। एक ऐसी भयानक स्थिति थी, जिसमें बच्चों का दहल जाना स्वाभाविक ही था। बच्चे अपनी माताओं से लिपटे हुए बैठे थे। इमाम हुसैन की बहन ज़ैनब ने सभी महिलाओं तथा शिशुओं को जले हुए ख़ैमों के पास एकत्र किया। उनकी संख्या

---

1. किताब-अलबुलदान, पृ० 172
2. अलअख़बार-उल-तवाल, पृ० 356
3. तारीख़-अर्रुसुल-वअलमुलूक, भाग-6, पृ० 260
4. तारीख़-अर्रुसुल-वअलमुलूक, भाग-6, पृ० 260-61; अलइर्शाद-फ़ी-मुआरिफ़त-हुज्जाज-उल्लाह-अलाउल-इबाद, पृ० 258

की तो दो बच्चे कम दिखायी पड़े। उनमें एक इमाम हुसैन की चहेती बेटी सुकैना तथा इमाम हसन का एक अन्य बालक अब्दुल्लाह (सम्भवतः पुत्र इमाम ज़ैन-उल-आबिदीन)। ज़ैनब ने अपनी छोटी बहन कुलसूम से कहा, बहन, तुम इनका ध्यान रखो, मैं इन दोनों शिशुओं को तलाश करती हूँ। ज़ैनब बच्चों को पुकारती हुई आगे बढ़ीं, परन्तु उनका पता न मिलता था। एक सैनिक अपने घोड़े को पानी पिलाकर लौट रहा था। ज़ैनब ने बच्चों के बारे में उससे पूछा। उसने उत्तर दिया कि मैं अपने घोड़े को पानी पिलाने जा रहा था तो मैंने देखा कि एक बच्ची जिसके दामन में आग लगी थी, भागती हुई उस गड्ढे की तरफ़ जा रही थी। ज़ैनब वहाँ गयीं तो देखा कि सुकैना इमाम हुसैन के शव से लिपटी हुई है। ज़ैनब ने समझा-बुझाकर बेटी को अपनी गोद में लिया और वापस लौटीं। रास्ते में अब्दुल्लाह को एक जगह धरती पर पड़ा हुआ देखा, पास गयीं तो पाया कि अब्दुल्लाह के प्राण-पखेरू उड़ चुके हैं। वह निर्जीव स्थिति में बालू पर मुँह रखे सो रहा है। सुकैना को लेकर ज़ैनब परिवार की अन्य महिलाओं के पास आ गयीं। सबसे कहा, कल तक मेरा भाई अब्बास रात में पहरा देता था, आज मैं पहरा दूँगी। एक टूटी हुई तलवार हाथ में ली और पूरी रात पहरा देती रहीं। एक कथन प्रचलित है कि रात्रि में यज़ीदी सेना की महिलाओं ने कुछ खाद्य-पदार्थ तथा पानी लेकर हुर की माता को इमाम हुसैन के भूखे-प्यासे परिवार के पास भेजा था। चूँकि हुर की माता का आग्रह था, अतः ज़ैनब ने उसे स्वीकार किया और बच्चों को जगाकर कुछ खिलाया-पिलाया। इसकी याद में भारत में 'शामे-ग़रीबाँ' (दुखियारों की संध्या) मनाते हैं। इस घटना के स्वाभाविक होने को नकारा नहीं जा सकता, परन्तु ऐतिहासिक यथार्थ की पुष्टि नहीं की जा सकती

□□□

अध्याय : सात

शहादत के बाद

ग्यारहवीं मुहर्रम (11 अक्टूबर, 680 ई०) इस्लामी पैग़म्बर के परिवारजनों की विवशता का पहला दिन था, जिससे उन पर दुःखों का नया क्रम प्रारम्भ होता है। प्रातः की किरणें, स्फूर्ति, प्रसन्नता एवं आशा की द्योतक होती हैं, परन्तु यह एक ऐसी प्रातः थी, जिसके दामन में गतरात्रि की ग्लानि एवं पीड़ा भरी थी। चारों ओर शव पड़े हुए थे। अपने जले हुए ख़ैमों के स्थान पर महिलाओं तथा शिशुओं को एकत्र करके इमाम हुसैन की दुखियारी बहन ज़ैनब ने रात भर पहरा दिया था। बच्चे भूखे-प्यासे रात में रेत पर पड़े रहे थे, प्रातः हुई तो भूख-प्यास का कष्ट और भी बढ़ गया। इस्लामी पैग़म्बर के परिवार पर उन्हीं के अनुयायियों ने मुसीबतों के पहाड़ तोड़ दिये थे। चारों ओर शत्रु ही शत्रु दीखते थे। सान्त्वना देने वाला कोई नहीं था। यज़ीदी सिपाही उनकी दुःखद स्थिति देखकर कटाक्ष करते, उनकी विवशता पर प्रसन्नता व्यक्त करते। इस स्थिति में इस्लामी पैग़म्बर के शेष बचे हुए परिवारजनों पर क्या बीत रही थी, इसकी कल्पना ही दुःख है।

इमाम हुसैन का वध ही क्या हुआ था, मानवता का वध हो गया था। मानवता की कुछेक मान्यताएँ हैं, जो प्रत्येक काल में सभी लोग अपनाते रहे हैं। प्रत्येक धर्म ने मानवता के उच्च आदर्श स्थापित किये हैं। वर्तमान में भी मानव अधिकार की सुरक्षा हेतु सभ्य समाज ने अनेक उपयोगी नियम प्रतिपादित किये हैं। किसी भी युद्ध के उपरान्त मृतकों के शवों का सम्मानपूर्वक अन्तिम संस्कार सम्पन्न किया जाता है। युद्ध बन्दियों के साथ मानवीय व्यवहार को सुरक्षित रखने हेतु नियमों का पालन अनिवार्य माना जाता है। इस्लाम में इसके विशेष नियम हैं।

शवों के अन्तिम संस्कार

कर्बला में इमाम हुसैन की शहादत के बाद जो कुछ हुआ उसने समस्त मानवता को कलंकित कर दिया। यज़ीदी सेना ने इमाम हुसैन और उनके

सहयोगियों के शवों को उसी प्रकार जलती हुई धूप में छोड़ दिया। उनको दफ़्न भी नहीं किया, वरन् अपने मृतकों के शवों को जमा किया और उनकी नमाज़े-जनाज़ा पढ़कर दफ़्न कर दिया।[1] उनकी क़ब्रें बनाने और दफ़्न करने में पूरा दिन बीत गया। फिर हुसैनी सेना के योद्धाओं के सिर उनके शवों से काटकर अलग किये गये, जो संख्या करने में 78 थी, जिनको विभिन्न वंशजों के आधार पर उसी वंशज के सैनिकों को बल्लम की नोक पर उठाने के लिए दिये गये। किन्दी वंशज क़ैस-बिन-अशअस को 13, ह्वाज़िन वंशज के शिम्र-ज़िलजौशन को 12, तथा अन्य वंशजों में तमीम के 13, असद के 16, मज़हज के 7 तथा शेष 17 विभिन्न सैनिकों ने अपने-अपने बल्लमों पर उठाये।[2] पैग़म्बर के परिवारजन विवशता से देखते रहे, फिर उनको बन्दी बनाया गया। ऐसे ऊँटों पर सवार किया गया, जिन पर कोई कजावा अथवा महमिल नहीं था। ऊँटों की पीठें नंगी थीं। महिलाओं और बच्चों को उत्पीड़ित करने हेतु उनके वारिसों को शवों के निकट से ले जाया गया, तो वे दुःख से तड़प उठे। ज़ैनब इमाम हुसैन के शव के निकट पहुँचीं, तो सहन न कर सकीं, स्वयं को सवारी से नीचे गिरा दिया, इमाम हुसैन के शव से लिपटकर रोने लगीं। यज़ीदी सेना ने कोड़ों से पीटकर उन्हें पुनः ऊँट पर सवार किया तथा सभी बन्दियों को पीटते हुए, बल्लमों पर सिरों को उठाये हुए यज़ीदी सेनानायक उमर-बिन-सअद कूफ़ा की ओर चल दिया।[3]

इमाम हुसैन की शहादत के तीसरे दिन (12 मुहर्रम 61 हि०, तदनुसार 12 अक्टूबर, 680 ई०) बनी-असद क़बीला के लोगों ने, जो कर्बला से कुछ दूर ग़ाज़रिया में निवास करते थे, इमाम हुसैन तथा उनके सहयोगियों के शवों को दफ़्न किया। इमाम हुसैन को उसी स्थान पर दफ़्न कर दिया, जहाँ वे शहीद हुए थे। उन्हीं के निकट उनके सुपुत्र अली अकबर को भी दफ़्न किया। शिशु अली असगर को इमाम हुसैन स्वयं दफ़्न कर चुके थे। यह सभी क़ब्रें उस ज़रीह के नीचे हैं, जो वर्तमान में इमाम हुसैन की ज़रीह है। बनी असद ने अपने क़बीले सरदार हबीब-इब्न-मज़ाहिर को भी अलग क़ब्र में दफ़्न किया। वे यज़ीदी शासन के आतंक से इतने भयभीत थे कि सब के लिए अलग-अलग क़ब्रें न बना सके। शेष अन्य सभी शहीदों को एक बड़ा-सा गड्ढा खोदकर एक साथ दफ़्न कर दिया, जिसको वर्तमान में 'गंजे-शहीदाँ' (शहीदी कोष) कहते हैं, जो इमाम हुसैन की क़ब्र के निकट ही है। हुसैनी सेनानायक अब्बास-बिन-अली का शव नदी के

---

1. तारीख़-अर्रुसुल-वअलमुलूक, भाग-6, पृ० 260
2. लहूफ़-अला-क़तला-उल-तफ़ूफ़, पृ० 59
3. अलअख़बार-उल-तवाल, पृ० 256

किनारे टुकड़े-टुकड़े कर दिया गया था, उठाया नहीं जा सकता था, वहीं एक अलग क़ब्र बना दी। कहते हैं कि हुर की माता उनके शव को रात में अपने ख़ैमे में उठा ले गयी थीं, जो बाद में मिला और अलग से दफ़्न हुए। एक अन्य क़ब्र औन की मिलती है, परन्तु विवाद है कि वे औन-बिन-अब्दुल्लाह हैं, या औन-बिन-अली या कोई और शहीद।

बन्दी कूफ़ा में

कूफ़ा में कर्बला के बन्दी कब पहुँचे, कितने समय तक रहे और कब वहाँ से यज़ीद की राजधानी दमिश्क़ भेजे गये, निश्चित तिथियों की चर्चा नहीं मिलती, मात्र इतनी जानकारी मिलती है कि बन्दियों को लेकर यज़ीदी सेना ने 11 मुहर्रम 61 हि० (11 अक्टूबर 680 ई०) को कर्बला से प्रस्थान किया। कर्बला से कूफ़ा कब पहुँचे। कूफ़ा में कितने समय तक रहे। यह समय कई दिनों का होगा क्योंकि उबैदउल्लाह-बिन-ज़ियाद ने यज़ीद से अनुमति प्राप्त करने के पश्चात् ही बन्दियों को दमिश्क़ भेजा था। सैय्यद-उल-उलेमा (मृ० 1988 ई०) ने मात्र इतना ही लिखा है : **"बन्दियों को उस समय तक रखे जाने का आदेश दिया, जब तक दमिश्क़ से इब्न-ज़ियाद का संदेशवाहक उत्तर लेकर लौट न आये।"**[1] अलतबरी (मृ० 923 ई०) ने इस सम्बन्ध में एक घटना लिखी है कि एक दिन किसी ने एक पत्थर में बाँधकर एक चिट्ठी कारावास में फेंकी, जिसमें लिखा कि इब्न-ज़ियाद का संदेशवाहक अमुक दिन दमिश्क़ गया है और अमुक दिन को लौटेगा। यदि सब कुछ ठीक रहा, तो हम 'तकबीर' (अल्लाह-ओ-अकबर) का नारा देंगे, अन्यथा तुम्हारा वध होना निश्चित है। परन्तु सन्देशवाहक के लौटने पर 'तकबीर' नहीं कही गयी, क्योंकि यज़ीद ने बन्दियों को दमिश्क़ भेजने का आदेश दिया था। इससे लोग समझ रहे थे कि अब इनका वध किया जाना निश्चित है।[2] सन्देशवाहक के आने-जाने में समय लगा होगा। कूफ़ा से दमिश्क़ के लिए बन्दियों का कारवाँ कब रवाना हुआ आदि समस्याएँ हैं। हमने घटनाक्रम, एक स्थान से दूसरे स्थान की दूरी, यात्रागति आधार पर तिथियों का निर्धारिण किया है। मेरी अनुमानित तिथियाँ इस प्रकार हैं—कर्बला से कूफ़ा में बन्दियों का कारवाँ 12 मुहर्रम 61 हि० तदनुसार 12 अक्टूबर 680 ई० को पहुँचा। लगभग एक सप्ताह कूफ़ा के कारावास में रहे। कूफ़ा में मस्जिद-उल-हनाना को इस्लामी पैग़म्बर के परिवारजनों के कारावास के रूप में प्रयोग किया

---

1. शहीदे-इंसानियत, पृ० 523
2. तारीख़-अर्रुसुल-वअलमुलूक, भाग-6, पृ० 226

गया। 20 मुहर्रम 61 हि० तद्नुसार (20 अक्टूबर 680 ई०) को उसी प्रकार जैसे कर्बला से लाया गया था। बिना महामिल या कतावा के ऊँटों की नग्नपीठों पर बाँध कर भेजा गया। इमाम ज़ैन-उल-आबिदीन के हाथों-पैरों में भारी बेड़ियाँ डाल दी गयी थीं और गले में कटीली हँसुली पहनायी गयी थी।[1]

इसका निम्नलिखित आधार है—

कर्बला से कूफ़ा पहुँचना :

दूरी 33 मील (52.8 कि० मी०) ऊँट के कारवाँ की सामान्य गति 30-40 मील। यज़ीद सेना ने 11 मुहर्रम को अपराह्न कर्बला से प्रस्थान किया। रात्रि किसी पड़ाव पर बिताने के बाद 12 मुहर्रम 61 हि० (12 अक्टूबर 680 ई०) को कूफ़ा पहुँची।

दमिश्क़ का सन्देशवाहक :

चूँकि इमाम का शीश शहीद दिवस (10 मुहर्रम) को ही कूफ़ा भेजा जा चुका था, अतः वह 11 मुहर्रम 61 हि० को कूफ़ा पहुँचा। उसी दिन 'बरीद व्यवस्था' के अन्तर्गत संदेशवाहक उसी समय दमिश्क़ भेज दिया गया होगा। कूफ़ा से दमिश्क़ की दूरी 461 मील (750 कि० मी०), गति 80 मील दिन + 80 मील रात्रि = 160 मील के आधार पर 3 दिन-रात्रि यात्रा करके दमिश्क़ पहुँचा। वहाँ से आदेश प्राप्त कर उसी दिल चला, तो 3 दिन-रात्रि की 'बरीद-व्यवस्था' के अन्तर्गत 18 अथवा 19 मुहर्रम को कूफ़ा पहुँचा। सम्भवतः इस्लामी पैग़म्बर के परिवारजन बन्दी के रूप में एक सप्ताह कूफ़ा में रहे तथा 20 मुहर्रम 61 हि० (20 अक्टूबर 680 ई०) को कूफ़ा से दमिश्क़ के लिए ले जाये गये।

इस्लामी पैग़म्बर के परिवारजन बन्दी बनाकर लाये गये, तो वातावरण को आतंकित करते हुए कूफ़ा के प्रशासक उबैदउल्लाह-बिन-ज़ियाद ने मुनादी करा दी थी कि इस अवसर पर कोई व्यक्ति सशस्त्र होकर घर के बाहर न निकले, न सड़कों पर दिखायी दे। प्रमुख स्थानों पर पहरे बिठा दिये गये थे। कुछेक को वस्तुस्थिति का संज्ञान था, शेष लोग प्रशासन के प्रचार से भ्रमित हो समझते थे कि इस्लाम विरोधी दल पराजित हुआ है तथा उसके परिवारजन बन्दी बनाकर लाये गये हैं। फ़ौजी धुन बजाते हुए सेना के दल ने बन्दियों के साथ, बल्लमों पर सिरों को उठाये हुए कूफ़ा नगर में प्रवेश किया, तो लोगों की उत्सुकता बढ़ गयी। वे लोग जो कुछ नहीं जानते थे, जानना चाहते थे। लोग अपने-अपने तौर पर बता रहे थे। एक महिला इस दृश्य को देखने के लिए अपने कोठे पर बैठी

---

1. लहूफ़-अला-क़तला-उल-तफ़ूफ़, पृ० 71

थी। उसने बन्दियों से ही पूछ लिया कि तुम कौन हो? उत्तर मिला, हम इस्लामी पैग़म्बर के परिवारजन हैं, जो यज़ीदी सेना द्वारा बन्दी बनाकर लाये गये हैं। यह सुनना था कि चारों ओर रोने-पीटने का शोर उठ खड़ा हुआ।[1] पैग़म्बर के परिवारजनों को इस दशा में देखकर उपस्थित लोग द्रवित हो उठे थे। लोग चिल्ला-चिल्लाकर रो रहे थे।

इमाम हुसैन के रोगग्रस्त सुपुत्र इमाम ज़ैन-उल-आबिदीन, जिनके हाथों में उन ऊँटों की नकेल थी, जिन पर उनके परिवार की महिलाएँ बैठी थीं, इस प्रकार पैदल चल रहे थे कि हाथों में हथकड़ियाँ, पैरों में बेड़ियाँ तथा गले में काँटेदार कड़ा पड़ा था। इमाम ज़ैन-उल-आबिदीन ने शारीरिक शिथिलता एवं पीड़ा को त्यागते हुए थर्रायी हुई आवाज़ में कहा, **"तुमने ही तो हमारा ख़ून बहाया, अब तुम्हारी महिलाएँ हमारी स्थिति पर रो रही हैं। हमारा तुम्हारा निर्णय ईश्वर ही करेगा।"** महिलाएँ और पुरुष बिलख-बिलखकर रोने लगे। आपने आगे फिर कहा, **"तुम लोग हमारी स्थिति पर विलाप कर रहे हो, फिर हमको मिटाया और तड़पाया किसने?"**[2] बशीर-बिन-जज़ीम असदी का वक्तव्य है कि उस समय इमाम हुसैन की बहन ज़ैनब ने लोगों की ओर देखा और सम्बोधन प्रारम्भ किया। मैंने उससे पूर्व किसी महिला को ऐसा प्रभावपूर्ण सम्बोधन करते न देखा, न सुना था। ऐसा लगता था कि उनके माध्यम से उनके पिता हज़रत अली सम्बोधन कर रहे हैं, जो अपने समय के महानतम वक्ताओं में थे। उन्होंने लोगों को संकेत करके शान्त होने का आदेश दिया, जिससे चारों ओर सन्नाटा छा गया।[3] ज़ैनब के शब्द इतिहास में सुरक्षित रह गये हैं : **"पूज्यनीय है ईश्वर तथा स्तुति एवं प्रणाम, मेरे पितामह मुहम्मद मुस्तफ़ा तथा उनके परिवारजनों को। हे कूफ़ावासियो, हे कपटियो एवं विश्वासघातियो! तुम रोते हो? ईश्वर तुम्हारे आँसुओं को थमने न दे और तुम्हारा विलाप तुम्हें शान्त न होने दे।"** उन्होंने फिर आगे कहा, **"क्या तुम वास्तविक रूप में आँसू बहा रहे हो और चिल्ला-चिल्लाकर रो रहे हो? तुम्हारे लिए यही उचित है कि अब अधिक रोओ और कम हँसो, तुमने समझने का यत्न भी नहीं किया कि किस तरह तुमने इस्लामी पैग़म्बर के कलेजे को चीरा है। उनके सम्मान्य परिवारजनों को निर्वस्त्र किया है तथा उनके प्रतिष्ठा से खेला है? क्या तुमको इस पर आश्चर्य है कि आकाश से रक्त की वर्षा हुई? ये तो कुछ नहीं आख़िरत की प्रताड़ना अत्यन्त कठिन होगी। उस समय तुम्हारा कोई सहायक नहीं होगा। इस समय कुछ दिनों का अन्तराल**

---

1. शहीदे-इंसानियत, पृ० 526
2. शहीदे-इंसानियत, पृ० 527
3. बिहार-उल-अनवार भाग-1, पृ० 12

पाकर प्रसन्न न होना। ईश्वर को उतावला होने की आवश्यकता नहीं। अतः उसको समय के बीत जाने का कोई भय नहीं। निश्चय ही वह तुम्हें एक समय तक तुम्हारी स्थिति को यथावत बनाये रखेगा।''[1]

उपर्युक्त वर्णन-कर्ता का कथन है कि उसके आसपास के लोग इस हृदयविदारक अभिबोधन के बीच द्रवित हो दाँतों में उँगलियाँ दबाये रो रहे थे। एक वृद्ध को मैंने देखा, जो कह रहा था कि मेरे माता-पिता तुम पर न्यौछावर हों। तुम्हारे वृद्ध समस्त जगत के वृद्धों से, तुम्हारे युवा सभी युवाओं से, तुम्हारी महिलाएँ सभी महिलाओं से तथा तुम्हारा वंश सभी वंशों से उत्तम एवं श्रेष्ठ है। न उसे अपमानित किया जा सकता है, न तिरस्कार किया जा सकता है।[2] ज़ैनब के बाद परिवार की अन्य महिलाओं में इमाम हुसैनी की सुपुत्री फ़ातिमा, बहन उम्म-कुलसूम तथा इमाम ज़ैन-उल-आबिदीन ने भी अनेक बार सम्बोधन किये, जिससे वस्तुस्थिति उपस्थितिजनों पर स्पष्ट हो गयी। यज़ीदी प्रशासन ने इन बन्दियों के विषय में जो दुष्प्रचार किया था, उसका प्रभाव समाप्त हो गया।

इस्लामी पैग़म्बर के परिवारजन बन्दी बनाकर इब्न-ज़ियाद के दरबार में प्रस्तुत किये गये। इमाम हुसैन का सिर एक लगन में इब्न-ज़ियाद के आसन के निकट रखा हुआ था। वह उस सिर को देखकर हँसता था और छड़ी से दाँतों पर मारता था। इस्लामी पैग़म्बर के सहयोगी वयोवृद्ध ज़ैद-बिन-अरक़म उस सभा में उपस्थित थे। यह दृश्य सहन न कर सके, रोने लगे और कहने लगे कि मैंने अनेक बार देखा है कि पैग़म्बर इन्हीं होठों को खजूर की तरह चूसते थे। इब्न-ज़ियाद ने कहा कि यह बुड्ढा सठिया गया है। इसका बुढ़ापा देखकर इसे छोड़े देता हूँ, अन्यथा इसे वध करा देता। वे रोते हुए उठकर चले गये।[3]

इमाम हुसैन की बहन ज़ैनब को अन्य महिलाओं ने घेरकर बीच में कर रखा था।[4] इब्न-ज़ियाद ने उनकी ओर संकेत करके पूछा, यह कौन है? यह जानने के बाद कि वे पैग़म्बर की सुपौत्री ज़ैनब है, इब्न-ज़ियाद की जैनब से वार्ता विख्यात इतिहासकार अलतबरी ने लिखी है [5] : **''विजय मदिरा में मस्त इब्न-ज़ियाद ने ज़ैनब को सम्बोधित करके कहा, धन्य है ईश्वर कि उसने तुम लोगों को तिरस्कृत किया और तुम्हारा असत्य स्पष्ट कर दिया। ज़ैनब ने उत्तर दिया,**

---

1. बिहार-उल-अनवार भाग-2, पृ० 12
2. बिहार-उल-अनवार भाग-2, पृ० 12; शहीदे-इंसानियत, पृ० 528
3. बिहार-उल-अनवार भाग-2, पृ० 20
4. तारीख़-अर्रुसुल-वअलमुलूक, भाग-6, पृ० 262; अलइर्शाद-फ़ी-मुआरिफ़त-हुज्जाज-उल्लाह-अलाउल-इबाद, पृ० 259
5. तारीख़-अर्रुसुल-वअलमुलूक, भाग-6, पृ० 262

वन्दनीय है ईश्वर, जिसने हमको सम्मानित किया, मुहम्मद मुस्तफ़ा के साथ तथा हमें पवित्र एवं पावन घोषित किया, उस प्रकार जो उसके लिए सम्भव है, न वह कि जो कहता है। तिरस्कृत वह होता है, जो धर्मविरोधी हो तथा झूठ उसका खुलता है, जिसके सम्मुख सत्य न हो और वे हम नहीं हैं, हमारा विरोधी है। इब्न-ज़ियाद बोला, देखा तुमने, ईश्वर ने तुम्हारे भाई तथा अन्य परिवारजनों के साथ क्या किया। ज़ैनब ने अत्यन्त गंभीरतापूर्वक उत्तर दिया, मैंने तो अच्छा ही अच्छा देखा। उन्हें ईश्वर का सान्निध्य प्राप्त था, जिनके लिए शहीद होना भाग्य में निश्चित था और वे अपने पैरों से चलकर बलिदान-स्थल तक गये। वह दिन भी दूर नहीं, जब ईश्वर के सम्मुख तेरा और उनका सामना होगा और तुझको अपने कुकर्म का उत्तरदायी होना होगा।

इब्न-ज़ियाद खीझ कर कहने लगा, ईश्वर ने मेरी मनोकामना पूरी कर दी, तुम्हारे उत्तेजित भाई और परिवार के अन्य विरोधी एवं विद्रोही व्यक्तियों का वध करके। इस सम्बोधन से ज़ैनब की आँखों से आँसू निकल आये, परन्तु उन्होंने अपना धैर्य बनाये रखा और उत्तर में कहा, हाँ निःसंदेह, तूने मेरे प्रियजनों का वध किया है। मेरी शाखाओं को काट डाला और मेरी जड़ को उखाड़कर फेक दिया। यदि तेरी मनोकामना इससे पूरी होती है तो प्रसन्न हो ले। इब्न-ज़ियाद ने कटाक्ष किया, यह महिला तुकान्तवादी लगती है। इसका पिता भी तो कवि था। ज़ैनब ने चुप रहना उचित न समझा, कहा, भला एक महिला को तुकान्त एवं काव्य से क्या सम्बन्ध, मैं तो ऐसी दशा में हूँ कि मुझे तुकान्त की चिन्ता कैसे हो सकती है। मेरे हृदय की वाणी थी, जो मेरे मुँह से निकल गयी।''[1]

इब्न-ज़ियाद क्रोधित हो ज़ैनब को कोड़े से पीटना चाहता था, परन्तु दरबार के अन्य लोगों ने उसे ऐसा करने से रोका। स्पष्ट है कि इब्न-ज़ियाद ने 'तुम्हारा असत्य स्पष्ट कर दिया' कह कर समस्त इस्लाम को ही नकार दिया था। अतः उसको उत्तर देना आवश्यक था। इब्न-ज़ियाद में तनिक भी लज्जा होती, तो उसे शान्त हो जाना चाहिए था, परन्तु उसने ज़ैनब को दुःखी करने हेतु निरन्तर ऐसे कटाक्ष करता, जिनसे दुखियारी महिला और भी दुःखी हो सके।

इसके बाद इब्न-ज़ियाद ने इमाम ज़ैन-उल-आबिदीन से सम्बोधन किया। पहले उनका नाम पूछा। उन्होंने बताया, अली-बिन-हुसैन। वह कहने लगा, क्या अली-बिन-हुसैन को अल्लाह ने वध नहीं किया। वे शान्त रहे। इब्न-ज़ियाद ने

1. तारीख़-अर्रुसुल-वअलमुलूक, भाग-6, पृ० 263; अलइर्शाद-फ़ी-मुआरिफ़त-हुज्जाज-उल्लाह-अलाउल-इबाद, पृ० 259

कहा, बोलते क्यों नहीं? उन्होंने कहा, मेरे एक भाई का नाम भी अली था, जिनको लोगों ने क़त्ल किया। उसने कहा, नहीं वरन् ईश्वर ने वध किया। इस पर आपने क़ुर्आन की आयत पढ़ी, **''ईश्वर ही मृत्यु के समय आत्मा को अपनी ओर बुला लेता है।''** (क़ुर्आन : 39/42) इब्न-ज़ियाद बोला, यह बच्चा नहीं है समझदार है। ले जाओ, इसका भी वध कर दो। यह सुनना था कि ज़ैनब दौड़कर भतीजे से लिपट गयीं और कहा, पहले मुझे वध करना होगा, उसके बाद ही मेरे भतीजे का वध किया जा सकता है। इब्न-ज़ियाद इमाम ज़ैन-उल-आबिदीन के वध कराने पर अड़ा रहा। ज़ैनब किसी प्रकार भतीजे से अलग होने को तैयार न हुईं। वह चाहता था कि दोनों का वध कर दिया जाये परन्तु दरबार में उपस्थित लोग इब्न-ज़ियाद के परस्पर आग्रह पर उत्तेजित हो उठे। विवश होकर इब्न-ज़ियाद को अपना आदेश स्थगित करना पड़ा, बोला, रहने दो। इन महिलाओं को लेकर यही जायेगा। इस अवसर पर इमाम ज़ैन-उल-आबिदीन के अन्तिम शब्द इतिहास में सुरक्षित रह गये हैं। आपने कहा, **''इब्न-ज़ियाद तू मुझे मौत से डराता है? क्या तू नहीं जानता कि वध होना, हमारा स्वभाव है और शहीद होना, हमारी वरीयता है।''**[1] यह वह वाणी थी, जो कूफ़ा के दरबार में गूँजी तथा दरबार ग्लानि एवं पश्चाताप के भँवर में डूबकर रह गया।

इमाम हुसैन के शहीद होने की विधिवत घोषणा इब्न-ज़ियाद ने कूफ़ा की मस्जिद में की तथा इमाम हुसैन का नाम अपशब्दों के साथ लिया, जिस पर अब्दुल्लाह-बिन-अफ़ीफ़ अज़दी ने, जो दोनों आँखों से सूर हो गये थे, मस्जिद में ही रहकर इबादत करते थे। उस समय मस्जिद में उपस्थित थे, इब्न-ज़ियाद का खण्डन करते हुए कहा—हे मर्जाना के पुत्र! तू झूठा और तेरा बाप झूठा और वह झूठा, जिसने तुझको हाकिम बनाया और उसका बाप। इब्न-ज़ियाद ने उनको बन्दी बनाने का आदेश दिया। उन्होंने सहायता के लिए अपने क़बीले के जवानों को पुकारा, वे तत्काल सहायता हेतु प्रस्तुत हो गये। इब्न-ज़ियाद के आदेशानुसार मुहम्मद-बिन-अशअस की सेना युद्ध हेतु टूट पड़ी। घमासान हो गया। आवाज़ सुनकर अब्दुल्लाह-बिन-अफ़ीफ़ की सुपुत्री भी अपने दोनों से मजबूर पिता की सहायता हेतु निकल पड़ी। पिता ने बेटी से तलवार ली और स्वयं भी युद्ध प्रारम्भ किया। बेटी बताती की शत्रु दाहिनी ओर है, वे दाहिनी ओर तलवार चलाते, वह कहती बायें ओर है, वे बाईं ओर झपट पड़ते। इसी उहापोह में किसी ने पीछे से सिर पर तलवारी लगायी, जिससे वे शहीद हो गये।[2]

---

1. तारीख़-अर्रुसुल-वअलमुलूक, भाग-6, पृ० 264
2. लहूफ़-अला-क़तला-उल-तफ़ूफ़, पृ० 69

दूसरे दिन इब्न-ज़ियाद के आदेशानुसार इमाम हुसैन का सिर कूफ़ा के बाज़ारों में घुमाया गया, फिर राजभवन के द्वार पर लटका दिया गया।[1] बन्दियों को कारागार में डाल दिया गया, जहाँ वे एक सप्ताह तक इस प्रतीक्षा में रखे गये कि इब्न-ज़ियाद ने यज़ीद की अनुमति प्राप्त करने हेतु अपना दूत दमिश्क़ भेजा था कि इन बन्दियों के साथ आगे क्या कार्यवाही की जाय। यज़ीद की ओर से अनुमति पाने के बाद इमाम हुसैन और उनके अन्य साथियों के सिरों को बल्लमों की नोक पर रखकर यज़ीदी सेना दमिश्क़ की ओर इस प्रकार प्रस्थान कर गयी कि महिलाओं और बच्चों को पूर्ववत् बिना महमिल कजावा के ऊँटों पर सवार करके, इमाम ज़ैन-उल-आबिदीन के हाथों में हथकड़ियाँ, पाँव में बेड़ियाँ और गले में कटीला कड़ा डालकर महज़र-बिन-सअलबा आयदी तथा शिम्र-बिन-ज़िलजौशन के नेतृत्व में भेजा गया।[2]

दमिश्क़ के मार्ग में

कूफ़ा से दमिश्क़ के साधारण मार्ग से दूरी 461 मील (750 कि०मी०) है, परन्तु यज़ीदी सेना इमाम हुसैन के परिवारजनों को बन्दी बनाकर जिस मार्ग से दमिश्क़ ले गयी, उसकी दूरी लगभग 950 मील (1320 कि०मी०) है।[3] वे पहले कूफ़ा से दमिश्क़ मार्ग के उलट क़ादसिया गये, फिर अलजज़ीरा का लम्बा मार्ग अपनाया, जिसमें दूर-दूर तक कोई बस्ती नहीं पड़ती थी, फिर कोई स्थान अथवा नगर मिलता था। कूफ़ा.....→ क़ादसिया.....→ क़नातैर.....→ मसकन.....→ सामर्रा.....→ तकरीत.....→ वादी-नख़्ला.....→ कहैल.....→ जहनिया.....→ मूसल.....→ तलअफ़त.....→ सनजार.....→ नसीबैन.....→ हरान.....→ तल-अबयज़.....→ दअवात.....→ रिक़्क़ा.....→ रास-उल-ऐन (दो सर) .....→ मसकना.....→ हलब.....→ क़नसीरैन.....→ मुअर्रा.....→ तफ़रताब.....→ शैरज़.....→ हम्मा.....→ हुम्स.....→ लबोह.....→ बग़लैक.....→ सौमआ-राहिबा.....→ दमिश्क़।

सहज ही सवाल उठता है कि निकट का मार्ग छोड़कर इतना लम्बा मार्ग क्यों अपनाया गया। यज़ीद तो अपना दरबार करके जल्द-से-जल्द दुनिया को दिखा देना चाहता था कि देख लो, मैंने बद्र में युद्ध में मारे गये अपने अग्रजों के

---

1. अलइर्शाद-फ़ी-मुआरिफ़त-हुज्जाज-उल्लाह-अलाउल-इबाद, पृ० 260
2. अलअख़बार-उल-तवाल, पृ० 257; तारीख़-अर्रसुल-वअलमुलूक, भाग-6, पृ० 264; अलइर्शाद-फ़ी-मुआरिफ़त-हुज्जाज-उल्लाह-अलाउल-इबाद, पृ० 260
3. संलग्नक मानचित्र से माप करके दूरी निश्चित की गयी है। —लेखक

(जो इस्लामी पैग़म्बर के विरुद्ध युद्ध करते हुए मारे गये थे) ख़ून का बदला पैग़म्बर के परिवारजनों से किस तरह लिया है।[1] जब बन्दी उसके दरबार में प्रस्तुत किये गये तो उसने यह सब कहा और किया भी था, जिसकी चर्चा आगामी पंक्तियों में आयेगी। यज़ीद की प्रबल इच्छा की अनदेखी करना इब्न-ज़ियाद के लिए सम्भव नहीं था। वह तो यज़ीद को प्रसन्न करके पुरस्कार यथाशीघ्र चाहता है। फिर इस देर से पहुँचने का मार्ग धारण करने का कारण क्या था? इसके कई कारण हैं। प्रथम, यह कि इमाम हुसैन की शहादत की सूचना पाकर यज़ीद और उसके शासन के विरुद्ध मुसलमानों में चारों ओर क्रोध एवं घृणा व्याप्त हो गयी थी। अनेक स्थानों पर विरोध स्वर मुखर हो उठे थे। विद्रोह की स्थिति उत्पन्न हो गयी थी। यज़ीदी सेना को भय था कि यदि वे इस्लामी पैग़म्बर के परिवारजनों को बन्दी बनाकर सामान्य से ले गये, तो लोग संगठित होकर उनके विरुद्ध युद्ध करेंगे। बन्दियों को छुड़ा लेंगे। यह भय इतना गहरा था कि यज़ीदी सेना बन्दियों को लेकर कूफ़ा से चली, तो कूफ़ा के आस-पास की विस्फोटक स्थिति का अनुमान करके पहले दमिश्क़ के उलट दिशा में चलकर क़ादसिया गयी, जहाँ यज़ीदी सेना का असाधारण जमाव था, फिर वहाँ से दमिश्क़ की ओर प्रस्थान कर गयी।

दूसरे यह कि सुरक्षित मार्ग की तलाश में ऐसा क्षेत्र उन्हें सुगम था, जिस पर पूर्व में अमीर मुआविया का राज्य रहा हो। यथास्थान स्पष्ट किया जा चुका है कि अमीर मुआविया ने दुष्प्रचारों तथा नियमित रूप में जुमा के अभिबोधन में हज़रत अली पर अपशब्दों के प्रयोग से अपने समस्त राज्य में अह्लबैत के विषय में अत्यन्त गुमराही फैला दी थी। सामान्य जन अह्लबैत के विषय या तो कुछ जानते ही नहीं थे, यदि जानते थे, तो उन्हें इस्लामधर्म का शत्रु मानते थे। अतः इस मार्ग से बन्दियों का ले जाना पूर्णतया सुरक्षित था। अह्लबैत का कोई हितैषी उनके मार्ग में रुकावट नहीं डाल सकता था। यही हुआ भी।

तीसरे, यह कि इस मार्ग में अनेक बड़े नगर थे। जैसे वादी-नख़्ला, नसीबन, दअवात, हलब, शैरज़, हम्माह तथा बअलैक। यज़ीदी सेना ने अपने प्रभाव-क्षेत्र में बढ़-चढ़कर यज़ीद की विजय-पताका लहरायी। व्यापक प्रचार किया कि उनके ख़लीफ़ा यज़ीद के विरुद्ध किसी हुसैन नामक व्यक्ति से युद्ध किया था, यज़ीदी सेना ने उसका साथियों सहित वध कर दिया। अब उसके परिवारजन बन्दी के रूप में दमिश्क़ में ख़लीफ़ा यज़ीद के सम्मुख प्रस्तुत किये जायेंगे, जो इनके विषय में न्याय करेंगे। इस प्रकार का घातक दुष्प्रचार पूरे मार्ग में विशेषकर

---

1. बिहार-उल-अनवार, भाग-2, पृ० 35

नगरों में किया गया, जिनमें अधिक आबादियाँ पड़ती हों। इमाम ज़ैन-उल-आबिदीन रास्ते भर चुपचाप चले जाते थे। किसी से कोई वार्ता नहीं करते थे।[1] मार्ग में अनेक लोग इस्लामी पैग़म्बर के परिवारजनों की स्थिति की जानकारी पाकर स्वयं उत्तेजित होते गये। विभिन्न प्रकार से अपनी प्रतिक्रिया व्यक्त करते थे। उनमें अधिकतर प्रक्रियाएँ प्रतीकात्मक हुआ करती थीं, जिससे यज़ीदी सैनिक भयभीत हो उठते थे।

यज़ीदी सेना इमाम हुसैन और सहयोगियों के शीश लेकर चली, तो पहले पड़ाव पर एक अद्‌भुत घटना से दो-चार हुई। अनेक विद्वानों ने लिखा है कि यज़ीदी सेना ने सुरक्षित मानकर अपना पहला पड़ाव मसीही आश्रम के निकट किया। विश्राम पर जाने से पूर्व शराब का दौर चला ख़ूब मस्ती करती। अपनी विजय पर एक-दूसरे को मुबारक देते रहे कि उनकी निगाह आश्रम के दीवार पर पड़ी, जिस पर अरबी में इस आशय का शेर लिखा था : "**जिन लोगों ने इमाम हुसैन का वध किया, वे कैसे आशा कर सकते हैं कि उनके पितामह प्रलय-दिवस में उनको मुक्ति दिलायेंगे।**"[2] उन्होंने राहिब से पूछा, यह शेर किसने लिखा है। उसने उत्तर दिया कि मैं नहीं जानता। यह तो हज़ार वर्ष से लिखा है। सैनिकों पर भयावह मनोवैज्ञानिक प्रभाव हुआ। वे ऐसे भयभीत हुए कि भाग खड़े हुए। काफ़ी समय के बाद लौट कर आये।

इसी प्रकार की एक दूसरी घटना भी मिलती है। इब्न-लहीअ तथा अन्य ने एक हदीस लिखी है, जिसमें अन्य बातों के साथ ही एक घटना की चर्चा है। उन्होंने बताया कि मैं काबा-शरीफ़ का तवाफ़ (परिक्रमा) में व्यस्त था कि मैंने देखा कि कोई व्यक्ति कहता था—ऐ अल्लाह, मेरे पाप क्षमा कर दें, यद्यपि मैं जानता हूँ कि तू ऐसा नहीं करेगा। मैं उसके निकट गया, उसको समझाया—ऐसा कहना बड़ी धृष्टता है। ईश्वर बड़ा ही दयानिधान है, वह सब को पापों से मुक्त करता है। उसने कहा, परन्तु वह मुझे मुक्त नहीं करेगा। मैंने पूछा, तूने ऐसा क्या पाप किया है? उसने बताया कि मैं उन पचास सैनिकों में था, जो इमाम हुसैन का शीश लेकर दमिश्क़ जा रहे थे। मार्ग में रात्रि के समय शीश को एक संदूक में बन्द कर देते थे, फिर जमकर शराब पीते और मौज-मस्ती करते थे। एक रात्रि में मैंने शराब नहीं पी थी, परन्तु अन्य सभी लोग मदमस्त पड़े थे। मैंने देखा कि एक बार बादल गर्जे, बिजली चमकी, आकाश से कुछ महान आत्माओं को

---

1. तारीख़-अर्रुसुल-वअलमुलूक, भाग-6, पृ० 264
2. हयात-उल-हैवान, भाग-1, पृ० 53; बिहार-उल-अनवार, भाग-2, पृ० 136; तारीख़े-आइम्मा, पृ० 265

उतरते देखा, जिनके साथ फ़रिश्ते भी थे। उन्होंने हमारे साथियों को बहुत पीटा। मैं शरण में जाना चाहता, परन्तु उन्होंने मना कर दिया।[1]

बन्दियों को लेकर यज़ीदी सेना क़नसीरैन की मंज़िल पर विश्राम हेतु एक मसीही आश्रम के निकट रुकी। वहाँ के राहिब ने इमाम हुसैन के शीश को देखा, तो उसको लगा कि उसके चारों ओर प्रकाश है, जो आकाश तक फैली हुई है। वह अत्यन्त प्रभावित हुआ। उसने 10 हज़ार दिरहम देकर एक रात्रि के लिए इमाम हुसैन का शीश यज़ीदी सेना से ले लिया। शीश को एक पत्थर पर नहलाया और उसी के सामने कलमा पढ़कर मुसलमान हो गया। प्रातः यज़ीदी सैनिकों ने उससे शीश वापस ले लिया, अगली मंज़िल की ओर बढ़ गये।[2]

उपर्युक्त क़नसीरैन ईराक़ के सरहदी पड़ाव रिक़्क़ा तथा प्रसिद्ध ऐतिहासिक नगर हलब (Aleppo) के निकट है, कालांतर में चमत्कारी श्रद्धास्थल प्रसिद्ध है, जहाँ वह पत्थर वर्तमान है, जिस पर राहिब ने इमाम हुसैन के शीश को नहलाया था। उस समय इमाम हुसैन के ख़ून की कुछ बूँदें पत्थर पर पड़ी थीं, जो उस पर जम गयी थीं, 1400 वर्ष बीतने के बाद भी ख़ून से पत्थर लाल है, जिसे सुरक्षित कर दिया गया है। बन्दियों को जिस मसीही आश्रम के निकट उतारा गया था, उसका नाम 'वीर' था, जो मारुत-उल-मरूसा' में जबल-ग़रबी के क्षेत्र में क़ज़ीक़ नदी के किनारे स्थित था। वर्तमान में वहाँ एक बड़ा स्मारक भवन निर्मित है, जो 'मशहद-उल-हुसैनी' के नाम से प्रसिद्ध है। वहाँ बड़ी धार्मिक संस्था भी है, जिसका विद्यालय, पुस्तकालय है। विशेष पुरातत्त्व संरक्षण व्यवस्था के अन्तर्गत इस पत्थर को सुरक्षित रखा गया है, जिस पर इमाम हुसैन के ख़ून की बूँदों के निशान हैं।[3]

यज़ीदी सेना से इमाम हुसैन का शीश एक रात्रि के लिए धन देकर प्राप्त करने का एक सन्दर्भ 'हुसैनी ब्राह्मण' जाति के उद्भव की चर्चा में भी मिलता है कि यज़ीदी सेना इमाम हुसैन का शीश लेकर हुसैनी ब्राह्मणों की मातृभूमि बाथोवाल, जिला स्यालकोट (पाकिस्तान) के 'रहाब' में ठहरी। उनके पूर्वज ने धन देकर एक रात्रि के लिए इमाम हुसैन का शीश लिया, परन्तु उसकी महिमा से प्रभावित होकर उसे लौटाना नहीं चाहते थे। बदले में उन्होंने अपने पुत्र का शीश दिया, परन्तु यज़ीदी सेना ने शीश पहचान लिया और लेने से इन्कार कर दिया। इस क्रय में उन्होंने इमाम हुसैन के शीश के बदले में अपने सातों पुत्रों के शीश दे दिये। परन्तु यज़ीदी सेना इमाम हुसैन का शीश वापस लेकर ही गयी।

---

1. बिहार-उल-अनवार, भाग-2, पृ० 28
2. बिहार-उल-अनवार, भाग-2, पृ० 134
3. सहयोग हेतु आयतउल्लाह शैख़ नसरउल्लाह (हलब) के प्रति आभार।

इस घटना में 'रहाब' का सियालकोट (पाकिस्तान) होना, तो सम्भव है परन्तु सियालकोट में दमिश्क़ जाते हुए यज़ीदी सेना आना किसी प्रकार से सही नहीं हो सकता। दन्त-वृत्तान्त में कुछ का कुछ हो जाना सम्भव है। विदेशी लेखकों ने जैसा, सुना, बिना किसी छान-बीन के लिख दिया।[1] यह एक शोध-विषय है। शायद कोई आगे तथ्य ढूँढ़ निकाले। इसमें सत्य कहीं निहित है, मैं इतना ही कह सकता हूँ।

यज़ीदी सैनिक बन्दियों का क़ाफ़िला लिए हुए जब किसी विशेष स्थान अथवा प्रमुख नगर पहुँचते, तो पूर्व में ही वहाँ अपने आगमन की सूचना प्रचारित करते तथा वहाँ का प्रशासन उनके सुख-सुविधा हेतु विशेष प्रबन्ध करे तथा नगरवासियों में यज़ीद के विजय जश्न मनाया जाये। इस क्रम में यज़ीदी सेना ने बग़लैक में पड़ाव करने का पूर्व सूचना भेज दी थी, अतः बन्दियों का तमाशा देखने के लिए नगरवासी 6 फ़र्सख़ (18 मील) पहले ही आ गये थे।[2] मार्ग में किसी बात के बन्दियों को पीटते रहते थे। इमाम ज़ैन-उल-आबिदीन किसी से कुछ नहीं कहते थे, कोड़े पड़ते तो आसमान को देखते, अपने पैरों की बेड़ियों पर निगाह करते फिर अपनी फूफी ज़ैनब की ओर देखकर शान्त हो जाते थे। इसी क्रम में दिन-रात बिता रहे थे।

यज़ीदी सेना का इमाम हुसैन के परिवारजनों को लज्जित एवं अपमानित करने हेतु घृणाप्रर्दशन का अत्यन्त अमानवीय व्यवहार ही था कि घोड़े के सीने पर इमाम हुसैन का शीश बाँध रखा था। जब घोड़ा दौड़ता, तो इमाम हुसैन का शीश उसकी जाँघ से टकराता था। यह दृश्य देखकर इस्लामी पैग़म्बर के सहाबी कासिम-बिन-असबग़ विचलित हो उठे। उसने पुकार कर कहा, हे निर्दयी, यदि तू शीश को कुछ ऊपर बाँध लेता, तो तेरा क्या बिगड़ता।[3] इमाम हुसैन के परिवारजन सभी अत्याचार देखते, सहन करते और चुप रहते थे।

इस्लामी पैग़म्बर के सहाबी सहल-बिन-सअद ने बयान किया कि वे 'बैत-उल-मक़दिस' जो मुसलमानों, ईसाइयों तथा यहूदियों का समान पुण्यस्थल है और यरोशलम (इस्राइल) में है, उसकी तीर्थयात्रा पर थे, जब मैं शाम में पहुँचा, तो चारों ओर जश्न का वातावरण था। मैंने पूछा, क्या कोई नयी ईद खोज निकाली है। लोगों ने बताया कि इमाम हुसैन के शीश के आगमन की ईद है। फिर मैंने देखा कि एक शीश को बल्लम पर उठाया गया है, जो इस्लामी पैग़म्बर

---

1. A Glossary of the Tribes and Castes of the Punjab and North-West Frontier Provinces, Part-2, pp. 141-42
2. बिहार-उल-अनवार, भाग-2, पृ० 29
3. बिहार-उल-अनवार, भाग-2, पृ० 138

की तरह का था, पीछे महिलाएँ ऊँटों की नग्नपीठ पर बैठी दीख पड़ीं। मैं एक बच्ची के पास गया। बताया कि मैं पैग़म्बर का सहाबी हूँ। बच्ची का नाम पूछा। उसने कहा, सुकैना। मैंने कहा कि बेटी कुछ कहना हो, तो कह सकती हो। सुकैना ने कहा, इन बल्लमों वालों से कहिए कि ये आगे बढ़ जायें कि लोग इन शीशों के देखने में व्यस्त हो जायें और हम पैग़म्बर के परिवारजन तमाशा बनने से बच जायें। मैंने सैनिकों को 400 दीनार दिये, वे चुपचाप आगे बढ़ गये।[1] बाद की घटनाओं से लगता है कि ये बल्लमों वाले दोबारा बन्दियों के निकट आ गये थे, क्योंकि अल्लामा इब्न-ताऊस ने लिखा है कि दमिश्क़ के निकट पहुँचने पर इमाम हुसैन की छोटी बहन उम्म-कुलसूम ने यज़ीदी सेनानायक शिम्र-ज़िलजौशन से निवेदन किया था—जब हम दमिश्क़ नगर में प्रवेश करें, तो ऐसे मार्ग से लेकर चल, जहाँ दर्शक कम हों और शीशों को सवारियों से आगे कर दें ताकि हम अधिक लोगों की निगाह से बच सकें, परन्तु उसने इसके ठीक उलट किया और शीशों को सवारियों के बीच में रखा ताकि अधिक लोग देख सकें।[2]

दमिश्क़ में प्रवेश

इस्लामी पैग़म्बर के बन्दी परिवारजनों ने मंगलवार 14 सफ़र 61 हि० (13 नवम्बर, 680 ई०) को दमिश्क़ में प्रवेश किया। कूफ़ा से दमिश्क़ के बीच 25 दिनों की यात्रा कर कर्बला के बन्दी यज़ीदी साम्राज्य की राजधानी पहुँच सके थे।[3] बन्दियों के काफ़िले ने दमिश्क़ में प्रवेश किया, तो यज़ीद के आदेशानुसार सभी मार्गों तथा बाज़ारों की साज-सज्जा की गयी थी। लोगों की इतनी बड़ी भीड़ तमाशा देखने आयी थी कि प्रातः दमिश्क़ बाज़ार में प्रवेश करने के बावजूद बन्दी सायंकाल ही यज़ीदी दरबार में प्रवेश कर सके। जब बन्दियों का यह काफ़िला बाज़ार के बीच चल रहा था, यज़ीदी पक्षधर इब्राहीम-बिन-तलहा ने कटाक्ष करते हुए, इमाम ज़ैन-उल-आबिदीन से पूछा, हे हुसैन पुत्र! कहिए किसको विजय प्राप्त हुई? इमाम ज़ैन-उल-आबिदीन ने संयमपूर्वक उत्तर दिया, यदि तुझे

---

1. बिहार-उल-अनवार, भाग-2, पृ० 30
2. लहूफ़-अला-क़तला-उल-तफ़ूफ़, पृ० 73
3. यथास्थान कहा जा चुका है कि कूफ़ा तथा दमिश्क़ के बीच 461 मील (750 कि०मी०) की दूरी है, परन्तु यज़ीदी सेना ने विभिन्न कारणों से 950 मील (1,350 कि०मी०) का मार्ग अपनाया था। इससे 40-45 प्रति दिन की गति से यात्रा 25 दिनों में सम्पन्न हो सकी। 20 अक्टूबर 680 को चलकर 13 नवम्बर 680 को यज़ीद की राजधानी दमिश्क़ पहुँचे। —लेखक

वास्तविक रूप में यह जानना है कि किसको विजय प्राप्त हुई, तो नमाज़ में अज़ान के समय सुन लेना कि किसको विजयश्री प्राप्त हुई है?

इसी प्रकार बन्दियों का काफ़िला जब दमिश्क़ की मस्जिद के सामने पहुँचा तो एक वृद्ध ने घृणा प्रदर्शित करते हुए कहा, ईश्वर को धन्यवाद कि उसने तुम्हारा वध कराया तथा देश और समाज को तुमसे रिक्त किया तथा हमारे ख़लीफ़ा यज़ीद को तुम पर विजय दिलायी। इमाम ज़ैन-उल-आबिदीन ने उसको सम्बोधित करते हुए कहा, हे शैख़! क्या तूने क़ुर्आन की यह आयत पढ़ी है : **''हे पैग़म्बर, आप कह दीजिए कि मैं तुमसे इस दैवीप्रचार का कोई पारितोषिक नहीं चाहता, इसके अतिरिक्त कि तुम मेरे परिवारजनों से प्रेम करो।''** (क़ुर्आन : 42/23) उसने उत्तर दिया, हाँ पढ़ी है। आपने कहा कि पैग़म्बर के वे परिवारजन हम ही हैं। फिर आपने क़ुर्आन की एक दूसरी आयत पढ़ी : **''बस अल्लाह का इरादा है, हे अह्लबैत! तुमसे हर प्रकार की बुराई को दूर रखे और इस प्रकार पवित्र एवं पावन रखे कि जिस प्रकार पवित्र-पावन रखा जा सकता है।''** (क़ुर्आन : 33/33) फिर बताया कि वे अह्लबैत हम ही हैं। वह वृद्ध अवाक् होकर उनकी ओर देखने लगा और पूछा, क्या वास्तविक रूप में आप ही हैं। इमाम ज़ैन-उल-आबिदीन ने कहा, हाँ हम ही हैं। यह सुनकर वह वृद्ध फूट-फूटकर रोने लगा, अपने सिर की पगड़ी उतारकर फेक दी और तौबा करने लगा। इस घटना से अनुमान किया जा सकता है कि उमैय्या वंशीय शासन ने पैग़म्बर के परिवारजनों के बारे में किस प्रकार भ्रान्ति उत्पन्न कर रखी थी तथा लोग किस प्रकार भ्रमित हो चुके थे।[1]

इस्लामी पैग़म्बर के बन्दी परिवारजनों का काफ़िला, जिस समय दमिश्क़ में प्रवेश कर रहा था। **''यज़ीद अपने महल के कोठे पर, जो जेरून में था, इस दृश्य को देखने हेतु उपस्थित था। जैसे ही, इमाम हुसैन और उनके साथियों का सिर बल्लमों पर दिखायी पड़े, उसने कुछ शेर पढ़े, जिनका भावार्थ यह है - जब वे सवारियाँ दिखायी पड़ीं और उनके सिरों की छाया जेरून पहाड़ी के टीलों पर पड़ी तो कौआ काँव-काँव करने लगा** (जो अशुभ संकेतक है) **मैंने कहा, तू बोल या न बोल मैंने अन्तोगत्वा पैग़म्बर से अपने ऋण वसूल कर लिए हैं।''** इन शेरों से यज़ीद की मनोदशा का अनुमान किया जा सकता है कि वह कर्बला में इमाम हुसैन और उनके सहयोगियों के वध किये जाने को, इस्लामी पैग़म्बर से अपना ऋण वसूल करना मानता था। इस ऋण के विषय में आगे भी चर्चा आयेगी।

---

1. बिहार-उल-अनवार, भाग-2, पृ० 31-32

यज़ीदी दरबार में

दमिश्क़ नगर में प्रवेश करने के बहुत समय बाद बंदियों का यह काफ़िला उस द्वार के निकट, जो राजदरबार से मिला हुआ था, रोक दिया गया। वहाँ बन्दी बहुत समय तक रुके रहे, क्योंकि यज़ीद दरबार की साज-सज्जा में स्वयं व्यस्त था। फिर दरबार में इस्लामी पैग़म्बर के परिवारजनों को इस दशा में किया गया, जैसे निरंकुश शासकों के सामने दास-दासियाँ प्रस्तुत की जाती थीं। ज़हर-बिन-क़ैस ने अतिश्योक्तिपूर्वक अपने दल की वीरता तथा इमाम हुसैन के सहयोगियों की विवशता का चित्रण करते हुए अपना वक्तव्य प्रस्तुत किया, परन्तु इमाम हुसैन के व्यक्तित्व का उनके शत्रुओं पर भी ऐसा सशक्त प्रभाव था कि इमाम हुसैन का सिर लिये हुए क़ातिल जब दमिश्क में यज़ीद के दरबार में पहुँचा, तो उसने अपना मन्तव्य कविता के रूप में प्रस्तुत किया, जिसका भावार्थ था—मेरे ऊँट की फलाँदी को सोने के सिक्कों से भर दीजिए कि मैंने आपके आदेशानुसार एक अत्यन्त सम्मान्य महानुभाव का वध किया है। उसे, जिसने बचपन में दोनों क़िबलों की तरफ़ मुँह करके नमाज़ पढ़ी थी तथा वंशाधार पर समस्त संसार से श्रेष्ठ था। मैंने उसका वध किया है, जिसके माता-पिता समस्त संसार में सर्वश्रेष्ठ थे। व्याकुलता में उसके मुँह से आत्मा की पुकार उमड़ पड़ी, यद्यपि उसका वक्तव्य यज़ीदी सत्ता के मन्तव्यों के कितना विरुद्ध था, उसको अनुमान न कर सका। परिणामस्वरूप यज़ीद क्रोधित हो आपा खो बैठा। उसने कहा, यदि उन्हें ऐसा ही समझता है तो फिर उनके वध में सम्मिलित क्यों हुआ? तुझे मुझसे किसी पुरस्कार की आशा नहीं करनी चाहिए। मैं तुझे उन्हीं के पास भेजे देता हूँ। यह कहकर उसने उसका वध करा दिया।[1]

इमाम हुसैन के शहीद होने की सूचना यज़ीदी महल के अन्तःपुरी में पहुँची तो वहाँ तीव्र प्रतिक्रिया हुई। बनीहाशिम के कोई महिला वहाँ उपस्थित थी, चिल्ला-चिल्लाकर बैत करने लगी—हाय मेरे स्वामी, हाय, हुसैन! इस सूचना पर कि इमाम हुसैन का शीश अन्तःपुरी के मुख्य द्वार पर लटकाया गया है, यज़ीद की पत्नी हिन्द, जो अब्दुल्ला-बिन-आमिर की सुपुत्री थी, एक धर्मनिष्ठ, पवित्र आचरण की महिला थी, पूर्व में इमाम हुसैन की सेविका रह चुकी थी। व्याकुल होकर, परदे से बाहर, खुले-दरबार में आ गयी। चिल्लाकर पूछी, हे यज़ीद! तूने इस्लामी पैग़म्बर के सुपुत्र का शीश मेरे द्वार पर लटकाया है। यज़ीद अपनी पत्नी को बेपरदा देखकर घबरा उठा, दौड़कर चादर उनके सर पर डाली। इमाम हुसैन

---

1. बिहार-उल-अनवार भाग-2, पृ० 30

का शीश एक सोने की थाली में उसके सामने प्रस्तुत किया गया।[1]

उस समय यज़ीद गाते हुए कुछ शेर पढ़ रहा था, जिससे उसके धार्मिक विश्वास एवं कर्बला में इमाम हुसैन से युद्ध करने के उद्देश्य स्पष्ट होते हैं, जिनके बाद यज़ीद तथा उद्देश्य के विषय में किसी वाक्य-कौशल की गुंजाइश नहीं रहती। सभी बातें अत्यन्त स्पष्ट हो जाती हैं। यज़ीद मदिरा में डुबा हुआ, कुछ शेर पढ़ रहा था, जिसकी चर्चा विभिन्न पुस्तकों में मिलती है। इन शेरों का भावार्थ यह है—"**यदि बद्र के युद्धवाले मेरे अग्रज जीवित होते और देखते कि मुहम्मदी धर्म के सहयोगी किस प्रकार बल्लमों के पड़ने से घबरा गये हैं तो वे उस स्थिति में प्रसन्न होकर मुझे आशीष देने लगते। हमने बद्र का बदला उनसे ले लिया अब दोनों बराबर हो गये।**"[2]

यह सुनकर इमाम हुसैन की बहन ज़ैनब खड़ी हो गयीं। उन्होंने अत्यन्त प्रभावपूर्ण शब्दों में अपना अभिबोधन प्रस्तुत किया, जिसने साम्राज्यवाद की नींव हिला दी। यज़ीद के दम्भ को मिट्टी में मिला दिया। उनके शब्द इतिहास की शोभा बढ़ा रहे हैं। हज़रत ज़ैनब ने पहले ईशवन्दना की, पैग़म्बर की स्तुति की, फिर क़ुर्आन की आयत पढ़ी : "**अन्तोगत्वा उन आचरणहीनों का अन्त यह था कि उन्होंने ईश्वर की निशानियों को झुटलाया और हमारी निशानियों पर कटाक्ष एवं व्यंग्य करते थे।**" (क़ुर्आन : 30/10) फिर हज़रत ज़ैनब ने यज़ीद को सम्बोधित करके कहा : "**तू हे यज़ीद! क्या इस भ्रान्ति में है कि चूँकि तूने हम पर धरती-आकाश के समस्त मार्ग बन्द करते हुए हमको इस दशा में पहुँचा दिया है कि आज हम तेरे सम्मुख बन्दियों के समान लाये जा रहे हैं, तो इससे ईश्वर भी हमें तुच्छ और तू सम्मानित हो गया है। या यह कि तुझे यह ऊपरी सफलता तेरे ईश सान्निध्य का आधार प्रस्तुत करती है। यह देखकर कि संसार तेरे मायाजाल में आ गया है। सभी स्थितियाँ तेरे अनुकूल हैं। हमारा देश एवं राज्य भी तेरे अधिकार में आ गया है। इसी विचार के अन्तर्गत तू प्रसन्न हो-होकर अपने बाहों को देख रहा है।**"[3] इसके बाद ज़ैनब ने पुनः क़ुर्आन की आयत पढ़ी : "**क्या तू भूल गया ईश्वर के कथन को कि वे लोग निश्चिंत न रहें, जिन्होंने अधर्म का मार्ग अपनाया है कि हम उनको समय देते हैं कि इस बीच अपने को सुधार लें। हम उनको इसलिए भी समय देते हैं कि वे जी खोलकर पाप करें, अन्ततोगत्वा उन्हें अपमानजनक दण्ड भोगना ही होगा।**"

---

1. बिहार-उल-अनवार, भाग-2, पृ० 45
2. बिहार-उल-अनवार, भाग-2, पृ० 35
3. बिहार-उल-अनवार, भाग-2, पृ० 35

(क़ुर्आन : 3/178) फिर अपनी बात को आगे बढ़ाते हुए ज़ैनब ने कहा : "क्या यही इस्लामी मर्यादा है कि तू अपनी महिलाओं वरन् दासियों तक के लिए परदा की व्यवस्था करे और पैग़म्बर की नतनियों को बन्दी बनाकर यहाँ-वहाँ फिराये और फिर यह कहने की धृष्टता करे 'प्रसन्न होकर मुझे आशीष देने लगते' मानो, इस प्रकार तू अपने धर्महीन अग्रजों से प्रशंसा चाहता है। घबरा नहीं, थोड़े ही दिनों में तू भी उसी घाट उतारा जायेगा और उस समय तू कामना करेगा कि काश! तेरे हाथ शिथिल हो जाते और तेरी जीभ गूँगी होती और तूने जो कुछ कहा और किया, वह न कहा होता और न किया होता। तेरे लिए इससे बुरा क्या हो सकता है कि प्रलय दिवस पर तेरा निर्णय करनेवाला मुहम्मद मुस्तफ़ा तेरे विरोध में वादी तथा जिब्रील उनकी ओर से साक्षी होंगे। उस समय जिन लोगों ने तेरा समर्थन किया और तेरा साथ देकर तूझे मुसलमानों की गरदनों पर आरोपित किया है, मालूम हो जायेगा कि अत्याचारों को कैसा भयावह प्रतिशोध मिलता है। यद्यपि इस समय क्रान्ति ने यह स्थिति पहुँचा दी है कि मैं तुझसे बात कर रही हूँ। मेरी निगाह में तेरी कोई स्थिति नहीं है, यहाँ तक कि तुझको दण्डित करने को भी मैं अपने लिए एक मुसीबत समझती हूँ, लेकिन क्या करूँ कि दिल भरा हुआ है और कलेजे में आग लगी है। ईश्वर की महिमा है कि धर्मभीरू लोग शैतानों की सेना द्वारा वध किये जायँ। अच्छा, ऐ यज़ीद! तुझको सौगन्ध है, तू कोई कमी उठा के न रख, अपना पूरा यत्न कर, अपना पूर्ण संघर्ष समाप्त कर दे। परन्तु ईश्वर की सौगन्ध, तू हमारे चर्चा को और हमारे जीवन को मिटा नहीं सकता और न हमारे मूल उद्देश्य तक तू पहुँच सकता है। इस अनर्थ हत्या का धब्बा तेरे दामन पर क़यामत तक रहेगा और तू कभी इसको धो नहीं सकता। तेरे विचार निश्चय ही मिथ्या, तेरा जीवन अत्यन्त सीमित और तेरे आगे-पीछे का जनसमूह शीघ्र ही तितर-बितर होने वाला है। वह समय बहुत निकट है, जब मुनादी घोषित करेगा— दुराचारियों पर ईश्वर का तिरस्कार! उस ईश्वर के प्रति धन्यवाद जिसने हमारे अग्रजों को सम्मान के साथ और हमारे अन्तिम अग्रज का अन्त शहादत और रहमत के साथ किया और वही हमारे लिए काफ़ी और सर्वश्रेष्ठ दयानिधान हैं।"[1]

यज़ीदी दरबार मंत्रमुग्ध होकर हज़रत ज़ैनब का तर्कपूर्ण वक्तव्य सुनता रहा। यज़ीद भी अवाक् रह गया। अपनी खीझ मिटाने के लिए उसने इमाम ज़ैन-उल-आबिदीन को सम्बोधित कर क़ुर्आन की आयत पढ़ी : "जो मुसीबत तुम पर

---

1. अलकाफ़ी, भाग-1, पृ० 503; बिहार-उल-अनवार, भाग-2, पृ० 35-36

आयी है, वह तुम्हारे हाथों आयी है।'' (क़ुर्आन : 42/30) इमाम ज़ैन-उल-आबिदीन ने उत्तर में क़ुर्आन की दूसरी आयत पढ़ते हुए बताया कि यह आयत हमसे सम्बन्धित नहीं है. वरन् यह आयतें हमसे सम्बन्धित हैं : **''और धरती में विश्वसनीय व्यक्तियों के लिए अनेक चिन्ह हैं तथा स्वयं तुम्हारे भीतर भी, क्या तुम नहीं देख रहे हो।''** (क़ुर्आन : 51/20-21) यज़ीद को आभास हो गया कि तर्कों के आधार पर इनको पराजित नहीं किया जा सकता, तो उसने भावनाओं को उत्तेजित करने तथा अपमानित करने के लिए वही घृणित आचरण दोहराने की धृष्टता करने लगा, जो इब्न-ज़ियाद अपने दरबार में इमाम हुसैन के शीश के साथ कर चुका था। वहाँ पैग़म्बर के वयोवृद्ध सहयोगी ज़ैद-बिन-अरक़म ने विरोध किया था। यज़ीद ने सोचा कि यहाँ उसका विरोध करने की साहस कौन कर सकता है। परन्तु यज़ीद ने जैसे ही इमाम हुसैन के होठों पर अपनी छड़ी रखने की धृष्टता की, पैग़म्बर के अन्य वयोवृद्ध सहयोगी अबू बर्ज़ा असलमी भरे दरबार में उठ खड़े हुए और पुकार कर कहा— हे यज़ीद! अपनी छड़ी हुसैन के होठों से हटा ले, मैंने प्रायः देखा है कि पैग़म्बर इस पर अपना मुँह रखते थे। याद रख अब क़यामत के दिन इब्न-ज़ियाद ही तुझे पापमुक्त करेगा![1]

इसी प्रकार की एक घटना एक यहूदी विद्वान के साथ घटित हुई, जो दरबार में उपस्थित था। उसने इमाम ज़ैन-उल-आबिदीन की ओर संकेत करके यज़ीद से पूछा कि यह युवक कौन है? उसने उत्तर दिया, हुसैन का पुत्र अली। उसने पूछा, हुसैन कौन? यज़ीद ने कहा, पैग़म्बर की सुपुत्री फ़ातिमा का पुत्र। उस यहूदी विद्वान ने खेद व्यक्त करते हुए कहा कि तुम स्वयं को मुसलमान कहते हो और तुमने अपने पैग़म्बर के नाती का वध कर डाला। क्या दोष था, तुम्हारे पैग़म्बर के परिवारजनों का, जो तुमने इतनी शीघ्रता से उन्हें वध कर दिया। ईश्वर की सौगन्ध है, अगर मूसा-बिन-इमरान हमारे बीच कोई नाती छोड़ जाते, तो सम्भवतः हम उसकी पूजा करते और तुम्हारी स्थिति यह है कि तुम्हारे पैग़म्बर संसार से विदा हुए और आज तुमने उनके सुपुत्र का वध कर डाला। तुम्हारा अन्त बहुत बुरा होगा। यह कहकर उठ खड़ा हुआ और यह कहता हुआ चला गया कि मैंने तौरेत में पढ़ा है कि जो व्यक्ति अपने पैग़म्बर की संतान का वध करे, वह सदैव कलंकित रहता है, जब तक जीवित रहता है और जब मर जाता है तो ईश्वर उसे नरक में डालता है।[2] इसी प्रकार उमैय्या वंशीय यहया-बिन-हकम ने इमाम हुसैन की शहादत से प्रभावित होकर दुःख व्यक्त किया और इब्न-ज़ियाद की निन्दा की, तो यज़ीद ने यहया की छाती पर हाथ मारा और कहा कि

---

1. तारीख़-अर्रुसुल-वअलमुलूक, भाग-6, पृ० 267
2. बिहार-उल-अनवार भाग-2, पृ० 42

शान्त क्यों नहीं रहते।[1]

यज़ीद ने खीझकर पुनः इमाम ज़ैन-उल-आबिदीन को सम्बोधित करके कहा कि तुम्हारे बाप ने हमारी नातेदारी की ओर ध्यान न दिया, मेरे अधिकार को नकार दिया और मेरे राज्य में विरोध उपद्रव किया तो ईश्वर ने उनके साथ वही किया, जो तुम देख रहे हो। उत्तर में इमाम ज़ैन-उल-आबिदीन ने पुनः वही आयत दोहरा दी, जो पहले पढ़ चुके थे। अभिप्राय यह था कि दृश्य-जगत में यह तो होता ही रहता है कि किसी को पराजय, किसी को विजय मिलती है। परन्तु इसे सत्यता का आधार नहीं समझना चाहिए। इससे यज़ीद की तरंग बढ़ी। परन्तु यह सोचते हुए कि उसके दरबार का प्रत्येक व्यक्ति उसे ही अपराधी मानता है, अपनी सफ़ाई देने की कोशिश की, जो उसके आचरण की कालिमा को और भी स्पष्ट कर गयी। उसने कहा कि तुम लोग जानते हो, इन पर यह मुसीबत क्यों आयी? मात्र इस कारण कि यह समझते थे कि उनके पिता अली मेरे पिता मुआविया से श्रेष्ठ, उनकी माता मेरी माता से श्रेष्ठ तथा उनके नाना मेरे नाना से श्रेष्ठ थे और वे स्वयं मुझसे श्रेष्ठ और ख़लीफ़ा होने से मुझसे श्रेष्ठ अभ्यर्थी थे। यद्यपि उनका यह विचार कि उनके पिता मेरे पिता से श्रेष्ठ थे, इसका समाधान इससे हो जाता है कि मेरे पिता और उनके पिता के बीच विरोध हुआ, तो दुनिया जानती है कि उसका निर्णय किसके पक्ष में हुआ। निश्चय ही उनका यह कहना कि उनकी माता मेरी माता से श्रेष्ठ थीं और यह भी कि उनके नाना मेरे नाना से श्रेष्ठ थे, निश्चय ही सत्य है। इसलिए कि कोई मुसलमान पैग़म्बर का समकक्ष नहीं हो सकता। परन्तु क़ुर्आन की यह आयत उनके सामने न थी कि साम्राज्य ईश्वर का है, जिसे चाहता है, देता है और जिससे चाहता है, ले लेता है और जिसे चाहता सम्मानित करता है और जिसे चाहता तिरस्कृत करता है। वह सभी बातों पर सर्वाधिकार रखता है।

यज़ीद के उपर्युक्त कथन का विवेचन किया जाय तो वरीयता बताने में उसने स्वयं अपनी पराजय स्वीकार कर लिया। वरन् क़ुर्आन की आयत का अत्यन्त असत्य सन्दर्भ देकर उसने जो तर्क देना चाहा था कि ईश्वर जिसे चाहता है, साम्राज्य प्रदान करता है तो इसके आधार पर सभी अत्याचारी शासक एवं व्यवस्था, जिसके विरुद्ध ईश्वर ने एक लाख चौबीस हज़ार नबी पैग़म्बर भेजे, उनका आना और अत्याचारी शासन एवं व्यवस्था के विरुद्ध संघर्ष करना सभी निरर्थक हो जायेगा।

यज़ीदी दरबार में इमाम ज़ैन-उल-आबिदीन की वार्ता से लोग अत्यन्त प्रभावित थे। उन्होंने यज़ीद से अनुरोध किया कि उनका एक अभिबोधन करा दे,

---

1. नारीख़-अर्रुसुल-वअलमुलूक, भाग-6, पृ० 265

ताकि वे उनकी भाषा के माधुर्य से आनन्दित हो सकें। यज़ीद इस्लामी पैग़म्बर के परिवारजनों की योग्यता से अनभिज्ञ नहीं था। कहने लगा कि तुम नहीं जानते हो कि इन्हें किस प्रकार से ज्ञान प्रदान किया गया है, मानो, जैसे कोई पक्षी अपने बच्चों को दाना भराती है। लोगों के परस्पर अनुरोध से विवश होकर उसने इमाम ज़ैन-उल-आबिदीन को अभिबोधन करने का आदेश दिया। वे मंच पर गये और अभिबोधन प्रारम्भ किया। ईश-वन्दना के पश्चात् उन्होंने ऐसा अभिबोधन दिया कि सभी लोगों की आँखों से आँसू जारी हो गये। यज़ीद ने घबराकर अज़ान देने का हुक्म दिया। अज़ान की आवाज़ सुनकर इमाम ज़ैन-उल-आबिदीन रुक गये। जब अज़ान में कहा गया—**अल्लाह-ओ-अकबर** तो उन्होंने भी कहा कि अल्लाह सबसे बड़ा है। फिर अज़ान में कहा गया—**अशहदवन-ला-इलाह-इलल्लाह,** तो उन्होंने भी कहा कि मैं गवाही देता हूँ कि अल्लाह एक है, उसका कोई भागीदार नहीं है। फिर अज़ान में कहा गया—**अशहदवन-मुहम्मदन-रुसूल-अल्लाह,** तो इमाम ने यज़ीद की ओर सम्बोधन करके पूछा कि यज़ीद सच-सच बता, मुहम्मद तेरे पितामह का नाम है या मेरे पितामह का। यदि तू कहता है कि तेरे पितामह का नाम है, तो झूठ कहता है और यदि यह मेरे पितामह का नाम है, तो यह कैसा न्याय है कि प्रत्येक अज़ान तथा नमाज़ में मेरे पितामह का नाम आदर और सम्मान के साथ लिया जाय और उनके परिवारजनों के साथ ऐसा व्यवहार करना कहाँ तक न्यायसंगत है।[1]

इमाम ज़ैन-उल-आबिदीन का कथन है कि जिस दिन इमाम हुसैन का शीश यज़ीद के सामने प्रस्तुत किया गया था, उसके बाद से यज़ीद नियमित रूप में प्रत्येक दिन दरबार में उनके शीश को अपने सामने रखता था। मदिरापान करता तथा विभिन्न लोगों से भेंट-मुलाक़ात करता था। एक दिन रोम साम्राज्य का दूत यज़ीद के दरबार में उपस्थित था, उसने यज़ीद से पूछा कि यह शीश किसका है? यज़ीद ने कहा तुझको इससे क्या काम, उसने कहा कि हमारा शासक वापस जाने के बाद सभी बातें जानना चाहेगा, मैं भी उससे सभी बातें बताकर उसे भी तेरी ख़ुशी में सम्मिलित करना चाहता हूँ! यज़ीद ने कहा, यह हुसैन का शीश है। उसने पूछा कौन हुसैन? कहा, इस्लामी पैग़म्बर की सुपुत्री फ़ातिमा के पुत्र। यह सुनकर उस दूत ने खेदपूर्वक कहा, मेरा पिता पैग़म्बर दाऊद के वंशज हैं। मेरे और उनके बीच अनेक पीढ़ियाँ बीत चुकी हैं। परन्तु मसीही जन मेरा सम्मान करते हैं और मेरे पाँव की नीचे की मिट्टी अपने माथे से लगाते हैं। इसके विपरीत

---

1. बिहार-उल-अनवार भाग-2, पृ० 40

तुम्हारी स्थिति यह है कि तुमने अपने पैग़म्बर के नाती का वध कर दिया, यद्यपि उनके और तुम्हारे पैग़म्बर के बीच मात्र एक पीढ़ी का अन्तर है। फिर उसने कहा कि हमारे गिरजाघर में एक सोने की क़िंदील लगायी गयी है। कहते हैं कि उसमें यीशु मसीह के गधे का खुर रखा हुआ है। इस कारण वहाँ पूरे वर्ष मसीही श्रद्धालुओं की भीड़ रहती है, जो उसको चूमते हैं और दुआ माँगते हैं। यज़ीद उस पर अत्यन्त क्रोधित हुआ और उसका वध करा दिया।[1]

दरबार में यज़ीद का विरोध करने पर वध किये जाने से दमिश्क़वासियों में भय व्याप्त हो गया था। वे ऐसी बातें करते, जिनसे यज़ीद प्रसन्न हो तथा बन्दियों का अपमान हो। इस प्रकार की एक घटना यह हुई कि एक दमिश्क़वासी, जो यज़ीद के निकट खड़ा था। उसने इमाम हुसैन की सुपुत्री फ़ातिमा की ओर संकेत करके बोला कि मैं इसे अपनी दासी बनाना चाहता हूँ। इसे मुझे दे दे। फ़ातिमा यह सुनकर काँपने लगीं और अपनी फूफी ज़ैनब से लिपट गयीं। ज़ैनब ने तसल्ली दी और ऊँचे स्वर में कहा—क्या बकता है? ईश्वर की सौगन्ध, तू मर भी जाय, तो ऐसा नहीं होगा, न यज़ीद ही ऐसा कर सकता है। इस वाक्य के अन्तिम अंश को सुनते ही यज़ीद क्रोधित हो उठा और कहने लगा, मैं ऐसा कर सकता हूँ। ज़ैनब ने कहा, जब तक मुसलमान होने का दावा करता है, तू कदापि ऐसा नहीं कर सकता। यह उसी समय कर सकता है, जब तू इस्लाम धर्म को त्याग दे। यज़ीद का क्रोध बढ़ गया। उसने कहा, धर्म से तो तेरे बाप और भाई निकल गये थे। ज़ैनब ने कहा, मेरे पिता और भाई के धर्म को धारण करके ही तू, तेरा बाप और तेरा पितामह मुसलमान कहलाये। यज़ीद अपशब्दों पर उतर आया। ज़ैनब ने कहा, तू बलपूर्वक मुझे दबाना चाहता है। दरबारियों का विरोध देख यज़ीद ने पैतरा बदला और उस दमिश्क़वासी को डाँटते हुए बोला, दूर हो, ईश्वर तेरा नाश करे।[2]

इसी प्रकार की एक अन्य घटना में यज़ीद ने ज़ैनब के साथ दुर्व्यवहार करना चाहा, तो पैग़म्बर द्वारा अपनी पुत्री को प्रदान की गयी अफ़्रीक़ावासी सेविका फ़िज़्ज़ा, जो अपने समय की लब्धप्रतिष्ठ धर्मशास्त्रीय थीं, प्रतिरक्षा में सामने आ गयीं, तो यज़ीद ने उनके विरुद्ध अपने अंगरक्षकों को आदेश दिया। फ़िज़्ज़ा ने सहायता हेतु अफ़्रीक़ावासी दासों को ललकारा कि तुम्हारे आत्मसम्मान को क्या हुआ है, जो इस वयोवृद्ध अफ़्रीक़ावासी महिला की सहायता को आगे नहीं आते। इस पर अफ़्रीक़ी दास, जो नंगी तलवार लिये

1. बिहार-उल-अनवार भाग-2, पृ० 44
2. बिहार-उल-अनवार भाग-2, पृ० 38

यज़ीद की प्रतिरक्षा में तत्पर थे, फ़िज़्ज़ा के आह्वान पर उनकी प्रतिरक्षा के लिए दौड़ पड़े। यज़ीद लज्जित होकर रह गया। इस प्रकार की अनेक घटनाएँ मिलती हैं, जिनमें विभिन्न लोगों ने यज़ीद के व्यवहार के प्रति अपना विरोध दर्ज कराया था।

बन्दी कारावास में

इस्लामी पैग़म्बर के बन्दी परिवारजन यज़ीदी दरबार में प्रताड़ना झेलने के बाद कारावास में डाल दिये गये। ये बन्दी कारावास में कितने समय तक रहे, निश्चित रूप में कहना कठिन है, परन्तु विभिन्न घटनाक्रमों को ध्यान में रखते हुए समय का निर्धारण किया जाय, तो उसकी अवधि लगभग एक वर्ष होती है।[1] कारावास में रहने के बीच की घटनाएँ भी कम ही लिपिबद्ध हुई हैं। जितनी भी सूचनाएँ उपलब्ध हैं, उनका आधार कुछेक 'मक़ातिल' हैं, जिनकी सूची हमने संदर्भिका में प्रस्तुत कर दी है।

अल्लामा इब्न-ताऊस (मृ० 1266 ई०) ने लिखा है कि यज़ीद ने आदेश दिया था कि इस्लामी पैग़म्बर के परिवारजनों को ऐसे स्थान पर ले जाया जाय, जहाँ गर्मी और सर्दी से बचाव न हो। कर्बला के बन्दी वहाँ लाये गये और जब तक रहे, इमाम हुसैन और उनके सहयोगियों को याद करके विलाप करते रहे। वहीं उस समय तक रहे, जबतक कि कारावास से मुक्त नहीं हुए।[2]

---

1. हमारे अनुमान का आधार निम्नलिखित है :
   (i) कर्बला से कूफ़ा 12 मुहर्रम 61 हि० (12 अक्टूबर 680 ई०) को पहुँचे। कूफ़ा से दमिश्क़ के लिए 20 मुहर्रम 60 हि० (20 अक्टूबर 68० ई०) को रवाना हुए।
   (ii) दमिश्क़ में 14 सफ़र 61 हि० (13 नवम्बर 680 ई०) को पहुँचे।
   (iii) दमिश्क़ में क़ैदियों का प्रचार हेतु विभिन्न स्थानों, बाजारों आदि में घुमाया गया। यज़ीद के दरबार में प्रस्तुत किया गया। उसके बाद की घटनाएँ। 5 रबी-उल-अव्वल को सुकैना की दमिश्क़ में मृत्यु। बन्दियों को मुक्ति देने के बाद यज़ीद महल में स्वागत। वहाँ कुछ दिन रुकना, फिर 20 सफ़र को दमिश्क़ से कर्बला पहुँचना। दमिश्क़ से कर्बला की दूरी 455 मील (732 कि०मी०) है, यात्रा में 12-13 दिन अवश्य लगेंगे। यह सब मुहर्रम-सफ़र 61 हि० में होना सम्भव ही नहीं। यह मुहर्रम 61 से सफ़र 62 हि० में ही सम्भव है।
   (iv) अतः दमिश्क़ के कारावास में बन्दी लगभग एक वर्ष रहे। —लेखक
2. लहूफ़-अला-क़तला-उल-तफ़ूफ़, पृ० 79

कर्बला के बन्दियों के कारावास के विषय में इतनी जानकारी निश्चित रूप में मिलती है कि वह दमिश्क़ में राजमहल के निकट ही था। सम्भवतः कोई भूमिगत बड़ा कक्ष था, जिस पर छत नहीं थी, मात्र चारों ओर की दीवारें शेष थीं। उसमें कोई कमरा अथवा छाया नहीं थी। खुला आसमान था, जिसमें रात में ओस और दिन में धूप का प्रकोप रहता था। शैख़ सदूक़ (मृ० 991 ई०) ने फ़ातिमा-बिन्त-अली के संदर्भ से लिखा है कि यज़ीद ने हमें ऐसे स्थान में बन्दी बनाया था, जहाँ दिन की धूप और रात की ओस से हमारी यह दशा हो गयी थी कि सबके चेहरों की खाल उधड़ गयी थी।[1]

कारावास में बन्दियों को सभी प्रकार के मानवाधिकार से वंचित रखा गया था। स्वयं यज़ीद की पत्नी हिन्द-बिन्त-अब्दुल्लाह, जो अपने पति के कुकर्मों से अत्यन्त दुखी थी। वह इस्लामी पैग़म्बर के परिवारजनों की सांत्वना हेतु कारावास आयी, तो उनकी दुर्दशा देखकर विचलित हो उठी थी।[2] इन बंदियों के निवास हेतु न कोई मकान था, न पहनने के लिए वस्त्र ही दिये गये। भोजन तथा पानी की मात्रा इतनी कम होती थी कि सभी लोग भलीभाँति तृप्त नहीं हो सकते थे। इसका अनुमान इस घटना से भी किया जा सकता है कि इमाम ज़ैन-उल-आबिदीन ने देखा कि उनकी फूफी ज़ैनब बैठकर नमाज़ पढ़ रही हैं। उनको आश्चर्य हुआ, क्योंकि बैठकर नमाज़ उसी स्थिति में पढ़ी जा सकती थी, जब स्वास्थ्य की स्थिति ऐसी हो कि खड़ा न हुआ जा सके। हज़रत ज़ैनब जो अपने समय की सर्वश्रेष्ठ महिला धर्मशास्त्री थीं, वे किस प्रकार धर्मादेश की अवहेलना करतीं। इमाम ज़ैन-उल-आबिदीन ने उनसे पूछा कि इसका कारण क्या है? हज़रत इमाम ज़ैनब ने उत्तर दिया कि यज़ीदी प्रशासन की ओर से भोजन इतनी कम मात्रा में मिलता है कि बच्चे ही भलीभाँति भोजन कर पाते हैं, शेष लोग आधा पेट ही भोजन करते थे। अन्त में उनके लिए कई दिनों से कुछ बचा ही नहीं, अतः भूख के कारण उनमें शिथिलता आ गयी है।

निरन्तर कष्ट झेलने के कारण इमाम हुसैन की सुपुत्री सुकैना जीवित न रह सकीं तथा कारावास में ही उनकी मृत्यु हो गयी। इब्न-ताउस की ज़बानी ही उनके एक स्वप्न की चर्चा की है कि कारावास में आने के चौथे दिन उन्होंने स्वप्न देखा—एक बीबी हौदज में सवार हैं, अपना हाथ अपने शीश पर धरे हैं। पूछने पर उन्हें बताया गया कि यह फ़ातिमा हैं, इस्लामी पैग़म्बर की सुपुत्री तथा तुम्हारे पिताश्री इमाम हुसैन की माताश्री। मैंने कहा, मैं उनके पास जाऊँगी, उनको

---

1. अलअमाली-ए-शैख़ सदूक़, पृ० 72; बिहार-उल-अनवार भाग-2, पृ० 42
2. जैनबे-कुबरा, पृ० 273

सूचित करूँगी कि हमारे साथ क्या व्यवहार किये गये। मैं दौड़कर उनके पास पहुँची, उनके बराबर खड़ी होकर विलाप करने लगी। हे माताश्री लोगों ने हमारा निरादर किया। हमारा वध किया। फ़ातिमा ने समझाया, बेटी मत रो, मेरा कलेजा फटता है। देख यह वस्त्र, तेरे पिता का है। मैं इसे लेकर परमपरमेश्वर के सामने जाऊँगी।[1] उसके दो सप्ताह बाद ही 5 रबी-उल-अव्वल 61 हि० (3 दिसम्बर 680 ई०) को सुकैना की मृत्यु हो गयी। मासूम बच्ची के प्राणपखेरू प्रतिदिन की प्रताड़ना तथा कारावास की कठोरताओं से मुक्ति पा गये। बन्दियों के मृत शरीर को नहलाने हेतु पानी भोजन के साथ मिलने वाले पानी के स्थान पर ही प्राप्त हो सका। अतः उन्हें दो दिनों तक पानी से वंचित रहना पड़ा। कफ़न पहने हुए वस्त्र को दिया गया। दमिश्क़ में उनकी क़ब्र वर्तमान है।

इस्लामी पैग़म्बर के परिवारजनों की कूफ़ा तथा दमिश्क़ के बाज़ारों और इब्न-ज़ियाद तथा यज़ीद के दरबार में वार्ताएँ स्पष्ट करती हैं कि इमाम हुसैन की शहादत के बाद उनका मनोबल यथावत् स्थापित था। शारीरिक रूप में प्रताड़ना से उनमें किसी प्रकार की शिथिलता नहीं आयी थी। वे देखने में असहाय लगते थे, परन्तु आत्मबल एवं संकल्प की शक्ति से ओतप्रोत थे। यज़ीदी प्रशासन ने उन्हें जितना भी दबाना चाहा, वे उतना ही उभरते चले गये। उन्होंने इमाम हुसैन की शहादत के उद्देश्य को सफलतापूर्वक प्रस्तुत किया और इस्लाम की प्रतिरक्षा के लिए पूर्णतया तत्पर रहे।

यज़ीद अपने दरबार में मदिरा सेवन में मस्त होता, तो विचित्र आचरण प्रस्तुत करता था। इस्लामी पैग़म्बर के परिवारजनों को अपमानित करने हेतु कारावास से दरबार में भी तलब करता। इसी प्रकार की एक घटना है कि एक बार उसने अपनी सभा में इमाम ज़ैन-उल-आबिदीन और इमाम हसन के बेटे उमरू को तलब किया। उस समय उमरू की आयु ग्यारह वर्ष थी। यज़ीद ने उमरू से कहा कि मेरे सुपुत्र ख़ालिद से कुश्ती करो। उमरू ने कहा कि कुश्ती नहीं, एक छूरी मुझको और एक उसको दे दो, फिर मैं उससे लड़ूँगा। यज़ीद ने कहा, क्यों न हो, साँप का बच्चा साँप ही होता है। यह स्वभाव तेरा वंशागत है।[2] उसके बाद यज़ीद ने इमाम ज़ैन-उल-आबिदीन से कहा, वे तीन प्रण, जो मैंने आपसे किये थे, स्पष्ट करें। इमाम ज़ैन-उल-आबिदीन ने कहा— प्रथम, यह कि मेरे पिता का शीश मुझको दिखला दे कि मैं उसका दर्शन कर लूँ तथा उनसे

1. लहूफ़-अला-क़तला-उल-तफ़ूफ़, पृ० 79
2. बिहार-उल-अनवार भाग-2, पृ० 45

विदा हो लूँ। द्वितीय, यह कि हमारा सामान जो छीना गया है, वापस कर दे। तृतीय, यह कि यदि मेरे वध करने का निर्णय कर चुका है, तो किसी व्यक्ति को नियुक्त कर दे, जो इस्लामी पैग़म्बर के परिवारजनों को उनकी मातृभूमि तक वापस पहुँचा दे। यज़ीद ने उत्तर दिया, आपके पिता का शीश आपको नहीं दिखाऊँगा, परन्तु आप हत्या करने से हाथ अपना उठाता हूँ तथा महिलाओं के लिए कोई व्यक्ति आपके अतिरिक्त न होगा तथा सामान जो लूटा गया है, उसके तिगुना-चौगुना माल दे दूँगा। इमाम ने कहा, तेरा माल मुझको नहीं चाहिए, मैं मात्र अपना सामान चाहता हूँ, क्योंकि उसमें मेरी आजी फ़ातिमा ज़हरा की ओढ़नी, कमीस, कुर्ता, गुलूबन्द, चरखा आदि है। यज़ीद ने आदेश दिया कि यह सब सामान आपको दे दिया जाय।[1] यज़ीद ने इसके अतिरिक्त दो सौ दीनार भी दिये, जिसे इमाम ज़ैन-उल-आबिदीन ने निर्धनों में वितरित कर दिया।[2]

यज़ीद निरंकुश शासक था, भोग-विलास में लिप्त, जीवन की सभी मर्यादाओं को लाँघते हुए राज कर रहा था। वह समझता था कि इमाम हुसैन को शहीद करके विजय प्राप्त कर ली थी, परन्तु समय बीतने के साथ उसे सूचना मिलने लगी थी कि इस्लामी संसार उसे अपराधी मानता है तथा इमाम हुसैन का वध करके उसने ऐसा बड़ा पाप किया है, जो किसी प्रकार से क्षम्य नहीं हो सकेगा। इस बीच राज्य में विद्रोह का क्रम प्रारम्भ हो गया। मक्का और मदीना में विद्रोहियों के अलग-अलग शासन स्थापित होने की सूचना मिली। यज़ीदी प्रशासन द्वारा दमन के समस्त प्रयास असफल हो रहे थे। उसके बाद वह मानसिक एवं मनोवैज्ञानिक रोगग्रस्त हो गया। उसका मानसिक तनाव दिनोंदिन बढ़ता ही गया। रात में विचित्र प्रकार के स्वप्न आते थे। उसी बीच उसने स्वप्न में इस्लामी पैग़म्बर को देखा, जो अत्यन्त क्रोध में कह रहे थे कि तूने मेरे पुत्र हुसैन को बिना किसी अपराध के वध कर दिया तथा मेरे परिवारजनों को तूने कारावास में डाल रखा था। यज़ीद अपराधबोध से काँपने लगा। आँख खुली तो देर तक काँपता रहा। कारावास में बच्चों का रोना यज़ीद की नींद हराम करने लगा। रातों को जागता और अपनी दुर्दशा पर विचार करता। वह स्वयं को विजेता मानता था, परन्तु वास्तविक विजेता इमाम हुसैन थे, जिन्होंने यज़ीद को उसके महल में मनोवैज्ञानिक कारावास में डाल दिया था। इस स्थिति में यज़ीद ने निर्णय लिया कि इस्लामी पैग़म्बर के परिवारजनों को कारावास से मुक्त कर दिया जाय।

---

1. बिहार-उल-अनवार भाग-2, पृ० 46
2. लहूफ़-अला-क़तला-उल-तफ़ूफ़, पृ० 82

कारावास से मुक्ति

इस्लामी पैग़म्बर के परिवारजनों को बन्दियों के रूप में लगभग एक वर्ष तक कारावास में सभी प्रकार की प्रताड़नाएँ झेलते हुए 4 सफ़र 62 हि० (13 अक्टूबर 681 ई०) को कारावास से मुक्ति मिल सकी।[1] इमाम ज़ैन-उल-आबिदीन को बुलाया और कर्बला की घटना से स्वयं को अलग करते हुए उसका दायित्व इब्न-ज़ियाद पर डाला। इतिहास में उसके शब्द सुरक्षित हैं : **''ईश्वर का तिरस्कार करे इब्न-मरजाना (इब्न-ज़ियाद) पर, यदि आपके पिता का मेरा सामना होता, तो जो कुछवह कहते मैं स्वीकार कर लेता और कभी उनका वध करना स्वीकार न करता, अब जो कुछ ईश्वर की इच्छा थी, हो चुका है। अब आप मदीना प्रस्थान करें और जो भी आवश्यकता हो, उससे मुझे अवगत कराते रहें।''**[2] यज़ीद का यह वक्तव्य अत्यन्त विवादग्रस्त है, हम इसकी विवेचना आगामी पृष्ठों में यथास्थान करेंगे।

इमाम ज़ैन-उल-आबिदीन ने कहा कि इसका उत्तर मैं अपनी फूफी ज़ैनब से पूछकर ही दे सकता हूँ। ज़ैन-उल-आबिदीन कारावास में आये और यज़ीद का सन्देश बताया। ज़ैनब ने कहा, पुत्र जब से भाई विदा हुए हैं, हम उन्हें खुलकर रो भी नहीं पाये हैं। यज़ीद से कहो कि हमारे लिए एक मकान का बन्दोबस्त कर दे, जिसमें हम अपने प्रियजनों की याद मना सकें। फिर कर्बला होते हुए मदीना जायेंगे। कर्बला में पता नहीं कि भाई और उनके साथियों को क़ब्र भी मिली या नहीं!

इमाम हुसैन की बहन ज़ैनब का अनुरोध यज़ीद ने न केवल स्वीकार कर लिया वरन् अपने महल में ही उनको अपने भाई इमाम हुसैन तथा उनके सहयोगियों का मातम मनाने की अनुमति भी प्रदान की। यज़ीदी महल में मातमदारी हेतु दमिश्क़ के संभ्रान्त परिवार की महिलाएँ भी सम्मिलित हुईं। उन्होंने शोक प्रदर्शन हेतु काले वस्त्र पहन रखे थे। उस समय यज़ीद के घर में कोई ऐसी महिला न थी, जो उनके पास न आयी हो और उनके मातम में सम्मिलित न हुई हो।[3] वहीं इमाम हुसैन और उनके सहयोगियों के सिर भी वापस किये

---

1. यह तिथि मेरी अनुमानित है। इतिहास में नहीं मिलती। इसका आधार यह कि इस्लामी पैग़म्बर के परिवारजन दो-तीन दिन यज़ीद के महल में रहे, फिर कर्बला के लिए प्रस्थान किया। दमिश्क़ से कर्बला की दूरी 455 मील (732 कि०मी०) है। यात्रा गति 40 मील प्रति दिन के आधार पर कम-से-कम 12 दिन लगे होंगे। कर्बला 20 सफ़र को पहुँचे, अतः 7 सफ़र के दमिश्क़ से चले। चूँकि 2-3 यज़ीद के महल में रुकने के बाद चले थे। अतः 4 सफ़र को कारावास से मुक्ति मानी जा सकती है। —लेखक
2. तारीख़-अर्रुसुल-वअलमुलूक, भाग-6, पृ० 266; अलइर्शाद-फ़ी-मुआरिफ़त-हुज्जाज-उल्लाह-अलाउल-इबाद, पृ० 263
3. तारीख़-अर्रुसुल-वअलमुलूक, भाग-4, पृ० 289

गये। वह दृश्य अत्यन्त हृदयविदारक था, जब किसी का सिर उसके परिवारजन ग्रहण करते थे। दो-तीन दिन तक यज़ीद के महल में इमाम हुसैन का शोक मनाया जाता रहा, फिर इमाम ज़ैन-उल-आबिदीन के प्रस्ताव पर कर्बला होते हुए मदीना लौटने का प्रयोजन हुआ।

यज़ीद ने कूफ़ा के अपने पूर्व प्रशासक नुअमान-बिन-बशीर अंसारी को पैग़म्बर के परिवारजनों के साथ मदीना जाने का आदेश दिया। इस प्रकार यज़ीदी प्रशासन से नुअमान को पुनः स्थान प्राप्त हो गया, जिनको कूफ़ा में इमाम हुसैन के दूत मुस्लिम-बिन-अक़ील के विरुद्ध बलप्रयोग न करने के आरोप में निलम्बित कर दिया गया था तथा उनके स्थान पर उबैद-उल्लाह-बिन-ज़ियाद को नियुक्त किया गया था और नुअमान-बिन-बशीर को कदाचित् दमिश्क़ में हिरासत में रखा गया था। वे पैग़म्बर के परिवारजनों को ससम्मान 30 अंगरक्षकों के साथ दमिश्क़ से लेकर कर्बला की ओर चले।[1]

पुनः कर्बला में

इस्लामी पैग़म्बर के परिवारजनों का क़ाफ़िला 20 सफ़र, 62 हि० (9 नवम्बर, 681 ई०) को कर्बला पहुँचा।[2] उनसे पूर्व पैग़म्बर के वयोवृद्ध सहयोगी जाबिर-बिन-अब्दुल्लाह अंसारी, इमाम हुसैन की क़ब्र के दर्शनार्थ कर्बला पहुँच चुके थे।[3] साथ ही इमाम हुसैन के सहवंशज बनीहाशिम तथा सैय्यदों में कुछ लोग भी इमाम हुसैन की क़ब्र के दर्शनार्थ आये थे। पास-पड़ोस में आबाद क़बीलों के कुछ स्त्री-पुरुष भी उनको देखकर एकत्र हो गये थे, जो उनके साथ इमाम हुसैन के परिवारजनों के प्रति सांत्वना व्यक्त करते रहे।[4] ज़ैनब ने जाबिर-अब्दुल्लाह की सेवा में अपना सलाम पहुँचवाया, तो वे व्याकुल हो उठे और कहा कि आप तो पैग़म्बर के परिवार का अंग हैं, जिनकी स्तुति प्रत्येक मुसलमान पर अनिवार्य है। फिर यह कैसी विडम्बना है कि आप मुझे सलाम कहलवायें। ज़ैनब ने सभी उपस्थित जनों के समक्ष उन कष्टों का विवरण प्रस्तुत किया, जिससे सब मिलकर रोते-पीटते रहे। यह क्रम तीन दिनों तक चलता रहा।[5] हबाब कल्बी बयान करते थे कि उन्होंने कर्बला के

---

1. अलअख़बार-उल-तवाल, पृ० 263
2. तिथि निर्विवाद है। सबने यही लिखा है।—लेखक
3. लहूफ़-अला-क़तला-उल-तफ़ूफ़, पृ० 83
4. तनवीरे-इमामत, पृ० 96
5. तनवीरे-इमामत, पृ० 96

कामगारों से सुना कि अहलबैत के कर्बला से प्रस्थान करने के बाद भी प्रत्येक रात्रि में रोने-पीटने की ऐसी आवाज़ें उठती थीं, जिससे लगता था कि बहुत-से लोग 'मस्ह-उल-रुसूल-हबीबन' (प्यारे नबी के पुत्र) कहकर चिल्लाते हुए विलाप कर रहे हैं।[1]

कर्बला से रो-पीटकर सब लोग मदीना के लिए प्रस्थान कर गये। परन्तु इमाम हुसैन की धर्मपत्नी रबाब-बिन्त-इमरा-उल-क़ैस कल्बी, जो कर्बला में इमाम हुसैन के साथ थीं तथा बन्दी होकर दमिश्क़ से परिवार के अन्य लोगों के साथ क़र्बला आयीं थी, वहीं रुक गयीं। एक वर्ष तक इमाम हुसैन की क़ब्र पर ख़ैमा लगाकर सेविका के समान सेवा करती रहीं। रात-दिन इमाम हुसैन को याद करके विलाप करती थीं।[2] साल भर बाद मदीना लौटीं, तो वहाँ भी इमाम हुसैन का ग़म मनाती थीं। वहाँ की महिलाएँ भी उनके साथ सम्मिलित हो जाती थीं।[3]

मदीना में वापसी

इस्लामी पैग़म्बर के शेष परिवारजनों का क़ाफ़िला, जो कर्बला की घटना में जीवित बचे थे, यज़ीदी दूत नुअमान-बिन-बशीर के संरक्षण में 30 अंगरक्षकों के साथ सम्मानपूर्वक 8 रबीअ-उल-अव्वल, 62 हि० तदनुसार 25 नवम्बर, 681 ई० मदीना पहुँचा।[4] नगर में प्रवेश करने के पूर्व बाहरी सीमाओं पर इमाम ज़ैन-उल-आबिदीन के आदेशानुसार क़ाफ़िला रोक दिया गया। सवारियों के कजावों को खोल दिया गया, ख़ैमे खड़े किये गये तथा उनमें लोग उतर गये। इमाम ज़ैन-उल-आबिदीन ने इब्न-बशीर को बुलाया और उससे कहा कि तेरा बाप तो कवि था, क्या तू भी कविता कहता है। उसने कहा— हाँ! फिर उन्होंने कहा कि मदीनावासियों को इमाम हुसैन का शोक समाचार पहुँचा दे। इब्न-बशीर का कथन है कि मैं अपने घोड़े पर सवार हुआ और मदीना में प्रवेश किया, जब मैं मस्जिद-नबी में पहुँचा, तो ऊँची आवाज़ में रोने लगा और अपना मन्तव्य काव्य

---

1. लहूफ़-अला-क़तला-उल-तफ़ूफ़, पृ० 83
2. अलअसाबा-फ़ी-तमय्यज़-उल-सहाबा, भाग-1, पृ० 113
3. अलकाफ़ी, भाग-1, पृ० 296
4. तिथि निर्विवाद है। सबने यही लिखा है। परन्तु ध्यान देने की बात यह है कि कर्बला से मदीना की दूरी 1,100 मील (1,760 कि०मी०) है। यात्रा-गति असाधारण रही होगी। रात-दिन मुसलसल सफ़र किया गया होगा, तभी 8 रबी-उल-अव्वल को मदीना पहुँच सके। —लेखक

के रूप में प्रस्तुत किया—हे मदीनावासियो! अब मदीना रहने के योग्य नहीं रहा। हुसैन मारे गये। इस विपदा पर आँसुओं की झड़ी मेरे आँखों से बह रही है। उन महानुभावों के शव ख़ाक-ख़ून में लुथड़े हुए पड़े रहे और उनके सिर बल्लमों की नोक पर एक नगर से दूसरे नगर फिराये जाते रहे। फिर मैंने कहा कि मैं उनका भेजा हुआ हूँ। मेरी आवाज़ सुनकर सभी महिलाएँ दुःख से विचलित हो सिर और सीना पीटती हुई घर से बाहर निकल आयीं। ऐसा रोना पीटना हुआ कि उससे अधिक कष्टदायक कोई दिन मुसलमानों के लिए नहीं हुआ।[1]

इमाम हुसैन के बहनोई अब्दुल्लाह-बिन-जाफ़र ने अपने दो बेटों के शहीद होने की ख़बर सुनी तो कहा— धन्य है ईश्वर! जिसने हमें हुसैन के शहीद होने का दुःख प्रदान किया। यदि मैं इमाम हुसैन पर अपने प्राणों की आहुति न दिखा सका, तो मेरे पुत्रों ने यह कार्य सम्पन्न करके मुझे गौरवान्वित कर दिया।[2] हज़रत अबू-तालिब के परिवार की सम्मानीय महिला उम्म-लुक़मान, जो इमाम हुसैन की भांजी तथा कूफ़ा के शहीद मुस्लिम की भतीजी थीं, परिवार की कुछेक महिलाओं के साथ इस लुटे हुए क़ाफ़िले के स्वागत हेतु बाहर निकल पड़ीं। उनका सिर खुला हुआ था, चादर को संभालती जाती थीं और कह रही थीं—लोगो! क्या जवाब दोगे पैग़म्बर को, जब वे तुमसे पूछेंगे कि तुम मेरे अनुयायियों में हो और तुमने मेरे परिवारजनों के साथ क्या व्यवहार किया। उनमें कुछ बन्दी हैं और कुछ अपने रक्त में भीगे हुए हैं। नुअमान-बिन-बशीर कहता है कि मैंने देखा कि एक युवती इमाम हुसैन का नौहा पढ़ रही थी— हे सूचना देनेवाले! हमारे स्वामी की मृत्यु के, तूने हमको दुःख में डाल दिया। बता तू कौन है। मैंने कहा, मैं बशीर हूँ। इमाम ज़ैन-उल-आबिदीन ने मुझे भेजा है और उक्त स्थान पर रुके हुए हैं। यह सुनते ही महिलाओं ने मुझको वहीं छोड़ा और वे दौड़ती हुई उनकी ओर चलीं और मैं उनके पीछे-पीछे घोड़ा दौड़ाये जाता था। जब ख़ैमा के निकट पहुँचा, तो मैंने देखा कि आदमियों का इतना बड़ा हुजूम है कि राह नहीं मिलती। मैं घोड़े से उतरा और भीड़ को चीरता हुआ, कठिनाइयों से ख़ैमे के दरवाज़े तक पहुँचा। इमाम ज़ैन-उल-आबिदीन ख़ैमे से बाहर पधारे हुए थे। उनके हाथ में रुमाल था, जिससे आँसू पोछे जाते थे। एक सेवक ने उनके पीछे कुर्सी रखी जिस पर वे बैठ गये और आँसुओं को रोक नहीं पाते थे। महिलाएँ और पुरुष के रुदन में 'या हुसैना' की आवाज़ उठ रही थी। सभी ओर से लोग पुरसा देते थे। इसके बाद इमाम ज़ैन-उल-आबिदीन ने इशारा करके सबको शान्त किया, रोना-

---

1. तारीख़-अर्रुसुल-वअलमुलूक, भाग-4, पृ० 291
2. तारीख़-अर्रुसुल-वअलमुलूक, भाग-4, पृ० 292

पीटना कम हुआ तो उन्होंने निम्नलिखित उद्बोधन किया :

"स्तुति एवं वन्दना के योग्य है जग का पालनहार, दयावान एवं कृपालु, अन्तिम दिवस का स्वामी, विश्व रचयिता, कल्पना एवं बुद्धि से इतना ऊँचा की ऊँचे आकाश से भी उच्चतर तथा उपस्थिति के आधार पर इतना निकट कि कानाफूसी भी सुन ले। उसको धन्यवाद करता हूँ, विपदाओं तथा दुःख एवं कष्ट महान कठिनाइयों तथा हृदयविदारक दुःखों पर। हे जनता जनार्दन! ईश्वर की स्तुति है कि उसने महानतम् दुःखों से हमारी परीक्षा ली, ऐसे दुःख, जिनसे इस्लाम में भेद उत्पन्न हो गया। हज़रत अबा-अब्दुल्लाह-उल-हुसैन अपने परिवारजनों के साथ वध किये गये और उनका पवित्र शीश बल्लमों पर एक नगर से दूसरे नगर फिराया गया। उनके परिवारजनों को बन्दी बनाया गया। कोई कष्ट इससे बढ़कर नहीं हो सकता। हे जनता-जनार्दन! तुममें से कौन व्यक्ति हुसैन के वध होने के बाद प्रसन्न रह सकेगा। कौन-सी आँख आँसू बहाने से रुकेगी। कौन-सा दिल है, जो हुसैन के वध किये जाने से टुकड़े-टुकड़े नहीं हुआ। हम इस्लामी पैग़म्बर के परिवारजन परदेसी होकर मातृभूमि से वंचित हो, बाज़ारों और गलियों में फिराये गये, जिस तरह काबुल और तुर्क के दास फिराये जाते हैं। मानो, हम इस्लामी पैग़म्बर के परिवारजन न थे। यद्यपि हमने कोई पाप नहीं किया था, न कोई विभेद इस्लाम में हमने उत्पन्न किया था। इस प्रकार की घटना हमने अपने पूर्वजों से नहीं सुनी थी। यह सब कुछ उसके बदले में हुआ कि इस्लामी पैग़म्बर ने सबको हमारा अनुपालन करने को कहा था।"[1]

इमाम ज़ैन-उल-आबिदीन कर्बला की घटना के बाद 33 वर्षों तक जीवित रहे। प्रतिदिन रोज़ा रखते थे, सायं को रोज़ा खोलने का समय होता और खाना-पानी सामने लाया जाता, तो रोने लगते और कहते कि पैग़म्बर का सुपुत्र हुसैन भूखा-प्यासा वध किया गया। इमाम ज़ैन-उल-आबिदीन ने इमाम हुसैन के उद्देश्य को सार्थक करने हेतु सुनियोजित प्रयास किया, जिनकी चर्चा आगामी अध्याय में यथास्थान आयेगी।

इमाम हुसैन की शहादत का दायित्व

उपर्युक्त चर्चित घटनाओं के अध्ययन से स्पष्ट हो जाता है कि यज़ीद और यज़ीदवादी इमाम हुसैन द्वारा मात्र उसकी बैअत न करने के आधार पर उनके

1. बिहार-उल-अनवार, भाग-1, पृ० 49-50

विरुद्ध नहीं थे। ख़लीफ़ा से बैअत करने में संकोच करना कोई इतना बड़ा अपराध नहीं था, जिस पर किसी का वध किया जा सके। प्रथम ख़लीफ़ा हज़रत अबूबकर की बैअत छः माह में सम्पन्न हुई। तत्काल अनेक वरिष्ठ सहाबियों ने बैअत नहीं की थी। उनमें अनेक क़बीले थे, जिन्होंने बैअत करने से इंकार किया था। स्वयं हज़रत अली की बैअत से हस्सान-बिन-साबित, कअब-बिन-मालिक, ज़ैद-बिन-साबित आदि बीस महत्वपूर्ण व्यक्तियों ने इंकार कर दिया था। लेकिन न पहले हज़रत अबूबकर ने और न बाद में हज़रत अली ने बैअत नकारनेवालों के विरुद्ध दण्ड निर्धारित किये थे। मक्का और मदीना में अनेक लोग ऐसे थे, जिनसे यज़ीद की बैअत करने को नहीं कहा गया। वे बैअत करने से बचे ही रहे। फिर इमाम हुसैन से बैअत करने की ज़िद क्यों थी? इसका उत्तर यह है कि इमाम हुसैन और इस्लामी पैग़म्बर के अन्य परिवारजन आध्यात्मिक केन्द्र के रूप में सर्वमान्य थे। उन्होंने सत्ता के सुख से दूर रहते हुए इस्लामी पैग़म्बर की शिक्षा-दीक्षा के प्रसार-प्रचार का केन्द्र बने हुए थे और इसी रूप में समस्त मुसलमानों में आदरणीय एवं सम्मानित थे। यज़ीद और यज़ीदवादी इस्लाम के आध्यात्मिक केन्द्र को नष्ट कर देना चाहते थे। यज़ीद ने इस केन्द्र को समाप्त करने में अद्वितीय भूमिका निभायी। अपने उद्देश्य की प्राप्ति हेतु आदेश पारित किया, मदीना का प्रशासक बदला, मक्का में हाजियों के भेष में इमाम हुसैन को वध करने हेतु सिपाही भेजे। इब्न-ज़ियाद को कूफ़ा का प्रशासक नियुक्त किया और इस उद्देश्य की पूर्ति हेतु उसको समस्त अधिकार प्रदान किये। कर्बला के बन्दियों को दमिश्क़ तलब किया। अपने दरबार में निरादर एवं प्रताड़ना की कोई सीमा नहीं उठा रखी, फिर कर्बला के बन्दियों को दमिश्क़ के कारावास में रखा। परन्तु यज़ीद तथा यज़ीदवादियों की तात्कालिक विजय अन्ततोगत्वा स्थायी पराजय के रूप में परिणित हुई। हुसैनी आन्दोलन को उसके समुचित परिप्रेक्ष्य में प्रस्तुत करने की दिशा में कर्बला के बन्दियों को असाधारण सफलताएँ प्राप्त हुईं। उन्हीं के कारण इस महाबलिदान को 'रहस्यपूर्ण घटना' का रूप न दिया जा सके। उन्होंने कर्बला से दमिश्क़ तक के मार्गों, बाज़ारों तथा दरबारों में अद्वितीय प्रभावशाली भाषण के माध्यम से सत्य एवं न्याय को स्थायी संरक्षण प्रदान किया। उन्होंने अपना उद्देश्य अत्यन्त सफलतापूर्वक सम्पन्न किया कि विरोधी तत्त्वों की कोई चाल, चालबाज़ी तथा धूर्तता सफल न हो सकी। हुसैनी आन्दोलन को किसी रूप में भी संदिग्ध न बनाया जा सका। कर्बला के बन्दियों ने शत्रुओं की समस्त कूटनीति असफल कर दी। इमाम हुसैन और उनके सहयोगियों के शीशों को काटकर अपने हाथों से बल्लमों पर उठाकर क़ातिलों ने स्वयं क़ातिल होने का अपराध घोषित कर दिया, जिसके लिए किसी अन्य साक्ष्य की आवश्यकता ही शेष न रह गयी। इमाम हुसैन की

शहादत के बाद उसका दायित्व यज़ीद द्वारा उबैदउल्लाह-इब्न-ज़ियाद पर डालना, स्वयं यज़ीद के पराजय बोध का प्रतीक है। यज़ीद के निंदनीय आचरण एवं व्यवहार ने उसके जीवन में ही उसको तिरस्कृत कर दिया था और यह तिरस्कार समय बीतने के साथ बढ़ता ही गया। इमाम हुसैन की महानता, उनके महाबलिदान की महिमा तथा उनके उद्देश्य की गरिमा समयगति के साथ बढ़ती ही जाती है।

गत में उद्धृत यज़ीद का अत्यन्त विवादग्रस्त वक्तव्य, जो उसने कर्बला के बन्दियों कारावास से मुक्त करते समय आत्मग्लानि से पीड़ित होकर दिया था, जिसमें उसने कर्बला की घटना से स्वयं को अलग करते हुए उसका दायित्व इब्न-ज़ियाद पर डाला था, उसको तथा उसी से मिलते-जुलते उसके वक्तव्य, जैसे कि इमाम हुसैन की शहादत के बाद उनके परिवारजनों को जब दमिश्क़ में यज़ीद के सामने प्रस्तुत किया गया, तो वह रो पड़ा और उसने अपने सेनानायकों से कहा कि मैं हुसैन का वध किये बिना भी तुम लोगों के समर्थन से प्रसन्न था, ईश्वर लानत करे इब्न-ज़ियाद पर, ईश्वर की सौगन्ध यदि मैं वहाँ होता तो हुसैन को क्षमा कर देता। इसी प्रकार यह वक्तव्य कि ईश्वर की सौगन्ध हे हुसैन यदि मैं तुम्हारे मुक़ाबले में होता तो तुम्हें क़त्ल न करता।[1]

उपर्युक्त वक्तव्यों का घटनाक्रम के आधार पर अध्ययन किया जाय, तो अत्यन्त प्रतिकूल निष्कर्ष निकलते हैं तथा इन घटनाओं के ऐतिहासिक विवेचन के विरुद्ध जाते हैं। पहला प्रश्न यह उठता है कि यदि यज़ीद इस अद्वितीय अपराध के लिए इब्न-ज़ियाद का दायित्व मानता था, तो क्या उसने उसके विरुद्ध कोई कार्यवाही की। इतिहासकार इब्न असीर ने लिखा है कि यज़ीद इस अपराध पर इब्न-ज़ियाद को कोई दण्ड नहीं दिया, न पद मुक्त किया, न उसे भर्त्सना का पत्र ही लिखा।[2] विभिन्न इतिहासकारों ने निरन्तरता से लिखा है कि इमाम हुसैन को यज़ीद के आदेशानुसार शहीद किया गया। इसी आधार पर उलेमा यज़ीद पर लानत भेजने का तर्क प्रस्तुत करते हैं। हाफ़िज़ इब्न-क़सीर कहते हैं कि उलेमा का बड़ा वर्ग यज़ीद के ऊपर लानत करने के पक्ष में है।[3] यथास्थान सविस्तार चर्चा हो चुकी है कि इमाम अहमद-बिन-हम्बल के पुत्र अब्दुल्लाह ने उनसे प्रश्न किया कि यज़ीद पर लानत भेजने का क्या औचित्य है, तो उन्होंने मैं उस व्यक्ति पर लानत क्यों न करूँ जिस पर ईश्वर ने स्वयं लानत की है और फिर सुबूत में

---

1. किताब-अलकामिल-फ़ी-तारीख़, भाग 3 पृ० 298-99; तारीख़-अर्रुसुल-वअलमुलूक, भाग-4, पृ० 352
2. अलबिदाया-वअलनिहाया, भाग-8, पृ० 203
3. अलबिदाया-वअलनिहाया, भाग-8, पृ० 223

क़ुर्आन की सूरह मुहम्मद की 22वीं तथा 23वीं आयतें पढ़ी, जिसमें यज़ीद के समान पाप करनेवालों पर ईश्वर ने स्वयं लानत भेजी है। विख्यात सूफ़ी सन्त मीर सैय्यद अशरफ़ से भी किसी ने यज़ीद पर लानत करने का तर्क पूछा, तो उन्होंने कहा कि समस्त सूफ़ी-सन्त, पैग़म्बर के सहाबा तथा इमामों ने यज़ीद पर लानत भेजी है। फिर उपस्थितजनों से प्रश्न किया कि उस इस्लाम के शत्रु पर लानत करने में किसे संकोच हो सकता है, जिसने पैग़म्बर के सुपुत्र को वध कर डाला, फिर क़ुर्आन से सूरह अहज़ाब की 57वीं आयत प्रमाण के तौर पर प्रस्तुत की।[1] इनके अतिरिक्त अनेक अन्य उलेमा जिनमें इब्न-जौज़ी, अबू अली, तफ़्ताज़ानी, जलालउद्दीन सुयूती विशेष हैं।

इस्लामी उलेमा, इतिहासकारों तथा लेखकों ने बल देकर लिखा है कि इमाम हुसैन को यज़ीद के आदेशानुसार शहीद किया गया तथा इमाम हुसैन के क़त्ल का दायित्व यज़ीद के ऊपर है। सभी के उद्धरण प्रस्तुत करना विस्तार चाहता है, अतः उनके नाम तथा सन्दर्भ दे देना ही उचित है। जैसे, इब्न-असीर,[2] इब्न-हजर,[3] अलतबरी,[4] अलसुयूती,[5] अलमसऊदी,[6] अबू हनीफ़ा दीनावरी,[7] दयार बकरी मालकी[8] आदि।

❑❑❑

1. लताइफ़े-अशरफ़ी, भाग-3, पृ० 268
2. किताब-अलकामिल-फ़ी-तारीख़, भाग-4, पृ० 55
3. अलसवायक़-उल-मुहर्रिक़ा-फ़ी-रद्द-अला-अह्ल-उल-रफ़्ज़-वउल-ज़नदका, पृ० 134
4. तारीख़-अर्रुसुल-वअलमुलूक, भाग-11, पृ० 358
5. तारीख़-उल-ख़ुलफ़ा, पृ० 140
6. मुरूज-उल-ज़हब-वमआदिन-उल-जवाहिर, भाग-8, पृ० 21
7. अलअख़बार-उल-तवाल, पृ० 279
8. तारीख़-अल-ख़मीस-फ़ी-अहवाल-अनफ़स-नफ़ीस, भाग-2, पृ० 332

अध्याय : आठ

शहीदों की आकाशगंगा

हुसैनी क्रान्ति के विभिन्न आयामों में सामूहिक दायित्व बोध का एहसास होता है। अपने प्राण को जोखिम में डालना आसान नहीं है, इस मार्ग में 'बड़े बड़ों के क़दम डगमगाये हैं क्या-क्या!' मात्र 'मुनाफ़िक़ों' (मिथ्याचारियों) की बात नहीं, जिनकी भर्त्सना में क़ुर्आन का सूरह 'मुनफ़िक़ून' मौजूद है। रुसूल के सहाबी, जिनकी बड़ी महिमा है, उनके विषय में क़ुर्आन कहता है : "**जब उन पर जिहाद वाजिब किया गया, तो उनमें से कुछ लोग लोगों से इस प्रकार डरने लगे, जैसे कोई ईश्वर से डरे, बल्कि उससे भी अधिक घबराकर कहने लगे, हे ईश्वर! तूने हम पर जिहाद क्यों वाजिब कर दिया, हमको कुछ दिनों की और मुहलत क्यों न दी।**" (क़ुर्आन : 4/77) इसी प्रकार जब पैग़म्बर ने बद्र लघु-युद्ध का विचार किया, तो तत्कालीन अनेक सहाबियों पर भय ऐसा छा गया कि प्रायः लोग अपने घरों में बैठ रहे। फिर क़ुर्आन की आयत उतरी : "**हे रुसूल! तुम ईश्वर की राह में जिहाद करो और तुम पर अपने व्यक्तित्व के अतिरिक्त किसी अन्य व्यक्ति का दायित्व नहीं है।**" (क़ुर्आन : 4/84) इस अवसर पर हज़रत अली के उन सहयोगियों की चर्चा करना भी उचित होगा, जो उनके ख़लीफ़ा बनने के बाद उनके समर्थक बने फिरते थे, उनमें एक वर्ग ने खुलकर विद्रोह किया, जिनको इतिहास में 'ख़ारिजी' (बहिष्कृत) कहा गया है, जिनसे स्वयं हज़रत अली ने नहरवान में युद्ध (658 ई०) किया। इनके अतिरिक्त बहुसंख्यक वर्ग ऐसा था कि उनको सम्बोधित करके स्वयं हज़रत अली कहते दीखते हैं कि जब तुमसे जिहाद के लिए कहा जाता है, तो कहते हो कि इस समय कड़ाके का जाड़ा है, हमें इतना समय दीजिए कि सर्दी कम हो जाय और जब तुमसे गर्मी के समय में कहा जाता है, तो कहते हो कि अभी तो बड़ी भीषण गर्मी है। इतना समय दीजिए कि

गर्मी कम हो जाय। खेद है! तुम गर्मी और सर्दी से इतना भागते हो, तो तलवार की आँच से कितना अधिक भागोगे।[1] इमाम हसन के साथियों ने युद्ध के अवसर पर स्वयं इमाम के प्राणों को संकट में डाल दिया था।[2]

कर्बला में इमाम हुसैन के शत्रुओं पर निगाह डालिए, तो अमीर मुआविया स्वयं इस्लामी पैग़म्बर के सगे साले थे तथा उनका पिता अबू सुफ़ियान सगे ससुर। कर्बला में यज़ीदी सेनाप्रमुख उमर-सअद पैग़म्बर की माताश्री हज़रत आमिना का सम्बन्धी था। रिश्तेदार सुलगती हुई लकड़ियाँ होते हैं, जो अलग रहें तो धुआँ दें, मिलें तो जलने लगें! इन सबके नितान्त विपरीत हैं वे लोग थे, जिन्हें कर्बला के तपते वन में इमाम हुसैन छाँटकर लाये हैं। वयोवृद्ध, युवा, बालक हों, महिलाएँ या पुरुष हों सब एक से बढ़कर एक धर्मनिष्ठ, कर्तव्यपरायण, आज्ञाकारी तथा इमाम हुसैन के प्रति समर्पित। इस क्रान्ति में इमाम हुसैन के साथ सम्मिलित सभी लोग, चाहे सहयोगी हों अथवा परिवारजन, अपने दायित्व के निर्वाह में एक-दूसरे से स्पर्द्धा करते दीख पड़ते हैं। यदि रुसूल के चाचा अबू-तालिब अपने पुत्रों को प्रति रात्रि इस्लामी पैग़म्बर हज़रत मुहम्मद पर न्यौछावर करते थे, तो कर्बला में उनका समस्त वंशज पैग़म्बर के नाती इमाम हुसैन पर न्यौछावर हो गया।

अपने अद्वितीय सहयोगियों एवं परिवारजनों के विषय में इमाम हुसैन का वक्तव्य इतिहास के पन्नों में सुरक्षित है। उन्होंने कहा था : "**मालूम होना चाहिए कि मैं दुनिया में किसी के साथियों को अपने साथियों से ज़्यादा बावफ़ा और बेहतर नहीं जानता और अपने रिश्तेदारों से ज़्यादा पुण्य एवं दायित्वबोध रखनेवाले रिश्तेदार किसी के मुझे मालूम नहीं। ईश्वर तुम सबको मेरी ओर से पुण्य प्रदान करे।**"[3] उनका यह कथन कर्बला की घटना के परिप्रेक्ष्य में अक्षरशः सत्य है। इमाम हुसैन और उनके साथियों के अद्वितीय बलिदान से ही इस्लामी पुनरुत्थान सम्भव हो सका।

इमाम हुसैन के सम्बन्धियों के अतिरिक्त अन्य लोग जो कर्बला के महान् बलिदान में सम्मिलित हुए, वे भी साधारण एवं अनजान व्यक्तित्व नहीं थे। इन शहीदों के व्यक्तित्व विभिन्न आयामों से ओतप्रोत हैं, जिनको पूर्णरूपेण प्रस्तुत

---

1. नह्ज-उल-बलाग़ा, भाग-1, पृ० 77; अलइर्शाद-फ़ी-मुआरिफ़त-हुज्जाज-उल्लाह-अलाउल-इबाद, पृ० 151; अलअख़बार-उल-तवाल, पृ० 214
2. तारीख़-अर्रुसुल-वअलमुलूक, भाग-6, पृ० 92; अलइर्शाद-फ़ी-मुआरिफ़त-हुज्जाज-उल्लाह-अलाउल-इबाद, पृ० 194
3. तारीख़-अर्रुसुल-वअलमुलूक, भाग-6, पृ० 238; अलइर्शाद-फ़ी-मुआरिफ़त-हुज्जाज-उल्लाह-अलाउल-इबाद, पृ० 244

करना यहाँ सम्भव नहीं हो सकता। कुछेक प्रतिनिधि एवं महत्वपूर्ण तथ्य ही प्रस्तुत किये जा सकते हैं। इमाम हुसैन और उनके सहयोगियों में प्रत्येक व्यक्तित्त्व ने इतिहास में अपने हस्ताक्षर विविधता के आधार पर अंकित किये हैं। उनमें अलग-अलग विशेषताएँ थीं, अलग-अलग क़ौम-क़बीले, रंग-नस्ल के लोग थे। पुरुष भी थे, महिलाएँ भी थीं, वयोवृद्ध भी थे, युवा भी थे और शिशु भी थे। परिवार के साथ भी थे और एकल व्यक्तित्व के साथ भी आये थे। उनमें अनेक प्रकार की विविधताएँ थीं। एकरूपता थी तो बस इस आधार पर कि सभी उच्चतम शिखर के तपस्वी, धर्मनिष्ठ तथा अपने कर्त्तव्यों के प्रति जागरुक। इस्लामी पैग़म्बर तथा उनके परिवारजनों के प्रति समर्पित थे। इस्लाम की रक्षा हेतु अपने प्राणों की आहुति देने के लिए तत्पर थे। सत्य एवं शान्ति के प्रति कृत संकल्प थे वरन् अधर्म एवं अत्याचार के विरुद्ध सीसा पिलायी दीवार के समान अडिग थे। इमाम हुसैन की एक सफलता यह भी थी कि उन्होंने इन बिखरे हुए मोतियों को एक लड़ी में पिरो दिया था। उनमें एक मोती की चमक दूसरे मोती की आबरू बढ़ाती थी। यदि इमाम हुसैन इस्लामी क्षितिज पर सूर्य समान उदितमान हैं, तो उनके सहयोगी उसी सूर्य की किरणें हैं, जिनसे हुसैनी क्रान्ति प्रकाशमय होता है।

शहीदों के श्रीनाम

गतपृष्ठों में यथास्थान चर्चा हो चुकी है। इमाम हुसैन के अरब सहयोगी शहीदों की संख्या बताने में सभी इतिहासकार, लेखक एवं विद्वान एकमत नहीं हैं, वरन् अलग-अलग संख्या बताते हैं तथा उनके अथवा पिताश्री के नामों के विषय में भी मतभेद करते हैं। हमने पुनः शोध एवं गवेषणा के आधार पर शहीदों की संख्या 139 निश्चित की है तथा उन के श्रीनामों को भी सही उच्चारण लिपिबद्ध किया। प्रस्तुत श्रीनामों के चयन का मुख्य आधार 'ज़ियारते-नाहिया' तथा अन्य प्रमाणित ग्रंथ हैं।[1] ज़ियारते-नाहिया' की सर्वाधिक महत्त्व इस कारण है कि इसे बारहवें इमाम हज़रत महदी आख़िर-उज़-ज़माँ के परदा कर लेने

---

1. सूची सम्पादन में प्रौद्योगिकी तकनीकी एवं संचार माध्यमों का भरपूर उपयोग किया। इण्टरनेट पर उपलब्ध सामग्री एवं सूचियों का जिन प्रमुख ग्रंथों की जानकारी से तुलनात्मक अध्ययन किया गया है, उनमें लहूफ़-अला-क़तला-उल-तफ़ूफ़ः इब्न ताऊस; जला-उल-अयून एवं बिहार-उल-अनवार : अलमजलिसी; रियाज-उल-शहादतैन : मुहम्मद हुसैन क़ज़वीनी; क़ुमक़ाम ज़स्सा : तस्वीरे-कर्बला : सैय्यद अले-मुहम्मद; शहीदे-इंसानियत एवं शुहदा-ए-कर्बला : सैय्यद अली नक़ी नक़वी; वाक़या-ए-कर्बला : सैय्यद खैरात हसन आदि।
—लेखक

(873 ई०) के प्रथम काल (873-940), जिसको 'ग़ैबते-सुग़रा' (छोटा परदा) कहते हैं, जिनमें उनके चार उप-इमाम, इमाम आख़िर-उज़-ज़माँ प्रत्यक्ष रूप में मार्ग-निर्देशन प्राप्त करते थे। उसी क्रम में 'ज़ियारते-नाहिया' भी प्राप्त की गयी। अतः इसे इमाम की वाणी माना गया। ज़ियारते-नाहिया' में 79 शहीदों की स्वयं इमाम ने स्तुति की है, तथा उनमें कुछेक शहीदों के वधकर्ताओं की भर्त्सना भी की है। कर्बला की घटनाओं की समुचित समीक्षा भी है। परन्तु अनेक अतिमहत्त्वपूर्ण इस सूची में नहीं हैं, जैसे इस्लामी पैग़म्बर के परिवारजनों में इमाम हुसैन के सुपुत्र अली अकबर तथा हज़रत अली एवं हज़रत अक़ील के कई संतान। इमाम हुसैन के सहाबियों में अनेक प्रसिद्ध शहीदों के नाम भी नहीं हैं, जैसे बुरैर-बिन-ख़ुज़ैर हमदानी, उमैर-बिन-ज़बीअ तयमी, वहब-बिन-हब्बाब कल्बी तथा अनेक अन्य। जो नाम सुरक्षित रखे जा सके तथा आगामी पीढ़ी को प्रेषित किये जा सके, यह भी कोई साधारण बात नहीं है। उस समय की वस्तुस्थिति यह थी कि प्राणों का बचाना दूभर था। स्वयं इमाम ने परदा कर लिया था कि कई शत्रु ईमान की आख़िरी शम्आ ही न बुझा दें। ऐसी स्थिति में उप-इमामों के असाधारण अवदान को समझा जा सकता है। उन्होंने इस सूची में अपनी ओर से कुछ बढ़ाया नहीं, अत्यन्त निष्ठापूर्वक जितना, जिस रूप में इमाम सहदी से प्राप्त हुआ, वैसा ही प्रस्तुत कर दिया, यहाँ तक कि 'मस्ऊद-बिन-हुज्जाज' और उनके पुत्र लिखा प्राप्त हुआ, तो उनके पुत्र का श्रीनाम अब्दुर्रहमान सम्मिलित नहीं किया। यद्यपि सभी जानते हैं कि मस्ऊद-बिन-हुज्जाज के साथ उनके सुपुत्र अब्दुर्रहमान की भी अपनी शहादत हुई थी। 'ज़ियारते-नाहिया' की सूची में सम्मिलित शहीदों के नाम को चिह्नित करने हेतु उनके सामने (*) चिह्न अंकित है।

प्रस्तुत सूची में मात्र ऐसे ही श्रीनामों की चर्चा की गयी है, जिनकी चर्चा निरन्तरता से विद्वान एवं लेखक करते आयें हैं। सभी प्रकार से सावधानी बरतने के बावजूद सम्भव है कि हमारे प्रयास में त्रुटि रह गयी हो, कुछ नाम सम्मिलित न हुए हों। ऐसी स्थिति में हम उन महाप्राणों एवं पावन-आत्माओं से सदैव क्षमाप्रार्थी रहेंगे। हमारे विचार में हुसैनी क्रान्ति के शहीदों की सूची में कूफ़ा के शहीदों को अवश्य सम्मिलित करना चाहिए। हमने उन शीर्ष नामों को सम्मिलित किया है। उनके नाम के सामने (+) चिह्न अंकित है।

हुसैनी क्रान्ति के इन रणबाँकुर शहीदों की सूची पर ध्यान दें, तो संज्ञान होगा कि इनमें 25 शहीद हज़रत अबूतालिब के वंशज हैं। उनके सुपुत्र हज़रत अली की 17 सन्तानें तथा दूसरे पुत्र हज़रत अक़ील की 8 सन्तानें। कर्बला की घटना ही नहीं, इस्लामी इतिहास में किसी परिवार ने इस्लाम की प्रतिरक्षा में इतनी बड़ी संख्या में अपने प्राणों की आहुति नहीं दी। इस्लामी इतिहास में

अद्‌भुत त्याग एवं बलिदान की चर्चा मिलती है कि मक्का में जब इस्लामी पैग़म्बर के प्राणघाती आक्रमण का भय हुआ कि अबू सुफ़ियान (अमीर मुआविया के पुत्र तथा यज़ीद के पितामह) के नेतृत्व में ऐसा लगने लगा कि किसी रात्रि में सोते समय इस्लामी पैग़म्बर की हत्या हो सकती है, तो पैग़म्बर के चाचा और हज़रत अली के पिताश्री हज़रत अबूतालिब रातभर इस्लामी पैग़म्बर को सोते हुए उनके बिस्तर से उठाते थे और उनके स्थान पर अपने पुत्रों को एक के बाद एक लिटाते रहते थे। यदि किसी का वध होना ही है, तो मेरे पुत्रों में किसी का वध हो जाये, परन्तु मेरे भतीजे पर आँच न आये। मक्का में इस्लामी पैग़म्बर के प्राणों की रक्षा करना कर्त्तव्य था। कर्बला में इस्लामधर्म के प्राणों की रक्षा करने का कर्तव्य था, तो अबूतालिब के समस्त परिवार ने अपने प्राणों की आहुति प्रस्तुत कर दी। उन्हें चिह्नित करने हेतु उनके नामों के सामने (√) चिह्न अंकित है।

हुसैनी सेना के शीर्ष

* √ 1. इमाम हुसैन, सैय्यद-उश-शुहदा
+ √ 2. मुस्लिम-बिन-अक़ील-बिन-अबीतालिब (राजदूत-कूफ़ा)
* √ 3. अबुल-फ़ज़्लिल अब्बास-बिन-इमाम अली (सेनाध्यक्ष)
* 4. हबीब-बिन-मज़ाहिर असदी (बायीं कमान के सेनानायक)
* 5. ज़ुहैर-बिन-क़ैन-बिन-क़ैस नमरी बिजिल्ली (दाहिनी कमान के सेनानायक)

√ 6. अली-बिन-इमाम हुसैन, अली अकबर (मध्यकमान के सेनानायक)

हुसैनी सेना के रणबाँकुर

* 7. अम्मार-बिन-हस्सान-बिन-शुरैब ताई
* 8. अम्मार-बिन-अबूसलामा दालानी हमदानी
* 9. अब्दुर्रहमान-बिन-उरवा-बिन-हर्राक़ ग़फ़्फ़ारी

√ 10. अब्दुर्रहमान-बिन-अक़ील-बिन-अबीतालिब

* 11. अब्दुर्रहमान-बिन-अब्दुल्लाह अरहबी
* 12. अब्दुर्रहमान-बिन-मस्ऊद-बिन-हुज्जाज तयमी

13. अब्दुर्रहमान-बिन-अब्दरब अंसारी ख़िज्रज्जी
* √ 14. अबू-अब्दुल्लाह-बिन-मुस्लिम-बिन-अक़ील
* √ 15. अब्दुल्लाह-बिन-इमाम अली
* √ 16. अब्दुल्लाह-बिन-इमाम हसन
17. अब्दुल्लाह-बिन-इमाम ज़ैन-उल-आबिदीन
* √ 18. अब्दुल्लाह-बिन-मुस्लिम-बिन-अक़ील
19. अब्दुल्लाह-बिन-सलीम असदी
20. अब्दुल्लाह-बिन-बिश्र ख़िसअमी
* 21. अब्दुल्लाह-बिन-उमैर कल्बी
22. अब्दुल्लाह-बिन-अफ़ीफ़ अलमज़ाहिर
* 23. अब्दुल्लाह-बिन-उरवा-बिन-हर्राक़ ग़फ़्फ़ारी
24. अब्दुल्लाह-बिन-यक़तर हिमयारी
* 25. अब्दुल्लाह-बिन-ज़ैद-बिन-सुबैत क़ैसी
26. अदहम-बिन-उमैय्या अब्दी बसरी
27. अली-बिन-हुर्र-बिन-यज़ीद रियाही
* √ 28. अली-बिन-इमाम हुसैन अली असग़र, अब्दुल्लाह रज़ीअ
* 29. असलम-बिन-ख़त्तीर अज़दी
* 30. अनस-बिन-काहिल-बिन-हार्स असदी
* 31. अबू-समामा, उमर-बिन-अब्दुल्लाह सायदी
32. अबुल हतूफ़-बिन-हार्स अंसारी
√ 33. अबीबकर-बिन-इमाम अली
* √ 34. अबीबकर-बिन-इमाम हसन
* 35. आबिस-बिन-अबी शबीब शाकिरी
36. आयज़-बिन-मजम्अ-बिन-अब्दुल्लाह आयज़ी
37. इबाद-बिन-मुहाजिर जुहनी
* √ 38. औन-बिन-अब्दुल्लाह-बिन-जाफ़र तैय्यार
39. औन-बिन-जौन (अबूज़रग़फ़्फ़ारी के सेवक औन के सुपुत्र)
40. औन-बिन-इमाम अली
* 41. आमिर-बिन-मुस्लिम अब्दी बसरी
√ 42. इब्राहीम-बिन-मुस्लिम-बिन-अक़ील

* 43. इमरान-बिन-कअब-बिन-हार्स अशजई
* 44. उबैदउल्लाह-बिन-ज़ैद-बिन-सुबैत क़ैसी
45. उमैय्या-बिन-सअद-बिन-ज़ैद ताई
* √ 46. उस्मान-बिन-इमाम अली
√ 47. उमर-बिन-इमाम अली
48. उमैर-बिन-ज़बीआ-बिन-क़ैस-बिन-सअलबा अलज़ाबई तयमी
* 49. उमर-बिन-ख़ालिद असदी सैदावी
* 50. उमर-बिन-अब्दुल्लाह जुंदई हमदानी
* 51. उमर-बिन-क़ुरज़ा अंसानी
52. उमर-बिन-जिनादा-बिन-कअब ख़िज्रज्जी
* 53. उमर-बिन-उहदूस हज़रमी
54. उक़बा-बिन-सुल्त जुहनी
55. उक़बा-बिन-समआन (इमाम हुसैन की पत्नी उम्म रबाब के सेवक)
56. क़ुर्रा (हुर्र-बिन-यज़ीद रियाही के सेवक)
57. करदूस-बिन-ज़ुहैर-बिन-हार्स तग़लबी
* 58. किनाना-बिन-अतीक़ तग़लबी
* 59. क़ारिब-बिन-अब्दुल्लाह (इमाम हुसैन के सेवक)
* √ 60. क़ासिम-बिन-इमाम हसन
√ 61. क़ासिम-बिन-अब्बास-बिन-इमाम अली
* 62. क़ासिम-बिन-हबीब अज़दी
* 63. क़ासित-बिन-ज़ुहैर-बिन-हार्स तग़लबी
* 64. क़नअब-बिन-उमर नमरी
* 65. क़ैस-बिन-मुसहर सैदावी
66. जाबिर-बिन-हुज्जाज तयमी (आमिर-बिन-नहशल के सेवक)
* 67. जिबिला-बिन-अली शैबानी
* √ 68. जाफ़र-बिन-इमाम अली
* √ 69. जाफ़र-बिन-अक़ील-बिन-अबीतालिब
70. जिनादा-बिन-कअब अंसारी ख़िज्रज्जी
71. जिनादा-बिन-हार्स सलमानी

* 72. जुनदब-बिन-हुजैर किन्दी ख़ौलानी
* 73. जौन (अबूज़र ग़फ़्फ़ारी के सेवक)
* 74. जुवैन-बिन-मालिक तयमी
* 75. ज़ाहिर (उमरू-बिन-अलहमक़ असलमी किन्दी के सेवक)
76. ज़हाक-बिन-अब्दुल्लाह मशरिक़ी
77. ज़ियाद-बिन-अरीब सायदी
* 78. ज़रग़ामा-बिन-मालिक तग़लबी
* 79. ज़ुहैर-बिन-बुश्र ख़िसअमी
* 80. ज़ुहैर-बिन-सुलैम-बिन-उमरू अज़दी
* 81. ज़ैद-बिन-सुबैत क़ैसी
* 82. ज़ैद-बिन-मअक़ल जाफ़ी
* 83. नाफ़िअ-बिन-हिलाल जमली
84. नसर-बिन-अबी नयज़र
85. नुअमान-बिन-उमर अज़दी
* 86. नईम-बिन-अजलान अंसारी
√ 87. फ़ज़्ल-बिन-अब्बास-बिन-इमाम अली
88. बुरैर-बिन-ख़ुज़ैर हमदानी
89. बकर-बिन-हय तयमी
* 90. बिश्र-बिन-उमैर-बिन-उहदूस ख़ज़रमी किन्दी
* √ 91. मुहम्मद-बिन-अब्दुल्लाह-बिन-जाफ़र तैय्यार
* √ 92. मुहम्मद-बिन-इमाम अली
√ 93. मुहम्मद-बिन-मुस्लिम-बिन-अक़ील
* √ 94. मुहम्मद-बिन-अबीसईद-बिन-अक़ील
* 95. मुनजह-बिन-सह्म (इमाम हसन के सेवक)
* 96. मालिक-बिन-अब्दुल्लाह-बिन-सरीअ
97. मौक़-बिन-समामा असदी सैदावी, अबूमूसा
* 98. मजम्अ-बिन-अब्दुल्लाह आयज़ी
99. मजम्अ-बिन-ज़ियाद-बिन-उमरू जुहनी
100. मज़री-बिन-मुसअल असदी
* 101. मुस्लिम-बिन-औसजा असदी

102. मुसअब-बिन-यज़दी रियाही
103. मुनीअ-बिन-ज़ियाद
104. मुस्लिम-बिन-कसीर सदफ़ी आरज अज़री
* 105. मस्ऊद-बिन-हुज्जाज तयमी
* 106. मुक़सित-बिन-ज़ुहैर-बिन-हार्स तग़लबी
* 107. यज़ीद-बिन-ज़ियाद किन्दी, अबुल शअसा
* 108. यज़ीद-बिन- हिस्सीन हमदानी
109. राफ़िअ-बिन-अब्दुल्लाह (मुस्लिम अज़दी के सेवक)
110. वहब-बिन-हब्बाब कल्बी
* 111. शबीब-बिन-अब्दुल्लाह (हार्स-बिन-सरीअ हमदानी के सेवक)
* 112. शबीब-बिन-अब्दुल्लाह नहशली
* 113. शौज़ब-बिन-अब्दुल्लाह (बनी शाकिर के सेवक)
* 114. सालिम (आमिर-बिन-मुस्लिम अब्दी के सेवक)
* 115. सालिम-बिन-उमर-बिन-अब्दुल्लाह कल्बी (बनी-मदीनत-उल-कल्बी के सेवक)
116. सअद-बिन-हार्स अंसारी अजलानी (इमाम अली के सेवक)
117. सअद-बिन-हुर्र-बिन-यज़ीद रियाही
* 118. सईद-बिन-उमर-बिन-ख़ालिद (सैदावी के सेवक)
119. सलीम (इमाम हसन के सेवक)
120. सलमान-बिन-मज़ारिब-बिन-क़ैस नमरी बिजिल्ली
* 121. सुलैमान-बिन-रज़ीन (इमाम हुसैन के सेवक)
* 122. सौव्वार-बिन-मुनइम-बिन-अबी उमैर नहमी
123. स्वैद-बिन-उमर ख़सअमी
* 124. सैफ़-बिन-मालिक अब्दी
125. सैफ़-बिन-हार्स-बिन-सरीअ
* 126. सईद-बिन-अब्दुल्लाह हनफ़ी
\+ 127. हानी-बिन-उरवा
128. हार्स-बिन-निबहान (हज़रत हमज़ा के सेवक)
129. हबशा-बिन-क़ैस नहमी
130. हार्स-बिन-उमरा-उल-क़ैस-बिन-आबिस किन्दी

131. हबाब-बिन-आमिर-बिन-कअब तयमी
132. हबाब-बिन-हार्स
* 133. हुज्जाज-बिन-मसरूक़ जाफ़ी
* 134. हुज्जाज-बिन-ज़ैद सअदी तयमी
* 135. हुर्र-बिन-यज़ीद रियाही
136. हल्लास-बिन-उमरू रासिबी
* 137. हनज़ला-बिन-असअद शामी
138. हनज़ला-बिन-उमर शैबानी
* 139. हैय्यान-बिन-हारिस सलमानी अज़दी

जैसा कि उपर्युक्त पंक्तियों में स्पष्ट किया जा चुका है, 5 शहीद कर्बला से पूर्व कूफ़ा में शहीद हुए। कर्बला में इमाम हुसैन की युद्ध करने के बाद हसन-बिन-हसन के प्राण शेष थे, जिनको उनके परिवार वालों ने दवा-इलाज कर बचा लिया। इमाम हुसैन के सेवक उक़बा-बिन-समआन भी किसी कारण वध होने से बच गये थे तथा ज़हाक मशरिकी ने जिहाद किया, परन्तु इमाम हुसैन से अनुमति प्राप्त कर अपने परिवार में लौट गये। इस प्रकार कर्बला में इमाम हुसैन के साथ शहीदों की संख्या 131 ही शेष रह जाती है।

हुसैनी-क्रान्ति के प्रवर्तक

इस्लामी इतिहास के इस स्वर्णिम श्रृंखला की चर्चा करते समय यह स्पष्ट कर देना आवश्यक है कि हुसैनी क्रान्ति समय सीमा के आधार पर 28 रजब 60 हि० तद्नुसार 4 मई, 680 ई० को इमाम हुसैन के मदीना से प्रस्थान करने से प्रारम्भ करके 8 रबीअ-उल-अव्वल, 62 हि० तद्नुसार 25 नवम्बर, 681 ई० जब इमाम हुसैन के परिवारजन यज़ीदी कारागार से मुक्त होकर मदीना वापस आये। इस प्रकार हुसैनी क्रान्ति का कार्यकाल 1 वर्ष, 7 माह, 11 दिन पर आधारित है। इसमें 28 रजब 60 हि० तद्नुसार 4 मई, 679 ई० से कर्बला में शहादत की तिथि 10 मुहर्रम 61 हि० तद्नुसार 10 अक्टूबर, 680 ई० अर्थात् 5 माह, 13 दिन औपचारिक रूप में इमाम हुसैन ने इस धार्मिक क्रान्ति का नेतृत्व किया। उनकी शहादत के बाद 10 मुहर्रम 61 हि० तद्नुसार 10 अक्टूबर, 680 ई० से मदीना वापसी दिनांक 8 रबीअ-उल-अव्वल, 62 हि० तद्नुसार 25 नवम्बर, 681 ई० तक अर्थात् हिजरी पंचाग के अनुसार 1 वर्ष, 11 माह, 13 दिन इस धार्मिक क्रान्ति का नेतृत्व इमाम ज़ैन-

उल-आबिदीन ने किया। परन्तु सम्पूर्ण क्रान्तिकाल उपरोक्त 1 वर्ष, 11 माह, 2 दिन के बीच इमाम हुसैन की बहन ज़ैनब पहले इमाम हुसैन के नेतृत्व में भागीदार रहीं, फिर इमाम ज़ैन-उल-आबिदीन उन्हीं के परामर्श से इस महान् धार्मिक क्रान्ति का नेतृत्व करते रहे। इससे हुसैनी क्रान्ति के सामूहिक नेतृत्व का संज्ञान किया जा सकता है।

इमाम हुसैन और उनके सफल नेतृत्व की हुसैनी क्रान्ति इस्लाम की पहचान है। उचित ही होगा कि इस महान् धार्मिक क्रान्ति के मुख्य पात्रों का संक्षिप्त परिचय प्राप्त कर लिया जाय। इस चर्चा का क्रम यह है कि पहले हुसैनी सेना के नायकों की चर्चा है, फिर इस्लामी पैग़म्बर के परिवारजनों की, उसके बाद शहीद होने के क्रम में इमाम हुसैन के सहयोगियों की चर्चा की गयी है। इन्हीं सहयोगियों की चर्चा के साथ ही उनके परिवार एवं महिलाओं की चर्चा भी की गयी है। पाठकों की सुविधा हेतु उनके विभिन्न वर्गों की चर्चा कर देना उचित होगा :

सैय्यद-उश्शुहदा इमाम हुसैन :

इमाम हुसैन को इस्लामी इतिहास में *सैय्यद-उश्शुहदा* की उपाधि प्राप्त है। क़ुर्आन की अनेक आयतों में इमाम हुसैन का अभिवादन प्रस्तुत है। अनेक क़ुर्आनी आयतें यथास्थान चर्चा में प्रस्तुत की जा चुकी हैं, उनकी पुनरावृत्ति न करके कुछ अन्य आयतें प्रस्तुत की जा सकती हैं, जैसे—द्वितीय ख़लीफ़ा हज़रत उमर ने बताया कि क़ुर्आन की आयत : **''और ख़ुदा के बारे में उसी तरह जिहाद करो कि जो जिहाद करने का हक़ है, कि उसने तुम्हें चयनित किया है।''** (क़ुर्आन : 22/82) इमाम हुसैन द्वारा यज़ीद के विरुद्ध जिहाद करने से सम्बन्धित है।[1] इसी प्रकार यह आयत : **''फिर तो उन पर न तो आकाश रोया, न धरती और न उसकी सीमा बढ़ायी गयी।''** (क़ुर्आन : 44/29) व्याख्याताकारों ने लिखा है कि यह आयत कर्बला की घटना से सम्बन्धित है।[2] पैग़म्बर का वंशज चलाने की विशेषता के आधार पर ईश्वर ने उन्हें **'कौसर'** (क़ुर्आन : 108/1) कहा है।[3] उपर्युक्त आयतों में इमाम हुसैन के भागीदार उनके ज्येष्ठ भ्राता इमाम हसन भी हैं उनकी तथा इस्लामी पैग़म्बर के समस्त परिवारजनों से सम्बन्धित असंख्य आयतें हैं। एक पूरा सूरा 'अलदहर' ही उनकी स्तुति में है।

इस्लामी पैग़म्बर की हदीसों में भी इमाम हुसैन का महत्व प्रदर्शित हुआ है।

---

1. अलदुर-उल-मंसूर-फ़ी-उल-तफ़सीर-विता-मासूर, भाग-4, पृ० 371
2. अनवार-उल-क़ुर्आन, पृ० 1147
3. तर्जमा-ए-कलामे-इलाही, पृ० 958

विशेषकर दो हदीसें सर्वसाधारण में अत्यन्त प्रचलित हैं : **"हसन तथा हुसैन स्वर्ग में युवाओं के सरदार हैं।"**[1] तथा **"हुसैन मुझसे है, मैं हुसैन से हूँ, जो हुसैन से मुहब्बत करे, अल्लाह उससे मुहब्बत करे। हुसैन मेरी संतान हैं।"**[2] इमाम हुसैन इस्लामी पैग़म्बर के सगे नाती हैं। अतः यह कहना कि हुसैन मुझसे है, स्वतः स्पष्ट है। परन्तु 'मैं हुसैन से हूँ' कहकर पैग़म्बर ने कर्बला में हुसैन के बलिदान स्वरूप इस्लाम के पुनः जीवित होने की भविष्यवाणी की थी, जो अक्षरशः सत्य सिद्ध हुई। आज किसी को भ्रम नहीं है कि इस्लाम को पुनः इमाम हुसैन ने अपने साथियों सहित प्राणों की आहुति देकर बचा लिया। इमाम हुसैन अपने समय के सर्वोच्च धर्मात्मा, तपस्वी एवं आध्यात्मिक व्यक्तित्व थे।

इस्लामी पैग़म्बर के कनिष्ठ सगे नाती, मुसलमानों के चौथे ख़लीफ़ा हज़रत अली तथा इस्लामी पैग़म्बर की इकलौती बेटी हज़रत फ़ातिमा ज़हरा के सुपुत्र, अहले-बैत के प्रमुख व्यक्तित्व, मक्का-शरीफ़ से पैग़म्बर के मदीना-शरीफ़ आगमन के चौथे वर्ष शाबान माह की तीसरी तिथि, दिन बृहस्पति (9 जनवरी, 626 ई०) को मदीना-शरीफ़ में पावन जन्म हुआ। इस्लामी पैग़म्बर ने अपनी पवित्र गोद में लेकर दाएँ कान में 'अज़ान' और बाएँ कान में 'अक़ामत' कही, फिर अपनी जीभ बच्चे के मुँह में दे दी। इस्लामी पैग़म्बर के पवित्र मुख की राल शिशु का पहला आहार बना।[3]

इमाम हुसैन के वंशज से ही अन्य नौ इमाम हुए। इस्लामी पैग़म्बर का वंशज मुख्यतया इमाम हुसैन से ही चलता है तथा अधिकांश सैय्यदों के वे ही पितामह हैं। इमाम हुसैन की प्रारम्भिक शिक्षा-दीक्षा स्वयं इस्लामी पैग़म्बर द्वारा हुई। परन्तु इमाम हुसैन अभी बचपन की सीमाएँ पार नहीं कर सके थे, मात्र छः वर्ष, छः माह और छब्बीस दिन के हुए थे कि इस्लामी पैग़म्बर की छत्रछाया 8 जून, 632 ई० को समाप्त हो गयी। फिर लगभग तीन माह के उपरान्त उनकी माताश्री फ़ातिमा ज़हरा का स्वर्गवास 26 अगस्त, 632 ई० को हो गया। यह घर में निरन्तर दो मौतें ही नहीं थीं, वरन् वे हृदय विदारक घटनाएँ एवं परिस्थितियाँ थीं, जिनमें एक के बाद दूसरी मौत हुई। कुछ ऐसा ही हुआ था कि प्रथम ख़लीफ़ा हज़रत अबूबकर अत्यन्त मानसिक पीड़ा में रहे कि उन्होंने तात्कालिक समस्याओं के विषय में स्वयं इस्लामी पैग़म्बर से उनकी मृत्यु के पूर्व

---

1. जाम्अ-सहीह-उल-तिरमिज़ी, भाग-2, पृ० 307
2. फ़ज़ायल-उल-ख़मसा-मिन-उल-सस्हाह-उल-सित्ता-वग़ैरहा-मिन-उल-कुतुब-उल-मोतबरा-अन्द-अहल-उल-सुन्नत-वउल-जमाअत, भाग-3, पृ० 207
3. अयान-उश-शीआ, भाग-4, पृ० 111

पता क्यों नहीं कर लिया था तथा फ़ातिमा ने जब अपना दावा उनके सम्मुख प्रस्तुत किया था, तो उन्होंने उसे मान क्यों नहीं लिया था?[1]

बालपन की घटनाएँ शिशु के मन-मस्तिष्क पर गहरे चिह्न छोड़ती हैं, जो समय-चक्र के साथ और भी गहराती जाती हैं। इमाम हुसैन के समान असाधारण कुशाग्र बुद्धि शिशु इन घटनाओं को न केवल यह कि अपने मन-मस्तिष्क में सुरक्षित कर रहा था, वरन् उसके परिणामों और आयामों पर भी चिन्तन-मनन कर रहा था। उनके नेत्रों ने वह दुःखद दृश्य भी देखा कि चौथी बार ख़लीफ़ा पद का पलटकर हज़रत अली तक आया, तो उमैय्या वंशज स्वीकार न कर सके तथा अपने सहयोगियों के साथ हज़रत अली के विरुद्ध युद्ध करते रहे। षड्यन्त्रों के जाल, 'राशदून-ख़लीफ़ा' की उपस्थिति में सीरिया के प्रशासक अमीर मुआविया का स्वयंभू-ख़लीफ़ा बन बैठना और हज़रत अली पर नियमित रूप में अपशब्दों की बौछार और इसी स्थिति में 28 जनवरी, 661 ई० को हज़रत अली का शहीद हो जाना। इन घटनाओं का प्रभाव समय के साथ बढ़ता ही गया। इमाम हुसैन को अपने पिताश्री हज़रत अली की छत्रछाया 36 वर्ष, 1 माह, 19 दिन प्राप्त रही। हज़रत अली गोपनीय ढंग से ग़म के अँधेरे में नजफ़ में दफ़ना दिये गये। गोपनीयता का कारण यह था कि यदि शत्रुओं को पता चल गया, तो उनके शव को क़ब्र से निकाल ले जायेंगे तथा अधर्मी अरबों में प्रचलन के अनुसार उनके शव से प्रतिशोध लेंगे।[2]

इमाम हुसैन की छत्तीस वर्षों से अधिक आयु अपने पिताश्री हज़रत अली से शिक्षा-दीक्षा प्राप्त करने में व्यतीत हुई। हज़रत अली जैसे बुद्धिजीवी, प्रकाण्ड विद्वान्, धर्मशास्त्री, क़ुर्आनी भाष्यकार, न्यायप्रिय, दयालु व्यक्ति राजनीति एवं समाजशास्त्र विशेषज्ञ तथा वीरता और पौरुष में अद्वितीय यदि किसी की शिक्षा-दीक्षा करे, तो उससे शिक्षा-दीक्षा प्राप्त करने वाला क्या कुछ न होगा? यदि इमाम हुसैन के जीवन का सावधानीपूर्वक अध्ययन किया जाय, तो पग-पग पर हज़रत अली चलते-फिरते दिखायी पड़ेंगे। इमाम हुसैन ने विवेकपूर्ण विवेचन किया कि परिस्थितियाँ इतनी बदल चुकी थीं कि उनके कितने अपने भी अमीर मुआविया के दरबार से सम्बद्ध हो गये थे और फिर उन्होंने देखा कि उनके ज्येष्ठ भ्राताश्री इमाम हसन ने रुसूले-इस्लाम की परम्परा के अनुपालन में हुदैबिया-सन्धि के समान अत्यन्त दूरदर्शिता का प्रदर्शन करते हुए अमीर मुआविया से सन्धि कर ली। अमीर मुआविया ने अपने प्रण तोड़ दिये, जिनके आधार पर सन्धि हुई थी।

---

1. तारीख़-अर्रुसुल-वअलमुलूक, भाग-2 पृ० 254-57
2. किताब-अलकामिल-फ़ी-तारीख़, भाग-3, पृ० 156; किताब-अलमुख़तसर-फ़ी-अहवाल-उल-बशर, भाग-1, पृ० 181

हज़रत अली पर अपशब्दों की बौछार होती रही। हज़रत अली के अनुयाइयों का निरपराध वध किया जाता रहा। इमाम हसन को 6 मार्च 670 ई० को शहीद कर दिया गया।[1] विख्यात सूफ़ी 'ख़्वाजा हसन निज़ामी का वक्तव्य है कि यह पहला ख़ून है, जो ऐतिहासिक तथ्य के रूप में निर्विवाद अमीर मुआविया के ऊपर सिद्ध है तथा कोई प्राचीन अथवा अर्वाचीन ऐतिहासिक एवं विधि-विश्लेषण इन्हें इस हत्या से मुक्त नहीं कर सकता।[2] इमाम हुसैन की आँखों के सामने भाई के हृदय के टुकड़े विष की भयानकता से कट-कट कर थाली में गिरे। इमाम हुसैन ने दुःखपूर्वक इसे देखा। भ्राताश्री के शव को नाना (इस्लामी पैग़म्बर) के पार्श्व में दफ़न करना चाहा तो शासक वर्ग ने आपत्ति की।[3] इमाम हुसैन ने बिना किसी टकराव के इमाम हसन के शव को अपनी माताश्री फ़ातिमा ज़हरा के पार्श्व में 'जन्नतुल-बक़ीअ' में दफ़न कर दिया। भ्राताश्री की हत्यारिन जादा-बिन्त-अशअस ने बन-ठन कर खुलेआम अमीर मुआविया से अपना पुरस्कार प्राप्त करने हेतु मदीना से राजधानी दमिश्क़ के लिए प्रस्थान किया, लेकिन मुसलमानों का धार्मिक आत्म सम्मान सोता ही रहा। किसी ने कोई विरोध नहीं किया।[4] इस बीच हज़रत अली के अनुयाइयों की चुन-चुनकर हत्या की जाती रही। हज़रत अली पर अपशब्दों की बौछार पड़ती रही, परन्तु इमाम हुसैन ने अपना धैर्य बनाये रखा।

दस वर्ष इसी दशा में बीत गये। इमाम हुसैन एकांतवास कर जीवन व्यतीत करते रहे। शिक्षा-दीक्षा, पठन-पाठन एवं चरित्र निर्माण कर लोगों को इस्लाम धर्म के मूल उद्देश्यों से परिचित कराते रहे। मान्य आदेशों को स्वीकार करने और निषिद्ध को निषेध करने की दीक्षा देते रहे। इमाम हुसैन क़ुर्आन की व्याख्या करते तथा इस्लामी पैग़म्बर की हदीसों की दीक्षा देते रहे। मदीनावासी विशेषकर धार्मिक समस्याओं के समाधान हेतु आपकी सेवा में उपस्थित होते तथा संतुष्ट होकर लौटते।[5] वे शिक्षा-दीक्षा प्रदान करने में भेदभाव एवं संकोच नहीं करते थे, यद्यपि दूसरे पक्ष के मान-मर्यादा का पूरा ध्यान रखते थे। इस सन्दर्भ में विख्यात सूफ़ी-सन्त ख़्वाजा हसन बसरी से सम्बन्धित घटना की चर्चा की जा सकती है। हसन

---

1. मुरूज-उल-ज़हब-वमआदिन-उल-जौहर, पृ० 381
2. मुहर्रमनामा, पृ० 174, यज़ीदनामा, पृ० 83-84
3. हबीब-उल-सियर, भाग-2, पृ० 19
4. मुरूज-उल-ज़हब-वमआदिन-उल-जौहर, भाग-2, पृ० 381; किताब-अलइस्तेआब-फ़ी-मुआरिफ़त-उल-असहाब, पृ० 144
5. अयान-उश-शीआ, भाग-4, पृ० 128; मनाक़िबे-आले-अबीतालिब, भाग-4, पृ० 43; किताब-अलइस्तेआब-फ़ी-मुआरिफ़त-उल-असहाब, भाग-1 पृ० 148

बसरी उन्हें पहचान न सके, उनके जाने के बाद लोगों से पूछने पर उन्हें ज्ञात हुआ कि वे इमाम हुसैन थे। अत्यन्त प्रसन्न हुए कि उन्हें इस्लामी पैग़म्बर के परिवारजनों में एक प्रतिष्ठित व्यक्तित्व से ज्ञान प्राप्त हुआ।[1] ज्ञानवर्द्धन के प्रति लोगों में रुचि जागृति करने हेतु याचक को दान देने से पूर्व कुछ प्रश्न अवश्य पूछते थे। अल्लामा फ़ख़्रउद्दीन राज़ी ने लिखा है कि एक अरबवासी ने इमाम हुसैन की सेवा में प्रस्तुत होकर याचना की और कहा कि मैंने आपके पितामह इस्लामी पैग़म्बर से सुना है कि यदि याचना करना चाहते हो, तो चार प्रकार के व्यक्तियों से ही करो—सुसंस्कारिक से, दयावान से, ज्ञानी से तथा सौन्दर्य स्वरूप से। आप में चारों विशेषताएँ एक साथ विद्यमान हैं। आपके नाना से अधिक सुसंस्कारिक कोई हो ही नहीं सकता, आप दयावान हैं, क़ुर्आन आपके घर में उतरा, आपसे बढ़कर ज्ञानी कौन हो सकता है और आप सौन्दर्य की पराकाष्ठा पर हैं, अतः मुझे यथोचित धन प्रदान कीजिए। इमाम हुसैन ने कहा—मेरे पितामह पैग़म्बर का कथन है कि याचक के सामर्थ्य के आधार पर दान करना चाहिए। अतः तुम्हें मेरे प्रश्नों का उत्तर देना होगा। बता, सर्वश्रेष्ठ कर्म क्या है? उसने कहा, ईश्वर पर विश्वास। इमाम ने पूछा, भ्रष्टा से बचने का मार्ग? उसने कहा, 'ईश्वर पर आश्रित होना। इमाभ ने पूछा, व्यक्ति का सौन्दर्य? उसने कहा, ज्ञान, जो दया से सम्बद्ध हो। इमाम हुसैन हँस पड़े और एक बड़ा-सा थैला उसके सामने डाल दिया।[2] उनके धार्मिक एवं सामाजिक कार्यों की चर्चा विभिन्न पुस्तकों में सविस्तार मिलती है।[3]

इमाम हुसैन अत्यन्त साध्विक एवं पवित्र जीवन व्यतीत करते थे। नित्य इबादत करने में अधिक से अधिक समय बिताते थे। अधिकांश पूरी-पूरी रात जागकर इबादत करते थे। रोज़े बहुतायत से रखते थे तथा बहुत सादा भोजन से रोज़ा खोलते थे। रमज़ान मास में कम से कम एक बार पूरे क़ुर्आन का अध्ययन-मनन अवश्य करते थे। अपने जीवन में इमाम हुसैन ने पच्चीस हज्ज किये थे।[4]

इमाम हुसैन अपने स्वभाव में अत्यन्त विनम्र, शान्तिप्रिय एवं सहनशील थे। दान करने में विशेष रुचि रखते थे। लोगों के प्रति सद्व्यवहार करते रहते थे। दास-दासियों को उनकी भूलों पर क्षमा करते रहते। छोटी-छोटी बातों पर प्रसन्न होकर स्वतन्त्र कर देते। विभिन्न व्यक्तियों के ऋण का स्वयं भुगतान करके उनको

---

1. मक़तल-उल-हसन : अलयाक़ूबी पृ० 32
2. फ़ज़ायल-उल-ख़मसा-मिन-उल-सहाह-उल-सित्ता-वग़ैरहा-मिन-उल-क़ुतुब-उल-मुतबरा-अन्द-अहल-उल-सुन्नत-वउल-जमाअत, भाग-3, पृ० 268
3. मनाक़िबे-आले-अबीतालिब, भाग-4, पृ० 43
4. सियर-आलाम-उल-नबला, भाग-3, पृ० 196

भारमुक्त कर देते थे। निःसहाय जनों के घरों पर भोजन स्वयं पहुँचाते। मानव प्रेम सम्बन्धी गतिविधियों की चर्चाएँ अनेक पुस्तकों में बहुतायत से मिलती हैं।[1] लोगों के प्रति सद्भाव के अनेक उदाहरण मिलते हैं। एक बार कहीं जा रहे थे कि कुछ निर्धन एवं निम्नवर्ग के लोग मार्ग में बैठे भोजन कर रहे थे। इमाम हुसैन को देखा तो अपने साथ भोजन करने का आग्रह करने लगे। इमाम हुसैन तुरन्त अपनी सवारी से नीचे उतरे, उनकी पंक्ति में बैठ गये और उनके साथ भोजन किया। फिर उन्हें अपने निवास भोजनार्थ आमन्त्रित किया। वे लोग आये तो अपने परिवार के लोगों से कहा कि घर में जो कुछ संचित हो इनके सामने रखो।[2]

इस्लामी राजसत्ता साम्राज्य में ढलता जा रहा था। समय अपनी छाती में घटनाओं एवं परिस्थितियों को संरक्षित करता गया। फिर वह समय भी आया कि अमीर मुआविया ने खुलेआम किये गये प्रणों की अवहेलना करते हुए इमाम हसन से की गयी सन्धि को तोड़कर अपने व्यभिचारी एवं दुराचारी पुत्र यज़ीद को अपना उत्तराधिकारी नियुक्त कर उसके ख़लीफ़ा पद हेतु मुसलमानों से बैअत लेना प्रारम्भ कर दिया।[3] इस्लामी धर्मकोष से सोने-चाँदी के तोड़े-बाँटे जाने लगे। धन वितरण एवं रिश्वत के बाज़ार खुल गये। जो व्यक्ति जिस मूल्य पर मिला क्रय किया जाने लगा। यदि किसी ने अपना धर्म बेचने से इन्कार किया, तो जल्लादों के कँटीले कोड़ों से उसकी पीठ घायल कर दी गयी। साधारण मुसलमानों में आतंक एवं भय का वातावरण फैल गया। कोई व्यक्ति इन अत्याचारों एवं अन्याय के विरुद्ध मुँह खोलने का साहस न कर सकता था। स्थिति बद से बदतर होती गयी। इमाम हुसैन ने अमीर मुआविया से अपना विरोध जताया।[4]

अमीर मुआविया की मृत्यु (अगस्त 679 ई०) के पश्चात् पुत्र यज़ीद सिंहासन पर बैठा। उसने मदीना के प्रशासक वलीद-बिन-अतबा को निर्देश दिया : "**हुसैन तथा अब्दुल्लाह-बिन-उमर तथा अब्दुल्लाह-बिन-ज़ुबैर को बैअत करने पर विवश करो तथा पूरी तरह कठोरता बरतो कि वे बैअत कर लें।**"[5] यज़ीद ने इसके बाद एक अन्य आदेश भी भेजा था : "**मेरे इस पत्र के आदेशों का अनुपालन तुरन्त हो। उन सभी विशिष्ट लोगों की जिन्होंने मेरी**

---

1. अयान-उश-शीआ, भाग-4, पृ० 131; मनाक़िबे-आले-अबीतालिब, भाग-4, पृ० 43; मुंतही-उल-आमाल , भाग-1, पृ० 208
2. अयान-उश-शीआ, भाग-4, पृ० 131
3. किताब-अलमुख़तसर-फ़ी-अहवाल-उल-बशर, भाग-1, पृ० 187
4. अयान-उश-शीआ, भाग-4(1) पृ० 141
5. तारीख़-अर्रुसुल-वअलमुलूक, भाग-6, पृ० 188; किताब-अलकामिल-फ़ी-तारीख़, भाग-3, पृ० 263; अलइर्शाद-फ़ी-मुआरिफ़त-हुज्जाज-उल्लाह-अलाउल-इबाद, पृ० 182

बैअत कर ली है और जिन्होंने बैअत नहीं की है, सभी की सूची तत्काल भेजो, परन्तु उत्तर के साथ हुसैन-बिन-अली का शीश भी उपलब्ध हो।''[1] इस आदेश का भी इमाम हुसैन पर कोई प्रभाव न पड़ा और उन्होंने यज़ीद की बैअत करने से इन्कार कर दिया।

यज़ीद की बैअत से इंकार ही कर्बला के बलिदान का आधार है, जिसकी अन्तर्राष्ट्रीय ख्याति है। इसकी विस्तृत चर्चा गतपृष्ठों में यथास्थान की जा चुकी है। अतः पुनरावृत्ति अपेक्षित नहीं। कर्बला में ही इमाम हुसैन का रौज़ा है, जो अन्तर्राष्ट्रीय श्रद्धास्थल है। प्रत्येक वर्ष मुहर्रम मास में पहली से दसवीं तिथि तक इमाम हुसैन और उनके सहयोगियों की याद मनायी जाती है। इस याद मनाने को अज़ादारी अथवा ताज़ियादारी कहा जाता है। आगामी अध्याय में भारतीय परिप्रेक्ष्य में ताज़ियादारी तथा अज़ादारी की चर्चा की गयी है।

इमाम हुसैन के अनेक कथन जीवन के आदर्श प्रस्तुत करते हैं, कुछेक देखिए : **इज़्ज़त की मौत, ज़िल्लत की ज़िन्दगी से बेहतर है। सच्चाई सम्मान है, झूठ विवशता है। भरोसा अमानत है। पड़ोसी रिश्तेदारी है। सहायता मैत्री है। कर्म अनुभव है। सद् व्यवहार ईशवन्दना है। शान्ति मानव की शोभा है। कंजूसी निर्धनता है। उदारता धनमानता है। जो ईश्वर पर भरोसा करेगा, ईश्वर उसे तृप्त कर देगा।** आदि।[2]

इमाम हुसैन की सहयोगिनी ज़ैनब :

हज़रत अली तथा हज़रत फ़ातिमा की बड़ी सुपुत्री ज़ैनब को शरीकत-उल-हुसैन' (हुसैन की सहयोगिनी) कहने का कारण यह है कि वे मदीना से रवाना होने तथा कर्बला में इमाम हुसैन की शहादत तक निरन्तर इमाम हुसैन की सहयोगिनी रहीं। इमाम हुसैन उनसे परामर्श के पश्चात् ही निर्णय करते थे। 'ज़ैनब' अरबी शब्द है, जो 'ज़ैब' (शोभा, गौरव) तथा 'अब' (पिता)। निःसंदेह ज़ैनब इस्लामी पैग़म्बर के परिवार की शोभा तथा इस्लाम की गौरवपात्रिक महिला हैं। उनकी जन्मतिथि के विषय में मतभेद है, परन्तु अधिकतर माना जाता है कि उनका जन्म पैग़म्बर के मदीना आने के छठे वर्ष जमादी-उल-अव्वल की पाँचवी तिथि को मदीना में हुआ। तदनुसार शुक्रवार 23 नवम्बर, 627 ई०। उनका नामकरण स्वयं पैग़म्बर ने किया। वे अपनी आकृति में नानी हज़रत ख़ुदैजा से बहुत मिलती-जुलती थीं। उनके बातचीत करने का ढंग उनके पिता अली से समानता रखता था। ज़ैनब का एक उपनाम 'उम्म-कुलसूम' भी था, जो इस्लामी

---

1. तारीख़-अर्रुसुल-वअलमुलूक, भाग-6, पृ० 191, 126
2. मक़तल-उल-हसन : अलयाक़ूबी पृ० 32

पैग़म्बर ने अपनी मौसी के नाम पर रखा था।[1]

ज़ैनब प्रारम्भ से अपने बड़े भाई हुसैन से बहुत प्रेम करती थीं। जब बड़ी हुईं, तो नमाज़ पढ़ने के पहले अपने भाई हुसैन का दर्शन अवश्य करती थीं।[2] जब उनका विवाह 13 वर्ष की आयु में 17 हिजरी तद्नुसार 638 ई० होना अब्दुल्लाह-बिन-जाफ़र से प्रस्तावित हुआ, तो उन्होंने दो शर्तें रखीं। एक, यह कि अपने भाई इमाम हुसैन के दर्शनार्थ जब भी चाहें, घर के बाहर जा सकते हैं तथा दूसरे, यह कि यदि इमाम हुसैन अपने यात्रा में उन्हें साथ ले जाना चाहें, तो अब्दुल्लाह मना नहीं करेंगे।[3] जब इमाम हुसैन अपने प्राणों की आहुति देने हेतु मदीना से चलने लगे, तो ज़ैनब उनके साथ जाने के पूर्व अपने पति अब्दुल्लाह-बिन-जाफ़र के पास गयीं और उनकी अनुमति प्राप्त की।[4] उनसे ज़ैनब के पुत्र औन हुए, जो कर्बला में शहीद हुए। उनकी एक सुपुत्री भी थी, जिनका नाम कुलसूम था, जिसके आधार पर उन्हें उम्म-कुलसूम कहा जाता था।

ज़ैनब के स्वर्गवास की तिथि में मतभेद है। परन्तु अधिकांश का मत है कि वे इमाम हुसैन की शहादत के बाद अधिक दिनों तक जीवित न रह सकीं तथा 15 रजब 62 हिजरी तदनुसार 31 मार्च, 681 ई० को परलोक सिधार गयीं। अपने भतीजे इमाम ज़ैन-उल-आबिदीन के दमिश्क़ में ख़लीफ़ा द्वारा तलब किये जाने पर उनके साथ गयी थीं। दमिश्क़ के निकट एक बाग़ में क़ाफ़िला रुका। रात का समय था, उनकी निगाह उस पेड़ पर गयी, जिस पर इमाम हुसैन का शीश लटकाया गया था। व्याकुल हो उठीं और पेड़ से लिपट कर विलाप करने लगीं। वहाँ के किसी व्यक्ति ने कुदाल से उनके सिर पर आघात किया, जिससे उनकी मृत्यु हो गयी। सीरिया में ही उनका रौज़ा स्थित है, जो अन्तर्राष्ट्रीय श्रद्धास्थल के रूप में विख्यात है।

ज़ैनब का व्यक्तित्व दया, कृपा, आत्मीयता एवं समर्पण से ओतप्रोत था। साहस एवं वीरता की विशेषताएँ अनेक अवसरों पर मदीना से दमिश्क़ तक बन्दी बनाये जाने पर भी मुखर होती रहीं, जिनको विरोधियों ने भी स्वीकारा। इस्लाम धर्म एवं शास्त्र में पराकाष्ठा प्राप्त थी। धार्मिक समस्याओं का समाधान महिलाएँ उनसे विमर्श कर प्राप्त करती थीं। कूफ़ा में अपने पिता हज़रत अली के साथ चार वर्ष के प्रवास के बीच प्रत्येक दिन ज़ैनब कूफ़े की महिलाओं को शिक्षा प्रदान

---

1. अलख़सायस-उल-ज़ैनबिया, पृ० 210
2. जैनबे-कुबरा, पृ० 47
3. जैनबे-कुबरा, पृ० 65
4. अलख़सायस-उल-ज़ैनबिया, पृ० 278

करती थीं तथा महिलाएँ स्वयं उपस्थित होकर उनसे ज्ञान प्राप्त करती थीं।[1] हज़रत ज़ैनब अत्यन्त प्रभावशाली वक्ता थीं। उन्होंने कूफ़ा के दरबारों तथा बाज़ारों में ऐसे प्रभावशाली वक्तव्य दिये कि लोगों को लगा, जैसे अली बोल रहे हों। उस समय के प्रसिद्ध व्यक्ति बशीर-बिन-ख़ुज़ैम असदी ने ज़ैनब का अभिबोधन सुना तो बोल उठे, **''ईश्वर की सौगन्ध मैंने ज़ैनब से बढ़कर कोई संस्कारगत महिला व्याख्याता नहीं देखी, ऐसा लगता था कि जैसे अली बोल रहे हों और व्याख्यान करना उनसे सीखा हो।''**[2]

हुसैनी क्रान्ति के सन्दर्भ में ज़ैनब की चर्चा यथास्थान पर हो चुकी है। अतः पुनरावृत्ति उचित नहीं होगी।

इमाम हुसैन के उत्तराधिकारी इमाम ज़ैन-उल-आबिदीन :

इमाम हुसैन ने अपने तीनों सुपुत्रों के नाम अपने पिता के नामानुरूप अली रखा था। उनकी पहचान के लिए अली के साथ ही बड़े पुत्र को 'अकबर' (ज्येष्ठ), 'औसत' (मँझले) तथा छोटे को 'असग़र' (कनिष्ठ) कहते थे। इमाम ज़ैन-उल-आबिदीन ज्येष्ठ पुत्र थे। अतः वे ही अली अकबर हुए। परन्तु कर्बला में शेष दो पुत्र शहीद हुए, जिनमें ज्येष्ठ सुपुत्र को सर्वसाधारण में अली अकबर कहा जाता है। 'ज़ैन-उल-आबिदीन' का अर्थ है, 'इबादत करने वालों की शोभा'। उनका दूसरा प्रचलित उपनाम 'सैय्यद-उल-साजिदीन' अथवा 'सैय्यदे-सज्जाद' है, जिसका अर्थ 'सिजदा करनेवालों का सरदार' है। वे अल्लाह की इबादत में विशेष रुचि रखते थे। पूरी रात जागकर इबादत करते थे। इमाम ज़ैन-उल-आबिदीन को माता-पिता दोनों की ओर वंशीय गौरव प्राप्त था। पिता इमाम हुसैन थे, तो उनकी माताश्री शह्रबानो अन्तिम ईरानी राजा यज़्दजर्द तृतीय की सुपुत्री थी। उनका जन्म 5 शअबान 38 हि० तद्नुसार 7 जनवरी, 659 ई० मदीना में हुआ था तथा मृत्यु शुक्रवार 25 मुहर्रम 95 हिजरी तद्नुसार 31 अक्टूबर, 712 ई० में मदीना में तत्कालीन ख़लीफ़ा हिशाम के आदेशानुसार वलीद के हाथों विष दिये जाने से हुई। मदीना में ही हज़रत फ़ातिमा तथा इमाम हसन की क़ब्रों के समीप ही दफ़्न हुए। पहले वहाँ अन्य रौज़ों की तरह इनका रौज़ा बना हुआ था। परन्तु वर्तमान में सउदी शासन ने रौज़े गिरवा दिये हैं।

. माम ज़ैन-उल-आबिदीन कर्बला में इमाम हुसैन के साथ उपस्थित थे। परन्तु अत्यन्त अस्वस्थ होने के कारण जिहाद में सम्मिलित न हो सके। यज़ीदी सेना उन्हें हाथों में हथकड़ियाँ, पैरों में बेड़ियाँ, गले में काँटेदार कड़ा डालकर बन्दी

---

1. अलख़सायस-उल-ज़ैनबिया, पृ० 27
2. लहूफ़-अला-क़तला-उल-तफ़ूफ़, पृ० 146

के रूप में प्रताड़ित करते हुए कर्बला से कूफ़ा तथा कूफ़ा से दमिश्क़ ले गये। दमिश्क़ में कारावास में डाल दिये गये। इमाम ज़ैन-उल-आबिदीन को दो बार कारावास में बन्दी बनाकर डाला गया। एक उपर्युक्त कर्बला की घटना के उपरान्त तथा दूसरी बार ख़लीफ़ा अब्दुल मलिक द्वारा बन्दी बनाये गये। वे इमाम हुसैन की शहादत के बाद छः दशक से अधिक जीवित रहे। उन्होंने इस्लामी आदर्शों को पुनः स्थापित किया। ज्ञातव्य रहे कि कर्बला में इमाम हुसैन की शहादत तथा मदीना में यज़ीदी फ़ौज द्वारा नरसंहार, लूटपाट तथा बलात्कार तथा अन्य दमनकारी एवं विनाशकारी घटनाओं से मुसलमान व्यक्तिगत रूप में भी एवं जनसमूह के रूप में भी टूट गये थे। अत्यन्त निराशा की स्थिति में थे। सैय्यदे-सज्जाद ने उन्हें पुनः स्थापित किया। उनके कार्यक्षेत्र को निम्नलिखित वर्गों में विभाजित किया जा सकता है :

1. *निराशा में डूबे मानस को आत्मसम्मान का जीवन प्रदान करना :* इमाम ज़ैन-उल-आबिदीन ने इस्लामी धर्मशास्त्र के प्रति जागरुकता उत्पन्न करके नैतिक पतन, उत्साहभंग एवं अस्तव्यस्त की मनोदशा से उभारने हेतु ईशवन्दना में स्तुति को विशेष माध्यम के रूप में प्रचलित किया। अपनी समस्त समस्याएँ ईश्वर के समक्ष रखो, उसी से मार्ग-निदेशन प्राप्त करो, कष्टों का निवारण ईश्वर की स्तुति में समाहित है। इस सिद्धान्त के आधार पर उन्होंने स्वयं स्तुतियों का निर्माण किया, जो वर्तमान में भी 'सहीफ़ा-उल-कामिला-उस-सज्जादिया' के नाम से प्रचलित है। इस समानता पर विशेषरूप में ध्यान आकृष्ट होता है कि ईश्वर की स्तुति की परम्परा वेदों में भाव की सनातनता एक व्यापक ध्वनि के रूप में सूक्तों, संवादों एवं आख्याओं में विद्यमान है। वेदाचार्य गोविन्द चन्द्र पाण्डे के मतानुसार : "**इस मूल आध्यात्मिक अभिव्यक्ति में निगूढ़ मन्त्रात्मकता रहती है, जिसके सहारे उसका समुचित परिशीलन श्रोता के हृदय को एक अपूर्व बोध और भाव से प्रकाशित करता है तथा यह अन्तर्गृहीत या सहृदयसंवेद्य प्रातिभ अर्थ अपने परिचित बौद्धिक प्रत्ययों में यथाकथाञ्चित् प्रकाशित करने से साक्षात्कारात्मक आर्षज्ञान एवं अध्यात्मविद्या की परम्परा को जन्म देता है। यह परम्परा क्रमशः शास्त्र का रूप धारण कर अनेक शाखाओं में विभक्त हो जाती है।**"[1]

2. *शिक्षा-दीक्षा संस्थान की पुनः स्थापना :* इमाम ज़ैन-उल-आबिदीन ने उस शिक्षा-दीक्षा संस्थान की पुनः स्थापना की, जिसे हज़रत अली ने प्रारम्भ किया था तथा इमाम हुसैन ने निरन्तर बिगड़ती हुई परिस्थितियों में भी अपनी गतिविधियों

---

1. ऋग्वेद, पृ० 15

का केन्द्र बनाये रखा था। उन्होंने असंख्य शिक्षार्थियों को अपने ज्ञान से सिंचित किया। इमाम जैन-उल-आबिदीन ने एक विशेष व्यवस्था यह रखी थी कि बाज़ार से दास क्रय करते थे। उनको शिक्षा-दीक्षा से अलंकृत करके, धर्मशास्त्री के रूप में स्थापित कर स्वतन्त्र कर देते थे कि वे शान्तिपूर्वक धर्म सम्बन्धी दायित्व का उपदेश दे सकें। ऐसे स्वतन्त्र किये गये विद्वान दासों की संख्या सहस्त्रों में बतायी जाती है, जो अरब तथा सुदूर देशों में फैले हुए थे।

3. इमाम हुसैन की अज़ादारी तथा ताज़ियादारी को संस्थागत रूप प्रदान करना : सैय्यदे-सज्जाद ने इमाम हुसैन की शहादत के उच्च आदर्शों के प्रचार-प्रसार हेतु अज़ादारी तथा ताज़ियादारी पर विशेष बल दिया। कर्बला-दुःखान्त के बाद सैय्यदे-सज्जाद किसी सुखान्त उत्सव में सम्मिलित नहीं होते थे। उनके अनुयायी यदि उनसे उपस्थित की प्रार्थना करते, तो वे इस स्थिति में पधारने की अनुमति देते कि वहाँ इमाम हुसैन की याद में कोई सभा की जायेगी। कोई वक्ता इमाम हुसैन की शहादत की घटनाएँ बयान करता। सभी लोग विलाप करते। वक्ता को ऊँचे स्थान पर बैठाते स्वयं सैय्यदे-सज्जाद फ़र्श पर नीचे बैठते और प्रायः उस स्थान पर बैठते जहाँ लोग अपने जूते उतारते थे।

4. इमामत के अधिकार पर दृढ़ रहना : इस्लाम में इमाम तथा ख़लीफ़ा एक ही धार्मिक पद के दो नाम हैं, जो कुछेक कारणों से दो भिन्न सत्ता के रूप में परिणित हो गये। गतपृष्ठों में सविस्तार चर्चा की जा चुकी है कि यज़ीद ने ख़लीफ़ा का पद ग्रहण करने के बाद इमाम हुसैन से 'बैअत' (प्रतिबद्धता) प्राप्त करने में असफल होने पर इमाम हुसैन को शहीद करा दिया। उनके बाद फिर किसी इमाम से बैअत माँगने की धृष्टता कोई अन्य ख़लीफ़ा न कर सका। इमाम हुसैन की शहादत के बाद कई विद्रोह हुए उनमें इमाम हुसैन के एक अनुयायी मुख़तार ने ईराक़ की सत्ता पर अधिकार प्राप्त किया, तो इमाम ज़ैन-उल-आबिदीन को सत्ता समर्पित करने का प्रस्ताव रखा। इमाम ने अस्वीकार कर दिया, परन्तु इससे यह कदापि नहीं समझना चाहिए कि कर्बला-दुःखान्त के पश्चात् इमाम जैन-उल-आबिदीन या उनके बाद अन्य इमामों ने इस्लामी राज्य सत्ता पर अधिकार त्याग दिया था। इस विषय पर आगामी अध्याय में सविस्तार चर्चा की जायेगी।

इस्लामी पैग़म्बर के परिवारजन

इमाम हुसैन के नेतृत्व में जिन विभूतियों ने इस्लाम धर्म को पुनः स्थापित करने हेतु संघर्ष किया, उनमें इस्लामी पैग़म्बर के अपने वंशज का अद्वितीय

योगदान है। निश्चय ही उनका योगदान अत्यन्त महत्त्वपूर्ण एवं असाधारण है, जिनमें विशेषकर अबूतालिब के वंशजों का लगभग क्रम ही समाप्त हो गया, क्योंकि उनमें अधिकांश शहीद हो गये। इस विषय पर गतपृष्ठों में चर्चा हो चुकी है। अबूतालिब के वंशजों में इमाम हुसैन के बाद अत्यन्त महत्त्वपूर्ण नाम अबुल-फ़ज़्लिल अब्बास है, उन्हीं से क्रम की चर्चा प्रारम्भ की जा सकती है।

अबुल-फ़ज़्लिल अब्बास :

कर्बला में हुसैनी सेनानायक अब्बास इमाम हुसैन की दूसरी माता फ़ातिमा-बिन्त-अबी-उल-मुहल हज़ाम कलबी थीं, जो प्रसिद्ध कलाब वंशज से थीं।[1] उनके पिता हज़रत अली ने अपने भाई अक़ील से, जो अरबों की वंशावली ज्ञान में विशेषज्ञ थे, एक ऐसे परिवार की युवती का नाम पूछा था, जो अत्यन्त शूरवीर हो, ताकि वे उससे विवाह कर सकें और उससे ऐसी सन्तान उत्पन्न हो, जो परमवीर हो सके और धर्म की रक्षा में अपने प्राणों की आहुति दे सकें। अक़ील के परामर्श से ही उन्होंने फ़ातिमा-उल-कलाबिया से विवाह किया, जिनसे उनके चार सुपुत्र उत्पन्न हुए, जिनमें अब्बास ज्येष्ठ थे। अन्य भाई अब्दुल्लाह, उस्मान तथा जाफ़र थे।[2] इन्हीं चारों शूरवीरों के कारण उनकी उपाधि ही 'उम्म-उल-बनीन' (सुपुत्रों की माता) हो गयी थी।

अब्बास का जन्म 17 शअबान 26 हि० (28 मई, 647 ई०) में हुआ। 14 वर्ष तक अपने पिता के प्रशिक्षण में रहे। उनके बाद इमाम हसन, फिर इमाम हुसैन से प्रशिक्षण प्राप्त किया। कर्बला की घटना के समय आपकी आयु 34 वर्ष थी। अत्यन्त सुन्दर, बलवान एवं परमवीर थे, जिससे 'क़मर-उल-बनीहाशिम' (बनीहाशिम के चाँद) कहे जाते थे। उनका आकार इतना ऊँचा था कि घोड़े पर सवार होते, तो पाँव धरती को छूते रहते।

कर्बला में इमाम हुसैन ने उन्हें सेनानायक बनाया था। यज़ीदी सेनानायक शिम्र ने, जो माता की ओर से उनका सम्बन्धी होता था, उनके लिए यज़ीदी सेनाप्रमुख उमर-सअद द्वारा लिखित सुरक्षा प्रमाण पत्र प्राप्त कर लिया था, परन्तु उन्होंने उसे ठुकरा दिया।[3] इसी प्रकार का एक सुरक्षा प्रमाण उनके सगे मामा अब्दुल्लाह-बिन-अबी-उल-मुहल कलबी ने कूफ़ा के प्रशासक उबैद-उल्लाह-बिन-ज़ियाद से सुरक्षा प्रमाणपत्र प्राप्त कर कर्बला में अपने दास करनान द्वारा भिजवाया था, परन्तु अब्बास तथा उनके अन्य भाइयों ने दोनों सुरक्षा प्रमाण पत्रों

---

1. तारीख़-अर्रसुल-वअलमुलूक, भाग-6, पृ० 89, 236
2. किताब-अलइबर, भाग-5 पृ० 95
3. लहूफ़-अला-क़तला-उल-तफ़ूफ़, पृ० 34-35

को अस्वीकार कर दिया था और कहा था कि यदि सुरक्षा प्रदान करनी है, तो पहले इमाम हुसैन और उनके परिवारजनों को सुरक्षा प्रदान की जाय।[1]

कर्बला में उनके कृतित्व की चर्चा यथास्थान आ चुकी है। इमाम हुसैन ने सेनानायक होने के नाते उन्हें अन्त में युद्ध भूमि में जाने की अनुमति प्रदान की तो उन्होंने अपने भाइयों को अपने सामने एक-एक करके रणभूमि में भेजा।

अब्दुल्लाह-बिन-अली :

हज़रत अब्बास के भाइयों में उनसे छोटे अब्दुल्लाह थे। उनको रणभूमि भेजते हुए अब्बास ने कहा, आगे बढ़ो, अपने स्वामी इमाम हुसैन पर अपने प्राण न्यौछावर कर दो, ताकि मैं तुम्हारा वध होते हुए अपनी आँखों से देखूँ। खेद है, तुम्हारे कोई संतान नहीं है। अब्दुल्लाह ने परम उत्साह से युद्ध किया, अनेक शत्रुओं का वध किया, अन्त में वीरगति को प्राप्त हुए।

उस्मान-बिन-अली :

अब्दुल्लाह से छोटे उस्मान थे। वे समरभूमि में आये तो परमवीरता का प्रदर्शन किया। अन्त में वे घायल होकर गिर पड़े, तो बनीअबान के किसी कायर ने आपका सिर शरीर से काटकर अलग कर दिया।

जाफ़र-बिन-अली :

अपने भाइयों में सबसे छोटे थे। हज़रत अब्बास ने उनको सम्बोधित करके कहा, जाओ! जिस प्रकार दोनों भाइयों का दुःख मैंने झेला है, वैसे तुम्हारा भी दुःख झेलूँगा, क्योंकि तुममें से किसी के भी कोई सन्तान नहीं है। जाफ़र ने युद्ध किया और अपने प्राण न्यौछावर कर दिये।

मुहम्मद-बिन-अली :

हज़रत अली के सुपुत्रों में मुहम्मद-बिन-हनफ़िया से छोटे थे, मुहम्मद-उल-असग़र कहे जाते थे। आपकी माता के नाम के विषय में मतभेद है— असमा-बिन्त-उमैस[2] अथवा लैला-बिन्त-मस्ऊद।[3] रणभूमि आये, तो अत्यन्त वीरता से युद्ध किया। शत्रु किसी तरह उन पर विजय न पा सके, तो वाणों की वर्षा करने लगे, जिससे वह शहीद हो गये।

---

1. तारीख़-अर्रुसुल-वअलमुलूक, भाग-6, पृ० 89, 236
2. तारीख़-अर्रुसुल-वअलमुलूक, भाग-6, पृ० 256; अलइर्शाद-फ़ी-मुआरिफ़त-हुज्जाज-उल्लाह-अलाउल-इबाद, पृ० 254
3. अलअख़बार-उल-तवाल, पृ० 354

अली अकबर :

इमाम हुसैन के सुपुत्र थे। जैसा कि लिखा जा चुका, कि इमाम हुसैन ने अपने सभी पुत्रों के नाम अली रखे थे। ज्येष्ठतम अली अकबर, उनके बाद अली औसत तथा सबसे छोटे अली असग़र। कर्बला में शहीद हुए पुत्रों में ज्येष्ठतम होने के आधार पर ये अली अकबर कहे गये, अन्यथा ये अली औसत थे, ज्येष्ठतम तो अली-बिन-हुसैन थे, जो इमाम ज़ैन-उल-आबिदीन के नाम से प्रख्यात हैं।

आपकी माताश्री लैला-बिन्त-अबीमुर्रा अलसक़फ़ी थीं, जिनकी माता मैमूना, अमीर-मुआविया की सगी फूफी थीं। इस प्रकार अली अकबर पिता की ओर से बनीहाशिम तथा माता की ओर से बनी उमैय्या में सम्मिलित थे। अतः सभी वर्गों में सम्मान की दृष्टि से देखा जाता था। एक बार अमीर मुआविया ने अपने दरबारियों से पूछा कि ख़लीफ़ा पद का सर्वश्रेष्ठ अभ्यर्थी कौन है? दरबारी चाटुकारों ने उत्तर दिया, आप! मुआविया ने कहा नहीं, सर्वश्रेष्ठ अभ्यर्थी हुसैन के सुपुत्र अली हैं, जिनके पितामह रुसूल थे। उनमें श्रेष्ठ क़बीलों की विशेषताएँ एकत्र हैं। अली अकबर की प्रशंसा में उमैय्यावादी कवियों की रचनाएँ भी मिलती हैं।

यदि विवेचना की जाय तो अली अकबर की प्रशंसा में उनके उमैय्या वंशी पक्ष की चर्चा किसी सुनियोजित रणनीति का भाग लगती है, क्योंकि इस प्रकार की उदारता इमाम हुसैन या हज़रत अली तो क्या इस्लामी पैग़म्बर के प्रति उनमें नहीं देखी गयी। अली अकबर की प्रशंसा का उद्देश्य अली अकबर को आकृष्ट करना ही हो सकता है, जिसके आधार पर बनीहाशिम में फूट डाली जा सके। कोई दुर्बल आचरण का व्यक्ति विचलित हो सकता था, परन्तु अली अकबर, तो आचरण में ऐसे उच्च स्थान पर थे कि इमाम हुसैन ने युद्धभूमि में उन्हें भेजते हुए ईश्वर को सम्बोधित करके कहा था, पालनहार! अब मैं तेरी सेवा में अपना प्राणप्रिय पुत्र प्रस्तुत कर रहा हूँ, जो आकार-प्रकार, स्वभाव एवं व्यवहार में तेरे पैग़म्बर से बड़ी समानता रखता है।

अली अकबर अत्यन्त वीरता से युद्ध करते हुए वीरगति को प्राप्त हुए इमाम हुसैन अन्तिम समय उनके पास पहुँचे, उनके शव को उठाना चाहा, फिर परिवार के युवकों से कहा, उठाओ अपने भाई का शव। सभी युवा आगे बढ़े और उन्होंने अली अकबर के शव को लाकर उस ख़ैमे के सामने रख दिया, जो सेना के मध्य था।[1]

---

1. तारीख़-अर्रुसुल-वअलमुलूक, भाग-6, पृ० 256

अली असग़र :

कर्बला के समस्त शहीदों में सबसे अल्पायु होने के कारण विशिष्ट हैं। अली असग़र मात्र 6 माह के थे, जब यज़ीदी सैनिक हुरमुला के वाण से शहीद हुए। इमाम हुसैन उन्हें परिवार की महिलाओं से यह कहकर रणभूमि में लाये थे कि उन्हें शत्रुओं से पानी माँगकर पिलायेंगे। यज़ीदी सेना ने पानी तो नहीं दिया वरन् उमर-सअद के आदेशानुसार हरमला ने तीन भाले के वाण से अली असग़र के प्राण ले लिये। इमाम हुसैन उनका शव लेकर ख़ैमे तक गये, परन्तु यह सोचकर कि महिलाओं को क्या उत्तर देंगे, रुक गये। अपनी तलवार से क़ब्र बनायी और अली असग़र को उसमें डाल दिया।

क़ासिम-बिन-हसन :

इमाम हुसैन के ज्येष्ठ भ्राता इमाम हसन के सुपुत्र थे। प्रचलित है कि इमाम हुसैन ने उनसे अपनी पुत्री फ़ातिमा कुबरा का विवाह किया था, जिसके आधार पर मेंहदी, चौकी आदि मुहर्रम के जुलूस में सम्मिलित होते हैं। क़ासिम अत्यन्त सुन्दर आकृति के थे। रणभूमि आये तो एक यज़ीदी सैनिक का कथन मिलता है कि ऐसा लगा जैसे कोई चाँद का टुकड़ा धरती पर उतर आया है। वे अस्त्र-शस्त्र से सुसज्जित नहीं थे, शरीर पर कोई कवच भी नहीं था। मात्र एक कुर्ता पहने हुए थे। पाँव में जूते का एक तस्मा टूटा हुआ था।[1] परमवीरता से युद्ध किया। यज़ीदी सेना ने पीछे से हमला किया, जिसमें आप शहीद हो गये। घोड़ों के भागदौड़ में क़ासिम का शव भी कुचल गया। इमाम हुसैन स्वयं क़ासिम के शव को उठाकर लाये और अन्य शवों के पास लेटा दिया।

अबूबकर-बिन-हसन :

इमाम हसन के सुपुत्र अबूबकर, जिनकी माता का नाम उम्म-इस्हाक़ था, तमीमी वंशज से थीं। युद्ध में वाण लगने से शहीद हुए।[2]

अब्दुल्लाह-बिन-हसन :

इमाम हसन के पुत्र थे, जो शिशु अवस्था में ही थे। इनकी माता इमाम हुसैन की पत्नी उम्म-उल-रबाब की बहन थीं। इमाम हुसैन घायल होकर ज़मीन पर बैठे थे कि शिशु अब्दुल्लाह दौड़ते हुए आये और उनसे लिपट गये। शत्रुओं

---

1. तारीख़-अर्रुसुल-वअलमुलूक, भाग-6, पृ० 256; अलइर्शाद-फ़ी-मुआरिफ़त-हुज्जाज-उल्लाह-अलाउल-इबाद, पृ 253-54
2. अलअख़बार-उल-तवाल, पृ० 354; अलइर्शाद-फ़ी-मुआरिफ़त-हुज्जाज-उल्लाह-अलाउल-इबाद, पृ० 254

से विनती करने लगे कि मेरे चाचा को निरपराध न मारो। एक निर्दयी ने तलवार से वार किया, जिससे दोनों हाथ पहुँचों से कट गये। दूसरे ने वध कर दिया।

हसन-बिन-हसन :

इमाम हसन के पुत्र थे, जो प्रायः हसन मुसन्ना के नाम से जाने जाते हैं। वे युद्ध में सम्मिलित हुए। घायल होकर गिरे, तो सब ने समझा कि उनकी मृत्यु हो गयी, परन्तु वे जीवित थे तथा मूर्छा अवस्था में पड़े थे। युद्ध के बाद यदीज़ी सेना ने हुसैनी सैनिकों के शरीर से उनके शीश काटने लगे, तो उनमें हसन मुसन्ना के मामा असमा-बिन-ख़ार्जा अबूहसन, जो यदीज़ी सेना में था उसने देखा कि हसन मुसन्ना की साँसें आ रही हैं। वह उन्हें उठाकर अपने साथ ले गया। चिकित्सा एवं सेवा से हसन मुसन्ना को नया जीवन मिला। स्वस्थ होने के बाद हसन-मुसन्ना मदीना उस समय लौटे, जब इमाम हुसैन के परिवारजन दमिश्क़ के कारावास से छूटकर मदीना आ गये थे। उनमें उनकी धर्मपत्नी फ़ातिमा भी थीं, जो इमाम हुसैन की सुपुत्री थीं। उनसे संतान हुए, जिनसे हसनी-सैय्यदों का वंश चला है। उन्हीं लोगों के साथ जीवन व्यतीत किया।

मुहम्मद-बिन-अब्दुल्लाह :

जाफ़र-बिन-अबूतालिब, जो 'जाफ़र तैयार' के रूप में इस्लामी इतिहास में प्रसिद्ध हैं, उनके पुत्र अब्दुल्लाह के सुपुत्र मुहम्मद थे। अब्दुल्लाह इमाम हुसैन के सगे बहनोई थे, परन्तु मुहम्मद की माता का नाम ख़ूसा था, जो क़बीला बनीबकर वायल से थीं। उनके पिता अब्दुल्लाह-बिन-जाफ़र के आदेशानुसार इमाम हुसैन की सेवा में उस समय आये, जब वे मक्का से बाहर निकल चुके थे। युद्ध किये और शहीद हुए।

औन-बिन-अब्दुल्लाह :

उपर्युक्त मुहम्मद के साथ ही अपने पिता अब्दुल्ला-बिन-जाफ़र के आदेशानुसार इमाम हुसैन की सेवा में मक्का से निकलने के बाद प्रस्तुत हुए थे। औन इमाम हुसैन की बहन ज़ैनब के सुपुत्र थे। औन तथा मुहम्मद का नाम साथ-साथ लिया जाता है। ज़ैनब उनसे अपने पुत्र के समान ही प्रेम करती थीं तथा उनका भी उसी प्रकार से लालन-पालन किया था। दोनों भाइयों ने एक साथ युद्ध किया। किशोरावस्था में थे, परन्तु अत्यन्त शूरवीर एवं पराक्रमी थे। आक्रमण करते हुए यज़ीदी सेना में धँस गये थे। शिम्र के ख़ैमे की तनाबें फाड़कर घुस गये। उसका वध करना चाहते थे, परन्तु वह बचकर भाग निकला। अनेक यज़ीदियों का वध किया। अन्त में यज़ीदी सेना ने चारों तरफ़ से घेरकर दोनों भाइयों का वध कर दिया।

अब्दुल्लाह-बिन-मुस्लिम :

इमाम हुसैन के कूफ़ा में दूत मुस्लिम-बिन-अक़ील के सुपुत्र थे। उनकी माता रुक़ैय्या हज़रत अली की सुपुत्री थीं। इस प्रकार अब्दुल्लाह इमाम हुसैन के चचेरे भाई के पुत्र तथा भांजे थे। अभी किशोरावस्था को भी नहीं पहुँचे थे। अली अकबर के शहीद होने पर हुसैनी ख़ैमों में रोने-पीटने का कोहराम हुआ, तो बच्चे घबराकर बाहर निकल आये, उन्हीं में अब्दुल्लाह भी थे। उमरू-बिन-सबीह ने वाण से निशाना लगाया, जो उनके माथे पर लगा। इन्होंने बचाव में हाथ को माथे पर रखा, तो माथे के साथ हाथ भी छिद गया। फिर दूसरा वाण सीने पर पड़ा, जिससे अन्त हो गया।[1] दूसरा कथन यह है कि यज़ीदी सैनिक ने बल्लम से आक्रमण किया, जिससे सीना छिद गया और आप शहीद हो गये।[2]

मुहम्मद-बिन-मुस्लिम :

उपर्युक्त अब्दुल्लाह-बिन-मुस्लिम के भाई थे, परन्तु दोनों भाइयों की माताएँ भिन्न थीं। अपने भाई अब्दुल्लाह के बाद रणभूमि आये, युद्ध किया अनेक सैनिक मारे और शहीद हुए।

जाफ़र-बिन-अक़ील :

इमाम हुसैन के चचेरे भाई थे। इनके पिता अक़ील इतिहास में प्रसिद्ध हैं। इमाम हुसैन के दूत मुस्लिम के पिता होने के अतिरिक्त जाफ़र के भी पिता थे। जाफ़र ने रणभूमि में आकर शत्रुओं को ललकारा, युद्ध किया अनेक सैनिकों को मारा तथा वीरगति को प्राप्त हुए।

अब्दुर्रहमान-बिन-अक़ील :

यह भी इमाम हुसैन के चचेरे भाई थे। रणभूमि में आये, तो शत्रुओं को ललकारने के बाद युद्ध किया, यज़ीदियों को मारा और शहीद हुए।

मुहम्मद-बिन-अबीसईद-बिन-अक़ील :

यह उपर्युक्त अब्दुर्रहमान के चचेरे भाई के सुपुत्र थे। युद्ध के समय वाण लगने से शहीद हुए।

फ़िज़्ज़ा :

इस्लामी पैग़म्बर के परिवारजन फ़िज़्ज़ा को अपने परिवार का अंग मानते थे, यद्यपि फ़िज़्ज़ा वंशावली के आधार पर उनसे अलग थीं। वे हब्शवासी सेविका

---

1. तारीख़-अर्रुसुल-वअलमुलूक, भाग-6, पृ० 256
2. अलइर्शाद-फ़ी-मुआरिफ़त-हुज्जाज-उल्लाह-अलाउल-इबाद, पृ० 253

थीं, जिनको पैग़म्बर ने अपनी प्राणप्रिय पुत्री सैय्यदा फ़ातिमा ज़हरा को उनकी सहायता हेतु प्रदान किया था। हज़रत फ़ातिमा ने उन्हें व्यवहार में समानता प्रदान किया। घर का समस्त कार्य एक दिन सैय्यदा फ़ातिमा सम्पन्न करती थीं, तो उस दिन फ़िज़्ज़ा विश्राम करती थीं। दूसरे दिन फ़िज़्ज़ा पूरा कार्य सम्पन्न करती थीं, तो सैय्यदा विश्राम करती थीं। इमाम हसन और इमाम हुसैन दोनों भाई फ़िज़्ज़ा की गोद में पले थे। फ़िज़्ज़ा अत्यन्त ज्ञानी, तपस्वी एवं सिद्ध महिला थीं। उनकी विशेषता थी कि वे क़ुर्आन की आयतों के माध्यम से ही वार्ता करती थीं। उन्हें कुछ कहना हो या उत्तर देना हो, तो क़ुर्आन की कोई आयत पढ़ देती थीं। धर्मशास्त्र पर अधिकार था। महिलाओं की जिज्ञासाएँ उनसे परामर्श करने पर शान्त हो जाती थीं। इमाम हुसैन के परिवार के साथ कर्बला आयीं और उन्हीं के साथ रहीं।

उम्म-कुलसूम :

इमाम हुसैन की छोटी बहन, जो उम्म-कुलसूम के नाम से प्रसिद्ध हैं, उनका नाम ज़ैनब-उल-सुग़रा था। उनका विवाह अपने चचेरे भाई मुहम्मद-बिन-जाफ़र-बिन-अबीतालिब से हुआ था। विधवा होने के उपरान्त अपने भाइयों के साथ ही रहीं। हज़रत अली के जीवन की आख़िरी रात, जिसके बाद फ़ज्र की नमाज़ में उन पर प्राणघातक आक्रमण हुआ, उम्म-कुलसूम के घर पर ही रहे थे। इमाम हुसैन के साथ कर्बला आयीं। उनके शहीद होने के बाद बन्दी बनाकर कर्बला से कूफ़ा तथा कूफ़ा से दमिश्क़ तक फिरायी गयीं तथा दोनों स्थानों पर कारावास में भी रहीं। कारावास से मुक्त होने के बाद अन्य परिवारजनों के साथ मदीना लौट आयीं।

रुक़ैय्या-बिन्त-अली :

इमाम हुसैन की बहन रुक़ैय्या उनकी दूसरी माता उम्म-हबीब-बिन्त-रबीआ से बहन थीं। उनका अपने भाई उमर-बिन-अली के साथ जुड़वा जन्म हुआ था। उनका विवाह इमाम हुसैन के दूत मुस्लिम-बिन-अक़ील के साथ हुआ था। कर्बला में इमाम हुसैन के साथ रहीं। शहादत के बाद परिवार के अन्य सदस्यों के साथ बन्दी बनायी गयीं तथा अन्त में मदीना वापस हुईं।

लैला सक़फ़िया :

इमाम हुसैन की धर्मपत्नी तथा अली अकबर की माता थीं। इनसे सम्बन्धित जानकारी अली अकबर के परिचय में दी जा चुकी है। इमाम हुसैन की शहादत के बाद अन्य परिवारजनों के साथ बन्दी बनायी गयीं तथा बाद में मदीना लौट गयीं।

रबाब-बिन्त-इमरा-उल-क़ैस कल्लबी :

इमाम हुसैन की धर्मपत्नी तथा अली असग़र और सुकैना की माताश्री थीं। इमाम हुसैन की शहादत के बाद बन्दी बनायी गयीं। परिवार के अन्य लोगों के साथ कारावास से मुक्त होकर पुनः कर्बला आयीं, तो सबके साथ नहीं लौटी वरन् एक साल इमाम हुसैन की क़ब्र पर सेविका के रूप में रहीं, जिसकी चर्चा गतपृष्ठों में की जा चुकी है।

शह्रबनो-बिन्त-यज़्दजर्द :

ईरान के अन्तिम बादशाह यज़्दजर्द की पुत्री शहरबानो का विवाह इमाम हुसैन से हुआ था, जिनके पुत्र इमाम ज़ैन-उल-आबिदीन हुए। कर्बला-दुःखान्त से बहुत पूर्व परलोक सिधार गयी थीं, परन्तु कर्बला दुःखान्त वर्णन में इनकी चर्चा इस प्रकार मिलती है कि मानो वहाँ उपस्थित थीं। इसका कारण यह हो सकता है कि शह्रबानो अर्थात् महिलता के अर्थों में चर्चा हो, जिसको धर्मपत्नी सम्मान किया गया हो, जो भी हो। ईरान में शाह अब्दुल्ल अज़ीम नगर (पूर्व नाम रय) के निकट ही पहाड़ी पर उनका रौज़ा बना हुआ है।

फ़ातिमा-बिन्त-हुसैन :

इमाम हुसैन की सुपुत्री थीं, जिनकी माताश्री का नाम उम्म-इस्हाक़ था।[1] इमाम हुसैन ने उनका विवाह अपने भतीजे हसन मुसन्ना से किया था, जिनकी चर्चा उपर्युक्त पंक्तियों में की जा चुकी है। इमाम हुसैन ने युद्ध के लिए ख़ैमे से बाहर आते समय एक बन्द लिफ़ाफ़ा और वसीयतनामा उन्हीं के सुपुर्द किया था, क्योंकि उसम समय इमाम ज़ैन-उल-आबिदीन मूर्छावस्था में थे। इससे अनुमान किया जा सकता है कि इमाम हुसैन उन पर कितना विश्वास करते थे। बाद में सभी वस्तुएँ उन्होंने इमाम ज़ैन-उल-आबिदीन के सुपुर्द कर दीं। कर्बला के बाद काफ़ी समय तक जीवित रहीं। उन्हें हदीसों के वर्णनकर्ता के रूप में भी जाना जाता है। उनके सुपुत्र अब्दुल्लाह-उल-महज़ भी महत्त्वपूर्ण ऐतिहासिक व्यक्तित्व हैं, जिनकी चर्चा आगे आयेगी।

सुकैना-बिन्त-हुसैन :

इमाम हुसैन की सबसे छोटी पुत्री थीं। उनकी माताश्री का नाम उम्म-रबाब था। शिशु अली असग़र की सगी बहन थीं। उनका जन्म 28 रजब 57 हि० (8 जून 577 ई०) को हुआ था। कर्बला-दुखान्त के समय उनकी आयु मात्र तीन

---

1. अलइर्शाद-फ़ी-मुआरिफ़त-हुज्जाज-उल्लाह-अलाउल-इबाद, पृ० 269

वर्ष थी। यह भी शिशु अवस्था में ही थीं तथा इमाम हुसैन के प्रति असाधारण आकर्षित थीं। दमिश्क़ के कारावास में ही चार वर्ष की आयु में उनका स्वर्गवास हुआ[1], जिसकी चर्चा उपर्युक्त पंक्तियों में आ चुकी है। दमिश्क़ में ही उनकी क़ब्र वर्तमान है। इतिहास में संस्कृति एवं साहित्य को प्रोत्साहित करने के सन्दर्भ में जिन सुकैना-बिन्त-हुसैन की चर्चा मिलती है, उनसे इनका कोई सम्बन्ध नहीं है। दोनों अलग-अलग व्यक्तित्व हैं।

इस्लामी पैग़म्बर के सहयोगी

कर्बला के वे शहीद जिन्हें इस्लामी पैग़म्बर का सहयोगी होने का गौरव प्राप्त है, उनमें कुछेक की ही चर्चा यहाँ सम्भव है। इनके अतिरिक्त भी सहाबी हो सकते हैं, जिनके विषय में हमें जानकारी न हो। इन सहाबियों के विषय में इस तथ्य पर भी ध्यान देना चाहिए कि कर्बला की घटना इस्लामी पैग़म्बर के स्वर्गवास के लगभग 50 वर्षों के बाद हुई थी। अतः वे सहयोगी, जो इस जिहाद में सम्मिलित हुए, उनकी आयु 55-60 वर्षों से कम नहीं हो सकती। वृद्धावस्था में युद्ध के लिए बाहर निकलना किसी सामयिक भावुकता पर आधारित नहीं हो सकती। उन्होंने जिहाद में सम्मिलित होना कुछ ऐसा ही अनिवार्य दीख पड़ा कि अपनी आयु की उस सीमा पर जब शान्तिपूर्वक उन्हें अपने स्थान पर ईशवन्दना में समय बिताना चाहिए था, उसे त्यागकर तलवार लेकर धर्म की रक्षा हेतु रणभूमि में आ गये और अपने प्राणों की आहुति प्रस्तुति कर दी।

मुस्लिम-बिन-औसजा असदी :

इस्लामी पैग़म्बर के सहयोगी मुस्लिम-बिन-औसजा की गणना अरब के सम्भ्रान्त व्यक्तियों में होती थी। वे अपने क़बीला ख़ुज़ैमा असदी सअदी के सरदार थे। ऋषित्व एवं स्वच्छ जीवनशैली उनकी पहचान थी। ईश-वन्दना में पूरी-पूरी रातें बिता देते थे। कर्बला में आये तो अत्यन्त वृद्ध एवं दुर्बल हो गये थे, परन्तु आत्मबल में युवाओं से बढ़कर थे। कूफ़ावासी थे। इमाम हुसैन के दूत मुस्लिम-बिन-अक़ील की सहायता करते रहे। उनके शहीद होने पर कर्बला में इमाम हुसैन के पास आ गये।

इमाम हुसैन ने उन्हें हुसैनी सेना के बायीं कमान का नायक बनाया था। इमाम हुसैन के समर्थन में उनके वक्तव्य एवं वार्ताएँ तथा युद्ध का विवरण गतपृष्ठों में यथास्थान प्रस्तुत किया जा चुका है।

---

1. मुंतही-उल-आमाल, भाग-1, पृ० 437

हबीब-बिन-मज़ाहिर असदी :

इस्लामी पैग़म्बर के सहाबी तथा इमाम हुसैन के बालसखा थे। प्रसिद्ध क़बीला बनीअसद के प्रमुख थे। अरब के विख्यात घुड़सवार रबीआ-बिन-ख़ोत के चचेरे भाई थे। हबीब कूफ़ावासी थे। अमीर मुआविया की मृत्यु की सूचना कूफ़ा में पहुँची, तो जिन लोगों ने सर्वप्रथम इमाम हुसैन को पत्र लिखा, उनमें हबीब इब्न-मज़ाहिर का नाम विशेष था।

इमाम हुसैन ने इन्हें अपनी सेना के दायीं कमान का नायक बनाया था। कर्बला पहुँचने के बाद निरन्तर प्रयास करते रहे कि किसी तरह स्थितियों में सुधार हो जाय, तथा वार्ता द्वारा समस्याओं का समाधान हो सके। इस सन्दर्भ में अनेक चर्चाएँ गतपृष्ठों में प्रस्तुत की जा चुकी हैं। यज़ीदी सेनानायक हिस्सीन-बिन-नुमैर के अपमानजनक उत्तर पर, जो उसने इमाम हुसैन द्वारा ज़ुहर की नमाज़ के लिए समय माँगने पर दिया था, हबीब उत्तेजित होकर उसके मुक़ाबले पर आ गये थे तथा उस पर आक्रमण कर दिया था, जिससे वह अपने घोड़े से नीचे गिर गया था। घायल हिस्सीन को उसके साथियों ने उस समय बचा लिया था। बाद में उसने तथा कुछेक अन्य यज़ीदी सैनिकों ने मिलकर उनका वध किया। इमाम हुसैन को हबीब के शहीद होने पर विशेष दुःख हुआ था। यज़ीदी सेना कर्बला के बन्दियों को लेकर जब कूफ़ा आयी तो हबीब-इब्न-मज़ाहिर का शीश एक तमीमी सिपाही अपने घोड़े की गर्दन से लटकाये हुए, इब्न ज़ियाद की महल की ओर चला, तो रास्ते में हबीब-इब्न-मज़ाहिर के पुत्र क़ासिम ने देख लिया। उससे विनती करने लगे कि यह मेरे पिता का सिर है, मुझे दे दे, मैं इसे दफ़्न करूँगा। बदले में जो कुछ चाहे मैं दे सकता हूँ। उसने इंकार कर दिया और कहा कि मैं इब्न-ज़ियाद से पुरस्कार लूँगा। क़ासिम, जो किशोरावस्था में था, तड़पकर रह गया। बाद में एक युद्ध में क़ासिम की उस तमीमी से भेंट हो गयी। क़ासिम उस दुःख को भूला न था, उसने उस तमीमी का वध कर दिया।[1]

अनस-बिन-काहिल-बिन-हार्स असदी :

ख़ुज़ैमा-असदी क़बीला के अनस-बिन-हार्स असदी इस्लामी पैग़म्बर के सहयोगियों में थे। उनसे यह भविष्यवाणी सुनकर कि इमाम हुसैन सत्य की रक्षा में शहीद किये जायेंगे, स्वयं भी उनके संग शहीद होने की इच्छा करते थे तथा उसकी प्रतीक्षा करते रहे।

कर्बला में आये तो अत्यन्त वयोवृद्ध एवं शक्तिहीन हो चुके थे, परन्तु उत्साह एवं आत्मविश्वास में युवकों से बढ़कर थे। इमाम हुसैन से युद्ध करने की

---

1. तारीख़-अर्रुसुल-वअलमुलूक, भाग-6, पृ० 252

अनुमति पाने के बाद अपनी पगड़ी से कमर को कसकर बाँधा और भवों को, जो आँखों पर लटक आयी थीं, ऊँचा करके माथे से बाँधा। उनके इस प्रयोजन को देखकर इमाम हुसैन की आँखों में भी आँसू भर आये थे। उन्होंने युद्ध किया और शहीद हुए।

अब्दुर्रहमान-बिन-अब्दरब अन्सारी ख़िज़्रज्जी :

इस्लामी पैग़म्बर के सहयोगियों में अब्दुर्रहमान-बिन-अब्दरब अंसारी ख़िज़्रज्जी को विशेषता प्राप्त थी कि उनके साथ अन्तिम हज्ज में सम्मिलित हुए थे तथा 'ग़दीर-ख़ुम' के अवसर (7 मार्च, 632 ई०) पर उपस्थित थे, जब इस्लामी पैग़म्बर ने हज़रत अली को अपने दोनों हाथों से ऊँचा उठाकर घोषित किया था : **"मैं जिस-जिस का मौला हूँ, अली भी उसके मौला हैं।"**[1] अब्दुर्रहमान इस प्रसिद्ध हदीस के वर्णनकर्ताओं में प्रमुख स्थान रखते हैं। कर्बला में इमाम हुसैन के साथ युद्धभूमि में थे तथा यज़ीदी सेना द्वारा वाणों से कायरतापूर्ण आक्रमण में शहीद हुए।

ज़ाहिर :

इस्लामी पैग़म्बर के सहाबियों में हदीस के वर्णनकर्ताओं में ज़ाहिर विख्यात हैं। विख्यात सहाबी उमरू-बिन-अलहमक के सेवक थे। पैग़म्बर से 'बैअत-उल-रिज़वान' के अवसर पर पुनः अपना समर्पण प्रस्तुत करने का सौभाग्य प्राप्त हुआ। पैग़म्बर के जीवन में 'हुदैबिया-सन्धि' तथा ख़ैबर-युद्ध में सम्मिलित हुए थे। परमवीरता में उत्कृष्ट होने के साथ ही इस्लामी पैग़म्बर के परिवारजनों के प्रति समर्पण में भी अद्वितीय थे। मुआविया शासन में कूफ़ा के प्रशासक ज़याद-बिन-अबीह के, जिसका पुत्र उबैदउल्लाह कर्बला में यज़ीदी सेनाप्रमुख था, विरोध में उमरू-बिन-हमक़ ने विद्रोह किया, तो ज़ाहिर भी उनके साथ थे। ज़याद ने उनको बन्दी बनाना चाहा, परन्तु वे भूमिगत हो गये और पकड़े न जा सके। हज्ज के अवसर पर इमाम हुसैन से मक्का में भेंट हुई, तो इमाम हुसैन के साथ हो गये। कर्बला में यज़ीदी सेना द्वारा वाणों के आक्रमण में शहीद हुए।

अम्मार-बिन-अबू सलामा दालानी हमदानी :

इस्लामी पैग़म्बर के सहाबियों में थे। हज़रत अली के साथ जमल, सिफ़्फ़ीन तथा नहरवान के युद्ध में सम्मिलित हुए थे। कर्बला में इमाम हुसैन के साथ थे। कर्बला में यज़ीदी सेना द्वारा वाणों के आक्रमण में वीरगति को प्राप्त हुए।

---

1. मदारिज-उल-वबूवत, पृ० 182

शबीब-बिन-अब्दुल्लाह हमदानी :

इस्लामी पैग़म्बर के सहाबी शबीब एक सेवक के रूप में हार्स-बिन-सरीअ जाबरी हमदानी से सम्बद्ध थे। शबीब कूफ़ावासी थे। हज़रत अली के साथ जमल, सिफ़्फ़ीन तथा नहरवान के युद्धों में शामिल हुए थे। कर्बला में अपने स्वामी हार्स के साथ इमाम हुसैन की सेवा में प्रस्तुत हुए तथा वाणों के आक्रमण में शहीद हुए।

मुस्लिम-बिन-कसीर सदफ़ी अज़दी :

कूफ़ावासी मुस्लिम पैग़म्बर के सहाबी थे। हज़रत अली के साथ जमल युद्ध में सम्मिलित हुए, जिसमें उनकी पिण्डुली पर एक वाण पड़ा। इससे वे एक पैर से विकलांग हो गये थे। यज़ीदी सेना द्वारा वाणों के आक्रमण में शहीद हुए।

हज़रती अली के सहाबी

इस्लामी शब्दावली में सहाबियों के बाद दूसरी पीढ़ी को 'ताबईन' (उपसहयोगी) कहते हैं। इनको सहाबियों के बाद सर्वश्रेष्ठ माना जाता है। इनमें अनेक योद्धा हज़रत अली के साथ जमल, सिफ़ीन आदि युद्धों में भाग ले चुके थे। इनमें कुछेक लोग हज़रत अली के ख़िलाफ़त काल (जून 655 - जनवरी 661ई०) में सरकारी पदों पर आसीन रह चुके हैं। कुछेक हज़रत अली के शिष्य हैं, जिन्होंने ज्ञान-विज्ञान एवं धर्मशास्त्र के मर्म प्राप्त किये थे। इनमें कुछेक महानुभाव इमाम हुसैन के साथ कर्बला की जिहाद में सम्मिलित हुए :

अबूसमामा सायदी :

कूफ़ावासी, उमर-बिन-अब्दुल्लाह सायदी नाम तथा अबूसमामा सायदी उपनाम था। सम्पूर्ण अरब में अपनी परमवीरता एवं हज़रत अली के प्रति समर्पण में विख्यात थे। उनके साथ समस्त युद्धों में सम्मिलित हुए थे। जब कूफ़ा में इमाम हुसैन के दूत मुस्लिम-बिन-अक़ील आये तो अबूसमामा सायदी उत्साहपूर्वक उनके साथ हो गये तथा उनके अत्यन्त विश्वासपात्र रहे कि मुस्लिम उन्हीं के पास अपनी नक़दी रखते थे तथा अस्त्र-शस्त्र का क्रय भी उन्हीं के माध्यम से हुआ, क्योंकि वे इस विषय में विशेष संज्ञान रखते थे। मुस्लिम के शहीद होने पर कूफ़ा से निकलकर नाफ़ेअ-बिन-हिलाल के साथ मार्ग में इमाम हुसैन की सेवा में आ गये।

कर्बला में इनकी सुकीर्ति की चर्चा यथास्थान हो चुकी है। यहाँ इतना स्मरण कराना आवश्यक है कि इन्होंने ही इमाम हुसैन का ध्यान युद्ध में तलवारों के बीच नमाज़ का समय आने की ओर आकृष्ट किया था और कहा था—स्वामी! यह ज़ुहर की नमाज़ का सर्वश्रेष्ठ समय है। ज्ञातव्य रहे कि ज़ुहर की नमाज़ के

प्रथम समय की पहचान करना अत्यन्त कठिन है। किसी ने इमाम जाफ़र सादिक़ से पूछा कि ज़ुहर की नमाज़ के प्रथम समय की क्या पहचान है? उन्होंने बताया कि जब सूर्य बीचोबीच आसमान पर आ जाता है, तो एक सफ़ेद लकीर उभरती है। प्रश्नकर्ता ने कहा, मैंने कई बार इसकी चेष्टा की है, परन्तु कभी कोई सफ़ेद लकीर नहीं दिखायी दी। इमाम जाफ़र सादिक़ ने उत्तर दिया, यह इमाम के संज्ञान की बात है। वही उस लकीर को देख सकता है। कर्बला में अबूसमामा ने जब इमाम हुसैन का ध्यान आकृष्ट किया, तो इमाम हुसैन ने आसमान की तरफ़ देखकर कहा, निश्चय ही ज़ुहर का प्रथम समय है। इससे अबूसमामा की स्तुति में कहा जा सकता है कि भले ही वे इमाम नहीं थे वरन् अपने धर्मनिष्ठा के आधार पर इमाम के समान निगाह अवश्य रखते थे।

जौन :

इस्लामी पैग़म्बर के श्रेष्ठतम सहाबियों में अबूज़र ग़फ़्फ़ारी को विशिष्टता प्राप्त है। उन्हीं के प्रिय सेवक जौन थे, जो हब्शवासी थे। पहले फ़ज़्ल-बिन-अब्बास हाशिमी के दास थे। हज़रत अली ने 150 अशर्फ़ियों में उन्हें क्रय करके अबूज़र को प्रदान कर दिया था कि उनकी सेवा करें। वे अपने स्वामी अबूज़र के साथ रहे। उनकी मृत्यु के पश्चात् पहले इमाम हसन, फिर इमाम हुसैन के पास रहे। कर्बला में इमाम हुसैन के साथ आये, युद्ध किया और शहीद हो गये।

शौज़ब-बिन-अब्दुल्लाह :

हमदान के शाकिर क़बीले के सेवक थे तथा आबिस-बिन-अबी-शबीब शाकिरी से सम्बद्ध थे। कूफ़ा में निवास करते थे। हज़रत अली से धार्मिक विद्याओं का प्रशिक्षण प्राप्त किया था। धर्मशास्त्र सम्बन्धी विषयों पर लोगों का मार्ग-निर्देशन करते थे। कूफ़ा से हुसैनी दूत मुस्लिम का पत्र लेकर अपने स्वामी आबिस के साथ इमाम हुसैन की सेवा में आये। कर्बला में युद्ध के समय आबिस ने अपने कर्तव्यनिष्ठ सेवक शौज़फ़ से पूछा कि तुम्हारा क्या इरादा है? शौज़फ़ ने उत्तर दिया, इरादा क्या है, यही कि आपके साथ रहकर पैग़म्बर के सुपुत्र के समर्थन में युद्ध करूँ और वध किया जाऊँ। आबिस ने प्रसन्न होकर कहा शाबाश! मुझे तुमसे यही आशा थी। शौज़फ़ ने रणभूमि में आकर युद्ध किया और शहीद हुए।

हुज्जाज-बिन-मसरूक़ जाफ़ी :

जाफ़-बिन-सअद-उल-अशीरा के वंशज, कूफ़ावासी हज्जाज को हज़रत अली के सान्निध्य में रह चुके थे। इमाम हुसैन मक्का में थे कि सूचना पाकर उनकी सेवा में प्रस्तुत हुए। इमाम हुसैन ने उन्हें अज़ान देने की सेवा प्रदान की

थी। यही अज़ान देते थे। अतः जब इमाम हुसैन की हुर्र की सेना से भेंट हुई और ज़ुहर की नमाज़ का समय आया था, तो हज्जाज को ही अज़ान देने का आदेश मिला था।[1] कर्बला में इमाम हुसैन के समर्थन में युद्ध किया और शहीद हुए।

मजम्अ-बिन-अब्दुल्लाह आयज़ी :

इस्लामी पैग़म्बर के सहाबी अब्दुल्लाह मज़हजी-उल-आयज़ी के सुपुत्र मजम्अ को हज़रत अली का सान्निध्य प्राप्त था। कर्बला के मार्ग में 'अज़ीब-उल-हिजानात' के पड़ाव पर इमाम हुसैन से भेंट करने वाले पाँच लोगों में से एक थे, जिनकी चर्चा यथास्थान आ चुकी है। इमाम हुसैन के पूछने पर कूफ़ा की क्या स्थिति है? उनके शब्द इतिहास में सुरक्षित हैं—बड़े-बड़े लोगों को बड़ी-बड़ी रिश्वतें दी गयीं हैं तथा गठरियाँ भर-भरकर धन-सम्पत्ति प्रदान की गयी है ताकि उनके समर्थक रहें और उनकी जैसी करते रहें। अतः वे सब आपके विरुद्ध एक मत हैं और जनता, उनके हृदय आपकी ओर झुकते हैं। परन्तु उनकी तलवारें कल आपके विरुद्ध खिंची हुई होंगी। कर्बला में मजम्अ-बिन-अब्दुल्लाह ने अपने दल के साथ इमाम हुसैन के समर्थन में युद्ध किया और शहीद हुए।

शबीब-बिन-अब्दुल्लाह नहशली :

इमाम हुसैन ने मदीना से यात्रा प्रारम्भ की तो शबीब भी उनके साथ चले थे। हज़रत अली के सहयोगियों में थे तथा उनके साथ जमल, सिफ़्फ़ीन एवं नहरवान के युद्धों में सम्मिलित हुए थे। कर्बला में यज़ीदी सेना द्वारा वाणों के आक्रमण में शहीद हुए।

क़ासित-बिन-ज़ुहैर-बिन-हार्स तग़लबी :

हज़रत अली के सहयोगियों में थे। युद्धों में उनके साथ रहे, कूफ़ावासी थे। यज़ीदी सेना द्वारा वाणों के आक्रमण में वीरगति को प्राप्त हुए।

करदोस-बिन-ज़ुहैर-बिन-हार्स तग़लबी :

हज़रत अली के सहयोगियों में थे। उनके साथ युद्ध में सम्मिलित हुए। कूफ़ावासी थे। क़ासित तथा मक़सत के भाई थे। कर्बला में इमाम हुसैन के पास अत्यन्त गोपनीयता से पहुँचे, युद्ध किया और शहीद हुए।

---

1. अलइर्शाद-फ़ी-मुआरिफ़त-हुज्जाज-उल्लाह-अलाउल-इबाद, पृ० 235

जनादा-बिन-हार्स सलमानी :

कूफ़ावासी थे। इस्लामी पैग़म्बर के जीवनकाल में विद्यमान थे, परन्तु उनके दर्शन न कर सके थे, परन्तु हज़रत अली के साथ रहे थे। हुसैनी दूत मुस्लिम के सहयोगियों में थे। उनके शहीद होने पर भूमिगत हो गये थे। 'अज़ीब-उल-हिजानात' के पड़ाव पर इमाम हुसैन से भेंट करनेवालों में यह भी सम्मिलित थे। वीरतापूर्वक युद्ध किया और शहीद हुए।

जुनदब-बिन-हुजैर किन्दी ख़ौलानी :

कूफ़ावासी थे। हज़रत अली के सान्निध्य में रह चुके थे। सिफ़्फ़ीन युद्ध में सेनापति भी रहे थे। कर्बला के मार्ग में इमाम हुसैन के साथ हुए। यज़ीदी सेना से युद्ध किया और शहीद हुए।

उमैय्या-बिन-सअद-बिन-ज़ैद ताई :

अरब के प्रसिद्ध क़बीला तय के वीर योद्धा एवं घुड़सवार थे। हज़रत अली के साथ सिफ़्फ़ीन युद्ध में अपनी वीरता के प्रमाण दिये थे। उसके बाद कूफ़ा में ही रहे। इमाम हुसैन कर्बला में थे कि यह उनकी सेवा में प्रस्तुत हुए। यज़ीदी सेना द्वारा वाणों के आक्रमण में शहीद हुए।

जिबला-बिन-अली शैबानी :

कूफ़ावासी, वीर एवं योद्धा थे। सिफ़्फ़ीन युद्ध में हज़रत अली के साथ सम्मिलित हुए। हुसैनी दूत मुस्लिम के समर्थन में भी प्राणों की आहुति देने में तत्पर थे, परन्तु स्थितियाँ ऐसी उत्पन्न हुईं कि अपने क़बीले में भूमिगत हो गये। इमाम हुसैन कर्बला पहुँचे तो किसी तरह उनकी सेवा में प्रस्तुत हुए। वाणों के आक्रमण में शहीद हुए।

हार्स-बिन-निबहान :

हज़रत हमज़ा-बिन-अब्द-उल-मुत्तलिब के सेवक निबहान के सुपुत्र थे। अत्यन्त वीर एवं कुशल घुड़सवार थे। उहद युद्ध में हज़रत हमज़ा के शहीद होने के बाद निबहान हज़रत अली के साथ रहने लगे थे। फिर इमाम हसन और इमाम हुसैन के साथ रहे। इमाम हुसैन मदीना से चले तो हार्स भी उनके साथ थे। कर्बला में वाणों के आक्रमण में शहीद हुए।

हल्लास-बिन-उमरू रासिबी :

हज़रत अली के विश्वासपात्रों में थे तथा उनके ख़िलाफ़त काल में कूफ़ा के पुलिस अफ़सर थे। कर्बला में उमर सअद की सेना में आये थे। इमाम हुसैन के

शान्ति प्रस्तावों को उमर सअद ने अस्वीकार कर दिया, तो उसकी सेना में न रुक सके। गोपनीयता से रात्रि के समय हुसैनी सेना में सम्मिलित हो गये। यज़ीदी सेना द्वारा वाणों के आक्रमण में शहीद हुए।

मुक़सित-बिन-ज़ुहैर तग़लबी :

मुक़सित भी अपने दो भाइयों क़ासित तथा करदूस के समान हज़रत अली के सहयोगियों में थे। उनके साथ युद्धों में सम्मिलित हुए। तीनों भाई गोपनीय ढंग से इमाम हुसैन की सेवा में पहुँचे तथा यज़ीदी सेना द्वारा वाणों के आक्रमण में वीरगति को प्राप्त हुए।

नुअमान-बिन-उमर अज़दी :

कूफ़ावासी थे। हज़रत अली के सहयोगियों में थे। उनके साथ सिफ़्फ़ीन में सम्मिलित हुए थे। वे और उनके भाई हल्लास कर्बला में उमर सअद की सेना के साथ आये थे। इमाम हुसैन के शान्ति-प्रस्ताव को अस्वीकार कर दिया गया, तो यज़ीदी सेना छोड़कर हुसैनी सेना में सम्मिलित हो गये। प्रारम्भिक वाणों की वर्षा में शहीद हुए।

नईम-बिन-अजलान अंसारी :

नईम के पिता अजलान-बिन-नुअमान तथा उनके तीनों पुत्र नईम, नज़र तथा नुअमान को हज़रत अली का सान्निध्य प्राप्त था। नुअमान को हज़रत अली ने बहरैन का शासक नियुक्त किया था। नज़र तथा नुअमान दोनों का इमाम हसन के ख़िलाफ़त काल में निधन हो गया था। नईम कूफ़ा में निवास करते थे। इमाम हुसैन कर्बला आये तो किसी तरह निकलकर उनकी सेवा में प्रस्तुत हुए। वाणों के आक्रमण में शहीद हुए।

यज़ीद-बिन-मअक़ल जाफ़ी :

मअक़ल-बिन-जाफ़ी इस्लामी पैग़म्बर के सहाबियों में थे। उनके पुत्र यज़ीद हज़रत अली के साथ सिफ़्फ़ीन युद्ध में रहे तथा अहवाज़ में विद्रोह दमन हेतु सेना में दायें कमान का नायक भी बनाया था। कर्बला में इमाम हुसैन की ओर से युद्ध करते हुए शहीद हुए।

उमर- ब्रेन-उहदूस हज़रमी :

कूफ़ावासी थे। जमल तथा सिफ़्फ़ीन में हज़रत अली के साथ युद्ध किया था। हुज्र-बिन-अदी, जिन्हें अमीर मुआविया के आदेशानुसार निरपराध वध कर दिया गया, उमर-बिन-जंदब उनके सहयोगियों में थे। जब हुज्र को बन्दी बनाकर सीरिया

ले जाया गया, तो ये भूमिगत हो गये तथा कूफ़ा के तत्कालीन प्रशासक ज़याद-बिन-अबीह मृत्यु को प्राप्त हुआ, तो कूफ़ा वापस आये थे। हुसैनी दूत मुस्लिम कूफ़ा आये, तो उनके समर्थकों में सम्मिलित हो गये। मुस्लिम के शहीद होने पर छुपते-छुपाते इमाम हुसैन की सेवा में पहुँचे, युद्ध किया और शहीद हो गये।

सअद-बिन-हार्स अन्सारी :

सअद को हज़रत अली का सेवक होने का गौरव प्राप्त था। उनके शहीद होने पर इमाम हसन, फिर इमाम हुसैन की सेवा में रहे। इमाम हुसैन के साथ मदीना से कर्बला आये। यज़ीदी सेना से युद्ध किया और शहीद हुए।

क़ुर्आन के हाफ़िज़

इमाम हुसैन के साथ कर्बला में युद्ध करने वालों में अनेक व्यक्ति क़ुर्आन के हाफ़िज़ थे। अब्दुर्रहमान-बिन-अब्दरब अंसारी की चर्चा गतपृष्ठों में हो चुकी है, जो इस्लामी पैग़म्बर के वरिष्ठ सहाबी होने के अतिरिक्त क़ुर्आन के हाफ़िज़ भी थे। इनके अतिरिक्त कुछेक हाफ़िज़ों की चर्चा अगामी पंक्तियों में की जायेगी, जिन्होंने कर्बला में सत्य की रक्षा में अपने प्राणों की आहुति दी।

बुरैर-बिन-ख़ुज़ैर हमदानी :

वयोवृद्ध बुरैर को हज़रत अली का सान्निध्य प्राप्त था। क़ुर्आन के हाफ़िज़ थे तथा विशेष लय के साथ क़ुर्आन का पाठ करते थे। क़ुर्आन पाठ करने की उनकी परम्परा अत्यन्त सम्मानित थी तथा वे 'सैय्यद-उल-क़ुरा' (क़ुर्आन को लय में पढ़नेवालों के सरदार) की उपाधि से विभूषित थे। कूफ़ा में क़ुर्आन की शिक्षा-दीक्षा देते थे। कूफ़ावासी तथा हमदान क़बीले के संभ्रान्त व्यक्तियों में गणना होती है। उनके भांजे अबू इस्हाक़ हमदानी भी हदीसकार तथा हाफ़िज़ के रूप में प्रसिद्ध थे। बुरैर धार्मिक शास्त्रार्थ में भी निपुण थे। यज़ीदी सैनिक यज़ीद-बिन-मअक़ल से रणभूमि में शास्त्रार्थ की चर्चा यथास्थान आ चुकी है। बुरैर का समाज में ऐसा सम्पान था कि यज़ीदी सैनिक कआब-बिन-जाबिर ने उन पर प्रहार किया, तो उसी की सेना के लोगों ने मना भी किया कि यह बुरैर क़ुर्आन के हाफ़िज़ हैं, जो मस्जिद में क़ुर्आन याद कराते हैं। फिर भी उसने पीठ की ओर से बल्लम से प्रहार किया, जो सीने के पार हो गया। बाद में तलवार से उनका सिर काट दिया।

नाफ़िअ-बिन-हिलाल जमली :

नाफ़िअ अपने क़बीला के सरदार एवं योद्धा होने के साथ ही क़ुर्आन के हाफ़िज़ भी थे। हदीसकार के रूप में भी जाने जाते थे। हज़रत अली के

सहयोगियों में थे। उनके साथ जमल, सिफ़्फ़ीन तथा नहरवान के युद्धों में सम्मिलित हुए थे। ईराक़ की ओर इमाम हुसैन के आगमन की सूचना पाकर कूफ़ा में अपने मकान से निकल पड़े। उनका घोड़ा 'कामिल' कूफ़ा में ही रह गया था। उसके विषय में लोगों से कह दिया था कि इसे उनके पास पहुँचा दिया जाय। अतः जब मजम्अ-बिन-अब्दुल्लाह मज़हजी कर्बला के मार्ग में 'अज़ीब-उल-हिजानात' के पड़ाव पर इमाम हुसैन से मिले, तो उनके घोड़े को भी साथ लाये थे। नाफ़अ वाण चलाने में निपुण थे। उनके वाणों की चर्चा यथास्थान आ चुकी है। यज़ीदी सेना ने उन्हें बन्दी बना लिया था और वध कर दिया।

किनाना-बिन-अतीक़ तग़लबी :

कूफ़ा में अपने स्वच्छ एवं सदाचारी जीवन के लिए प्रख्यात थे। क़ुर्आन के हाफ़िज़ होने के कारण विशेष आदर सम्मान प्राप्त है। यज़ीदी सेना द्वारा वाणों के आक्रमण में शहीद हुए।

हंज़ला-बिन-असअद शामी :

कूफ़ा के विख्यात वक्ता, शूरवीर एवं क़ुर्आन के हाफ़िज़ थे। इमाम हुसैन की ओर से शान्ति सन्देश लेकर उमर सअद के पास गये थे। इन्होंने अनेक अवसरों पर कुशल वक्ता के रूप में इमाम हुसैन के उद्देश्यों को यज़ीदी सेना के सामने रखा था। युद्ध किया और शहीद हो गये।

तुर्की दास :

इनका पूरा नाम ज्ञात नहीं है, परन्तु दो महान विशेषताएँ रखते थे। इमाम हुसैन के दास तथा क़ुर्आन के हाफ़िज़ थे। इमाम हुसैन ने उन्हें इमाम ज़ैन-उल-आबिदीन को प्रदान कर दिया था। युद्धभूमि में वीरगति को प्राप्त हुए। इमाम हुसैन, जिस समय उनके शव पर पहुँचे, अन्तिम साँसें बची हुईं थी। इमाम हुसैन ने उनके गले में बाँहें डाल दीं। उन्होंने आँखें खोलकर इमाम हुसैन को देखा और मुस्कराते हुए सदैव के लिए आँखें बन्द कर लीं।

विद्वान, धर्मशास्त्री तथा हदीसकार

कर्बला के शहीदों में अनेक व्यक्ति ऐसे हैं, जिनके माध्यम से इस्लामी पैग़म्बर की हदीसें आगामी पीढ़ियों को प्राप्त हो सकीं। उनकी बतायी हुई हदीसों से विभिन्न हदीस-ग्रन्थ शोभायमान हैं। अनेक ऐसे हैं, जो उच्चकोटि के विद्वान तथा धर्मशास्त्र के विशेषज्ञ हैं। उनमें मुस्लिम-बिन-औसजा, हबीब-इब्न-मज़ाहिर असदी, नाफ़ेअ-बिन-हिलाल जमली, अनस-बिन-हार्स असदी, शोज़ब-बिन-

अब्दुल्लाह तथा ज़ाहिर-बिन-उमरू असलमी की चर्चा उपर्युक्त पृष्ठों में आ चुकी है। इनके अतिरिक्त निम्नलिखित विद्वानों, धर्मशास्त्रियों और हदीसकारों की चर्चा की जा सकती है।

हबशा-बिन-क़ैस नहमी :

हबशा के पितामह सलमा-बिन-तरीफ़ इस्लामी पैग़म्बर के सहयोगियों में थे। हबशा हदीसकार के रूप में प्रख्यात हैं। यज़ीदी सेना द्वारा वाणों के आक्रमण में शहीद हुए।

सौव्वार-बिन-मुनइम-बिन-अबी उमैर नहमी :

सौव्वार-बिन-मुनइम हदीसकार के रूप में विख्यात हैं। यज़ीदी सेना से युद्ध करते हुए घायल होकर गिर पड़े। सैनिक उन्हें उठाकर उमर सअद के पास ले गये, जो उनका वध कर देना चाहता था, परन्तु उनके क़बीले के अन्य सैनिकों ने वध न करने दिया। उन्हें बचाकर अपने साथ ले गये। परन्तु वे इतने घायल हो चुके थे कि बच न सके। छः माह तक ज़ख्मों का कष्ट झेलने के बाद स्वर्गवासी हो गये।

प्रतिष्ठित तथा प्रसिद्ध रणबाँकुर एवं योद्धा

कर्बला के शहीदों में अनेक व्यक्ति ऐसे थे, जो रणबाँकुर एवं योद्धा के रूप में प्रतिष्ठित एवं प्रसिद्ध थे। अतः जब वे युद्ध हेतु रणभूमि में आये तो प्रतिद्वन्द्वी उनके मुक़ाबले की साहस नहीं जुटा पाते थे। ये मात्र तलवार के धनी नहीं थे वरन् अपनी तपस्या एवं ईशभक्ति के लिए भी विख्यात थे। अनेक इतिहासकारों ने लिखा है कि आबिस-बिन-अबीशबीब ईशवन्दना में ऐसे आसक्त थे कि पूरी रात जागकर अल्लाह की इबादत करते थे तथा उन्हें 'आबिदे-शबजिन्दादार' (ऐसा इबादत करनेवाला जो पूरी रात जागता रहे) की उपाधि प्राप्त थी, उनमें इस्लामी पैग़म्बर के सहयोगी मुस्लिम-बिन-औसजा असदी की चर्चा यथास्थान हो चुकी है। शेष विशिष्ट रणबाँकुरों एवं योद्धाओं की चर्चा निम्नलिखित है।

हुर्र-बिन-यज़ीद रियाही :

हुर्र का परिवार इस्लामपूर्व काल में भी प्रतिष्ठित था। हुर्र का पितामह अताब को हीरा के शासक नुअमान-बिन-मंज़र के समकक्ष घोड़े पर सवार होकर चलता था, जिसको तत्कालीन शब्दावली में 'रदीफ़' कहते थे। अताब के बाद यह पद उसके पुत्र क़ैस को प्राप्त हुआ, जिसके वंश में ज़ैद-बिन-उमर इस्लामी पैग़म्बर के सहयोगी थे, जो हुर्र के पिता यज़ीद के चचेरे भाई थे। हुर्र की चर्चा यथास्थान

सविस्तार हो चुकी है। उनकी विशेषता यह है कि उन्होंने पहले इमाम हुसैन का रास्ता रोककर उन्हें कर्बला जाने पर विवश किया, फिर अपनी अन्तर्रात्मा की पुकार पर यज़ीदी सेना में नायक का पद छोड़कर इमाम हुसैन की ओर आये। युद्ध किया और वीरगति को प्राप्त हुए।

ज़ुहैर-बिन-क़ैन-बिन-क़ैस नमरी बिजिल्ली :

कूफ़ा के सम्भ्रान्त व्यक्तियों में थे। शूरवीर एवं पराक्रमी के रूप में भी विख्यात थे। बनी उमैय्या वंशज से होने के कारण साधारणतया लोग उन्हें इस्लामी पैग़म्बर के परिवारजनों का विरोधी जानते थे। अतः जब उन्हें इमाम हुसैन के समर्थकों में देखा, तो यज़ीदी सेना के अज़रा ने आश्चर्य से पूछा था, ज़ुहैर-क़ैन तुम तो उस परिवार के समर्थकों में न थे। तुम तो विरोधी दल के थे। ज़ुहैर-क़ैन ने उत्तर दिया था, इस समय मेरे यहाँ खड़े होने से तुमको समझ ही लेना चाहिए कि मैं हज़रत अली का पक्षधर हूँ।[1] ज़ुहैर-क़ैन उन विशिष्ट व्यक्तियों में है, जिन्हें इमाम हुसैन स्वयं अपने पक्ष में युद्ध करने के लिए आमंत्रित किया था। वे अपने परिवारजनों के साथ हज्ज करने के बाद अपने घर की ओर लौट रहे थे। मक्का से कूफ़ा की ओर उसी मार्ग पर थे, जिस पर इमाम हुसैन चल रहे थे। परन्तु यह इमाम हुसैन के साथ नहीं थे। बच-बचकर अलग चल रहे थे। इससे अनुमान किया जा सकता है कि वे स्वयं इमाम हुसैन के साथ सम्मिलित होकर संघर्ष नहीं करना चाहते थे। परन्तु जब इमाम हुसैन ने आह्वान किया तथा अपने सुपुत्र अली अकबर को पत्र देकर उनके पास भेजा, तो इंकार न कर सके। अपनी पत्नी के साथ इमाम हुसैन के क़ाफ़िले में शामिल हो गये। अनेक अवसरों पर उनके प्रभावपूर्ण वक्तव्यों की चर्चा गतपृष्ठों में अनेक स्थानों पर हो चुकी है। इमाम हुसैन के समर्थन में युद्ध किया और शहीद हुए।

वहब-कलबी :

'वहब-कलबी' का सही नाम अनायास ही विवाद में आ गया है। यद्यपि प्राचीन से वर्तमान तक सभी इसी रूप में जानते रहे हैं। अल्लामा-इब्न-ताऊस[2] (मृ०1266 ई०) तथा अल्लामा मजलिसी[3] (मृ० 1699 ई०) ने भी उनका नाम वहब-बिन हबाब (या ख़बाब) कलबी ही लिखा है। परन्तु वर्तमान में कलबला-विशेषज्ञ मौलाना सैय्यद अली नक़ी (मृ० 1988 ई०) ने वहब-कलबी

---

1. तारीख़-अर्रुसुल-वअलमुलूक, भाग-6, पृ० 237; अलइर्शाद-फ़ी-मुआरिफ़त-हुज्जाज-उल्लाह-अलाउल-इबाद, पृ० 234
2. लहूफ़-अला-क़तला-उल-तफ़ूफ़, पृ० 42
3. बिहार-उल-अनवार, भाग-1, पृ० 234

से सम्बन्धित सभी घटनाओं को समान रूप में प्रस्तुत करने के साथ ही उनका नाम अबूवहब अब्दुल्लाह-बिन-उमैर कलबी लिखा है, जिनकी वंशावली भी दी है—अबूवहब अब्दुल्लाह-बिन-उमैर- बिन- अब्बास- बिन- अब्दक़ैस- बिन- अलीम-बिन-ख़वाब अलकलबी। फिर इन अब्दुल्लाह-बिन-उमैर की चर्चा शैख़तूसी (मृ० 1067 ई०) की 'किताब-अल-रिजाल' में हज़रत अली के सहाबियों में होने के आधार पर कर्बला के इन शहीद को हज़रत अली सहाबी भी लिख दिया है, जो किसी प्रकार तर्कसंगत नहीं हो सकता, क्यों अबूवहब जब सर्वप्रथम हुसैनी योद्धा के रूप में इमाम हुसैन से रणभूमि में जाने की अनुमति चाहते हैं, तो वे कहते हैं—शूरवीर एवं रणबाँकुर लगते हो, जाओ, अगर तुम्हारा मन करे! यह कैसे सम्भव है कि कूफ़ावासी हज़रत अली के सहाबी से इमाम हुसैन इतने परिचित ही न रहे हों और इस प्रकार सम्बोधित करें। हमारे विचार में वहब-कलबी तथा अब्दुल्लाह-बिन-उमैर दो पृथक् व्यक्तित्व हैं।

वहब-कलबी की युद्ध सम्बन्धित घटनाएँ, उनकी माता तथा पत्नी के सम्वाद आदि सभी कुछ वही हैं, जिसे मौलाना अली नक़ी ने अब्दुल्लाह-बिन-उमैर के विषय में लिखे हैं। कुछेक ही अन्तर हैं, जैसे—उनका ईसाई धर्म त्यागकर इस्लाम धर्म धारण करना या उनकी पत्नी का नाम 'उम्म-वहब' बताना, यद्यपि इसका अर्थ वहब की माता है। इसका समाधान यह कर किया जा सकता है कि तत्कालीन अरब में पिता और पुत्र दोनों का एक नाम हो सकता था। परन्तु उन्होंने पत्नी का नाम 'बिन्त-अब्द' (अब्द पुत्री) लिखा है, फिर माता का अत्यन्त प्रबल पात्र है, उसको उम्म-वहब क्यों नहीं कहा।[1]

वहब-कलबी की माताश्री, जिनको मैं उम्म-वहब कहना अधिक तर्कसंगत समझता हूँ, अत्यन्त धर्मभीरू, कर्मनिष्ठ तथा सत्य के प्रति समर्पित महिला थीं। वह स्वयं भी धर्मयुद्ध में सम्मिलित होना चाहती थीं, एक ख़ैमे की बल्ली लेकर अपने सुपुत्र के साथ रणभूमि में आ गयी थीं, परन्तु इमाम हुसैन के मना करने पर कि महिलाओं को सशस्त्र युद्ध करने की इस्लाम अनुमति नहीं देता, लौट आयीं। परन्तु जब उनका पुत्र सफलतापूर्वक युद्ध करके उनकी सेवा में आया और उनसे पूछा कि आप प्रसन्न हुईं, तो उस वीर महिला का उत्तर था कि मैं उस समय तुमसे प्रसन्न हूँगी, जब तू सत्य की रक्षा में अपने प्राण इमाम हुसैन पर न्यौछावर कर देगा।[2]

---

1. मक़तल-उल-हुसैन : अलमुक़र्रिम, पृ०292; अलइर्शाद-फ़ी-मुआरिफ़त-हुज्जाज-उल्लाह-अलाउल-इबाद, पृ० 220
2. लहूफ़-अला-क़तला-उल-तफ़ूफ़, पृ० 42; बिहार-उल-अनवार, भाग-1, पृ० 235

वहब-कलबी की धर्मपत्नी एक आदर्श महिला है, जो इमाम हुसैन की ओर से पहली तथा एकल महिला शहीद है। उसकी सविस्तार चर्चा आगे आयेगी।

हार्स-बिन-इमराउल क़ैस-बिन-आबिस किन्दी :

परमवीर एवं धर्मनिष्ठ थे। अनेक युद्ध में अपने उत्कृष्ट योद्धा होने के साथ ही धार्मिक संकल्प का परिचय दे चुके थे। कूफ़ा से यज़ीदी सेना में सम्मिलित होकर कर्बला आये। इमाम हुसैन के शान्ति-प्रस्तावों के अस्वीकार किये जाने पर यज़ीदी सेना से निकलकर इमाम हुसैन की तरफ़ आ गये थे। यज़ीदी सेना द्वारा वाणों के आक्रमण में शहीद हुए।

मस्ऊद-बिन-हज्जाज तयमी :

कूफ़ा के वीरतम व्यक्तियों में थे। अपने पुत्र अब्दुर्रहमान के साथ उमर सअद की सेना में सम्मिलित होकर कर्बला पहुँचे। सातवीं मुहर्रम से यज़ीदी सेना ने इमाम हुसैन के सहयोगियों, महिलाओं और बच्चों पर पानी बन्द किया तो सहन न कर सके। इमाम हुसैन की सेवा में सलाम करने के बहाने से आये, तो फिर लौटकर न गये। वाणों के आक्रमण में शहीद हुए।

आबिस-बिन-अबीशबीब शाकिरी :

क़बीला-हमदान के शाकिरी वंश के सपूत थे। क़बीला-हमदान हज़रत अली के समर्थन में अद्वितीय था। इस क़बीले का कोई व्यक्ति अमीर मुआविया के समर्थन में युद्ध में सम्मिलित नहीं हुआ। उनके विषय में हज़रत अली का शेर मिलता है : **"अगर मैं जन्नत का दरबान होता, तो हमदान से कहता कि सलामती के साथ जन्नत में चले जाओ।"**[1] आबिस कूफ़ावासियों में हज़रत अली के समर्थक के रूप में पहचाने जाते थे। अपने क़बीले के सरदार, प्रभावशाली वक्ता तथा स्वच्छ जीवन एवं ईशवन्दना में विख्यात थे। परमवीर सेनानी के रूप में अद्वितीय माने जाते थे। कूफ़ा में इमाम हुसैन के दूत मुस्लिम ने इमाम हुसैन का पत्र पढ़कर सुनाया, तो आबिस सबसे पहले समर्थन में उठे थे और कहा था कि मैं अन्य लोगों के विषय में नहीं कहता, परन्तु जहाँ तक व्यक्तिगत मेरा प्रश्न है, मैंने निश्चय कर लिया है कि अन्तिम साँस तक आपका साथ दूँगा। पहले अपने सेवक शौज़ब को इमाम हुसैन पर न्यौछावर किया, फिर इमाम हुसैन की सेवा में आये तो कहा, यदि मुझमें सामर्थ्य होती कि मैं अपने प्राणों से अधिक

---

1. मुरूज-उल-ज़हब-वमआदिन-उल-जौहर (उर्दू अनु० तारीख़े-अहदे-बनी-उमैय्या) पृ० 12. तारीख़-अर्रुसुल-वअलमुलूक, भाग-6, पृ० 253

प्रिय कोई वस्तु आप पर न्यौछावर कर सकता तो अवश्य ही करता। अब बस मेरे प्राण शेष रह गये. हैं। मुझे अनुमति प्रदान कीजिए। रणभूमि में पहुँचे, तो उनके माथे पर एक घाव पहले से मौजूद था। युद्ध प्रारम्भ किया तो अनेक सैनिकों का वध कर डाला, कोई सामने न टिकता था। उमर-सअद ने कहा, इस परमवीर को पत्त्थरों से मार लो, चारों ओर से पत्थरों की वर्षा होने लगी। परमवीर आबिस ने अपने कवच उतार दिये। वीरतापूर्वक युद्ध करते रहे। अन्त में यज़ीदी सेना ने चारों ओर से घेर लिया और कई लोगों ने मिलकर उन पर प्रहार किया। फिर उनका सिर काट लिया। वे आपस में झगड़ा करने लगे कि इसका श्रेय किसको मिलना चाहिए। अन्त में उमर-सअद ने निर्णय दिया कि ऐसे परमवीर का वधकर्ता कोई एक व्यक्ति नहीं हो सकता। तुम सब उसके वधकर्ता हो।

अब्दुर्रहमान-बिन-अब्दुल्लाह अरहबी :

कूफ़ा के वीरों में थे। इमाम हुसैन की सेवा में कूफ़ावासियों के लगभग 53 पत्रों को लेकर जो दूसरा दल प्रस्तुत हुआ था, उसमें सम्मिलित थे। इमाम हुसैन ने अपने दूत मुस्लिम को कूफ़ा भेजा, तो अब्दुर्रहमान को मार्गनिर्देशन हेतु साथ कर दिया था। बाद में अब्दुर्रहमान किसी प्रकार कर्बला पहुँचे तथा यज़ीदी सेना द्वारा वाणों के आक्रमण में शहीद हुए।

सईद-बिन-अब्दुल्लाह हनफ़ी :

कूफ़ावासी परमवीर सईद-बिन-अब्दुल्लाह की चर्चा ईशवन्दना में लीन व्यक्तियों में विशेषकर होती थी। कूफ़ावासियों के आमंत्रण पत्रों में अन्तिम पत्र लेकर इमाम हुसैन की सेवा में प्रस्तुत हुए थे। इमाम हुसैन ने तत्काल उत्तर लिखकर इनके सुपुर्द कर दिया था। बाद में कर्बला आकर इमाम हुसैन के सहयोगियों में सम्मिलित हुए। शहीदी दिवस पर इमाम हुसैन द्वारा ज़ुहर की नमाज़ पढ़ने की अनुमति न देकर यज़ीदी सेना ने वाणों की वर्षा प्रारम्भ कर दी, तो ज़ुहैर-क़ैन के साथ सईद भी इमाम हुसैन के सामने तनकर खड़े हो गये थे। वाणों को अपने तलवार से काटते रहे, यदि ऐसा न हो सका, तो वाण को अपने सीने पर लिया। दोनों वीर एक-दूसरे के गले में बाँहे डाले घायल अवस्था में झूमते रहे। इमाम हुसैन ने नमाज़ सम्पन्न की, तो इमाम हुसैन के पैरों पर गिर पड़े। ज़ुहैर-क़ैन में शक्ति शेष थी, उन्होंने बाद में युद्ध किया, परन्तु सईद-बिन-अब्दुल्लाह इमाम हुसैन के पाँव पर गिरकर ही स्वर्ग को सिधार गये।

ज़ियाद-बिन-अरीब सायदी :

ज़ियाद का पूरा नाम अबू आमिर ज़ियाद-बिन-उमरू था। इनके पिता उमरू-बिन-अरीब हमदानी इस्लामी पैग़म्बर के सहाबियों में थे। ज़ियाद धर्मनिष्ठता,

स्वच्छ जीवन, तन्मयतापूर्ण ईशवन्दना के साथ ही साथ परमवीर के रूप में विख्यात थे। कर्बला में इमाम हुसैन के समर्थन में युद्ध किया और वीरगति को प्राप्त हुए।

उमैर-बिन-ज़बीअ अलज़ाबई तयमी :

अपने समय के नामचीन योद्धाओं में थे। अनेक मोर्चों पर सफलता की पताका लहरा चुके थे। उमर-सअद की सेना के साथ कर्बला पहुँचे। इमाम हुसैन की सेना में सम्मिलित हो गये। यज़ीदी सेना द्वारा वाणों के आक्रमण में शहीद हो गये।

क़ासिम-बिन-हबीब अज़दी :

कूफ़ा के प्रतिष्ठित योद्धाओं में थे। हज़रत अली के श्रद्धालु के रूप में जाने जाते थे। उमर-सअद की सेना के साथ कर्बला पहुँचे। इमाम हुसैन की सेना में सम्मिलित हुए। वाणों के आक्रमण में शहीद हुए।

यज़ीद-बिन-ज़ियाद किन्दी, अबुल शअसा :

कूफ़ा के अत्यन्त वीरों में गिनती होती है। हुर से भेंट होने के पूर्व ही मार्ग में इमाम हुसैन के साथ हो गये। वाण कला में निपुण थे। शहीदी दिवस में अपने घुटने टेककर इमाम हुसैन के सामने बैठ गये। आठ वाण चलाये, जिनमें पाँच वाण निशाने पर ठीक बैठे, पाँच शत्रुओं का वध कर दिया। वाण समाप्त हो गये, तो तलवार लेकर रणभूमि में आ गये। युद्ध किया और शहीद हो गये।

सवैद-बिन-उमर ख़सअमी :

अत्यन्त वयोवृद्ध, ईशवन्दना में विशिष्ट तथा सात्विक जीवन व्यतीत करते थे। अनेक युद्धों में परमवीरता का कीर्तिमान स्थापित कर चुके थे। इमाम हुसैन के सहयोगियों में अन्तिम शहीद हैं, जो बशर-बिन-उमरू ख़ज़रमी के बाद रणभूमि में आये। असाधारण वीरता से युद्ध किया, घायल होकर गिर पड़े। लोगों ने समझा मृत्यु को प्राप्त हो गये। उनकी तलवार और अन्य वस्त्र लूट ले गये। मूर्छा से उस समय जागे, जब इमाम हुसैन शहीद हो चुके थे। व्याकुल हो उठे। निकट ही एक छूरा पड़ा था, उसी को लेकर युद्धभूमि में पुनः टूट पड़े और वीरगति को प्राप्त हुए।

अन्य महानुभाव

उपर्युक्त पंक्तियों में शहीदों की चर्चा उन्हें कई वर्गों में रखकर की गयी है। यह पाठकों की सुविधा मात्र को ध्यान में रखकर किया गया है। इसके आधार पर

किसी प्रकार की वरीयता स्थापित करना शहीदों के साथ अन्याय ही होगा। उनकी वरीयता तो बस इससे समझी जा सकती है कि वे एक-दूजे से बढ़कर पहले युद्ध करके अपने प्राणों की आहुति दी थी। 'ज़ियारत-नाहिया' में उनके प्रति श्रद्धासुमन अर्पित करते हुए, उन्हें सम्बोधित करके कहा गया है : **"मेरे माता-पिता तुम पर न्यौछावर हों।"**[1] आगामी पृष्ठों में कुछ अन्य योद्धाओं की चर्चा की जायेगी।

मुनजह-बिन-सह्म :

कर्बला के प्रारम्भिक शहीदों में मुनजह का नाम आता है। उनकी माता इमाम हुसैन की सेविका थी, जिनको उन्होंने नोफ़िल-बिन-हार्स से क्रय किया था तथा सहम के साथ विवाह कर दिया था। वे इमाम ज़ैन-उल-आबिदीन के घर में सेवा कार्य करती थीं। इमाम हुसैन के साथ कर्बला आयीं, तो पुत्र मुनजह-बिन-सह्म भी साथ आये। युद्ध किया और शहीद हुए।

उमर-बिन-ख़ालिद असदी सैदावी :

कूफ़ा के सम्भ्रान्त व्यक्तियों में थे। इस्लामी पैग़म्बर के परिवारजनों के प्रति समर्पित थे। इमाम हुसैन के दूत मुस्लिम के समर्थन में अग्रगण्य भूमिका अदा की। कूफ़ा की स्थिति बदली तो भूमिगत हो गये। जब इमाम हुसैन के अन्य दूत क़ैस-बिन-मुसहर सैदावी को शत्रुओं ने बन्दी बना लिया, तो उन्होंने इमाम हुसैन के समर्थकों तक यह सूचना पहुँचा कर कि इमाम हुसैन एक स्थान हाजर तक पहुँच चुके हैं, अपने दूतकर्तव्य का निर्वहन किया तो उमर-बिन-ख़ालिद ने सूचना पाते ही अपने दास सअद तथा तीन अन्य लोगों के साथ अज्ञात मार्गों से चलकर 'अज़ीब-उल-हिजानात' के पड़ाव पर इमाम हुसैन से भेंट की थी। शहीदी दिवस पर ख़ालिद तथा उनके पाँच साथियों ने एक साथ शत्रु सेना पर आक्रमण किया था और सेना में घुसकर अनेक शत्रुओं का वध किया। यज़ीदी सेना ने उन्हें चारों ओर से घेर लिया, तो इमाम हुसैन ने इनकी सहायता के लिए अपने सेनानायक अब्बास को भेजा था। अब्बास इन्हें यज़ीदी सेना के घेरे से निकालकर वापस लेकर चले थे। सुरक्षा को ध्यान में रखते हुए इन पाँचों वीरों को आगे किया था और स्वयं पीछे चल रहे थे। शत्रुओं ने पीछा किया, तो इन घायल वीरों के उत्साह की कोई सीमा न रही। सुरक्षा कवच को तोड़कर शत्रुओं से भिड़ गये। पौरुषपूर्ण युद्ध किया और शहीद हुए।

---

1. सहीफ़ा-ए-कामिला।

सईद :

उमर-बिन-ख़ालिद के सेवक सईद ने अपने स्वामी का अन्त तक साथ दिया उपर्युक्त पंक्तियों में इनकी चर्चा की जा चुकी है कि किस वीरता से युद्ध किया और शहीद हो गये।

ज़हाक-बिन-अब्दुल्लाह मशरिक़ी :

ज़हाक मशरिक़ी की विशेषता है कि उन्होंने अपने प्रण के अनुसार इमाम हुसैन के नेतृत्त्व में सत्य की रक्षा में धर्मयुद्ध किया। फिर उनकी सेवा में प्रस्तुत होकर कहा कि मेरा प्रण सम्पन्न हो गया, अब आप अपनी 'बैअत' मुझसे उठा लीजिए और मुझे वापस जाने की अनुमति प्रदान कीजिए। इमाम हुसैन, जो प्रारम्भ से अपने सहयोगियों से उनके वापस जाने के लिए कहते आये थे, परन्तु उनमें कोई वापस जाने को तैयार न हुआ था, जब ज़हाक मशरिक़ी ने वापसी के लिए अनुमति माँगी, तो प्रसन्नतापूर्वक उन्हें अनुमति प्रदान कर दी। वे अपने घोड़े पर सवार होकर यज़ीदी सेना से लड़ते-भिड़ते बाहर निकल गये। बाद में कर्बला दुःखान्त के वृत्तांतकार के रूप में भी जाने गये। उनका 'मक़तल-उल-हुसैन' प्रमुख सन्दर्भ स्रोतों में माना जाता है।

अदहम-बिन-उमैय्या अब्दी बसरी :

बसरा के क़बीला अब्द क़ैस से सम्बद्ध थे। बसरा की एक महिला मारिया-बिन-मनक़द अब्दिया, जो हज़रत अली के श्रद्धालुओं में विशेष थीं। अनेक अन्य श्रद्धालु उनके मकान पर एकत्र होते थे, उन्हीं के बीच अदहम-बिन-उमैय्या ने प्रेरणा प्राप्त की। इमाम हुसैन मक्का की सीमाओं में ही थे कि जो चार व्यक्ति इमाम हुसैन से मिले और जिन्होंने कर्बला में अपने प्राणों की आहुति दी, उनमें अदहम-बिन-उमैय्या सम्मिलित थे।

जाबिर-बिन-हज्जाज तयमी :

कूफ़ावासी योद्धा जाबिर-बिन-हज्जाज, जो तयमउल्लाह-बिन-सअलबा क़बीले से थे, आमिर-बिन-नहशल तयमी के स्वतंत्र किये गये सेवक थे। इमाम हुसैन के दूत मुस्लिम के समर्थकों में थे। कूफ़ा की स्थिति बदल गयी, तो भूमिगत हो गये। उमर-सअद की सेना में सम्मिलित होकर कर्बला पहुँचे। गोपनीय ढंग से उसकी सेना छोड़ी और इमाम हुसैन की तरफ़ आ गये। वाणों के आक्रमण में शहीद हुए।

जुवैन-बिन-मालिक तयमी :

कूफ़ा के क़बीला तयम में निवास करते थे। यज़ीदी सेना में सभी क़बीलों के लोग भर्ती किये जाने लगे, तो यह भी अपने क़बीले के अन्य लोगों के साथ

उमर-सअद की सेना में भर्ती होकर कर्बला पहुँच गये। इमाम हुसैन के शान्ति-प्रस्ताव के अस्वीकार होने पर अपने क़बीले के अन्य लोगों के साथ रात के समय यज़ीदी सेना त्यागकर इमाम हुसैन की ओर आ गये। वाणों के आक्रमण में शहीद हुए।

जिनादा-बिन-कअब अंसारी :

इमाम हुसैन के साथ मक्का से कर्बला परिवार सहित आये। यज़ीदी सेना द्वारा वाणों के आक्रमण में शहीद हुए।

हबाब-बिन-हार्स :

इनके विषय में अधिक जानकारी नहीं है। बस इतना मिलता है कि यज़ीदी सेना द्वारा वाणों के आक्रमण में शहीद हुए।

हबाब-बिन-आमिर-बिन-कअब तयमी :

कूफ़ा के तयम-उल-लात-बिन-सअलबा क़बीला से थे। हुसैनीदूत मुस्लिम के शहीद होने पर अपने क़बीले में ही छुप गये। कूफ़ा की ओर इमाम हुसैन के आगमन की सूचना पाकर गोपनीय ढंग से बाहर निकले और मार्ग में ही इमाम हुसैन के सान्निध्य में आ गये। वाणों के आक्रमण में शहीद हुए।

हुज्जाज-बिन-ज़ैद सअदी तमीमी :

बसरा के क़बीला बनी सअद के सदस्य थे। इमाम हुसैन के पास मस्ऊद-बिन-उमरू अज़दी का पत्र लेकर आये थे, जिनको इमाम हुसैन ने मक्का से प्रस्थान करते समय पत्र लिखा था। उनके उत्तर के साथ इमाम हुसैन की सेवा में आये। वाणों के आक्रमण में शहीद हुए।

हनज़ला-बिन-उमर शैबानी :

इनके विषय में मात्र इतनी जानकारी मिलती है कि यज़ीदी सेना द्वारा वाणों के आक्रमण में शहीद हुए।

ज़ुहैर-बिन-बशीर ख़िसअमी :

यह भी यज़ीदी सेना द्वारा वाणों के आक्रमण में शहीद हुए थे। अधिक जानकारी नहीं मिलती।

सालिम :

आमिर-बिन-मुस्लिम-उल-अब्दी के सेवक थे। अपने स्वामी के साथ उसी काफ़िला में, जिसमें यज़ीद-बिन-सबीत क़ैसी थे, बसरा से आकर इमाम हुसैन की सेवा में प्रस्तुत हुए। वाणों के आक्रमण में शहीद हुए।

सलीम :

इमाम हसन के सेवक थे, वाणों के आक्रमण में अपने प्राणों की आहुति दे दी।

सैफ़-बिन-मालिक अब्दी :

बसरावासी क़बीला अब्द-क़ैस से सम्बद्ध था। यज़ीद-बिन-सबीत क़ैसी के साथ इमाम हुसैन की सेवा में प्रस्तुत हुए। वाणों के आक्रमण में शहीद हुए।

ज़रग़ामा-बिन-मालिक तग़लबी :

कूफ़ावासी थे। हुसैनीदूत मुस्लिम के शहीद होने के बाद भूमिगत हो गये। यज़ीदी सेना के साथ कर्बला पहुँचे। गोपनीय ढंग से इमाम हुसैन की सेवा में आये। वाणों के आक्रमण में शहीद हुए।

आमिर-बिन-मुस्लिम अब्दी बसरी :

बसरावासी थे। यज़ीद-बिन-सबीत क़ैसी के साथ इमाम हुसैन की सेवा में पहुँचे। वाणों के आक्रमण में शहीद हुए।

इबाद-बिन-मुहाजिर जहनी :

मक्का से इमाम हुसैन के प्रस्थान करने के बाद बहुत से लोग इमाम हुसैन के साथ हो लिये थे। इमाम हुसैन ने ज़बाला पड़ाव पर लोगों को वस्तुस्थिति से अवगत कराते हुए कहा था कि लोग वापस चले जायें। लोगों की भीड़ छट गयी, परन्तु अबाद-बिन-मुहाजिर ने साथ न छोड़ा। इमाम हुसैन के साथ कर्बला आये और वाणों के आक्रमण में शहीद हो गये।

अब्दुर्रहमान-बिन-मस्ऊद-बिन-हुज्जाज तयमी :

अपने पिता मस्ऊद-बिन-हज्जाज तयमी के साथ इमाम हुसैन की सेवा में सलाम करने के लिए आये थे, फिर लौटकर न गये। वाणों के आक्रमण में शहीद हुए।

अब्दुल्लाह-बिन-बिश्र ख़िसअमी :

इनके पिता बिश्र-बिन-रबी अपने समय के नामचीन योद्धाओं में थे। उमर सअद की सेना के साथ कर्बला आये। गोपनीय ढंग से इमाम हुसैन की सेवा में सम्मिलित हुए। वाणों के आक्रमण में वीरगति को प्राप्त हुए।

अब्दुल्लाह-बिन-ज़ैद-बिन-सुबैत क़ैसी :

यज़ीद-बिन-सबीत क़ैसी के दस पुत्र थे। इन्होंने अपने सभी पुत्रों से आग्रह किया कि वे इमाम हुसैन के नेतृत्व में अपने प्राणों की आहुति प्रस्तुत करें, किन्तु मात्र दो पुत्रों ने ही उनके विचारों का समर्थन किया। उनमें अब्दुल्लाह भी

थे। बसरा से अपने पिता के साथ कर्बला आये और वाणों के आक्रमण में शहीद हुए।

उक़बा-बिन-समआन :

इमाम हुसैन की धर्मपत्नी हज़रत रबाब के दास थे। इमाम हुसैन के परिवार के साथ मदीना से मक्का, फिर कर्बला तक आये। शहीदी-दिवस पर किसी कारण जीवित बच गये। कूफ़ा पहुँचने पर दास होने के कारण इब्न-ज़ियाद ने मुक्त कर दिया। कर्बला महासंग्राम के चशमदीद गवाह थे। उन्होंने उसका वृत्तान्त लिखा था, जो 'मक़तल-उल-हुसैन' के नाम से जाना जाता है।

मुसअब-बिन-यज़ीद रियाही :

यह अपने पिता हुर्र, चाचा मुसजब तथा भाई अली के साथ शहीद हुए। अपने भाई हुर्र के साथ ही इमाम हुसैन की सेना में आये। युद्ध किया और शहीद हुए।

सअद अली-बिन-हुर्र-बिन-यज़ीद रियाही :

अपने पिता हुर्र तथा चाचा मुसअब के साथ ही इमाम हुसैन की सेवा में प्रस्तुत हुए। युद्ध किया और शहीद हुए।

क़ुर्रा :

अपने स्वामी हुर्र के साथ ही युद्धभूमि में थे। स्वामी ने यज़ीदी सेना का त्याग किया, तो वे भी अपने स्वामी के साथ ही इमाम हुसैन की सेवा में आ गये। युद्ध किया और वीरगति को प्राप्त हुए।

उबैदउल्लाह-बिन-ज़ैद-बिन-सुबैत क़ैसी :

उबैदउल्लाह दूसरे पुत्र थे, जिन्होंने अपने पिता का समर्थन किया था। उनके साथ कर्बला आये और वाणों के आक्रमण में शहीद हुए।

उक़बा-बिन-सुल्त जुहनी :

मार्ग में अन्य लोगों के साथ ही इमाम हुसैन के साथ हो गये थे, परन्तु अन्य लोग वस्तुस्थिति जानने के बाद अलग हो गये। परन्तु अक़बा ने सत्य मार्ग न छोड़ा, इमाम हुसैन के साथ कर्बला आये, वाणों के आक्रमण में शहीद हुए।

अम्मार-बिन-हस्सान-बिन-शुरैब ताई :

इनके पिता हस्सान-बिन-शरीह हज़रत अली के सहयोगियों में थे। अम्मार इमाम हुसैन के साथ मक्का से कर्बला आये। वाणों के आक्रमण में शहीद हुए।

उनके वंशज में अब्दुल्लाह-बिन-आमिर अपने समय के विख्यात धर्मशास्त्री थे, जिन्होंने इमाम रज़ा के माध्यम से अनेक हदीसें वर्णन की हैं।

इमरान-बिन-कअब-बिन-हार्स अशजई :

इनके विषय में अधिक जानकारी नहीं है। यज़ीदी सेना द्वारा वाणों के आक्रमण में शहीद हुए।

क़ालिब-बिन-अब्दुल्लाह :

इनकी माता फ़क़ीहा इमाम हुसैन की धर्मपत्नी रबाब की सेविका थीं। अपनी माता के साथ मदीना से कर्बला आये। यज़ीदी सेना द्वारा वाणों के आक्रमण में शहीद हुए।

मजम्अ-बिन-ज़ियाद जुहनी :

अन्य लोगों के साथ मार्ग में इमाम हुसैन से मिले। ज़बाला पड़ाव पर वस्तुस्थिति जानकर अनेक लोग साथ छोड़ गये, परन्तु मुजम्आ ने साथ न छोड़ा। शहीदी दिवस पर घोड़ा पय हो गया, परन्तु इन्होंने अनेक शत्रुओं का वध किया। वाणों के आक्रमण में शहीद हुए।

मुनीअ-बिन-ज़याद :

वाणों के आक्रमण में शहीद हुए। अधिक जानकारी नहीं मिलती।

नसर-बिन-अबी नयज़र :

इनके पिता अबी नीज़र हब्शा के राजा नजाशी अथवा किसी ईरानी राजा के वंशज थे। युवावस्था में ही इस्लाम धर्म के प्रति आकर्षित हुए। इस्लामी पैग़म्बर की सेवा में पहुँचे, इस्लाम धर्म धारण किया और उन्हीं के प्रशिक्षण में रहे। फिर हज़रत अली से प्रशिक्षण ग्रहण करते रहे। उनके पुत्र नस्र की बाल एवं युवा अवस्था हज़रत अली एवं इमाम हसन के साथ बीती थी। शेष जीवन इमाम हुसैन के सान्निध्य में रहा था। इमाम हुसैन के साथ ही मदीना से कर्बला आये। पहले उनका घोड़ा शहीद हुआ, फिर स्वयं वीरगति को प्राप्त हुए।

बकर-बिन-हय्य तयमी :

पर-सअद की सेना के साथ कर्बला आये, परन्तु युद्ध प्रारम्भ होने के पश्चात् आत्मा की पुकार पर इमाम हुसैन की सेना में सम्मिलित होकर युद्ध किया तथा वाणों के आक्रमण के उपरान्त युद्ध करके शहीद हुए।

उमरू-बिन-जिनादा :

इनके पिता जिनादा-बिन-कअब खिज़्रज्जी की चर्चा यथास्थान हो चुकी है, जो वाणों के युद्ध में शहीद हुए थे। उमरू-बिन-जनादा की आयु नौ-दस वर्ष थी।

इनकी माता बहरिया-बिन्त-मस्ऊद भी युद्ध में अपने पति के साथ थीं। पति के शहीद होने पर उन्होंने पुत्र को आदेश दिया कि वह भी अपने प्राणों की आहुति प्रस्तुत करे। वे इमाम हुसैन की सेवा में प्रस्तुत हुए। इमाम हुसैन ने कहा कि तुम्हारे परिवार के लिए तुम्हारे पिता का शहीद होना पर्याप्त है, जाओ और अपनी माता की कोख की ठण्डक बनो। उमरू ने कहा, मेरी माता ने ही मुझे अस्त्र-शस्त्र से सुसज्जित किया है। माता ने भी इमाम हुसैन से आग्रह किया। उमरू ने इमाम हुसैन से अनुमति प्राप्त की, युद्ध किया और शहीद हुए। निर्दयी यज़ीदी सेना ने उमरू का सिर काटकर उनकी माँ की ओर फेंक दिया। माता ने सिर को उठाकर चुम्बन लिया, फिर यज़ीदी सेना की ओर यह कहते हुए वापस फेंक दिया कि हम लोग दान में दी हुई वस्तु को वापस नहीं लेते।

उम्म-वहब-बिन्त-अब्द :

कर्बला की घटना में एकल महिला शहीद उम्म-वहब है, जो इमाम हुसैन की ओर सर्वप्रथम धर्मयुद्ध के योद्धा वहब-कलबी की धर्मपत्नी तथा क़बीला नमर-बिन-क़ासित के अब्द की सुपुत्री थीं। अपने पति वहब-कलबी के साथ कर्बला पहुँची थीं। उनके पति की चर्चा यथास्थान हो चुकी है। उन्होंने अति उत्साह के साथ युद्ध करते हुए, अपनी पत्नी को सम्बोधित करके कहा था, हे उम्म-वहब मैं तुझसे प्रण करता हूँ कि मैं उनमें बढ़-बढ़कर बल्लम चलाऊँगा और तलवारें लगाऊँगा और इस प्रकार का युद्ध करूँगा, जो ईश्वर पर विश्वास करने वाले पराक्रमी योद्धा के मर्यादानुकूल हो।[1] इससे पता चलता है कि यह महिला असाधारण वीर एवं पराक्रमी थी, जिसने अपने पति से युद्ध में जाते समय वीरता प्रदर्शित करने का वचन लिया था। पति का आह्वान सुनने के बाद उसने पुकार कर कहा, मेरे माता-पिता तुम पर न्यौछावर हों, इस्लामी पैग़म्बर के परिवारजनों पर अपने प्राण न्यौछावर करने में कोई कोताही न होने पाये। यह कहकर स्वयं भी रणभूमि में उतर आयी। पति ने उसे समझा-बुझाकर ख़ैमे में वापस भेजना चाहा, परन्तु वह तैयार नहीं हुई। कहने लगी, मैं तुम्हारा साथ नहीं छोडूँगी और तुम्हारे ही साथ वध हो जाना चाहूँगी। इमाम हुसैन ने यह दृश्य देखा तो स्वयं भी समझाया कि महिलाओं पर जिहाद करना स्थगित है। इमाम के आदेश का पालन करती हुई विजयी पति के साथ ख़ैमे में वापस लौट गयीं। पुनः जब पति वहब-कलबी युद्ध करके शहीद हो गये, तो पतिव्रता की आदर्श प्रतीक उम्म-वहब पति को अपने ख़ून की लाल चादर ओढ़े सोते हुए देखा, तो एक बार पुनः व्याकुल होकर रणभूमि आ गयी। अबकी बार युद्ध करना उद्देश्य नहीं था,

1. तारीख़-अर्रुसुल-वअलमुलूक, भाग-6, पृ० 246

पति के पार्थिव शरीर पर आँसुओं के श्रद्धा-सुमन अर्पित करना चाहती थी। उनके शव के सिरहाने बैठकर उनके चेहरे से धूल-मिट्टी पोछती जाती थी और कहती जाती थी कि तुम्हें स्वर्ग का भ्रमण शुभ हो। यज़ीदी सेना के एक कायर ने आगे बढ़कर उसके सिर पर गदा से प्रहार किया, जिससे वह शहीद हो गयी।

उमर-बिन-क़ुरज़ा अंसारी :

इनके पिता क़ुरज़ा-बिन-कअब अंसारी इस्लामी पैग़म्बर के सहयोगियों में थे। उहद युद्ध तथा उसके बाद की लड़ाइयों में भी सम्मिलित हुए। हज़रत अली ने उन्हें कूफ़ा का प्रशासक नियुक्त किया था। क़र्जत सभी लड़ाइयों में हज़रत अली के साथ रहे। कूफ़ा में ही मृत्यु को प्राप्त हुए तो हज़रत अली ने उनके जनाज़े की नमाज़ पढ़ायी थी। उमरू-बिन-क़र्जत भी कूफ़ा में रहते थे। शहीदी दिवस पर वीरतापूर्वक युद्ध किया, फिर देखा कि इमाम हुसैन की ओर वाणों की वर्षा की जा रही, उमरू उनके सामने खड़े हो गये और वाणों को अपने सीने पर रोकते थे। यहाँ तक कि शहीद हो गये। अन्तिम समय में इमाम हुसैन से कहा, हे पैग़म्बर के सुपुत्र क्या मैंने अपने दायित्व का निर्वाह किया? इमाम हुसैन ने उत्तर दिया, हाँ! तुम स्वर्ग में मुझसे पहले जाओगे। पैग़म्बर को मेरा सलाम कहना और कहना कि मैं भी शीघ्र ही आ रहा हूँ।

सलमान-बिन-मज़ारिब-बिन-क़ैस नमरी बिजिल्ली :

ज़ुहैर-क़ैन के चचेरे भाई थे। उन्हीं के साथ हज्ज को गये थे। जब ज़ुहैर ने इमाम हुसैन का पक्ष ग्रहण करने का निर्णय लिया तो यह भी उनके साथ इमाम हुसैन की सेवा में आये। युद्ध किया और शहीद हुए।

अब्दुल्लाह-बिन-उरवा-बिन-हर्राक़ ग़फ़्फ़ारी :

अब्दुल्लाह के पितामह हराक़ इस्लामी पैग़म्बर के श्रेष्ठ सहाबी हज़रत अबूज़र ग़फ़्फ़ारी के सहवंशज थे। हज़रत अली के साथियों में थे। उनके साथ जमल, सिफ़्फ़ीन तथा नहरवान के युद्धों में सम्मिलित हुए थे। हराक़ के पौत्र अब्दुल्लाह ने कर्बला में आकर इमाम हुसैन से भेंट की। शहीदी दिवस पर ज़ुहर के समय संकट बढ़ा, तो इमाम हुसैन से अनुमति प्राप्त करके युद्ध किया और शहीद हुए।

अब्दुर्रहमान-बिन-उरवा-बिन-हर्राक़ ग़फ़्फ़ारी :

अब्दुर्रहमान अपने भाई अब्दुल्लाह-बिन-उरवा के साथ ही इमाम हुसैन की सेवा में प्रस्तुत हुए, उन्हीं के साथ ज़ुहर के समय इमाम हुसैन से अनुमति प्राप्त

करके युद्धभूमि में आये और अपने प्राणों की आहुति प्रस्तुत की।

सैफ़-बिन-हार्स-बिन-सरीअ :

कर्बला में इमाम हुसैन की सेना में सम्मिलित हुए। उनके साथ उनके सेवक शबीब भी थे। युद्ध किया और शहीद हुए।

मालिक-बिन-अब्दुल्लाह-बिन-सरीअ हमदानी :

सैफ़-बिन-हार्स हमदानी के चचेरे भाई थे, परन्तु एक ही माता की संतान थे। अपने भाई के साथ इमाम हुसैन की सेवा में आये। युद्ध किया और शहीद हुए।

सालिम-बिन-उमर-बिन-अब्दुल्लाह कल्बी :

क़बीला कल्ब की एक शाख बनी मदीनत-उल-कल्बी से सेवक के रूप में सम्बद्ध थे। कूफ़ा में हुसैनीदूत मुस्लिम के साथ यज़ीदी सेना से युद्ध किया था। मुस्लिम के शहीद होने पर बन्दी बना लिये गये थे। परन्तु किसी प्रकार कारावास से बाहर निकल आये। इमाम हुसैन के कर्बला आगमन की सूचना पाकर क़बीला कल्ब के अन्य लोगों के साथ पहुँचकर हुसैनीसेना में सम्मिलित हो गये। युद्ध किया और शहीद हो गये।

क़अनब-बिन-उमर नमरी :

बसरावासी थे। हज्जाज-बिन-ज़ैद सअदी के साथ इमाम हुसैन की सेवा में उपस्थित हुए। युद्ध किया और शहीद हुए।

ज़ैद-बिन-सुबैत क़ैसी :

बसरावासी थे। हज़रत अली के शिष्य अबुल असवद के मित्रों में थे। गतपृष्ठों में चर्चा हो चुकी है कि उनके दस पुत्र थे, जिनमें प्रत्येक पुत्र से उन्होंने आग्रह किया था कि सत्य की रक्षा में अपने प्राणों की आहुति प्रस्तुत करें। उनके दो पुत्र अब्दुल्लाह तथा उबैदउल्लाह ही उनका आह्वान स्वीकार कर उनके साथ इमाम हुसैन की सेवा में प्रस्तुत हो सके। उनके पुत्रों की चर्चा यथास्थान हो चुकी है। सत्य की रक्षा में अपने पुत्रों का बलिदान प्रस्तुत करने के बाद स्वयं भी वीरता से युद्ध किया और शहीद हुए।

राफ़िअ-बिन-अब्दुल्लाह :

इस्लामी पैग़म्बर के सहाबी मुस्लिम-बिन-कसीर सदफ़ी अज़दी की चर्चा यथास्थान हो चुकी है। राफ़िअ उन्हीं के सेवक थे। अपने स्वामी के साथ कर्बला आये तथा ज़ुहर के बाद युद्ध करके शहीद हुए।

बिश्र-बिन-उमैर-बिन-उहदूस ख़ज़रमी किन्दी :

मूलतः हज़रमौतवासी थे, परन्तु कूफ़ा के मुहल्ला बनीकन्दा में निवास करते थे। अतः किन्दी कहलाये गये। कर्बला में आकर इमाम हुसैन की सेवा में प्रस्तुत हुए। यथास्थान चर्चा हो चुकी है कि इनके पुत्र को यज़ीदियों ने बन्दी बना लिया, तो इमाम हुसैन ने कहा था कि तुम मेरी ओर से स्वतंत्र हो, जाकर अपने पुत्र को बचाने का प्रयत्न करो। परन्तु वे इमाम हुसैन के साथ बने रहे। युद्ध किया और शहीद हो गये।

□□□

अध्याय : नौ

उपलब्धियाँ एवं प्रभाव

इस्लामी मर्यादा एवं सम्पदा

कर्बला की घटना के बाद इस्लामी मर्यादा एवं सम्पदा के संरक्षण की समस्या, उन चुनौतियों में सबसे बड़ी थी, जो हुसैनी क्रान्ति की उपलब्धियों एवं प्रभाव से जुड़ी हुई थीं। हुसैनी क्रान्ति के असंख्य आयाम हैं, जिनमें उपलब्धियों एवं प्रभाव का अत्यन्त लघु अंश ही प्रकाशित हो सका है। हुसैनी क्रान्ति से इस्लामी जीवन का कोई अंग अछूता नहीं रह गयां है। इस्लामी संस्कृति में हुसैनी क्रान्ति व्यवहारिक धार्मिकता के रूप में प्रचलित है, इसके विस्तार में जायँ, तो अलग से कई पुस्तकें बन जायें। हुसैनी क्रान्ति अपने धार्मिक आयामों के आधार पर इस्लाम ही नहीं, सभी धर्मों के लिए प्रेरणा-स्रोत है, क्योंकि इसका कार्यक्षेत्र मात्र इस्लाम तक सीमित नहीं है। हुसैनी क्रान्ति असत्य एवं अन्याय के विरुद्ध संघर्ष का नाम है, जिसमें इमाम हुसैन और उनके सहयोगियों ने सत्य एवं न्याय की प्रतिरक्षा में अपने प्राणों की आहुति दी। उनके कृतित्त्व अमर हैं। सभी मानव समान रूप में प्रेरणा ग्रहण करते हैं। जैसे-जैसे क्रान्ति के प्रति जनमानस का संज्ञान बढ़ता जाता है, उसका प्रभाव-क्षेत्र भी विकसित होता जाता है। यहाँ संक्षेप में कुछेक विन्दुओं पर ही विचार किया जा सकता है। जैसे, इस्लामी मर्यादा एवं सम्पदा के साथ ही जाफ़री धर्मशास्त्र की सर्वग्राह्यता, सूफ़ियों की संवेदनशीलता, शोक-दिवस का औचित्य, इमामों का स्वत्त्वाधिकार, हुसैनी क्रान्ति का राजनीतिक परिप्रेक्ष्य और हुसैनी क्रान्ति बहुआयामी आयाम।

हुसैनी क्रान्ति के बाद इस्लामी धार्मिकता को संरक्षण प्रदान करके ही उसकी मर्यादा एवं सम्पदा की रक्षा सम्भव हो सकती थी और हुई भी। इस्लामी पैग़म्बर

की नेतृत्व सम्पदा, जो उनके बाद दो मंज़िलें तय करके इमाम हुसैन तक पहुँची थी, उनके शहीद होने के उपरान्त उसको उसी प्रतिष्ठा एवं आभा के साथ यथावत रखना, अत्यन्त कठिन एवं पेचीदा कार्य था, जिसको इमाम हुसैन के उत्तराधिकारियों ने न केवल यह कि उसे सुरक्षित एवं संरक्षित रखा, वरन् उसकी आभा भी उसी प्रकार विद्यमान रही थी।

इमाम हुसैन के बाद इमामों की तीन पीढ़ियाँ समस्त मुसलमानों के लिए, सम्प्रदाय एवं पंथ के किसी विभेद के बिना, नेतृत्व एवं मार्गदर्शन का केन्द्र रही थीं। इमाम हुसैन के सुपुत्र इमाम ज़ैन-उल-आबिदीन (658-714 ई०), उनके बाद इमाम मुहम्मद बाक़िर (677-734 ई०) और इमाम जाफ़र सादिक़ (702-65 ई०) पर समस्त मुसलमानों का निर्विवाद सर्वसम्मति रही, उन्हीं की धार्मिक पद्धति को सही इस्लाम समझा गया, उन्हीं की शरीअत की तमाम मुसलमानों ने बिना किसी मतभेद के पालन किया। इमाम जाफ़र सादिक़ के बाद ही विभिन्न विश्वासों एवं पंथों की शरीअतें अस्तित्व में आयीं, जिनके विषय में आगामी पृष्ठों में चर्चा की जायेगी। यहाँ इन तीन इमामों के सामूहिक सुप्रयास का परिचय प्रस्तुत कर देना ही अभीष्ट है।

हुसैनी क्रान्ति के पश्चात इस्लामी मर्यादा एवं सम्पदा को उचित परिप्रेक्ष्य तक पहुँचाने के लिए इमाम अली-बिन-हुसैन, जो इमाम ज़ैन-उल-आबिदीन के नाम से अधिक विख्यात हैं, सर्वप्रथम निर्णायक परियोजना के साथ सफलतापूर्वक सक्रिय हुए। उनके मूल विन्दु थे : निराशा में डूबे इस्लामी मानस को आत्मसम्मान का जीवन प्रदान करना, शिक्षा-दीक्षा संस्थान की पुनः स्थापना, इमाम हुसैन की अज़ादारी तथा ताज़ियादारी को संस्थागत रूप प्रदान करना तथा इमामत के अधिकार पर दृढ़ रहना। इन मूल विन्दुओं पर गत अध्याय में चर्चा हो चुकी है।

इमाम ज़ैन-उल-आबिदीन कर्बला की घटना के समय उपस्थित थे। इमाम हुसैन की शहादत के बाद नेतृत्व का भार भी उन्होंने उठाया था। उस समय उनकी आयु 22 वर्ष थी और बाद में 34 वर्ष जीवित रहे थे। कर्बला से कूफ़ा और कूफ़ा से दमिश्क़ की घटनाओं की चर्चा यथास्थान हो चुकी है। उन्होंने अपना जीवन इमाम हुसैन के उद्देश्यों के प्रचार-प्रसार हेतु समर्पित कर दिया था। इमाम हुसैन का ग़म मनाना अपने जीवन का अभिन्न अंग बना लिया था। अपने अनुयायियों को भी इसकी दीक्षा देते थे। असाधारण सन्तोष एवं धैर्य की विशेषता के कारण 'सैय्यद-उस-साबिरीन' (धैर्यवानों के सरदार) तथा ईश-वन्दना में असाधारण समर्पण के आधार पर 'ज़ैन-उल-आबिदीन' (ईश-वन्दना करनेवालों की शोभा) तथा 'ज़ैन-उस-साजदीन' (सिजदा करनेवालों की शोभा) ईश-वन्दना

में इमाम हुसैन और उनके सहयोगियों के महाबलिदान की स्मृति जगाते रहने हेतु 'ख़ाके-शिफ़ा' (कर्बला की मिट्टी) की पोटली साथ रखते थे। उसी ख़ाक पर नमाज़ में सजदा करते थे।[1] उनकी एक पुस्तक 'सहीफ़त-उल-कामिला-उल-सज्जादिया' दुआओं का संकलन है, जिनको स्वयं पढ़ते थे और अपने श्रद्धालुओं को भी पढ़ने की सलाह देते थे। दुआ अल्लाह और उसके बन्दे के बीच आन्तरिक एवं आध्यात्मिक सान्निध्य का माध्यम है। मानव दुआ में ढलकर अपने पालनहार के सामने नतमस्तक होता है।

कर्बला की विशिष्टताओं में है कि इमाम हुसैन ने अपनी आख़िरी नमाज़ में, जो कर्बला में बलिदान दिवस के अवसर पर 'अस्र' (अपराह्न), ईश्वर की वन्दना में अपना सिर रखा, तो फिर सिर को उठाया नहीं, वरन् उनका सिर काटकर बल्लमों पर उठाया गया। क़ातिल की छूरी चलती रही और इमाम हुसैन अपने पालनहार से दुआओं में व्यस्त रहे। कर्बला की घटना से प्राप्त दुआओं की संवेदना को इमाम ज़ैन-उल-आबिदीन ने आत्मशुद्धि का उच्चतम आदर्श बनाकर प्रस्तुत किया। दुआओं की संवेदना के इस प्रयोग में वैदिक विधि से कई स्तरों पर समानताएँ हैं। ईश-वन्दना से आत्मशुद्धि प्राप्त करने का प्रयोग सफलतापूर्वक वेदों के माध्यम से भी हुआ था। **"मूल आध्यात्मिक अभिव्यक्ति में निगूढ़ मन्त्रात्मकता रहती है, जिसके सहारे उसका समुचित परिशलन श्रोता के हृदय को एक अपूर्व बोध और भाव से प्रकाशित करता है तथा यह अन्तर्गृहीत या सहृदयसंवेद्य प्रातिभ अर्थ अपने परिचित बौद्धिक प्रत्ययों में यथाकथंचित प्रकाशत करने से साक्षात्कारात्मक आर्षज्ञान एवं अध्यात्मविद्या की परम्परा को जन्म देता है।"**[2] वैदिक अध्ययन के विभिन्न पक्ष हैं, जिनमें मंत्रों के प्रयोजन में आधिभौतिक सामाजिक स्तर पर विशेष बल दिया जाता है। **"उनका पाठ लौकिक कल्याण के लिए भी किया जाता है, बाधाओं को दूर करने के लिए भी किया जाता है, ज्ञान और वैराग्य के लिए भी किया जाता है। धर्म को अभ्युदय और निःश्रेयस का साधन भी कहा गया है। इस सम्पूर्णता की साधना के प्रतिपादक ग्रन्थों की महनीय परम्परा में वेद अग्रणी हैं। वे सिर्फ कर्म के ही नहीं सम्पूर्ण मानवसाधना के उपदेशक हैं।"**[3]

इमाम ज़ैन-उल-आबिदीन ने दुआओं में एक विशेष दुआ 'अद्दुआ-फ़ी-मकारिम-उल-अख़लाक़ो-मरज़ी-उल-अफ़आल' है, जिसमें ईश्वर से आध्यात्मिक सूत्र स्थापित करते हुए, शुभ कार्यों की प्रेरणा तथा अशुभ कार्यों से बचने की

---

1. मनाक़िबे-आले-अबीतालिब, भाग-2, पृ० 329
2. ऋग्वेद, भूमिका, पृ० xv
3. ऋग्वेद, भूमिका, पृ० xix

सामर्थ्य हेतु प्रार्थना करते हुए विस्तार से उन सभी बातों की चर्चा की गयी है, जिनसे मानव जीवन उच्च आदर्शों की ओर अग्रसर होता है तथा उन त्रुटियों से बचने की दीक्षा मिलती है, जिनसे मानव पतन की ओर जाता है। इन दुआओं में मानवता उच्च शिखर की ओर अग्रसर होती दीखती है। इस दुआ में उन बातों की चर्चा है, जो प्रत्येक व्यक्ति में होनी चाहिए तथा उन बातों को भी बता दिया है, जिनसे व्यक्ति को बचना चाहिए। मानव जीवन के तीन विशेष अंग हैं— विश्वास, कथन तथा क्रिया। पहले का सम्बन्ध संवेदना से है। दूसरे का भाषा से तथा तीसरे का शारीरिक अंगों से। इसी आधार पर इस्लाम में ईमान के तीन स्तर बताये गये हैं— 'तसदीक़-बिल-क़ल्ब' (मन से समर्थन करना), 'इक़रार-बिल-लिसान' (शब्दों में स्वीकार करना) तथा 'अमल-बिल-अरकान' (क्रियाविधि से स्थापित करना)। मानव की भ्रष्टता के भी इसी के समानान्तर तीन अंग हैं, जो उसके विश्वास, कथन एवं क्रिया के आधार पर निश्चित होते हैं।

'सहीफ़त-उल-कामिला-उल-सज्जादिया' का उद्देश्य मानव संवेदना को जागृत करके उसे ईश-वन्दना की ओर आकृष्ट करे। ईश्वर के सान्निध्य का मार्ग बताये, अध्यात्म के मूल तत्त्व परिचित कराये, ईश्वर से सम्बोधन करने का सलीक़ा सिखाये। आत्मशुद्धि, सदाचार, चरित्र-निर्माण, आचरण में पवित्रता तथा आत्मा में पावनता के अंकुर उभारे। ये उद्देश्य मात्र शब्दों के उच्चारण से नहीं हो सकते। जब तक उनके भाव पर ध्यान न हो, अतः दुआ करते समय मन का शुद्ध होना तथा संकल्प में दृढ़ होना समान रूप में आवश्यक है। यदि भाव व्यक्त करने की आवश्यकता न होती, तो मात्र संकल्प कर लेने से ही इच्छापूर्ति हो जाती तथा किसी प्रकार के प्रयास के बिना ही आचरण एवं व्यवहार में शुद्धता उत्पन्न हो जाती। दुआ के लिए शुद्ध आचरण नितान्त आवश्यक है। हज़रत अली का प्रसिद्ध वक्तव्य है कि जो कार्य नहीं करता और दुआ माँगता है, वह ऐसा है जैसे बिना धनुष के वाण चलानेवाला![1]

प्रस्तुत दुआओं के संकलन में जीवन के विभिन्न पक्षों से सम्बन्धित दुआएँ हैं, जिनके विस्तार में जाने का यहाँ अवसर नहीं है। यहाँ मात्र उस दुआ का संक्षिप्त उद्धरण प्रस्तुत किया जा सकता है, जो मानव जीवन उच्च आदर्शों को स्थापित करने की प्रेरणा प्रदान करती है। इसका अन्तिम भाग है : **''हे ईश्वर! मेरी जीवनलीला को अपनी क्षमा एवं कृपा के साथ समाप्त कर और मेरी आशाओं को कृपा की आशा में सफल कर दे और अपनी अनुमति तक पहुँचने का मार्ग आसान कर दे और प्रत्येक स्थिति में मेरे कार्य को उचित कर दे। हे ईश्वर! मुहम्मद और उनके संतान पर दया दृष्टि कर और मुझे विस्मृति के क्षणों**

1. सहीफ़त-उल-कामिला-उल-सज्जादिया, पृ० 28

में अपनी चर्चा के लिए सचेत कर और अवकाश के समय अपनी सेवा में लगाये रख और अपने प्रेम को सरल एवं सुगम बनाकर मुझपर खोल दे, जिसके माध्यम से दुनिया और आख़िरत की भलाई को सम्पन्न कर दे। हे अल्लाह, मुहम्मद और उनके परिवारजनों पर श्रेष्ठतम दया कर, ऐसी दया जो पूर्व में तूने किसी अन्य जीव पर की हो और उसके बाद किसी अन्य पर करने वाला हो और हमें दुनिया में भी नेकी प्रदान कर तथा आख़िरत में भी और अपनी दया से हमें नरक की प्रताड़ना से सुरक्षित कर दे।''[1]

इसी प्रकार 'दुआ इंद-उल-सब्बाह-वउल-मसा' जो प्रातः एवं सायंकाल में पढ़ने की है, उसका भी एक संक्षिप्त उद्धरण देखिए : ''समस्त वन्दना उसी ईश्वर के लिए है, जिसने अपनी शक्ति एवं सामर्थ्य से दिन तथा रात का सृजन किया और अपनी क्षमता के प्रदर्शन से इन दोनों के बीच अन्तर स्थापित किया और उनमें से हरेक को निश्चित सीमा तथा नियमित समय का भागीदार बनाया और उनके कम अथवा अधिक होने का अनुमान निश्चित किया। उसके आधार पर रात के स्थान पर दिन और दिन के स्थान पर रात को लाता है, ताकि उसके माध्यम से मानव की जीविका तथा उनके पालन का प्रबन्ध करें। अतः उसने उनके लिए रात बनायी ताकि उसमें थका देने वाले कार्यों तथा क्षतिग्रस्त कर देने वाले कष्टों के बाद विश्राम करें और उसे परदा बना दिया, ताकि शान्तिपूर्वक चादर तानकर आराम से सोयें और ये उनके लिए प्रसन्नता एवं सुख तथा स्वाभाविक शक्तियों के पुनर्स्थापित होने तथा स्वाद एवं आनन्द का द्योतक हो और दिन को उनके लिए उज्जवल एवं प्रकाशमय उत्पन्न किया ताकि उसमें उसके कृपा को ढूँढ़े और जीविका का माध्यम देखें तथा सांसारिक लाभ एवं मृत्यु के बाद की दुनिया के लाभ प्राप्ति के साधन ढूँढ़ने के लिए उसकी धरती पर चलें-फिरें। इन समस्त कार्यों से वह उनकी स्थिति को संवारता और उनके कार्यों की जाँच करता और यह देखता है कि वे लोग ईश-वन्दना की घड़ियों में दायित्व वहन तथा आदेशानुपालन के अवसरों पर कैसे अडिग रहते हैं ताकि बुरे लोगों को उनके निकृष्ट कार्यों का दण्ड तथा भलाई करनेवालों को अच्छा पारितोष्य दे सके।''[2]

इस्लामी मर्यादा एवं सम्प्रदा का अतिमहत्वपूर्ण पक्ष उन विद्याओं को संग्रहित एवं सम्पादित करना था, जो इमाम हुसैन तथा उनके बाद इमाम ज़ैन-उल-आबिदीन ने प्रस्तुत किया था। यह कठिन कार्य इमाम मुहम्मद बाक़िर (677-733 ई०) द्वारा सम्पन्न हुआ। वे तीन वर्ष की आयु में कर्बला के दुःखान्त का

1. सहीफ़त-उल-कामिला-उल-सज्जादिया, पृ० 193-194
2. सहीफ़त-उल-कामिला-उल-सज्जादिया, पृ० 220-21

अंग रहे थे। उन्होंने उन सभी अत्याचारों एवं प्रताड़नाओं का साक्षात्कार किया था, जो उस समय उपस्थित अन्य शिशुओं ने सहन किये थे। अपने पिता इमाम ज़ैन-उल-आबिदीन तथा अन्य परिवारजनों के साथ बन्दी बनकर रस्सियों में बँधे हुए गाँव-गाँव, नगर-नगर फिराये गये थे। फिर कारावास में डाल दिये गये। शिशुकाल के चिह्न उसके मनःस्थल पर इस प्रकार बैठ जाते हैं कि मिटाये नहीं मिटते। इमाम मुहम्मद बाक़िर के समक्ष पितामह इमाम हुसैन और उनके परिवारजनों एवं सहयोगियों के अद्वितीय बलिदान और शत्रुओं के अत्याचार एवं प्रताड़नाएँ थीं, जिनको स्मरण करके अपने पिताश्री को जीवन भर तड़पते और विलाप करते देखा। इब्न-हजर मक्की का कथन है कि आप ईश-वन्दना, ज्ञान-विज्ञान एवं सदाचार में अपने पिताश्री की जीती-जागती तस्वीर थे।[1] मुहम्मद-बिन-तलहा शाफ़ई ने लिखा है कि ज्ञान-विज्ञान, तपस्या, सदाचार, आत्मशुद्धि तथा इसी प्रकार की अन्य विशेषताएँ उनके नाम से अलंकृत हुई।[2] इब्न-सअद, शहाब ज़ुहरी, इमाम नस्अई आदि ने श्रेष्ठतम धर्माचार्य लिखा है। वे इस्लामी शरीअत के ऐसे जानकार थे कि अन्य सभी विद्वान उनके सामने नतमस्तक होते थे।[3]

इमाम मुहम्मद बाक़िर के नाम में मुहम्मद उनका नाम है तथा बाक़िर उपाधि है। 'बाक़िर' अरबी शब्द है, जिसका अर्थ है ज्ञान का विस्तार एवं विकास। यह उपाधि उन्हें इस आधार पर प्राप्त हुई कि उन्होंने ज्ञान-विज्ञान को विकसित किया। ईश्वरीय ज्ञान, व्यवहारिक ज्ञान तथा प्रचलित विज्ञान के रहस्यों से परिचय कराया। उसकी गोपनीय निधि सबके सामने उजागर कर दी।[4] इन विशेषताओं के सन्दर्भ में काज़ी नूरउल्लाह शूशतरी ने बाक़िर शब्द की व्याख्या करते हुए इस्लामी पैग़म्बर की एक हदीस की चर्चा की है, जिसमें इस्लामी पैग़म्बर ने कहा है कि मेरा सुपुत्र मुहम्मद बाक़िर व्यवहारिक ज्ञान-विज्ञान एवं धर्मशास्त्र के मर्मों को इस प्रकार प्रत्यक्ष करेगा, जिस प्रकार कृषि के लिए धरती को जोतकर उसके मर्म को स्पष्ट किया जाता है।[5] एक अन्य हदीस है, जिसको इस्लामी पैग़म्बर के लब्धप्रतिष्ठित सहाबी जाबिर-बिन-अब्दुल्लाह अंसारी बयान करते थे। उनका कथन था कि इस्लामी पैग़म्बर ने उनको बताया था कि मेरे सुपुत्र हुसैन के वंश में एक शिशु उत्पन्न होगा, जो 'बाक़िर-उल-उलूम' (विद्याओं के भेद खोलनेवाला) होगा,

---

1. अलसवायक़-उल-मुहर्रिक़ा-फ़ी-रद्द-अला-अहल-उल-रफ़्ज़-वउल-ज़नदका, पृ० 120
2. मतालिब-उल-सउल-फ़ी-मनाक़िब-आल-उल-रुसूल, पृ० 269
3. अरजह-उल-मतालिब-फ़ी-मनाक़िब-असदउल्लाह-उल-ग़ालिब, पृ० 466
4. अलसवायक़-उल-मुहर्रिक़ा-फ़ी-रद्द-अला-अहल-उल-रफ़्ज़-वउल-ज़नदका, पृ० 120; मतालिब-उल-सउल-फ़ी-मनाक़िब-आल-उल-रुसूल, पृ० 269
5. मजालिस-उल-मोमनीन, पृ० 117

वह ज्ञान की गुत्थियों को इस प्रकार सुलझायेगा कि संसार चकित रह जायेगा। तुम उसके समय में जीवित रहोगे। जब तुम्हारी उससे भेंट हो, तो मेरा सलाम कहना।[1] इमाम मुहम्मद बाक़िर ने धर्मविद्याएँ, हदीस, तफ़सीर तथा अन्य विद्याओं एवं कलाओं के माध्यम से हुसैनी क्रान्ति के सन्देश को जनसाधारण तक पहुँचाया।

इस्लामी मर्यादा एवं सम्पदा को सुरक्षित करने के लिए इस्लामी धर्मशास्त्र का समुचित सम्पादन का श्रेय इमाम मुहम्मद बाक़िर के सुपुत्र इमाम जाफ़र सादिक़ (702-65 ई०) प्राप्त है, जिन्होंने हुसैनी क्रान्ति के सैद्धान्तिक एवं व्यवहारिक समस्याओं एवं पीठिकाओं को इस्लामी शरीअत की रौशनी में पेश करने की आवश्यकता की पूर्ति की। इमाम जाफ़र सादिक़ ने अध्ययन-अध्यापन को एक आन्दोलन के रूप में प्रोत्साहित किया तथा उसका मूल मन्त्र सत्य की अनुभूति एवं मानव अधिकारों की सुरक्षा के रूप में प्रस्तुत किया। उन्होंने क़ुर्आन की तफ़सीर, पैग़म्बर की हदीसों, इस्लामी धर्मशास्त्र तथा अन्य विद्याओं में अपने पिताश्री की परम्परा में उत्कर्ष तक पहुँचाया। अनेक एवं विविध ज्ञान-विज्ञान का आविष्कार किया था अथवा उनको नवीन आयामों से परिचित कराया। उदाहरणार्थ, इस्लाम धर्म से सम्बन्धित विद्याओं में इल्म-क़ुर्आन, फ़सीर, हदीस, फ़िक़्ह, कलाम तथा विज्ञान विषयों में भौतिकी, रसायन, औषधि एवं चिकित्सा, ज्योतिष एवं खगोल, मआदन, रमल, जफ़र, कयाफ़ा, रोय और सामाजिक विज्ञान में इतिहास-लेखन, दर्शनशास्त्र, तर्कशास्त्र, नीतिशास्त्र, सौन्दर्यशास्त्र तथा अनेक अन्य विद्याएँ, जिनसे मुस्लिम समाज पहली बार इमाम जाफ़र सादिक़ या उनके अनुयायी शिष्यों के माध्यम से परिचित हुआ। इनके अतिरिक्त ईश-ज्ञान तथा तात्विक शास्त्र का बोध भी कराया। आध्यात्मिक परम्पराओं को स्थायित्व प्रदान किया। इमाम जाफ़र सादिक़ के शिष्यों का दायरा बहुत व्यापक था। समस्त इमामों के शिष्यों की सामूहिक संख्या साढ़े चार हज़ार बतायी जाती है, जिसमें से मात्र चार हज़ार इमाम जाफ़र सादिक़ के ऐसे शिष्य हैं, जिनकी चर्चा विभिन्न पुस्तकों में मिलती है। इमामों से सम्बद्ध लगभग तेरह सौ लेखक हैं, जिनमें अधिकांश इमाम जाफ़र सादिक़ के शिष्य एवं सहयोगी हैं। उनमें चार सौ विद्वानों ने धर्मशास्त्र के सिद्धान्त प्रतिपादित किये, जो तदुपरान्त विभिन्न हदीस ग्रन्थों के रूप में प्रकाशित हुए तथा उनमें एक-एक ने अनेक ग्रन्थों की संरचना की है।[2]

---

1. तारीख़-अर्रुसुल-वअलमुलूक, भाग-3 पृ० 96; मतालिब-उल-सउल-फ़ी-मनाक़िब-आल-उल-रुसूल, पृ० 373
2. नुक़ूशे-इस्मत, पृ० 445

इमाम जाफ़र सादिक़ के प्रमुख शिष्यों में विख्यात वैज्ञानिक एवं रसायनशास्त्री जाबिर-बिन-हय्यान तर्तूसी हैं। बहुसंख्यक मुस्लिम सम्प्रदाय 'अहल-उल-सुन्नत-वअल-जमाअत' जो सुन्नी के रूप में अधिक जाने जाते हैं, उनके चार प्रसिद्ध पंथों के प्रवर्तकों में इमाम अबू हनीफ़ा तथा इमाम मालिक-बिन-अनस इमाम जाफ़र सादिक़ के शिष्य थे, जिनके शिष्य इमाम शाफ़ई तथा इमाम हम्बल हैं। इनके अतिरिक्त इमाम सुफ़ियान सूरी, सुफ़ियान-बिन-ऐनिया, याहिया-बिन-सईद, इब्न-जरीह, अयूब, मुहम्मद-बिन-हसन आदि भी अपने-अपने पृथक् पंथों के प्रवर्तक हैं, जो इमाम जाफ़र सादिक़ के शिष्य थे। लेखकों में फ़ज़्ल-बिन-शाज़ान ने एक सौ अस्सी पुस्तकों की रचना की है। पैग़म्बर के हदीसों को स्मरण करनेवाले हाफ़िज़ों में जाबिर जाफ़ी को सत्तर हज़ार हदीसें स्मरण थीं तथा अबान-बिन-तग़लब कूफ़ी को तीस हज़ार हदीसें स्मरण थीं। विख्यात सूफ़ी-सन्त शिष्यों में अबू यज़ीद तयफ़ूर, इब्राहीम-बिन-अदहम, मालिक-बिन-दीनार तथा जाबिर-बिन-हय्यान से अलग-अलग सूफ़ी परम्पराएँ प्रारम्भ होती हैं। शीआ सम्प्रदाय को इमाम जाफ़र सादिक़ की बदौलत विशेष महत्त्व प्राप्त हुआ, जो उनको अपने छठे इमाम के रूप में स्वीकार करते हैं। इमाम जाफ़र सादिक़ ने हुसैनी क्रान्ति के उद्देश्य से जनसाधारण को परिचित कराने में अपूर्व योगदान किया तथा उसे आस्था के अभिन्न अंग के रूप में स्थापित किया।

सामूहिक रूप में कहा जा सकता है कि इमामों ने हुसैनी क्रान्ति के माध्यम से अज्ञान एवं भ्रष्टता के अंधकार में ज्ञान एवं बुद्धि की दीपशिखा, अधर्म एवं लोलुपता के प्रकोप में विश्वास एवं संतोष की श्रेष्ठता तथा अत्याचार एवं शोषण के आक्रमण में त्याग एवं बलिदान के उच्चतम आदर्श स्थापित किये, जो इस्लामी पैग़म्बर के उत्तराधिकारी इमामों ने अपने आचरण एवं व्यवहार से लोगों के सामने चरितार्थ कर दिये। इमाम ज़ैन-उल-आबिदीन (मृ० 713 ई०) से बारहवें इमाम आख़िरउज़्ज़माँ (जन्म 870 ई०) तक समस्त इमाम ज्ञान-विज्ञान, धर्म-विश्वास, सात्विक जीवन, त्याग एवं बलिदान तथा ईश-वन्दना एवं अध्यात्म के आदर्शों में एक-दूसरे का जवाब थे। उनको परखने के लिए विभिन्न प्रकार के यत्न किये गये, जिनका इतिहास में सविस्तार वर्णन मिलता है। प्रत्येक बार प्रत्येक इमाम अपने आचरण एवं कृतित्व के आधार पर खरा उतरा और उनके शत्रु अपमानित होकर रह गये।

जाफ़री धर्मशास्त्र की सर्वग्राह्यता

हुसैनी क्रान्ति की धार्मिक संवेदना का दूसरा नाम इस्लामी धर्मशास्त्र का मूलरूप जाफ़री धर्मशास्त्र है, जिसका नामकरण उसके प्रवर्तक इमाम जाफ़र

सादिक़ के नाम पर हुआ है। उन्होंने कोई नया धर्मशास्त्र आविष्कार नहीं किया था। वरन् इस्लामी शरीअत, जो इस्लामी पैग़म्बर द्वारा निर्धारित सिद्धान्तों पर प्रचलित हुई, हज़रत अली से इमाम हुसैन तक और फिर हुसैनी क्रान्ति के बाद इमाम ज़ैन-उल-आबिदीन से होती हुई, इमाम जाफ़र सादिक़ तक पहुँची, अपनी सैद्धान्तिक सूक्ष्मताओं एवं विविधताओं के साथ विकसित होकर वैचारिक स्तर पर अनेक आयामों को अपनी परिधि में लेकर सम्पादित हुई थी। जैसा कि ऊपर कहा जा चुका है, इमाम जाफ़र सादिक़ के शिष्यों में इमाम अबू हनीफ़ा, इमाम मालिक तथा उनके शिष्यों में इमाम शाफ़ई तथा इमाम हम्बल अलग-अलग पीठिकाओं के रूप में विकसित किया। इन चारों पीठिकाओं पर ही सुन्नी सम्प्रदाय का धर्मशास्त्र आधारित है। इनके अतिरिक्त भी अन्य धर्मशास्त्र भी सुन्नी सम्प्रदाय में प्रचलित हैं, जिनके प्रवर्तक इमाम सुफ़ियान सूरी, सुफ़ियान-बिन-ऐनिया, याहिया-बिन-सईद, इब्न-जरीह, अयूब, मुहम्मद-बिन-हसन आदि हैं। प्रस्तुत समस्त धर्मशास्त्रों की मुख्य धारा 'जाफ़री धर्मशास्त्र' वर्तमान में भी प्रचलित है। यद्यपि इसका अनुयायी शीआ सम्प्रदाय ही रह गया है।

इस्लामी धर्मशास्त्र के क्षितिज पर खड़े होकर देखा जाय, तो इस्लामी पैग़म्बर के समय से उस काल तक कि इमाम अबू हनीफ़ा ने अलग धर्मशास्त्र का सम्पादन नहीं किया था, समस्त इस्लामी जगत में एक ही धर्मशास्त्र प्रचलित था, जो जाफ़री धर्मशास्त्र के नाम से विख्यात है। यही इमाम हुसैन द्वारा संरक्षित धर्मशास्त्र है, जो निर्विघ्न इमाम जाफ़र सादिक तक पहुँचा था। उसके अतिरिक्त अन्य धर्मशास्त्र का अस्तित्व ही नहीं था। अल्लामा अबुल ओला मौदूदी ने भी स्वीकार किया है : "**इमाम अबू हनीफ़ा पहले व्यक्ति हैं, जिन्होंने अलफ़िक़्ह-उल-अकबर लिखकर इन धार्मिक सम्प्रदायों के स्पर्द्धा में अह्ल-उल-सुन्नत-वउल-जमाअत को स्थापित किया।**"[1] उक्त पुस्तक की रचना 920 ई० के लगभग में हुई थी। इस प्रकार यह बात निर्विवाद है कि उस समय तक समस्त मुसलमान एक ही धर्मशास्त्र का अनुसरण करते थे, जिसका नाम 'फ़िक़्ह-उल-जाफ़री' (जाफ़री धर्मशास्त्र) है।

यद्यपि मुसलमानों के समस्त धर्मशास्त्रों का आधारबिन्दु वर्तमान में भी जाफ़री धर्मशास्त्र ही है, जिनमें उनका कोई-न-कोई सिद्धान्त उससे निश्चित रूप में समानता रखता है। अल्लामा मौदूदी ने भी स्वीकार किया है : "**अह्ले-सुन्नत के आलिमों में ऐसा कौन है, जिसका कोई वक्तव्य भी किसी धर्मशास्त्रीय**

1. ख़िलाफ़तो-मुलूकियत, पृ० 213

समस्या या किसी हदीस के संशोधन के विषय में शीओं से न मिलता हो।"[1] मुसलमानों में अलग-अलग धर्मशास्त्रों के निर्माण होने से सबसे बड़ी हानि यह हुई कि उनके धार्मिक विधान की अक्षुण्णता प्रभावित हो गयी। धार्मिक विधान की केन्द्रीयता समाप्त होकर बिखर गयी, जिससे विभिन्न प्रकार की धार्मिक समस्याएँ उत्पन्न हुईं। मुसलमानों में एक-दूसरे के प्रति सहिष्णुता में भी कमी आयी। यद्यपि हुसैनी क्रान्ति से उत्पन्न जागृति ने उन्हें विचलित नहीं होने दिया, परन्तु कालान्तर में इस्लामी राज्य मुस्लिम साम्राज्य में परिवर्तित हुआ, तो धर्मशास्त्र की विभिन्नताओं को शासक वर्ग ने अपने हित में प्रयोग करने से संकोच नहीं किया, जिनके अनेक उदाहरण इतिहास पुस्तकों में मिलते हैं।

सूफ़ियों की संवेदनशीलता

इस्लामी क्रान्ति की उपलब्धि एवं प्रभाव की चर्चा सूफ़ीवाद में हुसैनी क्रान्ति से प्राप्त संवेदनशीलता के विभिन्न पक्षों को ध्यान में रखकर ही किया जा सकता है। परन्तु सत्य यह है कि 'तसव्वुफ़' (सूफ़ीवाद) के अस्तित्व में आने का कारण ही उमैय्या वंशीय तथाकथित ख़लीफ़ाओं की इस्लाम विरोधी नीतियाँ, भोगविलास तथा हुसैनी क्रान्ति के प्रभाव को कम करने का निरर्थक प्रयास था। प्रख्यात सूफ़ी-सन्त ने स्पष्ट किया है कि धर्म की रक्षा हेतु ही सूफ़ीमत अस्तित्व में आया क्योंकि उमैय्या वंशीय शासकों ने इस्लामी पैग़म्बर के परिवारजनों के अधिकारों पर आधिपत्य बनाना शुरू कर दिया था।[2] सूफ़ी आध्यात्मिक क्रम पर दृष्टि करें तो दोनों सर्वाधिक विख्यात एवं सर्वप्रिय सूफ़ी-सन्तों की परम्पराएँ, जो ख़्वाजा हसन बसरी तथा ख़्वाजा कुमैल-बिन-ज़ियाद से चलती हैं, इमाम हुसैन से सम्बद्ध हैं। ख़्वाजा हसन बसरी तो इमाम हुसैन के आध्यात्मिक शिष्य ही माने जाते हैं। इन आध्यात्मिक श्रंखला में अनेक विख्यात सूफ़ी सम्मिलित हैं। जैसे, ख़्वाजा इब्राहीम अदहम, ख़्वाजा बायज़ीद तैफ़ूर बिस्तामी, ख़्वाजा मअरूफ़ करख़ी, ख़्वाजा जुनैद बग़दादी, शैख़ अब्दुल क़ादिर जीलानी, ख़्वाजा शहाबउद्दीन उमर सुहरवर्दी तथा ख़्वाजा मुईनउद्दीन चिश्ती अजमेरी आदि के सिलसिलों को सूफ़ियों की शब्दावली में 'सिलसिल-उल-ज़हब' (स्वर्ण श्रंखला) कहते हैं। इनमें प्रत्येक सूफ़ी-सन्त से अनगिनत सिलसिले कायम हैं, जो पूरे विश्व में फैले हुए हैं। उनमें चिश्तिया तथा सुहरवर्दिया सूफ़ियों ने हुसैनी क्रान्ति की संवेदना के प्रचार-प्रसार में विशेषरूप में योगदान किया है। हुसैनी क्रान्ति की व्याख्या

---

1. ख़िलाफ़तो-मुलुकियत, पृ० 289
2. कश्फ़-उल-महजूब, पृ० 15

करते हुए ख़्वाजा बन्दानवाज़ गेसूदराज़ इमाम हुसैन के मक्का से प्रस्थान करने के दिन को प्रलय दिवस कहते थे।[1] भारत में सूफ़ियों ने अज़ादारी को विकसित करने में भी विशेष योगदान किया है, जिसकी चर्चा आगामी अध्याय में की जायेगी।

शोक-दिवस का औचित्य

हुसैनी क्रान्ति ने सत्य एवं न्याय, त्याग एवं बलिदान तथा अन्य जीवन मूल्यों को स्थायित्व प्रदान किया तो सम्प्रदायों के बीच विभेद निरर्थक होकर रह गया। मुसलमानों के सभी सम्प्रदायों ने हुसैनी क्रान्ति को विशेष रूप में अपने धर्मविश्वास का प्रमुख अंग बनाया है। सभी सम्प्रदाय समान रूप में हुसैनी क्रान्ति की व्याख्या करते हैं। वरन् सत्य यह है कि शीओं के विपरीत सुन्नियों को व्यवहारिक रूप में हुसैनी क्रान्ति की उपलब्धियों को स्थापित करने में अधिक कठिनाइयाँ झेलनी पड़ती हैं। क्योंकि शीओं में कोई पंथ अथवा वर्ग ऐसा नहीं है, जो हुसैनी क्रान्ति की उपलब्धियों को स्वीकार न करता हो अथवा उसके प्रचार-प्रसार में बाधक बनता हो। परन्तु सुन्नी सम्प्रदाय में कुछेक तत्व (चाहे वे संख्या में कितने ही कम हों) अवश्य हैं, जो हुसैनी क्रान्ति को विभिन्न दृष्टिकोण से देखते हैं। हुसैनी क्रान्ति से धार्मिक प्रेरणा ग्रहण करने के बजाय 10 मुहर्रम को, जिस दिन इमाम हुसैन शहीद किये गये, तथा उस दिन व्यापक रूप में प्रतिवर्ष उनका शोक मनाया जाता है, प्रसन्नतापूर्वक त्यौहार के रूप में मनाते हैं। उनकी मान्यता है कि उस दिन अपने प्रियजनों के प्रति उदारता करना, नित्य भोजन के स्थान पर स्वादिष्ट व्यंजनों का सेवन करना आदि अधिक उचित मानते हैं। सुन्नी धर्मविशेषज्ञों एवं विद्वानों को उनके विरुद्ध संघर्ष करना पड़ता है। यहाँ उनमें से कुछेक विद्वानों एवं धर्मविशेषज्ञों के मंतव्यों का उद्धरण प्रस्तुत कर देना अपेक्षित है।

अल्लामा इब्न-तैमिया (मृ० 1327 ई०) : चारों इमामों में से (अर्थात् अबू हनीफ़ा, शाफ़ई, मालिक, अहमद-बिन-हम्बल) किसी एक ने भी ऐसी बातों में से किसी बात को पुण्य अर्जित करने का माध्यम नहीं माना अर्थात् अपने प्रियजनों से उदारता दिखाना तथा प्रतिदिन के भोजन के विपरीत स्वादिष्ट व्यंजन पकवाना, ये सब बातें उन लोगों की गढ़ी हुई हैं, जो इमाम हुसैन के विरोधी हैं और असत्य के पक्षधर हैं अर्थात् इमाम हुसैन के शत्रु हैं।[2]

---

1. जवाम्अ-उल-किलम, पृ० 309
2. मिनहाज-उल-सुन्नत-वअलनबूवत, भाग-2, पृ० 282; अलहुसैन, पृ० 151

इमाम ग़ाज़ाली (मृ० 1111 ई०) : यह हदीसें कि जो व्यक्ति दसवीं मुहर्रम को सुरमा लगाये, सालभर तक आँख नहीं उठेगी अथवा जो व्यक्ति उस दिन स्नान करे, बीमार नहीं होगा, यह सब मनगढ़न्त हैं।[1]

अल्लामा शिहाबउद्दीन-इब्न-हजर अलअसक़लानी (मृ० 1448 ई०) : अब और अपने को बचाये, फिर बचाये। ऐसा न हो कि 'नसीबियों' की मनगढ़न्त बातें, जो इस्लामी पैग़म्बर के विरुद्ध पक्षपात करते थे, करने लगे अथवा अज्ञानियों की गढ़ी हुई बातें जो बुराई को बुराई से, मनगढ़न्त को मनगढ़न्त से और पाप को पाप से भिड़ाते हैं अर्थात् अत्यन्त उदारता प्रदर्शित करना तथा प्रसन्नता दिखाना और दसवीं मुहर्रम के दिन ईद मनाना तथा बनाव सिंगार करना।[2]

अल्लामा शैख़ अब्दुल हक़ मुहद्दिस देहलवी (मृ० 1642 ई०) ने स्पष्ट किया है कि दसवीं मुहर्रम के दिन रोज़ा रखना, उस दिन की विशेषता बताना कि यह हज़रत आदम का जन्मदिवस है, हज़रत इब्राहीम के आग से बचने का दिन है, हज़रत इस्माइल के बलिदान का दिन है, हज़रत आदम की तौबा स्वीकार होने का दिन है, हज़रत इदरीस के मुक्ति का दिन है, इत्यादि सब मनगढ़न्त झूठी बातें हैं। लोगों ने झूठ गढ़ के आरोपित कर दिया।[3]

क़ाज़ी-उल-क़ुज़्ज़ात मौलाना शिहाबउद्दीन दौलताबादी ने उपर्युक्त मनगढ़न्त बातों के प्रचलित होने के कारणों की चर्चा की है : अस्र की नमाज़ के समय उमर-बिन-सअद ने इमाम हुसैन की धमनी पर वाण मारकर घोड़े से गिरा दिया। उसके बाद यज़ीदियों ने अस्र की नमाज़ पढ़ी और प्रसन्नतापूर्वक एक दूसरे से हाथ मिलाया और मग़रिब की नमाज़ के बाद उनका पवित्र सिर काटकर इमाम हुसैन के वध होने पर एक दूसरे को मुबारकवाद दी। जब वे मग़रिब की अज़ान दे रहे थे, उस समय इमाम हुसैन के परिवारजन नीचे खड़े हुए थे और यज़ीदी बैठे हुए थे। अतः मग़रिब की नमाज़ के समय खड़ा रहना बेहतर है और यज़ीदियों ने अपने विजय पर मग़रिब की पहली रिकत में सूरा 'फ़त्ह' तथा दूसरी में 'इज़ा-जा-नस्रउल्लाह' को पढ़ा और उस दिन यज़ीदियों ने मग़रिब की नमाज़ इतनी देर में पढ़ी कि सितारे निकल आये और उन दुष्टों ने इमाम हुसैन के पवित्र रक्त से आँखों में सुरमा लगाया और यह चीज़ अब तक उनकी परम्परा में

---

1. मुकाशिफ़ा-उल-क़ुलूब, पृ० 203, अलहुसैन, पृ० 164
2. अलसवायक़-उल-मुहर्रिक़ा-फ़ी-रद्द-अला-अहल-उल-रफ़्ज़-वउल-ज़नदका, पृ० 109-10
3. मा-सब्त-मिन-उल-सुन्नत, पृ० 19

सम्मिलित हो गयी। परन्तु हम लोगों के लिए यह सब बातें ऐसी हैं, जिनसे बचना चाहिए।[1]

इमामों का स्वत्त्वाधिकार

कर्बला के दुःखान्त के पश्चात् इस्लामी शासन की स्थिति बद से बदतर होती गयी, इमाम हुसैन के उत्तराधिकारी इमामों ने किसी काल में भी इस्लामी राज्य पर अपना स्वत्त्वाधिकार नहीं छोड़ा। यद्यपि कुछेक अपवादों को छोड़कर लगभग 300 वर्षों का समय इमामों तथा उनके अनुयायियों के लिए अत्यन्त भयावह था। इमामों को निरन्तर कारावास में रखा गया, यहाँ तक कि इमाम मूसा काज़िम (मृ० 799 ई०) कारावास में ही शहीद कर दिये गये। उनका शव बग़दाद में मार्ग के किनारे रखा गया और हृदय-विदारक घोषणाएँ की जाती रहीं। अन्य सभी इमाम भी तत्कालीन शासकों के षड्यन्त्रों के फलस्वरूप शहीद किये गये। उनके अनुयायियों पर नाना प्रकार के अत्याचार किये गये। हाथ-पैर और जीभ काटी गयी, जीवित जलाया गया, दीवारों में चुनवाया गया, सूली दी गयी, वध किये गये आदि। सल्तनत के ऐवान तथा अत्याचारों के केन्द्र महलों का निर्माण सैय्यदों के ख़ून के गारे नींव में डाले गये कि उनके पवित्र रक्त से भवन को स्थायित्व प्राप्त होगा! यहाँ उन अत्याचारों का विस्तार प्रस्तुत करने का अवसर नहीं हो सकता, जिससे मानवता काँप-काँप जाती है। इस्लामी इतिहास की विभिन्न पुस्तकों में अनेक घटनाएँ देखी जा सकती हैं। इन हृदय-विदारक परिस्थितियों में जब सत्य कहना, मृत्यु पाने के पर्याय हो, निरंकुश अत्याचारी शासकों के हिंसात्मक ताण्डव की चिन्ता किये बिना ईश्वरी सत्ता को स्थापित करने हेतु संघर्ष करना तथा इस्लामी पैग़म्बर के उत्तराधिकारी के रूप में इस्लामी सत्ता पर अपना स्वत्त्वाधिकार स्थापित रखना, अत्यन्त कठिन एवं प्राणघातक स्थितियाँ थीं, लेकिन सभी इमाम अपने स्वत्त्वाधिकार पर अडिग रहे। किसी दौर में भी अपना स्वत्त्वाधिकार नहीं छोड़ा। इसमें सन्देह नहीं कि उन्होंने सशस्त्र युद्ध के माध्यम से अपना स्वत्त्वाधिकार प्राप्त करने का प्रयत्न नहीं किया। बल्कि यदि किसी अन्य व्यक्ति ने सशस्त्र युद्ध किया, तो उससे किसी प्रकार का सहयोग भी नहीं किया, जिसके अनेक एवं विभिन्न राजनैतिक कारण हैं।

समय ने इमामों के न्यायोचित मन्तव्यों तथा राजनीतिक नीतियों पर अपनी प्रामाणिकता अंकित कर दी। इन सशस्त्र युद्धों के परिणामस्वरूप कभी भी इस्लामी राज्य स्थापित नहीं हो सके। वरन् कुछ मुसलमानों का शासन सीमित

---

1. हिदायत-उल-सअदा, पृ० 320

समय के लिए स्थापित हुए तथा परस्पर युद्ध की अग्नि में स्वाहा हो गये। इमामों का राजसत्ता पर स्वत्त्वाधिकार यथावत् बना रहा। अत्याचारी शासन स्वयंभू ख़लीफ़ा कहलाने पर भी 'ख़िलाफ़ते-राशिदा' में सम्मिलित नहीं किये जा सके। ख़लीफ़ा उमर-बिन-अब्दुल अज़ीज़ (मृ० 720 ई०) समस्त उमैय्यावंशीय ख़लीफ़ाओं में न्यायप्रियता एवं शुद्ध जीवन में विशिष्ट थे, पर उन्हें भी ख़िलाफ़ते-राशिदा में सम्मिलित नहीं किया जाता है। उनके द्वारा इस्लामी पैग़म्बर के परिवारजनों को फ़िदक नामक जायदाद का लौटाया जाना प्रामाणित करता है कि इस्लामी पैग़म्बर के परिवारजनों द्वारा विरासत का स्वत्त्वाधिकार सही था। फ़िदक किसी सीमित जायदाद की विरासत का समस्या नहीं थी। वरन् इस्लामी राजसत्ता पर स्वत्त्वाधिकार के अधिकार का प्रश्न था। इमाम मूसा काज़िम से फ़िदक की चौहद्दी पूछे जाने पर उन्होंने तत्कालीन खलीफ़ा को उत्तर दिया था कि उसकी पहली सीमा अदन, दूसरी समरक़न्द, तीसरी अफ़्रीक़ा और चौथी सीमा सैफ़-उल-बह्र, जो आर्मीनिया के निकट है। अर्थात् तत्कालीन समस्त इस्लामी साम्राज्य।[1]

अब्बासी वंशीय ख़लीफ़ा इस्लामी पैग़म्बर से अपने पैतृक सम्बन्ध बयान करते नहीं थकते थे। परन्तु यह चुभन घुन की तरह खाये जाती थी कि मुस्लिम समाज उन्हें सच्चा इमाम नहीं मानता, वरन् इमाम हुसैन के उत्तराधिकारियों को ही सच्चा इमाम मानता है। एक बार हारून रशीद (मृ० 819 ई०) मदीना में इस्लामी पैग़म्बर के रौज़े पर उपस्थित हुआ। उसके आगे-पीछे क़ुरैश तथा अन्य क़बीलों के लोग साथ थे। वहाँ इमाम मूसा काज़िम भी उपस्थित थे। हारून रशीद ने उपस्थित जनों को प्रभावित करने के उद्देश्य से कहा—सलाम हो आप पर, हे पैग़म्बर, हे मेरे चाचा के सुपुत्र। इमाम मूसा काज़िम ने फ़रमाया—सलाम हो आप पर, हे पितामहश्री! हारून रशीद के चेहरे का रंग उड़ गया। उसने इमाम मूसा काज़िम को बंदी बना लिया। एक बार हारून रशीद इमाम मूसा काज़िम से मिला, तो कहने लगा कि तुमसे लोग छुप-छुपकर क्यों बैअत करते हैं। इमाम मूसा काज़िम ने उत्तर दिया कि हम लोगों के हृदय से इमाम हैं और तुम मात्र उनके शरीर के! अर्थात् वास्तविक इमाम हम हैं तुम स्वयंभू इमाम हो। हारून रशीद का इमाम रिज़ा को बलपूर्वक अपना उत्तराधिकारी बनाना, फिर उन्हें शहीद करा देना भी स्थापित करता है कि तत्कालीन इमाम ने न तो अपना स्वत्त्वाधिकार छोड़ा था, न उस समय का खलीफ़ा ही मानता था कि इमाम अपना स्वत्त्वाधिकार त्याग चुके हैं। स्वत्त्वाधिकार त्यागने की कथा कालान्तर में गढ़ी गयी ताकि उसके

---

1. ख़वास-उल-उम्मत, पृ० 416

माध्यम से साम्राज्यवादी व्यवस्था प्रतिरक्षित की जा सके। सत्य यह है कि कर्बला महासंग्राम के उपरान्त हुसैनी क्रान्ति के प्रथम नायक इमाम ज़ैन-उल-आबिदीन ने अत्यन्त कठिन परिस्थितियों में अपने स्वत्त्वाधिकार को **"अम्रु-बिल-मअरूफ़-वनह्वु-इनलमुनकर"** (मान्य आदेशों को स्वीकारना तथा निषिद्ध को स्वीकार न करना। क़ुर्आन : 22/41) के आदर्श में स्थायित्व प्रदान किया था।

इमामों के स्वत्त्वाधिकार की समस्या को यदि मुस्लिम साम्राज्य के परिप्रेक्ष्य में देखा जाय, तो लगता है कभी जानबूझकर, कभी अनजाने में यह दृष्टिकोण फैलाया गया कि कर्बला के महासंग्राम के बाद इस्लामी पैग़म्बर के परिवारजनों ने राजसत्ता से अपना हाथ उठा लिया था तथा अपने कार्यक्षेत्र को धर्मशास्त्र तक सीमित कर लिया था। यहाँ तक कि कुछेक प्रबुद्धजन भी ग़लतफ़हमी का शिकार हो गये। यद्यपि इस दृष्टिकोण को स्वीकार करने की स्थिति में कई प्रकार की समस्याएँ सामने आती हैं। जैसे इमाम हुसैन के बाद उनके उत्तराधिकरी इमामों के संघर्ष को क्या नाम दिया जाय, जिसके परिणामस्वरूप उन्होंने अपने प्राणों की आहुति देनी पड़ी। क्या उनका संघर्ष इस्लाम को अस्तित्व प्रदान करने हेतु नहीं था। क्या मात्र सशस्त्र जिहाद ही जिहाद है। फिर इस्लामी राजसत्ता से हाथ उठा लेने और अपने कार्यक्षेत्र को धर्मशास्त्र तक सीमित कर देने का अर्थ होगा कि इस्लामी जीवन को दो भागों में विभक्त होना स्वीकार कर लेना। एक दुनिया, दूसरे दीन। दुनिया कोई संभाले, दीन दूसरा कोई। यह तो नितान्त अइस्लामी दृष्टिकोण हुआ, क्योंकि दीन तथा दुनिया को दो भिन्न खण्डों में विभक्त करने की इस्लाम में कोई व्यवस्था नहीं है। इस्लाम धर्म के अनुसार दीन में दुनिया सम्मिलित है तथा दुनिया में दीन शामिल है। राजसत्ता किसी व्यक्ति को क्योंकर सिपुर्द की जा सकती है, जबकि उसका शासक स्वयं ईश्वर है : **"क्या तुम नहीं जानते कि ज़मीन और आसमान की सत्ता मात्र ईश्वर के लिए है।"** (क़ुर्आन : 2/107)

ईश्वरी सत्ता को ईश्वर के अतिरिक्त किसी अन्य के सिपुर्द करने का अधिकार किसके पास है? यदि किसी ने ईश्वरी सत्ता का अपहरण कर लिया है, तो इमाम उसको प्रमाणित नहीं कर सकते। वरन् बलपूर्वक बने शासक के विरुद्ध तटस्थ भी नहीं रह सकते। अत्याचार के विरुद्ध तटस्थ रहने में अत्याचार का समर्थन स्वतः सम्मिलित हो जाता है। वरन् ईश्वरी आदेश है : **"इमामत का पद दुराचारियों तक नहीं जायेगा।"** (क़ुर्आन : 2/124) इमाम का पद जनता को नेतृत्व प्रदान करना है। इमाम किसी परिस्थिति को इष्टकर संन्यास नहीं ले सकता। सत्य यह है कि राजसत्ता के पोषक उलेमा, हदीसकारों तथा इतिहासकारों ने अपनी राजनीतिक कार्यसिद्धि के आधार पर यह विचार फैलाया कि कर्बला

के दुःखान्त के बाद इमाम हुसैन के उत्तराधिकारी इमामों ने राजसत्ता से हाथ उठा लिया था। उन्होंने तत्कालीन शासन से विरुक्त होकर अपना जीवन मात्र ईशवन्दना में बिता दिया। बल्कि कुछेक अवसर पर तत्कालीन शासकों से सामंजस्य भी स्थापित हुआ। यहाँ तक कि अब्बासी ख़लीफ़ाओं की बेटियाँ विवाह हेतु स्वीकार कीं। समय ने इमामों के निर्णयों पर अपना अनुमोदन अंकित कर दिया है कि उनके समस्त निर्णय इस्लाम की सुरक्षा के द्योतक हुए, जिनमें कुछेक को विवाह हेतु स्वीकार करना भी सम्मिलित है। इस विषय पर सविस्तार चर्चा की जा सकती है, परन्तु यहाँ उसका अवसर नहीं है।

इस्लामी इतिहास का साधारण अध्येता भी इस तथ्य से भलीभाँति परिचित है कि कर्बला महासंग्राम के बाद सशक्त युद्ध का परिणाम मृत्यु एवं विनाश के अतिरिक्त और कुछ न था। इस्लामी इतिहास में अनेक साक्ष्य मिलते हैं कि कर्बला की जिहाद के बाद जिन लोगों ने तत्कालीन अत्याचारी शासकों के विरुद्ध सशस्त्र जिहाद का आह्वान किया अथवा सशस्त्र जिहाद किया, स्वयं को तथा अपने सहायकों एवं समर्थकों को विनाश के मुँह में ढकेल दिया। परिणामस्वरूप अत्याचारी शासकों की दमनकारी शक्तियों ने मुसलमानों पर भय एवं आतंक का वातावरण आरोपित कर दिया, जिससे तत्कालीन इमामों को इस्लाम की ओर लोगों को मोड़ने में कठिनाई उत्पन्न हुई अथवा दूसरी स्थिति में सशस्त्र जिहाद के फलस्वरूप जो राज्य स्थापित हुए, अत्याचार एवं शोषण में अपने पूर्ववर्ती शासकों से कुछ आगे ही रहे। उन्होंने अपने राज्य के हित के लिए इस्लाम का भरपूर प्रयोग किया, भोग-विलास में पूर्ववर्ती जाहिली अरबों से भी आगे बढ़ गये, इस्लाम के माथे का कलंक बनकर रह गये।

हुसैनी क्रान्ति ने इस्लामी पैग़म्बर के परिवारजनों तथा उनके इमामों द्वारा स्थापित आदर्शों को इतना स्पष्ट कर दिया था कि शासक वर्ग की ओर से बैअत करने की माँग, जो हुसैनी क्रान्ति के पूर्व सभी तत्कालिक इमामों से की गयी, हुसैनी क्रान्ति के बाद किसी तत्कालिक इमाम से बैअत करने की माँग करने की धृष्टता बनी उमैय्या और बनी अब्बास के ख़लीफ़ाओं, चाहे कितना ही अत्याचारी एवं शक्तिशाली रहा हो, कोई एक भी न कर सका। इससे हुसैनी क्रान्ति की सफलता का अनुमान किया जा सकता है। इस निरंकुश पैतृक साम्राज्य, जिसको कुछेक लोग नासमझी में 'ख़िलाफ़त' कहते थे, हुसैनी क्रान्ति ने इस निरंकुश पैतृक साम्राज्य को इतना घृणित एवं इस्लाम विरोधी स्थापित कर दिया कि यज़ीद-बिन-मुआविया की मृत्यु के पश्चात् जब उसके बेटे मुआविया-बिन-यज़ीद को ख़लीफ़ा बनाया गया, तो उसने इस ख़िलाफ़त को ठोकरों में उड़ा दिया।

ख़िलाफ़त नकारने के बाद जब मकान में गया, तो मरकर निकला। कुछ कहते हैं, विष दे दिया गया, कुछ कहते हैं छूरी मार दी गयी। जो भी हो, स्वयं बनी उमैय्या ने वध कर दिया।[1] इस ख़िलाफ़त के अइस्लामी आचरण को अभीष्ट रखा जाय, तो इस समस्या का समाधान स्वयं मिल जायेगा कि इस्लामी पैग़म्बर के उत्तराधिकारी इमामों को जब उनके समर्थकों ने ख़िलाफ़त को थाली में सजा कर प्रस्तुत किया, तो उन्होंने इंकार क्यों कर दिया। उदाहरणार्थ, इमाम ज़ैन-उल-आबिदीन को हिस्सीन-बिन-नमीर द्वारा, इमाम जाफ़र सादिक़ को अबू मुस्लिम ख़ुरासानी द्वारा तथा इमाम रज़ा को ख़लीफ़ा नियुक्त करने पर मामून रशीद का परस्पर आग्रह। यज़ीद-बिन-मुआविया के पुत्र मुआविया के अंतःकरण में धर्म एवं आस्था के अंकुर निहित थे, तो अत्याचार एवं भ्रष्टाचार पर आधारित अइस्लामी सत्ता को स्वीकार न कर सका। भला इमाम हुसैन का तपस्वी पुत्र ज़ैन-उल-आबिदीन तथा सत्यवादी पौत्र जाफ़र सादिक़ कैसे ख़िलाफ़त को स्वीकार कर लेते।

इमाम हुसैन के बाद उनके उत्तराधिकारी इमामों ने तत्कालीन शासन से सामंजस्य स्थापित नहीं किया, वरन् कुछेक अवसरों पर उचित परामर्श देकर इस्लाम के संरक्षण का दायित्व वहन किया। उदाहरणार्थ, इमाम मुहम्मद बाक़िर ने 75 हि० (694 ई०) में तत्कालीन शासन को रूमी सिक्कों के स्थान पर इस्लामी सिक्कों के प्रचलित करने का सुझाव दिया और ऐसे सिक्कों का निर्माण करने में सहयोग भी किया। इन सिक्कों के एक ओर तौहीदी कलमा : "**ला इलाह इल्ल अल्लाह**" (नहीं है कोई एक अल्लाह के अतिरिक्त) तथा दूसरी ओर कलमा-ए-रिसालत : "**मुहम्मदन पैग़म्बर अल्लाह**" (मुहम्मद अल्लाह के पैग़म्बर हैं) तथा टंकन वर्ष अंकित कराया।[2] स्पष्ट है कि इस प्रकार इमाम ने तत्कालीन शासक के माध्यम से अल्लाह की तौहीद तथा पैग़म्बर की रिसालत का प्रचार कराया। इमाम अली रज़ा ने तत्कालीन शासक के विवश हो जाने पर ईसाई विद्वानों, यहूदियों तथा पारसियों से शास्त्रार्थ किया, जिसमें इस्लाम की सच्चाई को उजागर किया। स्पष्ट है कि उनके इस कार्य से तत्कालीन शासक की गतिविधियों का समर्थन नहीं होता वरन् इस्लाम को स्थायित्व प्राप्त होता है। इसी प्रकार इमाम हसन अस्करी ने एक मायावी की वास्तविकता स्पष्ट कर दी, जिसकी

---

1. तारीख़-अरुसुल-वअलमुलूक, भाग-4 पृ० 351; अलसवायक़-उल-मुहर्रिक़ा-फ़ी-रद्द-अला-अह्ल-उल-रफ़्ज़-वउल-ज़नदका, पृ० 122; हयात-उल-हैवान, भाग-1, पृ० 55; तारीख़-उल-ख़मीस-फ़ी-अहवाल-अनफ़स-नफ़ीस, भाग-2, पृ० 232
2. हयात-उल-हैवान, भाग-1, पृ० 63

माया पर विश्वास करके लोग इस्लाम से विलग हो रहे थे।

कर्बला के महान बलिदान के पश्चात् इमाम हुसैन के उत्तराधिकारियों ने निरन्तर अपने प्राणों की आहुति देकर इस्लामी मर्यादा एवं सम्पदा को स्थापित रखा। ऐसी भयावह परिस्थितियों में जबकि अत्याचार इस सीमा को पहुँच चुका हो कि कोई व्यक्ति मात्र हज़रत अली नाम होने पर वध किया जाता हो,[1] हुसैनी क्रान्ति की उपलब्धियों का शेष रहना उनको उन्नति एवं अस्तित्व प्रदान करना, बिखरी हुई जमात को संगठित करना, सत्ता से अलग रहते हुए अपना अधिकार सुरक्षित रखना, इमामत तथा सियासत को नये आयाम प्रदान करना, कठिन अवसरों पर जहाँ इस्लाम के अस्तित्व का प्रश्न हो, तत्कालीन शासकों को उचित परामर्श देकर मानव मूल्यों को सुरक्षा प्रदान करना, शुद्ध जीवन, पवित्रता तथा ईशवन्दना को मूलमन्त्र प्रमाणित कर देना। ऐसी कालजयी उपलब्धियाँ जिन पर समय की धूल नहीं पड़ सकी, इस्लाम का चेहरा चमकता ही रहा।

राजनीतिक परिप्रेक्ष्य

हुसैनी क्रान्ति की विकट विवक्षा का अनुमान उसके निहित राजनीतिक परिप्रेक्ष्य से किया जा सकता है, जिसके सम्बन्ध में विख्यात सूफ़ी-सन्त शैख़ अब्दुल क़ादिर जीलानी का प्रसिद्ध वक्तव्य है कि इमाम हुसैन अपने नाना (इस्लामी पैग़म्बर) की तलवार से शहीद हुए। अर्थात् इस्लाम ने अपने पैग़म्बर के नेतृत्व में जिस जीवन व्यवस्था की संरचना की थी, उसने अरबों में लोग, जो पराजित होकर धराशायी हो गये थे, वास्तविक रूप में इस्लामी जीवन पद्धति स्वीकार न कर सके थे, वरन् अपने प्राचीन धर्मविश्वासों पर स्थापित थे तथा जब उन्हें अवसर प्राप्त हुआ, अरब जातिवाद के नाम पर उसकी ओर लौट गये। इस प्रस्तुत पुस्तक का पाठक अरब जातिवाद के आन्दोलन और उसके परिणामस्वरूप इस्लाम के विकृत रूप से पूर्णतया परिचित है तथा उन तत्त्वों से भी जो इस आन्दोलन के पीछे थे। इसके लिए किसी विस्तार में जाने की आवश्यकता नहीं है। प्रो० सैय्यद एहतेशाम हुसैन ने उक्त वक्तव्य का विश्लेषण करके उचित ही लिखा है : **''इस वाक्य की रचना का उद्देश्य यह है कि न इस्लाम दुनिया में आया होता, न उन मतभेदों के द्वार खुलते, जो अबू सुफ़ियान और रुसूल के बीच, अली और मुआविया के बीच, हसन और मुआविया के बीच, हुसैन और यज़ीद के बीच उत्पन्न हुए और चूँकि यह मतभेद उत्पन्न हुए, इसलिए इन सबका दायित्व रुसूल पर है, न यज़ीद से उसे बचाने की आवश्यकता होती, न**

1. तदरीब-उल-रावी : जलालउद्दीन सुयूती, पृ० 69-70

हुसैन सिर पर कफ़न बाँधकर मैदान में आते और न शहीद होते।''[1]

हुसैनी क्रान्ति की उपलब्धियों एवं प्रभाव के राजनीतिक परिप्रेक्ष्य की सीमाएँ अत्यन्त व्यापक हैं। इसमें इस्लामी इतिहास के चौदह सौ वर्षों की घटनाओं में राजनीतिक परिप्रेक्ष्य का वर्णन अत्यन्त विस्तार चाहता है, जो यहाँ अपेक्षित नहीं है। अतः कुछेक अतिमहत्त्वपूर्ण प्रकरणों की ओर संकेत मात्र ही किये जा सकते हैं। इस विषय से सम्बन्धित मेरी दो अन्य पुस्तकों 'इस्लामी राज्य बनाम मुस्लिम राज्य' तथा 'भारतीय इस्लामी संस्कृति' हैं, अतः पुनरावृत्ति उचित नहीं। आगामी पृष्ठों में कुछेक प्रकरणों की चर्चा की जा रही है।

मनोवैज्ञानिक ऊहापोह :

गतपृष्ठों में इमाम हुसैन के परिवारजनों के दमिश्क़ में कारावास से मुक्ति के समय यज़ीद की मनोवैज्ञानिक एवं मानसिक विषमताओं की चर्चा की गयी है, जिससे त्रस्त होकर उसने इमाम हुसैन के परिवारजनों को कारावास से मुक्त कर दिया था। यदि तत्कालिक घटनाओं एवं परिस्थितियों का वस्तुपरक विश्लेषण किया जाय, तो स्पष्ट रूप में प्रतीत होता है कि यज़ीद ही नहीं समस्त उमैय्या वंशीय साम्राज्य मनोवैज्ञानिक ऊहापोह में ग्रस्त हो गया था। इमाम हुसैन की शहादत के उपरान्त मुसलमानों में शासक वर्ग के विरुद्ध घोर असंतोष एवं तीव्र प्रतिक्रिया व्याप्त हो गयी थी। यज़ीद समझता था कि उसने इमाम हुसैन को शहीद करके इस्लामी व्यवस्था पर अधिकार प्राप्त कर लिया है, परन्तु वास्तविकता इसके विरुद्ध थी। इमाम हुसैन शहीद होने के बाद पहले से कहीं अधिक शक्तिशाली एवं प्रभावशाली हो गये थे। उनके पक्षधरों में वे लोग भी सम्मिलित हो गये थे, जो पहले विरोधी दल के समर्थक थे। कहने को उमैय्यावंशीय साम्राज्य स्थापित था, वरन् पराजय-ग्लानि पग-पग पर स्पष्ट थी। लोगों ने खुले शब्दों में उमैय्या साम्राज्य से अपने को विलग घोषित करना प्रारम्भ कर दिया था। यज़ीदियों के अपराधबोध के अनेक उदाहरण इतिहास में मिलते हैं। जैसे—रज़ीब-बिन-मिनक़ज़ अब्दी, जिसने बुरैर हमदानी को शहीद किया था, पछताता था और कहता था कि मेरी कुकृत्य मुझे ही नहीं मेरे वंशज के लिए कलंक है। काश, उस दिन के पूर्व मुझे मौत आयी होती।[2] यज़ीदी सेनानायक शीस-बिन-रिबई अपने कुकृत्य को स्वीकार करते हुए कहता था कि इससे बढ़कर धर्मभ्रष्टता कुछ और नहीं हो सकती।[3] यज़ीदी सेनाप्रमुख उमर-सअद के विषय में

---

1. हुसैन अलेहिस्सलाम और उनके नाना की तलवार, पृ० 5
2. तारीख़-अर्रुसुल-वअलमुलूक, भाग-6 पृ० 248
3. तारीख़-अर्रुसुल-वअलमुलूक, भाग-6 पृ० 250

हमीद-बिन-मुस्लिम कहता है कि वह मेरा मित्र था। कर्बला महासंग्राम के बाद मैं उससे मिला। हालचाल पूछा तो उसने कहा—कुछ न पूछो, कोई मुसाफ़िर अपनी मंज़िल से ऐसे बुरे अंजाम से नहीं लौटा जैसा कि मैं। अब मेरे सम्बन्धी भी मेरे पास नहीं आते, क्योंकि मैंने महापाप किया है।[1] स्वयं इब्न-ज़ियाद कर्बला की घटना का दायित्व लेने को कदापि तैयार नहीं होता था और यज़ीद को इसका अपराधी मानता था।[2]

मदीना और मक्का का निरादर :

उमैय्या साम्राज्य की इस्लाम के प्रति शत्रुता कर्बला महासंग्राम के बाद इस्लामी केन्द्रों में सर्वाधिक सम्मानित एवं प्रतिष्ठित मदीना तथा मक्का पर आक्रमण के रूप में सामने आयी। कर्बला के बाद यज़ीदी सेना उन समस्त प्रेरणा स्रोतों को मिटा देना चाहती थी, जो इस्लाम की मूलभावना जाग्रत करते थे। इसका पहला प्रयास मदीना पर यज़ीदी सेना का निर्दयतापूर्ण आक्रमण था। यह कर्बला के बाद दूसरी अत्यन्त दुःखान्त घटना है, जो हुर्रा-युद्ध के नाम से प्रसिद्ध है। यह घटना 63 हि० (682 ई०) के अन्तिम चरण तथा यज़ीद के जीवन के अन्तिम बेला में घटित हुई और इस्लामी इतिहास पर कलंक बनकर रह गयी। यज़ीद ने मुस्लिम-बिन-अक़बा मुर्री को बारह हज़ार सैनिक देकर मदीना पर चढ़ायी के लिए भेजा। शैख़ अब्दुल हक़ मुहद्दिस देहलवी (मृ० 1642 ई०) के कथनानुसार अमीर मुआविया ने अपने मृत्यु के समय यज़ीद से वसीयत की थी कि मदीना पर आक्रमण के समय मुस्लिम-बिन-अक़बा को सरदार करना।[3] इस कथन से उस प्रचलित कथन का खण्डन होता है, जिसमें कहा जाता है कि अमीर मुआविया ने यज़ीद से वसीयत की थी कि हिजाज़वासियों (मदीना के लोग) के साथ उपकारपूर्ण व्यवहार करना।[4] क्योंकि मुस्लिम-बिन-अक़बा अत्यन्त अत्याचारी था, जिसको लोग मुस्लिम के बजाय 'मुसरिफ़' (अतिवादी) कहते थे। यज़ीद ने उसे आदेश दिया था कि मदीनावासियों का ख़ून माफ़ है। मदीना पर आक्रमण के बाद तीन दिनों के लिए सैनिकों को छूट देना कि जो चाहे करें। फिर मक्का पर धावा करना। अतः मदीना पर विजय पाने के बाद सेना को तीन दिनों तक पूरी छूट रही, चारों ओर लूट मार होती रही। लोग वध किये जाते रहे। अत्याचारी सैनिकों ने घरों में घुसकर बिना किसी रोक-टोक के महिलाओं का शीलभंग

1. अलअख़बार-उल-तवाल, पृ० 257
2. तारीख़-अर्रुसुल-वअलमुलूक, भाग-7 पृ० 29
3. जज़्ब-उल-क़ुलूब, पृ० 34-35
4. तारीख़-अर्रुसुल-वअलमुलूक, भाग-6, पृ० 180; अलअख़बार-उल-तवाल, पृ० 237

किया, बलात्कार होता रहा। मानवता त्राहि-त्राहि करती रही। इन घटनाओं की अनेक लेखकों ने निंदा की है, जिसके परिणामास्वरूप एक हज़ार महिलाएँ बलात्कार से गर्भित हुईं। सात सौ सम्मानित मदीनावासी वध किये गये तथा दस हज़ार जनसाधारण।[1]

इसके बाद मुस्लिम-बिन-अक़बा यज़ीद के आदेशानुसार मक्का की ओर प्रस्थान कर गया, परन्तु मार्ग में ही मृत्यु को प्राप्त हो गया। उसने मरते समय अपना उत्तराधिकारी हिस्सीन-बिन-नमीर को बनाया। उसने मक्का पहुँचकर अब्दुल्लाह-बिन-ज़ुबैर का घिराव किया और काबा शरीफ़ पर पत्थर बरसाने शुरू कर दिये, फिर उसमें आग लगा दी। परन्तु इसी बीच यज़ीद की मृत्यु (14 रबीअ-उल-अव्वल 64 हि० तदनुसार 12 नवम्बर, 863 ई०) की सूचना पाकर वहाँ से भाग निकला।[2] कर्बला महासंग्राम के उपरान्त इमाम हुसैन की शहादत पर उभरी संवेदना का लाभ उठाकर अब्दुल्लाह-बिन-ज़ुबैर ने लोगों से अपनी ख़िलाफ़त की बैअत लेनी प्रारम्भ कर दी थी, परन्तु ख़लीफ़ा बन बैठना उस समय सम्भव हो सका जब यज़ीद के मृत्यु की घोषणा हो गयी और ख़लीफ़ा बन बैठे, मक्का को अपनी राजधानी बनाया। यद्यपि वे इमाम हुसैन अथवा इस्लामी पैग़म्बर के अन्य परिवारजनों के प्रति आत्मीयता नहीं रखते थे, जिसकी चर्चा गतपृष्ठों में की जा चुकी है, परन्तु उन्होंने इस्लामी पैग़म्बर के परिवारजनों के प्रति हुए अत्याचार का भरपूर लाभ उठाया। उमैय्यावंशीय शासन के विरुद्ध लोगों की घृणा अत्यधिक थी। उन्होंने इब्न-ज़ुबैर की बैअत को ही ग़नीमत माना। उनका शासन ईराक़ तथा मेसोपोटामिया में पूरी तरह से था, परन्तु ईरान पर कमज़ोर था।

उमैय्या साम्राज्य में मदीना की क्या स्थिति थी, इसका अनुमान वहाँ के तत्कालिक प्रशासक हज्जाज-बिन-यूसुफ़ के इस वाक्य से किया जा सकता है, वह जो कहा करता था, यहाँ के वासी अत्यन्त दुष्ट हैं। एक बार अपने अभिबोधन में उसने कहा, इन लोगों का नाश हो, जो रुसूल की क़ब्र के दर्शन को महत्त्व देते हैं, परन्तु ख़लीफ़ा अब्दुल मलिक के महल की परिक्रमा नहीं करते। हज्जाज-बिन-यूसुफ़ ने ही अक्टूबर 692 ई० में काबा शरीफ़ पर पत्थरों

---

1. तारीख़-अर्रुसुल-वअलमुलूक, भाग-4 पृ० 272-79; किताब-अलकामिल-फ़ी-तारीख़, भाग-3, पृ० 310-13; अलबिदाया-वअलनिहाया, भाग-8, पृ० 219-21; ख़िलाफ़तो-मुलूकियत, पृ० 170
2. किताब-अलमुख़तसर-फ़ी-अहवाल-उल-बशर, भाग-1, पृ० 192; हयात-उल-क़ुलूब, पृ० 43

से आक्रमण करके अब्दुल्लाह-बिन-ज़ुबैर का वध के उपरान्त उनका शासन समाप्त कर दिया था।[1]

कर्बला का प्रतिशोध :

इमाम हुसैन और उनके सहयोगियों के क़ातिलों से प्रतिशोध लेने के उद्देश्य से सर्वप्रथम ईराक़वासी उठे। इनमें अधिकांश कूफ़ावासी थे, जिन्होंने कोई पाप नहीं किया था, मात्र इस एहसास पर कि हमने पत्र लिखकर इमाम हुसैन को आमंत्रित किया और उनसे सहयोग न कर सके, 'जमाअत-उल-तौव्वाबीन' (पश्चातापी दल) के नाम से प्रसिद्ध हैं। वे एक रात्रि इमाम हुसैन की क़ब्र के पास रोते रहे और दुआएँ माँगते रहे। प्रातः यज़ीदी प्रशासन के विरुद्ध निकल खड़े हुए। पहले चरण में इस्लामी पैग़म्बर के लब्धप्रतिष्ठ सहाबी सुलैमान-बिन-सुर्राद के नेतृत्व में उन्हें सफलता मिली, परन्तु अन्त में उमैय्या प्रशासन द्वारा भेजी हुई सेना के हाथों सुलैमान तथा उनके सहयोगी मारे गये। बचे-खुचे लोग कूफ़ा लौट गये।

इमाम हुसैन और उनके सहयोगियों के क़ातिलों से प्रतिशोध लेने की एक बिन्दु योजना के साथ अमीर मुख़्तार-बिन-अबू उबैदा सक़फ़ी ने 16 रबीउस्सानी 66 हि० (26 नवम्बर, 685 ई०) में विद्रोह किया। मुख़्तार को हज़रत मुस्लिम के कूफ़ा आने के साथ ही यज़ीदी प्रशासन ने कारावास में डाल दिया था। कर्बला के दुःखान्त के समय वे कारागार में ही थे। बाद में एक रणनीति बनाकर किसी प्रकार कारावास से मुक्ति प्राप्त की। मुख़्तार के प्रमुख सहयोगी विख्यात सहाबी हज़रत मालिक-बिन-अश्तर के सुपुत्र इब्राहीम-बिन-अश्तर थे। उनके प्रयास से कूफ़ा के कारावास द्वार टूट गये। चार हज़ार ऐसे लोगों को मुक्ति मिली, जो इमाम हुसैन के समर्थक होने के आधार पर हज़रत मुस्लिम-बिन-अक़ील की शहादत के पहले ही कूफ़ा के प्रशासक उबैदउल्लाह-बिन-ज़ियाद के आदेश पर कारावासों में बन्दी बने पड़े थे। ये लोग अमीर मुख़्तार के साथ हो गये। तव्वाबीन दल के बचे-खुचे लोग भी इनके साथ सम्मिलित हो गये। इन लोगों ने इमाम हुसैन के क़ातिलों को चुन-चुनकर दण्डित किया और वध किया। यद्यपि इमाम ज़ैन-उल-आबिदीन उनके विद्रोह में सम्मिलित नहीं हुए, परन्तु इस प्रतिशोध के विरुद्ध भी उनका कोई वक्तव्य नहीं मिलता, वरन् छः मास के शिशु अली असग़र के क़ातिल हुर्मुला को मुख़्तार द्वारा वध किया गया तो प्रसन्न हुए थे।

---

1. किताब-अलइबर, भाग-3, पृ० 39; किताब-अलइस्तेआब-फ़ी-मुआरिफ़त-उल-असहाब, भाग-1, पृ० 35, भाग-2, पृ० 571; किताब-अलकामिल-फ़ी-तारीख़, भाग-4, पृ० 129-33; अलबिदाया-वअलनिहाया, भाग-9, पृ० 83, 91, 128-38

अमीर मुख़्तार और उनके साथियों ने जिस कठोरता के साथ प्रतिशोध लिया था, उसको बनी उमैय्या के पक्षधर लेखक एवं इतिहासकार सहन नहीं कर पाते। उनके विरुद्ध अनेक मिथ्यापूर्ण, असत्य तथा द्वेषपूर्ण वक्तव्य प्रचारित एवं प्रसारित करते रहे हैं। परन्तु अमीर मुख़्तार के विषय में इमाम मुहम्मद बाक़िर का वक्तव्य है : **"अमीर मुख़्तार को बुरा न कहो, क्योंकि उसने हमारे क़ातिलों का क़त्ल किया, हमारे ख़ून का बदला लिया, हमारी विधवाओं का विवाह कराया तथा हममें धन वितरित किया, जब हम निर्धन हो गये थे।"**[1] इसमें सन्देह नहीं कि अमीर मुख़्तार ने चुन-चुनकर कर्बला के क़ातिलों का वध किया। उनको भागने का भी अवसर न मिलता था, फिर भी कुछ लोग भाग निकले और उन्हें अब्दुल्लाह-बिन-ज़ुबैर ने शरण प्रदान किया। अमीर मुख़्तार ने उनकी वापसी की माँग की, जिस पर अब्दुल्लाह-बिन-ज़ुबैर ने अपने भाई मसअब के नेतृत्व में एक विशाल सेना भेजी, जिसने 4 अप्रैल, 687 ई० को अमीर मुख़्तार का वध करके कूफ़ा पर अधिकार प्राप्त कर लिया।

प्रेरणास्रोत पुण्य-स्थल :

कर्बला महासंग्राम से उभरी संवेदना इमाम हुसैन की क़ब्र के दर्शन के रूप में परिणित हुई। इस्लाम में क़ब्रों को पुण्य-स्थल माना गया है, जो प्रेरणास्रोत होती हैं। सर्वाधिक इस्लामी पैग़म्बर के रौज़े का दर्शन पाने की अभिरुचि प्रत्येक मुसलमान में होती है। उनके परिवारजनों के क़ब्रों के दर्शन की अभिलाषा भी कम नहीं होती, विशेषकर इमाम हुसैन के दर्शनार्थ वर्तमान में भी सहस्रों यात्री प्रत्येक वर्ष प्रस्तुत होते हैं। ऐसे तत्त्व जो पैग़म्बर के परिवारजनों की ओर मुसलमानों के उत्साह से भयभीत रहते हैं, इन क़ब्रों से ध्यान हटाने के लिए प्रयत्नशील होते हैं तथा पुण्यस्थलों को प्रेरणास्रोत स्वीकार करने का विरोध करते हैं। उचित ही होगा कि इस सन्दर्भ में इस्लामी पैग़म्बर की कुछ हदीसों की चर्चा की जाये। विरोधी सम्प्रदाय के ही लेखकों में तक़ीउद्दीन सुब्की (मृ० 1258 ई०) ने इस्लामी पैग़म्बर की 15 हदीसों[2] का उल्लेख किया है। अन्य प्रमाणित ग्रंथों[3] में भी ऐसी हदीसों की चर्चा है, जिनमें क़ब्रों के दर्शन का बखान किया गया है : **"जिस व्यक्ति ने मेरे क़ब्र की ज़ियारत की, मुझ पर उसके लिए पुण्य**

---

1. बिहार-उल-अनवार, भाग-2, पृ० 161
2. शिफ़ा-उल-सुक़ाम-फ़ी-ज़यारत-ख़ैर-उल-अनाम, अध्याय-1, पृ० 3-34
3. जाम्अ-उल-सहीह-उल-बुख़ारी, भाग-2, पृ० 122; अलमुसनद : अहमद, भाग-3, पृ० 237, 250; भाग-5, पृ० 350, 355, 356, 357, 359; अलसुन्ननः अबूदाऊद, भाग-3, पृ० 212; जाम्अ-उल-सग़ीर, भाग-1, पृ०162

प्राप्ति अनिवार्य है।'' अथवा ''**क़ब्रों की ज़ियारत किया करो, क्योंकि क़ब्रों के दर्शन से तुम्हें आख़िरत की याद आती है।''** इस्लामी पैग़म्बर की धर्मपत्नी हज़रत आयशा ने बताया : ''**इस्लामी पैग़म्बर रात के समय बक़ी के क़ब्रिस्तान में जाया करते थे।''**[1]

कर्बला की घटना के पश्चात् इमाम हुसैन की क़ब्र का दर्शन करना, इस्लामी धार्मिक अनुष्ठान का अंग हो गया था। दर्शनार्थी आते तो उस पवित्र क़ब्र को देखकर उनके त्याग, बलिदान एवं आदर्शों के प्रति नतमस्तक होते। उनमें आध्यात्म उत्पन्न होता था। साम्राज्य के अत्याचार एवं दुराचार के विरुद्ध आत्मा जाग्रत होती। ऐसे में जबकि उमैय्या साम्राज्य चारों ओर तिरस्कार एवं घृणा का भागीदार हो रहा था, जनसाधारण सभी प्रकार के नैतिक एवं धार्मिक पीड़ाओं से दुःखी थे, दमन-नीति के आधार पर इमाम हुसैन के क़ब्र पर श्रद्धासुमन अर्पित करने वालों पर प्रतिबन्ध लगाये रहे। विशेषरूप में ख़लीफ़ा हिशाम-बिन-अब्दुल मलिक के राजकाल (724-43 ई०) में इमाम हुसैन के क़ब्र पर आनेवालों को कठोर दण्ड भोगना पड़ा। पहले थोड़ी-थोड़ी दूर पर पहरे बिठाये गये, लोगों के आने-जाने पर कड़ी निगाह रखी जाने लगी, फिर उनका सामान छीन लिया जाता और कोड़ों से पीटा जाता। यहाँ तक नौबत आयी कि इन क़ब्रों के दर्शन के लिए जाने वालों के हाथ-पाँव काट दिये और वध कर दिया जाता। इस प्रकार की घटनाओं की चर्चा अनेक लेखकों ने की।[2]

वर्तमान में वहाबी आन्दोलन ने क़ब्रों के दर्शन करने को अइस्लामी घोषित कर रोकने का हरसम्भव प्रयास किया है, परन्तु सफल नहीं हो सके। वरन् सऊदी अरब साम्राज्य में उनके प्रयत्न किसी सीमा तक सफल कहे जा सकते हैं। मदीना में हाजीगण जब पैग़म्बर के रौज़े के दर्शन करते हुए दुआ के लिए हाथ ऊँचा करते हैं तो वहाँ पर नियुक्त सऊदी कर्मचारी बलपूर्वक शक्ति के आधार पर हाजी का मुँह क़ाबा की तरफ़ मोड़ देते हैं और पैग़म्बर की क़ब्र की ओर संकेत करके कहते हैं, इधर क्या रखा है, अल्लाह से दुआ करो!

क़ब्रों पर प्रहार :

इमाम हुसैन की क़ब्र सदैव से सत्य एवं न्याय के प्रतीक के रूप में विख्यात रही है। साम्राज्यवादी शक्तियाँ इसे एक चुनौती के रूप में स्वीकार करती रही हैं। चाहे वे उमैय्या वंशीय हों अथवा अब्बासवंशीय दोनों की ओर से बारम्बार इमाम

---

1. जाम्अ-उल-सहीह-उल-मुस्लिम, भाग, पृ०
2. बिहार-उल-अनवार, भाग-10, पृ० 30; तारीख़े-कर्बला-ए-मुअल्ला-वहायर-उल-हुसैन, पृ० 20-21; अयान-उश-शीआ, भाग-4, पृ० 303; तनवीरे-इमामत, पृ० 104-07

हुसैन की क़ब्र को मिटा देने के प्रयत्न किये गये। कदाचित् सामयिक रूप में उन्हें सफलत्ता भी मिलती थी, परन्तु कुछ समय के बाद पुनः इमाम हुसैन की क़ब्र का निर्माण हो जाता था। क़ब्र ही नहीं उस पर रौज़ों की भी तामीर होती रहती थी। मौलवी सैय्यद ख़ैरात हसन ने कर्बला में इमाम हुसैन के रौज़े का नौ बार निर्माण किये जाने का सविस्तार वर्णन किया है।[1] उमैय्यावंशीय शासन के अत्याचार एक से बढ़कर एक हैं, जिनकी पराकाष्ठा कर्बला का महासंग्राम है, परन्तु इमाम हुसैन की क़ब्र को मिटा देने की मुहिम में बनी अब्बास से बाज़ी हार गये। बनी अब्बास के ख़लीफ़ाओं ने इमाम हुसैन की क़ब्र को मिटाने का सुनियोजित कुकृत्य किया, जिनमें दो शासकों के कुकृत्य की चर्चा यहाँ कर देना पर्याप्त होगा।

अब्बासी ख़लीफ़ाओं में अत्यन्त प्रसिद्ध हारून-उर्रशीद के शासनकाल (786-809 ई०) में इमाम हुसैन के विषय में मुसलमानों के दिन-प्रतिदिन बढ़ती सर्वप्रियता तथा उनकी महानता के प्रति लोगों के समर्पण से राज्य प्रशासन अत्यन्त कुण्ठित रहता था, परन्तु उसे अपने द्वेष को कार्य रूप देने का अवसर न मिलता था। हारून-उर्र-रशीद स्वयं इमाम हुसैन की क़ब्र पर असंख्य मुसलमानों को नतमस्तक देखकर क्रोध से पागल हो उठता था।[2] उसने 802 ई० में इमाम हुसैन की क़ब्र का निशान मिटा दिया तथा उसकी पहचान के लिए, वहाँ बेरी का जो पेड़ था, उसे भी कटवा दिया।[3] वर्तमान में उसी स्थान पर एक मस्जिद है, जिसको 'रास-उल-हुसैन' कहते हैं।[4]

अब्बासी ख़लीफ़ा अलमुतवक्किल का शासनकाल (847-61 ई०) समय-सीमा के आधार पर छोटा है, परन्तु अपने अत्याचारों एवं दुराचारों के आधार पर नितान्त विनाशकारी था। अलमुतवक्किल को अरब का नीरू कहा जा सकता है। उसने इमाम हुसैन की क़ब्र का निशान मिटाने हेतु 850 ई० में इब्राहीम दीज़ज को निर्देशित किया। वह कर्बला गया, इमाम हुसैन के रौज़े को ध्वंस करके उसके आसपास के मकानों को भी खण्डहर बना दिया। कर्बलावासियों को उनके मकानों से निकालकर पलायन पर विवश किया। थोड़ी-थोड़ी दूर चौकियाँ स्थापित कर दी गयीं। यदि कोई श्रद्धालु वहाँ दीख पड़ता, तो उसे बन्दी बनाकर अलमुतवक्किल के पास भेज देते, जो उन्हें वध कर देता। उसके आदेशानुसार इब्राहीम दीज़ज ने क़ब्र को खोद डाला और एक बड़ा प्लाट बनाकर

---

1. तनवीरे-इमामत, पृ० 93-148
2. तारीख़े-कर्बला-ए-मुअल्ला-वहायर-उल-हुसैन, पृ० 76
3. बिहार-उल-अनवार, भाग-2, पृ० 180
4. तनवीरे-इमामत, पृ० 112

धरती पर हल चलाकर जुतवाना चाहा। उसके निरन्तर प्रयास के बावजूद जब बैल क़ब्र की ज़मीन पर न चढ़ सके, तो उसने नहर खुदवाकर चाहा कि क़ब्र को पानी से बहा दें, परन्तु पानी भी इमाम हुसैन की क़ब्र पर न चढ़ा, बल्कि चारों तरफ़ फैल गया।[1] इस घटना की चर्चा स्वयं इब्राहीम दीज़ज के वक्तव्य पर आधारित है।[2]

क़ब्रों पर प्रहार पुनः क्रम वहाबियों ने प्रारम्भ किया। 1805 ई० में मदीना पर आधिपत्य हुआ, तो उन्होंने सभी रौज़ों के गुम्बदों तथा क़ब्रों को ध्वंस कर दिया, जिनमें विशेषरूप में जन्नत-उल-बक़ी में स्थित इस्लामी पैग़म्बर की सुपुत्री हज़रत फ़ातिमा ज़हरा तथा उनके परिवारजनों तथा इमामों में इमाम हसन इमाम ज़ैन-उल-आबिदीन, इमाम मुहम्मद बाक़िर तथा इमाम जाफ़र सादिक़ के रौज़े और क़ब्रें थीं।[3] परन्तु कर्बला में इमाम हुसैन की क़ब्र पर आक्रमण इससे पूर्व 1802 ई० में ही प्रारम्भ हो चुका था, जो 1810 ई० तक क्रमबद्ध रूप में चलता रहा। फिर पुनः 1849 ई० में अत्यन्त बर्बरतापूर्ण आक्रमण किया गया। सऊदी सेना ने नगर की दीवार को गिराकर प्रवेश किया तथा पहुँचते ही घरों में और बाज़ारों में उपस्थित लोगों का वध कर दिया। इमाम हुसैन के रौज़े के गुम्बद को गिरा दिया और सभी अमूल्य वस्तुओं को लूटकर अपने साथ ले गये।[4]

ज़ैद-बिन-अली का विद्रोह :

कर्बला महासंग्राम के पश्चात् विधिक इमामों की ओर से शासन के विरुद्ध कोई विद्रोह नहीं दीखता। यद्यपि उन्होंने राजसत्ता के प्रति अपना स्वत्त्वाधिकार नहीं त्यागा था, जिसकी सविस्तार चर्चा ऊपर की पंक्तियों में हो चुकी है। परन्तु उन्होंने उस समय के उठते सैनिक विद्रोह का यदि समर्थन नहीं किया, तो उसके विरुद्ध सत्ता पक्ष का अनुमोदन भी नहीं किया। इस्लामी पैग़म्बर के परिवारजनों में सर्वप्रथम सैनिक विद्रोह ज़ैद ने किया, जो इमाम हुसैन के सुपुत्र इमाम ज़ैन-उल-आबिदीन के पुत्र थे। अपने समय के लब्धप्रतिष्ठ विद्वान्, धर्मशास्त्री तथा सदाचारी थे। इमाम अबू हनीफ़ा के गुरु थे। गतपृष्ठों में चर्चा हो चुकी है कि उमैय्या वंशीय ख़लीफ़ा हिशाम में इस्लामी पैग़म्बर के परिवारजनों के प्रति कटु शत्रुता थी। परन्तु वह भी ज़ैद के वैभवशाली व्यक्तित्व से प्रभावित हुए बिना न

---

1. तारीख़े-कर्बला-ए-मुअल्ला-वहायर-उल-हुसैन, पृ० 81-82; तनवीरे-इमामत, पृ० 116
2. बिहार-उल-अनवार, भाग-2, पृ० 176
3. अजायब-उल-आसार फ़िल-तराजिम-वउल-अख़बार (तारीख़-जबरती) , भाग-3, पृ० 91
4. तारीख़-उल-ममलकत-उल-अरबियत-उल-सऊदिया, भाग-1, पृ० 73

रह सका। उसने 738 ई० में ईराक़ के प्रशासक के विरुद्ध साक्ष्य के रूप में ज़ैद को मदीना से आमंत्रित किया। जनता-जनार्दन उमैय्या साम्राज्य के अत्याचार से क्षुब्ध थी। उठने का सहारा चाहते, उन्होंने ज़ैद को विश्वास दिलाया कि यदि आप विद्रोह करें तो कूफ़ा के एक लाख लोग आपके साथ होंगे। ज़ैद ने सहमति दी, तो पन्द्रह हज़ार लोगों के नाम एक रजिस्टर पर लिखे गये। राजकीय गुप्तचरों ने अपने स्वामी को सूचित किया। अभी ज़ैदी आन्दोलन सुसंगठित भी न हो पाया था कि विवश होकर उन्हें 740 ई० में युद्ध करना पड़ा, जिसमें मात्र 218 लोग ही उनके साथ थे। युद्ध के बीच ही उन्हें एक वाण लगा, जिससे वे शहीद हो गये, उनके समर्थकों ने पूर्णगोपनीयता से उन्हें दफ़्न कर दिया, परन्तु उम्मवी सेना ने उनकी क़ब्र को खोदकर उनका शव बाहर निकाला, सिर काटकर हिशाम के पास भेज दिया, शरीर के शेष भाग को शूली पर चढ़ा दिया था, जो चार वर्षों तक उसी प्रकार लटकाये रखा। उनके पश्चात् उनके पुत्रों में यहया, ईसा और मुहम्मद भी वध किये गये।

राजसत्ता परिवर्तन :

कर्बला महासंग्राम ने जनजागरण को आन्दोलित करने में विशेष योगदान किया। उमैय्या शासन में व्याप्त भ्रष्टाचार एवं अत्याचार के विरुद्ध लोग उठ खड़े हुए, जिससे उमैय्या शासनीय दुर्ग, जो अवैध माना जाता था, अपनी ही आग में जलकर मिट्टी में मिल गया। कर्बला का नाम लेकर उनके विरुद्ध में अबू मुस्लिम ख़ुरासानी ने युद्ध किया, ख़लीफ़ा मरवान द्वितीय अलहमार का 749 ई० में वध कर दिया गया। अबू मुस्लिम ने सत्ता स्वीकृति हेतु इमाम जाफ़र सादिक़ से प्रार्थना की, परन्तु उन्होंने नकार दिया, तो इस्लामी पैग़म्बर के चाचा हज़रत अब्बास के वंशजीय अब्दुल्लाह अलसफ़ाह के हाथ पर कूफ़ा में अक्टूबर 749 ई० में मुसलमानों ने बैअत कर ली। उसने मुसलमानों को अपने प्रथम अभिबोधन में विश्वास दिलाया कि हम हाशिम वंशजों से तुमको सदैव सत्य प्राप्त हुआ है। वही तुम हमसे पाओगे। परन्तु इतिहास इसके विरुद्ध बताता है कि कर्बला के नाम पर सत्ता प्राप्त करने के पश्चात् अब्बासी वंशज ख़लीफ़ा भी उमैय्या वंशज ख़लीफ़ाओं से किसी प्रकार भिन्न नहीं थे। उन्हीं के समान अल्लाह और पैग़म्बर के अवज्ञाकारी, आख़िरत की चिन्ता से बेपरवाह, सभी की पूछताछ के भय से मुक्त थे। धर्मकोश राजकोश बना रहा, जिसे निःसंकोच व्यय करते रहे।[1]

---

1. तारीख़-अर्रुसुल-वअलमुलूक, भाग-2, पृ० 82-83; किताब-अलकामिल-फ़ी-तारीख़, भाग-4, पृ० 325; अलबिदाया-वअलनिहाया, भाग-10, पृ० 41; किताब-अलमुख़तसर-फ़ी-अहवाल-उल-बशर, पृ० 208-14

नफ़्स-ज़किया तथा इब्राहीम का विद्रोह :

इमाम हसन के पुत्र हसन मुसन्ना, जो कर्बला महासंग्राम की घटना में बच गये थे, यथास्थान उनकी चर्चा हो चुकी है। उनके पौत्रों में नफ़्स-ज़किया तथा इब्राहीम ने भी तत्कालीन ख़लीफ़ा अलमंसूर (मृ० 750-75 ई०) के विरुद्ध विद्रोह किया। यह इस्लामी पैग़म्बर के परिवारजनों में ज़ैद-बिन-अली के पश्चात् दूसरा विद्रोह था। उनके साथ तीन सौ लोगों ने अब्बासी ख़लीफ़ा मंसूर की सेना से 1762 ई० में युद्ध किया। सभी वीरगति को प्राप्त हुए। नफ़्स ज़किया के शव को मदीना के द्वार पर तीन दिनों तक शूली दी गयी। फिर यहूदियों के क़ब्रिस्तान में फेंक दिया गया। इब्राहीम भूमिगत हो गये तो उनके परिवारजनों को बन्दी बनाया गया। उनके पुत्र मुहम्मद को दीवार में ज़िन्दा चुनवा दिया गया। इब्राहीम के ससुर अब्दुल्लाह को नग्न करके पीटा गया। फिर वध करके उनका सिर ख़ुरासान में फिराया गया।[1]

मिस्र के फ़ातिमीन :

इस्लामी पैग़म्बर के परिवारजनों में कर्बला महासंग्राम के पश्चात् मिस्र के फ़ातिमीन ने राजसत्ता पर अपना स्वत्त्वाधिकार सफलतापूर्वक स्थापित किया, जो लगभग ढाई सौ वर्षों (908 ई०-1330 ई०) तक स्थापित रहा। इन शासकों को फ़ातिमीन कहने का कारण यह है कि वे इस्लामी पैग़म्बर की सुपुत्री हज़रत फ़ातिमा ज़हरा के वंशज थे। वे इमाम जाफ़र सादिक़ के बाद उनके पुत्र इस्माइल को अपना इमाम मानने के कारण अन्य शीओं से भिन्न पहचान 'इस्माईली' के रूप में बनाते हैं। उनकी धर्मप्रचार-प्रसार के प्रति विशेष रुचि थी। फ़ातिमीन के दस शासक इमाम उबैदउल्लाह अलमहदी (मृ० 934 ई०) से इमाम अलआमिर बिलअहकाम-अल्लाह (मृ० 1130 ई०) तक अत्यन्त सफल शासक हुए, यद्यपि उनके पश्चात् फ़ातिमीन राज्य 1171 ई० तक स्थापित रहा। वे एक ही समय में बादशाह, ख़लीफ़ा तथा इमाम थे। उन्होंने हुसैनी क्रान्ति के फल को सर्वसाधारण तक पहुँचाने में महत्त्वपूर्ण भूमिका निभायी।

दैलमी-आलेबोया सुल्तान :

हु· नी क्रान्ति की उपलब्धियों के प्रचार-प्रसार में दैलमी सुल्तानों की अग्रणी भूमिका रही है। उनके दैलमी कहलाने का कारण उनका दैलमवासी होना है। उनको आले-बोया भी कहते हैं, क्योंकि उनमें प्रारम्भिक तीन

---

1. तारीख़-अर्रुसुल-वअलमुलूक, भाग-6, पृ० 80-161; किताब-अलकामिल-फ़ी-तारीख़, भाग-4, पृ० 370-75; अलबिदाया-वअलनिहाया, भाग-1, पृ० 82-90

सुल्तानों के पिता का नाम बोया था, जिनके बेटों के नाम अली, हसन और अहमद थे। प्रारम्भ में ये लोग दैलमियों की आबादी में सम्मिलित थे, जिन्होंने नया-नया इस्लाम धारण किया था। दैलमियों ने आले-बोया के सहयोग से सत्ता पर अधिकार प्राप्त किया था। सर्वप्रथम इमदादउद्दीन अली-बिन-बोया ने 934 ई० में शीराज़ (ईरान) में राज्य स्थापित किया, जो 1062 ई० तक स्थापित रहा। उसके दूसरे भाई मुइज़उद्दौला अहमद-बिन-बोया ने 945 ई० में अब्बासी ख़लीफ़ा से राजसत्ता छीन ली, जिसकी राजधानी बग़दाद थी तथा 1055 ई० तक राज किया कि सिलजोकियों ने बग़दाद पर आधिपत्य प्राप्त कर लिया।

मुइज़उद्दौला दैलमी ने ही सर्वप्रथम 963 ई० में इमाम हुसैन की याद मनाने की स्वतन्त्रता समस्त मुस्लिम राज्य में खुलेआम मनाने की अनुमति प्रदान की। उसने आदेश दिया कि दसवीं मुहर्रम (इमाम हुसैन का शहीदी दिवस) शोक- दिवस के रूप में मनाया जाय। नगर की समस्त दुकानें बन्द रहें। सभी जन काले कपड़े पहनें तथा पताका लेकर शोक-गीत गाते हुए प्रभातफेरी करें।[1] इमाम हुसैन के रौज़े की वर्तमान इमारत के विषय में साधारणतया प्रसिद्ध है कि इसका निर्माण भी आले-बोया के राजकाल में ही हुआ। प्रारम्भिक रूप में रौज़े की संरचना के विषय में यह बात सही हो सकती है, परन्तु वर्तमान में वह इमारत शेष नहीं रह गयी है। विभिन्न कालों में अनेकानेक प्रकार से निर्माण-कार्य होता रहा है।

विभिन्न शीआ राज्य :

कर्बला महासंग्राम के बाद चौदह सौ वर्षों में अनेक शीआ राज्य स्थापित हुए, जो स्वशासित साम्राज्य के रूप में स्थापित हुए। उनको इस्लामी राज्य नहीं कहा जा सकता, वरन् मुसलमानों के राज्य थे। परन्तु शासक के शीआ होने के आधार पर कर्बला के महासंग्राम को अपने धार्मिक विश्वास का प्रमुख अंग मानते थे। उनके प्रभाव में ऐसी जनता जो मुसलमान भी नहीं होती थी, कर्बला के महासंग्राम के प्रति श्रद्धा रखती थी। यहाँ इस प्रकार के कुछ राज्यों की चर्चा की जा सकती है :

- उत्तरी ईराक़ (मोसुल) में अरब तग़लीब क़बीले के हमदानी, जिनमें अब्दुल सज्जाद अब्दुल्लाह ने 904 ई० में राज्य स्थापित किया, जो आले-बोया द्वारा 979 ई० में विजय के बाद समाप्त हो गया।

---

1. तनवीरे-इमामत, पृ० 136

- उत्तरी सीरिया (हलब) में सैफ़उद्दौला अली ने 944 ई० में अपना राज्य स्थापित किया, जो 991 ई० तक वर्तमान रहा।
- उपर्युक्त दोनों राज्यों (उत्तरी ईराक़ तथा उत्तरी सीरिया) पर अरब क़बीला बनूकअब के अबूजौव्वाद मुहम्मद ने 991 ई० में राज्य स्थापित किया, जो 1096 ई० तक वर्तमान रहा कि सिलजोक़ियों ने पहले हलब पर 1085 ई० में फिर मोसुल पर 1096 ई० में अधिकार प्राप्त कर लिया।
- दक्षिणी ईराक़ पर अरब क़बीला बनीअसद के अबुल हसन अली ने 1012 ई० में राज्य स्थापित किया, जो 1050 ई० तक रहा।
- उत्तरी सीरिया (हलब) में अरब क़बीला किलब के सालेह-बिन-मिरदास ने 1020 ई० में राज्य स्थापित किया, जो 1079 ई० तक वर्तमान रहा।
- तराबस में बन्अम्मार के अमीनउद्दौला ने 1070 ई० में राज्य स्थापित किया, जो 1107 ई० में समाप्त हुआ।
- आज़रबयजान (तबरेज़) में मंगोलों के तिमूरताश ने 1321 ई० में राज्य स्थापित किया, जो 1355 ई० तक शेष रहा।
- ईराक़ तथा आज़रबयजान में दूसरे मंगोल क़बीले के ताजउद्दीन हसन बुज़ुर्ग ने 1336 ई० में राज्य स्थापित किया, जो 1412 ई० तक रहा।
- सब्दवारीय वंशज ने ख़ुरासान (ईरान) में अब्दुर्रज़्ज़ाक़ के नेतृत्त्व में 1337 ई० में अपना राज्य स्थापित किया, जो तैमर द्वारा 1386 ई० में समाप्त किया गया।
- मारज़ंदान (आमुल) में अरब-ईरानी मअरशी सैय्यदों का राज्य क़व्वामउद्दीन मीर बुज़ुर्ग मअरशी ने 1359 ई० में स्थापित किया, जो 1564 ई० तक वर्तमान रहा।
- आज़रबयजान तथा ईराक़ (तबरेज़) में तुर्कमान क़बीले के क़रा मुहम्मद तुरमुस ने 1380 ई० में राज्य स्थापित किया, जो 1469 ई० तक स्थापित रहा।
- भारत में बीजापुर (दकन) में ईरानी-तुर्कमान वंशज के यूसुफ़ आदिलशाह ने 1489 ई० राज्य स्थापित किया, जो 1686 ई० मुग़ल साम्राज्य द्वारा विजय प्राप्त करने पर समाप्त हुआ।

- भारत में अहमदनगर (दकन) में अहमद निज़ामशाह ने 1490 ई० में राज्य स्थापित किया, जो 1599 ई० में मुग़ल साम्राज्य द्वारा समाप्त किया गया।
- भारत में गोलकुण्डा (दकन) में ईरानी वंशज सुल्तान क़ुली ने 1512 ई० में राज्य स्थापित किया, जिसको मुग़ल साम्राज्य ने 1687 ई० में विजय कर लिया।
- भारत में कश्मीर में चक वंशज के ग़ाज़ी ख़ाँ चक ने 1561 ई० में राज्य स्थापित किया, जिसे मुग़लों ने 1586 ई० में विजय कर लिया।
- ईरान में सफ़वी साम्राज्य ईस्माइल ने 1501 ई० में स्थापित किया, जिसे 1722 ई० में अफ़ग़ानों 1722 ई० में विजय कर लिया।
- भारत में अवध राज्य 1720 ई० बुरहान-उल-मुल्क मुहम्मद अमीन सआदत खाँ ने स्थापित किया, जिसे 1856 ई० में ब्रिटिश साम्राज्य ने समाप्त कर दिया।
- दक्षिणी ईरान (शीराज़) में मुहम्मद करीम ख़ाँ ने 1750 ई० में राज्य स्थापित किया, जो 1794 ई० तक शेष रहा।
- ईरान (तेहरान) में क़ाचार साम्राज्य आग़ा मुहम्मदशाह द्वारा 1794 ई० में स्थापित हुआ, जो 1909 ई० तक शेष रहा।
- ईरान में पहलवी साम्राज्य 1925 ई० में रज़ाशाह पहलवी ने स्थापित किया, उसके पुत्र मुहम्मद रज़ाशाह को पदच्युत करके इमाम ख़ुमैनी ने 1979 ई० में जम्हूरी इस्लामी ईरान की स्थापना की।

उपर्युक्त सूची से स्पष्ट है कि हुसैनी क्रान्ति की उपलब्धियों को प्रचारित करने हेतु व्यक्तिगत शासकों का योगदान यथेष्ट रहा है। चूँकि यह समस्त शासक शीआ थे, अतः इस्लामी पैग़म्बर के परिवारजनों की स्मृति में विभिन्न कार्यक्रम आयोजित करते थे। विशेषकर कर्बला के महासंग्राम को सामूहिक रूप में धार्मिक अनुष्ठान का अंग मानते थे। जनता के धार्मिक भावनाओं को जाग्रत करने में राजनैतिक लाभ की संभावनाओं को नकारा नहीं जा सकता। यहाँ तक कि प्रसिद्ध ईरानी विद्वान डॉ० अली शरीअती ने सफ़वी साम्राज्य पर आक्षेप करते हुए मत व्यक्त किया है कि उनके द्वारा प्रचारित-प्रसारित धर्म ही वास्तविक रूप में

शीआ धर्म बन गया है, जो हज़रत अली द्वारा स्थापित शीआ धर्म से किंचित भिन्न है।[1]

जम्हूरी इस्लामी ईरान :

हुसैनी क्रान्ति के सिद्धान्त पर आधारित ईरान में इस्लामी राज्य स्थापित करने का आन्दोलन इमाम ख़ुमैनी (मृ० 1989 ई०) के नेतृत्त्व में सफल हो सका, जिसका नारा था— 'कुल्ले-अर्ज़ कर्बला, कुल्ले-यौम आशूरा' (हर सीना कर्बला है, हर इक दिल शहीद है)। इसकी प्रथम जागृति असमंजस के बीच 1963 ई० में दिखायी देती है। ईरानी जनता अंधकार में डूबी हुई थी कि इमाम ख़ुमैनी ने इस आन्दोलन को हुसैनी क्रान्ति से सम्बद्ध करते हुए 'आशूरा' (शहीदी दिवस, 10 मुहर्रम) को 'अल्लाहो-अकबर' की गूँज के बीच घोषित किया था कि पहलवी राज यज़ीदी राज है तथा इमाम हुसैन के अनुयायी उसके विरुद्ध जिहाद कर रहे हैं।[2] इसके समर्थन में पूरे ईरान में विरोध प्रदर्शन हुए। क़ुम्म, तबरेज़ और तेहरान विशेष क्रान्तिकारी केन्द्र बन गये। पहलवी साम्राज्यवाद ने हिंसा का मार्ग अपनाया, जो उसके पराजय का पहला चिह्न सिद्ध हुआ। परिणामस्वरूप, इस्लामी इतिहास का नया अध्याय 11 फरवरी, 1979 ई० को खुला, जब हुसैनी क्रान्ति के सिद्धान्तों पर जम्हूरी इस्लामी ईरान ने अस्तित्व ग्रहण किया। उसके संविधान की अनुच्छेद 2 (5) में : **"इस्लामी क्रान्ति की निरन्तरता को सापेक्ष रखने"** तथा अनुच्छेद 2 (6) (c) में हुसैनी क्रान्ति के उद्देश्यों पर आधारित है कि जम्हूरी इस्लामी ईरान **"सभी प्रकार के अत्याचार तथा उत्पीड़न के सामने झुकने को नकारता है तथा निरंकुशता को स्वीकार करने का प्रतिवाद करता है।"** यह प्रथम गणराज्य है, जिसने पूर्णतया इस्लामी शरीअत को ईमामी शीओं के विश्वासानुसार ग्रहण किया है। तीन दशक बीत चुके हैं, परन्तु ऐतिहासिक दृष्टि से यह समय अधिक नहीं है। भविष्य में ही इसकी उपलब्धियों के आधार पर सफलता निश्चित की जायेगी।

बहुआयामी प्रभाव

हुसैनी क्रान्ति के बहुआयामी प्रभाव के अनेकानेक प्रकरण हैं। मानव जीवन के भिन्न-भिन्न भागों में इसकी उपलब्धियों का वर्णन विस्तार चाहता है, जो यहाँ सम्भव नहीं है। वरन् कुछेक संकेत ही किये जा सकते हैं। उदाहरणार्थ, ललित

1. शीअते-अलवी-वशीअते-सफ़वी, पृ०3
2. Islamic Revolution of Iran , p. 416, 436

कलाओं के विभिन्न प्रकरणों पर ध्यान दें, तो संगीत में 'सोज़ख़्वानी' के पृथक् पीठ को दृष्टिगत नहीं किया जा सकता। वास्तुकला में इमामबाड़ों के निर्माण की अपनी विशेषताएँ हैं। सैन्य-विद्या तथा घुड़सवारी की कला को हुसैनी क्रान्ति से सहारा मिला है। अन्यथा यह विद्याएँ एवं कलाएँ मुसलमानों में प्रायः समाप्त ही थीं। परन्तु मुहर्रम के जुलूस में इनका प्रदर्शन विशेष रूप में होता है, जो सभी वर्ग के लोगों के आकर्षण का केन्द्र बनते हैं। हस्तकला में सोना-चाँदी, पीतल, ताँबा, स्टील, लकड़ी तथा पेपरमैशी का प्रयोग कर्बला महासंग्राम की याद मनाने में प्रायः होता है, जिससे हस्तकला को विशेष रूप में प्रोत्साहन मिला है।

ज्ञान एवं विद्याओं के विभिन्न विभागों पर हुसैनी क्रान्ति के प्रभाव स्पष्ट दीख पड़ते हैं। इस्लामी विद्याओं में क़ुर्आन, हदीस, फ़िक़्ह (धर्मशास्त्र) के संज्ञान में अह्ल-बैत और इमाम हुसैन की शहादत से सम्बन्धित विषय अन्य विचारार्थ आते हैं। इल्म-कलाम (शास्त्रार्थ) का प्रिय विषय अह्ल-बैत तथा ख़िलाफ़त की समस्या है। नैतिकशास्त्र के विषय हुसैनी क्रान्ति के सन्देश से सम्बद्ध हैं। इस्लामी इतिहासकारिता एवं घटना वर्णन में कर्बला महासंग्राम को विशेष महत्त्व प्राप्त है। यद्यपि इसमें कुछ अवसरों पर धार्मिक विश्वासों की भिन्नता के कारण कहीं पर सही घटना पर पर्दा डालने की कोशिश भी दीख पड़ती है, तो कहीं अत्यन्त श्रद्धा में आत्मविभोर होकर अतिश्योक्ति पूर्ण चर्चाएँ मिलती हैं। विभिन्न विद्याओं के विशेषज्ञ कर्बला महासंग्राम को समझने-समझाने में अपने-अपने तौर पर प्रयत्न करते दीख पड़ते हैं। इस्लामी तात्त्विक चिन्तन के अनेक पक्ष कर्बला महासंग्राम के आधार पर स्पष्ट किये जाते हैं।

राशि-विवेचन

इमाम मुहम्मद बाक़िर तथा इमाम जाफ़र सादिक़ की वैज्ञानिक परम्परा से उपजे महान खगोलशास्त्री एवं ज्योतिषविद् अलख़्वाज़्मी, मुहम्मद-बिन-मूसा (मृ० 840 ई०) ने इमाम हुसैन की शहादत की ज्योतिष-गणना की कि उस सयम (10 मुहर्रम 61 हि०) की राशियों में ग्रहों की क्या स्थिति थी, इसका उल्लेख वे इस प्रकार करते हैं। शहादत के दिन सूर्य तुला राशि पर 19.20 बजे चन्द्रमा 20.20 पर कुम्भ में 29.20 पर शनि कर्क राशि पर था। 12.40 पर गुरु मकर में तथा शुक्र 5.5 पर कन्या में, बुध तुला में 5.45 बजे तथा राहु 1.45 बजे मिथुन राशि पर था।[1]

1. मक़तल-उल-हुसैन : अलयाबी, पृ० 30-31

खेद है कि 1,200 वर्ष बीत गये, परन्तु उपयुक्त राशि-विवरण की व्याख्या एवं विश्लेषण नहीं हो सकी। हमारे अनुरोध पर विख्यात ज्योतिषाचार्य डॉ० राम नरेश त्रिपाठी ने सर्वप्रथम उसको कम्प्यूटर पर रखा तो पाया कि मात्र सूर्य तुला राशि कम्प्यूटर पर 19.20 है परन्तु ख़्वारज़्मी ने 17.20 लिखा है। शेष समान है। ख़्वारज़्मी की उपलब्धि चकित कर देती है कि उसने बारह सौ वर्ष पूर्व जो गणना उंगलियों पर जोड़ दी थी, वही वर्तमान में कम्प्यूटर भी बनाता है। डॉ0 रामनरेश त्रिपाठी की व्याख्या एवं विश्लेषण निम्नलिखित है।[1]

शनि संतान भाव में कर्क राशि पर विद्यमान था। चन्द्रमा की महादशा चल रही थी। शनि + चन्द्रमा का पूरा प्रभाव परिवार पर था, इसलिए उनके पुत्रों का शहीद होना स्वाभाविक था। बीमार पुत्र मृत्यु तुल्य कष्ट को प्राप्त था। मृत्यु आठ प्रकार की होती है, जिसमें व्याधिग्रस्त होना भी मृत्यु है। शनि + चन्द्रमा मृत्यु तथा व्याधि दोनों का बोधक है। मित्र भाव भी नीच ग्रहों के प्रभाव में होने से सहयोगी भी मृत्यु को प्राप्त हुए।

शहादत के दिन जो काल चक्र बन रहा है, वह इस प्रकार है—

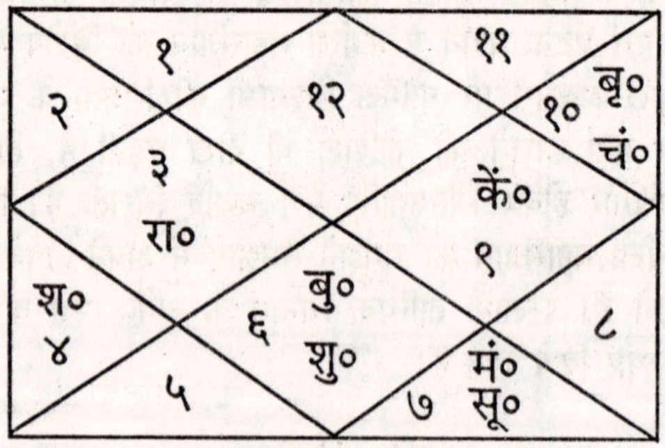

जन्माङ्ग शहादत इमाम हुसैन

समय 19.20 अर्थात् 5.20 बजे सायं

जन्माङ्ग को देखने से स्पष्ट है कि शहादत के समय मीन लग्न थी। राहु मिथुन, शनि कर्क, बु. शु. कन्या, मं. सु. तुला केतु धनु राशि पर था।

---

1. इस सम्बन्ध की समस्त विद्वतापूर्ण जानकारी विख्यात ज्योतिषाचार्य डॉ० रामनरेश त्रिपाठी ने अत्यन्त प्रेमपूर्वक उपलब्ध करायी, जिसके लिए लेखक अत्यन्त आभारी है। विद्वान ज्योतिषाचार्य की पारिभाषिक शब्दावली हमारे पाठको को ग्रहण करने में कठिनाई हो सकती थी। इसको ध्यान में रखकर हमने सरल एवं सहज हिन्दी में रूपान्तर कर दिया है; परन्तु इसके सभी मंतव्य ज्योतिषाचार्य डॉ० रामनरेश त्रिपाठी के ही हैं। —लेखक

72 की संख्या 7 + 2 = 9 अर्थात् मंगल के अंक से सम्बन्ध रखती है। मंगल मृत्यु का कारक था। अतएव उतनी ही संख्या में सहयोगियों की मृत्यु हुई।

चन्द्रमा जल तत्त्व, शनि वायु तत्त्व, मंगल विस्फोटक पदार्थों की ध्वनि को जन्म देता है। उस समय तीनों ग्रह अनुकूल न थे। अतएव प्रकृति में आँधी, तूफान, जलप्लावन, विस्फोटक ध्वनि का होना स्वाभाविक था।

माँ के घर पर राहु तथा पत्नी के घर पर शुक्र और बुध स्थित थे। क्रमशः मिथुन तथा कन्या अर्थात् बुध के परस्पर, पृथ्वी के अन्दर बने जेलखाने में परिवार कैद रहे होंगे।

वर्तमान गणना के क्रम में चन्द्रमा मकर राशि पर आ रहा है, जबकि अलख़्वाजी ने चन्द्रमा को कुम्भ पर माना है। ऐसा गणना के क्रम में भेद भी हो सकता है। चन्द्रमा लगभग 211 दिन एक राशि पर रहता है। 20.20 बजे भी वह मकर पर ही स्थित है। यह भी संभव है कि उनकी गणना क्रम में कुम्भ राशि पर आ रहा हो, क्योंकि पंचाङ्गों की गणना में आज भी मतभेद (समयान्तर) विद्यमान है। फिलहाल चन्द्रमा मकर में हो अथवा कुम्भ में दोनों शनि की राशियाँ हैं। दोनों के साथ चन्द्रमा को अच्छा नहीं कहा जा सकता।

वर्तमान (प्रस्तुत) कालगणना में गुरु मकर राशि पर ही आ रहा है, जिसकी पुष्टि अलख़्वाजी की कालगणना में निहित है।

शहादत के दिन मंगलवार था। मंगल नीच राशि गत सूर्य के साथ अष्टम भाव यानि मृत्यु के घर पर बैठा है। मंगल जब मृत्यु का कारक बनता है, तो व्यक्ति पर घातक प्रहार किया जाता है। शरीर से रक्तस्राव देता है। क्योंकि मंगल रक्त का स्वामी है। सूर्य तुला में नीच राशि पर स्थित है, जो पूरी तरह से अपमानित कराता है। अपमानित होकर मृत्यु को देता है। उस समय श्रवण नक्षत्र का तृतीय चरण तथा मास का शुक्लपक्ष था। चन्द्र की महादशा चल रही थी। चन्द्रमा मकर/कुम्भ शनि की राशि पर था। शनि स्वयं पंचम भाव में चन्द्रमा की राशि पर था। गुरु भी शनि की ही राशि पर स्थित था। शनि + चंद्रमा + गुरु तीनों का योग हानिकारक है। ये तीनों ग्रह उनके अनुकूल न थे।

लग्नेश गुरु मकर राशि पर एकादश भाव में तथा गुरु की ही राशि पर केतु दशम भाव में। राहु मातृ भाव यानि चतुर्थ भाव में था। राहु + केतु का परस्पर सामंजस्य तथा लग्नेश गुरु ने उन्हें ख्याति प्रदान की। समाज तथा राष्ट्र के उपकार के लिए जीने के लिए बाध्य किया। सप्तम भाव स्थित बुध एवं शुक्र पारिवारिक जीवन की ओर भी स्पष्ट संकेत दे रहा है। ऐसे जन्माङ्ग का व्यक्ति मर कर भी 'पैग़म्बर' पृथ्वीलोक में 'यश' प्राप्ति का भागी होता है। यही कारण है कि आज

करोड़ों अनुयायी उनका स्मरण करते हैं।

1. कर्बला के युद्ध में इमाम हुसैन और उनके 72 सहयोगी शहीद हुए। इमाम के परिवार तथा सम्बन्धियों सभी वध हुए। एक पुत्र जीवित बचा, क्योंकि वह अत्यन्त बीमार था।

2. जिस समय इमाम हुसैन की शहादत हुई, पुस्तकों में मिलता है कि उस समय बहुत तेज़ आँधी आयी, नदी का पानी बल्लियों उछलने लगा तथा भयानक आवाज़ें आने लगीं।

3. इमाम हुसैन परिवारजन (महिलाएँ तथा शिशु) कर्बला की घटना के बाद एक वर्ष कारावास में रखे गये।

साहित्य में हुसैनी क्रान्ति पर इतना विशाल एवं व्यापक भण्डार है कि उसकी सामूहिक रूप में संक्षिप्त रूप में चर्चा करना भी अत्यन्त कठिन है। विश्व की समस्त महत्त्वपूर्ण भाषाओं में कर्बला महासंग्राम पर लिखा गया है। विशेषकर उर्दू, फ़ारसी, अरबी और अंग्रेजी की चर्चा की जा चुकी है। अकेले उर्दू में लाखों पृष्ठों का भण्डार है। वैसे तो उर्दू साहित्य की समस्त गद्य एवं पद्य विधाओं में कर्बला की घटना का वर्णन है। परन्तु उर्दू में कर्बला विषयक एक पृथक् काव्य विधा वर्तमान है, जिसको मरसिया कहते हैं। इस काव्य विधा के समतुल्य फ़ारसी अथवा अरबी कविता में भी सम्भव नहीं हो सका है। भारत की अन्य भाषाओं में भी कर्बला महासंग्राम से सम्बन्धित साहित्य वर्तमान है, जिसका सामूहिक वर्णन मैंने अपनी पुस्तक 'भारतीय साहित्य में मुसलमानों का अवदान' में कर दिया है। यहाँ उसकी पुनरावृत्ति उचित नहीं है। कर्बला महासंग्राम से सम्बन्धित साहित्य की इस विशेषता की चर्चा कर देना आवश्यक है कि इस प्रकार साहित्य मात्र मुसलमानों तक सीमित नहीं है, वरन् इसके रचनाकारों में हिन्दू, जैनी, सिक्ख, मसीही आदि सम्मिलित हैं। हुसैनी क्रान्ति से सम्बन्धित साहित्य मात्र वर्णनात्मक साहित्य नहीं है, वरन् वर्तमान साहित्य में कर्बला महासंग्राम को रूपक के रूप में प्रस्तुत किया जा सकता है। प्रो० गोपीचन्द्र नारंग के कथनानुसार : "**साधारण कविता में मूल सन्दर्भ आता तो है धार्मिक, ऐतिहासिक परम्परा ही से, परन्तु इसमें परत-परत रूपकता तथा प्रतीकात्मकता का विस्तार हो जाता है। इस प्रकार इसमें एक विश्वव्यापी प्रासंगिकता उत्पन्न हो जाती है, जिसका प्रोज्य समस्त मानव बिरादरी की व्यापक वस्तुस्थिति पर तथा वर्तमान युग में क्रूरता एवं अत्याचार तथा प्रभुत्व एवं शोषण के विरुद्ध संघर्षशील होने अथवा सत्य एवं न्याय के लिए संघर्षशील होने की विशेष स्थिति पर भी हो सकता है।**"[1]

1. सानेहा-ए-कर्बला बतौरे-शेरी इस्तेआरा, पृ० 23-24

वर्तमान परिप्रेक्ष्य

हुसैनी क्रान्ति की उपलब्धियों एवं प्रभाव को वर्तमान परिप्रेक्ष्य में देखें, तो स्पष्ट प्रतीत होता है कि इसको विभिन्न वर्गों, देशों एवं समाज में स्वतन्त्रता, समानता एवं न्याय का प्रतीक माना जाता है। अत्याचार एवं पराधीनता के विरुद्ध संघर्ष करने का आदर्श माना जाता है। भारत में भी महात्मा गाँधी ने डाँडी सत्याग्रह प्रारम्भ किया तो प्रारम्भ में अपने साथ 72 सत्याग्रहियों को लेकर चले थे। पूछने पर उन्होंने स्पष्ट कहा था कि उनका अहिंसात्मक आन्दोलन इमाम हुसैन से प्रेरणा ग्रहण करता है। जम्हूरी इस्लामी ईरान की स्थापना के पश्चात् मुस्लिम देशों में पराधीनता के विरुद्ध संघर्ष बढ़ गया है। अधिकांश मुस्लिम देशों में साम्राज्यवादी व्यवस्था है अथवा कुछेक तानाशाहों का राज है। उनसे मुक्ति पाने हेतु जनता संघर्षशील है। इनमें सऊदी अरब, लेबनान, बहरीन आदि में शासन के विरुद्ध संघर्ष हो रहा है। फ़िलीस्तीन, चेचीनिया आदि में पश्चिमी आधिपत्य के विरुद्ध संघर्ष है। इनके नारे वही हैं, जो पूर्व में ईरानियों ने प्रस्तुत किये थे और जिनका उद्‌गम स्रोत हुसैनी क्रान्ति है।

इमाम हुसैन का सन्देश अत्यन्त व्यापक है, जो किसी विशेष धर्म, सम्प्रदाय अथवा देश तक सीमित नहीं है। वरन् समस्त मानव जाति को सम्बोधित करता है। इसीलिए प्रसिद्ध उर्दू कवि 'जोश' ने कहा था :

इंसान को बेदार तो हो लेने दो,
हर क़ौम पुकारेगी हमारे हैं हुसैन।

□□□

अध्याय : दस

भारत में अज़ादारी

'**अ**ज़ा' क़ुर्आनी शब्दावली है, (क़ुर्आन : 70/37) जिसका भावार्थ अरबी शब्दकोश में 'दुःख व्यक्त करना' है।[1] इस्लामी धर्मशास्त्र तथा हदीसों में इसकी चर्चा इबादतों तथा सांत्वना प्रदर्शन के रूप में हुई है। किसी दुःखद घटना पर विलाप मानव प्रकृति का विशेष गुण है। क़ुर्आन की आयत है : "**और यह कि उसी ने हँसाया भी और रुलाया भी।**" (क़ुर्आन : 53/43) इस्लामी निदेशित सिद्धान्त : "**मान्य आदेशों का स्वीकारना तथा निषिद्ध को स्वीकार न करना।**" (क़ुर्आन : 22/41) को कार्यरूप देने हेतु एक ऐसी संस्था की आवश्यकता अपरिहार्य थी, जो सभी के दुःखों का निवारण कर सके। अतः कर्बला में इमाम हुसैन तथा उनके सहयोगियों के अपूर्व बलिदान की यादगार मनाने हेतु अज़ादारी एक संस्था के रूप में विकसित हुई। मुसलमानों में इमाम हुसैन की अज़ादारी को धार्मिक दायित्व के रूप में मान्यता प्राप्त हुई। अतः जनसाधारण ने इमाम हुसैन के दुःख में स्वयं को अर्पित करना पुण्य माना गया, परन्तु इसे ऐसा पुण्य नहीं माना गया कि इसके करने के बाद अन्य दायित्व निरर्थक हो जायँ या उनसे मुक्ति प्राप्त हो जाय। ईश्वर तथा समाज के प्रति उसका दायित्व यथावत रहेगा, हाँ, इमाम हुसैन के प्रति समर्पण से उसे पुण्य लाभ मिलेगा। विभिन्न देशों में इसके विभिन्न रूप रहे हैं। अज़ादारी के सिलसिले में अनेक शब्दावलियों का प्रयोग होता है, संक्षेप में उनके विषय में जान लेना आवश्यक है :

अज़ादारी के महीनों में हिजरी संवत् के प्रारम्भिक तीन मास 'मुहर्रम' (प्रथम मास), 'सफ़र' (दूसरा मास), 'रबीअ-उल-अव्वल' (तीसरा मास) अत्यन्त महत्वपूर्ण है। इन्हीं पर आधारित 'अय्यामे-अज़ा' (अज़ादारी के दिन) होते हैं, जिनमें मुहर्रम तथा सफ़र के पूरे मास तथा 'रबीअ-उल-अव्वल' के प्रारम्भिक

---

1. अलफ़रायद-उद्दर्रिया, पृ० 471

आठ दिन सम्मिलित हैं। इस प्रकार अय्यामे-अज़ा दो महीना आठ दिन होते हैं। यद्यपि इसके अतिरिक्त साल भर में किसी समय भी अज़ादारी से सम्बन्धित कार्यक्रम होते हैं।

पहली मुहर्रम से दस मुहर्रम तक 'आशूरा' कहा जाता है। इन तिथियों को 'अशरा-ए-अज़ा' (मातमी दिन) भी कहते हैं। इनमें अलग-अलग रूप में स्थानीय सुविधानुसार अज़ादारी होती। पहली मुहर्रम से दस मुहर्रम तक की तिथियाँ अलग-अलग नामों से समर्पित है। मजलिसों में उन्हीं से सम्बन्धित व्याख्यान होते हैं। जैसे, इलाहाबाद और उसके निकटवर्ती क्षेत्रों में पहली मुहर्रम को इस्लामी पैग़म्बर, 2 मुहर्रम को हज़रत अली, 3 मुहर्रम को हज़रत फ़ातिमा ज़हरा, 4 मुहर्रम को हज़रत मुस्लिम-बिन-अक़ील, 5 मुहर्रम को इमाम हुसैन के सम्बन्धी एवं सहयोगीगण, 6 मुहर्रम को हज़रत औन तथा हज़रत मुहम्मद, 7 मुहर्रम को हज़रत क़ासिम, 8 मुहर्रम को हज़रत अब्बास, 9 मुहर्रम को हज़रत अली अकबर, 9 मुहर्रम की रात को शबे-आशूरा तथा 10 मुहर्रम अर्थात् रोज़े-आशूरा को इमाम हुसैन के महान बलिदान के प्रति श्रद्धा-सुमन अर्पित किये जाते हैं। सम्भव है कि अन्य क्षेत्रों में कोई दूसरा क्रम हो। परन्तु इसी से मिलता-जुलता क्रम होगा।

भारत में मृतजनों की याद मनाने का प्रचलन प्राचीन से रहा है। मुसलमानों में स्वर्गीय जनों को पुण्य पहुँचाने की दृष्टि से 'सेउम' (तीसरा दिन), 'चेहलुम' (चालीसवाँ दिन), 'शशमाही' (छः माह), 'बरसी' (वार्षिकी) करने का प्रचलन है। कुछ क्षेत्रों में सेउम से चेहलुम के बीच दसवाँ, बीसवाँ आदि भी करते हैं। इन प्रचलनों पर स्थानीय प्रभाव स्पष्ट हैं। इमाम हुसैन का सेउम करते हैं, परन्तु किसी विशेष प्रतीक का जुलूस नहीं निकालते। चेहलुम 20 सफ़र को होता है। इस तिथि का ऐतिहासिक महत्व है, इसी दिन इमाम हुसैन की क़ब्र के पहले दर्शनार्थी इस्लामी पैग़म्बर के प्रसिद्ध सहयोगी हज़रत जाबिर-बिन-अब्दुल्ला कर्बला पहुँचे थे, उनके साथ पैग़म्बर के वंशज के कुछ अन्य लोग भी थे, जो मदीना से आये थे। संयोगवश उसी दिन इमाम हुसैन के परिवारजनों का लूटा गया काफ़िला भी दमिश्क़ (सीरिया) के कारागार से मुक्ति पाकर कर्बला पहुँचा था। जिसकी चर्चा यथास्थान हो चुकी है।

साधारण धारणा यह है कि इस्लामी पैग़म्बर के परिवारजन कर्बला से मदीना शरीफ़ 8 रबीअ-उल-अव्वल को पहुँचे थे। इसी आधार पर उस दिन की याद में लखनऊ में एक बड़ा जुलूस निकलता है, जिसको ताज़िया कहते हैं। अब अन्य स्थानों में भी इसी प्रकार के जुलूस निकलने लगे हैं। यह शोक मनाने की अन्तिम तिथि है। इसके बाद 9 रबीअ-उल-अव्वल को प्रसन्नतापूर्वक आयोजनों से मनाते हैं। उस दिन के विषय में एक घटना है। कहते हैं कि अमीर मुख़्तार सक़फ़ी ने

इमाम हुसैन के छः मास के सुपुत्र अली असग़र के हत्यारे हुरमुला का सिर काटकर इमाम ज़ैन-उल-आबिदीन के पास भेजा था। इमाम इस निर्दयी हत्यारे के मारे जाने पर प्रसन्न हुए तथा उन्होंने ईद के समान त्योहार के रूप में इस दिन आयोजन करने को कहा था। इसका क्रम आज भी चलता है।

पारिभाषिक शब्दावलियाँ

आशूरा (दसवाँ) मुहर्रम की दसवीं को कहते हैं।

अरबईन (चालीसवाँ) सफ़र की बीस को कहते हैं। इस दिन इमाम हुसैन की शहादत के चालीस दिन पूरे होते हैं। अतः चालीसवाँ भी कहते हैं।

अज़ाख़ाना उस मकान को कहते हैं, जहाँ अज़ादारी की जाती है। इसको अलग-अलग क्षेत्रों में अलग-अलग नामों से सम्बोधित करते हैं। इनमें 'इमामबाड़ा' सर्वाधिक प्रचलित है, परन्तु विभिन्न क्षेत्रों में 'इमामबारगाह', 'हुसैनिया', 'अलाव' आदि भी प्रचलित हैं। अज़ाख़ाने साधारणतया दो भागों में होते हैं। एक भाग में अज़ादारी से सम्बन्धित विभिन्न पवित्र वस्तु स्थापित किये जाते हैं। जैसे— अलम, ज़रीह, ताज़िया, तुरबत, क़दम-पैग़म्बर, पंजा-शरीफ़ इत्यादि। अज़ाख़ाने का दूसरा भाग विस्तृत होता है, जिसमें अधिक से अधिक लोग आसन ग्रहण कर सकें। अज़ाख़ाने में ही मजलिसें होती हैं। यद्यपि ऐसा कोई प्रतिबन्ध नहीं है कि अज़ाख़ाने में ही मजलिसें हों। किसी स्थान पर मजलिस की जा सकती है।

मजलिस में आसन ग्रहण करने में मुसलमान तथा किन्हीं अन्य धर्मावलम्बी के बीच कोई भेदभाव नहीं किया जा सकता, किसी जाति, वर्ग अथवा अमीर-गरीब का भेद भी नहीं होता। सभी लोग समान रूप में आसन ग्रहण करते हैं।

मिंबर साधारण लकड़ी का बना हुआ, ज़ीना के समान एक मंच होता है, जिसका प्रयोग सम्बोधन के समय किया जाता है। यह मस्जिदों में प्रयोग होने वाले मिंबरों के समान ही होता है, परन्तु एक जगह स्थापित नहीं होता है, आवश्यकतानुसार इसे किसी भी स्थान पर रखा जा सकता है।

मजालिस (मजलिस का बहुवचन) सभा को कहते हैं। अज़ादारी की सभा के लिए प्रचलित शब्द है। पहले मजलिसों में इमाम हुसैन के युद्ध की चर्चा को 'मआरिक' तथा उनकी शहादत की चर्चा को 'बयाने-शहादत' कहते थे। अब भी कुछ स्थानों पर मजलिसों को बयाने-शहादत कहा जाता है। भारत में इस प्रकार की मजलिसों की शुरुआत 'रौज़ाख़्वानी' से हुई। पहले प्रसिद्ध पुस्तक 'रौज़तुत-शुहदा' से पाठ करने का प्रचलन था। इसी आधार पर यह नाम पड़ा।

वर्तमान में मजलिसों में दो प्रकार से सम्बोधन का प्रचलन है : ज़ाकिरी तथा मरसियाख़्वानी

ज़ाकिरी व्याख्यान करने को कहते हैं, जो मिंबर पर बैठकर की जाती है। इसके निश्चित नियम हैं। व्याख्यान के तीन अंश होते हैं। पहले अंश में इस्लाम धर्म, शरीअत, इतिहास, सम-सामयिक समस्याएँ आदि के साथ ही मुख्य रूप में इस्लामी पैग़म्बर तथा उनके परिवारजनों की उपलब्धियों की चर्चा होती है। फिर इमाम हुसैन तथा उनके सहयोगियों के दुःखमय वृत्तान्त का वर्णन होता है।

मरसियाख़्वानी मरसिया पढ़ने को कहते हैं। यह दो प्रकार से होती है। एक मिंबर पर बैठकर, दूसरे फ़र्श पर बैठकर। मिम्बर पर बैठकर कोई मरसिया पढ़कर सुनाया जाता है। यह मरसिया उसकी अपनी रचना भी हो सकती है तथा किसी अन्य मरसिया-कवि की भी। इसके प्रस्तुति के विशेष नियम हैं तथा एक उच्चकोटि की कला है, जिसमें नाटकीय अभिनय भी होता है। यह एक व्यक्ति द्वारा प्रतिपादित होता है। बैठकर मरसिया पढ़ने को सोज़ख़्वानी कहते हैं। इसमें एक व्यक्ति विशेष होता है तथा उसके साथ अन्य सहयोगी होते हैं। सोज़ पढ़ने में संगीत कला का प्रयोग होता है, परन्तु इस प्रकार प्रयोग होता है कि इस्लामी शरीअत के नियमों का उल्लंघन न हो। वर्तमान में मरसिया पढ़ने वालों की संख्या कम हो गयी है तथा ज़ाकिरी अधिक प्रचलित हो रही है। मजलिसों में ज़ाकिरी या मरसियाख़्वानी के बाद नौहा पढ़ते हैं और मातम करते हैं। कभी-कभी पूरी रात का आयोजन होता है, जिसको 'शब-बेदारी' (जागने की रात) कहते हैं।

तबर्रुकाते-अज़ा (अज़ादारी की पवित्र-वस्तुओं) में निम्नलिखित वस्तुओं को विशेष रूप में प्रयोग किया जाता है :

ज़रीह या रौज़ा सर्वाधिक महत्त्वपूर्ण होता है, जो कर्बला के शहीदों में विशेषकर इमाम हुसैन तथा हज़रत अब्बास के रौज़े की आकृति पर आधारित होता है। यद्यपि ज़रीहें हज़रत अली तथा अन्य धार्मिक महानुभावों के रौज़ों के आकृति पर बनायी जाती है। यह सोने-चाँदी अथवा किसी अन्य धातु की भी होती है तथा मोम और फूल की भी बनती है, परन्तु साधारणतया लकड़ी से निर्मित की जाती हैं।

इमाम हुसैन के रौज़े अथवा ज़रीह को अज़ादारी में केन्द्रीय स्थान प्राप्त है। इमाम हुसैन का रौज़ा विभिन्न ऐतिहासिक काल में सत्य, धर्म एवं निष्ठा का प्रतीक रहा है, जिससे मानवता को सम्मानपूर्ण जीवन-यापन का आदर्श प्राप्त होता है तथा जो अन्याय एवं अधर्म के लिए चुनौती के रूप में प्रतिष्ठित रहा। इस्लामी इतिहास साक्षी है कि उमैय्या तथा अब्बासी शासकों ने अपने पाँच सौ से अधिक वर्षीय शासन में इमाम हुसैन के रौज़े को मिटा देने का भरसक प्रयास

किया, परन्तु असफल रहे। इमाम हुसैन का रौज़ा अनेक बार तोड़ा और मिटाया गया, फिर निर्मित हुआ। इसका इतिहास इमाम हुसैन की धर्मपत्नी रबाब-बिन्त-उमर-उल-क़ैस कलबी के प्रयासों से प्रारम्भ होता है, जब वे दमिश्क़ (सीरिया) में यज़ीद के कारागार से मुक्त होकर 20 सफ़र 62 हि० (8 नवम्बर, 681 ई०) कर्बला में इमाम हुसैन के क़ब्र पर आयीं, जब परिवार के अन्य लोग मदीना वापस गये, तो उन्होंने वापस जाने से इंकार कर दिया और लगभग एक वर्ष तक इमाम हुसैन की क़ब्र पर एक ख़ैमा लगाकर रहती रही थीं।[1] इसी अस्थायी ख़ैमे को अमीर मुख़तार-बिन-उबैदउल्लाह सक़फ़ी ने 685 ई० में सत्ता ग्रहण के पश्चात् छोटी-सी इमारत में परिवर्तित कर दिया। धार्मिक महत्त्व के कारण इमाम हुसैन का रौज़ा मुसलमानों का तीर्थस्थान बन गया। यह मात्र तीर्थस्थान नहीं था, वरन् इसके प्रभाव क्रान्तिकारी थे। इमाम हुसैन के रौज़े के अस्तित्व से अत्याचार एवं अन्याय, असत्य एवं दुराचार तथा शोषण पर आधारित राजसत्ता के मुख पर से धूर्तता का पर्दाफाश होता था। इसका प्रभाव क्षेत्र देश, जाति, धर्म, रंग आदि के प्रतिबन्धों से परे था, जिसके आधार पर असाधारण संवेदनाएँ स्वतः उत्पन्न होती थीं। इससे अन्याय के प्रति लामबन्द होने का साहस परवान चढ़ता था। अतः शासक वर्ग ने इमाम हुसैन के रौज़े पर दर्शनार्थियों पर अनेक प्रकार के प्रतिबन्ध लगाये तथा कठोर यातनाएँ दी गयीं। यहाँ तक कि कभी हाथ-पाँव काट दिये गये, तो कभी उनका वध कर दिया गया, परन्तु श्रद्धालुओं का आना समाप्त नहीं किया जा सका, तो रौज़े को ही गिराकर क़ब्र का निशान भी मिटाने की कई बार कोशिश की गयी तथा बारम्बार कर्बला पर आक्रमण किये जाते रहे। अब्बासी ख़िलाफ़त काल में नौबार इमाम हुसैन के रौज़े को गिराया गया।[2] यहाँ तक कि क़ब्र को मिटाकर उसे खेत बना देने का प्रयास भी किया गया।[3] परन्तु मुइज़उद्दौला दैलमी ने सत्ता ग्रहण किया, तो उसने अज़ादारी पर से 352 हि० (963 ई०) में प्रतिबन्ध हटा लिया तथा सामूहिक रूप में अज़ादारी करने को प्रोत्साहित किया। उसी के विषय में कहते हैं कि उसी ने इमाम हुसैन का वर्तमान रौज़ा निर्मित कराया। उसके द्वारा निर्मित रौज़ा शेष नहीं रह गया है। वरन् विभिन्न काल में अनेक लोगों के प्रयत्नों से इमाम हुसैन के रौज़े की इमारत निर्मित होती रही।

ताज़िया शब्द अज़ा पर आधारित है, जिसके अर्थ शोक-दर्शन के होते हैं। अनेक देशों में अज़ादारी को ही ताज़िया कहते हैं, परन्तु भारत में ताज़िया इमाम

---

1. शहीदे-इंसानियत, पृ० 563
2. तनवीरे-इमामत, पृ० 104-169
3. तारीख़-उल-ख़ुलफ़ा, पृ० 353

हुसैन के रौज़े की आकृति को कहते हैं, जो लकड़ी, बाँस की तीलियाँ, अबरक, कागज़ आदि से बनाया जाता है। इसका कोई निश्चित रूप नहीं है। सुविधानुसार अपने कल्पना के आधार पर बना लेते हैं। कभी रौज़ा की आकृति गुंबद के साथ प्रस्तुत करते हैं तो कभी गुंबद भी नहीं होता। वरन् एक साधारण से मकान का रूप दे देते हैं।

अलम पताका को कहते हैं। इसे इमाम हुसैन के उस पताके की याद में बनाते हैं, जो कर्बला में हुसैनी सेना का निशान रहा। वर्तमान में इस्लामी पताका में चाँद-तारे का प्रयोग होता है। यह बाद की स्थिति है, उस समय ऐसा कुछ नहीं था। अतः अज़ादारी के अलम में चाँद-तारे का निशान नहीं होता उसके ऊँचे सिरे पर पंजा लगाते हैं। अलम बाँस के एक लम्बे छड़ से बनाया जाता है। यह बहुत बड़ा भी हो सकता है कि कई-कई लोग संयुक्त रूप में उसको उठा सकें, या छोटे से छोटा भी बनाते हैं कि किसी स्थान पर सुविधापूर्वक स्थापित कर सकें।

पंजा हाथ के पंजों का निशान है, जिसमें पाँच अंगुलियों से अभिप्राय 'पंजतन' होते हैं—मुहम्मद, अली, फातिमा, हसन तथा हुसैन।

तुरबत क़ब्रों को कहते हैं। कर्बला के शहीदों की याद में उनकी तुरबत बनाते हैं। ताज़िये में दो तुरबतें रखते हैं। उनमें एक हरे रंग की होती है, जिसे इमाम हसन से सम्बद्ध करते हैं। हरा रंग होने का कारण यह है कि इमाम हसन को विष देकर शहीद किया गया था। इमाम हुसैन की तुरबत लाल रंग की होती है, क्योंकि उन्होंने कर्बला में अपने रक्त में नहा कर शहादत प्राप्त की थी।

ज़ुलजनाह इमाम हुसैन के घोड़े का नाम है। ज़ुलजनाह बनाने के लिए किसी अच्छे घोड़े का प्रयोग करते हैं। उसको विभिन्न शस्त्रों से सजाते हैं, घोड़े की पीठ पर एक पगड़ी बनाकर रखते हैं, जिसे फूलों से सजाते हैं। विभिन्न क्षेत्रों में अलग-अलग ढंग से ज़ुलजनाह निकालने का प्रचलन है।

गहवारा इमाम हुसैन के छः माह के सुपुत्र अली असग़र की शहादत की याद में उसका पालना या झूला निकालते हैं।

मेंहदी इमाम हसन के पुत्र क़ासिम के विषय में प्रचलित धारणा है कि एक दिन पूर्व ही उनका विवाह हुआ था। अतः एक चौकी पर सजाकर मेंहदी निकाली जाती है।

मश्क इमाम हुसैन की सुपुत्री सुकैना के लिए पानी प्राप्त करने हेतु हज़रत अब्बास की शहादत हुई थी। उसी प्यास की याद में मश्क निकालते हैं।

अम्मारी एक परदेदार सवारी को कहते हैं, जो कर्बला की महिलाओं की स्मृति में निकाली जाती है। साधारणतया इसे मातमी दिनों के अंतिम दिन (8 रबीअ-उल-अव्वल) को निकालते हैं, क्योंकि इसी दिन इमाम हुसैन के लूटे गये क़ाफ़िले ने पुनः मदीना-शरीफ़ में प्रवेश किया था।

जुलूसे-अज़ा अज़ादारी से सम्बन्धित जुलूस को कहते हैं। इन जुलूसों में अज़ादारी से सम्बन्धित पावन-प्रतीकों में सभी वस्तुएँ अथवा किसी एक वस्तु को निश्चित मार्ग से ले जाया जाता है। ऊँट, घोड़े, हाथी आदि पर पावन प्रतीकों को स्थापित करते हैं। इन प्रतीकों के सामने मरसिये तथा नौहे पढ़े जाते हैं, लोग हाथों से, जंजीरों से, तलवारों से मातम करते हैं। कुछ स्थानों पर अंगारों पर मातम होता है।

जुलूसे-अज़ा के विभिन्न देशों में विभिन्न रूप हैं। कर्बला समेत ईराक़ के अन्य स्थानों पर जुलूसे-अज़ा के लिए भारत के समान निश्चित तिथियाँ नहीं होती वरन् इस प्रकार के धार्मिक अवसरों के लिए कुछ तिथियाँ निश्चित कर दी गयी हैं, जिनको 'मख़सूसी' (विशेष) कहते हैं। जैसे, प्रत्येक जुमा की रात, ईद की रात, बकरीद की रात, हज्ज से एक दिन पूर्व (अरफ़ा), आशूरा (दसवीं) मुहर्रम, अरबईन (चेहलुम) पहली तथा 13 रजब, 15 शाबान, 19-21 रमज़ान आदि। आशूरा-मुहर्रम के अवसर पर विशेष आयोजन होते हैं, परन्तु अन्य देशवासी अपने देश की परम्परा के अनुसार अज़ादारी करते हैं। ईरानियों में सदियों से कर्बला की घटना को नाटकीय रूप में प्रस्तुत करने का प्रचलन था, जो इस्लामी क्रान्ति के बाद भी कुछ परिवर्तित रूप में प्रचलित है।

इमाम-चौक जुलूसे-अज़ा बीच-बीच में अनेक स्थानों पर रुकते हुए चलते हैं, जब एक स्थान पर रुकते हैं तो वहाँ बने हुए विशेष चबूतरे जिनको इमाम चौक कहते हैं, ताज़िये रख दिये जाते हैं तथा जब आगे बढ़ने लगते हैं, तो वहाँ से उठा लेते हैं।

कर्बला ईराक़ में एक स्थान का नाम है, जहाँ इमाम हुसैन तथा उनके सहयोगी शहीद किये गये थे। वहीं उनकी क़ब्रें तथा रौज़े हैं। भारत में कर्बला उस स्थान को कहते हैं, जहाँ ताज़िये अथवा अन्य मातमी चिह्न दफ़्न किये जाते हैं।

ताज़ियादारी के प्रारम्भ के विषय में सर्वाधिक प्रचलित धारणा यह है : **"यह प्रचलन मात्र भारत में है। इसका प्रारम्भ इस प्रकार हुआ कि जब तैमूर गोरगान कूफ़ावासियों का वध करने के बाद कर्बला गया, तो वहाँ से कुछ पावन स्मृति चिह्नों को एक पालकी में रखकर परमआदर के साथ लाया, जब से लोग उसी रूप में ताज़िया बनाने और उसे उठाने लगे। एक अन्य विद्वान ने ताज़िया का प्रारम्भ इस प्रकार बयान किया है कि तैमूरलंग साहब-क़रान**

हज़रत इमाम हुसैन का बड़ा भक्त था। जब उसने रोम के शासक को बन्दी बनाया, तो पवित्र एवं पावन स्थान, जो पहले रोम में थे, उसके अधिकार क्षेत्र में आ गये, तो वह कर्बला गया। इमाम हुसैन ने उसको दर्शन दिया और कुछ स्मृतिचिह्न मिले। जैसे वस्त्र, रुमाल इत्यादि। जिन्हें हौदज में रखकर सेना के आगे-आगे लेकर चला। ईश्वर की महिमा, जिस ओर गया उन पावन स्मृतिचिह्नों की बरकत से सफल हुआ। जब हिन्दुस्तान में आया तो हौदज के स्थान पर हाथी की अमारी पर रखकर उस हाथी को सबसे आगे रखने लगा। एक बार एक मन्त्री ने किसी युद्ध के अवसर पर यही कार्य किया और विजयी हुआ। अतः उस समय से इसका प्रचलन हो गया। चूँकि मुहर्रम के अवसर पर साहब-क़रान उस हौदज के पर्दे दर्शनार्थ उठा देता था। अतः ताज़ियादारों ने भी वही करना प्रारम्भ किया तब स्मृतिचिह्न के स्थान पर लाल और हरी क़ब्रें बनाकर रखने लगे।''[1]

यह एक विवाद प्रश्न वक्तव्य है, इसमें मात्र इतनी ही बात सही मालूम होती है कि तैमूर गोरगान 1393 ई० में बग़दाद विजय के बाद कर्बला गया था और इमाम हुसैन के रोज़े की ज़ियारत की थी। वहाँ से उसने कुछेक स्मृतिचिह्न प्राप्त किये। उनमें इस्लामी पैग़म्बर के सुपुत्री फ़ातिमा जैहरा के वस्त्रों में से कोई टुकड़ा भी था, जो उसने कर्बला के शहीद हज़रत हुर्र के क़ब्र से निकालकर ग्रहण किया था, जिसको अपने साथ भारत लाया। बताया जाता है कि यह वस्त्र का टुकड़ा इमाम हुसैन ने 10 मुहर्रम को हुर्र के सिर में घाव पर बाँध दिया था जिससे ख़ून का बहना रुक गया था। इसका वर्तमान आकार 2.5" × 2.5" है। मुग़लों से वस्त्र का यह टुकड़ा दकन के निज़ाम को प्राप्त हुआ। औरंगज़ेब के फ़रमान का अनुवाद देखिए :

''यह महान स्मृतिचिह्न हज़रत फ़ातिमा ज़हरा के चादर का टुकड़ा है। हुसैन ने इसे हुर को कर्बला के महासंग्राम में प्रदान किया था। अमीर तैमूर साहब क़रान ने इमाम हुसैन की अनुमति (आध्यात्मिक चमत्कार द्वारा) और स्थानीय सैय्यदों के अनुमति के बाद हुर्र के कब्र से प्राप्त किया था। वह (तैमूर) इस स्मृतिचिह्न को भारत लाये। सैय्यद लोग और उनके वंशज, जो उसके संरक्षण के जिम्मेदार हैं, वे मौज़ा करवारा की मालगुजारी के रूप में अधिकार रखते हैं और जब शहंशाह जहाँगीर (स्वर्गीय) राजसिंहासन पर आसीन हुए, तो अपने पूर्वजों के समान उन्हें भी इस स्मृतिचिह्न के प्रति श्रद्धा अर्पित करने का सौभाग्य प्राप्त हुआ। उन्होंने इसके संरक्षक की मददमाश में वृद्धि की।

---

1. फ़रहंगे-आसिफ़या, भाग-1, पृ० 618

माबदौलत (औरंगज़ेब) ने काज़ी-उल-मुल्क मुल्ला अहमद तथा अन्य नगरों शहरों के आलिमों और मुफ़्तियों से इस स्मृतिचिह्न के विषय में फ़तवे प्राप्त किये। उन्होंने लिखा कि 'ताबूते-सुकैना' मूसा तथा हारून के संतान की परम्परा थी। क़ुर्आनी आयत 'इन्ना आयता मुल्क' इस घटना को स्पष्ट करता है। पैग़म्बर की प्राणप्रिय हज़रत फातिमा ज़हरा की चादर का अंश आध्यात्मिक आधार पर ताबूते-सुकैना से श्रेष्ठ है। इस स्मृतिचिह्न के धारक को ईश्वर की विशेष अनुकम्पा, शुभाशुभ तथा विजय का प्रतीक समझना चाहिए। ईश्वर की अपार अनुकम्पा इस स्मृतिचिह्न के मालिक को प्राप्त रहेगी। जब माबदौलत (औरंगज़ेब) राजसिंहासन पर शोभायमान हुए, तो आपने पारिवारिक परम्परा के आधार पर इसको अपनी श्रद्धा अर्पित करने हेतु गये। इस शुभसंयोग के लिए अल्लाह पाक का शुक्र अदा किया। इस मौक़े पर हमने उसके संरक्षक के पद में 500 की वृद्धि कर दी। बख़्शी-उल-मुमालिक को ताकीद कर दी गयी है कि वे फ़रमान के नवीनीकरण का बहाना बनाकर सैय्यद को इस उपहार से लाभान्वित होने में रोककर गुनाह करने की धृष्टता न करें।''[1]

अन्तिम निज़ाम मीर उस्मान अली ख़ाँ ने आशूरख़ाना, ख़िलवत मुबारक़ के संग्रहालय में स्मृतिचिह्न तथा शाही फ़रमान संरक्षित कर दिया है।

ताज़ियादारी के प्रारम्भिक चिह्न

भारत में ताज़ियादारी का प्रारम्भ कब हुआ, किसने किया और किस तरह किया, स्पष्ट ऐतिहासिक तथ्य नहीं मिलते। यद्यपि यह निश्चित है कि हज़रत अली के ख़िलाफ़त काल में (656-661 ई०) विशेषकर सिन्धी जाठों में 'शीआने-गुलात' ने भारत में पैग़म्बर के परिवारजनों के अनुकूल वातावरण बना रखा था। यहाँ तक कि कहा जाता है कि सिन्ध के दत्त, जो अरब में निवास करते थे, कर्बला के संग्राम में इमाम हुसैन का सहयोग करते हुए शहीद भी हुए।

---

1. इस स्मृतिचिह्न के दर्शनार्थ प्रत्येक वर्ष दो बार मुहर्रम और चेहल्लुम के अवसर पर अनुमति मिलती है। सैयद ख़ुर्शीद अली (पाण्डुलिपि विभाग, सालारजंग म्यूज़ियम, हैदराबाद) ने इन पंक्तियों के लेखक से एक रोचक घटना की चर्चा की कि फ़ख़रुद्दीन अली अहमद अपने राष्ट्रपति काल में हैदराबाद पधारे, तो इन स्मृतिचिह्नों के दर्शनार्थ 'ख़िल्वत-मुबारक' भी गये। 'ख़िल्वत-मुबारक' के भीतर इन स्मृतिचिह्नों का दर्शन कर उन पर विशेष प्रकार का भाव उभर आया। निश्चित समय से लगभग एक घण्टा देर तक विस्मृति भाव में स्मृतिचिह्नों के पास आदरपूर्वक विराजमान रहे। बाहर प्रशासन के अधिकारी अत्यन्त व्याकुल और बदहवास थे कि भारत के राष्ट्रपति बाहर क्यों नहीं आते। —लेखक

बाद में बनीउमैय्या के शासन काल में दत जाति के बचे-खुचे लोगों को अरब से ईरान में ढकेल दिया गया।[1] यदि हज़रत अली के दास वंशज ग़ौरी शासकों ने उमैय्या वंशज खलीफ़ाओं के अत्याचार से बचते हुए इस्लामी पैग़म्बर के परिवारजनों के प्रेम को अपने सीने में लगाये रखा था।[2] इस तथ्य के ऐतिहासिक साक्ष्य उपलब्ध हैं कि सिन्धी मुस्लिम उलेमा पैग़म्बर के परिवारजनों के इमामों विशेषकर इमाम मुहम्मद बाक़िर और इमाम जाफ़र सादिक़ की सेवा में होने का गौरव रखते थे[3] तो यह किस प्रकार सम्भव है कि वे इमाम हुसैन की अज़ादारी में सम्मिलित न हुए हों। इसी प्रकार सिन्ध तथा पंजाब के क्षेत्रों में शीआ सम्प्रदाय की नयी बस्तियों का बसना, सिन्ध के प्रशासक का बनी फ़ातमा की हुकूमत क़ायम करने में अपनी जानों का क़ुर्बान करना, पंजाब और सिन्धवासियों की नयी बस्तियों के प्रतिष्ठित लोगों का फ़ातिमी वंशज मिस्री शासकों से प्रत्यक्ष रूप में सम्बन्ध स्थापित करना, वह भी इस सीमा तक कि अपने सभी कार्यों में फ़ातिमीन खलीफ़ाओं की अनुमति प्राप्त करते थे।[4] मिस्र के फ़ातिमीन खलीफ़ा अन्य शीओं के समान अज़ादारी के प्रति असाधारण अभिरुचि रखते थे। फिर इस्माईलियों के धर्मप्रचार सम्बन्धी गतिविधियाँ जो मुहर्रम के 10 दिनों में अपने सत्संगों में इमाम हुसैन और उनके सम्बन्धियों के त्याग एवं बलिदान की घटनाएँ निश्चित रूप में वर्णन करते होंगे।[5] खेद है कि इन तथ्यों की ओर हमारे इतिहासकारों ने ध्यान नहीं दिया, जिनसे भारत में अज़ादारी के प्रारम्भिक चिह्न धुँधला गये, भारत-आर्य संयुक्त संस्कृति एवं सभ्यता के इन परममहत्त्वपूर्ण पृष्ठों पर समय की धूल की मोटी परत पड़ गयी। वरन् जन प्रियता के कारण कुछेक प्रारम्भिक चिह्न बिखरे हुए मिलते हैं, जिनके आधार पर इमाम हुसैन की याद मनाने के विषय में जानकारी प्राप्त होती है।

भारत में इमाम हुसैन की याद मनाने के प्रारम्भिक चिह्न सरायकी भाषा के मरसियों के रूप में सुरक्षित हैं, जिनको सिन्धी और सरायकी क्षेत्रों में चारण जाति के लोग गाकर सुनने वालों से पुरस्कार प्राप्त करते हैं। इनमें एक कवित्त में दत्त जाति के सन्दर्भ से कर्बला में उनकी बहादुरी की गाथा कहते हैं। इनका समय विक्रमाजीत काल के लगभग 681 ई० निश्चित किया गया है।[6] परन्तु भारत में

---

1. किताब-अलकामिल-फ़ी-तारीख़, भाग-2, पृ० 346-381
2. तबक़ाते-नासिरी, पृ, 29
3. गुलशने-इब्राहीमी (तारीख़े-फ़रिश्ता), भाग-1, पृ० 27
4. अहसन-उल-तक़ासीम, पृ० 485
5. तारीख़े-तिबरिस्तान, पृ० 68, तबक़ाते-नासिरी, पृ० 89-90
6. दुर्रे-गौहर पृ० 9।

इमाम हुसैन की अद्वितीय शहीदी बयान करने वालों में पहला नाम मिनहाज सिराज जुज़जानी है, जो अपने बारे में लिखता है कि वह मई 1231 को ग्वालियर पहुँचा, जहाँ सुल्तान शम्सउद्दीन अलतुतमिश (मृ० 1236 ई०) घेरा डाले हुआ था। यह घेरा बढ़ता ही गया। सुल्तान ने जुज़जानी को सैनिकों की धार्मिक दीक्षा के कार्य पर नियुक्त किया, जिसका दायित्व उसने सात माह तक निर्वाहित किया। रमज़ान के पूरे महीने में हफ़्ते में तीन बार ज़िलहिज्जा माह के प्रारम्भिक दस दिनों तक और पहली मुहर्रम से दसवीं मुहर्रम तक। जुज़जानी इन धर्मप्रचार वक्तव्यों को 'तज़कीर' कहता है।[1] स्पष्ट है कि रमज़ान के तसकीर का विषय आत्मसंयम एवं ऋषत्व रहा होगा। ज़िलहिज्जा में हज़रत इब्राहीम की कुर्बानी बयान की गयी होगी, जिस पर मुसलमान त्योहार मनाते हैं परन्तु पहली मुहर्रम से 10 मुहर्रम तक उसके वक्तव्यों का विषय इमाम हुसैन की अद्वितीय शहादत के अलावा कोई और कुछ नहीं हो सकता। यह विषय सैनिकों में त्याग एवं बलिदान की भावना जाग्रत करने के लिए सर्वाधिक उपयोगी सिद्ध हुआ होगा।

इसी प्रकार ख़िलजी सुलतानों के (1290-1320) का एक प्रामाणिक फ़रमान भरतपुर के सैय्यदों के पास संरक्षित है। जिसके आधार पर ग्राम पहरसर इमाम हुसैन की याद मनाने के लिए वक्फ़ किया गया था। बाद में अन्य सुल्तान भी शाहआलम तृतीय तक इस फ़रमान की संतुति करते रहे। इसी फ़रमान के आधार पर भरतपुर के हिन्दू राजा भी इमाम हुसैन की याद मनाने के लिए सैय्यदों की स्थायी माफ़ी स्वीकार करते रहे थे। चौदहवीं सदी के सुन्नी आलिम मलिकुल-उलेमा शिहाबुद्दीन दौलताबादी अपने-अपने समय के प्रतिष्ठित लोगों में गिने जाते थे। उन्हें अज़ादारी से विशेष रुचि थी, जिसका प्रमाण उनकी पुस्तक 'हिदायत-उल-सअदा' से मिलता है, जिसमें उन्होंने अपने अनुमोदन के साथ मुहर्रम में अज़ादारी की रस्मों की चर्चा की है, जो उस समय प्रचलित थीं। उन्होंने अपने पूर्व के अन्य भारतीय सुन्नी उलेमा की किताबों के सन्दर्भ भी दिये हैं, जिनमें अधिकांश नष्ट हो चुकी हैं लेकिन उन्होंने ताज़िया की कोई चर्चा नहीं की, जिससे अनुमान होता है कि सम्भवतः उस समय तक ताज़िया निकालने का प्रचलन नहीं हुआ था। वरन् इतनी बात स्पष्ट हो जाती है कि अज़ादारी में मुसलमानों के दोनों सम्प्रदाय शीआ तथा सुन्नी एक मत थे और दोनों अज़ादारी करते थे। इसी प्रकार सुल्तान मुहम्मद तुग़लक के शासनकाल (1325-51 ई०) में अज़ादारी का जिक्र उस काल के एक लेखक 'उस्तख़्वान' देहलवी ने किया है कि मुहर्रम में खुलेआम इमाम हुसैन का गम मनाया जाता था। उसने अन्य

1. तबक़ाते-नासिरी पृ० 174, 175, 249

सूचनायें नहीं दी हैं। सम्भव है कि उस समय तक इमाम हुसैन की याद मनाने की प्रथा मात्र संगोष्ठी करने तक ही सीमित रही हो क्योंकि उस समय तक जुलूस निकालने की संभावना नहीं दीखती।

उत्तरी भारत में इमाम हुसैन की याद मनाने का क्रम प्रसिद्ध सूफ़ी-सन्त ख़्वाजा सैय्यद मुहम्म्द अशरफ़ जहाँगीर शमनानी द्वारा अलम निकालने से प्रारम्भ होता है। उन्होंने मुहर्रम के मौक़े पर इमाम हुसैन का अलम निकाला और उसके छाया में बैठे। उनका दस्तूर था कि सब्ज़वार (ईरान) के समान अलम तैयार कराते थे। एक थैली के साथ उस अलम को पास-पड़ोस के उत्कृष्ट सैय्यदों और धर्मभीरू जनों के पास भेजते थे। अधिकांश यह दायित्व अपने उत्तराधिकारी शाह सैय्यद अली क़लन्दर के माध्यम से सम्पन्न कराते थे।[1] सूफ़ी-सन्त शाह समनानी 1380 ई० में भारत पधारे थे। इस प्रकार अलम निकालने का क्रम उसी के आसपास प्रारम्भ हुआ होगा, उनके वक्तव्यों[2] में लिखित है कि वे मुहर्रम के दस दिनों में अच्छा वस्त्र धारण नहीं करते थे। किसी आनन्दमय आयोजन में भाग नहीं लेते थे। आठवीं तथा दसवीं मुहर्रम के बीच की तिथियों में विश्राम करना त्याग देते थे। 30 वर्षों तक चाहे यात्रा में हो या कहीं भी हों, इमाम हुसैन का ग़म मनाना कभी नहीं भूलते।

भारत में चिश्तिया-सूफ़ी पंथ के प्रवर्तक ख़्वाजा मुईनउद्दीन चिश्ती अजमेरी (मृ० 1235 ई०) का फ़ारसी मुक्तक प्रसिद्ध है :

शाह हस्त हुसैन, बादशाह हस्त हुसैन
दीन हस्त हुसैन, दींपनाह हस्त हुसैन
सर दाद, न दाद, दस्त दर दस्ते-यज़ीद
हक़्क़ा कि बिना-ए-लाइलाह हस्त हुसैन

इसका उर्दू अनुवाद देखिए :

हुसैन शाह भी हैं और बादशाह हैं हुसैन
हुसैन दीन भी और दींपनाह हैं हुसैन
न की यज़ीद की बैअत कटा दिया सर को
इसी वजह से तो बुनियादे-लाइलाह हैं हुसैन

ख़्वाजा अजमेरी की दरगाह में इमाम हुसैन की अज़ादारी से सम्बन्धित प्राचीन गतिविधियों का अनुमान इससे किया जा सकता है कि मलका नूरजहाँ

---

1. लतायफ़े-अशरफ़ी, भाग-2, पृ० 268
2. लताइफ़े-अशरफ़ी, भाग-2, पृ० 268

(मृ० 1665 ई०), जो जहागीर के पर्दे में शहनशाहे-ज़मन थी, वहाँ इमाम हुसैन की अज़ादारी को प्रोत्साहित करने हेतु एक शाही फ़रमान जारी किया था, जिसमें अज़ादारी और ताज़ियादारी की विशेष चर्चा है तथा उसने कई गाँव बतौर माफ़ी ख़्वाजा अजमेरी की दरगाह से सम्बद्ध किये थे ताकि वहाँ अज़ादारी और ताज़ियादारी अधिक सुचारु रूप में विकसित हो सके।[1]

ख़्वाजा अजमेरी की सूफ़ी-पीठ के ही प्रख्यात सन्त ख़्वाजा बन्दानवाज़ गेसूदराज़ (मृ० 1442 ई०) के 'समाअ' में इमाम हुसैन का ग़म मनाने की चर्चा मिलती है। यह घटना 10 मुहर्रम 803 हि० (31 अगस्त, 1400 ई०) की है अर्थात् उस समय तक वे देहली में ही निवास करते थे, दकन नहीं पधारे थे। घटना यूँ बतायी जाती है कि 10 मुहर्रम को उनके जमअतख़ाना पर श्रद्धालुओं की बड़ी संख्या एकत्र हुई, क़व्वाल आये तथा सितार के तारों को छेड़ना प्रारम्भ किया, कुछ श्रद्धालु संगीत का आनंद ले रहे थे कि ख़्वाजा ने सम्बोधित किया—आज प्रत्येक व्यक्ति को दसवीं मुहर्रम की याद मनाना है। आज की समाअ इमाम हसन तथा इमाम हुसैन की स्मृति में होगी तथा लोगों को उनके दुःखमय वृत्तांत को सुनकर रुदन करना होगा। उन्होंने पुनः कहा कि दुःख के अवसरों पर सूफ़ी समाअ की सभाएँ करते हैं, श्रद्धालुओं को अपने धर्मगुरुओं का ही अनुसरण करना चाहिए।[2]

दकन में अज़ादारी

उत्तर भारत के समान ही दक्षिण में भी इस्लामी पैग़म्बर के परिवारजनों के प्रति विशेष अनुराग की घटनाओं की चर्चा मिलती है, परन्तु अज़ादारी के विषय में प्रारम्भिक सूचनाएँ नहीं मिलतीं। वरन् सम्भावनाएँ हैं कि दकन में बहमनी सल्तनत की स्थापना के साथ ही अज़ादारी शुरू हो गयी थी। मुहम्मद शाह प्रथम (मृ० 1375 ई०) की माताश्री मलिका जहान ने हज्ज तथा पवित्र स्थलों के दर्शन हेतु मक्का तथा मदीना के बाद कर्बला तथा नजफ़ की यात्रा भी की थी। हज़रत अली और इमाम हुसैन के रौज़ों पर भेंट भी चढ़ायी तथा उनके सेवकों, अन्य तीर्थयात्रियों एवं सैय्यदों में नक़दी तथा वस्तुओं का वितरण कराया। इससे यह निष्कर्ष निकालना अनुचित न होगा कि इस काल में दकन में अज़ादारी का प्रारम्भ हो चुका था, क्योंकि यह अनुमान करना उचित न होगा कि सुल्तान की माताश्री कर्बला जाकर सेवकों, तीर्थयात्रियों एवं सैय्यदों की सेवा में भेंट प्रस्तुत

---

1 अज़ादारी की तारीख़, पृ० 35

2. जवाम्अ-उल-किलम, पृ० 306

करें, इमाम हुसैन के रौज़े पर नज़राना भी तथा मुहर्रम के दस दिनों में अपने स्थान पर कुछ न करें, परन्तु इस अज़ादारी की वस्तुस्थिति क्या थी, जानकारी नहीं मिलती। सम्भव है कि मात्र नज़्र-नज़राना तक सीमित रही।

मुहम्मद शाह द्वितीय (मृ० 1397 ई०) के काल में पूर्व की स्थिति यथावत् रही, परन्तु इसके बाद के काल में फ़ीरोज़शाह बहमनी (मृ० 1422 ई०) का प्रधानमंत्री मीर फ़ज़्ल उल्लाह अंजू न केवल यह कि अपने धार्मिक विश्वासों में शीआ था, वरन् शीओं का पोषक भी था। उसने दकन में अपने सहधर्मी उलेमा एकत्र कर लिये थे, जिनसे हज़ारों रुपयों का उपकार करता था।[1] फ़ीरोज़शाह द्वारा सैय्यदों के समर्थन की यह स्थिति थी कि उसने बहमनशाही पुराना चाँदी का सिंहासन, जो 'तख़्ते-फ़ीरोज़ा' की प्राप्ति के पूर्व प्रयोग किया जाता था, गलवाकर उसकी चाँदी योग्य सैय्यदों में वितरित करने हेतु समुद्र पार भेज दी थी।[2] इन स्थितियों में अनुमान किया जा सकता है कि दकन में मुहम्मद शाह द्वितीय के शासन काल में अज़ादारी होती थी जो कालान्तर में जनप्रिय हो गयी।

सुल्तान शिहाबउद्दीन अहमद शाह प्रथम (मृ० 1436 ई०) ईरानियों के समान प्रत्येक वर्ष 21 मार्च को 'जश्ने-नौरोज़' किया करता था। पैग़म्बर के परिवारजनों को उसके श्रद्धा की चर्चा उसके उत्तराधिकारी काल से मिलती है, जब उसने मन्नत माँगी थी कि यदि बादशाह हो जाऊँगा तो इस गाँव (ख़ानाँपुर) का नाम रुसूलाबाद रखूँगा तथा मदीना, कर्बला एवं नजफ़ के सैय्यदों के नाम वक्फ़ कर दूँगा।[3] फिर सुल्तान होने के पश्चात्, जैसा कि इतिहासकार फ़रिश्ता ने लिखा है : "**बादशाह ने अहमदाबाद बीदर से एक स्थान पर नासिरउद्दीन कर्बलाई को.....पाँच हज़ार तिनके चाँदी के उनके व्यय हेतु तथा बीस हज़ार तिनके अन्य कर्बलावासी सैय्यदों के लिए प्रदान किये।**"[4]

उसी दरबार में प्रसिद्ध फ़ारसी मरसिया-कवि शैख़ 'आज़री' (मृ० 1461 ई०) का उपस्थित होना भी दर्शाता है कि उस काल में अज़ादारी होती थी। सुल्तान ने उन्हें सम्मानित करने हेतु दरबार में उपस्थित होने की इच्छा प्रकट की थी। उसके दरबार के नियमानुसार प्रत्येक व्यक्ति को नतमस्तक होकर प्रणाम करना होता था। 'आज़री' ने उत्तर दिया, यह मस्तिष्क मात्र ईश्वर के सामने झुकता है और दरबारी सम्मान को ठुकरा दिया। इससे अनुमान किया जा सकता है कि उस काल में 'आज़री' के मरसिये मुहर्रम में पढ़े जाते थे।

---

1. तारीख़े-दकन-दर-अह्दे-वुस्ता-व-बहमनी-सल्तनत, पृ० 93
2. The Bahmanis of Deccan. p. 149.
3. तारीख़े-दकन, भाग-1, पृ० 143
4. गुलशने-इब्राहीमी (तारीख़े-फ़रिश्ता), भाग-3, पृ० 138

इसके बाद सुल्तान अहमद द्वितीय (मृ० 1458 ई०) राजसिंहासन पर बैठा, उसके काल में ईरानी प्रभाव में और भी वृद्धि हुई।[1] उसके राजकाल में एक वैभवशाली भवन 'तख़्ते-किरमानी' के नाम से निर्मित हुआ, जिसके निर्माणाकार के विषय में यज़दानी लिखते हैं : **"इस भवन के भीतरी भाग में एक बड़ा हाल है, जिसे स्तम्भों के माध्यम से तीन भागों में विभाजित किया गया है। बीच के भाग में लकड़ी का 'मिंबर'[2] रखा हुआ है, जिसे मुहर्रम में कुछ शीआ रस्मों के लिए प्रयोग किया जाता है।"**[3] इस प्रकार तख़्ते-किरमानी के निर्माणाकार से स्पष्ट है कि यह कोई इमामबाड़ा ही हो सकता है, जिसमें लोग मुहर्रम के व्याख्यान सुनने के लिए एकत्र होते रहे हों।

अहमदशाह द्वितीय के बाद उसके पुत्र अलाउद्दीन हुमायूँ के राजकाल (1548-61 ई०) में ख़्वाजा इमदादउद्दीन महमूद गावाँ को केन्द्रीय स्थिति प्राप्त हुई। वह कई सुल्तानों के राजकाल में महत्त्वपूर्ण पदों पर रहा। इस काल में अज़ादारी के माध्यम से जनता में तलवार चलाना, शारीरिक व्यायाम तथा अन्य पुरुषार्थ सम्बन्धी कार्यों में लोगों की रुचि बढ़ी। इतिहासकार शेरवानी के कथनानुसार, **"युवाओं को शारीरिक, आध्यात्मिक एवं सामाजिक शिक्षा दी जाती थी। यद्यपि इन शिक्षाओं की गतिविधियाँ अधिकांश मुहर्रम के समारोहों से सम्बद्ध होती थी, जिनकी तैयारी में लोग व्यस्त रहते, परन्तु प्रवेश करने अथवा सम्मिलित होने के लिए किसी धर्म अथवा जाति का प्रतिबन्ध नहीं था तथा लोग बिना किसी भेदभाव के समस्त सम्प्रदाय तथा विश्वास के लोग इनमें सम्मिलित होते थे।"**[4] अलाउद्दीन हुमायूँ के राजकाल में तैमूर गोरगान के पुत्र शाहरुख़ (मृ० 1447 ई०) का दूत कमालउद्दीन अब्दुर्रज़्ज़ाक़ (मृ० 1482 ई०) दकन आया। उसके साथ ही बीदर तथा विजयानगर के दूत भी अपने-अपने शासकों के उपहार लेकर गये, परन्तु ॠतु परिवर्तन से ऐसी स्थिति उत्पन्न हुई कि जहाज़ समुद्र में ही फँसा रहा कि मुहर्रम प्रारम्भ हो गया। **"अब्दुर्रज़्ज़ाक़ लिखता है कि हमने मुहर्रम का चाँद दरिया में देखा, जहाँ हमारी नौका कुछ दिनों दरिया में लंगर डाले रही। वहीं मुहर्रम के रस्म अदा किये तथा मरसिये पढ़े गये। फिर हम मसक़त पहुँचे।"**[5]

---

1. The Bahmanis of Deccan. p. 224.
2. सीढ़ियों के रूप में बना हुआ मंच, जिस पर बैठकर व्याख्यान दिया जाता है। —लेखक
3. Bidar, Its History and Monuments, p. 100
4. The Bahmanis of Deccan. p. 218
5. महबूब-उल-वतन, पृ० 309

यह घटना मुहर्रम 848 हि० (अप्रैल, 1444 ई०) की है, इससे सिद्ध होता है कि उस समय तक दकन में अज़ादारी सर्वसाधारण में प्रचलित हो चुकी थी, परन्तु महत्त्वपूर्ण पक्ष यह है कि दकन में अज़ादारी को युवाओं के शारीरिक, आध्यात्मिक एवं सामाजिक दीक्षा के रूप में प्रयोग किया जाता था। यह मात्र दायित्व निर्वहन नहीं था। द्वितीय, यह कि अज़ादारी के माध्यम से शिक्षा-दीक्षा के द्वार बिना किसी भेदभाव के सभी सम्प्रदायों एवं विश्वास रखने वालों के लिए समान रूप में खुले हुए थे तथा विभिन्न सम्प्रदायों एवं धार्मिक विश्वासों के भावनात्मक समन्वय से अज़ादारी होती थी। अतः बहमनी सल्तनत के समापन (1482 ई०) के पश्चात् उनकी उत्तराधिकारी स्वशासित सल्तनतें स्थापित हुईं, तो उन्हें भी बहमनियों की सांस्कृतिक परम्पराएँ धाती में प्राप्त हुईं, जिनमें अज़ादारी को मूल महत्त्व प्राप्त है। इन स्वशासित सल्तनतों में विभिन्न सम्प्रदायों तथा धार्मिक विश्वासों के लोगों के बीच उदारता एवं समन्वय के साथ अज़ादारी का विकास हुआ। इन स्वशासित सल्तनतों में बरार की अमादशाही तथा बीदर की बरीदशाही अल्पायु सिद्ध हुई। वरन् अहमदनगर की निज़ामशाही, बीजापुर की आदिलशाही तथा गोलकुण्डा के क़ुत्बशाही सल्तनतें सांस्कृतिक उपलब्धियों के लिए विशेष हैं। इनमें अज़ादारी स्वतंत्रतापूर्वक फूली और फली।

बीजापुर की आदिलशाही सल्तनत के प्रवर्तक यूसुफ़ आदिलशाह (1479-1510 ई०) ने 1502 ई० में शीआ विश्वास को सरकारी धर्म घोषित किया, जिससे अनुमान किया जा सकता है कि उसने इमाम हुसैन की अज़ादारी पर विशेष ध्यान दिया होगा, क्योंकि शीआ विश्वास ने अज़ादारी को मूल महत्त्व प्राप्त है। इसके ऐतिहासिक साक्ष्य मिलते हैं कि यूसुफ़ आदिलशाह ने अपनी सल्तनत में दस दिन मुहर्रम मनाने का प्रारम्भ किया। कोई मकान इमामबाड़ा के रूप में विशेष मान लिया जाता तथा उसमें अज़ादारी से सम्बन्धित विभिन्न चिह्न एवं प्रतीक स्थापित किये जाते थे। मौलवी बशीरउद्दीन लिखते हैं : **"इस्लामी पैग़म्बर का श्रीशिरस्त्राण, जो कर्बला के युद्ध में इमाम हुसैन के पवित्र सिर पर था, उसका एक टुकड़ा जो युद्धभूमि में गिर पड़ा था, एक हाथ से दूसरे हाथ होता हुआ समयचक्र के साथ यूसुफ़ आदिलशाह बीजापुर के हाथ लग गया। बादशाह उस पर चंदन लगाकर मुहर्रम के दस दिनों के बीच स्थापित करके अज़ादारी के दायित्व का निर्वहन करता था।"**[1] इसी श्रीशिरस्त्राण का टुकड़ा हैदराबाद के प्रसिद्ध इमामबाड़ा 'नाल मुबारक़' में सुरक्षित है।

सुल्तान अली आदिलशाह प्रथम (मृ० 1580 ई०) के द्वारा 'बाग़े-द्ववाज़दह इमाम' के निर्माण की चर्चा मिलती है, जो सम्भवतः अज़ाख़ाना रहा होगा। इस

1. वाक़याते-ममलकते-बीजापुर, भाग-3, पृ० 525

शासक के सम्बन्ध में फ़रिश्ता लिखता है : **"चूँकि माह ज़िलहिज्जा (1004 हि०) की 20 तारीख़ हो गयी, न्याय-निधान अज़ादारी में व्यस्त हुए।"**[1] इससे स्पष्ट होता है कि अज़ादारी का क्रम पहली मुहर्रम से 10 दिन पूर्व (20 ज़िलहिज्जा) से ही प्रारम्भ हो जाता था। अज़ाख़ानों में ताज़िये भी रखे जाते थे। ईरान से मीर मुहम्मद सालेह हमदानी बीजापुर आये तो सुल्तान ने उन्हें अज़ाख़ाने में आमंत्रित किया। फ़रिश्ता लिखता है : **"न्याय-निधान ने मीर मुहम्मद सालेह को पैग़ाम दिया कि मैंने आपके आजाश्री का ताज़िया रखा है। आप स्वयं पधारे तो आपकी कृपा होगी तथा श्रद्धा अर्पित कर सकेंगे।"**[2] इसी प्रकार रायचूर के क़िला के संदर्भ में आशूरख़ाने की पक्के भवन की चर्चा मिलती है, जिसमें आदिलशाहियों के समय के अलम वर्तमान हैं।[3] उसी शासक ने कई भवन बनवाये, जिनमें एक का नाम 'हुसैनी महल' था।[4] इस काल का उर्दू कवि 'नुसरती' अपनी रचना 'अलीनामा' में हुसैनी महल की भूरि-भूरि प्रशंसा करता है तथा उसके साज-सज्जा का विवरण भी प्रस्तुत करता है।

अहमदनगर के निज़ामशाही सुल्तान (1510-1636 ई०) भी दकन की अन्य सल्तनतों के समान अज़ादारी में सुरुचि रखते थे। यद्यपि उनका प्रारम्भ आदिलशाही सुल्तानों ने किया था, परन्तु उनका प्रचलन निज़ामशाही तथा क़ुत्बशाही सल्तनतों में भी था। उनकी विशेषता थी कि इस्लामी पैग़म्बर के जन्मश्री से सम्बन्धित 'मीलाद' तथा इमाम हुसैन के ग़म मनाने की मजलिस को समान रूप में महत्त्व देते थे, जिससे मुसलमानों के दोनों सम्प्रदायों के बीच सद्भावना एवं सहिष्णुता का विकास होता था।[5]

गोलकुण्डा में क़ुत्बशाही सल्तनत की स्थापना 1518 ई० में हुई, जो लगभग 200 वर्षों तक स्थापित रही। क़ुत्बशाही सल्तनत में अज़ादारी की विशेष उन्नति हुई। इस सल्तनत में निर्मित अज़ाख़ानें अज़ादारी के उत्थान की कथा कहते हुए दीख पड़ते हैं। इन अज़ाख़ानों में सबसे प्रसिद्ध एवं सर्वप्रिय 'कोहे-मौला अली' हैं, जिसके तीर्थयात्रियों में मुसलमानों के साथ ही साथ हिन्दू तथा अन्य विश्वासों के लोग भी 2017 फ़ीट ऊँची पहाड़ी पर चढ़ते हुए दीख पड़ते हैं। साधारण दिनों के अनुपात में हर गुरुवार को और विशेष रूप में प्रत्येक हिजरी वर्ष में 13 तथा 17 रजब को हज़रत अली के जन्मदिन के उपलक्ष्य में आयोजन

---

1. गुलशने-इब्राहीमी (तारीख़े-फ़रिश्ता), भाग-4, पृ० 150
2. गुलशने-इब्राहीमी (तारीख़े-फ़रिश्ता), पृ० 151
3. वाक़यात-ममलकते-बीजापुर, भाग-3, पृ० 65
4. उर्दू की अदबी तारीख़, पृ० 92
5. दकन में उर्दू, पृ० 287

करते हैं। कोहे-मौला अली पर एक आशूरख़ाना भी है, जिसका निर्माण 1578 ई० में सुल्तान इब्राहीम क़ुली क़ुत्बशाह के शासनकाल में हुआ।[1] परन्तु इसके भवन का विस्तार विभिन्न लोगों ने किया, जिनमें हिन्दू-मुसलमान दोनों सम्मिलित हैं तथा यह भवन एकता एवं सद्‌भावना का उत्कृष्ट उदाहरण है, परन्तु क़ुत्बशाही काल का सर्वाधिक महत्त्वपूर्ण अज़ाख़ाना 'बादशाही-आशूरख़ाना' है, जो हैदराबाद में मुहल्ला पत्थरगट्टी, निकट चारमीनार स्थित है। उसके मुख्य द्वार पर अंकित है -'बाबे-फ़ैज़े-इमामे-आलमयान' (समस्त विश्व के इमामों का उपकार द्वार) गोलकुण्डा विजय के पश्चात औरंगज़ेब ने बादशाही आशूरख़ाना को बन्दीगृह में परिवर्तित कर दिया था, जिससे अज़ादारी रुक गयी थी। क़ुत्बशाही काल की अज़ादारी के चिह्न तथा आशूरख़ाने सुरक्षित रह गये हैं, अपनी सर्वप्रियता में विख्यात हैं। इनमें अधिकांश अज़ाख़ाने कोई न कोई विशेषता रखते हैं, जैसे—

आशूरख़ाना नाल मुबारक—इस्लामी पैग़म्बर का श्रीशिरस्त्राण सुरक्षित है।

आशूरख़ाना हुसैनी अलम—इमाम जाफ़र सादिक़ की करौली सुरक्षित है।

बारगाह हज़रत अब्बास—हज़रत अब्बास के शस्त्र का कोई अंश सुरक्षित है।

पंजाशाह विलायत—हज़रत अली के हस्तश्री का चिह्न है।

अलावा हज़रत क़ासिम—हज़रत क़ासिम के शस्त्र का कोई अंश सुरिक्षत है।

अज़ाख़ाना शहीदयारजंग—इमाम ज़ैन-उल-आबदीन के वस्त्र का अंश सुरक्षित है।

आशूरख़ाना सरतौक़ मुबारक—इमाम ज़ैन-उल-आबदीन के उस तौक़ का अंश सुरक्षित है, जिसे उन्हें बंदी बनाकर पहनाया गया था।

यह सूची अधूरी है, जिसमें शाहीकाल के कुछेक अत्यंत महत्त्वपूर्ण अज़ाख़ानों की ही चर्चा की गयी है। इनके अतिरिक्त कितने ही अज़ाख़ाने होंगे, जो मिट गये हैं। ज्ञातव्य रहे कि क़ुत्बशाही सुल्तानों में मुहम्मद क़ुली क़ुत्बशाह (मृ० 1611 ई०) को अज़ादारी के प्रति विशेष अनुराग था। वह मुहर्रम का चाँद देखते ही भोग-विलास का जीवन त्यागकर अज़ाख़ाने की ओर पैदल चलता, तो उसके साथ शासन के विभिन्न पदाधिकारी एवं अन्य गणमान्य व्यक्ति हिन्दू-मुसलमान सब एक साथ पैदल चलते थे।[2]

उत्तर भारत में अज़ादारी

उत्तर भारत में अज़ादारी को राजकीय संरक्षण प्राप्त नहीं था, परन्तु साधारण मुस्लिम जन, विशेषकर शीआ सम्प्रदाय के लोग तथा सूफ़ी-सन्त अज़ादारी करते

---

1. मुआसिरे-दकन, पृ० 6
2. दास्ताने-अदबे-हैदराबाद, पृ० 18

थे। जनसाधारण अज़ादारी की मजलिसें अपने-अपने घरों पर करते थे, जिसमें उनके सहधर्मी एकत्र होकर इमाम हुसैन और उनके साथियों के प्रति शोक व्यक्त करते थे। सूफ़ियों की ख़ानक़ाहों में अलम स्थापित किये जाते, समाअ की सभाओं में शोकमय काव्य पढ़ते-सुनते तथा फ़ातहा करते। मुग़ल शासन में हुमायूँ के द्वितीय काल (1555-56 ई०) से अज़ादारी को विशेष प्रोत्साहन मिला। उसके साथ बहुत से ईरानी सैनिक आये थे, जो अज़ादारी को धार्मिकता का प्रधान अंग मानते थे। स्वयं हुमायूँ ने अपने 'यारे-वफ़ादार' बैरम ख़ाँ को कर्बला भेजकर इमाम हुसैन के रौज़े की 'ज़रीह' (आकृति) बनवायी थी, जो मूल्यवान जवाहरात से बनायी गयी थी, जिसको राजमहल में स्थापित किया गया।[1] इसी प्रकार अकबर महान के राजकाल (1556-1605 ई०) में इमाम रज़ा के मशहद (ईरान) में स्थित रौज़े पर अलम भेंट करने की चर्चा मिलती है।[2] उस समय मुहर्रम की सभाओं को 'मआरिक़' (युद्ध चर्चा) कहते थे। बाद में अंगारों पर मातम भी होता था। मुहर्रम की मजलिसों की चर्चा मिलती है,[3] जिससे अनुमान होता है कि अज़ादारी जनसाधारण में प्रचलित हो चुकी थी, परन्तु आश्चर्य है कि अज़ादारी का वर्णन मुग़लों की किसी राजपुस्तकों में नहीं मिलता, 'बाबरनामा' ही नहीं 'तुज़ुके-जहाँगीरी' में भी इसकी कोई चर्चा नहीं मिलती। वरन् इस काल के अज़ादारी का वर्णन ईसाई धर्म-प्रचारक एन्टोनी मॉन्सरेट ने अपने यात्रा विवरण में किया है, जो अपने त्रिसदस्यीय मिशन के साथ गोवा से 17 नवम्बर, 1579 को चलकर 28 फ़रवरी, 1580 को फ़तहपुर सीकरी पहुँचा। 15 फ़रवरी को युसूई मिशन ग्वालियर के निकट निर्वान में था कि उसने मुहर्रम का चाँद देखा, उसी से सुनिए : "**माह फ़रवरी की 15 तिथि को यह मिशन इस स्थान (निर्वान) पहुँचा, जबकि मुसलमानों का 9 दिनों का त्योहार प्रारम्भ हुआ, इस अवसर पर हिन्दुओं का होली त्योहार भी पड़ा। प्रथम चर्चित त्योहार मुहम्मद की सुपुत्री फ़ातिमा के पुत्रों 'असन, उसैन' (हसन, हुसैन) के सम्मान में होता है। कहते हैं कि वह अपने आजा के धर्म को स्थापित करना और फैलाना चाहते थे, लेकिन उन पर ईसाइयों ने विजय प्राप्त कर ली। उन पर काफ़िरों ने (जैसा कि मुसलमान हमें कहते और समझते हैं) अत्यन्त अत्याचार करके नंगे पाँव जलते हुए अंगारों पर चलने को विवश किया। इस कारण मुसलमान 9 दिनों तक उपवास करते हैं, मात्र दाल खाते हैं तथा उनमें कुछ दिनों में कुछ लोग**

---

1. अज़ादारी की तारीख़, पृ० 34
2. A Socio-Intellectual History of the Isna 'Ashari Shi' is in India, Vol-II, p. 297
3. मुंतख़ब-उल-तवारीख़, पृ० 130

एक ऊँचे स्थान से 'असन, उसैन' के दुःख की कहानी खुलकर कहते हैं और उनके कहने का श्रोताओं पर असाधारण प्रभाव होता है कि सबकी आँखें आँसुओं से भर जाती हैं। त्योहार के अन्तिम दिन में चिता बनाते हैं तथा एक के एक लोग उन पर टूट पड़ते हैं तथा अग्नि की लपटों को पैरों से कुचल डालते हैं। इस बीच 'असन, उसैन' की हृदय-विदारक पुकार करते रहते हैं।''[1] फ़ादर मॉन्सरेट के वक्तव्य में सलीबी युद्धों से उपजी घृणा स्पष्ट रूप में दीख पड़ती है, जिसमें कहा गया है कि इमाम हसन तथा इमाम हुसैन ने ईसाइयों से युद्ध किया था। उसमें किसी अविश्वसनीय माध्यम से संज्ञान प्राप्त किया और वास्तविकता को जाने बिना लिख दिया।

मुहर्रम के विषय में एक दूसरा वक्तव्य डच ईस्ट-इण्डिया कम्पनी के फ्रांसिसको पल्सरेट का है, जो 1620-27 ई० के बीच आगरे में रहा था, उसने आगरा के निकटवर्ती क्षेत्रों में मुहर्रम की दसवीं देखी थी, उसका वक्तव्य देखिए : ''अन्ततोगत्वा जब मुसलमानों को शक्ति प्राप्त हो गयी और उनकी भुजाएँ युद्ध करने योग्य हुईं, तो उन्होंने अपने धर्म को शक्ति द्वारा फैलाना शुरू किया और उनके विरुद्ध युद्ध प्रारम्भ कर दिया, जो उनके विश्वासों को स्वीकार नहीं करते थे तथा एक काफ़िर शासक राजा बीकानहार से युद्ध करते हुए हसन और हुसैन का वध हो गया। इस वध की याद में मुसलमान दस दिनों तक रात भर चिल्लाते रहते हैं। पुरुष अपनी पत्नियों से अलग रहते हैं तथा दिन भर उपवास करते हैं। स्त्रियाँ विलाप करती हैं तथा शोक प्रदर्शन करती हैं। नगर के मुख्य मार्ग पर पुरुष दो 'तुरबतें' (क़ब्रों की आकृतियाँ) बनाते हैं, जिनको भलीभाँति सुसज्जित करते हैं। सायंकाल में अत्यन्त प्रकाशमय वातावरण में उठाते हैं। जनता बहुत बड़ी संख्या में जुटती है। वे लोग बहुत शोरशराबा से ग़म मनाते हैं। मुख्य उत्सव आधी रात बीतने पर होता है, जिसकी भयानकता से अनुमान होता है कि प्रकृति में पुनः फ़िरौन के समय में लौटा दिया है कि समस्त नवजात शिशु एक दिन में वध कर दिये गये। यह शोरशराबा दिनचढ़े तक रहता है कि ताबूत दरिया पर लाये जाते हैं, ताबूत उठाने वाले दो दलों में विभक्त होकर एक-दूसरे से संघर्ष करते हैं। उस समय इतनी भयावह स्थिति होती है कि एक-दूसरे को वध कर सकते हैं, मानो युद्धभूमि हो, जिसमें एक-दूसरे के शत्रु हों, पागलों के समान नंगी तलवारें लिए भागते रहते हैं। कोई हिन्दू दोपहर के पूर्व घर के बाहर नहीं आ सकता अन्यथा उसके प्राण सुरक्षित नहीं हैं। कम से कम हाथ-पैर तो तोड़ ही दिये जायेंगे। ये वातावरण उस समय तक रहता है, जब तक इन ताबूतों को दरिया में बहा नहीं देते। फिर वहीं नहा-

---

1. The Commentary on his Journey to the Court of Akbar, pp. 21-22

धोकर बाहर निकलते हैं और अच्छे कपड़े पहनते हैं।''[1] इस निराधार एवं द्वेषपूर्ण वक्तव्य को दृष्टिगत करते हुए कि इमाम हुसैन ने शक्ति के माध्यम से इस्लाम धर्म का प्रचार किया अथवा एक काफ़िर राजा बीकानहार से युद्ध में शहीद हुए, इससे आगरा के निकटवर्ती क्षेत्रों में मुहर्रम के जुलूसों का अनुमान किया जा सकता है कि अज़ादारी के नाम पर किस प्रकार पशुता का प्रदर्शन होता था, मुसलमान शासक वर्ग का सदस्य होने के नाते किस प्रकार अपनी शक्ति का प्रदर्शन होता था, जिससे स्थानीय लोगों के प्राण संकट में पड़ जाते थे।

एक अन्य वक्तव्य भी है, जिसमें उत्तर भारत की अज़ादारी की चर्चा बुख़ारा के एक यात्री मुहम्मद-बिन-अमीरवली ने किया है, जो 1635-36 ई० में लाहौर आया था। उसने लिखा है कि सुन्नी सम्प्रदाय के लोग जन स्तर पर मुहर्रम मनाते थे तथा शीआ सम्प्रदाय के लोग अपने घरों पर अज़ादारी करते थे। सुन्नियों के मुहर्रम मनाने के विषय में उसका बयान देखिए : **''सभी सुल्तान एवं अमीर तथा रईस लोग दो प्रकार के पटल (तख़्तियाँ) तैयार करते, एक में इमामों की सुन्दर आकृतियाँ होतीं तथा दूसरे प्रकार के पटलों पर इब्न-मुल्जिम (हज़रत अली का क़ातिल) की आकृतियाँ बनायी जाती थीं। मुहर्रम के प्रारम्भिक पाँच दिनों को इमामों के सुखपूर्ण जीवन के प्रतीक के तौर पर मनाया जाता, जिसमें विवाह होते तथा सुखमय संगीतवादन बजाये जाते। दुकानों और घरों को सुसज्जित किया जाता, क़व्वाल, साज़िन्दें तथा नृत्यकाएँ कला-प्रदर्शन करती थीं। छः मुहर्रम से वही संगीतकार मातमी धुन प्रस्तुत करते तथा शीआ वस्त्र धारण करते तथा अपने-अपने पटलों के साथ जुलूस निकालते। मातमी धुन प्रस्तुत करते तथा इमामों के शत्रुओं पर अपशब्दों की बौछार करते। दसवीं मुहर्रम को शीआ तथा हिन्दू अपनी दुकानों और मकानों में ताले डाल देते तथा कहीं सुरक्षित स्थान पर छिप जाते, उसके बाद पटल वाले 'नख़्ख़ास' (पशु मेला) पहुँचते, जहाँ अपने-अपने पटलों के आधार पर दो वर्गों में विभाजित होकर मजमा में सम्मिलित हो जाते, दोनों वर्ग एक-दूसरे से गुत्थम-गुत्था हो जाते तथा एक-दूसरे पर घूसों की वर्षा करने लगते। परिणामस्वरूप बहुत लोग मारे जाते तथा आर्थिक हानि होती। यात्रिक के लाहौर प्रवास के बीच मुहर्रम में पचास शीआ तथा पच्चीस हिन्दू पटल वालों के युद्ध में आहत हुए तथा एक लाख, बीस हज़ार रुपये की सम्पत्ति की हानि हुई।''**[2] तख़्तियोंवालों से विपरीत धर्म-विश्वास रखने वालों के भूमिगत हो जाने के बाद भी इतनी भारी जानमाल

---

1. Jahangir's India, pp. 74-75
2. A Socio-Intellectual History of the Isna 'Ashari Shi' is in India, Vol-II, p. 299

की हानि से अनुमान किया जा सकता है कि उनमें कुछ लोग पकड़ लिये जाते होंगे तथा तख़्तियोंवालों के शिकार बनते होंगे।

इन जुलूसों को मुहर्रम में अज़ादारी के स्थान पर देश के विजयी शासक अपने विजित जनता पर शक्ति एवं स्थायित्व का माध्यम मानते थे तथा अपने बेरोक उन्माद में निरापराध लोगों का वध करने में भी संकोच नहीं करते थे। धीरे-धीरे स्थिति बिगड़ती ही गयी। कालान्तर में मुहर्रम के जुलूस मुसलमानों के विभिन्न वर्गों के पारस्परिक द्वेष एवं टकराव का माध्यम बन गये। एक-दूसरे के शत्रु मुहर्रम के अवसर पर अपना हिसाब चुकाने लगे। इतिहासकार मुहम्मद हाशिम ख़ाँ ने बुरहानपुर के प्रसिद्ध ताबूत-जुलूस का वर्णन किया है कि किस प्रकार उपद्रवकारियों ने मुहर्रम के जुलूस के नाम पर अपनी व्यक्तिगत शत्रुता निपटाने का प्रयत्न किया। देखिए : **"बुरहानपुर में अहदीपुरा तथा खरखीपुरा के निवासियों के बीच में पुरानी प्रतिद्वन्द्विता एवं प्राणघातक शत्रुता थी। वार्षिक समारोहों पर अहदीपुरावासियों का आधिपत्य था। दो सौ शस्त्रधारी सैनिक तथा बड़ी संख्या में बंदूक़ची अहदीपुरा के समारोह में सम्मिलित हुए। एक रात खरखीपुरा का ताबूत जुलूस अहदीपुरा के सामने आ गया। खरखीपुरावासियों ने मार्ग छोड़ दिया कि टकराव टल जाय, परन्तु अहदीपुरा के उपद्रवी एवं लड़ाकू जो अपनी संख्या के अभिमान में थे, रास्ता रोक दिया। जामा मस्जिद के निकट दोनों के बीच युद्ध हुआ, जुलूस में सम्मिलित साधारण जनों की बहुत बड़ी संख्या खरखीपुरावासियों की सहायता के लिए टूट पड़ी। उनकी संख्या इतनी बढ़ गयी कि लोग मकानों के दरवाज़ों और छतों पर चढ़ गये। अहदीपुरावासियों में पचास से अधिक लोग मृत्यु हुए तथा लगभग सौ लोग घायल हुए। अहदीपुरा के ताबूत तथा अलम पर सजाये गये लगभग पचास हज़ार रुपये के आभूषण एवं जवाहरात नष्ट हो गये।"**[1]

बुरहानपुर के इस उपद्रव का मुक़द्दमा बादशाह औरंगज़ेब के सामने पेश हुआ, तो उसने ताज़ियादारों के पक्ष में निर्णय दिया, परन्तु मुहर्रम के जुलूस में इस प्रकार के उपद्रव मात्र बुरहानपुर अथवा किसी विशेष क्षेत्र तक सीमित न थे, वरन् अज़ादारी को ढाल बनाकर विभिन्न पक्ष अपनी व्यक्तिगत शत्रुता निकालते रहते थे, इनसे विवश होकर औरंगज़ेब ने अपने राज्याभिषेक के बारहवें वर्ष (1669 ई०) में अज़ादारी पर प्रतिबन्ध लगा दिया, जिसके कारण औरंगज़ेब पर धार्मिक पक्षपात आक्षेप लगता है, परन्तु यदि निष्पक्ष होकर न्यायदृष्टि से देखें, तो अज़ादारी पर प्रतिबन्ध लगाने का दायित्व औरंगज़ेब पर नहीं वरन् उन लोगों पर आता है, जो इसके परदे में अपनी व्यक्तिगत शत्रुता निकालते हैं। सत्य यह है कि

---

1. मुंतख़ब-उल-लुबाब, भाग-2, पृ० 213-14

अन्य धर्मनिष्ठ लोगों के समान औरंगज़ेब भी इस्लामी पैग़म्बर के परिवारजनों विशेषकर इमाम हुसैन के प्रति विशेष श्रद्धा रखता था। हज़रत फ़ातिमा के वस्त्र से सम्बन्धित प्रतीकों की चर्चा गतपृष्ठों में आ चुकी है। औरंगज़ेब ने अपनी अन्तिम इच्छा 'वसाया-दर-वक़्ते-आख़िर' में इस्लामी पैग़म्बर के परिवारजनों के प्रति अपने समर्पण की चर्चा की है।[1]

अज़ादारी से सम्बन्धित एक घटना स्वयं औरंगज़ेब के सम्बन्ध में है कि उसने दस मुहर्रम को एक वृद्धा को देखा कि अपने सिर पर ताज़िया रखे क़िले की ओर आ रही है, उसे देखते ही औरंगज़ेब ऐसा भाव-विभोर हो गया कि नंगे पाँव उस वृद्धा के पीछे दौड़ा और ताज़िया को उससे लेकर अपने सिर पर रख लिया और इसी प्रकार आगरा के क़िले तक आया तथा प्रत्येक वर्ष ताज़िया निकालने लगा। उस समय के विभिन्न अज़ादारी सम्बन्धी सामान आगरा क़िला में सुरक्षित हैं तथा आज भी एक ताज़िया क़िला से उठता है तथा पूरे आगरा नगर में फिराया जाता है।[2]

औरंगज़ेब के द्वारा मुहर्रम के जुलूस पर प्रतिबन्ध लगाये जाने पर उसके दरबार के शीआ अमीरों ने किसी प्रकार की कोई प्रतिक्रिया व्यक्त नहीं की। जिस पर ट्रावर्नियर ने आश्चर्य व्यक्त किया है कि औरंगज़ेब के दरबार में ईरानवासियों का मजमा था, परन्तु उसने यह प्रतिबन्ध कैसे लगा दिया।[3] शीआ अमीरों के द्वारा किसी प्रतिक्रिया व्यक्त न करने का कारण स्पष्ट है कि औरंगज़ेब ने अपने दकन प्रवास से लेकर मृत्यु तक शीआ अमीरों द्वारा अज़ादारी करने पर कोई पूछताछ नहीं की। शीआ तथा सूफ़ी-सन्त अपने-अपने ढंग से अज़ादारी करते रहे, उनके विरुद्ध किसी प्रकार की कोई दण्डात्मक कार्यवाही नहीं की गयी। यहाँ तक कि देहली में 'शाहमर्दां' शीआ धर्मावलम्बी केन्द्र की स्थिति प्राप्त थी, जहाँ अत्यन्त उत्साहपूर्वक अज़ादारी होती थी। बाद में शाहमर्दां को महावत ख़ाँ ने अपने दफ़्न होने की जगह चुना, तो उसे धार्मिक महत्त्व के साथ ही साथ राजनैतिक महत्त्व भी प्राप्त हो गया। 17वीं शताब्दी के अन्त तक दरगाह पंजा शरीफ़ भी सर्वसाधारण में श्रद्धा केन्द्र बन गया। शाहमर्दां ने हज़रत अली के श्रीपग के चिह्न रखे गये और पंजा-शरीफ़ में श्रीहस्त के, इन्हें धीरे-धीरे तीर्थस्थान की स्थिति प्राप्त हो गयी। औरंगज़ेब की मृत्यु तक देहली में अज़ादारी के लिए शाहमर्दां तथा पंजा शरीफ़ को केन्द्रियता प्राप्त हो चुकी थी। जहाँ ताज़िये भी दफ़न किये जाते थे। औरंगज़ेब का उत्तराधिकारी बहादुरशाह

---

1. वक़ा-ए-आलमगीरी, पृ० 39
2. अज़ादारी की तारीख़, पृ० 32
3. Travels in India Vol-II, p. 177.

प्रथम खुले तौर पर शीआ था तथा उसने अज़ादारी को प्रोत्साहित करने में विशेष रुचि दिखायी।[1]

बादशाह मुहम्मदशाह के राजकाल (1719-46 ई०) में अज़ादारी को विशेष प्रोत्साहन मिला, क्योंकि उसकी मलिका बेगम साहिबा इस्लामी के पैग़म्बर के परिवारजनों के प्रति विशेष श्रद्धा रखती थी, उसके उत्तराधिकारी अहमदशाह के राजकाल में अज़ादारी को सर्वप्रिय करने में जावेद ख़ाँ नवाब बहादुर की चर्चा की जा सकती है, जो शाहीमहल के मुख्य प्रबंधक थे, उनके प्रयत्नों से बादशाह तथा उसकी माता ऊधमबाई दोनों दरगाह शाहमर्दां से भावनात्मक रूप में समर्पित हो गये, परन्तु आलमगीर द्वितीय (मृ० 1760 ई०) अपनी समस्त अयोग्यता के साथ ही अज़ादारी का भी तीव्र विरोधी था तथा उसने इसे वर्जित कर दिया, परन्तु बहादुर शाह प्रथम के अन्तिम काल तक यह प्रतिबन्ध समाप्त हो गया। क़न्धार से मुहम्मदशाह प्रथम की विधवा मलिका साहिबा की वापसी के बाद दिल्ली का लाल क़िला तथा राजधानी में अज़ादारी की असाधारण उन्नति हुई कि शाहआलम को हस्तक्षेप करना पड़ा, क्योंकि उसको भय हो गया था कि समस्त शहजादे तथा अन्य लोग अपना धर्म परिवर्तन न कर दें, क्योंकि मुहर्रम के अवसर पर मात्र एक दिन (28 अक्टूबर, 1793 ई०) को 20 शहजादे तथा शाहीमहल के अन्य सदस्य 260 महिला एवं पुरुष नवाब साहब के महल में ताज़िया के दर्शन हेतु गये थे। इसके पूर्ववर्ती वर्ष में ताज़ियों की संख्या मात्र पाँच या छः थी, जो बढ़कर सौ ताज़िये तथा पचास मिम्बर हो गयी। 14 मई, 1801 ई० को बादशाह ने मिर्ज़ा अकबरशाह को 125 रुपये तथा बेगमों को 700 रुपये मुहर्रम के व्यय हेतु प्रदान किये।[2] मौलाना मनाज़िर अहसन गीलानी एक प्रत्यक्षदर्शी के सन्दर्भ के साथ लिखते हैं : "**प्रायः सभी सुल्तान क़िले में ताज़ियादारी करते थे। फ़क़ीर बनते थे, कोई निशानची, कोई नक़ीब बनता था, कोई ताशा, कोई ढोल, कोई झाँझ ताज़ियों के आगे बजाता था, कोई मरसिये पढ़ता था। मरसिया पढ़नेवालों को दरगाह में चार-चार तश्तरियाँ, चिकनी डली, भुने हुए खरबूज़े के बीज और धनिये मिला करते थे। बड़ी धूम से अलम उठाते थे, यह हाल तो मुग़ल शहजादों का था, बाक़ी ख़ुद बादशाह सलामत.......फ़क़ीर बनते, हरे रंग के कपड़े पहनते, गले में हरे रंग की कफ़नी झोली डालते......बादशाह के गले में ज़ंजीरें डालकर सैय्यद खींचते थे और हज़रत अब्बास के सक़्क़े**

1. मुंतख़ब-उल-लुबाब, भाग-2, पृ० 603
2. A Socio-Intellectual History of the Isna 'Ashari Shi' is in India, Vol-I, p. 305

बनते थे। लाल खारवे की एक लुंगी बाँधें शर्बत भरी हुई एक मश्क कंधे पर रखकर मासूमों को शर्बत पिलाया करते थे। अलग़रज़ दसवीं मुहर्रम में जो कुछ शीओं के यहाँ होता था, लाल क़िला के सुन्नी बादशाहों के यहाँ भी हरेक की नक़्ल होती थी।'"[1] अन्तिम मुग़ल बादशाह बहादुरशाह ज़फ़र को इमाम हुसैन तथा इस्लामी पैग़म्बर के अन्य परिवारजनों के प्रति विशेष श्रद्धा थी। उन्होंने बड़े चाव से लखनऊ स्थित दरगाह हज़रत अब्बास में चढ़ावा भेजा, तो कुछ विरोधियों ने प्रचार किया कि बादशाह शीआ हो गया है। आगे कोई अन्य मुसीबत न खड़ी हो जाय, इसको ध्यान में रखते हुए बादशाह को वस्तुस्थिति स्पष्ट करनी पड़ी।

अवध में अज़ादारी

अवध में अज़ादारी को दकन या दिल्ली की तुलना में भिन्न एवं अनेक आयाम प्राप्त हुए। उन्हें शासकों के अतिरिक्त जनता जनार्दन के स्तर पर भी असाधारण सर्वप्रियता प्राप्त हुई। समाज के विभिन्न वर्गों के लोग अपने-अपने ढंग से अज़ादारी करते थे, जिनमें किसी विशेष सम्प्रदाय अथवा विश्वास का होना आवश्यक नहीं था। मुसलमानों में अज़ादारी, चाहे सुन्नी हों या शीआ, समान रूप में रुचिकर थी। साथ ही हिन्दू भी अत्यन्त श्रद्धा एवं समर्पण के साथ अज़ादारी करते थे। इसे जन त्योहार की मान्यता प्राप्त हो गयी थी, जो मुहर्रम का चाँद देखने के बाद प्रारम्भ होता तथा दसवीं मुहर्रम को सम्पन्न होता। अवध के नव्वाबों ने मुहर्रम के दस दिनों को सार्वजनिक अवकाश घोषित कर दिया था। इन दिनों में सुखद आयोजन करना निषेध था। इसके संज्ञान हेतु आवश्यक है कि अवध में अज़ादारी का निरीक्षण कर लिया जाय।

अवध में अज़ादारी का प्रारम्भ फ़ैज़ाबाद की प्रसिद्ध बाबरी मस्जिद (जो 6 दिसम्बर, 1992 ई० को शहीद कर दी गयी) से हुआ। नव्वाब बुरहान-उल-मुल्क के शासनकाल में क़ाज़ी मुहम्मद आक़िल ने बाबरी मस्जिद का पुनर्निर्माण किया था, उनकी अनुमति से किसी दरवेश पातीशाह ने मुहर्रम के दस दिनों के बीच मस्जिद के चबूतरे पर एक ताज़िया बनाकर रखा, जिसके बाद से वहाँ अज़ादारी होने लगी।[2] इसके बाद पहला इमामबाड़ा नव्वाब सफ़दरजंग (1739-54 ई०) की पत्नी सद्रजहाँ बेगम ने फ़ैज़ाबाद नगर के प्रसिद्ध मोतीबाग़ के पीछे 1764 ई० में निर्मित कराया तथा उसी से सटी हुई एक मस्जिद

---

1. सवानही क़ासिमी, भाग-2, पृ० 42
2. क़ैसर-उल-तवारीख़, भाग-2, पृ० 110

बनवायी। यह इमारतें वर्तमान हैं। दूसरा इमामबाड़ा शुजाउद्दौला की पत्नी बहूबेगम द्वारा निर्मित है, जिसकी शहनशीन तथा दीवारें उसके वैभवशाली होने की कथा कहते हैं। शुजाउद्दौला ने कर्बला के प्यासों के नाम पर एक 'सबील' (प्याऊ) भी बनवाया था।

नव्वाब शुजाउद्दौला (1754-76 ई०) को अज़ादारी के प्रति विशेष अनुराग था, यदि किसी सैनिक अभियान के बीच मुहर्रम पड़ जाता तो मुहर्रम के दस दिनों में युद्ध स्थगित कर देते, सैनिक ठिकानों पर मजलिसें होतीं, सिपाही ताज़िया बनाने के लिए बाँस अपने साथ ले जाते।[1] एक बार 1710 ई० में पानीपत युद्ध के कारण शुजाउद्दौला देहली के निकटवर्ती क्षेत्र में थे कि मुहर्रम प्रारम्भ हो गया, उन्होंने तत्काल कालामातमी वस्त्र धारण कर लिया। अन्य शोक-संतप्त लोगों के साथ काँधों पर अलम उठाये, नंगे पाँव खुले सर मातम करते हुए अहमदशाह के निवास के सामने से गुज़रे।[2]

नव्वाब शुजाउद्दौला के निकटवर्ती लोगों में नव्वाब सरफ़राज़उद्दौला हसन रज़ा ख़ाँ को विशेष महत्त्व प्राप्त था। हसन रज़ा ख़ाँ को भी अज़ादारी के प्रति भावनात्मक अनुराग था। पहले अपने मकान पर मजलिसें करते रहे फिर एक वैभवशाली इमामबाड़ा निर्मित कराया जो सर्वसाधारण के लिए पवित्र दर्शन स्थल बन गया। फ़ैज़ाबाद प्रवास के बीच अज़ादारी में लीन रहते, उनकी दिनचर्या थी कि प्रतिदिन पाँचों वक़्त के नमाज़ के बाद इमामबाड़े में ज़री के सामने दुआ पढ़ते थे। इसी काल के फ़ैज़ाबाद में जवाहिर अली ख़ाँ ख़्वाजासरा के प्रयासों से अज़ादारी में विशेष आभा उत्पन्न हुई। जवाहिर अली ख़ाँ स्वभावतः धार्मिक वृत्ति के थे, उन्हीं के प्रयत्नों से फ़ैज़ाबाद में जमात से जुमा की नमाज़ पढ़ने का प्रचलन हुआ। यद्यपि नव्वाब शुजाउद्दौला का आदेश था कि नमाज़ जमात से पढ़ी जाय, परन्तु भाई लोग कोई न कोई बहाना बना लेते। जवाहिर अली ख़ाँ ने नमाज़ पढ़ने पर बाध्य करने के लिए एक दल बनाया, जो लोगों को पाँचों वक़्त की नमाज़ मस्जिद में ले आते थे। वे बहू-बेगम के कोशागार मन्त्री थे, जो उन्हें 'नव्वाब नाज़िर' कहती थीं, अपने पुत्र के रूप में स्नेह प्रदान करती थीं। जवाहिर अली ख़ाँ ने एक इमामबाड़ा भी बनवाया था, जिसमें उत्साहपूर्वक अज़ादारी करते थे। उनकी मृत्यु के पश्चात् दाराब अली ख़ाँ ने इमामबाड़े को विस्तृत किया तथा भवन पक्का बनवाया। यह इमामबाड़ा वर्तमान है तथा उसमें अज़ादारी होती है।

---

1. मलफ़ूज़ाते-रज़्ज़ाकी, पृ० 104
2. इमाद-उस-सआदत, पृ०83

नव्वाब आसिफ़उद्दौला (1776-97 ई०) ने अवध की राजधानी फ़ैज़ाबाद से हटाकर लखनऊ कर दी, तो अज़ादारी की आभा भी सिमटकर लखनऊ आ गयी। यद्यपि बहू-बेगम के फ़ैज़ाबाद में होने के कारण पुरानी परम्पराओं के अनुरूप अज़ादारी होती रही, जिसमें किसी प्रकार का विघटन नहीं आया। परन्तु लखनऊ की बात ही कुछ और थी। आसिफ़उद्दौला ने अपने करकमलों से लखनऊ की धरती में अज़ादारी का पौधा स्थापित करके स्नेह एवं श्रद्धा के पानी से इस प्रकार सिंचित किया कि वह छतनार वृक्ष बन गया। उन्होंने लखनऊ के बाहर भी अन्य ज़िलों में अज़ादारी के लिए अनेक वक़्फ़ किये। संक्षेप को दृष्टि में रखते हुए उनकी चर्चा नहीं की जा रही है। इसी प्रकार लखनऊ के समस्त इमामबाड़ों की चर्चा भी नहीं की जा सकती, जिनमें बड़े शान से अज़ादारी होती थी। इनमें शाही इमामबाड़े हैं, अमीरों-रईसों के इमामबाड़े हैं, बेगमों के इमामबाड़े हैं, जनता-जनार्दन के इमामबाड़े हैं, मुसलमानों के साथ-साथ हिन्दुओं के इमामबाड़े हैं। इनकी संख्या का सही अनुमान लगाना भी सम्भव नहीं है, क्योंकि लखनऊ में घर-घर में इमामबाड़े रहें हैं, जिनमें अलम तथा ताज़ियें स्थापित किये जाते थे। मुहर्रम के बाद उन्हें एक जगह दफ़्न कर देते थे, जिन्हें कर्बला कहा जाता था। यहाँ उनमें इमामबाड़ा आसिफ़ी तथा दरगाह हज़रत अब्बास की चर्चा अपरिहार्य है।

आसिफ़ी इमामबाड़ा को नव्वाब आसिफ़उद्दौला का अज़ादारी के प्रति अभूतपूर्व श्रद्धा का प्रतीक कहा जा सकता था, जो अवध राज्य के सांस्कृतिक धरोहर के रूप में अन्तर्राष्ट्रीय ख्याति प्राप्त है। इस इमामबाड़े के निर्माण के लिए उन्होंने विशेष प्रबन्ध किया था। विभिन्न विशेषज्ञों से नक़्शे बनवाये, जिनमें किफ़ायत उल्लाह का नक़्शा उन्हें रुचिकर लगा तथा उसी के आधार पर निर्माण-कार्य प्रारम्भ हुआ।[1] दुर्भाग्यवश उस समय (1884-86 ई०) अवध महाअकाल से पीड़ित था। निर्माण-कार्य दिन के साथ-साथ रात में भी चलता था। साधारणजन दिन में कार्य करते, रात के अँधेरे में शहर के पीड़ित सम्भ्रांत जन। इस इमामबाड़े का निर्माण कार्य दस वर्ष की अवधि में पचास लाख की लागत से 1790 ई० में सम्पन्न हुआ।[2] दालान की लम्बाई 180 फ़ीट, चौड़ाई 90 फ़ीट तथा छत 120 फ़ीट चौड़ी नितान्त लदाव की बनी हुई, बिना किसी स्तम्भ के स्थापित है। यूरोपीय यात्रिक हीपर ने इस इमामबाड़े को देखा, तो दंग रह गया, लिखता है : "**मैंने इससे श्रेष्ठ किसी अन्य इमारत का नक़्शा नहीं देखा, जो**

1. तारीख़े-अवध, भाग-3, पृ० 297
2. तारीख़े-अवध, भाग-3, पृ० 297

इतनी सूक्ष्मता, विविधता, सन्तुलन तथा सुरुचि के सिद्धान्तों पर बनायी गयी हो।''[1] मीरज़ा अबूतालिब लंदनी आसिफ़ी इमामबाड़े की साज-सज्जा के विषय में लिखते हैं : ''प्रत्येक वर्ष चार-पाँच लाख रुपये इमामबाड़े की साज-सज्जा पर व्यय होते हैं। सहस्त्रों छोटे-बड़े सोने तथा चाँदी के ताज़िये बनाये जाते तथा काँच के झाड़-फ़ानूस तथा सोने-चाँदी की सादा और रंगीन क़िंदीलें खरीदी कि जिनका गणना नहीं की जा सकती, परन्तु इस उदारता के बावजूद दालान छत से ज़मीन तक भरे हुए दीखते हैं। इस प्रकार कि इसकी सफ़ाई करने वालों को अपने कर्तव्य वाहन में कठिनाई होती है तथा ताज़ियादारों के आने-जाने के लिए बड़ी कठिनाई से जगह निकल पाती है, परन्तु इस पर भी नव्वाब्र वज़ीर का मन नहीं भरा। जिस समय डॉ० बिलयन लंदन जा रहे थे तो नव्वाब ने काँच के दो ताज़िये लाने को कहा जो झाड़-फानूस तथा अन्य वस्तुओं के साथ एक लाल तथा दूसरा हरे रंग का हो। एक लाख रुपये उसका मूल्य निश्चित हुआ। 1796-97 ई० में एक ताज़िया प्राप्त हुआ तथा दूसरा अगले वर्ष आना निश्चित हुआ।''[2] दुर्भाग्यवश दूसरे वर्ष नव्वाब आसिफ़उद्दौला की मृत्यु हो गयी। अतः यह कहना कठिन है कि दूसरा ताज़िया लंदन से आया भी या नहीं, आसिफ़ी इमामबाड़ा की साज-सज्जा के सम्बन्ध में किसी प्रकार के वक्तव्य अन्य इतिहासकारों में सैय्यद अब्दुल लतीफ़ ख़ाँ शूशतरी[3], मिर्ज़ा मुहम्मद काज़िम[4] आदि के हैं, परन्तु वर्तमान में सब कुछ समाप्त हो चुका है। पुण्यस्मृतियों में मात्र चंदन का एक ताज़िया तथा कुछ झाड़-फ़ानूस शेष रह गये, जो अज़ादारी के दिनों में स्थापित कर दिये जाते हैं।

दरगाह हज़रत अब्बास का प्रथम निर्माण आसिफ़ी काल में हुआ कहते हैं कि लखनऊ के मुहल्ला मंसूरनगर के एक सूफ़ी संत मिर्ज़ा फ़क़ीर बेग को हज्ज के अवसर पर तात्विक संज्ञान हुआ कि लखनऊ जाकर दरगाह हज़रत अब्बास निर्मित करें। उन्होंने लखनऊ लौटने पर नव्वाब आसिफ़उद्दौला की सेवा में प्रस्तुत होकर अपने तात्विक संज्ञान के विषय में बताया। अनेक इतिहासों[5] में है कि आसिफ़उद्दौला ने दरगाह के लिए ईंटों का एक गुंबद निर्मित कराया था। एक

1. Narrative of the Journey through Upper Provinces of India, p. 15
2. तफ़ज़ीअ-उल-ग़ाफ़लीन, पृ० 115
3. तुहफ़त-उल-आलम, पृ० 532-33
4. रिसाला स्वानहउम्री, पृ० 47-48
5. इमाद-उस-सआदत, पृ० 172, मुफ़ताह-उल-तवारीख़, पृ० 73, तारीख़े-अवध, भाग-3, पृ० 300

हज़ार रुपये, जिसके व्यवस्था हेतु प्रदान किये तथा वहाँ एक अलम चढ़ावे के रूप में स्थापित किया था। उसके बाद श्रद्धालुओं का आगमन प्रारम्भ हो गया। दरगाह का दूसरा निर्माण था तथा विस्तार नव्वाब सआदत अली ख़ाँ द्वारा सम्पन्न हुआ। उन्होंने फ़र्श-फ़रूश, झाड़-फ़ानूस तथा शीशे की अन्य वस्तुएँ, चाँदी का मिम्बर, चाँदी का सिंदूर तथा सोने चाँदी के अलम स्थापित किये। 1802 ई० में सोने का गुम्बद निर्मित कराया। बारह इमामों के नाम से बारह दरवाज़े निर्मित कराये। ग़ाज़ी उद्दीन हैदर ने दरगाह में नक़्क़ारख़ाना बनवाया, नौबत तथा घड़ियाल लगाये, साज-सज्जा के अन्य वस्तुओं के अतिरिक्त दरगाह के भीतर चाँदी का दरवाज़ा बनवाया तथा चाँदी का मिम्बर भेंट किया। नसीरुउद्दीन हैदर काल (1827-56 ई०) में मलिका ज़मानिया ने दरगाह का रसोईघर बनवाया। अवध राज्य के समापन के बाद विदा होते समय वाजिद अली शाह (1847-56 ई०) ने अपनी तलवार तथा ताज दरगाह को भेंट कर दी। 1857 ई० के लूटमार में सब कुछ जाता रहा। अंग्रेज़ शासन ने दरगाह को नुज़ूल में सम्मिलित कर लिया। शरफ़उद्दौला ग़ुलाम रज़ा के प्रयासों से दरगाह को सरकारी नुज़ूल से मुक्त कराया गया। उन्होंने कुछ सामान भी भेंट किये।

आसिफ़ी काल के अन्य महत्त्वपूर्ण इमामबाड़ों में क़दमे-पैग़म्बर, इमामबाड़ा अबूतालिब लंदनी, इमामबाड़ा मिर्ज़ा हैदरअली यकचश्म, इमामबाड़ा अली अकबर मूनिस, इमामबाड़ा इकराम उल्लाह ख़ाँ, इमामबाड़ा टिकैतराय, इमामबाड़ा सुलैमान शुकोह, काला इमामबाड़ा मिर्ज़ा क़ासिम अली तथा इमामबाड़ा अतीक़उल्लाह हज्जाम की चर्चा शेष रह गयी है, उनका नामो-निशान मिट चुका है। परन्तु राजा झाऊलाल के वैभवशाली इमामबाड़े के नौ दरवाज़े और दीवारें अभी वर्तमान हैं, छतें गिर चुकी हैं। इमामबाड़ा अलमास अली ख़ाँ आवास में परिवर्तित हो चुका है। एक पुराना ताज़िया मस्जिद में रखा है, जिसको अलमास अली ख़ाँ के समय का बताया जाता है। इमामबाड़ा ज़ैनुल-आबिदीन, सरायमाली ख़ाँ के कालीचरण स्कूल के प्रांगण में स्थित है। इसमें पाँच दरवाज़े और पाँच मेहराबें हैं, जो साज-सज्जा तथा क़ुर्आन की आयतों से सुसज्जित हैं। इमामबाड़ा तहसीन अली ख़ाँ अकबरी दरवाज़ा के निकट, चौक (लखनऊ) से सटा हुआ स्थित है। इसी के निकट वह प्रसिद्ध मस्जिद है जो उर्दू साहित्य के इतिहास में मस्जिद तहसीन अली ख़ाँ के नाम से प्रसिद्ध है।

उपर्युक्त गतिविधियों के आधार पर आसिफ़ी काल की अज़ादारी का अनुमान किया जा सकता है, जिनसे अनेक महत्वपूर्ण एवं सारगर्भित संज्ञान प्राप्त होते हैं। प्रथम यह कि लखनऊ नगर में विभिन्न इमामबाड़े थे, जिनमें सुरुचिपूर्वक मूल्यवान ताज़िये स्थापित किये जाते थे। घरों में भी ताज़ियादारी होती थी, प्रत्येक

व्यक्ति सामर्थ्यानुसार ताज़िये स्थापित करता था। नव्वाब आसिफ़ उद्दौला की उदारता किसी को निराश नहीं होने देती थी। वह स्वयं छोटे-बड़े, अमीर-ग़रीब, हिन्दू-मुसलमान सब के ताज़ियों के दर्शनार्थ जाते थे और नक़दी भेंट करते थे। द्वितीय यह कि ईस्ट-इण्डिया कम्पनी अज़ादारी के निर्वहन में किसी प्रकार का बाधा उत्पन्न नहीं करती थीं। वरन् उसके कार्यकर्ता भी अज़ादारी में भाग लेते थे। तृतीय यह कि नव्वाब आसिफ़उद्दौला के धन-वितरण का बहाव शीओं के मुक़ाबले में सुन्नियों की ओर तथा सुन्नियों के मुक़ाबलें में हिन्दुओं की ओर अधिक होता था। चतुर्थ यह कि, यदि कभी कोई शीआ अति उत्साहित होकर अपने धार्मिक उन्माद में कोई ऐसा कार्य कर बैठता, जिससे किसी सुन्नी को कष्ट होता, तो उस अतिउत्साहित शीआ को कठोर दण्ड दिया जाता। पंचम यह कि, अज़ादारी मात्र मुहर्रम के दस दिनों तक सीमित थी। मुहर्रम की ग्यारहवीं से लोग अपने दैनिक जीवन को सामान्य रूप में सम्पन्न करने लगते थे। सामूहिक रूप में यह कहा जा सकता है कि आसिफ़ी काल में अज़ादारी को सर्वसाधारण में मान्यता प्राप्त हो चुकी थी। भारत के अनेकता पूर्ण जीवन में अज़ादारी भी इस अनेकता में एकता उत्पन्न करने का माध्यम बन गयी थी। इसकी जड़ें तत्कालीन सामाजिक जीवन में जुड़ी हुई थीं। आसिफ़उद्दौला की अज़ादारी के प्रति विशेष रुचि का अनुमान इससे भी किया जा सकता है कि जब उनके संज्ञान में आया कि तत्कालीन ईराक़ी शासन की अव्यवस्था के कारण भारतीय यात्रियों के कर्बला में पानी की कमी का कष्ट झेलना पड़ता है, तो उन्होंने हाजी मुहम्मद तेहरानी के माध्यम से सात लाख रुपये व्यय करके प्रसिद्ध फ़ुरात नदी की एक नहर निर्मित करायी, जो 'नहरे-आसिफ़ी' के नाम से प्रसिद्ध हुई।[1] वर्तमान यह नहर समाप्त हो चुकी है, परन्तु आसिफ़उद्दौला की उदारता के रूप में इतिहास के पत्रों पर सुरक्षित है।

आसिफ़उद्दौला के बाद उनके सुपुत्र नव्वाब वज़ीर अली बख़्श को पदच्युति कर अंग्रेज़ों की सहायता से नव्वाब शुजाउद्दौला की दूसरी पत्नी के पुत्र सआदत अली ख़ाँ (1798-1814 ई०) को नव्वाब-वज़ीर का पद प्राप्त हुआ। उनमें आसिफ़उद्दौला के समान दान-दक्षिणा की असाधारण विशेषताएँ नहीं थी, परन्तु उन्होंने आसिफ़ी दरबार के वातावरण को बनाये रखा। लखनऊ को ललितकला तथा साहित्य में केन्द्रीयता प्रदान करने की चेष्टा की है। विभिन्न कलाओं के पारंगत तथा कवि साहित्यकार एकत्र किये। अज़ादारी को भी उन्नति दी। दरगाह हज़रत अब्बास में प्रत्येक बृहस्पति को ख़ूब चहल-पहल होती थी। साल भर

1. तनवीरे-इमामत, पृ० 54

विभिन्न धार्मिक आयोजन मुहर्रम में समस्त नगर के हज़ारों अलम दरगाह हज़रत अब्बास पर भेंट की जाती। परन्तु अज़ादारी के सम्बन्ध में जिस बात में सआदत अली ख़ाँ को विशेषता प्रदान की है। वह यह है कि उन्हीं के काल से लखनऊ में चेहलुम का प्रारम्भ हुआ, इससे पूर्व मुहर्रम के दस दिनों के पश्चात् अज़ादारी का क्रम समाप्त हो जाता था, जो आगामी वर्ष में मुहर्रम का चाँद देखने के बाद प्रारम्भ होता। इस काल के एक प्रसिद्ध व्यक्तित्व, मीर एहसान अली जो मरसिया पढ़ने में विख्यात थे, उन्होंने अज़ादारी के समय को बढ़ाकर चेहलुम तक करना प्रारम्भ किया।

इसके बाद ग़ाज़ीउद्दीन हैदर के राजकाल (1814-27 ई०) में अवध की नव्वाबी बादशाही में परिवर्तित हुई, तो अज़ादारी का भी विकास हुआ। नजफ़-अशरफ़ (ईराक़) में स्थित हज़रत अली के रौज़े की आकृति पर एक नया इमामबाड़ा शाहनजफ़ निर्मित किया गया। इसके निकट ही क़दमे-पैग़म्बर भी है। इस काल में शाह-नजफ़ को शाही अज़ादारी की केन्द्रीयता प्राप्त हो गयी। उन्होंने शाहनजफ़ में अज़ादारी हेतु वक़्फ़ किया। लिखित अनुबन्ध के आधार पर एक बड़ा धन ईस्ट-इण्डिया कम्पनी में जमा कर दिया, ताकि उससे प्रतिवर्ष अज़ादारी होती रहे।

उनके बाद उनके पुत्र नसीरउद्दीन हैदर (1827-37 ई०) अवध की गद्दी पर बैठे, जो एक दासी के पुत्र थे। परन्तु ग़ाज़ीउद्दीन हैदर की पत्नी ने उनका लालन-पालन किया था। उनके शासनकाल में बादशाह बेगम को अत्यन्त प्रभावशाली माना जाता था। वे धार्मिक स्वभाव की थीं तथा अज़ादारी के प्रति विशेष अनुराग रखती थीं। उन्होंने अज़ादारी के सम्बन्ध में विभिन्न एवं अनेक परम्पराएँ प्रारम्भ कीं। अज़ादारी के मातमी दिनों की सीमा बढ़ा दी, इसे पहली मुहर्रम से आठ रबीअ-उल-अव्वल तक (2 माह, 8 दिन) कर दिया। नसीरउद्दीन हैदर ने अपने राज्याभिषेक के प्रथम वर्ष ही (1827 ई०) में एक राज्यादेश पारित कर चेहलुम तक ऐसे सभी आयोजनों पर प्रतिबन्ध लगा दिया, जिनमें प्रसन्नता व्यक्त की जाती है। अंग्रेज़ रेज़ीडेन्ट के हस्तक्षेप करने पर इसे विकल्पित कर दिया, परन्तु अज़ादारी की जड़ें अवध के जनजीवन में इस तरह से फैली हुईं थी कि प्रत्येक व्यक्ति स्वेच्छा से ही चेहलुम तक प्रसन्नता व्यक्त करने वाले आयोजन नहीं करता था, न उसमें भाग लेता था।

इस काल की अज़ादारी की सविस्तार चर्चा विलियम नाइटीन तथा मिसेज़ मीर हसन अली ने प्रस्तुत की हैं। उनके वक्तव्य ऐतिहासिक दस्तावेज़ की स्थिति रखते हैं। विलियम नाइटीन साढ़े तीन वर्षों तक नसीरउद्दीन शाह का मुसाहब रहा

था। दिन-प्रतिदिन की घटनाएँ लिखता रहता था। मिसेज़ मीर हसन एक अंग्रेज़ महिला थीं, जिन्होंने किसी अमीर हसन अली से विवाह कर लिया था। दोनों के वक्तव्य सर्वमान्य हैं। इस काल के अज़ादारी के सम्बन्ध में विलियम नाइटीन ने एक अध्याय लिखा है, उद्धरण देखिए : **''इस काल में इमामबाड़ों में प्रकाश का बाहुल्य तथा इस प्रकाश में कारचोबी की बनी वस्तुओं की इतनी चमक-दमक होती है कि आदमी की निगाह को चकाचौंध लग जाती है। अलमों के चाँदी-सोने के पंजों की जगमगाहट और उनके भारी-भारी पटकों की सजावट, ज़रदोज़ी पर गंगा-जमुनी किरन की झालरों की सजावट और उनकी वजह से दरो-दीवार की चमक-दमक, बस पूरा इमामबाड़ा प्रकाशपुंज हो जाता है।......मुहर्रम के दिनों में निरन्तर ताज़ियों के पास बड़ी-बड़ी लाल तथा हरे रंग की मोमी शमएँ प्रज्ज्वलित रहा करती हैं तथा प्रतिदिन दो बार मजलिसें इमामबाड़ों में आयोजित हुआ करती हैं, जिनमें सायंकाल की मजलिस अधिक आकर्षक होती है।......(शाही) जुलूस में सब के आगे छः-सात हाथी होते थे, जिन पर जड़ाऊ झूलें, पाखरें पड़ी होती। सोने-चाँदी के हौदे, अमारियाँ और गले में सोने के घण्टे और हसुलियाँ लटकती हुई होती थीं। हरेक हाथी पर कुछ लोग जड़ाऊ अलम हाथों में लिये हुए सवार होते थे और उनके साथ सिपाहियों का एक गारद होता था। हाथियों के पीछे एक व्यक्ति विशेष रूप में शोकाकुल होता, उसके एक हाथ बाँस की एक बड़ी छड़ी काले कपड़े से मढ़ी होती थी, उस छड़ के ऊपर एक उल्टी कमान में दो नंगी तलवारें लटकती होती थीं। उसके पीछे स्वयं बादशाह-सलामत होते थे, उनके आगे-पीछे शाही-परिवार के लोग, राज-पदाधिकारी, निकटवर्ती तथा उलेमा होते थे।''**[1]

अंग्रेज़ महिला ने लखनऊ में अपने पति के परिवार के माध्यम से अज़ादारी का जनसाधारण रूप देखा तथा उसका विवेचन किया। उसने अत्यन्त महत्वपूर्ण जानकारी प्रदान की है। 'शबे-आशूर' के विषय में लिखती हैं : **''ग़रीब हो या अमीर हरेक व्यक्ति अपने इमामबाड़े को अपने सामर्थ्यानुसार सुसज्जित करता है, इतनी रौशनी की जाती हैं कि आँखें नहीं ठहरती, रात-भर लोग रौशनी देखने के लिए फिरते रहते हैं। महिलाएँ अपने घरों में विलाप करती हैं। मजलिसें और मातम करती हैं।''**[2] हिन्दुओं के अज़ादारी के बारे में लिखती हैं : **''हिन्दुओं में भी ताज़िया से श्रद्धा प्रचलित है। वे लोग ताज़िया देखकर**

---

1. The Private Life of an Eastern King, पृ० 146-49
2. Obeservation on the Mussulmauns of India, p. 29.

आदरपूर्वक झुक जाते हैं। मजलिसों में भी सम्मिलित होते हैं। मुसलमान आदरपूर्वक उन्हें अपने साथ बिठाते हैं। इमामबाड़ा में कोई भी व्यक्ति प्रवेश करने से पूर्व अपने जूते उतार देता है। यह बात इतनी सर्वसाधारण हो गयी है कि अब यूरोपीयन लोगों के अतिरिक्त किसी से जूता उतारने की कहने की आवश्यकता नहीं होती।"[1] अपना एक रोचक विश्लेषण लिखती हैं : "मेरा बावर्ची एक पारसी था, अज़ादारी में चालीस रुपये ख़र्च करता था तथा मुसलमानों के समान उत्साह प्रदर्शित करता था। दसवीं मुहर्रम को ताज़िया दफ़्न करने के बाद फिर अपने धर्म-कर्म में लौट जाता था।"[2]

नसीरउद्दीन शाह की अज़ादारी के सम्बन्ध में मौलवी नज्म-उल-ग़नी ने सविस्तार लिखा है, एक उद्धरण देखिए : "प्रत्येक इमाम के जन्म की तिथि में नियमानुसार मजलिस आयोजित होती थी तथा बारगाह अत्यन्त सुन्दर फूलों से तैयार किया जाता। सुल्तानी बाग़ों में जितने सुगन्धित फूल होते थे, वे तथा उनके अतिरिक्त बाज़ारों से पाँच हज़ार रुपये प्रतिदिन के हिसाब से फूल दस दिन मुहर्रम तक ख़रीदे जाते थे। उस ज़माने में सुगन्धित फूल बड़े लोगों को भी कठिनाई से मिलते। इस बारगाह की लम्बाई सौ पगों से कम नहीं होती तथा चौड़ाई पन्द्रह-बीस पगों से अधिक नहीं होती थी। कभी सोने की कभी चाँदी की, मुक़्क़ेश तथा सितारों तथा बादले की झालरें फूलों के स्थान पर प्रयोग की जाती थी। विभिन्न प्रकार के इत्रों से वह घर बसाया जाता था। अर्थात् प्रत्येक इमाम के जन्म के उत्सव में पहले दिन से छः दिनों तक निरन्तर तथा प्रत्येक इमाम की मृत्यु के दिनों में कई दिनों तक तथा मुहर्रम की पहली तिथि से चेहलुम तक बादशाह ने अपने ऊपर अनिवार्य कर लिया था कि वे स्वयं वहाँ की सेवा अत्यन्त आत्मीयता से करते थे। मृत्यु तथा शहादत के दिनों में मरसिये पढ़े जाते तथा शर्बत और मिठाई तथा विभिन्न मेवे व्यय होते थे। इस व्यय में चार-पाँच लाख रुपयों से कम नहीं लगता था, बल्कि इससे अधिक का ही अनुमान करना चाहिए। बादशाह मुहर्रम की पहली तिथि को सौ-पचास ताज़िये अपने महल से उनके दफ़्न किये जाने के स्थान तक स्वयं अपने सिर पर पहुँचाते थे। हर बार आने-जाने में कई कोस की धरती पैदल ही चलते थे और आना-जाना कंकड़ियों की ज़मीन पर नंगे पाँव होता था। यहाँ तक कि तलुवों से वे कंकड़ियाँ काँटों के समान खटकती थीं।"[3]

---

1. Obeservation on the Mussulmauns of India, pp. 17-28.
2. Obeservation on the Mussulmauns of India, pp 17-28.
3. तारीख़े-अवध, भाग-4, पृ० 396-97

मुहम्मद अली शाह के शासनकाल (1837-42 ई०) में इमामबाड़ा हुसैनाबाद के निर्माण के बाद पहली मुहर्रम को इमाम हुसैन के रौज़े का प्रतीक निकालने का क्रम प्रारम्भ हुआ। यह प्रतीक इमामबाड़ा आसिफ़उद्दौला में स्थापित किया गया। वहीं से जुलूस के रूप में निकाला जाता। इस जुलूस ने अज़ादारी की शान और भी बढ़ा दी। इसके साथ ही शैख़ ख़ुदाबख़्श के जुलूस की भी ख्याति थी, जो चेहलुम में निकाला जाता था। अज़ीमाबाद (पटना) के निवासी निजात हुसैन ख़ाँ विशेषरूप में चेहलुम की अज़ादारी के दर्शन हेतु आये थे, उन्होंने इस जुलूस का जीवन्त चित्रण किया है : **"अपराह्न को जुलूस दारुसशिफ़ा की मस्जिद** (जो अब वर्तमान नहीं है) **के निकट से गुज़रा। आगे-आगे साथ ऊँटनियाँ काले कपड़ों में ढकी हुई थी। उनके सवार भी काला वस्त्र धारण किये हुए थे, उसके बाद सत्रह काला वस्त्र धारण किये हाथी थे, जिन पर ऊँचा परचम तथा अलम स्थापित थे। अलम के फरहरे काले तथा लाल थे, जिन पर अल्लाह और पंजतन (मुहम्मद, अली, फ़ातिमा, हसन, हुसैन) के नाम सोने और चाँदी के तारों से बनाये गये। उसके बाद सरकारी लोग थे, जिनके हाथों में सोने और चाँदी के माही-मरातिब थे। जुलूस एक मील से ज़्यादा लम्बा था, पीछे मातमी धुन बजाते हुए दस्ते थे, उसके पीछे 'आबख़्वारा' (पानी-शर्बत आदि) था, जो जुलूस में सम्मिलित जनों के प्रयोग हेतु था। उसके बाद दो-तीन ज़ुलजनाह तथा ताबूत थे। ताबूत पर वाण गड़े हुए थे। ज़ुलजनाह पर ख़ून के धब्बे थे। उनके पीछे सैकड़ों लोग सिरों पर ताज़िये उठाये थे, सबके अन्त में शैख़ ख़ुदाबख़्श का ताज़िया था, ताज़ियों के आगे-पीछे हज़ारों शोक-संतप्त लोग थे, खुले सिर, नंगे पाँव, आँखों से आँसू जारी। विभिन्न जातियों के लोग अलग-अलग दलों में सम्मिलित थे। मध्य एशिया के लोग तथा मुग़ल आदि अलग मातम करते थे। विचित्र स्थिति थी कि यदि इमाम हुसैन का हत्यारा शिम्र आ जाये तो तड़प उठे।"**[1]

अमजद अली शाह (1842-47 ई०) परम धार्मिक स्वभाव के शासक थे। उनके राजकाल में सत्ता में उलेमा तथा मुजतहिदों की असाधारण भागीदारी थी। इस काल में भी अज़ादारी की उन्नति हुई। इमामबाड़ा सिबतैनाबाद निर्मित हुआ तथा बहुमूल्य साज़-सामान से सुसज्जित किया गया। अज़ादारी के दिनों में रौशनी का विशेष प्रबन्ध होता। भव्यता एवं सुन्दरतापूर्वक अज़ादारी होती थी। उस समय के प्रधानमंत्री नव्वाब अमीनउद्दौला भी अत्यन्त धर्मनिष्ठ एवं पावन स्वभाव के व्यक्ति थे, उन्होंने अपना इमामबाड़ा निर्मित करवाया। बादशाह के विश्वासपात्र

1. चंद तहक़ीक़ी-मक़ाले, पृ० 7-9

मुहम्मद हुसैन ख़्वाजासरा, जो दियानतउद्दौला की उपाधि से प्रसिद्ध थे तथा दारोग़ा जगन्नाथ अग्रवाल, जिन्होंने इस्लाम धर्म धारण करने के बाद ग़ुलाम रज़ा ख़ाँ नाम धारण किया तथा जिनको शरफ़उद्दौला की उपाधि प्राप्त थी, उन दोनों ने भी अपने-अपने इमामबाड़े निर्मित कराये। इन इमामबाड़ों में भी शानदार तौर पर अज़ादारी होती थी। शाही महल में उत्साहपूर्वक अज़ादारी होती थी, जिनमें प्रसिद्ध उर्दू कवि सैय्यद इंशा की तीन नतिनियाँ मरसिया पढ़ती थीं। दियानतउद्दौला ने कर्बला में इमाम हुसैन के रौज़े के दर्शनार्थियों की सुविधा हेतु एक सराय कर्बला में बनवायी थी, जिसमें दर्शनार्थी निःशुल्क ठहरते थे। उसी प्रकार एक सराय लखनऊ के एक अमीर आगाई साहब ने निर्माण कराया, जिसका निःशुल्क उपयोग कर्बला में दर्शनार्थी करते थे। इससे उस समय अज़ादारी की सर्वप्रियता का अनुमान किया जा सकता है।[1]

अवध के अन्तिम ताजदार सुल्ताने-आलम वाजिद अली शाह (1847-56 ई०) के शासनकाल में बुझते हुए दीपक की लौ इतनी तेज़ हो गयी थी कि लोगों की आँखें चौंधिया जाती थीं। वाजिद अली शाह विभिन्न विद्याओं एवं कलाओं का संरक्षण ही नहीं करते थे, स्वयं भी विशेषज्ञ के रूप में मर्मज्ञ थे। मरसिया कहते थे तथा पढ़ते भी थे। अज़ादारी के प्रति असाधारण रूप में समर्पित थे। इस्लामी पैग़म्बर के परिवारजनों विशेषकर इमाम हुसैन के नाम पर अपने प्राणों की आहुति देने को हर समय तैयार रहते थे। उन्होंने भी 'क़स्र-उल-अज़ा' के नाम से क़ैसरबाग़ में वैभवशाली इमामबाड़ा निर्मित कराया। अवध सल्तनत की समाप्ति तक लखनऊ में अत्यन्त उत्साहपूर्वक अज़ादारी करते रहे। फिर जब अंग्रेज़ों ने मटियाबुर्ज (कोलकाता) में बन्दी बनाकर रखा तो वहाँ भी सबकुछ अज़ादारी पर न्यौछावर करते रहे। 'शरर' लखनवी लिखते हैं : "**मटियाबुर्ज में बादशाह के मुहर्रम की विशेष तैयारियाँ की जाती थी, सभी इमामबाड़े सुसज्जित किये जाते, घरों में अन्दर-बाहर पुताई होती। बादशाह के यहाँ मुहर्रम से दो दिन पूर्व ही ज़रीह (रौज़ा का प्रारूप) के साथ माही-मरातिब, शाहे-जुलूस, झण्डीबरदार और बाजे वाले होते, कहीं-कहीं मुहर्रम से एक दिन पूर्व अथवा पहली मुहर्रम को ताज़िये आते। बादशाह दो दिन पूर्व से ही मातमी वस्त्र धारण कर लेते, जो प्रायः हरे रंग का होता और कभी काले रंग का। मुहर्रम में मटियाबुर्ज में जगह-जगह लंगर जारी हो जाते। शाही मजलिसें रोज़ाना हुआ करतीं, जिनमें पुलाव, शीरमाल या बाक़रख़ानियाँ वितरित होती। स्थानीय वक्ताओं के अतिरिक्त अन्य स्थानों विशेषकर लखनऊ से आमंत्रित होते तथा बादशाह की ओर से पुरस्कार एवं पारिश्रमिक प्राप्त करते।......सातवीं मुहर्रम को मेंहदी उठती थी तथा उसी**

1. तस्वीरे-कर्बला, पृ० 17

दिन नव्वाब निशातमहल बादशाह को मन्नत का छल्ला तथा नाड़ा पहनाती थीं। सायंकाल बादशाह भी मेंहदी के साथ होते, बड़े ही शान-शौकत से बाजे-गाजे से जुलूस निकलता था।.....दसवीं मुहर्रम को प्रातः सबसे पहले सिबतैनाबाद की शाहीज़रीह होती, उसके बाद बेगमों के ताज़िये तथा अन्य ताज़िये अत्यन्त वैभवशाली ढंग से जुलूस में उठाये जाते तथा ग़ुलाम अब्बास की कर्बला ले जाये जाते। सुल्तानाबाद की ज़रीह नौ या सवा-नौ बजे कर्बला पहुँच जाती, फिर दिन भर दूसरे ताज़ियों का क्रम बना रहता। बादशाह प्रारम्भ में कर्बला तक ज़रीह के साथ पैदल जाते थे, परन्तु अपनी आयु के अन्तिम पड़ाव पर वृद्धावस्था के कारण थोड़ी दूर जाकर लौट आते थे। मजलिसों का क्रम चेहलुम तक चलता रहता। तीजे, दसवीं, बीसवीं और चेहलुम की मजलिसें बड़े व्यापक स्तर पर होती थीं।''[1] वाजिद अली शाह की मृत्यु (सितम्बर 1887 ई०) के पश्चात् उनके वंशज लखनऊ तथा मटियाबुर्ज में रहे। लखनऊ में अज़ादारी सामान्य जीवन का अंग रही है, जिसमें समाज के सभी वर्गों की महत्वपूर्ण भागीदारी रही है। मटियाबुर्ज की अज़ादारी वाजिद अली शाह के परिवारजनों ने जारी रखी, जो वर्तमान में भी जारी है।

अन्य केन्द्रों में अज़ादारी

अज़ादारी को सर्वप्रिय करने में सूफ़ी-सन्तों का अद्वितीय योगदान रहा है। अवध में क़ादरिया परम्परा के सूफ़ी-सन्त शैख़ अब्दुर्रज़्ज़ाक़ हासवी (मृ० 1724 ई०) लखनऊ के फ़िरंगी महली उलेमा के संरक्षक थे। ताज़ियों के प्रति विशेष श्रद्धा रखते थे। ताज़ियों से इमाम हसन और इमाम हुसैन की पवित्र आत्माओं का आभास प्राप्त करते थे। शैख़ अब्दुर्रज़्ज़ाक हासवी के विषय में यह वक्तव्य मिलता है : ''कुछेक अवसरों पर वे ज़रीह-पाक तथा ताज़ियों के दर्शन हेतु जाते थे। कभी-कभी नवीं मुहर्रम को कल्यानी नदी पर जाते थे। एक बार वे जुलाहों के ताज़िये के दर्शनार्थ कल्यानी नदी तक न जा सके। परन्तु धार्मिक भावना से आसक्त होकर ताज़िये के निकट पहुँच गये। उनको आभास मिला कि इमाम हसन और इमाम हुसैन ताज़िये में वर्तमान हैं, उन्हें देखकर इमामों ने ताज़िये तक न आने का कारण पूछा। शैख़ ने उनके पाँव को चूमने के बाद कहा, मैं आपके पाक घर को नज़रअंदाज़ करने की धृष्टता नहीं कर सकता। इसके बाद नियमित रूप में पहली मुहर्रम से दस मुहर्रम तक ताज़िया के दर्शनार्थ जाते रहे। उनका कथन था कि ताज़िया को मात्र लकड़ी और कागज़ नहीं समझना

1. जाने-आलम, पृ० 157-59

चाहिए, जो उसके तैयार करने में प्रयोग किये गये हैं। प्रायः इमाम हसन तथा इमाम हुसैन की पवित्र आत्माएँ ताज़िये में आती हैं। शैख़ ने अपने जीवन का लक्ष्य बना लिया था कि ताज़िया के जुलूस में आगे-आगे चलते थे और उसे अपने घर लाते थे और उसके सामने उतनी देर तक हाथ बाँधे खड़े रहते जब तक ताज़िया उनके मकान में रहता। अपने जीवन के अन्तिम पड़ाव पर जब वे अत्यन्त वृद्ध एवं शक्तिहीन हो गये थे तथा लाठी या दीवार का सहारा लिये बिना खड़े नहीं हो सकते थे। उस समय भी कल्यानी तक की लम्बी यात्रा करते रहे कि वहाँ पर ताज़िये ठण्डे किये जाते। जुलूस के समाप्त होने के बाद ही घर लौटते थे।"[1] सूफ़ी-सन्तों और उनके अनुयायी उलेमा तथा जनसाधारण ने अज़ादारी के समर्थन में महत्त्वपूर्ण पुस्तकें भी लिखी हैं, जिनमें इमाम हुसैन और उनके साथियों को स्मरण करके उनका मातम करना, पुण्य बताया गया है तथा ताज़िये का सम्मान अनिवार्य बताया गया है। पुस्तकों के अतिरिक्त विभिन्न लेख एवं वक्तव्य भी अज़ादारी के समर्थन में प्रकाशित करते रहते हैं, जिनका विवरण प्रस्तुत करना यहाँ सम्भव नहीं है।

पूरे देश में अज़ादारी का लेखा-जोखा प्रस्तुत करना असम्भव है। वर्तमान में सूफ़ियों के प्रयत्नों से गाँव-गाँव, क़स्बे और शहरों में इमामबाड़े, कर्बलायें तथा ताज़िया रखने के इमाम चौक लाखों की संख्या में देखे जा सकते हैं। कभी-कभी एक गाँव के लोग मिलकर अज़ादारी करते हैं, कभी एक बड़े गाँव की अज़ादारी से छोटे गाँव के लोग अपनी अज़ादारी को सम्बद्ध कर देते हैं। सब मिलकर बड़े उत्साह से अज़ादारी करते हैं, कई गाँव मिलाकर एक कर्बला बना ली जाती है, जिसमें हर गाँव के लोग अपने ताज़िये दफ़्न करते हैं। इस एकता ने अज़ादारों की शक्ति बढ़ा दी है, जिसका प्रदर्शन भी यदाकदा होता रहता है। मात्र उत्तर प्रदेश के पूर्वी क्षेत्र में इलाहाबाद, जौनपुर, फैजाबाद, आजमगढ़, वाराणसी, गोरखपुर, गाज़ीपुर आदि पश्चिमी क्षेत्र में मुज़फ्फरनगर, बरेली, रामपुर, मेरठ, अमरोहा, संभल आदि मुख्य हैं, जिनकी चर्चा विस्तार चाहती है, जो यहाँ सम्भव नहीं है।

भारत विभाजन के पूर्व से ही पंजाब तथा सिन्ध में अज़ादारी होती आयी है। सिक्ख शासनकाल में मुसलमानों के धार्मिक उत्सवों में किसी प्रकार की बाधा नहीं डाली जाती थी। अज़ादारी भी बिना किसी रोक-टोक के होती थी। 1840 ई० में नव्वाब रज़ा अली काबुली क़ज़लबाश, जिनकी रियासत पर तत्कालीन काबुल शासन ने आधिपत्य कर लिया था, लाहौर में शरणार्थ हुए। उनके अंग्रेज़ों

1. मलफ़ूज़ाते-रज़्ज़ाक़ी, पृ० 104

से मैत्री-सम्बन्ध थे। 1865 ई० में उनकी मृत्यु के पश्चात् उनके पुत्र नवाज़िश अली ख़ाँ ने अंग्रेज़ों का समर्थन यथावत् रखा। पंजाब के हज़ारों गाँव तथा बाज़ार उनके अधीनस्थ थे, उन्होंने अनेक इमामबाड़े बनवाये तथा मुहर्रम में अज़ादारी को सर्वप्रिय बनाया। सातवीं मुहर्रम का मेंहदी जुलूस उनके घर पर समाप्त होता था। नवाज़िश अली ख़ाँ हज़ारों रुपये अज़ादारी पर व्यय करते थे, उन्होंने अज़ादारी के लिए कई वक़्फ़ किये, लाहौर में गामाशाह का कर्बला में ताज़िये दफ़्न किये जाने लगे। क़ज़लबाशी वंशज के अन्य लोगों ने पेशावर में रहना प्रारम्भ किया। वही पेशावर में अज़ादारी की रहनुमा बन गये। महाराजा रंजीत सिंह के विशेष अधिकारी फ़क़ीर-बिरादरान (अज़ीज़उद्दीन, नूरउद्दीन तथा इमामउद्दीन) के मकान अज़ादारी का केन्द्र बने। अज़ादारी को पेशावर में विशेष उन्नति प्राप्त हुई। गुरदेज़ी वंशज के वैभवशाली इमामबाड़े में सभी वर्ग के लोगों का बड़ा हुजूम एकत्र होता था, जिनको स्थानीय सूफ़ियों का संरक्षण प्राप्त था।

ऊच्च (पाकिस्तान) में विख्यात सूफ़ी-सन्त ख़्वाजा मख़दूम जहानियाँ जहागश्त के परिवारजनों में अज़ादारी का विशेष प्रचलन था। इसी प्रकार विख्यात सूफ़ी-सन्त शैख़ लाल शहबाज़ क़लन्दर अपने निवास स्थान सहवान (सिन्ध) से अत्यन्त श्रद्धापूर्वक अज़ादारी करते थे, उन्होंने अज़ादारी को बलोचिस्तान, पंजाब तथा सूबा-सरहद तक प्रचलित कर दिया। सूफ़ियों के अन्य सिलसिले नेअमतउल्लाही, क़लन्दरिया तथा हैदरिया जो बलोचिस्तान से सिन्ध आये, उन्होंने भी अज़ादारी को विशेष रूप में उन्नति दी। ख़ैरपुर रियासत में अज़ादारी को स्वाभाविक रूप में विकसित होने के अवसर प्राप्त हुए। हैदराबाद (सिन्ध) में भी अज़ादारी भलीभाँति प्रचलित रही।[1] बलोची मातम विश्व-विख्यात है।

कश्मीर में अज़ादारी को मीर शम्सउद्दीन इराकी की ज़ेडीबल (श्रीनगर) में स्थित ख़ानक़ाह में केन्द्रीयता प्राप्त रही। ज़ेडीबल ने धूमधाम से मुहर्रम और चेहलुम में अज़ादारी होती है। बडगाम में ताबूत का जुलूस बड़ी शान से निकलता है तथा पूरे कश्मीर में विख्यात है। लद्दाख में अज़ादारी के लिए इमामबाड़े नहीं होते, साधारणतया मजलिसों में तथा कुछेक अवसरों पर घरों में ही मजलिसें होती हैं।

राजस्थान की अज़ादारी की विशेषता यह है कि इसके प्रवर्तक मुसलमानों के बजाय हिन्दू हैं तथा उन्हीं के द्वारा अज़ादारी की जाती है। जयपुर के हिन्दू अज़ादारी में विशेष उत्साह एवं श्रद्धा प्रदर्शित करते हैं। मौलवी अब्दुल लतीफ़

---

1. तारीख़े-लाहौर, पृ० 92-94

शूशतरी लिखते हैं : ''जयपुर के उस क्षेत्र में जहाँ कोई मुसलमान नहीं है, अज़ान नहीं होती, स्थानीय सम्पन्न एवं प्रभावशाली हिन्दुओं में विस्तृत एवं वैभवशाली ताज़ियाख़ाना (इमामबाड़ा) तैयार किया है। मुहर्रम का चाँद देखते ही मातमी वस्त्र धारण कर लेते हैं, स्वादिष्ट भोजन त्याग देते हैं, कुछेक उपवास करते हैं, प्रतिदिन अपनी भाषा तथा फ़ारसी में मरसिये पढ़ते हैं। निर्धनों एवं निःसहाय लोगों में भोजन सामग्री वितरित करते हैं। रास्तों तथा बाज़ारों में प्याऊ लगाते हैं। लोग लकड़ी और काग़ज़ से ताज़िये तैयार करते हैं तथा उनके सामने श्रद्धापूर्वक नतमस्तक होते हैं। दसवीं मुहर्रम के समापन पर ताज़िया को दरिया में डाल देते हैं या किसी विशेष स्थान पर दफ़्न कर देते हैं, जिसे कर्बला कहते हैं।''[1]

बंगाल में अज़ादारी के विषय में जेम्स वाइज़ लिखता है : ''प्रत्येक ग्राम एवं नगर में ताज़िये तैयार होते। दसवीं मुहर्रम के दिन जुलूस स्मरणीय होता, विभिन्न जुलूसों में जुलूस में निकाले जाते हैं। ढाका नगर में चार मील पैदल जुलूस में बंगाली हिन्दू उसी आत्मीयता एवं उत्साह के साथ भाग लेते, जिस प्रकार अपनी रथयात्रा या दुर्गा पूजा में सम्मिलित होते।''[2]

जयपुर के समान ही राजस्थान की अन्य रियासतों विशेषकर उदयपुर तथा जोधपुर में अज़ादारी धूमधाम से की जाती रही है। जोधपुर में अज़ादारी में हिन्दू-मुस्लिम एकता विशेष रूप से देखने में आता, जब मुहल्ला नायक का ताज़िया ब्राह्मण बनाते थे तथा जब ताज़िया शिव मंदिर के सामने से गुज़रता तो थोड़ा-सा झुका दिया जाता था। राजस्थान में शेख़ावटी क्षेत्र गंगा-जमनी संस्कृति के लिए प्रसिद्ध है। शेख़ावत के सभी सरदारों की जागीरों में एक मस्जिद और एक कर्बला होना अनिवार्य रहा है। राजस्थान की अन्य रियासतों में कोटा, अलवर तथा भरतपुर में मुहर्रम मनाया जाता रहा है।

बीकानेर में अज़ादारी का प्रारम्भ 1465 ई० में राठौर रियासत के स्थापित होते ही हो गया था, जिसमें सभी काल में राजघराने विशेष रुचि प्रदर्शित करते रहे हैं। जनता की ओर से भी मुहर्रम के जुलूस निकलते, जिनकी अनुमति सरकार से लेना आवश्यक होता। मालवा में होल्कर सरकार मुहर्रम को अत्यन्त उत्साह से मनाती रही है, जो आज भी यथावत् है। किसी समय में इन्दौर में होल्कर शासकों का क़ुत्बमीनार की तरह के ऊँचे-ऊँचे चौकोर ताज़िये पूरे देश में प्रसिद्ध थे, जो मुहर्रम में निकाले जाते थे। बाद में मंजिलों की तादाद पहले 12, फिर 9, फिर 7 और वर्तमान में मात्र एक मंजिल रह गयी है। हिन्दुओं की

1. तुहफ़त-उल-आलम, पृ० 259-60
2. Notes of the Races, Castes and Trade of Eastern Bengal, pp. 13-20

अज़ादारी में भागीदारी वर्तमान है। प्रत्येक वर्ष ताज़िया बनाने के लिए देवीश्री अहिल्लया ट्रस्ट की ओर से बड़ा अनुदान दिया जाता है। ताज़िये को दफ़्न करने के लिए ले जाते, तो महाराजा स्वयं भी साथ होते थे। वर्तमान में जनता अज़ादारी उसी रूप में करती है।

बिहार को भारतीय इतिहास में विभिन्न प्राथमिकताएँ प्राप्त हैं। प्राचीन काल में उपनिषद् तथा ब्रह्म विद्या का केन्द्र रहा है। यहीं से जैनधर्म तथा बौद्धधर्म का प्रारम्भ हुआ। सूफ़ी-सन्तों के धार्मिक सन्देशों का केन्द्र रहा है, उनमें सबसे महत्त्वपूर्ण नाम ख़्वाजा यहया मनेरी (मृ० 1292 ई०) का है, उनके सुपुत्र एवं उत्तराधिकारी ख़्वाजा शरफ़उद्दीन मनेरी भी विख्यात हैं। इनके अतिरिक्त फुलवारी-शरीफ़ में भी अज़ादारी का प्रचलन रहा है। शाह आयतउल्लाह 'जौहरी' (मृ० 1795 ई०) को अज़ादारी के प्रति विशेष अनुराग था। अकबर महान के शासनकाल में मुइज़-उल-मुल्क बिहार के सद्र थे, जिनका केन्द्र पटना था, उनकी अज़ादारी को प्रचलित करने में ऐतिहासिक भूमिका रही है।

सामूहिक रूप में कहा जा सकता है कि भारतीय उपमहाद्वीप में अज़ादारी ढाका से पेशावर तक, लेह से कन्याकुमारी तक अज़ादारी प्रचलित रही है। ब्रिटिश राज्य का भारत विभाजन के बाद पाँच स्वतंत्र देशों के रूप में विश्व मानचित्र पर दीखता है-भारत, पाकिस्तान, बांग्लादेश, श्रीलंका तथा म्यांमार। इनमें भारत, पाकिस्तान तथा बांग्लादेश में अज़ादारी का विशेष प्रचलन है, बल्कि यह कहना अधिक उचित है कि इन देशों के नागरिक यूरोप, अमेरिका, लैटिन अमेरिका, कनाडा, अफ़्रीका तथा एशियाई देशों में जहाँ भी आबाद हैं, अज़ादारी को अपने सीने से लगाये हुए हैं। अज़ादारी की उन्नति के लिए सबकुछ न्यौछावर करने को तैयार रहते हैं। कुछेक अरब देशों में जहाँ अज़ादारी करने पर प्रतिबन्ध है। घरों में अज़ादारी होती है।

□□□

उपसंहार

प्रस्तुत अध्ययन को सम्पन्न करने से पूर्व यह स्पष्ट कर देना उचित होगा कि इस्लामी क्रान्ति तथा हुसैनी क्रान्ति दो भिन्न आयाम नहीं हैं, वरन् इस्लामी क्रान्ति के संरक्षण का सर्वाधिक प्रबल माध्यम हुसैनी क्रान्ति है, क्यों वर्तमान इस्लाम इमाम हुसैन के महाबलिदान पर ही आश्रित है। इस क्रान्ति ने इस्लाम को उन्हीं सिद्धान्तों पर पुनः स्थापित किया है, जिन्हें एक लाख चौबीस हज़ार नबी-पैग़म्बर आदि काल से वर्तमान युग तक प्रस्तुत करते आये हैं। हुसैनी क्रान्ति इस्लाम धर्म स्थापना के मूल उद्देश्य की निरन्तरता एवं व्यापकता की ओर ध्यान आकृष्ट करता है कि यदि ईश्वर चाहता तो समस्त मानव को एक ही धर्म पर उत्पन्न कर सकता था, परन्तु उसने जानबूझकर ऐसा नहीं किया, क्योंकि वह चाहता है कि विभिन्न धर्मों के अनुयायी सद्कर्म में एक-दूसरे की स्पर्द्धा करें। अतः इस्लामी क्रान्ति ने मानव अधिकारों की सुरक्षा एवं संरक्षण हेतु संघर्ष करने का एक संयुक्त मंच उपलब्ध किया, जिसको हुसैनी क्रान्ति कहते हैं, जिस पर विभिन्न एवं अनेकानेक देशों, जातियों, रंगों तथा परिपाटियों के नर-नारी एकत्र होकर संघर्ष कर सकते हैं और कर रहे हैं।

हुसैनी क्रान्ति की आत्मा में झाँककर देखा जाय, तो उसके उद्देश्य किसी विशेष दायरे तक सीमित नहीं हैं। वरन् समस्त मानवता के बीच संयुक्त मूल्यों पर आधारित है, जिनका उद्देश्य समस्त मानव जाति को सत्य एवं निष्ठा की दीक्षा प्रदान करना है। ईश्वरी सत्ता स्थापित होने पर ही सम्भव है, जिसका सारांश यह है कि समस्त ब्रह्माण्ड ईश्वर का साम्राज्य है। वही उसका बिना किसी हस्तक्षेप के एकमात्र शासक है। उसी के विधि-विधान के आधार पर समस्त ब्रह्माण्ड चलता है। ईश्वर अपने चयनित महानुभावों के माध्यम से विश्व में न्याय की व्यवस्था स्थापित करता है। हुसैनी क्रान्ति ने पुनः इस्लामी राजव्यवस्था को स्पष्ट कर दिया कि उसका आधार क़ुर्आन, इस्लामी पैग़म्बर का जीवन सिद्धान्त तथा इस्लामी आधारों पर स्थापित 'इमामत' (नेतृत्व) अथवा 'ख़िलाफ़त' (उत्तराधिकारी) है। इसका मुख्य उद्देश्य है— इस्लामी मूल्यों की पुनर्स्थापना : **"मान्य आदेशों को स्वीकारना तथा निषिद्ध को स्वीकार न करना।"** (क़ुर्आन : 22/41) अर्थात्

अन्याय के विरुद्ध आन्दोलन करके सत्य की स्थापना करना ही आदर्श है, जो समस्त मानवता, विशेषकर मुसलमानों को सत्य मार्ग पर चलने तथा मानव अधिकारों के संरक्षण हेतु बड़ी से बड़ी आहुति प्रस्तुत करने पर बल देते हैं।

हुसैनी क्रान्ति की कालजयी उपलब्धियों के संदर्भ में एक प्रश्न, जो कुछेक मस्तिष्कों को उलझन में डालता है, उसके परिप्रेक्ष्य को भी समझ लेना आवश्यक है। प्रश्न यह है कि इमाम हुसैन के महान बलिदान से क्या परिणाम सामने आया। क्या ईश्वरी सत्ता पुनः स्थापित हो सकी? क्या मुसलमान भ्रष्टता एवं धर्मान्ध से बाहर निकल सके। क्या इस्लामी समाज ईश्वर के मार्ग पर चल पड़ा? इतिहास इसके विपरीत बताता है। इमाम हुसैन के महान बलिदान के बावजूद ईश्वरी सत्ता पुनः स्थापित नहीं हुई। बनी उमैय्या और बनी अब्बास ने स्वयंभू इस्लामी ख़लीफ़ा के नाम पर साम्राज्यवादी शासन व्यवस्था लगभग 500 वर्षों तक इस्लामी जगत पर थोपे रखी। इसी साम्राज्यी व्यवस्था का क्रम वर्तमान तक फैला हुआ है। इस्लाम के नाम पर वह सब कुछ घृणित एवं निन्दनीय कार्य होते रहे हैं, जिनसे मानव समाज को मुक्ति दिलाने हेतु इस्लाम आया था।

उपर्युक्त प्रश्न को उचित परिप्रेक्ष्य तक पहुँचाने के लिए किंचित विचार कीजिए कि ईश्वर ने सृष्टि रचना के पहले दिन से आज तक मानव के सुधार हेतु सृष्टि के कण-कण पर अपना प्रतिनिधि नियुक्त किये। एक लाख चौबीस हज़ार नबी पैग़म्बर भेजे, क्या संसार के समस्त मानव ईश्वर के मार्ग पर चल रहे हैं। वह चाहता, तो प्रत्येक व्यक्ति अपने आचरण में फ़रिश्ता होता या कम-से-कम यही किया होता कि सबको अपने चयनित धर्म पर बना दिया होता, परन्तु उसने जानबूझकर ऐसा नहीं किया। क़ुर्आन में ईश्वर कहता है : "**हमने सबके लिए अलग-अलग धर्म-सिद्धान्त और मार्ग निश्चित कर दिये हैं, और यदि ईश्वर चाहता तो सबको एक ही सम्प्रदाय बना देता, लेकिन वह अपने द्वारा प्रदान की हुई विधि से तुम्हें परखना चाहता है। तुम सब पुण्य के प्रति स्पर्धा करो कि तुम सबकी पुनरावृत्ति ईश्वर की ओर ही है। वहाँ वह तुम्हें उन सभी बातों से अवगत करायेगा, जिनसे तुम असहमति प्रदर्शित कर रहे थे।**" (क़ुर्आन : 5/48) क्या हज़रत मूसा यहूदियों से अन्याय मिटा सके, क्या हज़रत ईसा तमाम ईसाइयों को दया-धर्म के मार्ग पर लगा सके, भगवान राम तथा भगवान कृष्ण क्या प्रत्येक हिन्दू को सदाचारी बना सके। महात्मा बुद्ध के वक्तव्य क्या बौद्ध समाज को अपने इच्छानुसार बना सके। इस्लामी पैग़म्बर हज़रत मुहम्मद के अनन्त प्रयास के बावजूद तथा उनके क्रान्तिकारी सन्देश के फलस्वरूप क्या समस्त मुसलमान ईमानदार हो सके? अलबत्ता, इस्लामी पैग़म्बर ने निदेशक सिद्धान्त बता दिया : "**मैं तुम्हारे बीच दो अमूल्य समभार वस्तुएँ छोड़कर जा रहा हूँ—अल्लाह की किताब और मेरे अहल-उल-बैत (परिवारजन)। तुम इन**

दोनों से सम्बद्ध रहो। जब तलक तुम इन दोनों से जुड़े रहोगे, कभी गुमराह नहीं होगे।''[1] ईश्वर ने इसके लिए निरन्तर दुआ करने का आदेश दिया है : '' **हे ईश्वर ! चला दे हमको राह सीधी-सीधी ।''** (क़ुर्आन : 5/48) जब सबका दुरुस्त हो जाना अपेक्षित ही नहीं है, तो यह प्रश्न इमाम हुसैन के सम्बन्ध में करने की क्या सार्थकता है!

यह तो आक्षेप का आक्षेपात्मक उत्तर हुआ। अब मूल प्रश्न की तरफ़ आइये। ईश्वर ने एक लाख चौबीस हज़ार नबी पैग़म्बर भेजे, तो उद्देश्य था कि वे लोगों को ईश्वरी मार्ग की ओर आकृष्ट करें। उन्होंने सफलतापूर्वक अपने दायित्व का निर्वाह किया। ऐसे लोग, जिनमें सद्बुद्धि थी, उन्होंने नबियों रुसूलों के आदेशों का पालन किया, परन्तु ऐसे लोग, जिनके हृदय पर क़ुर्आन के शब्दों में मुहर लगी हुई थी : '' **हम इसी तरह काफ़िरों के दिलों पर मुहर लगा दिया करते हैं।''** (क़ुर्आन : 7/101), वे नष्ट-भ्रष्ट होकर रहे। इसका ज्वलन्त उदाहरण पैग़म्बर हज़रत नूह का पुत्र है। क़ुर्आन ने सविस्तार चर्चा की है : **''जिस समय नूह का बेटा डूब रहा था तो नूह ने अपने पालनहार को पुकारा और कहा कि हे मेरे पालनहार! इसमें कोई सन्देह नहीं है कि यह मेरा बेटा मेरे परिवार में सम्मिलित है और तूने वचन दिया है कि तेरे परिवार को बचा लूँगा और इसमें सन्देह नहीं कि तेरा वचन सत्य है और तू समस्त विश्व के शासकों से बढ़कर है, तू मेरे बेटे को मुक्ति दे दे। ईश्वर ने कहा, हे नूह! तुम यह क्या कह रहे हो, ये तुम्हारे परिवार में कदापि सम्मिलित नहीं है, वह निःसन्देह आचरणहीन है।''** (क़ुर्आन : 11/46) इस प्रकार पैग़म्बर हज़रत नूह का पुत्र ईश्वर की अवज्ञा करने पर नष्ट होकर रहा। सभी महानुभाव नूह, मूसा, ईसा, राम, कृष्ण, बुद्ध और मुहम्मद सबका उद्देश्य मानव जाति से पथभ्रष्टता समाप्त करके ईश्वरी मार्ग का निर्देशन करना था। उन्होंने अपने कर्त्तव्यों को पूर्णरूपेण कार्यान्वित किया। सब अपने-अपने उद्देश्य में सफल एवं आदर्श रहे।

इमाम हुसैन का अपने उद्देश्य में सफल होने का मानक भी यही है। उन्होंने सत्य एवं असत्य के बीच निर्णायक रेखा खींच दी। यह बात इस तरह भी समझी जा सकती है कि कर्बला की घटना के समय मुसलमानों में बहुत से लोग थे, जिन्होंने इस्लामी पैग़म्बर को अपनी आँखों से देखा था, उनकी बातें प्रत्यक्ष उनसे सुनी थी, उनको परम आदर एवं श्रद्धा से 'सहाबी' (बहु० 'सहाबा') कहा जाता है। उनके बाद 'ताबईन' की पीढ़ी थी, जिन्होंने इस्लामी पैग़म्बर को नहीं देखा था, वरन् उनके सहाबियों को देखा था, उनमें बहुत से लोग 'हाफ़िज़' भी थे,

---

1. जाम्अ-उल-सहीह-उल-मुस्लिम, भाग-2, पृ० 229 हदीस सं० 2270

जिन्होंने क़ुर्आन को कण्ठस्थ किया था। अनेक 'क़ारी' थे, जो क़ुर्आन को मनोहर लय में पढ़ते थे। अपने धार्मिक विश्वास एवं पावन जीवन के उच्च आदर्शों पर थे, परन्तु उँगलियों पर गिने कुछ लोगों को छोड़कर सबने यज़ीद की बैअत कर ली थी। अर्थात् यज़ीद को उसके अत्यन्त घृणित आचरण से परिचित होते हुए भी उसे अपने धर्मगुरु एवं ख़लीफ़ा मान लिया था। उनमें कुछ इमाम हुसैन के विरुद्ध कर्बला के महासंग्राम में सम्मिलित भी हुए। परन्तु आज का मुसलमान, जिसको ईमान का वह शिखर प्राप्त नहीं है, जो पैग़म्बर के जीवनकाल या उसके बाद के मुसलमानों को प्राप्त था, जो उस समय के सहाबी, ताबईन, हाफ़िज़ तथा क़ारी को प्राप्त था। अपनी समस्त धार्मिक दुर्बलताओं के बावजूद वर्तमान के इस्लामी उलेमा तथा बुद्धिजीवियों की बात नहीं, किसी साधारण मुसलमान से यज़ीद की बैअत करने को कहिए, तो मारने-मरने पर तुल जायेगा। मानो, उसके धर्म एवं विश्वास को बड़ी से बड़ी गाली दे दी गयी हो। वह अपने इस्लाम को यज़ीद की तरह के घृणित आचरण के व्यक्ति के नेतृत्व में देने को कदापि तैयार नहीं हो सकता। सत्य एवं असत्य के बीच पहचान करने की यह सामर्थ्य इमाम हुसैन ने प्रदान किया है। उनका यह ऐसा एहसान है, जिससे इस्लाम कभी भी उऋण नहीं हो सकता।

इस्लामी पैग़म्बर के नेतृत्व में इस क्रान्ति ने, जिसको इस्लाम कहा गया, उसकी सांस्कृतिक, आर्थिक, राजनीतिक एवं सामाजिक सिद्धान्तों को परिवर्तित कर दिया। तत्कालीन धर्मभ्रष्ट अरब इस परिवर्तन के परिणामों से भली-भाँति परिचित था और अच्छी तरह समझ-बूझकर इसका विरोध करता था। इस्लाम को वह गम्भीर चुनौती मानता था। इस्लाम तथा धर्मभ्रष्ट अरब दो प्रतिकूल सिद्धान्त थे, जो एक-दूसरे के विरुद्ध संघर्षशील थे। इस्लामी पैग़म्बर का संदेश था—सुख-शान्ति, समानता, भाई-चारा एवं क्षमादान भ्रष्ट अरबों के विचार में सुख-शान्ति हेतु वार्ता करना नपुंसकता एवं कायरता के चिह्न थे तथा अपने प्रतिद्वन्द्वी से प्रतिशोध न लेना अत्यन्त अपमान एवं कुख्याति का कारण था। वह छोटी-छोटी बातों पर शताब्दियों तक लड़ते-झगड़ते, युद्ध कर सकते थे और करते थे, वंश समाप्त हो जाते, जातियाँ मिट जाती थीं परन्तु उनके अहम की तृप्ति न होती थी। क़बीलों के कवि गर्व से प्रतिशोध की चर्चा करते। अरबों को अपनी पारिवारिक शुद्धता पर बड़ा गर्व था। अपने पूर्वजों की वंशावली अत्यन्त व्यवस्थित रूप में सुरक्षित रखते थे। स्वयं अपने को 'अरब' अर्थात् शुद्ध भाषी तथा अरबों के अतिरिक्त सभी को 'अजम' अर्थात् गूँगा कहते थे। यह बात उनकी समझ से परे थी कि किसी अरब से कोई अजमी ही नहीं, दास भी अच्छा हो सकता है। वे शक्ति और धन के आधार पर अरबों के वर्ग बनाते थे। इस्लाम

शक्ति एवं धन के स्थान पर पवित्रता एवं पावनता को आधार बनाता था। अरब इस्लामी मूल्यों को स्वीकार न कर सका। उसने इस्लाम से भयावह टक्कर ली जिसका अन्तिम पड़ाव कर्बला है।

इमाम हुसैन अपने उद्देश्य में पूर्णतया सफल एवं विजयी रहे। यज़ीदी सेना त्याग कर इमाम हुसैन की ओर अनेक योद्धाओं के निरन्तर आगमन से स्पष्ट होता है कि यज़ीदी सेना में सम्मिलित लोग भी भलीभाँति जानते थे कि इमाम हुसैन सत्य मार्ग पर हैं। यथास्थान उनके नामों की चर्चा की जा चुकी है। यहाँ पुनरावृत्ति उचित नहीं, परन्तु इतना बता देना आवश्यक प्रतीत होता है कि इमाम हुसैन के शान्ति-प्रस्तावों को यज़ीदी सेना ने अस्वीकार किया, तो यज़ीदी सेना से चार योद्धा इमाम हुसैन की तरफ़ आ गये थे। फिर अन्तिम रात्रि में दो योद्धा इमाम हुसैन की तरफ़ आये तथा युद्ध के दिन प्रातः दो योद्धा तथा युद्ध प्रारम्भ होने के बाद एक योद्धा यज़ीदी सेना त्याग कर इमाम हुसैन की तरफ़ आये। इनमें साधारण योद्धा ही नहीं थे वरन् सेनानायक हुर्र-बिन-यज़ीद रेयाही भी थे। उनकी कुल संख्या नौ होती है, जो अपनी अन्तर्रात्मा की पुकार सुन सके, अन्याय से हटकर सत्य मार्ग पर आये। सम्भवतः कुछ लोग और भी होंगे, जिनकी अन्तर्रात्मा इतनी प्रबल नहीं थी कि एक बड़ा निर्णय ले सकें। एक यज़ीदी सैनिक कुर्रा-बिन-क़ैस की चर्चा मिलती है कि वह कहता था कि यदि हुर्र ने मुझसे बताया होता कि वह इमाम हुसैन की तरफ़ जा रहा है, तो मैं निश्चित रूप में उसके साथ जाता।[1] यह बात भी ध्यान देने योग्य है कि यज़ीदी सेना से टूटकर लोग इमाम हुसैन की ओर आये, परन्तु इमाम हुसैन की सेना से किसी योद्धा के जाने की कौन कहे, नादान शिशु जो प्यास से विलख रहे थे, हाथों में ख़ाली कटोरे लिए पानी-पानी पुकार रहे थे, उन शिशुओं में कोई पानी माँगने के ही बहाने से यज़ीदी सेना की ओर नहीं गया।

वर्तमान में सशक्त प्रौद्योगिकी तकनीकी एवं संचार माध्यमों का प्रयोग हुसैनी क्रान्ति के विभिन्न पक्षों को स्पष्ट करने के लिए यथेष्ठ नहीं हो सका है। इसमें संदेह नहीं कि अज़ादारी की उन्नति में संचार माध्यमों का प्रयोग होता है, परन्तु इसे संतोषजनक नहीं कहा जा सकता। अभी बहुत कुछ करना शेष रह गया है। वैश्विकीकरण ने एक प्रकार के विस्तृत एवं सशक्त नेटवर्क के माध्यम से समस्त विश्व को अपनी लपेट में रखा है। इसके नेटवर्क इतने फैले और जकड़े हुए हैं कि विश्व के शोषित एवं वंचित समाज को विश्वास दिलाना कठिन हो गया कि वे इसके शिकंजे से बाहर निकल सकते हैं। उन्होंने इसे अपनी नियत मान लिया

---

1. तारीख़-अर्रुसुल-वअलमुलूक, भाग-6, पृ० 244; अलइर्शाद-फ़ी-मुआरिफ़त-हुज्जाज-उल्लाह-अलाउल-इबाद, पृ० 249

है। हुसैनी आन्दोलन के माध्यम से इस शोषित एवं वंचित समाज को विश्वास दिलाना चाहिए कि उन्हें अत्याचारी तत्त्वों के विरुद्ध नतमस्तक नहीं होना चाहिए। वरन् उसके विरुद्ध संगठित होकर आन्दोलन करना चाहिए। इस समय सर्वाधिक महत्त्वपूर्ण मानव अधिकारों की सुरक्षा से सम्बन्धित समस्याएँ हैं, जिनके निदान में हुसैनी क्रान्ति से बहुत कुछ ग्रहण किया जा सकता है। यह उन लोगों का दायित्व बनता है, जो इसके विभिन्न पक्षों से परिचित हैं, हुसैनी क्रान्ति की उपलब्धियों को अन्तर्राष्ट्रीय सन्दर्भों में व्याख्यायित करें। यदि हुसैनी क्रान्ति को आधार बनाया जाय, तो सुख-शान्ति का सन्देश समस्त विश्व को प्राप्त हो सकता है।

मुसलमान अनेक धर्मों, सम्प्रदायों एवं जातियों में बँटे हुए हैं, उनके बीच विभेद उत्पन्न होने के ऐतिहासिक एवं राजनीतिक कारण हैं। इन मतभेदों को वर्तमान में हुसैनी क्रान्ति के सिद्धान्तों के आधार पर समाप्त किया जा सकता है। इमाम हुसैन ही इस्लाम में एकता एवं सामंजस्य का मूलस्रोत हैं। मुसलमानों में सभी लोग अपनी इबादतों में इस्लामी पैग़म्बर के परिवारजनों की स्तुति करते हैं। सभी उनके प्रति श्रद्धा एवं सम्मान रखते हैं। उनके जीवन चरित्र को आधार बनाकर एकता एवं समन्वय की भावनाओं को प्रेरित किया जा सकता है।

हुसैनी क्रान्ति का मूल उद्देश्य मानव मूल्यों की पुनर्स्थापना है, जिसको इस्लामी क्रान्ति परिप्रेक्ष्य में देखा जाय, तो निम्नलिखित विचार विन्दु उभरते हैं :

1. *समसामयिक वस्तुस्थिति का आँकलन :* समसामयिक काल के राजनीतिक, सामाजिक, सांस्कृतिक एवं धार्मिक वस्तुस्थिति का वस्तुपरक विवेचन करना कि उसमें इस्लाम पूर्व की जाहिली परम्पराएँ किस सीमा तक स्थान बना चुकी हैं। यह जाहिली परम्पराएँ किन मार्गों से आयी हैं, कितनी दूर तक फैली हैं तथा वर्तमान में इसकी जड़ें कहाँ-कहाँ तक हैं।

2. *साम्राज्यवाद बनाम मुसलमान का विश्लेषण :* वर्तमान में साम्राज्यवाद की शक्ति, उनके समर्थक तत्त्व, कार्यविधि, अत्याचार एवं शोषण के आधार का संज्ञान प्राप्त करने में हुसैनी क्रान्ति से विशेष सहायता मिल सकती है। वर्तमान मुसलमान साम्राज्यवादी शासन व्यवस्था के विरुद्ध अनेक स्तरों पर संघर्षशील हैं। उनको शासक वर्ग द्वारा प्रलोभन से बचा कर भ्रष्टाचार तथा अत्याचार एवं अधर्म के विरुद्ध संघर्ष में अडिग रखा जा सकता है, बशर्ते कि उनको हुसैनी क्रान्ति के आदर्शों से परिचित किया जा सके। जो लोग वादा करें, उनमें आत्मविश्वास उत्पन्न किया जा सकता है।

3. *धार्मिक कूटनीति का सम्पादन :* इस्लाम पूर्व के जाहिली काल से प्रेरित इस्लाम की पकड़ को तोड़ने, इस्लाम को पुनः सामाजिक जीवन का आधार

बनाना, जाहिली परम्पराओं को मिटाना, 'अरब जातिवाद' तथा उसकी प्रतिक्रिया में उभरे 'शऊबी आन्दोलन' की तरह के आन्दोलनों तथा प्रवृतियों के प्रभाव को समाप्त करना, जो इस्लाम विरोधी शक्तियों के सहयोग से नित नये नाम धारण कर अपनी आतंकवादी गतिविधियों से इस्लाम को बदनाम कर रहे हैं। उनके विरुद्ध संघर्ष करना होगा। उनके बल को तोड़कर ही वास्तविक इस्लाम के उभरने का मार्ग प्रशस्त हो सकता है।

4. धार्मिकता में चिन्तन का प्रश्रय : इस्लाम के मूल सिद्धान्तों को स्पष्ट करना, वर्तमान सामाजिक एवं राजनीतिक स्थिति तथा सांस्कृतिक एवं साहित्यिक जीवन का इस्लामी धर्मशास्त्र के आधार पर अध्ययन-अध्यापन, शिक्षा-दीक्षा तथा विभिन्न प्रयोगों को सम्मिलित करना, जिनसे मानव जीवन को सुखी एवं समृद्ध बनाया जा सकता है।

5. इस्लामी धर्मशास्त्र का सम्पादन : क़ुर्आनी आदेशों, इस्लामी पैग़म्बर के जीवन एवं कृतित्व का अनुपालन तथा उनके उत्तराधिकारियों की जीवनशैली के आधार पर इस्लामी धर्मशास्त्र का सम्पादन करना, ताकि मुस्लिम समाज जीवन के विभिन्न आयामों में इस्लामी आचरण का पालन कर सके।

6. बौद्धिक क्रान्ति उत्पन्न करना : जनसाधारण के विचारों को अध्यात्म के अनुरूप बनाना। उनके विचार एवं विश्वास, आचरण एवं कार्यपद्धति तथा शिक्षा एवं प्रशिक्षण को धार्मिक आधार पर सुदृढ़ करना। इस्लामी विद्याओं के पठन-पाठन का आध्यात्मिक मूल्यों से सामंजस्य स्थापित करना।

7. विश्वव्यापी सामाजिक न्याय का मार्ग प्रशस्त करना : सामाजिक न्याय पर आधारित व्यवस्था की ओर बढ़ना। मानव अधिकारों की ओर जागरूकता उत्पन्न करना। शान्ति स्थापना हेतु संघर्ष करना। समस्त विश्व विशेषकर मुसलमानों का निरंकुश शासकों के विरुद्ध आह्वान करना।

8. धार्मिक एवं आध्यात्मिक संस्थाओं का संरक्षण : इस्लामी इतिहास में उन विडम्बनाओं की चर्चा अनेक स्तरों पर मिल जायेगी, जब धार्मिक एवं आध्यात्मिक संस्थाओं का संरक्षण निरंकुश शासकों के हाथों में रहा है। फिर ये संस्थाएँ मानव मूल्यों के संरक्षण से अधिक अपने पोषक निरंकुश शासकों के समर्थन में सक्रिय रही हैं। धार्मिक एवं आध्यात्मिक संस्थाओं को शासकीय दबाव से मुक्त रहना होगा।

9. आदर्श जीवन-पद्धति : इस्लामी पैग़म्बर के उत्तराधिकारियों के सात्विक जीवन को आदर्श के रूप में जनसाधारण विशेषकर मुसलमानों के सामने रखना।

उपर्युक्त विचार विन्दुओं की विवेचना करने पर स्पष्ट होता है कि हुसैनी क्रान्ति की उपलब्धियों एवं प्रभाव को मात्र मुसलमानों तक सीमित नहीं रखना

चाहिए। कर्बला में इमाम हुसैन का महाबलिदान विश्व के समस्त जनों के लिए प्रेरणास्रोत है। इमाम हुसैन ने किसी अन्य धर्मावलम्बी के विरुद्ध संघर्ष नहीं किया था, वरन् उन लोगों के विरुद्ध कर्बला की रणभूमि आये थे, जो स्वयं को मुसलमान कहते थे, परन्तु उनके आचरण एवं व्यवहार शत-प्रतिशत इस्लाम के विरुद्ध थे। इमाम हुसैन ने उन लोगों को सत्य मार्ग पर लाने का यत्न किया, जो मुसलमान कहलाने के बावजूद वास्तविक में मुसलमान नहीं थे वरन् इस्लाम के शत्रु थे।

इमाम हुसैन के सशस्त्र जिहाद के आयाम को समझने के लिए यह जानना आवश्यक है कि इस्लामी पैग़म्बर के जीवनकाल में जिहाद की स्थिति प्रतिरक्षात्मक थी। अधर्मी अरब क़बीले इस्लाम को नष्ट करने हेतु आक्रमण करते थे, तो इस्लामी सेना सशस्त्र जिहाद करके उन्हें पराजित कर देती थी। राशिदीन ख़लीफ़ाओं के काल में इस्लामी राज्य सीमाओं के विस्तार हेतु सशस्त्र जिहाद किये गये। हज़रत अली तथा इमाम हसन ने इस्लामी मूल्यों के संरक्षण हेतु सशस्त्र जिहाद किया, तो दोनों पक्षों के मुसलमान होने के कारण विरोधियों को आक्षेप करने का अवसर भी मिला। यहाँ तक कि मुसलमानों के बीच ख़्वारिज का दल उभरा, जो दोनों पक्षों के विरुद्ध था। इमाम हुसैन और उनके साथियों का इस्लाम तथा रहती दुनिया तक तमाम मुसलमानों पर अज़ीम एहसान रहेगा कि उन्होंने निर्णायक युद्ध करके दूध का दूध और पानी का पानी अलग कर दिया कि फिर दूध के नाम पर पानी बेचने की दुकाने बंद हो गयीं। उन्होंने अपने पवित्र रक्त की धार से सत्य और असत्य के बीच ऐसी स्पष्ट रेखा खींच दी कि फिर इस्लाम विरोधी शक्तियाँ भ्रम उत्पन्न करने तथा दुष्प्रचार में सफल न हो सकीं। हुसैनी क्रान्ति ने इस्लाम को उसके सिद्धान्तों पर इस पकार पुनः स्थापित किया है कि इस्लामी क्रान्ति का दूसरा नाम ही हुसैनी क्रान्ति हो गया है।

□□□

संदर्भिका

अकसीर-उल-इबादात व असरार-उल-शहादात : आक़ा दरबंदी : तबरेज़ 1877 ई०

अज़ादारी की तारीख़ : सैय्यद सिब्त-उल-हसन फ़ाज़िल हँसवी : लखनऊ 1941 ई०

अजायब-उल-आसार-फ़िल-तराजिम-वउल-अख़बार (तारीख़े- जबरती) : अब्दुर्रहमान वबरती (मृ० 1825 ई०) : बेरूत

अदब-उल-इख़तेलाफ़-फ़ी-इस्लाम : तहा जाबिर (उर्दू अनुवाद) : दिल्ली 1985 ई०

अबक़ात-उल-अनवार : हामिद हुसैन : लुधियाना, लखनऊ

अयून-उल-अख़बार : इब्न-कुतैबा, अबू-मुहम्मद अब्दुल्लाह-बिन-मुस्लिम अलदीनावरी (मृ० 889 ई०) : (ed. C.Brockelmann) बर्लिन 1900-8 : क़ाहिरा 1907ई०

अरजह-उल-मतालिब-फ़ी-मनाक़िब-असद-उल्लाह-उल-ग़ालिब : उबैद-उल्लाह अमृतसरी : लाहौर

अलअख़बार-उल-तवाल : अबू हनीफ़ा अलदीनावरी (मृ० 896 ई०) : क़ाहरा 1960 ई०

अलअफ़सार-उल-अरबा : मुल्ला-सद्रा, मुहम्मद-बिन-इब्राहीम-यहया-क़वामी शीराज़ी (मृ० 1640 ई०) : तेहरान

अलअमाली-ए-शैख़ सदूक़ : इब्न-बाबवय, अबूजाफ़र मुहम्मद-बिन-अब्दुल्लाह कुम्मी आमली (मृ० 991 ई०) : तेहरान 1960 ई०

अलइसाबा-फ़ी-तमय्यज़-उल-सहाबा : इब्न-हजर, शिहाबउद्दीन अहमद-बिन-अली असक़लानी (मृ० 1448 ई०) : कलकत्ता 1856-73 ई० :

अलइक़्द-उल-फ़रीद : इब्न-अब्दरिब्बो,अबू उमर अहमद-बिन-मुहम्मद : क़ाहिरा 1940 ई०

अलइस्तेबसार-फ़ी-मुख़तलिफ़ा-फ़ीही-मिनल-अख़बार : अलतूसी, शैख़-उल-तायफ़ा, अबूजाफ़र मुहम्मद-बिन-हसन (मृ० 1067 ई०): लखनऊ 1889-90 ई०

अलइमामत-वलसियासत : इब्न-कुतैबा, अबू-मुहम्मद अब्दुल्लाह-बिन-मुस्लिम अलदीनावरी (मृ० 889 ई०) : क़ाहरा 1924 ई०

अलइर्शाद-फ़ी-मुआरिफ़त-हुज्जाज-उल्लाह-अलाउल-इबाद : अल-मुअल्लिम, शैख़ मुफ़ीद (मृ० 1022 ई०) : नजफ़ 1962 ई० (tr.J.K.A.Howard) लन्दन 1981 ई०

अलउसूल-मिनल-काफ़ी : अलकुलयनी, अबूजाफ़र मुहम्मद-बिन-याक़ूब (मृ० 940 ई०) : तेहरान 1972 ई०

अलएहतेजाज : अलतबरसी, अबूमंसूर अहमद-बिन-अली : नजफ़ 1931 ई०

अलकश्शाफ़-अन-हक़ायक़-उल-तंज़ील : अलज़मख़शरी, अबुल क़ासिम जारउल्लाह महमूद-बिन-उमर (मृ० 1144 ई०) : कलकत्ता 1869 ई०

अलकाफ़ी : अलकुलयनी, अबूजाफ़र-बिन-याक़ूब (मृ० 940 ई०) : तेहरान 1972 ई०

अलक़ौल-उल-मुबीन-फ़ी-सीरत-सैय्यद-उल-मुरसलीन : मुहम्मद-उल-तैय्यब अलनज्जार : क़ाहरा 1983 ई०

अलख़त्तत : अलमुक़रीज़ी, अहमद-बिन-अली (मृ० 1442 ई०) : क़ाहरा

अलख़त्तत-उल-शाम : मुहम्मद अली कुर्द (मृ० 1953 ई०) : बेरूत 1970 ई०

अलख़सायस-उल-ज़ैनबिया : सैय्यद नूरउल्लाह जज़ायरी (मृ० 1964 ई०) : तेहरान

अलख़सायस-फ़ी-मनाकिब-अली-बिन-अबीतालिब : अलनसअई, अबू अब्दुर्रहमान अहमद-बिन-शुऐब (मृ० 915 ई०) : नजफ़ 1969 ई०, (उर्दू अनुवाद) काकोरी (लखनऊ) 2000 ई०

अख़बार-उल-अख़यार : अब्दुल हक़ मुहद्दिस देहल्वी (मृ० 1642 ई०) (उर्दू अनुवाद : मुहम्मद फ़ाज़िल) दिल्ली

अलज़ख़ाइर-उल-उक़बा : मुहिबउद्दीन अलतबरी : लाहौर 1927 ई०

अलजम्आ-बैन-उल-रिजाल-उल-सहीहैन : इब्न-अलक़ैसरानी, अबुलफ़ज़्ल मुहम्मद-बिन-ताहिर-बिन अली अलमक़दसी (मृ० 1000 ई०) : मिस्र

अलजमल-उल-नुसरत-फ़ी-हरब-उल-बसरा : अलशैख़ अलमुफ़ीद (मृ० 1022 ई०) : नजफ़ 1948 ई०

अलतमबीह-वउल-इशराफ़ : अलमसऊदी, अबुल हसन अली (मृ० 957 ई०) : लाइडन 1894 ई०

अलतमबीह-वउल-रद-अला-अह्ल-उल-अहवा-वउल-बिदअ : अलमुलत्ती : इस्तम्बोल 1936 ई०

अलतहज़ीब-उल-तहज़ीब इब्न-हजर, शिहाबउद्दीन अहमद-बिन-अली असक़लानी (मृ० 1448 ई०) : हैदराबाद 1907 ई०

अलतारीख़ : अलयाक़ूबी, (इब्न-वाज़ह) अहमद-बिन-अबीयाक़ूब (मृ० 897 ई०) : नजफ़ 1939 ई० (tr. W.Th. Houtsms) : लाइडन 1883 ई०

अलतारीख़ : आसिम कूफ़ी : (उर्दू अनुवाद) सैय्यद मुहम्मद मिर्ज़ा : लखनऊ 1899 ई०

अलतौहीद-उल-लज़ी-हूअलहक़्क़-अल्लाह-उल-लअबीद : मुहम्मद-बिन-अब्दुल वहाब (मृ० 1872 ई०) (उर्दू अनुवाद : अब्दुल मालिक मुजाहिद) : दिल्ली

अलदुर-उल-मंसूर-फ़ी-उल-तफ़सीर-बिल-मासूर : सुयूती, जलालउद्दीन अब्दुर्रहमान अबीबकर शाफ़ई (मृ० 1505 ई०): : मिस्र 1896 ई०

अलनसाएह-उल-काफ़िया : मुहम्मद-बिन-अक़ील अलमिस्री : क़ाहरा 1927 ई०

अलफ़र्क-उल-शीआ : अलनौबख़्ती, अबू मुहम्द हसन-बिन-मूसा : इस्तम्बोल 1931 ई०

अलफ़र्क़-बैन-उल-फ़िराक़ : अलबग़दादी, अब्दुल क़ाहिर-बिन-ताहिर (मृ० 1037 ई०) (tr. Moslem Schisms and Sects : Halkin, Abraham S.) तेलअवीव 1935 ई०

अलफ़रायद-उद्दर्रिया : Arabic-English Dictionary : J.G. Hava : दिल्ली 1990 ई०

अलफ़िक़्ह-उल-अकबर : इमाम अबू हनीफ़ा (मृ० 767 ई०) : हैदराबाद 1903 ई०

अलफ़ितना-उल-कुबरा : तहा हुसैन (मृ० 1973 ई०) (उर्दू अनुवाद : अब्दुल हमीद नोमानी) : कराची 1978 ई०

अलफ़ेहरिस : इब्न-उल-नदीम, मुहम्मद-बिन-इस्हाक़ कातिब बग़दादी (मृ० 995 ई०): (tr. D. Dodge) : न्यूयार्क 1970 ई० : (उर्दू अनुवाद : मुहम्मद इस्हाक़ भट्टी), लाहौर 1990 ई०

अनवार-उल-क़ुर्आन : सैय्यद ज़ीशान हैदर जवादी (मृ० 2000 ई०) : लखनऊ 1992 ई०

अनसाब-उल-अशराफ़ : अलबलाज़ुरी, अहमद-बिन-यहया-बिन-जाबिर (मृ० 892 ई०) : (tr. M. Schossinger & S.D.F. Goitein) यरोशलम : 1936-38 ई०

अलबलाग़-उल-मुबीन : आग़ा-मुहम्मद सुल्तान हसन मिर्ज़ा : लाहौर 1965 ई०

अलबिदाया-वअलनिहाया : इब्न-कसीर,अबुल फ़िदा,इस्माइल-बिन-उमर (मृ०1373 ई०) : मिस्र 1924 ई०

अलमक़तल : अबू-मिख़नफ़, लूत-बिन-यहया (मृ० 774 ई०) : नजफ़ 1929 ई०

अलमहसूल : अलनसअई, अबू अब्दुर्रहमान अहमद-बिन-शुऐब (मृ० 915 ई०) : कानपुर 1880 ई०

अलमुअर्रम्मीन : अलसजिस्तानी, अबुल हातिम सह्ल-बिन-उस्मान : मिस्र 1950 ई०

अलमुअज्जिम-उल-फ़ेहरिस-लिअल्फ़ाज़-उल-क़ुर्आन-उल-करीम-बहाशिया-उल-मुसहफ़-उल-शरीफ़ : मुहम्मद फ़वाद अब्दुल बाक़ी : तेहरान 1986 ई०

अलमुक़द्दमा : इब्न-ख़लदून, अबूज़ैद अब्दुर्रहमान-बिन-मुहम्मद (मृ० 1406 ई०) (tr. Fraz Rosenthal) : लंदन 1858 ई० (tr. M. Quatremere) : पैरिस 1958-68 ई०, (उर्दू अनुवाद) अहमद हुसैन उस्मानी, इलाहाबाद

अलमुजतम्अ-उल-इन्सानी-फ़ी-ज़िल्ल-उल-इस्लाम : मुहम्मद अबू ज़ुहरा : क़ाहरा

अलमुंतज़िम-फ़ी-तारीख़-उल-उमम : इब्न-जौज़ी, अब्दुर्रहमान (मृ० 1201 ई०) : हैदराबाद 1939 ई०

अलमुतालिब-उल-मुहिम्मा-फ़ी-तारीख़-उल-नबी-वउल-ज़हरा-वउल-अइम्मा : अली-बिन-हुसैन अलहाशिमी : नजफ़ 1969 ई०

अलमुर्तज़ा : अबुल हसन अली नदवी (मृ० 1999 ई०) : दिल्ली 1988 ई०

अलमुबाहिस-उल-मशरिक्रिया-फ़ी-इल्म-उल-इलाहियात-वउल-तबीइयात : अलराज़ी, फ़ख़उद्दीन (मृ० 1209 ई०) : हैदराबाद 1953 ई०

अलमुवत्ता : मालिक-बिन-अनस असबही (मृ० 795 ई०) : (सं० ज़रक़ानी) : मिस्र 1863 ई०

अलमुस्तदरक-उल-सहीहैन : अलहाकिम (मृ० 1014 ई०) (उर्दू अनुवाद) लाहौर

अलमुसनद : अहमद-बिन-हम्बल (मृ० 855 ई०) : मिस्र 1895 ई० (उर्दू अनुवाद) दिल्ली

अलयक़ीन-फ़ी-इमामा-अमीर-उल-मोमनीन : इब्न-ताऊस, रज़ीउद्दीन अली अलहिल्ली (मृ० 1266 ई०) : क़ुम 1950 ई०

अलरिजाल : अलकुश्शी, मुहम्मद-बिन-उमर : बम्बई 1899 ई०

अलरियाज़-उल-नज़रत-फ़ी-मनाक़िब-उल-अशरा : मुहिबउद्दीन अलतबरी : मिस्र 1899 ई०

अलसक़ाफ़त-उल-इस्लामिया : राग़िब-उल-तबाख़ (मृ० 1951 ई०) (उर्दू अनुवाद : 'तारीख़े-अफ़कारो-उलूमे-इस्लामी' : इफ़्तेख़ार अहमद बल्ख़ी) : दिल्ली 1997 ई०

अलसवायक़-उल-मुहर्रिक़ा-फ़ी-रद्द-अला-अह्ल-उल-रफ़्ज़-वउल-ज़नादक़ा : इब्न-हजर, अलहैसमी अलमक्की (मृ० 1566 ई०) : क़ाहरा 1955 ई०

अलसाफ़ी (शरह उसूल-उल-काफ़ी) : नवल किशोर प्रेस लखनऊ

अलसुन्नन : अबूदाऊद, सुलैमान अस-सिजिसतानी (मृ० 888 ई०) (उर्दू अनुवाद) : लखनऊ 1980 ई०

अलसुन्नन : इब्न-माजा अलक़ज़वीनी (मृ० 886 ई०) : (उर्दू अनुवाद : अब्दुल हकीम 'अख़्तर') : दिल्ली 1953 ई०

अलसुन्नन : अलनसअई, अबू अब्दुर्रहमान अहमद-बिन-शुऐब (मृ० 915 ई०) : कानपुर 1882 ई०

अलसुन्नन-उल-कुबरा : अलबेहक़ी अबू फ़ज़्ल (मृ० 1086 ई०) : हैदराबाद 1936 ई०

अयान-उश-शीआ : मुहसिन अमीन आमली (मृ० 1951) : बेरूत 1960 ई०

अरबो-हिन्द-तअल्लुक़ात : सैय्यद सुलैमान नदवी (मृ० 1953 ई०) : इलाहाबाद 1930 ई०

अरहज-उल-मतालिब-फ़ी-मनाक़िब-असदउल्लाह-उल-ग़ालिब : उबैदउल्लाह अमृतसरी : लाहौर

अलरिसाला : अलशाफ़ई, मुहम्मद-बिन-इद्रीस (मृ० 819 ई०) : (उर्दू अनुवाद) दिल्ली

अलाहामिश-उल-सीरत : तहा हुसैन (मृ० 1973 ई०) : क़ाहरा

अलहुसैन : जलाल अलहुसैनी : क़ाहरा 1930 ई०

अवासिम-मिनक-क़वासिम : क़ाज़ी अबीबकर अलअरबी मालिकी (मृ० 1148 ई०)

असबात-उल-वसीयत-उल-इमाम-अली-बिन-अबीतालिब : अलमसऊदी, अबुल हसन अली (मृ० 957 ई०) : नजफ़ 1955 ई०

अहक़ाक़-उल-हक़ : नूरउल्लाह शूशतरी (मृ० 1610 ई०) : तेहरान 1971 ई० (उर्दू अनुवाद) लखनऊ 1939 ई०

अहया-उल-उलूम-अद्दीन : अलग़ज़ाली, अबी हामिद मुहम्मद-बिन-मुहम्मद अलशाफ़ई (मृ० 1111 ई०) : क़ाहरा 1861 ई०

अहसन-उल-तक़ासीम : अलमुक़द्दसी, बशारी फ़िलिस्तीनी : लाइडेन 1906 ई०

अहदे-नबवी के मैदाने-जंग : मुहम्मद हमीद उल्लाह : हैदराबाद 1945 ई०

अहया-उल-मयत-फ़ी-फ़जायल-अहल-उल-बैत : जलालउद्दीन अलसुयूती (मृ० 1505 ई०) : (उर्दू अनुवाद) लाहौर 1966 ई०

आईने-अकबरी : अबुल फ़ज़्ल, अल्लामी (मृ० 1602 ई०) : (tr. I. H. Blochmann, II & III, H.S. Jarrett) कलकत्ता 1884 ई०

इज़ालत-उल-ख़ुलफ़ा-अन-ख़िलाफ़त-उल-ख़ुलफ़ा : शाह वलीउल्लाह मुहद्दिस देहलवी (मृ० 1762 ई०) (उर्दू अनुवाद : मुहम्मद अब्दुल शकूर फ़ारूक़ी) : कराची

इंकेशाफ़ाते-क़ुर्आन : (सं०) अब्दुल मजीद मिसबाही, सैय्यद बशारत शिकोह : मुम्बई 1991 ई०

इमाद-उस-सआदत : सैय्यद ग़ुलाम अली ख़ाँ : लखनऊ 1864 ई०

इमामे-पाक और यज़ीदे-पलीद : अल्लामा मुहम्मद शफ़ीअ उखाड़वी, लाहौर

इल्म और इस्लाम : सैय्यद अहमद हिन्दी : लखनऊ 1938 ई०

इस्लाम का निज़ामे-ज़िन्दगी : अली नक़ी : लाहौर 1958 ई०

इस्लाम : सिद्धान्त और स्वरूप : जाफ़र रज़ा : इलाहाबाद 2004 ई०

इस्लामी उलूम का तअर्रुफ़ : शहीद मुतहरी (मृ० 1979 ई०) : तेहरान 1996 ई०

इस्लामी तालीमात : सैय्यद मुजतबा हसन कामूँपुरी (मृ० 1974 ई०) : अलीगढ़ 1960 ई०

इस्लामी निज़ामे-ज़िन्दगी और उसके बुनियादी तसव्वुरात : अबुल ओला मौदूदी (मृ० 1979 ई०) : दिल्ली 1960 ई०

इस्लामी राज्य बनाम मुस्लिम राज्य : जाफ़र रज़ा : इलाहाबाद 2004 ई०

उमदा-उल-क़ारी, शरह सहीह बुख़ारी : अलऐनी, बद्रउद्दीन (मृ० 1480 ई०) : दिल्ली

उमदा-उल-तालिब-फ़ी-अनसाब-आलअबीतालिब : जमालउद्दीन अहमद-बिन-अली : नजफ़ 1960 ई०

उर्दू की अदबी तारीख़ : अब्दुल क़ादिर सरवरी : हैदराबाद

उर्दू दायरा-ए-मआरिफ़े-इस्लामिया : पंजाब विश्वविद्यालय, लाहौर 1962-80 ई०

उसवा-ए-हसना : सैय्यद ख़ैरात हसन (मृ० 1989 ई०) : इलाहाबाद

उसद-उल-ग़ाबा-फ़ी-मआरिफ़-उल-सहाबा : इब्न-असीर, इज़्ज़उद्दीन अबुल हसन अली-बिन-मुहम्मद जज़री (मृ० 1233 ई०) : बेरूत

एख़लाक़े-नासिरी : ख़्वाजा नसीरउद्दीन तूसी (मृ० 1274 ई०) : लखनऊ 1891 ई०

एजाज़-उल-क़ुर्आन : मुस्तफ़ा सादिक़ अलराफ़ई : दिल्ली

ऋग्वेद : तीसरा, चौथा एवं पाँचवाँ मण्डल (अनु०) गोविन्द चन्द्र पाण्डे : इलाहाबाद 2008 ई०

क़वायद-उल-अक़ायद : शैख़-उत्तैफ़ा अत्तूसी, अबू जाफ़र मुहम्मद (मृ० 1067 ई०) : तेहरान 1886 ई०

कंज़-उल-उम्माल-फ़ी-सुन्नत-उल-अक़वाल-वअलअलफ़ाज़ : अलाउद्दीनअली मुत्तक़ी-बिन-हिसामउद्दीन अलहिन्दी (मृ० 1567 ई०) : बेरूत 1981 ई०, हैदराबाद 1895 ई०

कशफ़-उल-ज़ुनून : हाजी ख़लीफ़ा (मृ० 1657 ई०) : (tr. Gustavus Flugel) : लंदन 1835-58 ई०

कशफ़-उल-महजूब : ख़्वाजा सैय्यद अली-बिन-उस्मान हजवेरी दातागंजबख़्श (मृ० 1072 ई०) (उर्दू अनुवाद : मुहम्मद अल्ताफ़ नीरवी) : दिल्ली 1992 ई०

कशफ़-उल-मुज्जहा-लेसमरा-उल-मुहज्जा : इब्न-ताउस, सैय्यद रज़ीउद्दीन अबुल क़ासिम अली-बिन-मूसा अलहसनी अलहिल्ली (मृ० 1266 ई०) : नजफ़ 1950 ई०

किताब अजयाब-उल-हिन्द : बुज़ुर्ग-बिन-शहरयार (मृ० 1729 ई०) : लाइडन 1886 ई०

किताब-अलमिलल-वअलनिहल : शहरिस्तानी, अबुल फ़त्ह (मृ० 1153 ई०) (tr. W. Cureton) : लंदन 1846 ई०)

किताब-फ़ी-तहक़ीक़ मआल-उल-हिन्द : अलबेरूनी, अबूरैहान (मृ० 1048 ई०) : (tr. E.C. Sachau: Alberuni's India) : लंदन 1888 ई०

किताब-अलअग़ानी : अबुल फ़रह इस्फ़ाहानी (tr.R.E.Brunnow) लाइडन 1888 ई०

किताब-अलइबर : इब्न-ख़लदून,अबूज़ैद अब्दुर्रहमान-बिन-मुहम्मद (मृ० 1406 ई०) : (उर्दू अनुवाद : हकीम अहमद हुसैन उस्मानी) : इलाहाबाद 1899-1930 ई०

किताब-अलइस्तेआब-फ़ी-मुआरिफ़त-उल-सहाबा : अब्दुल बर्र, अबूउमर यूसुफ़-बिन-अब्दुल्लाह (मृ० 1070 ई०) : बेरूत

किताब-अलइस्तेग़ासा : अबुल क़ासिम कूफ़ी (मृ० 963 ई०) : तेहरान

किताब-अलकामिल-फ़ी-तारीख़ : इब्न-असीर, इज़्ज़उद्दीन अबुलहसन अली-बिन-मुहम्मद जज़री (मृ० 1233 ई०) : (tr. C.J. Tornberg) (उर्दू अनुवाद : मुहम्मद अब्दुल ग़फ़ूर ख़ान) लाइडन 1851-76 ई०

किताब-अलख़िराज : अबू यूसुफ़ (मृ० 807 ई०) (उर्दू अनुवाद : निजात उल्लाह सिद्दीक़ी) : कराची 1966 ई०

किताब-अलजिहाद : अलनसअई,अबू अब्दुर्रहमान अहमद-बिन-शुऐब (मृ० 915 ई०): क़ाहरा 1888 ई०

किताब-अलफ़र्क़-बैन-उल-फ़िरक़ : अलबग़दादी, अबूमंसूर अब्दुलक़ाहिर इब्न-ताहिर (मृ०1037 ई०) : (tr. Kate Chambersw Seelye) : न्यूयार्क 1920 ई०

किताब-अलफ़स्ल-फ़ी-उल-मिलल-वलअहवा-वअलनिहल : इब्न-हज़्म, अबूमुहम्मद अली-बिन-अहमद (मृ० 1064 ई०) : क़ाहरा 1899-1902 ई०

किताब-अलतबक़ात-उल-कबीर : इब्न-सअद, अबू अब्दुल्लाह मुहम्मद-बिन-सअद अलज़हरी, अलकातिब, अलबसरी (मृ० 844 ई०) : बेरुत 1957 ई० (tr. H. Sachau) : लंदन 1915 ई० (उर्दू अनुवाद : राग़िब रहमानी) करांची 1987 ई०

किताब-अलतम्बीह-वउल-रदअला-अह्ल-उल-हवा-वउल-बिदअ : अबुल हुसैन अलमलती : लाइपर्ग 1936

किताब-अलबुलदान : अलयाक़ूबी, इब्न-वाज़ह अहमद (मृ० 897 ई०) : (tr. G. Wiet) : लंदन 1892 ई०

किताब-अलमग़ाज़ी-वउल-फ़तूह : अलवाक़दी, मुहम्मद-बिन-उमर (मृ० 802 ई०) : (tr. Marsdon Jones) : लंदन 1966 ई०: कानपुर 1867 ई०

किताब-अलमआरिफ़ : इब्न-क़ुतैबा, अबू-मुहम्मद अब्दुल्लाह-बिन-मुस्लिम अलदीनावरी (मृ० 889 ई०) : क़ाहरा 1934 ई० : (tr. F. Wuestefeld) : गोटिंगेन 1850 ई०

किताब-अलमुख़तसर-फ़ी-अहवाल-उल-बशर : अबुल-फ़िदा, इस्माइल-बिन-अली शाफ़ई अय्यूबी (मृ० 1331 ई०) : मिस्र 1906 ई० (उर्दू अनुवाद : करीमउद्दीन पानीपती) लाहौर 1869 ई०

किताब-अलमुहल्ली : इब्न-हज़म अलज़ाहरी (मृ० 1064 ई०) : क़ाहरा 1960 ई०

किताब-अलमहासिन-वउल-अज़दाद : अलजाहिज़,उमरू-बिन-बह बसरी (मृ० 868 ई०) (tr. G.Van Volten) लाइडन 1898 ई०

किताब-अलरिजाल : शैख-उल-तायफ़ा अन्तूसी, अबूजाफ़र मुहम्मद (मृ० 1067 ई०) : नजफ़ 1961 ई०

किताब-अलरिजाल : इब्न-दाऊद, तक़ीउद्दीन हसन : तेहरान 1964 ई०

किताब-अलसिफ़्फ़ीन : बराअ-बिन-आज़ब : मिस्र

किताब-अलवज़रा : (ed. Hans V. Mazik) लींज़बर्ग 1926 ई०

क़ैसर-उल-तवारीख़ : सैय्यद कमालउद्दीन हैदर : लखनऊ 1896 ई०

क़ौले-सदीद : ज़या अहमद बदायूँनी : लाहौर

ख़वास-उल-उम्मत : सिब्त-इब्न-जोज़ी : लाहौर

ख़ितत-उल-शाम : मुहम्मद अली कुर्द (मृ० 1953 ई०) (उर्दू अनुवाद) : लाहौर 1986 ई०

ख़ितत-वउल-आसार :अलमुक़रेज़ी,शैख़ तक़ी उद्दीन अहमद (मृ०1441 ई०) : बेरूत

ख़िलाफ़तो-मुलूकियत : अबुल ओला मौदूदी (मृ० 1979 ई०) : दिल्ली 1981 ई०

ख़ुतबाते-अहमदिया : सर सैय्यद अहमद ख़ाँ (मृ० 1898 ई०) : 1827 ई०

ख़ुदा की तलवार : सैय्यद तय्यब आग़ा अलमूसवी अलजज़ायरी : लखनऊ 1963 ई०

ख़ुलासा-उल-तवारीख़ : सुजान राय भण्डारी : दिल्ली 1918 ई०

ख़ुलासा-उल-हयात : मुल्ला अहमद-बिन-अब्दुल्लाह ठठवी (मृ० 1587 ई०) : लाहौर

ग़रायब-उल-क़ुर्आन : निज़ामउद्दीन हसन क़ुम्मी नीशापुरी (मृ० 922 ई०) : तेहरान

गुज़श्ता लखनऊ : अब्दुल हलीम 'शरर' (मृ० 1926 ई०) : लखनऊ

गुबारे-ख़ातिर : अबुलकलाम आज़ाद (मृ० 1958 ई०) : दिल्ली 1993 ई०

गुलशने-इब्राहीमी (तारीख़े-फ़रिश्ता) : मुहम्मद क़ासिम हिन्दूशाह फ़रिश्ता (मृ० 1611 ई०) : (उर्दू अनुवाद) : देवबंद 1983 ई०

गुलज़ारे-शम्स : शाह शुजाअ मलिक : लाहौर 1919 ई०

चंद तहक़ीक़ी-मक़ाले : सैय्यद हसन : पटना

ज़ख़ाइर-उल-उक़बा : मुहिबउद्दीन अहमद-बिन-अब्दुल्लाह-बिन-मुहम्मद अलतबरी (मृ० 1294 ई०)

जज़्ब-उल-क़ुलूब : अब्दुल हक़ मुहद्दिस देहलवी (मृ० 1640 ई०) : कानपुर 1904 ई०

जला-उल-अयून : अलमजलिसी, मुहम्मद बाक़िर (मृ० 1699 ई०) : तेहरान 1953 ई० (उर्दू अनुवाद : अलदम्अ-उल-हतून) लखनऊ

जवाहर-उल-क़ुर्आन : अलग़ज़ाली, अबूहामिद मुहम्मद (मृ० 1111 ई०) : मिस्र 1875 ई०

जवाम्अ-उल-किलम : ख़्वाजा बन्दानवाज़ गेसूदराज़ (मृ० 1422 ई०) : (सं० सैय्यद मुहम्मद हुसैनी) कानपुर 1937 ई०

जाम्अ-उल-बयान-फ़ी-तफ़सीर-उल-क़ुर्आन: अलतबरी, अबूजाफ़र मुहम्मद-बिन-जरीर (मृ० 923 ई०) : क़ाहरा 1902-03 ई०

जाम्अ-उल-फ़ज़ायल : इब्न-शहरआशोब, रशीदउद्दीन अबूअब्दुल्लाह मुहम्मद-बिन-अली (मृ० 1192 ई०) : (उर्दू अनुवाद : ज़फ़र हसन) : लाहौर

जाम्अ-उल-शवाहिद : अबुल कलाम आज़ाद (मृ० 1958 ई०) : दिल्ली

जाम्अ-उल-सग़ीर : जलालउद्दीन सुयूती (मृ० 1505 ई०) : क़ाहरा

जाम्अ-उल-सहीह-उल-तिरमिज़ी : अलतिरमिज़ी, अबूईसा मुहम्मद (मृ० 909 ई०) : क़ाहरा 1934 ई०

जाम्अ-उल-सहीह-उल-बुख़ारी : मुहम्मद-बिन-इस्माईल बुख़ारी (मृ० 869 ई०) (उर्दू अनुवाद : मिर्ज़ा हैरत देहल्वी) : देवबन्द 1906 ई०

जाम्अ-उल-सहीह-उल-मिश्कात-उल-मसाबीह : मुहम्मद-बिन-अब्दुल्लाह-उल-ख़तीब (उर्दू अनुवाद : मिश्कात शरीफ़ : अब्दुल हकीम 'अख़्तर') : दिल्ली 1987 ई०

जाम्अ-उल-सहीह-उल-मुस्लिम : मुस्लिम-बिन-हज्जाज नीशापुरी (मृ० 871 ई०) : (उर्दू अनुवाद : दायम जलाली) : दिल्ली 1998 ई०

जाने-आलम : अब्दुल हलीम शरर : लखनऊ

जिहादे-हुसैनी : मुर्तज़ा हुसैन : कराची 1957 ई०

जैनबे-कुबरा : सैय्यद अबुल क़ासिम दीबाजी (उर्दू अनुवाद) : कराची

तक़वीमे-हिज्री-वो-ईस्वी : अबूनस्र मुहम्मद ख़ालिदी : दिल्ली 1977 ई०

तंक़ीह-उल-अख़बार : मीर मुहम्मद माह, मुल्ला (मृ० 1725 ई०) : (पाण्डुलिपि) सज्जादिया लाइब्रेरी, उत्तराँव, ज़िला इलाहाबाद

तज़किरा-उल-अइम्मा : अलमजलिसी, मुहम्मद बाक़िर (मृ० 1699 ई०) : तेहरान 1944 ई०

तज़किरा-ख़वास-उल-उम्मा : सिब्त-इब्न-अलजोज़ी : नजफ़ 1950 ई०

तजदीदो-अहया-ए-दीन : अबुल ओला मौदूदी (मृ० 1979 ई०) : दिल्ली 1986 ई०

तर्जमान-उल-क़ुर्आन : अबुलकलाम आज़ाद (मृ० 1958 ई०) : दिल्ली 1986 ई०

तज़किरा-ए-उलेमा-ए-हिन्द : रहमान अली : लखनऊ 1914 ई०

तर्जमा-ए-कलामे-इलाही : सैय्यद फ़रमान अली (मृ० 1915 ई०) : लखनऊ

तदरीब-उल-रावी : जलालउद्दीन सुयूती (मृ० 1505 ई०) : मिस्त्र 1890 ई०

तनवीरे-इमामत : सैय्यद ख़ैरात हसन (मृ० 1989 ई०) : इलाहाबाद

तनवीरे-मजालिस : (सं०) जाफ़र रज़ा : इलाहाबाद 1958 ई०

तफ़ज़ीह-उल-ग़ाफ़लीन : मिर्ज़ा अबूतालिब इस्फ़हानी : (tr. Havy : History of Asif Uddaula) : इलाहाबाद 1895 ई०

तफ़सीरों में इस्त्राईली रवायात : निज़ामउद्दीन : देवबन्द 1985 ई०

तफ़हीम-उल-क़ुर्आन : सैय्यद अबुल ओला मौदूदी (मृ० 1979 ई०) : दिल्ली

तफ़सीरे-क़ुर्आन : सैय्यद अली नक़ी नक़वी (मृ० 1988 ई०) : श्रीनगर 1982-89 ई०

तफ़सीरे-मज़हरी : क़ाज़ी सनाउल्लाह पानीपती (अनु० सआदते-मज़हरीः अब्दुल दायम जलाली) दिल्ली

तफ़सीर-रूह-उल-मआनी : महमूद-बिन-अब्दुल्लाह अलअलूसी बग़दादी (मृ० 1853 ई०) : क़ाहरा 1926 ई०

तमद्दुने-अरब : सैय्यद अली बिलग्रामी (मृ० 1926 ई०) : हैदराबाद

तहज़ीब-उल-अहकाम : अलतूसी, शैख़-उल-तायफ़ा, अबूजाफ़र मुहम्मद-बिन-हसन (मृ० 1067 ई०) : नजफ़ 1959 ई०

तहज़ीब-उल-इस्लाम : अलमजलिसी, मुहम्मद बाक़िर (मृ० 1699 ई०) : (उर्दू अनु०) सैय्यद मक़बूल अहमद (मृ० 1921 ई०) : लखनऊ 2000 ई०

तहत-उल-उक़ूल-अन-आल-उल-रुसूल : अबू मुहम्मद हसन-बिन-अली, अलहरानी (मृ० 1001 ई०) : तेहरान 1956 ई०

तहज़ीब-उल-कामिल-फ़ी-मआरिफ़-उल-रिजाल : इब्न-हजर, शिहाबउद्दीन अहमद-बिन-अली असक़लानी (मृ० 1448 ई०) : तेहरान 1877 ई०

तहज़ीब-उल-तहज़ीब : इब्न-हज़र, शिहाबउद्दीन अहमद-बिन-अली असक़लानी (मृ० 1448 ई०) : हैदराबाद 1907 ई०

तहरीफ़ाते-वाक़ेआ-ए-कर्बला : मुर्तज़ा मुतहरी (मृ० 1979 ई०) : उर्दू अनु० सैय्यद ग़ज़नफ़र हुसैन बुख़ारी : लखनऊ 1988 ई०

तशरीह-उल-मूसीक़ी : मुहम्मद अकबर अरज़रानी : दिल्ली

तस्वीरे-कर्बला (गुलज़ारे-जन्नत) : सैय्यद आले मुहम्मद अमरोहवी : दिल्ली 1927 ई०

तरतीबे-नुज़ूले-क़ुर्आने-मजीद : अजमल ख़ाँ : दिल्ली

तबक़ात-उल-उमम : अबुल क़ासिम सअद-बिन-अहमद उन्दुलूसी (मृ० 1079 ई०) : लखनऊ

तबक़ाते-नासिरी : मिनहाज सिराज जुज़जानी (मृ० 1259 ई०) (tr. H.G. Raverty) लंदन 1881 ई०

तारीख़-अर्रुसुल-वअलमुलूक : अलतबरी, अबीजाफ़र-मुहम्मद-बिन-जरीर-उल-तबरी (मृ० 923 ई०) : (tr. History of Prophets and Kings : I. K. A. Howard : Sunny Press) (उर्दू अनुवाद) कराची

तारीख़-उल-अरब क़ब्ल-उल-इस्लाम : जवाद अली : बगद्दाद 1961 ई०

तारीख़-उल-आदाब-उल-लुग़त-उल-अरबया : जर्ज़ी ज़ैदान (मृ० 1914 ई०) : क़ाहरा 1913 ई०

तारीख़-दवल-उल-इस्लाम : अलज़हबी, शम्सउद्दीन (मृ० 1345 ई०), हैदराबाद 1929 ई०

तारीख़-उल-कूफ़ा : सैय्यद हुसैन-बिन-अहमद अलबुराक़ी : नजफ़ 1960 ई०

तारीख़-उल-ख़मीस-फ़ी-अहवाल-अनफ़स-नफ़ीस : हुसैन-बिन-मुहम्मद, अलदयार बकरी (मृ० 1558 ई०), बेरूत

तारीख़-उल-ख़ुलफ़ा : जलालउद्दीन सुयूती (मृ० 1505 ई०) : (tr. H.S. Jarrett) (उर्दू अनुवाद : 'बयान-उल-उमरा') कलकत्ता 1881 ई०, कानपुर 1918 ई०

तारीख़-उल-तमद्दुन-उल-इस्लामी : जर्जी ज़ैदान (मृ० 1914 ई०) : (उर्दू अनुवाद) दिल्ली

तारीख़-उल-फ़ख़्री : इब्न-तक़तक़ी, मुहम्मद-बिन-अली तबातबा (उर्दू अनु० महमूद अली ख़ान) दिल्ली 1669 ई०

तारीख़-उल-बग़दाद : अलख़तीब बग़दादी (मृ० 1070 ई०) : मिस्र 1931 ई०

तारीख़-उल-ममलकत-उल-अरबियत-उल-सऊदिया : सलाहउद्दीन मुख़्तार : बेरूत 1970 ई०

तारीख़-नज्द : महमूद-बिन-अब्दउल्लह बग़दादी (मृ० 1853 ई०) : मिस्र 1928 ई०

तारीख़े-अदबयाते-आलम : सैय्यद अब्दुल वहाब अशरफ़ी : दिल्ली 1991 ई०

तारीख़े-अदबयाते-मुसलमानाने-पाकिस्तानो-हिन्द : वहीद क़ुरैशी (सं०) : पंजाब यूनिवर्सिटी लाहौर, 1971 ई०

तारीख़े-अइम्मा : सैय्यद अली हैदर : लखनऊ 1998 ई०

तारीख़े-अवध : मुहम्मद नज्म-उल-ग़नी ख़ाँ : लखनऊ 1919 ई०

तारीख़े-अलफ़ी : अहमद-बिन-नस्रउल्लाह तथा अन्य (पाण्डुलिपि) बम्बई यूनिवर्सिटी लाइब्रेरी, मुम्बई

तारीख़े-अहमदी : अहमद हुसैन ख़ाँ : लखनऊ 1995 ई०

तारीख़े-इस्लाम : सैय्यद अमीर अली (A Short History of the Saracens) उर्दू अनु० सैय्यद अल्ताफ़ हुसैन गीलानी : दिल्ली 1997

तारीख़े-इस्लाम : सैय्यद अली नक़ी नक़वी (मृ० 1988 ई०) : लखनऊ

तारीख़े-कर्बला-ए-मुअल्ला-वहायर-उल-हुसैन : अलकिलीदार, अब्दुल जवाद (उर्दू अनु० : सैय्यद मुहम्मद बाक़िर) : नजफ़ 1967 ई०

तारीख़े-क़ुत्बशाही : बुर्हानउद्दीन अहमद : दिल्ली 1929 ई०

तारीख़े-गोलकुण्डा : अब्दुल मजीद सिद्दीक़ी : हैदराबाद 1964 ई०

तारीख़े-फ़ातमीने-मिस्त्र : ज़ाहिद अली : हैदराबाद

तारीख़े-तमद्दुने-सिन्ध : मौलाई शैदाई : मुलतान 1959 ई०

तारीख़े-तिबरिस्तान : मुहम्मद-बिन-हसन-बिन-असफ़ंदयात (tr. E.G.Browne) 1905 ई०

तारीख़े-दकन-दर-अह्दे-वुस्ता-व-बहमनी-सल्तनत : अब्दुल मजीद सिद्दीक़ी : हैदराबाद 1940 ई०

तारीख़े-दकन : सैय्यद अली बिलग्रामी (मृ० 1926 ई०) : हैदराबाद

तारीख़े-दावतो-अज़ीमत : अबुलहसन अली नदवी (मृ० 1999 ई०) : लखनऊ 1959 ई०

तारीख़े-लाहौर : कन्हैया लाल : लाहौर 1977 ई०

तारीख़नामा : सैय्यद अली हैदर : खजवा (बिहार) 1937 ई०

तुज़ुके-जहाँगीरी : जहाँगीर (tr. Jahangir's India : W. H. Mozeland & P. Geyel) : दिल्ली 1972 ई० (हिन्दी अनुवाद) जहाँगीरनामा : ब्रजरत्नदास) वाराणसी सं० 2047

तुहफ़त-उल-आलम : सैय्यद अब्दुल लतीफ़ ख़ाँ शूशतरी : हैदराबाद 1873 ई०

तुहफ़ा-ए-इस्नाअशरीआ : शाह अब्दुल अज़ीज़ मुहद्दिस देहल्वी (मृ० 1824 ई०) : लखनऊ 1878 ई०

तुहफ़ा-उल-नुज़्ज़ार-फ़ी-ग़रायब-उल-अमसार-वअजायब-उल-असफ़ार (रिहला) : इब्न-बतूता, अबू अब्दुल्लाह मुहम्मद (मृ० 1377 ई०) : (उर्दू अनुवाद : सफ़रनामा) कराची : (tr. C. Defremery and B.R. Sanguinetti) : पैरिस 1853-58 ई० (tr. H.A.R. Gibb) : कैम्ब्रिज 1958 ई०

तौज़ीह-उल-मसाएल : सैय्यद अबुल क़ासिम ख़ुई (मृ० 1992 ई०) : लखनऊ

दकन में उर्दू : नसीरउद्दीन हाशिमी : दिल्ली 1985 ई०

दबिस्ताने-मज़ाहिब : मीरज़ा ज़ुलफ़िक़ार 'आज़र' सासानी 'मोबद' (tr. Daved Shea Anthony Troyer) लंदन 1901 ई० (उर्दू सं०) रशीद अहमद जालंधरी, लाहौर, 2002 ई०

दलायल-उल-इमामत : अलतबरी, अबीजाफ़र-मुहम्मद-बिन-जरीर-उल-तबरी (मृ० 923 ई०) : नजफ़ 1949 ई०

दास्ताने-अदबे-हैदराबाद : मुहीउद्दीन कादिरी 'ज़ोर' : हैदराबाद

दिरासात-उल-लबीब : मुल्ला मुहम्मद मुईन : लखनऊ

दुर्रे-गौहर : अख़्तर वहीद : मुल्तान

नज़रिया-ए-अदालत : अहमद हुसैन याक़ूब (उर्दू अनु० : सैय्यद ज़ीशान हैदर) लखनऊ 1996 ई०

नफ़से-रुसूल : अली हैदर तथा मुहम्मद बाक़िर : खजवा (बिहार) 1950 ई०

नवादिर-उल-अदब-मिन-कलाम-सादा-उल-अजम-वउल-अरब : मुहम्मद हारून जंगीपुरी : लखनऊ

नहज-उल-बलाग़ा : हज़रत अली-बिन-अबीतालिब (मृ० 661 ई०) (सं०) सैय्यद रज़ी (मृ० 1015 ई०) : (उर्दू अनुवाद : जाफ़र हुसैन) : लखनऊ 1996 ई०

नासिख़-उल-तवारीख़ : सिफ्हर, मुहम्मद तक़ी, लिसान-उल-मुल्क : तेहरान 1958 ई०

नील-उल-अवतार-मिन-अहादीस-सैय्यद-उल-अख़बार शरह मुंतक़ी-उल-अख़बार : मुहम्मद-बिन-अली शौकानी (मृ० 1839 ई०) : मिस्र 1952 ई०

नुक़ूशे-इस्मत : ज़ीशान हैदर जवादी (मृ० 2000 ई०) : लखनऊ

नुज़हत-उल-क़ुलूब : हम्द उल्लाह मुस्तौफ़ी क़ज़वीनी (मृ० 1349 ई०) (tr. G. Lestrange) : लंदन 1919 ई०

फ़ज़ायल-उल-ख़मसा-मिन-उल-सहाह-उल-सित्ता-वग़ैरहा-मिन-उल-क़ुतुब-उल-मुतबरा-अन्द-अहल-उल-सुन्नत-वउल-जमाअत : सैय्यद मुर्तजा-उल-हुसैनी फ़ीरोज़ाबादी : नजफ़ 1963 ई०

फ़त्ह-उल-बारी शरह सहीह-उल-बुखारी : इब्न-हजर, शिहाबउद्दीन अहमद-बिन-अली असक़लानी (मृ० 1448 ई०) : लाहौर 1981 ई०

फरहंगे-आसिफ़या : सैय्यद अहमद देहलवी : दिल्ली 1990 ई०

फ़लसफ़ा-ए-शहादते-इमाम हुसैन : मौलाना सैय्यद मुहम्मद ताहिर-उल-क़ादिरी, लाहौर

फ़ातिमा-उल-ज़हरा : सुलैमान कसानी : नजफ़ 1968 ई०

फ़ातिमा-उल-ज़हरा-उम्म-अबीहा : फ़ाज़िल-उल-हुसैनी अलमीलानी : नजफ़ 1968 ई०

फ़ातिमा-बिन्त-मुहम्मद : उमर अबूनस्र : बेरूत 1935 ई०

फ़ुतूह-उल-बुलदान : अलबलाज़ुरी, अहमद-बिन-यहया-बिन-जाबिर (मृ० 892 ई०) (tr. Philip K. Hitti & F.C. Murgotten) (उर्दू अनुवाद : सैय्यद अबुलख़ैर मौदूदी) कराची

फ़ैज़ाने-अबूतालिब : सैय्यद बद्रउल हसन आबिदी : वाराणसी 1987 ई०

बर्रे-अज़ीमे हिन्दो-पाक की मिल्लते-इस्लामिया : इश्तेयाक़ हुसैन क़ुरैशी : कराची 1967 ई०

बलाग़त-उल-इमाम-अल हसन : अब्दुर्रज़ा अलसाफ़ी : नजफ़ 1968 ई०

बलाग़त-उल-हुसैन : अलहायरी, मुस्तफ़ा मुहसिन अलमूसवी (उर्दू अनुवाद : मुहम्मद-बाक़िर) : खजवा (बिहार) 1953 ई०

बह्स-फ़ी-उल-इजतेहाद-वलतक़लीद-फ़ी-निहायत-उल-अफ़कार : मुहम्मद तक़ी बुरुजर्दी : तेहरान

बाबरनामा : बाबर, ज़हीर उद्दीन मुहम्मद (tr. A.S. Beveridge) : दिल्ली 1970 ई०

बिहार-उल-अनवार : अलमजलिसी, मुल्ला मुहम्मद बाक़िर (मृ० 1699 ई०) : तेहरान 1888 ई० (उर्दू अनु०) सैय्यद तैय्यब आग़ा मूसवी, हबीब-उल-सक़लैन नक़वी तथा सैय्यद हसन इमदाद, लखनऊ 2000-05 ई०

भारतीय इस्लामी संस्कृति : जाफ़र रज़ा : इलाहाबाद 2009 ई०

भारतीय साहित्य में मुसलमानों का अवदान : जाफ़र रज़ा : इलाहाबाद 2009 ई०

मआरिज-उल-नबूवत-फ़ी-मदारिज़-उल-फ़ुतूवत : मुल्ला मुईन काशिफ़ी : बम्बई 1882 ई०

मजमूआ-ए-ज़िन्दगानी-ए-चहारदह-मासूम : अमादउद्दीन हुसैन इस्फ़हानी : तेहरान 1330 श०

मज़हब और शायरी : सैय्यद एजाज़ हुसैन (मृ० 1975 ई०) : कराची 1955 ई०

मकतूबाते-रब्बानी : शैख़ अहमद सरहिन्दी (मृ० 1625 ई०) : कराची 1972 ई०

मक़तल-उल-हुसैन :अक़बा-बिन-समआन (अनुवाद एवं सम्पादन) : सैय्यद मुजतबा हसन कामूँपुरी (मृ० 1974 ई०) : लखनऊ 1951 ई०

मक़तल-उल-हुसैन : अब्दुल रज़्ज़ाक़ अलमुक़र्रिम : नजफ़ 1963 ई०

मक़तल-उल-हसन : अलयाक़ूबी (अनुवाद एवं सम्पादन) : सैय्यद मुजतबा हसन कामूँपुरी (मृ० 1974 ई०) : लखनऊ 1951 ई०

मक़तल-उल-हुसैन : अलसुयूती तथा दयार बकरी (अनुवाद एवं सम्पादन) : सैय्यद मुजतबा हसन कामूँपुरी (मृ० 1974 ई०) : लाहौर 1955 ई०

मक़तल-उल-हुसैन : इब्न-इब्र तथा अबुल फ़िदा (अनुवाद एवं सम्पादन) : सैय्यद मुजतबा हसन कामूँपुरी (मृ० 1974 ई०) : लाहौर 1955 ई०

मक़तल-उल-हुसैन : ज़हाक मशरिक़ी (अनुवाद एवं सम्पादन) : सैय्यद मुजतबा हसन कामूँपुरी (मृ० 1974 ई०) : रावलपिण्डी 1954 ई०

मक़ालात-उल-इस्लामीन : अलअशअरी, अली-बिन-इस्माईल (मृ० 941 ई०) (Bibliothea Islamica (ed.) Hellmut Ritter) : इस्तम्बोल 1929-33 ई०

मक़ातिल-उल-तालबीयीन : अबुल फ़रह इस्फ़हानी : क़ाहरा 1949 ई० (उर्दू अनुवाद) लाहौर 1969 ई०

मजम्आ-बिहार-उल-अनवार-फ़ी-ग़रायब-उल-तंज़ील-व-लतायफ़-उल-अख़बार : शैख़ मुहम्मद ताहिर : नवलकिशोर लखनऊ

मआरिफ़ा-अख़बार-उर-रिजाल : अलकश्शी, मुहम्मद-बिन-उमर-बिन-अब्दुल अजीज़ : बम्बई

मजालिस-उल-मोमनीन : नूरउल्लाह शूशतरी (मृ० 1610 ई०) : (उर्दू अनु० : मवाफ़िक़-उल-मोक़नीन-सैय्यद मुहम्मद बशीर) आगरा 1942 ई०

मतालिब-उल-सउल-फ़ी-मनाक़िब-आल-उल-रुसूल : कमालउद्दीन मुहम्मद-बिन-तलहा अलशाफ़ई : लखनऊ 1884 ई०

मदारिज-उल-नबूवत : शैख़ अब्दुल हक़ मुहद्दिस देहल्वी (मृ० 1642 ई०) : (उर्दू अनुवाद) : कानपुर

मन-ला-यहज़ुरूह-अलफ़िक़्ह : इब्न-बाबवय, अबूजाफ़र मुहम्मद-बिन-अब्दुल्लाह अलक़ुम्मी (मृ० 991 ई०) : तेहरान 1972 ई०

मनाक़िबे-आले-अबीतालिब : इब्न-शहरआशोब, अबूअब्दुल्लाह मुहम्मद-बिन-अली माज़िन्दानी (मृ० 1192 ई०) : बम्बई 1895 ई०

मनाक़िबे-अहलबैत : अज़ीज़-उल-हक़ कौसर नदवी क़ादिरी : वाराणसी 1974 ई०

मलफ़ूज़ात : शाह अब्दुल अज़ीज़ (मृ० 1824 ई०) : कराची 1960 ई०

मलफ़ूज़ाते-रज़्ज़ाक़ी : मुहम्मद ख़ाँ शाहजहाँपुरी : दिल्ली

मशरिक़ी-तमद्दुन का आख़िरी नमूना : अब्दुल हलीम 'शरर' (मृ० 1926 ई०) : लखनऊ

मस्अला-ए-फ़िदक : मुहम्मद जाफ़र ज़ैदी : लाहौर 1972 ई०

मसीर-तालिबी-फ़ी-बलाद-अफ़रंजी : मिर्ज़ा अबूतालिब इस्फ़हानी : (उर्दू अनुवाद : सर्वत अली) : दिल्ली 1999 ई०

मसायब-उश-शीआ : सआदत हुसैन : लखनऊ 1965-67 ई०

महबूब-उल-वतन : अब्दुल जब्बार ख़ाँ : हैदराबाद 1942 ई०

मा-सब्त-मिन-उल-सुन्नत : शैख़ अब्दुल हक़ मुहद्दिस देहल्वी (मृ० 1640 ई०) : कानपुर, 1923 ई०

मिनहाज-उल-सुन्नत-वअलनबूवत : इब्न-तैमिया (मृ० 1328 ई०) (उर्दू अनुवाद) : लाहौर

मुआसिर-उल-उमरा : शाहनवाज़ ख़ान सफ़वी : (उर्दू अनुवाद : मुहम्मद अयूब क़ादिरी) : लाहौर 1968-70 ई०

मुआसिरे-दकन : सैय्यद अली असग़र बिलग्रामी : हैदराबाद

मुक़द्दमा-अलतफ़सीर : अलराग़िब-उल-इस्फ़हानी : क़ाहरा

मुक़द्दमा-ए-तफ़सीरे-क़ुर्आन : सैय्यद अली नक़ी नक़वी : श्रीनगर 1976 ई०

मुक़द्दमा मुशकिलात-उल-क़ुर्आन : सैय्यद मुहम्मद अहमद रज़ा :दिल्ली 1938 ई०

मुकाशिफ़ा-उल-क़ुलूब : अलग़ज़ाली, अबूहामिद मुहम्मद (मृ० 1111 ई०) : मिस्र

मुफ़ातीह-उल-ग़ैब : फ़ख़्रउद्दीन राज़ी (मृ० 1209 ई०): मिस्र 1891 ई०

मुज़हिब-उल-तफ़सीर-उल-इस्लामी : अब्दुल हलीम अलनज्जार : क़ाहरा 1955

मुतालआ-ए-क़ुर्आन : सैय्यद ज़ीशान हैदर जवादी (मृ० 2000 ई०) : लखनऊ 1992 ई०

मुंतख़ब-उल-तवारीख़ : अब्दुल क़ादिर बदायूनी (मृ० 1615 ई०) (tr. Vol. I, G.S.A. Ranking, Vol. II, W.R. Lowf Vol. III, T.W. Haig) : कलकत्ता 1864-1925 ई० (उर्दू-अनुवाद) : लाहौर 1962 ई०

मुंतख़ब-उल-तवारीख़ : मुहम्मद-बिन-हाशिम ख़ुरासानी : 1958 ई०

मुंतख़ब-उल-लुबाब : मुहम्मद हाशिम ख़ाफ़ी ख़ाँ (मृ० 1698 ई०): कलकत्ता 1874 ई०

मुंतही-उल-आमाल : शैख़ अब्बास क़ुम्मी : तेहरान 1951 ई०

मुफ़्ताह-उल-तवारीख़ : थॉमस विलियम बेल : कानपुर 1867 ई०

मुरक़्क़ा-ए-देहली : दरगाह क़ुली ख़ाँ (मृ० 1710 ई०) : (अनु० ख़्वाजा हसन निज़ामी) : दिल्ली

मुरूज-उल-ज़हब-वमआदिन-उल-जवाहिर : अलमसऊदी, अबुलहसन अली (मृ० 957 ई०) (सं०) अबुल फ़ज़्ल बेहक़ी (मृ० 1086 ई०) (tr. W. H. Morley) : कलकत्ता 1862 ई० (उर्दू अनुवाद : अख़्तर फ़तेहपुरी) कराँची 1985 ई० (उर्दू अनुवाद : तारीख़े-अह्दे-बनीउमैय्या : सैय्यद मुहम्मद इब्राहीम) कराँची 1966 ई०

मुवद्दत-उल-क़ुर्बा : ख़्वाजा सैय्यद अली हमदानी (मृ० 1384 ई०) (उर्दू अनुवाद : शरीफ़ हुसैन) : लाहौर

मुवाहिब-उल-वाहिब : शैख मुहम्मद जाफ़र अलनक़्दी : नजफ़ 1922 ई०

मुशीर-उल-अहज़ान : जाफ़र-बिन-मुहम्मद : तेहरान 1900 ई०

मुहर्रमनामा : ख़्वाजा हसन निज़ामी (मृ० 1955 ई०) : दिल्ली 1953 ई०

मुसलमानों का उरूजो-ज़वाल : सईद अहमद अकबराबादी : दिल्ली 1947 ई०

यज़ीदनामा : ख़्वाजा हसन निज़ामी (मृ० 1955 ई०) : दिल्ली 1953 ई०

यनाबीअ-उल-मुअद्दत : शैख़ सुलैमान क़ंदोज़ी : (उर्दू अनुवाद : मलिक मुहम्मद शरीफ़) लखनऊ 2002 ई०

यहूदियतो-नसरानियत : सैय्यद अबुल ओला मौदूदी (मृ० 1979 ई०) (सं० नईम सिद्दीक़ी, अब्दुल वक़ील) : दिल्ली 1991 ई०

रबी-उल-अबरार : अलज़मख़शरी, अबुल क़ासिम जारउल्लाह महमूद-बिन-उमर (मृ० 1144 ई०) : क़ाहरा

रवायह-उल-क़ुर्आन : मुफ़्ती मुम्मद अब्बास : लखनऊ

रद्दे-वहबिया : सैय्यद अली नक़ी नक़वी (मृ० 1988 ई०) : बम्बई 1986 ई०

रिसाला एतक़ादिया : शैख़ सदूक़ क़ुम्मी (मृ० 991 ई०) : तेहरान 1956 ई० (tr. Asaf A.A. Fyzee) : लंदन 1942 ई०

रिसायलो-मसायल : सैय्यद अबुल ओला मौदूदी (मृ० 1979 ई०) : दिल्ली
रिसाला स्वानहउम्री : मिर्ज़ा मुहम्मद काज़िम : लखनऊ 1887 ई०
रेयाज़-उल-नज़रा : अलतबरी मुहिबउद्दीन अहमद-बिन-अब्दुल्लाह-बिन-मुहम्मद (मृ० 1294 ई०) : क़ाहरा
रेयाज़-उल-शहादत : मुहम्मद हसन क़ज़वीनी (मृ० 1349 ई०) : लखनऊ
रौज़ा-उल-अनवार : वली वेल्लौरी : मद्रास 1746 ई०
रौज़ा-उल-अहबाब : जलालउद्दीन अताउल्लाह : लाहौर
रौज़ा-उस-सफ़ा : मीर ख़्वांद (मृ० 1536 ई०) : लखनऊ 1891 ई०
रौज़ा-उस-शुहदा : मुल्ला वाएज़ काशिफ़ी (मृ० 1596 ई० के बाद): कानपुर 1891 ई०
लताइफ़े-अशरफ़ी : मुहम्मद जहाँगीर अशरफ़ समनानी : नुसरत-उल-मताबा, दिल्ली
लवाएज़-उल-अहज़ान : सैय्यद महदी हसन : दिल्ली
लहूफ़-अला-क़तला-उल-तफ़ूफ़ : इब्न-ताऊस, अली-बिन-मूसा-बिन-जाफ़र-बिन-मुहम्मद (मृ० 1266 ई०) (उर्दू अनुवाद : **उसूफ़** : बाक़िर हुसैन सादिक़) लखनऊ 1902 ई०
वक़अत-सिफ़्फ़ीन : नस्र-बिन-मुज़ाहिन अलमुनक़री : क़ाहरा 1962 ई०
वफ़ायात-उल-अयान-व-अनबा-उज़्ज़मान : इब्न-ख़ल्लीकान, अहमद (मृ० 1282 ई०): क़ाहरा 1948 (tr. Baron MacGuckin de Slane, 4 vols., Paris 1842/71, repr. 1961)
वसीलत-उन-निजात : मुल्ला मुबीन फ़रंगीमहली (मृ० 1810 ई०) : (उर्दू अनु० हादी अली ख़ान हनफ़ी) : लखनऊ 1911 ई०
वक़ा-ए-आलमगीरी : औरंगज़ेब आलमगीर (मृ० 1607 ई०) : अलीगढ़ 1930 ई०
वाक़याते-करबला : सैय्यद मुहम्मद ज़ामिन अली (मृ० 1953 ई०) : इलाहाबाद 1942 ई०
वाक़याते-दार-उल-हुकूमत-देहली : बशीरउद्दीन अहमद : दिल्ली 1919 ई०
वाक़याते-ममलकते-बीजापुर : बशीरउद्दीन अहमद : आगरा 1915 ई०
विसातीन-उल-सलातीन : इब्राहीम ज़ुबैरी : हैदराबाद
शरह-नह्ज-उल-बलाग़ा : इब्न-अबीहदीद, इज़्ज़उद्दीन अब्दुल हामिद : बेरूत 1950 ई०
शहादते-उज़मा : सैय्यद ख़ैरात हसन (मृ० 1989 ई०) : इलाहाबाद
शहीदे-आज़म : सैय्यद रियाज़ अली : बनारस 1913 ई०
शहीदे-इंसानियत : सैय्यद अली नक़ी नक़वी (मृ० 1988 ई०) : लखनऊ 1995 ई०
शामे-कर्बला : अल्लामा मुहम्मद शफ़ीअ उखाड़वी, लाहौर

शिफ़ा-उल-सुक़ाम-फ़ी-ज़यारत-ख़ैर-उल-अनाम : तक़ीउद्दीन सुब्की (मृ० 1258 ई०)

शीअते-अलवी-वशीअते-सफ़वी : अली शरीअती (उर्दू अनुवाद) श्रीनगर 1982 ई०

शुहदा-ए-कर्बला : सैय्यद अली नक़ी नक़वी (मृ० 1988 ई०) : लखनऊ

सफ़रनामा-ए-फ़रंग : मिर्ज़ा अबूतालिब इस्फ़हानी : दिल्ली 1984 ई०

सवानही क़ासिमी : मनाज़िर आशिक़ गीलानी : लाहौर

सहीफ़त-उल-कामिला-उल-सज्जादिया : इमाम ज़ैन-उल-आबिदीन (उर्दू अनुवाद : सहीफ़ा-ए-कामिला : मुफ़्ती जाफ़र हुसैन) : बम्बई

सानेहा-ए-कर्बला बतौरे-शेरी इस्तेआरा : गोपी चन्द नारंग : दिल्ली 1986 ई०

सियर-आलाम-उल-नबला : अलज़हबी अब्दुल्लाह-बिन-मुहम्मद (मृ० 1347 ई०) : कुवैत 1960 ई०

सिर्र-उल-शहादत्तैन : शाह अब्दुल अज़ीज़ (मृ० 1824 ई०) (उर्दू अनु० : तनवीर-उल-शहादत्तैन : सैय्यद काज़िम रज़ा : लखनऊ 1869 ई०

सिराज-उल-मुबीन-फ़ी-तारीख़े-अमीर-उल-मोमनीन : सैय्यद औलाद हैदर 'फ़ौक़' बिलग्रामी : दिल्ली

सीरत : मुहम्मद-बिन-इसहाक़-बिन-यसार (मृ० 767 ई०) (शोध : मुहम्मद हमीदउल्लाह, अनु० : नूर इलाही) दिल्ली 2000

सीरत-फ़ातमा-उल-ज़हरा : आग़ा मुहम्मद सुल्तान मिर्ज़ा : लाहौर

सीरत-उन-नबी : सैय्यद सुलैमान नदवी (मृ० 1953 ई०) : आजमगढ़

सीरत-उन-नबी : शिबली नुअमानी (मृ० 1914 ई०) : आजमगढ़

सीरत-उल-रुसूल अल्लाह : इब्न-हिशाम अबू मुहम्मद अब्दुल मलिक (मृ० 828 ई०) : क़ाहरा 1936 ई० (tr. The Life of Muhammad : Guillaume, A. : Karachi 1970 : उर्दू अनुवाद : अब्दुलजलील सिद्दीक़ी एवं गुलाम रुसूल 'मेहर') : लाहौर

सुबहा-उल-मिर्जान-फ़ी-फ़ज़ायल हिन्दुस्तान : मीर गुलाम अली आज़ाद बिलग्रामी : दिल्ली 1935 ई०

सुलह-उल-इमाम हसन : सैय्यद मुर्तज़ा हुसैन : कराची 1957 ई०

हबीब-उल-सियर : ग़यासउद्दीन ख़ूँदमीर : बम्बई 1860 ई०

हयात-उल-क़ुलूब : अलमजलिसी, मुल्ला मुहम्मद बाक़िर (मृ० 1699 ई०) (tr. The Life and Religion of Muhmmad : J.L. Merrick) बोस्टन 1850 ई०

हयात-उल-हैवान : अलदमीरी, शैख़ कमालउद्दीन, मुहम्मद-बिन-ईसा (मृ० 1405 ई०) : क़ाहरा 1950 ई०

हयाते-मुहम्मद : मुहम्मद हुसैन हैकल (उर्दू अनुवाद : अबूयहया इमाम ख़ाँ) : दिल्ली 1988 ई०

हिदायत-उल-सअदा : शहाबउद्दीन दौलताबादी (पाण्डुलिपि) : रज़ा स्टेट लाइब्रेरी : रामपुर

हिन्दुस्तान से नबी-ए-रहमत के तअल्लुक़ात : सलामउल्लाह सिद्दीक़ी : वाराणसी 1994 ई०

हिन्दुस्तानी मुआशरा, अहदे-वुस्ता में कुंवर अशरफ़ अली : दिल्ली 1974 ई०

हिन्दू एचीवमेण्ट इन इक्ज़ैक्ट साइंस, लन्दन 1918 ई० (उद्धृत 'संस्कृत और संस्कृति'—डॉ० राजेन्द्र प्रसाद, प्रकाशक : मोतीलाल बनारसीदास, वाराणसी, पृ० 29)

हिन्दू धर्मकोश : राजबली पाण्डे : लखनऊ 1988 ई०

हुकूमते-इस्लाम : ख़ुमैनी मूसवी, रूहउल्लाह (मृ० 1989 ई०) : तेहरान 1980 ई०

हुसैन अलेहिस्सलाम और उनके नाना की तलवार : सैय्यद एहतेशाम हुसैन (मृ० 1972 ई०) : लखनऊ 1966 ई०

हुस्न-उल-मुहाज़रा : अलसुयूती जलालउद्दीन (मृ० 1505 ई०) : क़ाहरा 1909 ई०

The Arabs, A Short History : Philip K. Hitte (London 1968).

The Armies of the Caliphas : Military and Society in the Early Islamic State : Hugh Kennedy : Routledge : 2001

Ask Those Who Know : Muhammad al-Tiyani al-Samawi : Tehran

Aspects of Islam : D.B. Macdonall : New York 1911

Autum of Fury : The Assassination of Sadat : Muhammad Herkal : (Gorgi Books) 1983

The Bahmanis of Deccan : Haroon Khan Sherwani: Delhi 1960

Bidar, Its History and Monuments : Yazdani : Hyderabad 145

The Cambridge History of Islam : P.M. Holl (ed.) Cambridge 1970

The Commentary on his Journey to the Court of Akbar (1580-82) : Fr. A. Monserrate : (tr. J. S. Hoyland and S. N. Banerji) : Oxford 1922

A Companion to the Qur' an : Watt. W. Montgomery : London 1967

The Concise Encyclopaedia of Islam : (ed : Cyril Glasse) : London 1988

The Constitutional Problems in Early Islam : Mohammed Hamid Ullah : Istambol 1973

Decline and Fall of the Roman Empire : Gibbon, E. (ed.J.B.Bury) : London 1896-1900

The Fatimi Khilafate : O'Loary de Lacy, London 1923

The First Two Nawabs of Awadh : A.L. Srivastava : Lucknow 1933

The First Written Constitution in the World : Mohammad Hamid Ullah : Lahore 1975

A Glossary of the Tribes and Castes of the Punjab and North-West Frontier Provinces : Denzil Ibbetson, Edward Maclagan and H.A. Rose : Patiala 1970

History of the Islamic Peoples : Brockelmann, Carl : London 1948

A History of Islamic Law : Coulson : Edinburgh 1964

History of World Civilization : Martin Lucas : London 1985

A History of Western Philosophy : Bertrand Russell: London 1946

The Holy Cities of Arabia : E. Rutter,: London 1928

The Holy Bible : Authorized (King James) Version : Gideons 1978 (Urdu tr. : Kitab-i-Muqaddas) : Lahore 1916

Ideals and Reality of Islam : Seyyid Hossein Nasr: London 1966

An Intellectual History of Islam in India : Aziz Ahmad ; Edinburg 1965

An Introduction of the History of the Speard of Islam : Abul Fazl Ezzati : Tehran 1994

An Introduction to Islam : M. Geijbels : Rawalpindi 1977

An Introduction to Islamic Cosmological Doctrines : Nasr Sayyid Hossein : Cambridge 1960

An Intellectual History of Islam In India : Aziz Ahmad : Edinburg 1965

An Introduction to Shi'i Islam : Moojan Momen : Oxford 1985

Influence of Islam on Indian Culture : Tara Chand : Allahabad 1963

Indian Islam : Murray T. Titus : London 1930

Indian Muslims : Muhammad Mujeeb (Urdu tr.) : Delhi 1998

Islam : A Short History : Karen Armstrong : London, 2008

Islam and Muslims in South Asia : 'qtidar Husain Siddiqui : Delhi 1987

Islamic Society : Ruben Leuey (tr. Urdu) New Delhi 1987

Islam in India and Pakistan : Murray T. Titus : Calcutta 1959

Islam in Modern History : W.C. Smith : New York 1959

The Islamic Dynastics : Bosworth Clifford : Edinburgh 1980

Islamic Philosophy and Theology : W. Montgomery Watt : Oxford 1956

Islamic Revolution of Iran : Jalal-ud-Dine Madani : Tehran 1996

Ithna 'Ashariya or The Twelve Shi'ah Imam : Rev. Canon Sell : Madras 1923

Jahangir's India : W. H. Moreland and P. Geyl (tr.) New Delhi 1972

The Legacy of Islam : Sir T.W. Arnold : Oxford 1931

The Legacy of Islam : Joseph Shacht and C. E. Bosworth : Oxford 1974

The Life of Mohammed : Sir William Muir : London 1856-61

A Literary History of the Arab : R. A. Nicholson : Cambridge 1930

The Making of Humanity : Robert Briffault : London 1919

Modern Islamic Political Thoughts : Response of Shi'i and Sunni Muslims to the Twentieth Century : Hamid Enayat : London 1982.

Mohammed and Mohammedenism : Bosworth Smith : London 1875

Mohammed and the Rise of Islam : Morgoliouth Davids : New York 1905

Muhammed : Karen Armstrong : London, 2008

Muhammed-Quli Qutb Shah : H. R. Sherwani : Delhi 1967

Muhammad's People : Eric Schroeder : Portland 1955

Muhammad : Prophet and Statesman : W. Montgomery Watt : Oxford 1951

The Muslim Community of the Indo-Pakistan sub-continent (610-1974) : I.H. Qureshi, New York 1962

Muslim Devotion : Constance E. Padwick : London 1961

Muslim Religious Institutions and their Role under the Qutb Shahs : Sadiq Naqvi : Hyderabad 1993

Narrative of the Journey through Upper Provinces of India : W. Heber : London 1928

The New Encyclopaedia Britannica : Chicago 1995

Notes of the Races, Castes and Trade of Eastern Bengal : James Wise : London, 1884

Obeservation on the Mussulmanns of India : Mrs. Meer Hasan Ali (ed. W. Crooke) London 1832

On The Sociology of Islam : Ali Shariati : Berkeley 1979

Our Indian Musalmans : H.V. Hunter : Calcutta 1945

The Political Theory of Ibn Khaldun : M.M. Rabi : Leiden 1967

The Preaching of Islam : Sir Thomas Arnold : London 1896

The Private Life of an Eastern King : William Knighton : (Urdu tr. Shabab-i-Lakhnau : Mohammad Ahamad Ali) London 1921

The Prophet of Islam : Stanley Lane Poole : London 1879

Prophecy in Islam : Fazlur Rahman : London 1955

Qutb Shahi Ashur Khanas of Hyderabad City : Sadiq Naqvi : Hyderabad 1987

Reconstruction of Religion Thoughts in Islam : Muhammad Iqbal : London 1924 (Urdu tr. S. Nazir Niazi) Delhi 1994 (Urdu tr. Muhammad Samiul Haq) : Delhi 1994

The Renaissances of Islam : Adam Mez : London 1937

The Revealer, The Messenger, The Message : Muhammad Baqir as-Sadr : Banglore

Rise and fall of the Roman Empire : Edward Gibbon : London 1948

The Shi'a of India : John Norman Hollister : Delhi 1979

The Shi'ite Religion : Dwright M. Donaldson, London 1933

A Short History of the Saracens : Syed Ameer Ali : Delhi 1998

The Speeches and Tabletalk of the Prophet Mohammed : Sir Thomas Arnold : London 1930

Studies in Muslim Ethics : D.M. Donaldson : London 1953

The Social Structure of Islam : Levy Ruben : Cambridge 1962 Urdu tr. - Islami Samaj : Musheerul Haq) Delhi 1987

A Socio-Intellectual History of the Isna Ashari Shi'is in India : Saiyid Athar Abbas Rizvi : Australia 1986

Society and History : Murtaza Mutahhari : Tehran 1997

Some Aspects of Medieval Gujrat : S.A.I. Tirmizi : Delhi 1968

A Talmudic Miscellany : Paul Isaac Hershon : London 1880

The Spirit of Islam : Syed Ameer Ali : Delhi 1997

The Traditions of Islam : Alfred Guillaume : Oxford 1924

Travels in India : J. B. Tavernier : (tr. V. Ball) : London 1889

The Two Oldest Islamic Cultures' Book and Arabic Foklore : F. Krenkow

Understanding Islam : Frithjof Schuon : London 1963

Vedic Past of Pre-Islamic Arabic : Aditya Chaturvedi

The Voice of Human Justice : George Jordae (tr. M. Fazl Haq) : Karachi

Whither Islam : H.A.R. Gibb : London 1932.

□□□

अनुक्रमणिका